珍藏本
纪念版

汉译世界学术名著丛书

意大利文艺复兴时期的文化

〔瑞士〕雅各布·布克哈特 著

何新 译

马香雪 校

2017年·北京

Jacob Burckhardt
THE CIVILIZATION OF THE RENAISSANCE IN ITALY
Authorized Translation From The Fifteenth Edition By
S. G. C. Middlemore
George G. Harrap & Co. Ltd.
London Bombay Sydney
本书根据英国乔治·G.哈拉普公司第15版英译本译出

汉译世界学术名著丛书
（120 年纪念版·珍藏本）
出 版 说 明

2017 年 2 月 11 日，商务印书馆迎来 120 岁的生日。120 年前，商务印书馆前贤怀揣文化救国的理想，抱持"昌明教育，开启民智"的使命，立足本土，放眼寰宇，以出版为津梁，沟通中西，为中国、为世界提供最富智慧的思想文化成果。无论世事白云苍狗，潮流左右激荡，甚至战火硝烟弥漫，始终践行学术报国之志，无改初心。

迻译世界各国学术名著，即其一端。早在 20 世纪初年便出版《原富》《天演论》等影响至今的代表性著作，1950 年代后更致力于外国哲学和社会科学经典的译介，及至 1980 年代，辑为"汉译世界学术名著丛书"，汇涓为流，蔚为大观。丛书自 1981 年开始出版，历时三十余年，迄今已推出七百种，是我国现代出版史上规模最大、最为重要的学术翻译工程。

丛书所选之书，立场观点不囿于一派，学科领域不限于一门，皆为文明开启以来，各时代、各国家、各民族的思想与文化精粹，代表着人类已经到达过的精神境界。丛书系统译介世界学术经典，引领时代思想，为本土原创学术的发展提供丰富的文化滋养，为推动中国现代学术和现代化进程做出了突出的贡献。

为纪念商务印书馆成立120周年，我们整体推出“汉译世界学术名著丛书”120年纪念版的珍藏本，寄望既利于文化积累，又便于研读查考，同时向长期支持丛书出版的译者、编者和读者致以敬意。

两甲子后的今天，商务印书馆又站在了一个新的历史时间节点上。我们不仅要铭记先辈的身影和足迹，更须让我们的步伐充满新的时代精神。这是商务人代代相传的事业，更是与国家和民族的命运始终紧密相连的事业。我们责无旁贷，必须做好我们这代人的传承与创造，让我们的努力和成果不仅凝聚成民族文化的记忆，还能成为后来人可以接续的事业。唯此，才能不负前贤，无愧来者。

商务印书馆编辑部

2017年10月

中译本序言

布克哈特《意大利文艺复兴时期的文化》一书是资产阶级历史学中关于这个重大的文化革命运动最重要的著作。他根据前人对意大利文艺复兴各方面的研究,和他自己对这个问题穷年累月的探讨,建立起一个新的体系。这个体系遂成为资产阶级历史学对这个问题的正统理论。这部著作虽然最初出版于百年以前,它的德文本和各种翻译本一直风行不衰,不断有新版出现。[①] 这部中文译本的出版,对于我们了解和批判资产阶级历史学和资产阶级的文艺思想都有很大帮助。

文艺复兴是欧洲历史中一次重大的新文化运动。恩格斯给予它很高的评价,认为"这是一次人类从来没有经历过的最伟大的、进步的变革。"[②]但是资产阶级历史学家出于阶级偏见,加之受形而上学思想体系的支配,对于文艺复兴运动的历史意义未能(也不可能)作出科学的说明。原来欧洲的传统历史学,从希腊时代

① 此书德文原版自第三版起,正文之下附有 Ludwig Geiger 的注解,但注解过于冗长,致将正文湮没于注解之中。自第十八版起,编辑人 W. Goetz 删除了这些注解,恢复本书的原来面貌。本书的英译本是于 1878 年出版的,译者是 S. G. C. Middlemore,曾经过原作者的审阅认可。英译本也经过多次翻印,最近的翻印本是 1960 年的袖珍本。本书还有其他文字的翻译本。

② 恩格斯:《自然辩证法》,载《马克思恩格斯选集》中文版,第三卷,第 445 页。

的修昔底德直到十九世纪的兰克，都认为历史学的范围应该限于政治和军事。文艺复兴是属于学术、思想、文学和艺术领域之内的，在传统的历史学中根本没有地位。尽管自文艺复兴运动开始以来，人文主义历史家在扫除中世纪欧洲史学中的荒诞迷信，和推翻以犹太史、教会史为中心的体系方面，取得巨大成绩，因而使得历史学的面貌有所改变；但是它的范围仍然是局限于政治、军事的框子，而未能赋予这个重大文化运动以应有的地位。

文艺复兴时期的学者虽然从不同的角度认识到自己是处在一个新的时代，但是他们对于文艺复兴运动还没有一个整体的概念、综合的叙述。直到十八世纪中叶，法国的启蒙运动大师伏尔泰（1694—1778 年）在他的《论各族的风尚与精神》一书中（1756 年出版）才把文艺复兴作为一个新文化运动来进行考察。在这本简短的文化史概论中，对文艺复兴虽然着墨不多，但是他作出一些深刻的观察。他指出，文艺复兴的重大意义不在于复古，而在于创造。文艺复兴的辉煌成就是意大利人的天才创造，而不是由于君士坦丁堡逃亡者的来临，这般人只是将希腊文教给意大利人而已。在这本书中，他提出了撰写文化史的必要性。

伏尔泰的这本书出版了二百年之后，欧洲资产阶级历史学界才出现了关于文化史运动的专著。在十九世纪中叶以前，一般资产阶级历史家仍然是沿着传统的政治军事史的老路。虽然在各种专史中（包括政治史、文学史、美术史、古典学术史等），关于各方面问题的研究，越来越详细，资料越积累越丰富；但是直到布克哈特才对意大利文艺复兴作出了综合的研究和全面的考察，写出第一部文艺复兴史。

布克哈特的《意大利文艺复兴时期的文化》一书的产生是和十九世纪中期欧洲的文化史运动分不开的。文化史运动是对欧洲当时以德国著名历史家兰克(1795—1886 年)为代表的历史学的一种反抗运动。它主张打破传统历史学的狭窄的范围,而将历史的领域扩大到人类活动的各个方面。这派人虽以历史学的革新者自居,实际上,他们只是站在资产阶级的立场,要求进一步扫除历史学中的封建残余,把传统历史学所奉为主人翁的帝王将相抽掉一部分,而换上一些资产阶级的代表人物,作为歌颂的对象而已。他们的方法仍是形而上学的。在他们的著作中,劳动人民仍是没有地位的。他们所提倡的改革是很不彻底的。其实,在此时期,马克思和恩格斯已经提出研究历史的惟一科学方法,因而引起历史学的革命的变革。马克思、恩格斯所创立的历史唯物主义受到了进步历史家的欢迎,成为他们进行史学革命的锐利武器,影响越来越大。但是,站在资产阶级立场的文化史运动历史家们所选择的却是另外一条道路。由布克哈特的《意大利文艺复兴时期的文化》一书也可以看出他们所宣扬的历史学的改革的不彻底性。

布克哈特(Jacob Burckhardt,1818—1897 年)出生于瑞士西北部莱茵河上的巴塞尔城。他的家族世世代代在当地的政治、文化、宗教活动中占有重要地位。他父亲在他中学毕业之后,本来要把他培养成一个传教士。但他于 1838 年到意大利旅行后,对当地的古代文物发生浓厚兴趣,遂决定了他一生的治学方向,他抛弃了做传教士的念头。1839—1843 年间,他留学德国,曾在德国学派史学大师兰克的研究班中受到处理史料方法的严格训练。但是波恩大学的美术史教授库格勒(Franz Kugler)给他的印象尤为深刻。

他回到瑞士后，即在巴塞尔大学任教，直到死时，前后凡五十余年。

布克哈特的著作很多。他早年的著作主要在美术史方面。1847年他帮助库格勒修改后者的《绘画手册》一书，增加上许多内容，使这本书成为最风行的入门书籍之一。1852年出版了他的第一部文化史著作《君士坦丁大帝的时代》。此书将这个时代的文化，分门别类，作了比较全面的考察。以前讲这段历史的书很多，但多从政治方面着眼。这本书范围广阔，蹊径独辟，给当时读者以新奇的感觉。这书出版后，他两度南游意大利，览胜搜奇，恣意观赏意大利的艺术宝库，归后写成《意大利艺术宝库指南》一书。他的老师库格勒对这本书给予很高的评价。从此他对意大利文艺复兴进行全面研究。1860年出版了他的最著名的著作《意大利文艺复兴时期的文化》。出版后，立即得到欧洲资产阶级历史学界的重视。他们一致公认这是直到当时为止关于文艺复兴的最重要的著作。英国的阿克顿勋爵被认为是当时英国最渊博的学者，对于历史著作的评论向来是十分严格、少所许可的。但他认为这部书是“现有的著作中关于文化史的一部最深刻、最精微的研究著作”。[①] 足见此书在资产阶级历史学中地位的重要。

本书是用德文写成的，它的原名是《Die Kultur der Renaissance in Italien：Ein Versuch》，即《意大利文艺复兴时期的文化：一篇论文》。作者在本书的《引言》中指出：“本书的书名标志它是一篇在最严格意义上的论文。”不知道因为什么原因，本书的英文译本删

① G. P. Gooch：*History and Historians in the Nineteenth Century*，London，（1928年）第583页。

去了这个副题。但是这个副题对理解本书的范围和性质是至关重要的。德国人所谓 Versuch，即是英国人所谓 Essay。这种著述体裁既不同于为初学提供基本知识的“教科书”，也不同于对某一问题作出穷源竟流、详尽全面的专题“论著”（Treatise），而且也不同于述说自己研究成果，提出自己论点的学位论文（Thesis）。布克哈特这里所谓 Versuch，是指对某一问题发表一些作者独特见解的著作体裁而言的。用这种体裁写成的书往往是要和比较成熟的学者进行商讨的。作者假定读者已经熟悉基本事实，因而把重点放在论点上边。因此，此书虽然范围很广，而对每一问题的论述只不过是寥寥数语。即是对于意大利文艺复兴大师但丁（1265—1321年）、佩脱拉克（1304—1374年）、薄伽丘（1313—1375年）这样重要人物，在书中虽不断提到，但没有一处有上百字的叙述。而且本书的论点也不是很鲜明的，往往是湮没在这些简短的论述之中。因此，初学的人们往往感觉到本书的内容、范围过广，头绪太多，不容易抓着它的中心思想。为了帮助读者掌握本书的基本论点，下边对它的主要线索，作一简短介绍。

本书所包括的时代主要地是自十三世纪后期到十六世纪中叶，他把意大利在这三百年间的文化发展分成六个方面。这种分题叙述的方法是和传统的按照年代叙述的方法大不相同，这是布克哈特处理文化史的特点。在本书中，每方面作为一篇，每篇又分为若干章。

第一篇《作为一种艺术工作的国家》是本书中最长的一篇，约占全书四分之一的篇幅。这一篇分作十章，内容是叙述文艺复兴时期意大利的政治制度。布克哈特虽然突破了传统历史学的政治军事史的框子，但是他仍然把政治看作整个社会的基础，对文化起着决定性的作用。因此，他把论政治的一篇放在本书的首要地位，而且用了很长的篇幅加以叙述。但是他在本书中所讲的是政治制度而不是政治事件，这是和传统史学不同之处。他指出，在十四五世纪时，当西欧西班牙、法国、英国正走上统一的道路时，意大利由于教皇和霍亨斯陶棻家族争夺对意大利统治权的结果，仍然处在四分五裂的局面。这时意大利已经完全摆脱了神圣罗马帝国的控制，而教皇的势力既不足以统一全国，但又拥有足以阻挠意大利统一的力量。他认为这是意大利仍处于分崩离析状态的根本原因。他又指出，在此时期，意大利的许多小国中，第一次出现近代欧洲的政治精神。因为国内和国外的斗争剧烈，各国的统治者们必须对政治工作深思熟虑，老谋深算，才能保住自己的地位。于是一个新的历史事实出现了，即政治工作成为一种艺术。这个新的政治精神表现在各个方面，决定各国的内部宪法和对外政策。作者认为，正是在这个新式的政治生命的基础之上，出现了一种新的文化——即文艺复兴文化。

布克哈特把文艺复兴时期的意大利小国分为三类。第一类是专制国家。他对这些国家的暴君的横征暴敛，残酷嗜杀的罪行，作了比较彻底的揭露。同时，他也指出，这些暴君多数出身微贱，只是依靠个人的能力才得以爬到统治地位的。他们用人的政策也是如此，他们所重视的是对方的才能而不是他们的门第出身。他们喜欢接近真正有才的文人和艺术家，给他们优厚的待遇，崇高的地位，把他们推向社会的前列。让这些文人学者和艺术家们写诗撰文来歌颂他们，抬高他们的声望威信，巩固他们的统治，或替他们建筑宫殿，绘画雕塑，以增进他们的生活享受。第二类是城市共和国。布克哈特认为佛罗伦萨是“名副其实的第一个近代国家”。他又认为佛罗伦萨所以能成为意大利文艺复兴的发祥地，所以能产生这样多的诗人、艺术家、思想家，乃是因为它是社会变动最多的国家，在那里文学家和艺术家能享受充分自由。与佛罗伦萨的政治制度恰恰相反的是威尼斯，它是当时国际贸易的中心，号称世界的宝盒。但是，尽管威尼斯拥有巨大财富，有较大的政治稳定性，而且威尼斯的统治者把政治艺术提高到空前的高度，但是由于它的政治上的停滞性和秘密性，它在文化上是落后的，和它的经济地位并不相称。第三类是教皇国。布克哈特对这个时期罗马教廷的贪污黑暗，骄奢淫逸，虚伪欺骗，尤其是对教皇亚历山大六世（在位年代 1492—1503 年）的耽乐纵欲，各种令人发指的罪行，作了尽情的揭露。但他也提到教皇列奥十世（在位年代 1513—1521 年）提倡学术，重用艺术家，对于文艺复兴的影响。布克哈特所以不厌其详地述说十四五世纪意大利的政治制度，是因为在他看来，意大利的统治者最早打破了封建传统，实行新型的统治方法。这种新的政治制度，对意大利人的“早熟”，起了决定性作用。他写道：“正是因为如此，所以意大利人成了近代欧洲的儿子中的长子。”[1]

说明了文艺复兴的政治背景之后，布克哈特在第二篇《个人的发展》中又提出一个论点。在他看来，个人主义是人文主义世界观的基础，而且文艺复兴的各方面都是个人主义的表现。他指出，在中世纪时期，人们的视野，无论在观察客观世界，或在认识自

① 见第二篇第一章第一段。

己时，都被一层纱幕遮住了。这层纱幕是由宗教信仰、毫无根据的幻想和先入为主的成见织成的。意大利人最早把这层障眼的纱幕撕去了，因而认识了客观世界，并且认识了自己。这就给他们无穷的力量，使他们能在各方面创造奇迹。他认为这个新的世界观在但丁的《神曲》中已经表现出来，而这样的作品在正被经院哲学笼罩下的其他欧洲国家是绝不会出现的。因此，这位伟大诗人正是新时代的传令官。他又认为，在十五六世纪，有许多人把个性发展到最高的限度，加上一个坚强的性格，和当时现实生活的需要，遂成为在许多方面都有成就的天才人物。他举了达·芬奇的先驱者阿尔伯蒂（1404？—1472年）在各方面的惊人才能作为例证。

在论述《古典文化的复兴》的第三篇中，布克哈特指出，用古学的"再生"来概括文艺复兴的传统看法是很片面的。他认为意大利人所以能在文化上征服全欧，不只是由于古学的复兴，而是把古学的复兴和意大利人的创造天才相结合起来了。他强调这是"本书的主要论点之一"。他说：当意大利人摆脱了中世纪的文化枷锁以后，他们需要一个导师来帮助他们认识物质世界和精神世界。他们在古典文化中找到了这样的一个导师，这就是他们热爱古典文化的原因。他们并不是要复古，而是要把古典文化加以改造，以适合于自己的需要。

因此，布克哈特把人文主义者看成是沟通古今的桥梁。他们是一种新型人物，是和中世纪文化（主要是一种由教会提倡的，掌握在教士手中的文化）进行坚决斗争的战士。有许多近代学者抨击他们，说他们摧毁了意大利民族文化的幼芽。他不同意这种论调。他认为但丁、佩脱拉克、薄伽丘都是以精通古典文化而著名的。这三位大师都是现代意大利文化的缔造者。但是,除了但丁犹能保持古典文化和现代文化之间的均衡以外,其余二人都是以精通古籍而在当时得到最高荣誉。意大利的大学在人文主义兴起以前,只有宗教法、民法、医学三种科目。在文艺复兴时期,才增加上修辞学、哲学、天算学等科目。这些学科都是讲授希腊、罗马古典学问的。这些古典学问都是非基督教的,所以被看作是"人文学科"(Studia humana)。这些世俗学科(即所谓人文学科)的设置挤掉了神学在大学中的首要地位。但是一种古代的语言(主要的是拉丁文)究竟不能把现代人的思想感情完全表达出来,尽管意大利文和拉丁文的关系是比较密切的。这不但在文学作品方面是如此,而且即是历史著作也是如此。因此,十六世纪佛罗伦萨的史学大师如马基雅维里、圭奇阿尔狄尼、瓦尔奇等,都改用意大利文写历史。他们感觉到,只有活的语言才能够确切地表达他们的观察,而且传达到广大的读者群众中去。十六世纪古典文学的衰落,除了由于意大利文化的普遍衰落以外,人们的才能智力的转向方言文学发展也是一个主要原因。

在第四篇《世界的发现和人的发现》中,布克哈特又提出了一个论点,即粉碎了中世纪的精神枷锁之后,意大利人不但发现了世界,还发现了自己。在简单地叙述了意大利的航海事业和自然科学成就以后,布克哈特转入意大利人对于自然界美的发现。他指出,对于自然界的美的欣赏在欧洲是从文艺复兴时期的意大利人开始的,这完全是一个新的概念,而在欧洲古代和中世纪的文学和艺术作品中是找不到的。他认为佩脱拉克是最早明显地表示自然界的美对他的影响的一个人。因此,他认为,佩脱拉克是真正的最早的近代人之一。以后就有许多意大利诗人刻画自然界的美;而在十五六世纪兴起的佛兰德斯画派尤善于描绘自然界的美,对西欧的艺术思想产生很大影响。

布克哈特认为意大利文艺复兴运动的更为重要的成就是对"人性"的"发现"。在他看来,这是近代欧洲思想的特点之一。他指出,但丁的《新生篇》用极优美的形式,细致地、真诚地表达了他的内心的思想感情,这是第一个追求自己的灵魂的近代诗人。但丁用客观态度来描写主观感情,他的笔底下所反应的现实生活引起了读者感情上的共鸣,受到读者的爱好。后来的诗人们对但丁所发现的内心世界进行了更加深刻的探索,写出了许多著名的诗篇。除了诗歌、小说外,这时期的传记文学也很兴盛。他认为,在这些作品中,意大利人表现了善于抓住特点,刻画性格的才能。

从内心的描写,布克哈特又说到对于人的外形的刻画。在这方面,文艺复兴时期的文学家和艺术家也以观察细致、描写确切著名。他说,直到今天,意大利人最善于用简单一二句话勾画出一个人的外形和性格的特点。

在名为《社交与节日庆典》的第五篇中,第一章称为《阶级的平等化》。在这一部分中,布克哈特指出意大利的富裕市民已经和封建贵族取得平等地位,而且在生活方面也难以区别了。他指出,自十二世纪以来,意大利的封建贵族和市民共同居住在城市之中,他们利害相同,休戚相关,而且生活方式已无分别,文化教养大致相同。在此时期,社会所重视的是有钱有闲的人,而不是他们的门第出身。他把这种社会变动称为"阶级的融合"。在下边几章中,他又指出,在近代国家中间,意大利最早出现了文明生活习惯。他们讲究礼貌，重视言辞，举止娴雅，服装整洁，居住舒适，注意教育和体育锻炼。在这些方面，意大利人都高出于当时其他各国之上。

只是在本书的最后一部分，即《道德与宗教》一篇中，布克哈特才指出意大利文艺复兴的阴暗面。他引用了马基雅维里的一句名言作为出发点，即："我们意大利人较其他国家的人更不信奉宗教，更腐败，因为教会和它的代表给我们树立了最坏的榜样。"马基雅维里把意大利人的道德败坏归咎于教会的影响；但是布克哈特又举出了更为重要的原因，他认为这是个人主义极端发展的结果。在个人主义的推动下，人们为了满足自己的欲望，实现自己的野心，就不择手段，不顾一切，为非作恶，无所不为，但图自己的快乐，绝不管别人的痛苦和舆论的指摘。但是，布克哈特虽然看到这一点，他对这些社会现象并不完全加以否定，而认为这是因为当时意大利正处在这样一个时期，旧的道德标准已经不能维系人心，而新的社会责任感还没有树立起来。在这样的一个过渡时期，必然会产生一些混乱现象，这是不能避免的。尽管如此，意大利文艺复兴的文化仍然是当时文化的高峰，而它的艺术的光辉更是古代和中世纪所望尘莫及的。这就是他对意大利文艺复兴时期的文化的评价。值得注意的是，本书虽分六个方面论述意大利文艺复兴的文化，但是并未讲到美术，这不能不说是本书的一个缺点，尤其令人感到奇怪的是，本书乃出自一位美术史专家之笔。据作者自己说，他本打算对这问题另写一本专著，但永未能实现。[①] 只是在库格勒主编的《建筑史》中，收入了他所写的《意大利文艺复兴时期的

① 见《引言》第一段末。

建筑与装饰》。这部分论著写成于1867年,见《建筑史》第四册。

布克哈特所提出的关于文艺复兴的这些基本论点奠定了资产阶级史学关于文艺复兴的理论基础。一个现代资产阶级文艺复兴史家写道:"在这部书出版后五十年中,它的内容被大多数的历史家几乎毫无保留地接受了,直到今天它仍然代表着关于文艺复兴的正统见解,虽然反对这些见解的风暴越来越猛烈了。"[①]可见本书所提出的论点构成资产阶级历史学对文艺复兴的正统理论;这些理论在今天虽已不是全部为资产阶级历史家所接受,但仍是他们研究这门学问的出发点,直到今天还没有另外一种著作完全代替它的地位。

但是,尽管布克哈特对意大利文艺复兴进行过长期的研究,掌握了丰富的资料,但是他是站在资产阶级的立场,运用形而上学的方法来进行研究的。他所提出的许多重要论点,与以历史唯物主义为指导的、把历史真正作为科学的研究有着本质区别。这里,只对布克哈特的主要错误论点提几点初步的批判,以供阅读者参考。

第一,布克哈特把文艺复兴的产生归功于各国君主和统治者的提倡与爱好,因此用了全书四分之一的篇幅来叙述当时意大利各国的政治情况,他虽然也认识到文艺复兴文化是一个新文化运动,但是未能把这个新文化运动和当时的经济发展、阶级斗争联系起来,因而不能说明文艺复兴运动的经济基础和它的社会性质。欧洲文艺复兴发生在十四至十六世纪,这并不是偶然的。恩格斯指出:"欧洲式文艺复兴的时代是以封建制度普遍解体和城市兴

① Fergson.

起为基础的。”[①]而欧洲文艺复兴运动最先从意大利开始，也是有它的经济制度和阶级斗争方面的根源的。马克思指出，“在十四和十五世纪，在地中海沿岸的某些城市已经稀疏地出现了资本主义生产的最初萌芽。”[②]这是指意大利的许多城市小国而言的，在那里已经出现了工场手工业、早期的资本家。经过残酷的、长期的阶级斗争，资产阶级终于夺取了城市的政权。文艺复兴运动正是反映资产阶级和封建地主阶级在意识形态领域中的尖锐斗争。斗争的锋芒是针对天主教会的黑暗腐败和它所提倡的以经院哲学为基础、以禁欲主义为中心的腐朽世界观。人文主义者对天主教会的腐败和虚伪进行了猛烈的攻击和彻底的揭露。按照人文主义者所提倡的新世界观，宇宙的主宰不是神而是人；人生的目的不是死后的“永生”，而是现世的享受。他们推翻了基督教“人一生下来就有罪”的说法，而指出人的自然欲望不是什么罪恶，需要加以压抑，而是正当的要求，应该予以满足。男女之间的爱情并不是什么丑事，需要加以隐讳，而是人生最高贵的感情，应该加以歌颂。这是欧洲思想史上一大革命，它把人们的思想从神学的枷锁和封建的桎梏中解放出来，为人类的才能智慧开辟了广阔的天地。布克哈特虽然也承认阶级的存在，但是他所强调的不是阶级斗争而是阶级调和。在本书第五篇第一章中他认为文艺复兴时期封建贵族和富裕市民的社会地位的平等是当时社会的一个特点。这章给人的印象是：仿佛封建贵族自动退出历史舞台，甘心与资产阶级和平

① 恩格斯：《德国农民战争》，中文版1962年版，第173页。

② 马克思：《所谓原始积累》，载《马克思恩格斯选集》，中文版第2卷，第222页。

相处。我们如果考察一下这一时期意大利的历史，即不难发现，当时意大利各个城市国家都经过了市民与封建贵族残酷的、长期的斗争。即以最先进的佛罗伦萨为例，市民反对封建贵族的斗争直到1293年“正义法规”的颁布，才以封建贵族的彻底失败而告一段落。从此政权完全落于新兴资产阶级之手，以后的阶级斗争主要的是劳动人民反抗资产阶级统治压迫的斗争了。其他城市国家也经历了类似的过程，但有些国家并不像佛罗伦萨这样彻底。至于当时的教皇国则成了封建领主的最后堡垒，也是全意大利最落后的区域。布克哈特没有从当时的经济发展，阶级斗争中寻求文艺复兴产生的原因，说明它的社会性质，因而对这些重大问题就不能作出科学的说明。

第二，布克哈特由于局限于资产阶级的偏见，使他看不见人民群众对文艺复兴的伟大贡献。他认为文艺复兴文化只是那些有钱有闲的上层分子的成就，而劳动人民是没有份的；因此劳动人民在他的书中毫无地位。这充分表现他轻视劳动人民的资产阶级立场。毛主席指出：“人民生活中本来存在着文学艺术原料的矿藏，这是自然形态的东西，是粗糙的东西，但也是最生动、最丰富、最基本的东西；在这点上说，它们使一切文学艺术相形见绌，它们是一切文学艺术的取之不尽、用之不竭的惟一的源泉。这是惟一的源泉，因为只能有这样的源泉，此外不能有第二个源泉。”[①]这是颠扑不破的真理，文艺复兴也并不例外。布克哈特也承认，文艺复兴真

① 毛泽东：《在延安文艺座谈会上的讲话》，载《毛泽东选集》第3卷，第862页，人民出版社1953年第2版。

正的伟大作品不是那些模仿古人的假古董，而是作家们的天才创造；但是他并不认识，他们的创造的源泉正是当时人民的现实生活，而且当时最伟大的作品，如《神曲》、《十日谈》等，都是用人民大众的语言（所谓方言）而不是用拉丁文写成的。但丁又著《论方言》一文，主张用活泼生动的方言，而不用死板生硬的拉丁文来进行创作，这样才能表达作者的真正思想感情。这种方言便是人民大众所创造的。不但文学作品如此，艺术作品也是如此。当时的伟大艺术作品，虽有些以宗教艺术为课题的，但他们所反映的仍是当时的现实生活，因此能给人以真实的感觉。而且当时的各种艺术创作，如绘画、雕塑、建筑，都是在无数的工匠长期积累的经验的基础之上提高的。

第三，正是由于布克哈特站在资产阶级立场，他对文艺复兴时期的人文主义、人性论、个人主义等资产阶级思想，宣扬备至，把它们看作推动文化发展的动力。诚然，人文主义、人性论、个人主义等思想，是资产阶级用来摧毁封建主义、经院哲学的思想武器，在反封建、反教会斗争中也曾起过进步作用。但是，社会是不断前进的，等到封建制度被彻底打垮，资产阶级的统治地位已经稳固之后，这些思想便成了资产阶级欺骗人民的口头禅，阻碍社会进展的绊脚石了。布克哈特不顾历史条件，把这些思想看作“永恒”的“真理”，我们必须加以严正的批判。

人文主义这个名词（英文是 Humanism，也译作人道主义），起源于十五世纪的“人文学科”，本来是指以希腊文、拉丁文为基础的那些学科，如修辞学、逻辑学、天算学等而言，以区别于大学中传统的神学、法学科目。这些人文科目的设置受到学生们的欢迎，推翻了中世纪以来神学在学术上的垄断地位。这些人文主义学者又利用对古代文字的知识来批判经院学派的神学。例如,他们证明,某些天主教会历来所奉为金科玉律的信条,原来是建立在错误的翻译的基础之上的。他们又证明,某些罗马教廷所用来作为统治权依据的历史文件原来是天主教会所伪造的。这些论著对经院哲学和天主教会的威信给以致命的打击,对于人们思想的解放,起了巨大作用。后来十八世纪的启蒙主义者,也把它用来作为反对神道和君权的思想武器。这种思潮在欧洲的反封建、反教会的斗争中,是起过积极作用的。到了十九世纪,历史家才创造了"人文主义"(Humanism)这个名词来概括文艺复兴时期人文学者的世界观。但是十九世纪的各式各样的人道主义,虽然在某些方面是文艺复兴时期的人文主义的发展,它继承并且发展了人文主义的人性论、"人类的爱"等思想;但是两者之间又有重大区别。这种区别在于人文主义是反宗教的,而十九世纪各式各样的人道主义一般是以宗教为核心的。这就表明,人文主义在文艺复兴时期本是起过进步作用的,但是到它发展成人道主义时则成为资产阶级欺人之谈了。人文主义和人道主义既有联系,又有区别,因此在欧洲文字中有的虽仍用一个字(如俄文),但字典中往往注明它们不同的含义;有的区别为两个字(如英文中既有 Humanism,又有 Humanitarianism 这个名词)。在中国,关于世界史的著作中,一般把文艺复兴时期的 Humanism 译作人文主义。虽然在本书中,布克哈特所论述的只是文艺复兴时期的人文主义,还没有涉及它的后来发展;但是当我们对文艺复兴进行研究时,应该注意这个问题,并坚持用马克思列宁主义的阶级分析和阶级斗争的观点,进行研究和批判。

人性论是人文主义的核心。当时人文主义者抬出“人”的概念来(所谓“人的发现”、“自我的发现”)来反对以神为中心的经院哲学和禁欲主义,这个学说对于解放人们的思想是起了一定作用的。但是他们所宣扬的人性,实质上是资产阶级的人性。他们把它说成是惟一的人性、超阶级的人性,这是欺人之谈。毛主席说:“在阶级社会里就是只有带着阶级性的人性,而没有什么超阶级的人性。我们主张无产阶级的人性,人民大众的人性,而地主阶级资产阶级则主张地主阶级资产阶级的人性,不过他们口头上不这样说,却说成为惟一的人性。”[①]几千年来,中外思想家对于人性问题曾经进行过剧烈的争论,但是他们都抽掉了人性的阶级内容,讨论抽象的人性,因此得不出正确的结论。

资产阶级宣扬的所谓“人性”,实质上是资产阶级的个人主义。资产阶级的个人主义的产生是资本主义萌芽时期生产关系要求的反映,在反对封建制度的桎梏和解放人们的思想中是起过一定作用的。但是我们也应该看到,个人主义是建立在资本主义剥削制度的基础之上的,它从最初就具有既反对封建制度,而又压迫劳动人民的两面性。布克哈特虽然也揭露了个人主义某些流弊,但是他认为这是过渡时期的暂时现象,实际上这是资本主义生产关系所决定的。随着资本主义的发展,个人主义的罪恶只会愈演愈烈。他没有看出,文艺复兴文化只是极少数人的文化,广大的人民群众根本没有发展他们的才能的机会。只有在资本主义制度被

① 毛泽东:《在延安文艺座谈会上的讲话》,载《毛泽东选集》第3卷,第871页,人民出版社1953年第2版。

推翻之后,知识文化才能在人民大众的手中得到充分的发展。

以上是关于本书的几个主要问题的初步批判。本书所涉及的范围很广,细致而全面的批判,必须留待读者在披阅本书时来进行。以下简单地介绍一下在本书出版以后布克哈特的活动和文艺复兴研究的新发展。

此书出版后十一年,在巴黎建立了全世界第一个无产阶级的政权。这件事引起了布克哈特的极端仇视。他认为巴黎公社的出现是欧洲文明崩溃的开始。从他对无产阶级专政所抱的资产阶级偏见,可以看出他的资产阶级立场是十分顽固的。

此书出版以后,布克哈特虽又活了将近四十年,但他并未再出版过一本新书。1872 年,当时德国著名的历史家兰克逝世时,柏林大学邀请他继任兰克所遗留下的讲座,这是当时欧洲历史家所能得到的最高荣誉。他谢绝了,仍留在巴塞尔教书,一直到死。他晚年在巴塞尔大学讲授的《希腊文化史》和《世界史导论》的讲稿,都是在他死后,经他的弟子们整理出版的。近年来,西方的资产阶级历史学界从故纸堆中把代表他的保守观点的《世界史的考察》[1]发掘出来,译成英文出版,并且大肆宣扬,以和马克思主义历史科学对抗。

在布克哈特的《意大利文艺复兴时期的文化》出版不久,英国资产阶级历史家西蒙斯的多卷本的《意大利文艺复兴》(7 册,

① Burckhardt:*Weltgeschichte Betrachtungen*,(Basel,1905 年)。英译本 *Force and Freedom*(1957 年),*Judgements on History and Historians*(1958 年) *Reflections on History*(1958 年)等即自此书译出。

1875—1886 年伦敦出版)[1]开始与读者见面。此书所包括的范围和主要论点,虽和布克哈特的名著基本相同,而且受了他的影响,但因它的卷帙较多,资料更为丰富,叙述更加细致,因而读起来比较易懂。此书虽和布克哈特一样,不涉及经济,但有论艺术的专卷(第三册)。这书被西方资产阶级历史学界认为是关于文艺复兴的第二部重要著作。

自布克哈特和西蒙斯全面地论述了文艺复兴的历史发展以后,这方面的研究者,多从事于分门别类的专门研究。除了文艺复兴时期的文学史、艺术史、思想史等专门著作外,值得注意的是意大利文艺复兴时期经济发展的研究,其中最著名的是奥地利学者道伦在这方面的著作[2]。

当资本主义发展到帝国主义阶段后,一切资产阶级学术更趋于反动,关于文艺复兴的研究也是如此。资产阶级历史家由于害怕革命,故意贬低革命运动的历史作用,甚至鼓吹庸俗进化论的观点,硬说社会发展完全是演变的过程,而否认历史上有过革命性的变革。关于文艺复兴,他们反对它是一个文化革命的说法。美国资产阶级中世纪史家哈斯金斯在《十二世纪的文艺复兴》一书中,把西欧十二世纪的城市文化说成是"文艺复兴",以降低十四到十六世纪文艺复兴的地位。他企图使人相信,"历史发展是连续不断的。在两个时代之间,根本就没有明显的、剧烈的变化。现代研

---

① J. A. Symmonds:*Renaissance in Italy*(7 vols. London,1875—1886).全书分七册:第一册,《暴君时代》(1875 年);第二册,《学术的恢复》(1876 年);第三册,《美术》(1877 年);第四、五册,《意大利的文学》(1881 年);第六、七册《天主教的反动》(1886 年)。

② A. Doren,*Italienische Wirtschaftsgeschichte*(Jena,1934).

究的结果证明,中世纪并非如从前人所想象的那样黑暗与停滞,而文艺复兴也不是那么光明与突如其来。”[①]另外两个美国资产阶级中世纪史家又提出了一个更加反动的观点。泰勒写了一部论文艺复兴时期文化的书,根本不用文艺复兴这个名词,而称之为《十六世纪的思想与表现》[②]。桑戴克在《十五世纪的科学与思想》一书中不但不承认文艺复兴这个事实,而且还把这个时期说成是文化的衰落。[③] 现代的新托马斯主义历史家,如法国的马利坦(Jacques Maritain)、吉尔逊(E. Gilson)等人,又提出,“真正的人文主义”是经院哲学的产物;十一二世纪经院哲学思想比文艺复兴时代的远为深刻。二十世纪六十年代出版的《意大利文艺复兴在它的历史背景中》,作者力图推翻布克哈特所提出的文艺复兴是近代文化开端的说法。[④] 这些都反映了现代资产阶级历史学堕落的程度。我们必须运用马克思列宁主义、毛泽东思想的锐利武器,对文艺复兴进行历史的、辩证的研究,才能使光辉灿烂的文艺复兴恢复它真正的历史面貌。

齐思和

1978 年 8 月

① C. H. Haskins:*The Renaissance of the Twelfth Century*(Cambridge, U. S. A. 1927), p. 178.

② H. O. Taylor:*Thought and Expression in the Sixteenth Century*(2 vols. New York. 1920).

③ L. Thorndike:*Science and Thought in the Fifteenth Century*(New York, 1929), p. 10.

④ Hay, D:*The Italian Renaissance in Its Historical Background*(New York, 1961).

致谢与说明

本书原文为德文,中译本是根据英译本(根据德文本第十五版译出)转译的,由北京师范大学历史系马香雪同志校订全书并补译了注释,北京大学历史系朱龙华同志进行了审读。帮助选择了插图一百一十幅并写了说明。为帮助读者理解全书,特请北京大学历史系齐思和教授写了一篇序言。我们在此一并致谢!

本书作者在书中经常提到的“见本书第某页”,还有索引页码,都是指原书页码。我们照译。原书页码标在页边,请读者索查时注意。

目　　录

第一篇　作为一种艺术工作的国家

第二篇　个人的发展

第三篇　古典文化的复兴

第四篇　世界的发现和人的发现

第五篇　社交与节日庆典

第六篇　道德与宗教

插 图 目 录

一、城市和建筑

二、代表人物

三、生产活动和社会生活

四、科学与文艺

五、文化教育、宗教与娱乐

第一篇　作为一种艺术工作的国家 21

第一章　引言

本书的书名标志它本身是一篇在最严格意义上的论文。[①] 作者本人深知自己是以如何有限的才能来从事一项如此艰巨的工作的。而且即使作者本人对自己的研究成果有较大的信心，也还不能因此就敢保证它们能得到识者的赞许。事实上，任何一个文化的轮廓，在不同人的眼里看来都可能是一幅不同的图景；而在讨论到我们自己的文化之母，也就是直到今天仍对我们有影响的这个文化时，作者和读者就更不可避免地要随时受个人意见和个人感情的影响了。在我们不揣冒昧走上的这个汪洋大海上，可能的途径和方向很多；本书所用的许多研究材料，在别人手里，不仅很可能得到完全不同的处理和应用，而且也很可能得出截然不同的结论。的确，这个题目是如此的重要，甚至现在仍有必要对它做新的探讨，并且可以从各种不同的角度来进行有利的研究。与此同时，只要人们能耐心地倾听我们的意见并对本书作一个全面理解和评

① 德文原书的书名为 *Die Kultur Der Renaissance in Italien*：*Ein Versuch* 即《意大利文艺复兴时期的文化：一篇论文》，英译本删去了这个副题。——译者

价，我们就很满足了。写文化史的一个最严重的困难就是为了无论如何要使人理解而必须把伟大的知识发展过程分成许多单一的，和往往近似武断的范畴。我们以前曾有意写一部关于《文艺复兴时期的艺术》的专著来弥补本书的缺陷，但这个意图我们仅仅能够实现一部分。[①]

历代教皇与霍亨斯陶棻王朝之间的斗争使得意大利的政治情况截然不同于西方的其他国家。在法兰西、西班牙和英格兰，封建制度因为非常有组织，所以在解体时，就自然而然地转化成为一个
22 统一的君主国家；在德意志，封建制度至少在表面上有助于维持帝国的统一；而在意大利此时则几乎已完全摆脱了封建制度。十四世纪的皇帝们，即使是在最得志的时候，人们也不再承认和尊敬他们是封建君主而只是把他们看作是既存诸势力的可能的领袖和支柱；同时，教皇政权[②]及其傀儡与同盟，虽然有充分力量阻碍国家未来的统一，然而它本身却没有足够的力量来完成这种统一。在这二者之间，有许多政治单位——共和国和专制君主国，其中一部分历史较久，一部分是新兴的，而它们都只是依靠着它们的实力来维持自己的存在。[③] 在它们身上，我们第一次发现了近代欧洲的政治精神，这种精神就是随心所欲，常常表现出肆无忌惮的利己主

① 弗兰茨·库格勒编著《建筑史》的第 4 卷前半部题为《文艺复兴史》，论述意大利文艺复兴时期的建筑和装饰，为本书作者所著。

② 马基雅维里：《史论集》第 1 卷，第 12 章："意大利所以没有处在同样的情况，是因为既没有一个共和国也没有一位君主来统治它，而只有教会国家；因为那里虽存在和保留着世俗政权，但没有强大有力到足以占有意大利其余的地方而成为它的君主。"

③ 当时的统治者及其臣属统称"lo stato"（"国家"），之后这一名称就取得了在一个领土上的集体存在的意义。

义的最恶劣的面貌，践踏每一种权利和摧残一个比较健康的文化的每一个萌芽。但是，无论哪里只要这种邪恶的倾向得到了克服或者以任何方式得到了补救，历史上就出现了一个新的事实——出现了经过深思熟虑、老谋深算的国家、作为一种艺术工作的国家。这种新的国家生活以千变万化的形式在共和国家和君主专制的国家里边表现了出来，并决定了这些国家的内部组织和外交政策。以下我们仅就暴君专制国家所体现的那种更为完全和更为明确的国家类型来加以考察。

南意大利和西西里的诺曼帝国经过弗里德利希二世[①]改革之 24
后，为暴君统治下的国家的内部情况提供了一个令人难忘的近似的写照。在邻邦萨拉森人的叛乱和危险中成长起来的弗里德利希是登上皇帝宝座的第一个近代型的统治者。他很早就养成了在判断和行动上完全客观地对待一切事务的习惯。他对于萨拉森国家的内部状况和治理情形有深刻的认识，他同教皇所进行的生死斗争迫使他和他的敌手一样，不能不拿出他所有的全副力量来应付。弗里德利希的措施（特别是在1231年以后），目的在于彻底地摧毁封建国家，把人民变成为缺乏意志、没有抵抗能力、而极端有利于国库收入的广大群众。他以西方国家未之前闻的方式，以规定由他并未加以废除的封建法庭向帝国法官起诉的权利来实行整个司法和行政的中央集权。从此以后，没有一官半职可以由人民选

① 温克尔曼：《论弗里德利希二世在位时西西里王朝的内政》，柏林，1859年。德勒·维克基奥：《皇帝弗里德利希二世时代的法制》，都灵，1874年。温克尔曼和喜尔马舍尔二人曾对弗里德利希二世作过充分而透彻的讨论。（弗里德利希二世〔1194—1250年〕，是神圣罗马帝国皇帝，德意志和西西里国王。——译者）

举来充任,违则严惩不贷,地区要遭到蹂躏,居民要遭受奴役。他实行了国内税收制度;税收是根据综合的估定,并按照伊斯兰教国的惯例来摊派的;征税的方法十分残酷而恼人,如果没有这些方法,要想从东方人那里得到任何金钱的确是不可能的。总之,我们在这里所看到的不是人民,而仅仅是一大群唯命是从的百姓;例如,不经特别许可不准和外国人通婚,在任何情形下都不准他们到国外去留学。那不勒斯大学是我们所知道的第一所限制研究自由的学校,而东方各国,在这些方面无论如何是不限制它的青年的。弗里德利希模仿伊斯兰教国的统治者,在地中海各地进行贸易以逐利,把许多商品垄断在自己手中,并想尽方法限制臣民的商业。那些法提玛朝的哈利发们尽管对秘教有种种怀疑,但至少在他们的早期历史中,对于他们人民的不同信仰还是容忍的;而弗里德利希却反是,他靠宗教裁判来完成他的统治制度。当我们想到他以迫害异教徒为名,而实行迫害自由城市生活的代表人物时,我们就更不能不感到这种宗教裁判的应予谴责。最后,国内警察和对外作战的军队的核心是由从西西里移到诺切拉和卢切拉的萨拉森人组织起来的;这些人根本不顾人民的疾苦和教会的禁令。在以后的一个时期内,他的臣民因为长期不习武备,所以只有束手坐视曼弗雷[①]的灭亡,坐视政权被安茹的查理夺取而不救。安茹朝的查理继续采用了这个他发现已经行之有效的制度。

25 在这个实行中央集权政治的皇帝身边出现了一个最特殊的篡

① 曼弗雷(Manfred,1232—1266 年)是弗里德利希二世的私生子,霍亨斯陶棻王朝的最后一代。1266 年为安茹朝查理所败,死于战争中。——译者

夺者,即他的代理人,埃兹利诺·达·罗曼诺驸马。他并不是某种政治制度或治理方式的代表人物,因为他的全部活动不过是在北意大利东部进行无益的争夺霸权的斗争。但作为一个政治上的典型人物来看,他对于将来的重要性却并不减于他的保护者弗里德利希皇帝。在中世纪,前此所发生的一切征服和篡夺,不是以真正的或伪托的继承权等类理由为借口,就是以反对不信宗教和被开除教籍的人为口实。这里,他却第一次地公开使用大规模的谋杀和各种各样的暴行来建立王位,总而言之,为达目的,不择手段。他的后继者,连凯撒·波几亚[①]也包括在内,没有一个人能够和他的犯罪之大相比拟;不过,先例一开就会有人效尤,所以他的灭亡并没有在许多国家中间恢复正气,而后来的篡夺者也并没有引为鉴戒。

生逢弗里德利希时代的圣托马斯·阿奎那,只是徒劳地创立了君主立宪的学说,主张君主应该得到自己任命的上议院和人民选举的下议院的支持,他枉自主张给人民以革命的权利。[②] 这些学说不能在讲堂外边得到反响,而弗里德利希和埃兹利诺却落得成为意大利十三世纪时非凡的伟大政治人物而名垂后世。他们那种已经成为半传说中的人物性格构成了《古代故事百篇》的最重要的题材;这部书的原稿无疑是在这一个世纪里写成的。[③] 在这

① 凯撒·波几亚(Caesar Borgia,1476—1507 年)是意大利的军人和政客,教皇亚历山大六世的儿子,曾出征北部意大利的各城邦,以凶狠残暴为人所痛恨。——译者

② 菩曼:《圣托马斯·阿奎那的政治学》,来比锡,1873 年,特别见 136 页以下。

③ 《古代故事百篇》,1525 年版。关于弗里德利希,见故事第 2、21、22、23、24、30、53、59、90、100 各篇;关于埃兹利诺,见第 31 篇,尤见第 84 篇。

些故事里边，弗里德利希已经被表现为有权来随意处理臣民的财产，并以他的人格的力量对于一切人，甚至对于罪犯都发生有深远影响的人物。而故事中谈起埃兹利诺时则由于他留给人的无所不能的印象使人凛然生畏。他成了从目击者的编年史记载到以后诗人半神话式悲剧创作[①]的全部作品的中心人物。

弗里德利希和埃兹利诺灭亡以后，立即在当时的历史舞台上出现了一群暴君。圭尔夫派和吉伯林派[②]的斗争给他们提供了机会。他们一般都是以吉伯林派的领袖身份出现的，但时代和处境却如此不同，因而不能不使我们就此认识到一条高出一切的普遍的势所必然的规律。他们所用的手段是过去党争中司空见惯的，即放逐或消灭敌人及其家族的手段。

26 第二章　十四世纪的暴君专制

十四世纪的大小暴君专制充分证明，像这样的事例在这一世纪犹未消灭。它们的恶行十分昭著，历史家曾经不厌其详地加以叙述。国家是完全依靠自己的力量而存在，并为此目的而科学地组织起来的，它们比那纯属历史故事的东西引起我们的兴趣还更大。

---

① 斯卡尔第奥尼乌斯：《帕多瓦古都记》，载格雷维乌斯：《意大利古代文化与历史宝典》第6卷，第3章，第259页。

② 圭尔夫派和吉伯林派（Guelphs and Ghibellines）是中世纪后期两个敌对的政治党派，前者支持教皇，后者支持皇帝。这个斗争从十二世纪初起蔓延到意大利各城市，引起各种纷扰和党争，直到十五世纪才逐渐平息。——译者

由于有意识地采取当时意大利以外的君主想象不到的手段，加上在全国范围内施行俨然绝对的权力，使得暴君当中产生了一种特殊的人物和特殊的生活方式。[①] 一个精明的统治者所掌握的治理要诀是尽可能地把征税的范围固定在原有的或者他最初所规定的项目上。收入的主要来源是：经过估定税额的土地税，一定种类的消费品税和进出口货物的关税，以及统治家族的私有财产。惟一增加税收的可能要靠商业发达和普遍的繁荣发展。像我们所
看到的自由城市里的公债在这里是没有的；只要公众的信用不至 27
于受到动摇，有周密计划的没收被认为是一种比较可取筹款方法——例如用罢免和夺取财政监督官财产的地道的东方办法来达到这一目的。[②]

从这笔收入中支出小朝廷的费用，卫士和雇佣兵、公共建筑工程，以及侍奉在君主个人左右的弄臣和才人的费用。暴君统治的不合法使暴君陷于孤立并经常处在危险的包围之中；他所能结成的最光荣的同盟就是和聪明才智之士交往而不考虑其出身如何。十三世纪北方君主的豪爽大方只限于对待那些武士和侍从左右歌功颂德的贵族。意大利的暴君却与此不同。他渴求声誉和热衷于不朽的事业，所以他所需要的是才能而不是出身。他和诗人、学者
为伍，感到自己有了一个新的地位，的确，他感到自己几乎有了一 28
个新的合法的根据。

在这一方面最出名的是维罗纳的统治者斯卡拉。他的宫廷所

① 西斯蒙第：《意大利诸共和国史》第4卷，第420页；第8章，第1页以下。

② 弗朗哥·萨克蒂：《故事》，第61、62篇。

接待的著名亡命者中间有全意大利的代表人物。[①] 当时的文人学士并非不感恩戴德。佩脱拉克曾经访谒这些人的宫廷并且曾因此而遭到严厉的谴责；他描写出了十四世纪的一个君主的典型的形象。[②] 他对他的保护人，帕多瓦的君主提出了极大的希望，但采取的方式是表示认为君主是能够做到这些事情的。

> "您必须做您臣民的父亲[③]而不是做他们的主人，必须爱他们如您自己的儿女，如您自己的手足。武器、卫士、军队，可用来对付敌人——对于您的臣民，善意就足够了。我所说的人民自然是指那些热爱现存制度的人说的；那些每天都希望变革的人们是反叛者和叛徒，对于他们要用严峻的法律加以制裁。"

文章接着详细地叙述了纯属近代关于国家的无限权力的想象。国君应该完全不依靠廷臣而能同时俭朴地治理好国家。他将亲自掌管一切事情，维持和恢复教堂和公共建筑，保持城市警察，[④]疏导沼泽，监督酒类和谷物的供应。他将实行严厉的法律，摊派捐税时必须使人民认识到收税的必要和君主的不得不伸手向人民要钱的苦衷。帮助那些疾病无告之辈，给予那些著名学者以

---

① 诚然，但丁据说曾失去了那只有骗子们才知道如何维持的这位君主的宠幸。见佩脱拉克：《大事记》第 2 卷，第 3 章，第 46 页中的重要记事。

② 佩脱拉克：《晚年书简》第 14 卷，第 1 书，《致卡拉拉的弗兰切斯科》（1373 年 11 月 28 日），本书简有时用《论治国的最善策》为标题出单行本，如 1602 年，伯尔尼版。

③ 直到一百年以后，君主夫人才被称为"国母"，参见克利维利对毕安卡·马利亚·维斯康提所作的悼词，载《意大利史料集成》第 25 卷，第 429 栏。教皇西克塔斯四世的一个姊妹即在伏拉泰拉的作品中（载《意大利史料集成》，第 23 卷，第 109 栏）被讽刺地模仿这一用语，称为"教会之母"。

④ 在以前的一次谈话中，佩脱拉克曾附带地提出请求，希望君王再度禁止在帕多瓦大街养猪，因为这使人见而生厌，对外国人尤其如此，并且易于使马匹惊逸。

保护和接待，这些人关系到他今后久远的声名。

尽管当时这种政治制度可能有许多较光明的方面和个别统治者有许多优点，但十四世纪的人都或多或少地明显地意识到这些暴君专制的政权大多数是短促而靠不住的。这样一些政治机构，其安全的程度自然是与他们立国的领土面积的大小成正比例的，所以，较大的城市国家经常想要吞并那些较小的国家。当时，单是牺牲在维斯康提家族手中的就有上百个这种小君主。由于这种外部的危险，也就不断发生内部的骚乱，这种处境对于统治者的性格
一般地产生了最有害的影响。掌握绝对的权力，沉溺于奢靡和放 29
纵自私、有遭受敌人和谋叛者方面攻击的危险，所有这些都几乎不可避免地把他变成了最坏的名实相符的暴君。如果他能信任他最近的亲属那就好了。但在一切都是不合法的情形之下，无论是君位的接替或统治者的财产的分配，都不可能有正规的继承法律；所以，如遇继承人能力薄弱或者是一个未成年的人，为了家族本身的利益就不免要由一个比较具有坚强性格的伯叔或从兄弟来取而代之。庶出子的承认或驱逐成了斗争的根源。结果这些家族大多数就为一群互相不满和互相仇视的亲族所困扰。这种情况不断地引起叛乱的爆发和酿成可怕的家庭流血的惨剧。有时，觊觎王位的人在国外过着流亡的生活，如在加达湖上以打鱼为生的维斯康提家族的废主，[①]即曾以冷静耐心的态度观察着当时的局势。当他的敌手的使者问他，打算什么时候和怎样再回到米兰时，他回答

① 佩脱拉克：《大事记》，第3卷，第2章，第66页。指的是维斯康提家族的马提奥一世和他的敌手，当时统治米兰的圭多·德拉·托利。

说："只有用和放逐我时所用的同样手段，才能使我回去，但必须
等到他的罪恶超出我的罪恶的时候。"也有时，为了保全整个家
族，暴君为他的亲属所弑，以平息他的暴行所引起的公愤。[①] 在少
30 数的情形下，统治权掌握在整个家族手中，或者至少统治者必须听
从他们的意见；在这种情况下，关于财产和权势的分配也时常引起
激烈的争哄。

这整个政治制度引起了当时佛罗伦萨的作家们深恶痛绝。即
使暴君是为了使人民有更深的印象，而不是为了渴望满足自己的
虚荣，他的炫耀夸示的排场也引起了他们最尖锐的嘲讽。一个冒
险家如果落到他们手中就要倒霉，如比萨一跃崛起的阿盖罗总督
31 （1364 年），他常常手持金王杖出游，并在他住房的窗口出现，像
"圣骨被供陈一样"，偃卧在锦衾绣榻之上，由膝行的侍从把他当
作教皇或皇帝一样地侍奉。[②] 但是佛罗伦萨的老作家们却往往用
一种高傲严肃的口气来谈这个问题。但丁看出了显示新国君野心
的那些鄙俗与平凡的东西，并对它们作了很好的描绘[③]："他们的
号角和钟铃，他们的喇叭和长笛有些什么意义呢？不过是报告
'一个绞刑吏来了，一群兀鹰来了'而已！"人民心目中所描绘的暴

① 马提奥·维兰尼（指《年代记》。本书以下注解中往往用作者姓名来代表他的作品或文章，以省篇幅。——译者）第 5 卷，第 81 页载：维斯康提家族的马提奥二世（马菲欧罗）被他的弟弟暗杀。

② 菲利波·维兰尼：《历史》，第 11 卷，第 101 页。佩脱拉克用同一语调谈到暴君穿着打扮"好像节日的祭坛"。卡斯特拉卡内在卢卡的凯旋游行，曾由泰格利默在他的传记中详加描述。载《意大利史料集成》第 11 卷，第 1340 栏。

③ 《俗语论》第 1 卷，第 12 章……"他们不以英雄的气概，而以庸俗的作风来追求高傲。"

君的城堡是一所高耸的孤零零的建筑物，里边充满了地牢和偷听管，[①]是一切残酷暴虐和悲惨痛苦的根源。凡是为暴君服务的人都被警告要遭到不幸，[②]而暴君自己最后也甚至于成为一个可怜的对象：他不可避免地要成为一切善良而诚实的人们的仇敌；他不能信任任何人，并且可以在臣民的脸上看到大家都在盼望他的灭亡。“随着暴君专制的兴起，发展和巩固，其中也就开始滋长着必给它们带来解体和灭亡的潜伏因素。”[③]但我们还没有谈到人们对于这些暴君不满的最深刻的原因；佛罗伦萨在当时是人类的个性发展得最为丰富多彩的地方，而那些暴君们却除了他们自己和他们最亲信的人们的个性以外，不能容忍其他人的个性存在和发展。他们对于个人实行最有力的控制，甚至于建立了护照制度。[④]

许多暴君迷信占星术和不信宗教，在他们同时代的人们的心目中，给这种被上帝舍弃了的可怕的生活涂上了一层特殊的色彩。当卡拉拉家族的最后一个君主不能再保卫为瘟疫所袭击的帕多瓦的城墙和城门，而被威尼斯人从四面八方包围起来时，守卫的士兵们听他在向魔鬼喊叫，要魔鬼“来杀死他”。

十四世纪的最完全的和最富于启示性的暴君专制的典型，毫

---

① 此事始见于十五世纪的文献中，但它们的描绘无疑是以更早时期的信念为根据的。阿尔伯蒂：《建筑论》第3卷——弗兰切斯科·乔治奥：《论丛》，见德拉·瓦勒：《锡耶纳文集》，第3卷，第121页。

② 萨克蒂，《故事》，第61篇。

③ 马提奥·维兰尼，第6卷，第1页。

④ 萨克蒂在他的故事第117篇中曾用“quelli delle bullete”一词来表示十四世纪中叶的帕多瓦护照事务所。弗里德利希二世在位的最后十年中，严格实施对其属民的个人行动的管制。护照制度必然曾盛极一时。

无问题地是从乔万尼大主教去世(1354 年)以后米兰维斯康提家
族的专制。这个家族的贝尔那博和罗马最坏的皇帝相像是没有疑
问的;[①]他狩猎野猪竟成了当时最重要的国家大事;谁要是妨碍了
32 这种狩猎,就要受到酷刑致死;战战兢兢的人民被迫饲养五千头猎
犬,并对于它们的健康和安全负绝对的责任。他想尽办法横征暴
敛;他的七个女儿每人得到十万金币的妆奁并收集了大量的珠宝。
在他的妻子死的时候(1384 年),他发布"告臣民书",要他们像过
去共欢乐一样地同申哀悼,并服丧一年。1385 年他的侄子吉安加
利佐对他发动奇袭,使他一举就擒。这一著名的阴谋事件甚至使
后代的历史家们都不能不为之惊心动魄,[②]并且最清楚地说明了
吉安加利佐的特性。吉安加利佐由于信教和热爱学问为亲属所轻
视,他决心复仇,并以参拜圣地为借口,离开了米兰城,在路上攻击
他的毫无戒心的叔父,俘获了他,率领一支武装部队回师攻入城
内,夺取了政权,并任凭人们大肆掠夺贝尔那博的宫殿。

大多数暴君所共有的好大喜功的欲望最大规模地表现在吉安
加利佐的身上。他用三十万金币的代价从事修筑巨大的沟渠,以
便在必要的时候把明乔河水引离曼图亚,把布莱塔河水引离帕多
33 瓦,借此使这两个城市陷于无防卫状态。[③] 实在说来,他也很可能

① 柯利奥:《米兰史》,第 247 页以下。近代意大利作家已经注意到关于维斯康提家族还必须找一位史学家,他能在同时代人(例如佩脱拉克)的过分赞扬和后来政敌们(圭尔夫派)的猛烈抨击之间保持不偏不倚的态度,来给他们做出最后判断。

② 例如,保罗·乔维奥:《名将语录》,巴塞尔,1575 年,第 85 页,在《贝尔那波传》中的记述。吉安加利佐(《传记》,第 86 页以下)在乔维奥看来,是"狄奥多里以后的万人之杰"。亦可参看乔维奥,《米兰维斯康提家族十二君列传》,巴黎 1549 年,第 165 页以下。

③ 柯利奥,第 272、285 页。

想放干威尼斯的湖水。他修建了一切修道院中最辉煌的帕维亚的切尔托莎修道院，[①]以及“雄伟壮丽，冠绝基督教界一切教堂的”米兰大教堂。他父亲加利佐开始建筑而在他手内完成的帕维亚宫殿大概是欧洲王宫中最宏伟的宫室；他把他有名的藏书和收藏的大批圣贤遗物移置该处，他对于这些遗物有着特别的信仰。温切斯劳斯国王封他为大公（1395 年），当他在 1402 年患病和逝世的时候，还念念不能忘情于意大利王国[②]或那顶帝王的冠冕。据说他的整个国土一年的收入，除了正规的贡赋一百二十万金币外，还有不下于八十万金币的特别补助收入。在他死后，他用各种暴力统一起来的领土四分五裂；有一个时期，他的继承者甚至于要维持原来的统治核心都有困难。他的儿子乔万尼·马利亚（死于 1412 年）和菲利波·马利亚（死于 1417 年）如果生活在不同的国家和接受其他传统将会变作什么样的人是很难说的；但作为他们这个家族的后嗣，他们就继承了历代相传和积累的残酷而怯懦的可怕资产。

乔万尼·马利亚也以他的狗出名，但它们却不再被用来打猎而是用来撕毁人体。它们的名字和罗马皇帝瓦伦廷尼安一世的熊

① 卡尼约拉，载《历史文献》第 3 卷，第 23 页。

② 柯利奥，286 页，和《意大利史料集成》，第 20 卷，290 栏所收波吉奥《佛罗伦萨市民史》，第 4 卷所记。关于他的帝王冠冕的计划，卡尼约拉在上引书中曾谈到过。亦见特鲁基：《意大利未刊诗集》，第 2 卷，第 118 页，所载十四行诗：

“伦巴第诸城，挺身而立，
执钥在手，欲献于你……，
罗马，罗马，我们欢呼你：
我们的新王呀，我身赤裸，而灵犹活，
然蒙君恩，解衣衣我……”

一样，都一一流传了下来。[1] 当 1409 年 5 月正在进行战争的时候，饥饿的小民在街上向他喊叫：和平！和平！他派出雇佣兵去镇压，结果有二百人被杀死。人们被禁止说“和平”和“战争”二字，违者处以绞刑，并命令僧侣们唱“赐给我们安宁”以代替原文“赐给我们和平！”最后，一群密谋者利用这个疯狂的统治者的主要雇佣兵队长法西诺·凯内在帕维亚患病的机会，在米兰的圣哥达多礼拜堂里杀死了乔万尼·马利亚。在同一天，垂死的法西诺命令他的部下宣誓支持继位的菲利波·马利亚，同时他还亲自劝告他的妻子嫁给菲利波·马利亚。[2] 他的妻子比阿特丽斯·第·丹达听从了他的意见。关于菲利波·马利亚，以后再谈。

在像这样的时期里，柯拉·第·利恩济[3]梦想要凭着不可靠的罗马居民的软弱无力的热情来建立一个拥有意大利全土的新国家。他和我们已经描绘过的那些统治者相比，看来不过是一个可怜的被蒙骗的痴人而已。

34 第三章　十五世纪的暴君专制

十五世纪的暴君专制表现出它的性质已有所变化。许多不太

---

① 柯利奥，301 页以下。参见阿米亚努斯·马尔切利努斯，第 29 章，第 3 页。

② 保罗·乔维奥：《语录》，第 88—92 页，乔万尼·马利亚·菲利波条下有这样的记载。

③ 柯拉·第·利恩济（Cola di Rienzi 1313—1354 年），1347 年领导罗马手工业者和商人反对教皇和封建主的大起义。封建主政权被推翻，罗马建立了共和国，他企图以罗马为中心，统一意大利。利恩济由于在和封建主继续斗争中增加捐税，引起人民不满。于是封建主利用机会，把他逐出罗马。1354 年，利恩济重新夺得罗马政权，但是不能巩固，终于在封建主组织的叛乱中被杀。——译者

重要的和少数较大的暴君如斯卡拉和卡拉拉等都已经消逝;同时,由于征服别人而强大起来的较有势力的暴君们却使他们的制度各有特殊的发展。例如,那不勒斯就从新的阿拉戈纳王朝那里得到了新的强大的动力。这一时代的显著特征是许多雇佣兵队长企图建立他们自己的独立王朝,人们不管传统的评价而只注意事实和事物的真正利害关系。才干和大胆极受重视。那些小暴君们为了得到可靠的支持,开始为较大的国家服务,他们自己成了雇佣兵队长,而他们效劳所得的报酬,即使不是领土的增加,也是金钱和可以实行虐政而不受惩罚的权利。一切暴君,无论大小,必须加倍努力,必须特别谨慎行事和工于心计,必须学会避免使用大规模的野蛮手段,因为舆论所能容许的只是那种为了实现一个目的而不得不有的过错,公正的旁观者对于这种过错自然是不加责备的。在这里,再也看不到用来支持西方合法君主的那种半宗教的忠诚的痕迹;我们所能看到的最近似的,是个人的声望。才能和心机是获得飞黄腾达的惟一手段。像大胆查理那样的性格,在热衷于追求不切实际的目的中耗尽了自己的心力,对于意大利人来说是一件难于理解的事情。

"瑞士人不过是些农民,如果把他们都杀了,对于有可能阵亡的勃艮第贵族们也不见得是一种补偿。如果勃艮第大公不经过斗争而占领了整个瑞士,他的收入也不会多增五千金币。"①

查理性格上的中世纪特征,他的骑士抱负和理想,对于意大利人来

---

① 德·金金:《米兰使节报告》,巴黎和日内瓦,1858 年,第 2 卷,第 220 页以下,(213 号),参看第 2 卷,第 3 页(144 号);第 2 卷,第 212 页以下(218 号)。

说很久就已经成为不可理解的了。当南方的外交家们看到查理敲打他的军官,可是还让他们继续为他服役,看到他虐待他的军队,由于打败仗而惩罚他们,然后又在这同一军队的面前责备他的参议官时,他们认为这个人是完了。[①] 另一方面,路易十一,虽然他的政策高出于意大利君主们所实行的那一套,并且公然以弗兰切
35 斯科·斯福查[②]的崇拜者自居,但在文化教养各个方面较之这些统治者还相差很远。

美德与恶行在十五世纪的意大利诸国家中奇怪地结合在一起了。统治者的个性是如此地得到了高度的发展,它往往具有如此
36 深刻的意义并代表着那一时代的情况和需要,因之要对它作出一个恰当的道德判断并不是一件容易的事情。[③]

这种暴君专制制度的基础过去是,而且现在仍然是不合法的,没有东西能够消除它所带来的灾祸。皇帝的批准和授爵并不能改变这种情况;因为人民对于暴君或是从外国某处买来或是从某些过境的陌生人手里买来一张羊皮纸文书[④]这一事实是并不重视的。[⑤] 他们不加分析地按照常识这样推论说:如果皇帝有什么用处

① 保罗·乔维奥:《语录》,第 156 页以下。勃艮第大公查理条。

② 弗兰切斯科·斯福查(Francesco Sforza,1401—1466 年)是意大利最有名的佣兵队长,与米兰大公菲利波·马利亚·维斯康提之女结婚,因而篡夺了米兰公国,成为最有势力的人物。——译者

③ 智与力的这种结合,马基雅维里称它为“德”,它同“邪恶”完全可以相容。如《史论集》第 1 卷,第 10 页,塞普提姆斯·塞维鲁斯条。

④ 指授爵状。——译者

⑤ 关于这一点,见维托利:《历史文献》第 4 卷,第 293 页以下:“由一个居留德国、徒拥虚名、毫无罗马皇帝之实的人物所赐的封爵不能使一个恶棍变成一个城市的真正君主。”

的话，他就根本不会让暴君兴起。自查理四世的远征罗马以来，皇帝们在意大利除了批准那些没有靠他们的帮助而兴起的暴君政权外，没有做任何事情。他们除了凭一纸皇帝诏书所能给予的那些东西外，不能给予暴君专制以任何其他实际权威。查理在意大利的整个行为是一幕可耻的政治喜剧。马提奥·维兰尼[①]叙述查理怎样在维斯康提家族护卫下周游他们的辖区和最后被护送出境，叙述他怎样像一个小贩到各处出卖他的货物（君主特权等等）来换钱；他在罗马的表现是多么丑恶，以及怎样在最后连刀都没有出鞘就带着装满了金银的箱子越过阿尔卑斯山返回他的国内。仍然向往过去的伟大光荣的热情的爱国者和诗人，对于他的来到意大利还是抱着极大的希望，只是到后来，这种希望才由于他的可怜而又可笑的行为而消散了。佩脱拉克曾经屡次写信给这个皇帝，鼓励他越过阿尔卑斯山恢复罗马过去的光荣和建立一个新的统一帝国；现在，这个皇帝终于来了，但并没注意这些远大的计划，可是佩脱拉克仍然希望他的梦想能够实现，孜孜不倦地从口头上和书面上力图以此来打动皇帝；但最后当他看到查理屈服于教皇，给皇帝的权威带来了耻辱时，他终于不能不怀着厌恶的心情离他而去。[②]

① 马提奥·维兰尼，第4卷，第38、39、44、56、74、76、92页；第5卷，第1、2、14—16、21、22、36、51、54页。应该公正地考虑到他对维斯康提家族的厌恶，会导致比事实所证明的更坏的描述。查理四世曾受到维兰尼的高度赞扬。（iv，74页）。（马提奥·维兰尼是意大利佛罗伦萨的著名历史学家乔万尼·维兰尼之弟，曾续其兄所著之《佛罗伦萨史》十二卷。——译者）

② 当时有一个意大利诗人法齐奥·德利·乌贝蒂（《狄达蒙多》，第6卷，第5章，1360年左右刊行）向查理四世鼓吹进行一次十字军东征。下面这段是该诗中的绝唱之一，而从其他方面看，它也是具有特色的。诗人曾被一个傲慢无礼的土耳其人从圣墓地区驱回：

而西吉斯蒙多在1414年的第一次来到意大利时,最少是抱着劝说教皇约翰二十三世参加他的宗教会议的好意的。在这一次旅行当中,当教皇和皇帝站在克雷莫纳的高塔上眺望伦巴第的全景时,他们的东道主,加比诺·丰多洛暴君曾经想把他们两个人都从高塔上
37 推下。在西吉斯蒙多第二次来到意大利时,他仅仅是一个冒险家,除了授给贝卡德里以诗人的桂冠外,一点也不能证明他有什么皇帝的特权。有半年以上,他一直在锡耶纳闭门不出,像一个债务者被关闭在监狱里一样,直到后期经过周折才在罗马举行了加冕礼。再想一想弗里德利希三世又能怎么样呢？他到意大利来好像是在作假期旅行或漫游;供给他费用的那些人是为了要他确认他们的特权或者为了满足他们曾经招待过皇帝的虚荣。那不勒斯的阿尔

“我迈着长步,低头走路,
　边走边说:
让萨拉森人留在此地,是基督徒之耻!
随即转向司牧(教皇)提出责斥:
你身为基督代表,为什么和你的僧侣
饫甘餍肥,颐养躯体?
同样,我向诡辩者(查理四世)质疑,
他在波希米亚把葡萄与无花果种植,
不顾以如此高昂代价所取得的东西:
你何所事事?
何不取法古代罗马诸皇,
又不追踪鄂多、康拉德、弗里德利希诸帝,
为什么只顾安享帝位?
如无做奥古斯都的大志,
何不逊位或自行隐退?”

约在八年前,即1352年左右,佩脱拉克(上查理四世,《书信集》第12卷,第1书,夫拉卡塞提版,第2卷,第160页)写道:“所以为了加速准备圣地的战斗,我诚恳无伪地请求您不辞尽快巡幸需要您帮助的意大利。”

方索就是后一种例子，他曾经为了获得皇帝访问的光荣而付出十五万金币。[1] 弗里德利希第二次从罗马回来的时候（1469 年），在费拉拉[2]一整天没离开屋子，颁发了不下于八十个爵位，他授封了骑士、伯爵、博士、公证人——伯爵分有不同等级，如宫廷伯爵、有权授封博士到五人的伯爵、有权给私生子以合法地位的伯爵，有权派定公证人的伯爵等等。可是，当时的掌玺官希望从这些封赠中得到一些报酬，而这在费拉拉被认为是过多了。[3] 博尔索也在他的帝室保护人给所有小朝廷分封爵位和令状的同时被册封为摩德纳和勒佐大公，但他每年必须缴纳四千金币作为谢礼。博尔索对于此事有何意见不见记载。那个时代的主要代言人，人文主义者，对于此事随着他们个人的利害关系而有不同的意见，其中有几个人以首都罗马诗人们[4]的照例的歌颂对皇帝表示欢迎。波吉奥[5]曾经坦白地说，他不知道加冕有什么意义；在古代，只有打了胜仗的大将军才被加冕，而在那时是用桂冠来给他加冕的。[6]

① 详情见维斯帕西雅诺·费奥兰提诺，载马伊编：《罗马集粹》第 1 卷，第 54 页。参看 150 页，又帕诺尔密达：《阿尔方索言行录》，第 4 卷，第 4 号。

② 《费拉拉日记》，载《意大利史料集成》第 24 卷，第 217 栏以下。

③ “他要骗取宫廷社会的金钱”。乔万尼·马利亚·费莱佛那时正逗留贝尔加莫，写了一首激烈的讽刺诗叫做《金鞍骑卒》。见他的传记，载法夫尔：《文学史札记》，1856 年，第 1 卷，第 10 页。

④ 《伊斯特年代记》，载《意大利史料集成》，第 20 卷，第 41 栏。

⑤ 波吉奥，《佛罗伦萨市民史》，第 7 卷，载《意大利史料集成》第 381 栏。这种看法符合于当时许多人文主义者的反帝制感情。参见培佐尔德在《中世纪时期关于人民主权的学说》一文中所提出的说明事实的证据。载《历史杂志》第 36 卷，第 365 页。（波吉奥 Poggio，1380—1459 年。是意大利人文主义者，曾任教会秘书和佛罗伦萨的秘书官，编有有名的《故事集》，并发现了许多古代经典著作。——译者）

⑥ 若干年后，威尼斯人列奥那多·朱斯提尼安将“皇帝”这个词斥为不典雅，因而

随着马克西米利安一世的即位，不仅开始了外国的一般干涉
38 而且也开始了对于意大利的新的帝国政策。它的第一步——授封洛多维科·摩罗为米兰大公和排除掉他的不幸的侄子——就不是一个效果良好的措施。按照近代干涉的理论，当双方相持不下，使国家陷于分裂的时候，第三者可以插手进来从中取利，帝国就是按照这个原则来行事的；但公理和正义却被抛弃在一边了。当路易十二将要到热那亚时（1502 年），帝国之鹰[①]从公爵的宫殿上被取下而代之以彩绘的百合花徽[②]，历史家塞纳雷加[③]问道：经过多少次变乱而保存下来的鹰徽到底有什么意义，帝国对于热那亚到底有什么权利。除了“热那亚是帝国的账房”这句老话外，没有人再知道其他的事情。事实上，在意大利没有人能对于任何这样的问题做出明确的回答。最后，当查理五世把西班牙和帝国合并在一起的时候，他能够借用西班牙的力量实现帝国的权利，但人所共知的是他这样做的结果是对于西班牙的君主国而不是对于帝国有利。

与十五世纪各朝代政治上的不合法有密切关系的是社会上对于嫡系继承的不加重视，而这在外国人——例如科米斯[④]——看

德意志皇帝也是不体面的。他称日耳曼人为野蛮人，因为他们对于古代的语言和礼仪一无所知。人文主义者培培尔为日耳曼人辩护。见盖格尔，载《德国通俗传记》第 2 卷，第 196 页。

① 帝国之鹰是当时德意志皇室的徽章。——译者

② 百合花徽是当时法兰西王室的徽章。——译者

③ 塞纳雷加，《热那亚事历》，载《意大利史料集成》第 24 卷，第 575 栏。

④ 科米斯（Comines，1445—1509 年）是法国的历史家和外交家，曾出使到威尼斯并到过佛罗伦萨。——译者

来尤为显著。这二者自然是不可分的。在北方的国家,像勃艮第,没有庶出的后裔给以有明显附属意义的封地,如主教管区之类;在 39
葡萄牙,一个没有合法地位的世系只能以不断的兢兢业业的努力来保持住王位;与此相反,在意大利即使是在直系子嗣中,也没有一个王室的家族是不容许私生子存在的。那不勒斯的阿拉戈纳系君主就是属于庶出的世系,而阿拉戈纳王国本身落到了阿尔方索一世的兄弟的身上。乌尔比诺的大弗里德利希也许根本就不是蒙特费尔特罗家族的后代。教皇庇护二世在去参加曼图亚会议(1459年)的途中,受到伊斯特[①]家族的八个私生子在费拉拉并辔出迎,其中有在位的博尔索大公本人及其庶出兄弟前任大公利奥纳洛[②]的两个庶子。利奥纳洛曾经有一个明媒正娶的妻子,她本人就是那不勒斯的阿尔方索一世和一个非洲女人的私生女。[③] 在合法的子女未成年,和发生安危存亡的紧急关头,私生子往往得继承君位,而年长者的继承统治就获承认而不再计及出身的嫡庶了。个人的才具、身价和能力比当时在西方其他各地通行的一切法律和习惯都更为重要。的确,这是一个教皇的儿子们建立王朝的时代。在十六世纪,由于外来思想和当时开始的反宗教改革运动的影响,整个问题才受到了更严格的考虑。瓦尔奇[④]发现:嫡出子的

① 伊斯特(Este)是费拉拉的统治家族。——译者

② 《费拉拉日记》中有详细叙述,收入《意大利史料集成》第24卷,第203栏。参看庇护二世《回忆录》,第2卷,第102页。罗马1584年。

③ 马利诺·萨努多,《威尼斯诸公列传》,载《意大利史料集成》,第22卷,第1113栏。

④ 瓦尔奇(Varchi,1502?—1565年)是意大利的作家,著有《佛罗伦萨史》。——译者

继承是"理智所判定的,从来就是上帝的意旨"。[①] 美第奇家[②]的枢
40 机主教伊波利托认为他应该做佛罗伦萨的君主,因为他也许是一个合法婚姻所生的后代,并且无论如何是一个贵族淑女的儿子,而不是像阿利桑德罗大公,是一个使女的儿子。[③] 现时开始的对贵人娶贱女为妻不得有继承权的恋爱婚姻的看法,在十五世纪,无论从政治的或道德的理由来看都是完全没有意义的。

但在十五世纪中,最高的和最受赞扬的不合法形式是由雇佣兵队长提供的。一个雇佣兵队长,不论是什么出身都可以取得一个独立的统治者的地位。实际说来,诺曼人在十一世纪占领南意大利就是属于这一性质。那时这一类企图开始把这个半岛投入到经常的纷扰之中。

一个雇佣兵队长在他的主人由于缺少金钱或者军队而给他做了这种准备时,即使不用篡夺也有可能取得一个地方的君主的身份。[④] 在任何情形下,即使雇佣兵队长暂时解散了他的大部分军队,他也需要一个安全的地方来建立他的冬营并储藏他的军需给养等物品。第一个这样得到封地的队长是约翰·霍克伍德,教皇格雷戈里十一世曾经给他以巴尼亚那卡瓦洛和科蒂尼约拉地方的君主身份。[⑤] 当意大利的军队和领袖们与阿伯利哥·达·巴比亚诺[⑥]

---

① 瓦尔奇,《佛罗伦萨史》第 1 卷,第 8 页。

② 美第奇(Medici)是意大利佛罗伦萨的统治家族。——译者

③ 索利亚诺:《罗马报告》,1533 年,见托马索:《罗马宫廷报告》(收入阿尔柏利,《威尼斯使节报告》第 2 辑,第 3 卷,第 281 页)。

④ 关于以下事项,见卡内斯特利尼在《历史文献》,第 15 卷序言中的论述。

⑤ 有关他的资料,见舍费德·托内利,《波吉奥传》附录 8—16 页。

⑥ 阿伯利哥·达·巴比亚诺是意大利的一个有名的指挥官,一个伯爵。——译者

一起登场时，建成一个国家或者扩大一个已经得到的国土的机会就更多。在吉安加利佐死后（1402 年），米兰公国头一次发生了这种重大的疯狂的军事暴乱。他的两个儿子的政策的目的主要就是消灭雇佣兵队长们所建立的新专制政权；而维斯康提家族从最大的雇佣兵队长法西诺那里继承了很多的城市和四十万金币，不消说还有寡妇比阿特丽斯·第·丹达所带来的她的前夫的兵士。[1]从那时以后，十五世纪所特有的统治政权和它们的雇佣兵队长之间的彻头彻尾的不道德的关系越来越普遍了。一个老的似真似假，或有或无的故事[2]对此有如下的描绘：某城市（似乎说的是锡耶纳）的市民们有一个为他们服役的军官曾从外国人的侵略中把他们解放出来。这些市民每天商议怎样酬报他，结论是，他们的能力太小，即使立他为那个城市的君主，也都不足以酬报他的大恩。最后一个人站起来说："让我们把他杀了，然后把他当作我们的保护圣徒来崇拜吧！"于是他们就这样做了，按照罗马元老院处理罗慕路斯[3]的先例。事实上，雇佣兵队长们对他们的主人极其畏惧是 41
有理由的：如果他们打了胜仗，他们就成了危险人物，就会像罗伯托·马拉泰斯达一样，给教皇西克塔斯四世打完了胜仗就被处死

① 卡尼约拉，《历史文献》，第 3 卷，第 28 页："又（菲利波·马利亚）从她（比阿特丽斯）那里接受了许多金银财宝以及受她节制的上述的法西诺指挥下的所有士兵。"

② 茵菲苏拉，载埃卡尔《史家集》，第 2 卷，第 1911 栏。关于马基雅维里劝有战功的雇佣兵队长们采取的两条道路，见《史论集》，第 1 卷，第 30 页。胜利以后，他或者将军队移交给雇主而静待其报酬，或者争取士兵们倒向自己一边以占领城堡而惩罚"那对他忘恩负义的"君主。

③ 罗慕路斯（Romulus）是罗马古代传说中的国王，罗马的创建者。他建立了由一百名"父老"组成的元老院。关于他的结局有两种说法：一种说法是他在大雷雨中被带到天上去，一说是他被父老们杀死。——译者

(1482 年);如果他们打了败仗,威尼斯人对于卡马尼约拉[①]的复仇就说明了他们会遭到什么样的危险(1432 年)。最能表明这种处境的精神状态的就是雇佣兵队长常常把他们的妻子、儿女献出来作为人质,尽管是这样,他们还是不能感到或者引起人家对他们的
42 信任。他们必须是十分克己的英雄,有像贝利撒留[②]将军那样的性格,不为仇恨和怨毒所苦恼;只有最完美的品质才能使他们免于变成罪大恶极的人。如果我们发现他们蔑视一切神圣的东西,对他们的同胞——那些不关心他们会不会被教会禁令处死的人——残酷而狡诈,那就没有什么可奇怪的了。同时,由于这种形势的逼迫,他们当中许多人的天才和能力得到了人们所能想象的最高度的发展,并使他们赢得了部下的忠诚和爱戴。他们的军队也是近代历史上最早以领袖的个人威信为惟一动力的军队。弗兰切斯科·斯福查[③]的一生就是一个光辉的范例;当他需要的时候,他能从他所共事的每一个人那里得到无限的忠诚并加以利用,并不因为对他的出身有什么成见而受影响;曾经不止一次地,他的敌人望

① 参看巴·法奇乌斯,《名人录》第 64 页,据他报道,卡马尼约拉曾指挥过一支六万人的队伍。1516 年,威尼斯人是否没有毒害过阿尔维亚诺,不能确定,因为如普拉托在《历史文献》第 3 卷第 348 页所述,阿尔维亚诺在德那多战役中曾过分热心地帮助过法国人。共和国使自己成了科莱俄尼的继承者并于 1475 年在他死后正式没收了他的财产。参看马利皮埃罗:《威尼斯年代记》,载《历史文献》,第 7 卷,第 1 章,第 244 页。他们欢迎的是雇佣兵队长们在威尼斯的投资(同书,第 351 页)。(卡马尼约拉是意大利的雇佣军人,曾经带兵替威尼斯人对米兰作战,后因战争失败,被威尼斯人疑为通敌,由十人会议秘密审判处死。——译者)

② 贝利撒留(Belisarius,505—565 年)是东罗马皇帝朱斯提尼安一世的将军,曾经和波斯人等作战,立有很多战功。并因此而遭到朱斯提尼安一世的嫉妒和不信任。他曾经一度被撤职,不久又被起用。——译者

③ 卡尼约拉,载《历史文献》,第 3 卷,第 121 页以下。

风归降,向他脱帽致敬,表示欢迎,尊敬他为“一切军人之公父”。从斯福查的历史一开始,我们似乎就能看到斯福查家族有这种特别的兴趣,即它追求王冠的努力。[①] 这个家族的幸运的基础建立在它的家族成员的众多上,弗兰切斯科的父亲亚科波本人就是一个有名的人物,他有兄弟姊妹二十人都是在法恩扎附近的科蒂尼约拉地方被胡乱地扶养大的。他们处在他们的家族和帕索利尼家族之间在罗马尼约尔的没完没了的“族间仇杀”的危险之中,全家的住处简直是一个军械库和要塞,母亲和女儿们都和家中男子一样地好战。亚科波在十三岁的时候,逃到班尼加尔的教皇雇佣兵队长博尔德利诺那里。博尔德利诺这个人死后还在继续统帅他的军队;涂有香膏的遗体停在飘着旗帜的营帐中,从那里以他的名义发出命令,直至最后找到一个合适的领袖来接替他时为止。当亚科波最后在为不同的雇佣兵队长服务中获得声誉时,他把他的亲属找到一起,并从他们那里得到了如同一个君主从人数众多的朝代那里所能得到的同样多的好处。当他被俘在那不勒斯的乌奥沃城堡里做阶下囚时,他的亲属维持住了他的军队免于溃散;他的妹妹亲手拘捕王使,加以囚禁,并以这种报复手段挽救了他的生命。亚科波在金钱问题上信用卓著,说明他志不在小;所以甚至在他失败的时候,他都能从银行家那里得到贷款。他经常禁止他的军队骚扰农民,在不得已的情形下才毁坏或损害一个被征服了的城市。他为了不被王室的姻亲关系所拘束,使他的有名的情妇,即弗兰切

① 均见保罗·乔维奥《大斯福查传》,罗马,1539年(为献给阿斯卡尼奥·斯福查枢机主教而作)。这是他写的传记中最有吸引力的一篇。

斯科的母亲露西亚，和另外的人结婚。即使他的亲属的婚姻也都是按照一定的计划来安排的。他对于他同时代人的邪恶放纵的生活避之唯恐不及。并教训他的儿子弗兰切斯科要遵守三条戒律："不要玷污别人的妻子；不要责打部下，责打了，就要驱而远之；不
43 要骑难驾驭的或脱落了蹄铁的马。"但他的力量的主要源泉还在于他即使不具有一个伟大将军的至少也具有一个伟大军人的品质。他的体格健壮，从各种锻炼中得到了发展；他的农民面貌和坦率的态度使他受到普遍的欢迎；他的记忆力特别强，经过多年之后还能记得部下的姓名、他们的马匹的数目和他们待遇的多寡。他受的纯粹是意大利的教育：有暇即研读历史并令人翻译了许多希腊和拉丁作家的作品以供参考。他的儿子，弗兰切斯科声誉尤高。从一开始，他就决心建立一个强大的国家，并且由于他的光辉的统率才能和不厌欺诈，终于占领了伟大的米兰城（1447—1450 年）。

他的榜样传扬开来了。伊尼亚斯·希尔维优斯[①]关于这个时代曾经写道[②]："在我们这喜好变革的意大利，没有一件事情是稳固的，古代的王朝已不存在，一个佣人可以很容易地当上国王。"特别是那个自称为"幸运儿"的尼科洛的儿子亚科波·皮奇尼诺，曾经引起全意大利的猜想。他是否也能成功地建立起一个王室，是当时大家热烈讨论的问题。比较大的国家显然是要对他的抬头

---

① 伊尼亚斯·希尔维优斯（Aeneas Sylvius，1405—1464 年）就是教皇庇护二世的名字。他出生于锡耶纳，最初是一个有名的人文主义者，以后投身于教会，任主教、枢机主教，最后当选为教皇。他写有《回忆录》，是一个惟一留有自传的教皇。——译者

② 伊尼亚斯·希尔维优斯《阿尔方索言行录》，《全集》，1538 年出版，第 251 页：意大利喜新厌旧，毫无稳定可言：旧的国家渺不可见，在这里易于看到出身奴仆的君主。

加以阻挠的，就是弗兰切斯科·斯福查也认为那些自立为君的人最好不要再增加了。但是，例如，在皮奇尼诺想要做锡耶纳的君主时，被派去攻打他的军队和队长们却认为拥护他于他们有利。①“如果他要整个地完了，我们将不能不回家种地去。”甚至把他包围在奥贝泰罗的时候，他们还供给他给养，因而他光荣地脱离了困境。但最后受到了命运的袭击。当他（1465 年）于访问米兰的斯福查之后，到那不勒斯的费兰特国王那里去的时候，全意大利都在猜测他的结果。尽管人们对他做了保证，尽管他和权贵有关系，他还是在乌奥沃城堡里被谋杀了。② 就是由于继承而得到领土的雇佣兵队长也从来没有感觉到他们自己是安全的。当罗伯特·马拉泰斯达和乌尔比诺的菲德利哥，一个在罗马，一个在波洛尼亚，同一天逝世的时候（1482 年），我们发现他们彼此互相委托对方照顾自己的国家。③ 反对一群无所顾忌的人，怎么干都被认为是可以的。弗兰切斯科·斯福查在年轻的时候，曾经和一个富有的卡拉布里亚女继承人，蒙达多女伯爵，波丽森娜·露莎结过婚，生了一个女儿；一个姑母毒死了她们母女二人，并且夺去了继承权。④

---

① 庇护二世，《回忆录》，第 1 卷，第 46 页，参看第 69 页。

② 西斯蒙第，第 10 卷，第 258 页；柯利奥，412 页，其中谴责斯福查是共谋，因为他怕皮奇尼诺的众望会给他的儿子带来危险。斯福查的共谋虽然近来有人否认，却由吉安皮埃特罗于《那不勒斯历史文献》第 7 章中予以证实，见《布雷西亚史》，载《意大利史料集成》第 21 卷，第 902 栏。威尼斯雇佣兵队长科尔莱俄尼在 1466 年怎样被人怂恿，曾由马利皮埃罗在他的《威尼斯年代记》（《历史文献》第 7 卷，第 1 章，第 210 页）中加以记述。佛罗伦萨的亡命者表示，如果他把他们的敌人皮埃特罗·美第奇逐出佛罗伦萨，他们就要奉他为米兰的公爵。

③ 阿来格雷托，《锡耶纳日记》，载《意大利史料集成》，第 23 卷，第 811 页。

④ 见《费莱佛演讲集》，1492 年，威尼斯版，第 9 页，对弗兰切斯科所致悼词中。

自皮奇尼诺死后，由雇佣兵队长来建立新国家成了一件使人不能容忍的丑事。当时四个强大政权，那不勒斯、米兰、教皇政权
44 和威尼斯之间形成了一种政治均势，不容许任何扰乱。在教皇属邦里，过去一部分是，或者曾经是雇佣兵队长的小僭主比比皆是，自教皇西克塔斯四世的时代以来就由教皇的侄子们独占了这些行当的权利。但当政治上一有发生危机的苗头时，那些际会风云的军人就又登上舞台了。在教皇英诺森八世的恶政之下，一个以前曾在勃艮第军队中服过役叫作博卡利诺的人几乎要投降土耳其军队并将其辖下的奥西莫镇拱手献给他们；[①]幸而由于“豪华者”洛伦佐[②]的干涉，他才愿意于得到一笔钱之后引军而去。1495 年，当查理八世的战争把意大利搞得天翻地覆的时候。布雷西亚的雇佣兵队长维多韦罗试了一试他的力量。[③] 他已经夺取了切泽纳市镇并屠杀了很多贵族和市民；但城堡却坚持不屈，因而他被迫撤退。接着他又从另外一个恶棍，我们已经说过的罗伯托的儿子，威尼斯的雇佣兵队长，里米尼的潘多福·马拉泰斯达那里借到了一队人马，并率领着他们从拉文纳的大主教那里夺得了努奥佛城镇。威尼斯人恐怕他更为猖獗，一方面也是受教皇的催促，所以命令潘多

① 马利诺·萨努多，《威尼斯诸公列传》，载《意大利史料集成》，第 22 卷，第 1241 栏。见拉蒙特，《洛伦佐·美第奇》，来比锡，1874 年，第 2 卷，第 324—327 页，又见该书所引史料。

② “豪华者”洛伦佐（Lorenzo the Magnificent，1449—1492 年）是佛罗伦萨的君主，也是一个诗人。他是美第奇家族中的一个有名人物，以艺术保护者姿态出现，曾罗致许多著名的诗人、画家，以粉饰其专制统治。在他保护之下的有波利齐亚诺、法西诺、普尔奇和米朗多拉等人。——译者

③ 马利皮埃罗：《威尼斯年代记》，见《历史文献》，第 7 卷，第 1 章，第 407 页。

福,利用一个机会“最善意地”把他的好朋友逮捕起来。潘多福“非常遗憾地”逮捕了他,接着又来了把他送到绞刑架上的命令。潘多福煞费苦心地在监狱里把他勒死然后陈尸于市。最后一个这种篡夺者的突出的例子是慕索的有名的卡斯特兰。他在帕维亚战争(1525 年)以后米兰地区的混乱中,在科莫湖畔仓促成立了一个王国。

第四章　小暴君 45

关于十五世纪的暴君专制,一般地可以这样说,那就是在最小的国家里最常发生最大的罪恶。在这些国家里边,家族的人数是多的,而且每一个人都想过一种适合他们身份的生活,因此关于继承的争端是不可避免的。加米里诺的伯尔那多·瓦拉诺杀死了他的两个弟兄(1434 年),[1]希望把他们的财产分给他的儿子们。哪儿要是有一个个别小城镇的君主能够以明智、温和、人道的政治以及热心学术文化事业著称,他通常要不是某一个大家族的一员就是在政治上依存于那个大家族。例如佩扎罗的国君,伟大的弗兰切斯科的兄弟,乌尔比诺的菲德利哥的继父阿利桑德罗·斯福查(死于 1473 年)[2],就是这样的情况。他在行政管理上周详谨慎,在治理人民上公正谦虚,所以在许多年战乱之后,能享有一个时期的安定统治;他收集了名贵的图书,并利用闲暇时间从事于学术或

① 《攸求平年代记》,载《意大利史料集成》,第 21 卷,第 972 栏。

② 维斯帕西雅诺·菲奥兰提诺,第 148 页。

宗教问题的研讨。和他属于同一类的人还有乔万尼第二，波洛尼亚的本蒂伏利奥（1462—1506 年）；他的政策是由伊斯特和斯福查两个家族所决定的。另一方面，在加米里诺的瓦拉诺、里米尼的马拉泰斯达、法恩扎的曼弗雷等家族中间，尤其是在佩鲁贾的巴利奥家族中间，我们却看到了残忍和血腥的统治。我们可以在格拉齐亚诺和马达拉佐的非凡的历史记载中，[①]看到上述最后一个家族在十五世纪末的许多事件的鲜明写照。

有许多家族的统治从来也没有采取公开的暴君专制的形式，巴利奥家族就是其中的一个。它多少有些依靠它的巨大财富和在选择官吏上的实力来行使它的领导权。在这个家族的内部有一个人被承认为首领，但在不同各派系的成员中间却都隐怀着深深的嫉妒。和巴利奥家族敌对的是由奥地家族领导的另一个贵族党派。在 1487 年，这佩鲁贾变成了兵营，许多豪族大家的住宅里边挤满了勇士，暴乱事件日有发生。在一个被刺身死的德意志学生的葬礼上，两个学院的学生彼此以兵戎相见；有时各家族的勇士甚至在广场上对打起来。对商人和工人的嗟怨置若罔闻；教皇派来
46 的长官和“亲族”闭口无言，或者抓住最早的机会逃走。最后奥地家族被迫放弃了佩鲁贾，于是这个城市就变成了在巴利奥家族绝对专制统治之下的被包围的要塞，他们甚至于把教堂当作兵营。反抗的密谋和偷袭都遭到残酷的报复；1491 年，一百三十名冲入城内的谋叛者被杀害并被悬尸于市政厅前，事后在那个广场上建立了三十五个祭坛，举行了三天的弥撒和宗教游行为那个地方消

---

① 《历史文献》第 16 卷，第 1、2 编。菩乃尼，法布累提，波利多利等版。

除罪愆。教皇英诺森八世的侄子于光天化日之下在街上被刺杀。被派遣来此地平息事端的亚历山大六世的侄子，被公然蔑视斥退。在这同时，统治家族的两个领袖，圭多和利都弗，都时常和一个享有圣洁之名和能显奇迹的多密尼克会修女，里埃蒂的科伦芭会见。她以将受到重大灾异的惩罚来劝令他们讲和修好，这自然是无效的。可是，编年史却顺便指出了在此恐怖统治时代佩鲁贾上流人士的虔诚和信仰。当 1494 年，查理八世率兵迫近时，佩鲁贾的巴利奥家族和扎营在阿西西城内及其附近的逃亡者进行了如此残酷的战争，以至这块盆地的每一间房子都被夷为平地。田园荒废，无人耕种，农民流为杀人越货的野人，蓬蒿满眼，狼鹿成群，遗尸遍地，野兽食人尸而肥，被吃的尸体名之为“基督徒肉”。当教皇亚历山大六世在从那不勒斯还军的查理八世面前撤退（1495 年）到翁布里亚的时候，他在佩鲁贾发现他这时有可能一劳永逸地把巴利奥家族除掉。他建议圭多举行一个庆典或一个比赛会，或者其他类似的集会以便把整个家族聚在一起。但是圭多的意见认为 47
“最动人的场面应该是把佩鲁贾的全部武装力量集合到一起而加以检阅”，于是教皇放弃了他的计划。不久以后，逃亡者进行了第二次攻击，但此次巴利奥家族却只有靠着个人的勇武取得了胜利。当时一个将满十八岁的小伙子，西蒙那多·巴利奥带着少数几个部下在广场上和数百敌人作战，身受二十余创，最后倒地，但当阿斯多利·巴利奥来援助他的时候，他一跃而起，骑上马背，穿着金色铠甲，戴着鹰盔，“风姿动作，俨如战神，投入到战斗之中。”

这时，拉斐尔是一个十二岁的孩子，正在彼埃特罗·佩路基诺先生门下学习。这些日子的印象大多可能通过他的早期所画的圣

米凯尔和圣乔治的许多小型画幅而永留人世;其中某些印象也可能永远保持在他关于圣米凯尔的大型画幅中。如果说阿斯多利·巴利奥曾经在任何地方被尊为神,那就是在赫利奥多路斯[①]那幅壁画里边的天廷骑士的形象之中。

巴利奥家族的反对者一部分被毁灭,一部分在恐怖中逃散,因此没有力量再作这种冒险。过了一个时期以后,达成了部分的和解,有一些亡命者被准许回到本地。但佩鲁贾并未因此变得更加
48 安全或更加平静。统治家族的内部发生了极为可怕的纷争。圭多和利都弗以及他们的儿子,吉安保罗、西蒙那多、阿斯多利、吉斯蒙多、贞提尔、马堪托尼奥和其他的人都遭到了反对。反对他们的人是圭多和利都弗的两个侄孙,格里丰和卡洛·巴奇格利亚,后者是加米里诺君主瓦拉诺的侄子和以前的一个亡命者,耶罗尼莫·德拉·潘那的兄弟。西蒙那多为一种不祥的预感所警觉,曾经跪请他的叔父准许他把潘那杀死,但是无效,圭多拒绝了他的请求。在1500年仲夏,在阿斯多利和拉维尼亚·柯伦纳的婚礼上,阴谋突然酝酿成熟。结婚庆典开始了,并且在阴暗的预兆中延长了好几天,历史家马达拉佐曾经对这些预兆的越来越深的影响作过很好的描写。瓦拉诺以穷凶极恶的巧计怂恿并鼓励了叛乱者。他以将来独掌大权的前景和捏造格里丰的妻子珍诺比娅与吉安保罗通奸的事来说动格里丰。最后,每一个叛乱者都选定了自己的牺牲对象。(巴利奥家族全都是各自分住在自己的房子里,大部分都在

① 赫利奥多路斯(Heliodorus)是拉斐尔在梵蒂冈所画的壁画,以圣经所记古叙利亚的政治家赫利奥多路斯的故事为题材,其中有骑马勇士像。——译者

现在的城堡旧址上）每一个人随身带领十五名勇士，其余的人则被派去瞭望。在7月15日夜间，他们夺门而入，杀害了圭多、阿斯多利、西蒙那多和吉斯蒙多；其余的人逃掉了。

当阿斯多利和西蒙那多的尸体并排着陈列在街市上时，观看的人，“特别是外国学生”因为阿斯多利看来是如此高贵庄严，竟把他比作古代的罗马人。在西蒙那多的面容上仍然可以看到他那虽死不屈的勇敢和蔑视一切的精神。当时的胜利者遍访这个家族的朋友并极力笼络他们，可是发现所有的人都在流泪并且准备到乡间去。同时，逃掉的巴利奥家族在城外收集了兵力，第二天就由吉安保罗率领攻入城内，并且很快地在受到巴奇格利亚以处死相威胁的那些人们中间找到了拥护者。当格里丰在圣艾科罗诺教堂附近就擒的时候，吉安保罗把他交给了他的部下去执行死刑。巴奇格利亚和潘那逃到加米里诺去投奔瓦拉诺，这个悲剧的主要制造者那里去了。吉安保罗在顷刻之间，几乎没有损失地成了这个城市的主人。

格里丰的仍然年轻而美丽的母亲阿塔兰达在前一天偕同格里丰的妻子珍诺比娅和吉安保罗的两个孩子退居乡间住宅。她曾经不止一次地以母亲的责骂来斥责她的儿子。现在，她和她的媳妇回到城里来寻找那个垂死的人。当这两个女人走近的时候，所有的人都站开了，每人都向后退缩，惟恐被认出来是杀害格里丰的凶手，都怕受到这个母亲的诅咒。但是他们想错了；她自己在恳求她的儿子饶恕那个给他致命一击的人，于是她的儿子在她的祝福中死去了。当这两个女人穿着血污的衣裙越过广场时，群众用尊敬的目光注视着她们离去。拉斐尔后来画的世界闻名的“耶稣圣尸降架”图即为阿塔兰达而作，在此画中她把母亲的哀思献在一个更崇高、更圣洁的受难者的脚下。

49 和大部分悲剧发生地点为毗邻的礼拜堂用酒冲洗过并重新净化。为婚礼而建立起来的凯旋门仍然继续矗立在那里，门的上边绘有阿斯多利的事迹，并题着这些事件的记述者可尊敬的诗人马达拉佐的赞美的诗句。

从巴利奥家族的早期历史中产生了一种传说，它不过是这些残暴行为的反映。据说，所有这个家族的成员从一开始就都不幸地死去——一次就一起死了二十七人，说他们的房子在以前曾经一度被夷为平地，并用拆下来的砖修筑了佩鲁贾的街道——以及更多的这一类的说法。教皇保罗三世在位时，他们的宫殿真的遭到了毁灭。[①]

有一个时期，他们似乎已经决心向善，已经整顿好他们自己的党派，并已经保护官吏们抵制贵族的作威作福。但旧的诅咒像郁积的怒火一样又复燃了。吉安保罗被教皇列奥十世诱入罗马砍去了脑袋；他的一个儿子，欧拉齐奥，仅仅在佩鲁贾统治了一个很短的时期，并作为乌尔比诺大公（大公本人也受到了教皇的威胁）的同党，用最暴烈的手段又一次地在他自己的家族中重演了以前的惨剧。他谋杀了他的叔父和三个堂兄弟，以至于大公给他带话来
50 说他做得有些过火了。[②] 他的弟兄，佛罗伦萨的将军马拉泰斯

① 优里乌斯二世在1506年轻而易举地征服了佩鲁贾并迫使吉安保罗·巴利奥投降。据马基雅维里，《史论集》第1卷，第27章所述，后者由于不曾将教皇谋害而失去了名垂不朽的机会。

② 瓦尔奇：《佛罗伦萨史》第1卷，第242页以下。

达·巴利奥，以1530年的叛卖闻名后世；这个家族的最后一代，马拉泰斯达的儿子利都弗，由于在1534年谋杀了教皇的使节和官吏而维持了一个短暂的但却是血腥的统治。

我们到处都遇到里米尼的统治者的名字。很少有一个人能够像西吉斯蒙多·马拉泰斯达[①]（死于1467年）那样，此人一向无所顾忌，无所信仰，又具有军事才能和高度文化。但这样一个家族的多行不义最后必将使这个暴君坠入深渊之中；才能再大，也无用处。上述西吉斯蒙多的侄子，潘多福成功地保持了他的地位，惟一的原因是：威尼斯人拒绝放弃他们的雇佣兵队长，无论他将被控以什么样的罪名。当他的臣民（1497年）由于深感愤怒，[②]而轰击他在里米尼的宫城，后来又让他逃掉的时候，尽管他已因杀害弟兄姊妹和其他罪恶而罪行累累，一个威尼斯的长官又把他送了回来。三十年以后，马拉泰斯达家族中人成了穷困不堪的流亡者。1527年，像在凯撒·波几亚的时代那样，一种传染病传染到这些小暴君那里，他们只有很少几个人能够活下来，而且没有一个人有什么好结果。1533年，在皮科家族的弱小君主统治之下的米朗多拉住着一个贫穷的学者，利略·格雷戈里·吉拉尔第。他因避罗马劫掠之难，来到了名人乔万尼的侄子，乔万尼·弗兰切斯科·皮科老人好客的家庭里。他参加了这个君主正在为自己建立的墓碑的讨论，并且写了一篇碑文。这篇碑文题献的日期是这一年的4月。

---

① 就中请参看乔维诺·庞达诺：《论残暴不仁》一书，第17章。

② 马利皮埃罗：《威尼斯年代记》，见《历史文献》第7卷，第1章，498页以下。他的情人被她的父亲禁闭在一所修道院里，他经过一番徒劳的搜寻之后，就去威胁她的父亲，把修道院和其他建筑付之一炬，并犯下许多暴行。

它的后边加上的跋语[①]是非常沉痛的——“本年10月，这位不幸的君主在夜间遭到侄儿的弑逆，君位亦被篡夺；而我仅以身免，此刻正处在苦难的深渊中。”

像潘多福·佩特路奇从1490年起在锡耶纳所实行、后来由于派系之争而陷于分裂的那种不具有典型特征的类似的暴君专制是不值得详述的。他微不足道，又心地不正，靠着一个法学教授和占星家的帮助来进行统治，并不时进行杀戮以威吓人民。他使人从阿绵达的峰顶向下滚大石块，砸坏什么东西或什么人都在所不计，以为夏日的消遣。他在成功地逃脱了凯撒·波儿亚所设的最有智谋的人都难于幸免的阴谋手段之后，最后死时受人轻蔑和唾弃。他的儿子们在以后许多年内维持着一个有限的统治权。

51　第五章　大王朝

在讨论到意大利的主要王朝时，由于阿拉戈纳王朝的特殊性质，把它从其余各王朝分开来谈较为方便。从诺曼人时代起以地方贵族占优势的形式残存下来的封建制度，给那不勒斯的政治制度以一种鲜明的色彩；同时在意大利其他各地，只除了教皇属邦的南部和少数其他地区外，都盛行着土地直接使用权，而继承权则不

---

① 吉拉尔德：《论坟墓及各种葬仪》，《全集》，巴塞尔版，1580年，第1卷，第640页以下。后来的一版由费伊印行。赫尔姆斯泰特，1676年。献词和吉拉尔德的后记：《献给日耳曼人查理·密尔兹》，在这些版本中都没有记载日期，也不包括正文中的这一段。1470年，在同一的家庭里曾经发生过一次小事变（加利多把弟弟安托尼奥·马利亚关进监牢。）参看《费拉拉日记》（载《意大利史料集成》第24卷，第225栏）。

为法律所承认。从1435年以后统治着那不勒斯的大阿尔方索（死于1458年），是一个不同于其真正的或假托的后代子孙的人。他有着光辉的一生，不怕和人民接触，对敌人温和宽大，与人交往时庄重和蔼，虽系王室嫡系却十分谦虚，即晚年对于露克瑞佳·德·阿莱尼亚的恋爱，也是受到了人们的赞扬而不是受到非难的。不过，他有一种奢侈浪费的坏品质，[①]因而给他带来了必然的后果。无所顾忌的财政官们长期在宫廷里边掌握着无限的权力，直至国王破产没收了他们的赃款为止；他鼓吹来一次改革运动，以便借以向教士们征税，犹太人则被迫以馈送礼物和缴纳正规税款来使自己免遭改变信仰和其他压迫性措施的厄运。当阿布鲁齐地方发生大地震时，活下来的人们被迫代替死者完税。另一方面，阿尔方索却废除了如赌博税等不合理的捐税，以便比较穷苦的小民能从捐税的沉重压迫下解放出来。阿尔方索靠这些方法能够以无比的豪华的排场来招待显贵的客人；甚至招待敌人时他也喜欢挥霍无度，至于对文学作品的奖励更是没有分寸。波吉奥因为翻译了色诺芬的《希腊远征波斯记》而得到了五百枚金币。

人们认为继承他的费兰特[②]是他和一个西班牙女人所生的庶 52

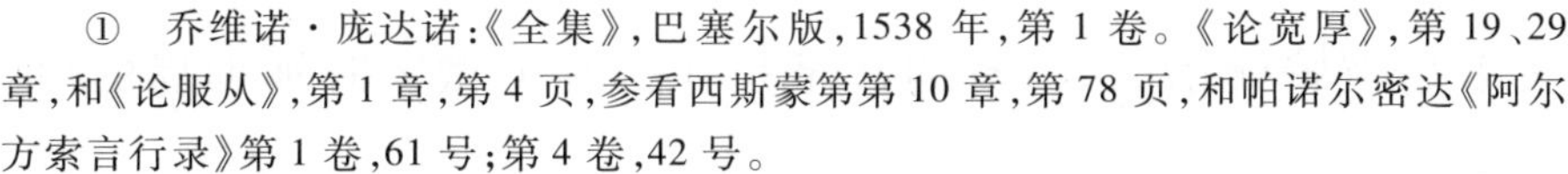

① 乔维诺·庞达诺：《全集》，巴塞尔版，1538年，第1卷。《论宽厚》，第19、29章，和《论服从》，第1章，第4页，参看西斯蒙第第10章，第78页，和帕诺尔密达《阿尔方索言行录》第1卷，61号；第4卷，42号。

② 特利斯达诺·卡拉奇奥洛：《论以后曾为阿拉戈纳国王的斐迪南及其后裔》，载《意大利史料集成》，第22卷，第113—120栏；庞达诺：《论明智》，第4卷；《论宽厚》，第1卷；《论豁达》第29、36章；《论残暴不仁》第8章。参看波吉奥：《那不勒斯王国内贵族们反对斐迪南王第一的阴谋》，比萨，1818年，第29、36章；1859年，那不勒斯新版，散见各处。科米斯：《查理八世》，第17章，谈阿拉戈纳家族的一般特性。欲知费兰特对人民的施政情况，可进而参阅1486—1487年《国王斐迪南第一谕令集》，沃比塞拉

子，但他很可能是瓦伦西亚地方一个杂种的摩尔人的儿子。不管是不是由于他的血统还是由于贵族们阴谋要害他的生命而使他的性格变得恶毒阴险，总之，他的残暴凶狠是当时任何君主所不能比拟的。他不断施展威风，被认为是当时一个最有政治头脑的人物；他不事淫逸，集中全力（其中包括深谋远虑的伪善和一种不可调和的复仇精神）来毁灭他的反对者。他受到了一个君主所能受到的种种攻击的伤害，因为那些贵族领袖们虽然和他有婚姻关系，然而却成了他的外国敌人的同盟者。他经常采取极端的措施。和贵族进行斗争以及对外战争所需的金钱是沿用弗里德利希二世曾经采用过的伊斯兰教国方式聚敛来的，即油酒归政府专卖；他把国家的全部商业交由富商弗兰切斯科·科伯拉掌管，科伯拉整个统治了海岸的停泊税并和国王分享利润。财政的亏欠则用强迫贷款、强制让渡和没收财产、公开买卖圣职和向教会团体征收捐献来弥补。除了不顾人民的一切财产权而进行的狩猎以外，他还有两种消遣：他喜欢将敌人置于靠近自己的地方，即或者把他们活活地关在警卫森严的监狱里，或者待他们死后做成木乃伊，叫他们穿上他们生前所穿的衣服。①他和他的朋友们谈到这些俘虏时常常得意忘形地笑出声来，并且一点也不隐讳他的木乃伊博物馆。他的被害者大多是被骗就擒的人，有的甚至是在御宴上做客时被拘捕的。他

编，那不勒斯，1861 年。它多少会缓和一些我们对于他的尖刻的评论。

① 见保罗·乔维奥：《历史》，第 1 卷，第 14 页，一位米兰使节的演说中；《费拉拉日记》，载《意大利史料集成》，第 24 卷，第 294 栏。戈蒂恩：《意大利南部的文化发展史》第 525 页注①说明给死尸打扮并不是由于费兰特缺乏人性，而是那不勒斯直至现在还允许存在的习俗。

对待首相，安多尼洛·佩特路奇的行径简直很可怕，佩特路奇由于为他效劳而变得衰老多病，因为日益惧遭不测而被他不断地勒索礼物。但由于参加贵族们最后一次叛变的嫌疑而被捕并被处极刑。和他一起同遭不测的还有科伯拉。加拉奇奥罗和波吉奥关于这些事情的全部记载使人读了为之毛发悚然。国王的长子，卡拉布里亚大公阿尔方索在国王晚年时曾和他共掌国政。他是一个粗野残暴的荡子——被科米斯描写成为“从未见过的最残暴、最恶劣、最刻毒、最卑鄙的人”——只是在坦率这一点上比费兰特略胜一筹。他公开承认他对宗教及其习俗的蔑视。[①] 意大利专制统治的较好的和较高贵的特征在这一世系的君主中是找不到的，他们所掌握的那一时代的一切文化和艺术都不过是为了享乐和炫耀而已。即使是真正的西班牙人看来也几乎总是要在意大利堕落下去；不过这个杂种王室（1494—1503 年）的结局清楚地证明了缺乏一种良好的血统。费兰特死于思虑过度和忧患。阿尔方索的弟弟 53
菲德利哥是这个家族里边惟一诚实的人，但阿尔方索却控以叛国罪名并以最卑鄙的方式对他进行侮辱。虽然阿尔方索在此以前被认为是意大利最有干才的将军之一，但最后他慌张地逃到了西西里，留下他的儿子小费兰特成了法国人和国内叛乱者的俘虏。像一个曾经这样统治过的王朝，如果它的子孙想要恢复大业，至少也必须和敌人作一番拼死的斗争。不过，正如科米斯在这里片面地然而大体上却是正确地说的那样：“残暴的人从来不会是勇敢

① 他和犹太人相处很亲密，例如埃撒克·阿布拉那维尔就和他一起逃到了墨西那，参看宋茨《历史与文学》（柏林，1845 年）第 529 页。

的。”

米兰大公的专制统治，从吉安加利佐时代以来就是一种最彻底的绝对君主的专制；它表现了十五世纪的真正的意大利性格。维斯康提家族的最后一代，菲利波·马利亚（1412—1447 年）是一个特别有趣的人物，幸而关于他有一些美妙的描写留给我们。[1] 恐惧的心情会使一个具有非凡才能和崇高地位的人变成什么样子，在这里可以得到最确切、最充分的说明。国家的全部力量都用于确保他的个人安全这一目的，虽然幸而他的冷酷的利己主义没有使他堕落到无目的地酷嗜杀人流血的地步。他住在米兰城堡内，周围环绕着壮丽的花园、林荫路和草地。他多少年来从不涉足城内，只在他几处豪华宫殿所在的乡间盘桓。用骏马牵引，使他可以沿着特筑的运河到各宫殿去，游览的船队布置得体，适于最庄严的宫廷仪节。无论谁进入城堡都要受到最严密的监视；甚至被禁止在窗前站立，以免向外边的人传递暗号。所有被录用的君主侍从
54 都必须受到一系列的严格检查；一经录用随即委以最高级的外交职衔和最卑微的贴身差役——这两者在宫廷里都是光荣的显职。就是这个人，他进行了长期艰苦战争，惯常处理头等重要政治事务和经常派遣全权使节到意大利各处去。他的安全就在于：他的臣下彼此互不信任，他的雇佣兵队长受到间谍的监视和欺骗，他的大

① 比埃坎第多·德琴布里奥著《菲利波·马利亚·维斯康提传》，载《意大利史料集成》第 20 卷。关于他，保罗·乔维奥（《维斯康提十二列侯传》，第 186 页）说得有理：“既然他略去了应该对菲利波称颂的政绩不谈，所以记录了他的败政。”盖利诺很称赞这位君主。见罗斯密诺·盖利尼，第 2 卷，第 75 页。乔维奥在上述著作中（186 页）和乔维诺·庞达诺《论豁达》第 2 卷，第 28 和 31 章，特别注意到他对俘虏阿尔方索的宽待。

使和高级官员由于特意培养起来的妒忌之情，特别是由于把好人和坏人搭配在一起的安排而互相中伤、互相排挤。他的内心的信仰也是建立在互相对立、互相矛盾的思想体系之上；他盲目相信命运，相信星宿对人的影响，并且同时向各种各样的救星祈祷；[①]他嗜读古代作家的作品，同时也嗜读法国骑士小说。他从来不准在他面前提到死亡二字，[②]他命令将濒死的宠臣送出宫廷，以免死亡的阴影，落到他幸福的居所。但就是这同一个人物故意封盖其伤口，拒绝放血，自促死期，终致不失其尊严，从容不迫地死去。

他的继子兼继承者，幸运的雇佣兵队长弗兰切斯科·斯福查（1450—1466 年，见第 42 页[③]）可能是十五世纪一切意大利人中最为他们那个时代所爱戴的人物。从来没有一个人能够像他那样光辉地表现了天才和个人力量的胜利；不肯承认他的优点的人至少也不能不为他是一个幸运的宠儿而感到惊异。米兰人公开声称受制于这样一个卓越的君主是他们的光荣；当他进入城内的时候，拥挤着的群众不给他下马的机会就在马背上把他拥到大教堂里去了。[④] 我们可以听一听对他一生的评价；据教皇庇护二世（一个在 55
这一类事情上的公平的评判者）对他的估价是：[⑤]

① 在米兰城堡中的十四座圣徒的大理石塑像是否是由他下令塑成的？参看《弗隆兹堡史》，第 27 页。

② 困惑着他的是：终有一天“不存在”是事所必然的。

③ 原书页码，下同。——译者

④ 见柯利奥，第 400 页；卡尼约拉，载《历史文献》第 3 卷，第 125 页。

⑤ 《庇护二世回忆录》，第 3 卷，第 130 页。参见第 2 卷，第 87、106 页。加拉奇奥洛做了关于斯福查的幸运的另一种更暗淡一些的估价，见他的《论幸运的多变》，载《意大利史料集成》第 22 卷，第 74 栏。关于相反的看法，见费莱佛在《纪念弗兰切斯科·斯福查圣君幸福的演说词》中对斯福查的幸运所作的颂扬（费莱佛这个人，谁给钱就歌

> “在 1459 年，当这位大公来到曼图亚参加会议时，他已经是六十岁
> 56 了(实际是五十八岁)。他骑在马背上看起来很像一位青年，体态雄伟，容貌严肃，和人谈话安详而和蔼，举止俨然王侯，身心禀赋，盖世无双，转战沙场，未尝败北——这就是那个自己从卑微的地位上升到统治一个国家的人。他的妻子美丽贤淑，他的子女有如天使；他很少生病，他的一切主要愿望，无不悉偿。但他也并不是没有不幸。他的妻子由于妒忌杀死了他的情妇；他的老伙伴和老朋友，特劳伊洛和布鲁诺罗舍弃了他而投向阿尔方索国王；另外一个旧友，奇阿波伦内，由于谋反使他不得不处以绞刑；他不能不忍受他的弟弟，阿利桑德罗勾引法国人来攻击他的苦恼；他的一个儿子阴谋反对他而被监禁；他在战争中赢得的‘安科纳边境地区’又在战争中失去。像他这样享受完满无缺的幸运，无须和逆境作斗争的人是没有的。忧患少的人就是幸福的人。”

这位知识渊博的教皇在从反面给幸福下过定义之后就和读者告别了。如果他能看到将来，如果他愿意停留一下来讨论不受拘束的暴君专制的后果，他必将注意到一个显著的事实，即对于未来缺乏保障。那些子女们虽然美如天使，受到过完美细致的教育，但在长大成人之后，却堕落成为极端利己主义者。加利佐·马利亚(1466—1476 年)只崇尚虚荣，他以有美丽的双手、以他所付出的高额的薪俸、以他在财政上所享有的信用和他所储藏的二百万金币，以及围绕在他周围的知名之士和他所豢养的军队与猎鹰而骄傲。
57 他喜欢自己说话的声音，他的谈吐也确实不坏，在他有机会侮辱威

颂谁)。他在《斯福查传》中歌颂弗兰切斯科的功业，该书未出版。就连费莱佛在道德和文学上的对手德琴布里奥在所著《弗兰切斯科·斯福查传》中也歌颂斯福查的幸运。(《弗兰切斯科·斯福查传》，载《意大利史料集成》第 20 卷)。星相家们说：“弗兰切斯科·斯福查的星象给他个人带来好运，但给他的后裔带来毁灭。”见阿尔卢尼：《威尼斯战记》第 6 卷，载格雷维乌斯：《意大利古代文化与历史宝典》第 5 卷，第 3 编。又参看巴尔托洛缪·法奇奥：《名人录》，第 67 页。

尼斯大使时，[1]他可能说得非常流畅。他常常任性而为，例如他曾经在一夜之间把一间屋子画满了图画；更坏的是他常常发作发疯般的淫乱和对他的最亲近的朋友们肆行残暴。以乔万尼·安德烈·第·兰普尼亚诺为首的一群热心家们认为这个暴君太坏，不应
该让他再活下去；于是谋杀了他，[2]并把国家交由他的弟兄们管 58
理。他的弟兄之一，洛德维科·摩尔把侄子关进了监狱，而掌握了政权。从这次篡夺之后，就引来了法国的干涉和落在整个意大利的灾难。

这个摩尔是当时暴君的最完整的典型，并且作为一种生就的人来看，他几乎解除了我们道德判断的武装。尽管他所用的手段非常不道德，但他使用它们的时候却非常坦率。如果有人对他说，一个人不仅在选择目的上而且在选择手段上，也要在道德上负责任时，大概没有人比他更感到惊异的了；他一定还会认为他曾在可能的范围内避免过于任意地使用死刑的惩罚是一种非凡的德行。他心安理得地接受了意大利人对他的政治天才所表现的几乎是使人难以置信的尊敬。[3] 在 1496 年，他曾吹牛说，亚历山大教皇是

① 马利皮埃罗：《威尼斯年代记》，载《历史文献》，第 7 卷，第 1 章，第 216 页以下，第 221—224 页。

② 有关对加利佐·马利亚·斯福查谋杀案的重要文献由达达发表于 1875 年的伦巴第协会杂志：《伦巴第历史文献》第 2 卷，第 284—294 页：(1)关于在行凶中丧命的凶手兰普尼亚诺的拉丁文墓志铭中，作者把凶手描写成一个发言人说："我衷心愿意安息在这里，我要给现为公侯国王而不久就会被人拖往刑场的人们讲述永久的伟大事业，使他们不作违反正义的言行。"(2)有当时年十一岁，谋杀时在场的多密尼克·培利的一封拉丁文书信。(3)加利佐·马利亚的"绝命词"，词中在呼求圣母马利亚和叙述人们对他犯下的这一暴行之后，号召妻子、儿女、臣仆和他辖下的意大利城市哀悼他的命运，并恳求世界各国，司文艺美术的九女神以及古代众神为他同声一哭。

③ 《威尼斯编年史》，载《意大利史料集成》第 24 卷，第 65 栏。

他的宫廷住持，马克西米利安皇帝是他的雇佣兵队长，威尼斯是他
59 的管家，法兰西国王是他的仆从，来去必须听他的命令。[①] 就在穷途末路的时候，他也泰然自若地来考虑一切可能的逃避方法，并在最后光荣地决定把一切信托给人类善良的天性。他拒绝了他的弟弟、阿斯卡尼奥枢机主教希望留在米兰城堡里边的请求，理由是以前他们发生过争吵："主教，不要不高兴，但是我不相信你，虽然你是我的弟弟。"他委任了一个一贯受他恩遇的人来守卫宫城，"作为他将来回来的保证"，但是那个人仍然背叛了他，[②]摩尔对内是一个精明能干的统治者，而且直到最后，他还想倚仗他在米兰和在科莫的人望。在前些年里(1496 年以后)他过分地耗费了国家资源并曾在克雷莫纳地方完全为了权宜之计而命令把一个出言反对新税的可敬的公民秘密地绞死。从那时以后，他在接见宾客的时候，就用一个栅栏把来访者和他自己远远地隔开，因而那些人和他讲话时，必须提高嗓门。[③] 他的宫廷是勃良第王朝消灭以来欧洲最显赫的一个，然而在那里却充满了最不道德的事情：父亲出卖女儿，丈夫出卖妻子，弟兄出卖姊妹。[④] 他本人无时或息地在活动，并且作为一个独创事业的人，他要求同所有和他一样靠个人才能

① 马利皮埃罗：《威尼斯年代记》，见《历史文献》第 7 卷，第 1 章，第 492 页，参看 482、562 页。

② 他对那位伯尔纳丁·达·科尔泰说的最后几句话可在塞纳雷加的著作中找到，它无疑是经过修辞润色的，但大体上和摩尔的想法一致。见《意大利史料集成》，第 24 卷，第 567 栏。

③ 《费拉拉日记》，载《意大利史料集成》第 24 卷，第 336、367、369 等栏。人们认为他正在积聚财宝。

④ 柯利奥，第 448 页。这种事态的后果在邦德罗关于米兰的故事和引言中是显而易见的。

而取得地位的人——学者、诗人、艺术家、音乐家，都建立联系。他所创建的大学，[①]与其说是为了学者们教学不如说是为了他自己的目的；他对于围绕在他周围的那些知名之士所注意的，主要也不是他们的名望而是他们的交际和效劳。可以肯定，他对布拉曼特的待遇最初是微薄的；[②]另一方面，列奥那多·达·芬奇则到1496年为止一定得到了适当的报酬——除此之外如果不是出于他的自愿，还有什么能够使他留在这个宫廷里呢？在那个时代里没有人能够比列奥那多有更广阔的世界，他可以随便到什么地方去；如果说洛德维科·摩尔的性格里边的较高贵的成分缺少证明，那么它这位令人莫测的大师在他的宫廷中的长期停留就是个证明。列奥那多以后为凯撒·波几亚和弗朗索瓦一世效劳，大概是由于他对于这两个人的不寻常的和动人的性格感兴趣。

摩尔垮台之后——他于1500年逃亡德意志归来后为法兰西人所俘——他的儿子们是在外国人中间受到粗劣的教养长大的，因之没有能力来实现他的政治遗嘱。长子马西米利亚诺一点也不像他，次子弗兰切斯科无论如何还有那么一点精神。在那些年代 60
里，米兰屡易其主，并且在每一次易主时都遭到难言的灾难，因此就力求确保自己的安全，使不遭反复易手的荼毒。1512年，法兰西人在马西米利亚诺和西班牙人的武力压迫面前撤退时，被劝导做了一项声明，声明米兰人并没有参加驱逐他们，没有叛变之罪，

① 阿摩累提：《关于达·芬奇生平的历史回忆》，第35页以下，又第83页以下（实际上这所大学从未存在过）。我们在这里也可以提到摩尔对改进帕维亚大学的努力。

② 见他的刊在特鲁基《未刊诗集》中的十四行诗。

因而他们可以向一个新的征服者投降。[①] 一个政治上比较重要的事实是：在这种过渡时刻，这个不幸的城市很容易像阿拉戈纳家族逃走时的那不勒斯一样，成为一群恶棍（常常是高级贵族）的掠夺品。

曼图亚的贡查加家族和乌尔比诺的蒙特费尔特罗家族在十五
世纪后半期许多家族中间是整齐严肃、人才辈出的。贡查加是一
个相当和谐的家族；很长一个时期他们中间没有听说过谋杀事件，
61 他们的死者的遗体可以公之于众，而无所顾虑。弗兰切斯科·贡
查加[②]侯爵和他的妻子，伊斯特家的伊莎贝拉，尽管行为有些不
检，然而却是一对团结一致的好夫妻；他们在他们疆土虽小而却地
位重要的国家不断面临危机的时候，把他们的儿子们教养成为非
62 凡而卓越的人物。弗兰切斯科，不论是作为一个政治家或是作为
一个军人，竟会采取一种特别真诚的政策，这是皇帝、威尼斯或法
兰西国王未能想到或希望的；但自塔罗之战[③]（1495 年）以来，就
一个军人的荣誉而论，他的思想和行动确实是与一个意大利爱国
者相符合的，并且把同样的精神传给了他的妻子。对于每一项忠

---

① 普拉托，刊入《历史文献》，第 3 卷，第 298 页；参看 302 页。

② 1466 年生，1480 年和六岁的伊莎贝拉订婚，1484 年即位，1490 年举行婚礼，1519 年死。伊莎贝拉死于 1539 年。她的儿子菲德利哥（1519—1540 年）1530 年晋升公爵，另外一个儿子是著名的费兰特·贡查加。以下事迹自达尔科所提供的伊莎贝拉的通信和补遗，载《历史文献》、补遗第 2 卷。见同一作者所著《曼图亚的美术及工艺》，曼图亚，1857—1859 年共 2 卷。集子的目录曾被多次印行。伊莎贝拉的传记和画像见迪多：《阿尔多·曼纽西》，巴黎，1875 年，第 61—68 页，又见本书第二篇第二章。

③ 塔罗之战（Battle at Taro）是弗兰切斯科领导意大利联军击败查理八世的战争。——译者

诚英勇的行为，诸如保卫法恩扎来抵抗凯撒·波几亚，她都认为是
保护意大利的荣誉。我们对于她的评价并不需要根据艺术家和作
家们为了厚报这位美丽的侯爵夫人的保护所做的歌颂，她自己的
书信就告诉了我们她是一个坚定不移的妇女，富有仁爱和幽默的
见解。本波[①]、邦德罗[②]、阿里奥斯托[③]和伯尔那多·塔索[④]都把他
们的作品送到这个宫廷里来，虽然它很小而又没有势力，并且他们
知道它的国库是空虚的。自乌尔比诺旧宫廷解体（1508 年）以来，
在意大利没有看到过比这个更光辉、更可喜的宫廷，并且在某一方 63
面，即在活动的自由上，费拉拉宫廷不如曼图亚宫廷。在艺术问题
上，伊莎贝拉具有精确的知识，任何一个美术爱好者看了她那为数
不多，但经过精选的艺术品的目录都不能不为之叹羡。

大菲德利哥（1444—1482 年）是乌尔比诺所拥有的君主中的
一位光辉的代表，不管他是不是真正出身于蒙特费尔特罗家族。
作为一个雇佣兵队长——他在成为君主之后，以这种身份为国王 64
和教皇服务了三十年——他具有和其他风云人物们同样的政治品
德，也具有同他们一样的缺点；作为他的狭小的领土的统治者，他
采取了在国外赚钱在国内花费的计划，并尽可能地减轻人民的捐

① 本波（Bembo，1470—1547 年）是意大利人文主义者，写有《威尼斯史》和拉丁文及意大利文的诗歌等。——译者

② 邦德罗（Bandello，1480—1562 年）是意大利小说家，也是一个神父，写有故事集和诗歌等。——译者

③ 阿里奥斯托（Ariosto，1474—1533 年）是意大利的叙事诗和抒情诗人，写有《奥兰多的狂怒》和诗歌等。——译者

④ 伯尔那多·塔索（Bernardo Tasso，1493—1569 年）是意大利诗人，意大利诗人特尔华托·塔索之父。——译者

65 税。关于他和他的两个继承者，圭多巴尔多和弗兰切斯科·马利亚，我们读到过这样的记载："他们兴建房屋，改进耕作，安居国内，并使很多人就业：他们的臣民爱戴他们。"[①]但是不仅这个国家，就是这个宫廷也是一件结构完美的艺术品，而这从各方面看来，都是如此。菲德利哥有五百人为他服务，宫廷的安排布置和最大的君主的都城同样完善，但没有任何浪费；一切都有它的目的，一切都被周密地照顾着和管理着。宫廷里边没有不道德和放荡不羁的行为：它是一个其他大家族的子弟受军事教育的学校，乌尔比诺大公认为这些人能不能受到完美的教育是与他的荣誉有关的。他所建造的宫室即使不是一个最壮丽的，也是设计完美、古色古香的；他最大的宝藏和有名的藏书[②]都放在那里。在他的统治之下，人人安居乐业，各得其所，没有乞丐，没有饥民，因而他感到自己是安全的，常常出入不带武器，不带护从；当时的君主里边只有他一个人敢于在广场散步和在没有警卫的房子里边简单用食。他使人为他朗读李维的作品（斋戒期间就读一些宗教修养方面的著作）。在同一天的下午，他去听人们做关于某些经典问题的讲演，然后走访克拉利兹女修道院，隔着格子门和女修道院长详细论究某些宗教上的问题。在晚间他往往在以景色壮丽著称的圣弗兰切斯科教堂的草地上观察宫中青年子弟们的军事训练，注意使一切技艺达

① 弗兰切斯科·维托利，载《历史文献》补遗，第6卷，第321页。关于菲德利哥，见维斯帕西雅诺·菲奥兰提诺，132页以下，和普兰第拉加：《维达利诺·费尔特立传》第48—52页。维斯帕西亚诺极力想用"你也将成为凯撒"这句话来安抚当时为其弟子的雄心勃勃的青年菲德利哥，关于他有很多文字资料，如见法夫尔的《文学史札记》第1卷，第125页注①。

② 见本书第三篇第三章。

到最完美的地步。他在访问那在工场里为他工作的工匠时，在时常接见来客并注意尽可能在当天就满足每一个人所提出来的请求时，都力求充分做到和蔼可亲和平易近人。无怪乎当他走在街道上的时候，人们跪倒高呼“殿下啊，上帝保佑你！”有识之士称他为“意大利之光”。[①]

他的儿子，圭多巴尔多[②]有才气，虽然遭到各种病魔和不幸的侵袭，但能在最后（1508年）把国家交给可靠的侄子弗兰切斯科·马利亚（也是教皇优里乌斯二世的侄子）来掌握。弗兰切斯科·马利亚至少也成功地保全了领土免于被任何外国人的永久占领。值得注意的是，当圭多巴尔多在凯撒·波几亚面前，和当弗兰切斯科在教皇列奥十世面前屈服和逃走的时候，他们都是具有何等的信心；每一个人都知道：国家从无效果的抵抗中牺牲得越少，恢复旧业就越容易和越受到人民的欢迎。当洛德维科在米兰做同样的 66
估计时，他忘记了存在有许多怨恨他的因素。圭多巴尔多的宫廷被巴达萨尔·卡斯蒂利昂[③]誉为讲究修养的最高学府而永垂不朽；他曾为了对这个宫廷社会表示敬意而当场朗诵他的牧歌《泰西斯》（1506年），而后来（1518年）他的作品《廷臣论》的对话的地点就假设是在学识渊博的伊丽莎贝塔·贡查加女公爵的宫廷里。

① 卡斯蒂里昂：《廷臣论》第1卷。

② 本波：《论圭多巴尔多和伊丽莎贝塔·贡查加两大公》，威尼斯，1530年。又见《本波著作集》，巴塞尔1566年，第1卷，第529—624页。用对话体写成，其中包括弗来哥索的书信和奥达西乌斯关于圭多的生平和逝世的讲演。

③ 卡斯蒂利昂（Castiglione，1478—1529年）是意大利的伯爵，先隶属于米兰大公的宫廷，后服务于乌尔比诺大公。他的有名的作品《廷臣论》是关于礼节、社会问题和文化教养的一部著作。——译者

伊斯特家族在费拉拉、摩德纳和勒佐各地的统治表现了暴行和笼络人心兼施的奇怪政策。[①] 宫城之内永远发生着可怕的事情；一个公爵夫人因为被认为和继子通奸而被砍了头（1425年）；[②]嫡庶子女相继逃出宫廷，他们的生命甚至在国外仍然受到被派去追逐他们的刺客的威胁（1471年）。外部的阴谋不断产生；一个私生子的私生子企图从合法的继承者，赫克里斯一世的手里抢夺君位。据说后者在以后（1493年）曾经毒死他的妻子，因为发现她受她弟弟那不勒斯的费兰特的煽动要毒死他自己。这一系列的悲剧的最后一件是两个私生子阴谋反对他们的弟兄，掌握政权的大公阿尔方索一世和枢机主教伊波利托（1506年），这个阴谋被及时地发现了并将他们判处终身监禁。

这个国家的财政制度是最完善的一种，而这是不得不然的，因为意大利的大中国家中没有一个国家像它这样面临危险并经常需要武备和防守的。统治者们的希望是人民的日益富裕能够跟得上赋税的日益增加，尼科洛侯爵（1441年死）经常表示希望他的臣民
67 能够比其他国家的人民更富裕。如果说人口的迅速增加是衡量实际达到的繁荣的尺度，那么在1497年，尽管首都作了惊人的扩大而仍没有房子出租就确是一个重要的事实。[③] 费拉拉是欧洲第一个真正的近代城市，在统治者的命令之下，兴建了许多建筑完善的规模宏大的市区。这里，由于官吏阶级的集中和对商业的积极奖

① 以下资料主要来自《伊斯特年代记》，载《意大利史料集成》第20卷，和《费拉拉日记》，载《意大利史料集成》第24卷。

② 见邦德罗，第一编，故事第32篇。

③ 《费拉拉日记》，载前引书，第347栏。

励，第一次成了真正的首府；从意大利各地来的富裕逃亡者，特别
是佛罗伦萨人，都在费拉拉定居和建造起他们的宅第。但无论如
何，间接税一定是已经高到只能勉强负担的地步。不错，政府曾经
采取了其他意大利暴君所采取过的减轻人民疾苦的措施。如加利
佐·马利亚·斯福查在荒年的时候曾从远地运来谷物，并似乎是
无偿分配给人民；[①]但在平常的年景里却实行垄断捞回损失，即使
不是垄断谷物，也是垄断许多其他生活必需品——如鱼、咸肉、水
果和青菜等，青菜是在城墙及其附近精心种植的。但最大的收入
来源是每年的出卖官爵，这在整个意大利已相习成风，而关于费拉
拉的实行情况我们知道得更为确切。例如：我们读到过这样的记
载，在1502年的新年，多数的官吏都以“高价”买到了他们的位
置，各种各样的官职，如关税吏、执达吏、公证人、市镇长官、法官，
乃至加比大尼，即各省城的副长官等都包括在内。在用高价得到
官职，“坏得比魔鬼还更可恨的”“吃人鬼”中间，曾提到蒂托·斯
特罗齐的名字——我们希望他不是那有名的拉丁诗人。[②] 大约就 68
在每年这个时候，那些公爵们都习惯于每年在费拉拉去作所谓
“不时的巡视”，总而言之是在访问中间从更富有的公民那里收取
礼物，但这些礼物不包括现金而只是天然产品。

费拉拉大公[③]引为骄傲的是全意大利都知道：在费拉拉，军人

① 保罗·乔维奥《阿尔方索大公传》1550年，佛罗伦萨版。另，乔凡巴蒂斯塔·该利的意大利文本，1553年，佛罗伦萨版。

② 蒂托·斯特罗齐（Tito Strozzi，1425—1505年）是生于费拉拉的诗人，是家庭和爱情诗的有名作者，但这里说的是另外一个同名字的人。——译者

③ 保罗·乔维奥，前引书。

和大学教授们都能够一天也不差地准时领到他们的薪饷和薪金；
军人从来也不敢任意压迫市民和农民；这个城市难于攻下；在城堡
中储藏有大量的金币。设立两套账目似无必要；财政大臣同时又
是宫内大臣。博尔索（1430—1471 年）、赫克里斯一世（到 1505 年
为止）和阿尔方索一世（到 1534 年为止）所建造的建筑物很多，但
规模不大：它们说明了君主家族尽管喜爱豪华——博尔索每次出
69 来都是锦绣被体，珠宝满身——但并没有任意挥霍。阿尔方索可
能已经预见到了等待着他那可爱的小巧玲珑的别墅的命运，贝尔维
德尔别墅有浓阴满地的花园；蒙达那别墅有喷泉和美丽的壁画。

不可否认的是：因为这些君主们经常易遇危险，所以在他们身
上都发展了一种过人的能力。在如此诈伪百出的世界里，只有一
个十分灵活的人才有成功的希望；每一个想超群出众的人都不能
不以他的个人才能来实现他的愿望，并证明他自己与他所寻求的
君主地位相称。他们的性格并不是没有阴暗面；但是在所有这些
人身上全都有当时意大利当作理想来追求的某些特性。当时欧洲
的哪一个君主曾经像例如阿尔方索一世那样努力地提高自己的文
化呢？他到法兰西、英格兰和尼德兰的旅行都是为了研究的目的，
用这种办法，他得到了这些国家工商业的准确知识。[①] 责备他在
70 闲暇的时候从事于似乎和他善于铸炮有关的镟工工作和责备他毫
无成见地让擅长各种技艺的人环绕在他的左右是可笑的。意大利
的君主不像他们同时代的北方君主那样依靠贵族社会的人士，这

① 列奥十世为枢机主教时的旅行也可以在这里加以述及。参看保罗·乔维奥《列奥十世传》，第 1 卷。这次旅行没有什么重要的目的，不过旨在娱乐和增长见闻，但它的精神完全是近代的。当时没有一个北方人抱着这些目的旅行过。

些人士认为只有它自己那个阶级值得尊重，并把这种同样的自高自大传染给君主。在意大利，一个君主是被允许并且也不能不去结识和任用社会上各阶层的人物的；贵族虽然在出身上是一个特殊阶级，但在社会交往中却只有依靠个人的才能。这一点在后文中还要做更详尽的讨论。

费拉拉人对于统治家族的感情是一种无言的恐惧和真正意大利人善于权衡利害的意识以及近代人的忠君精神的奇怪的混合物：个人的崇拜转化成为一种新的责任感。费拉拉城于1451年给他们十年前逝世的君主尼科洛建立了一个骑马的铜像；博尔索（1454年）也毫不迟疑地在紧靠市场的地方建立了自己的铜像，不过是一种坐式的；此外，这个城市还在他开始统治的时候决定为他建立一个“大理石凯旋纪念柱”。当他死了下葬的时候，全体人民都感到悲痛，如基督再死一样。[①] 从威尼斯到外国去的一个市民曾经公开说过博尔索的坏话，归国后被告发并被判处流放和没收资财；一个忠诚的市民好容易控制住自己才没有在审判那个犯罪市民的法庭上把他砍倒，而这个触犯者也以绳索系颈走到大公处求彻底宽恕。政府用了很多侦探，并严令旅店主每天呈送旅客名单由大公本人亲自审查。博尔索希望每一个著名的客人都无不受其礼遇而去。所以在他统治的时候，[②]这种规定是为了殷勤招待来客而设；赫克里斯第一[③]却仅仅用它作为一种警戒的手段。在波洛尼亚，乔万尼二世·本蒂伏利奥执政时，也有一条规定，就是

① 《费拉拉日记》，载《意大利史料集成》第24卷，第232和240栏。

② 乔维诺·庞达诺，《论豁达》，第28章。

③ 吉拉尔德：《故事百篇》，第6编，故事第一篇（1565年版，223页a）。

每一个过往旅客从一个城门进来必须领取一纸证明以便能从另外一个城门出去。[①] 立即撤办压迫人民的官吏是一项确实受到欢迎的措施。当博尔索亲自逮捕了他的最高枢密顾问官，当赫克里斯撤换并贬黜了一个多年来吸吮民脂民膏的收税官时，人们燃起了鞭炮，响起了钟声，向他们表示敬意。不过，赫克里斯对于他的一个部下却是宽容得过分了。卢卡的格里高利奥·扎邦特是一个警察长官，或者我们随便愿意把他叫做什么（法庭长）；他是一个和
71 这种职务不相称的本地人。即使是大公的儿子和弟兄们也不免在这个人面前战战兢兢；他所判处的罚金高达几百几千金币，甚至案件未加审理即施酷刑。他从有钱的罪犯那里接受贿赂，并假传大公的命令来赦免他。人民愿意付出任何代价给统治者以赶走这个“上帝和人类的公敌”。但是赫克里斯却授他以骑士爵位，并使他做自己孩子们的教父，而扎邦特每年都可以搞到两千金币。他只敢吃自己家里饲养的鸽子，没有射手和勇士们的保护，他不敢穿越街道。把他除掉的时候到了；1490 年，两个学生和一个受过他致命的迫害而改宗的犹太人趁他在家午睡的时候把他杀掉，然后骑着事前准备好了的马驰过城内，高呼“出来啊！出来啊！我们已经杀死扎邦特了！”追赶者来得太迟了，发现他们已经安全地越过了边境。自然由于这件事就立即如雨后春笋般地产生了很多讽刺作品——其中有一些是十四行诗的形式，另外一些是歌谣的形式。

72 君主完全根据这种制度的精神对为朝廷尽忠和为人民造福的官吏表示尊敬。当 1469 年，博尔索的枢密官，洛德维科·卡塞拉

① 瓦萨利，第 12 卷，第 166 页，《米开朗琪罗传》。

逝世的时候，法庭、城内的市场和大学的讲堂都一律关闭，一切人都必须送殡到圣多密尼克教堂，因为大公本人要亲自到场。事实上这是“伊斯特家族中第一个参加一个人民的葬仪”，他穿着丧服，步行在棺材后边，哭泣着，在他后边是卡塞拉的亲属，每一个人由一个廷臣扶持着：这个普通市民的遗体被贵族们从教堂抬往修道院安葬。的确，这是在意大利国家中间第一次以君主的身份对臣民正式表示哀悼。[①] 推究这种做法，原本可能有一种人类美好高尚的感情存乎其间，但这种感情的流露，特别是在诗人的笔下，它的真挚性则大抵可疑。在阿里奥斯托的初期作品之一，[②]追悼赫克里斯一世的妻子，阿拉贡的莉奥诺拉的挽诗中，除了散见于一切时代的挽歌里的不可避免的墓志铭词藻以外，还含有某些十足是近代的特色：

> “这个死亡给予费拉拉一个多年难忘的打击；它的女施主现在成了它天上的保护人，因为地上已经不值得她居住；的确，死亡的天使并没有拿着血污的镰刀像来到我们普通人这里那样地来到她那里，而只是赏心悦目地带着消除一切恐惧的和善面容。”

但是，我们也遇到了另外一种同情之感。完全依靠他们保护人的宠爱的小说家们甚至在君主未死前就把他的恋爱故事告诉了我们，[③]这种写法在后人看来会是极端的轻率的，但在当时却被认为 73

① 早在1446年贡查加族人就曾为维多利诺·达·菲尔特立的尸体送殡。

② 诗篇十九首又《短篇集》，勒摩尼埃版，第1卷，第425页，挽歌十七首。这位青年诗人当时年方十九，无疑莉奥诺拉致死的原因（见第66页），他是不知道的。

③ 吉拉尔德的《故事百篇》中关于伊斯特家族的故事除一篇外，都可在献给马萨的侯爵，伊斯特家族的弗兰切斯科的第6卷中找到，其中只有一篇例外（第1编，故事第8篇）。第6卷在全书第二部分的开头，是献给“费拉拉第五位公爵”阿尔方索二世的。

只是一种天真的赞颂。抒情的诗人甚至歌颂他们已经正式结了婚

第十卷也是特别献给他的,但没有一篇故事涉及他本人,只有一篇提到他的前任赫克里斯一世;其余部分则讲到"第二位公爵"赫克里斯一世和"费拉拉的第三位公爵"阿尔方索一世。但叙述有关这几位君主的故事多半不是爱情故事。故事之一(第一编,故事第8篇)谈到那不勒斯国王企图劝诱伊斯特家族的赫克里斯剥夺博尔索的费拉拉政权所遭受的失败。另一故事(第6编故事第10篇)描述赫克里斯如何热情地对待同谋者。讲述阿尔方索一世的两篇故事(第6编,故事第2和第4篇)——他在第二篇中只是次要角色——如书名所示又如献给上述弗兰切斯科的题词所更加充分表明的,也是些对骑士和囚徒们而不是对妇女们"殷勤讨好"的故事。只有其余两篇故事是恋爱故事。这些都是属于能在君王生前讲述的那种故事。它们吹嘘他的高贵和慷慨,他的德行和自制。其中只有一篇叙及早在故事编纂之前就早已死去的赫克里斯一世,也只有一篇叙及当时还活着的露克瑞佳·波儿亚之子,雷娜塔的丈夫——赫克里斯二世。关于他,诗人说:"这位青年,当他像我们在罗马所见到的,代表父亲觐见教皇阿德里安时,心地既善良又谦恭有礼。"有关他的故事,简单说来是这样的:露茜拉是一个贫穷而高贵的寡妇的美丽的女儿,她爱上了尼康德罗,但不能同他结婚,因为男方的父亲不许他娶一个没有嫁妆的姑娘。赫克里斯见到这位姑娘,就被她的美貌所迷,他设法通过她母亲的默许得进入她的卧室,但为她的恳切哀求所感动,竟能尊重她的贞洁,并赠给她一份嫁妆,使她得以嫁给尼康德罗。

邦德罗的故事集中,第2编故事第8和第9两篇说的是阿利桑德罗·美第奇,26篇说的是阿拉贡家族的玛利亚,第3编,第26篇,第4编,第13篇是加利佐·斯福查;第3编,第36、37篇是英格兰王亨利八世;第2编,第27篇是德意志皇帝马克西米利安这位皇帝,"他生性善良,他的超乎人君的乐善好施为众作家所称道"。有一天他追猎一只雄鹿时,和他的随从人员分开了,迷了路,最后他好容易走出了树林,向一个乡下人问路。这乡下人正忙于装木材,认不出他是皇帝,就请他帮忙,皇帝欣然允诺。当皇帝还在干活时,他的随从们找到了他,虽然他向他们示意,随从们仍恭恭敬敬地向他请安,乡下人于是就认出他是皇帝来了。他请求皇帝宽恕他这种无意识的造次。皇帝将这个跪地求饶者扶起,赏给他许多礼物,委任他当自己的侍从,并赐给他特殊的礼遇。故事叙述者作出结论说:"皇帝在从马上下来,欣然帮助了那个穷苦的乡下人一事上表现了一种不可名言和应受一切称赞的人道,在赐给他金钱和礼遇使他脱离劳苦的生涯一事上表现了他那真正皇帝的胸怀。"(第2卷,第415页)在《故事百篇》(第8编,故事第5篇)同样有一篇提到马克西米利安的故事。这就是通过莎士比亚的《以牙还牙》(关于它的流传,见基尔霍夫的《文登穆特》,厄斯特来版,第5卷,第152页以下)而获致世界声誉的那篇故事。这篇故事的地点由吉拉尔德转写成因斯布鲁克了。马克西米利安,是主角,在这里受到了最高的赞颂。在他头一次被人称做"伟大人物马克西米利安"之后,他被认为是一个"谦恭有礼,雍容大度,正义不凡的,不可多得的典范。"

的君主的非法情人，例如安吉洛·波利齐亚诺①歌颂“豪华者”洛伦佐的情人，乔维诺·庞达诺②用一种特殊的艺术风格来歌颂卡拉布里亚的阿尔方索的情人。我们所说的这后一篇诗③无意中暴露了这个阿拉戈纳统治者的丑恶的性格；在这些事情上，他也必须是最幸运的，不然就让那些更成功的人遭受苦难！最伟大的艺术家们，例如列奥那多·达·芬奇，还得为他们保护人的情妇绘画也 74
就毫不足怪了。

但是伊斯特家族并不以别人的称赞为满足；它还要自我赞颂一番。在斯基法诺亚宫廷里边，博尔索使人绘画了他自己的一系列的历史事件，而赫克里斯则以足以和耶稣圣体节相比拟的游行仪式来庆祝他的即位周年纪念；像礼拜天一样商店都要关门；在队伍的中心行列走着君主家族身着绣服的所有成员（包括私生子在内）。在这个宫廷里，君主是荣誉和权威的源泉，个人显达只能来自他一人，这久已④表现在金马刺勋章上——这种勋章和中世纪

---

① 安吉洛·波利齐亚诺（Angelo Poliziano，1454—1494 年）也译作波利提安（Politian）。他是意大利的诗人和人文主义者。他于十六岁时把荷马的著作译成拉丁文，被称为“小荷马”。他曾任美第奇家族的家庭教师，并在佛罗伦萨大学讲学，写有许多抒情诗。——译者

② 乔维诺·庞达诺（Gioviano Pontano，1426—1503 年）是意大利诗人和历史家，受保护于阿拉戈纳的阿尔方索并任他的秘书。他也是一个人文主义者，写有拉丁文诗歌和那不勒斯史。——译者

③ 见《意大利诗人抒情诗集》（1608 年）第 2 卷，第 455 页以下：致卡拉布里亚公爵阿尔方索。（可是我并不认为以上的评论对于此诗十分适合，诗中明显地表达了阿尔方索和德露苏拉在一起的欢乐并描述了这位幸福的恋人的感动之情，他在心荡神怡中认为即使是群神也一定羡慕他。——盖格尔注）

④ 早在 1367 年，在《波利斯托雷》一书中（载《意大利史料集成》第 24 卷，第 848 栏）就曾提及为纪念十二使徒，使十二人晋升骑士的年长的尼古拉。

的骑士制度毫无共同之点。赫克里斯一世于马刺之外加上一把宝剑、一件绣金斗篷和一笔赏金。无疑地，给了这些是要求受勋的人规规矩矩地服务的。

这个宫廷以保护提倡文学艺术事业而在全世界享有盛名，它是通过一所意大利最完善的大学来体现，并通过赏赐官职于为君主个人或宫廷服务的人来实行的，因之并不需要另外一笔开支。博亚尔多[①]之为富绅和显宦即属于此类。当阿里奥斯托初露头角的时候，在米兰或佛罗伦萨已经都没有真正意义的宫廷存在了，不久以后在乌尔比诺或那不勒斯也看不到了。他不得不以在枢机主教伊波利托的音乐家和魔术家中取得一席地位为满足，一直到阿尔方索将他引为己用的时候。以后托尔夸托·塔索就与此不同了，人们争相争取他在宫廷里出现。

75

第六章　暴君专制的反对者

面对这种集权政治，一切在国境以内的合法反对行动都徒劳无益。恢复一个共和国所需要的种种因素已被永远毁弃，而所准备下的是一个暴力和专制的场所。贵族们，即使他们仍然保有封建产业，但却没有政治权利；他们可以随意地称自己为圭尔夫派或吉伯林派，可以用填充起来的长筒袜和羽毛高冠[②]或者他们所喜

---

① 博亚尔多(Bojardo,1434—1494年)是意大利的伯爵和诗人，写有拉丁诗歌和有名的叙事诗《可爱的奥兰多》。——译者

② 见布利哥佐，载《历史文献》第3卷，第432页。

欢的别的形式来装饰他们的勇士，可是像马基雅维里[1]那样有头脑的人却很了解，米兰和那不勒斯已经“腐败”到了不可能成为一个共和国的地步。一些奇怪的批判落到了这两个所谓政党的头上，它们现在仅仅是被用来给个人和家族之间的争端以正式支持的团体了。内提斯海姆的阿格利巴[2]曾经劝告一个意大利的君主把它们压服下去，而这个君主的回答是，他们的争论可以使他每年收入共计一万二千多金币的罚款。1500年，在洛德维科·摩尔归国后的短暂时期里，托尔托纳地方的圭尔夫党人为了一劳永逸地消灭它的一切反对者，曾经把一部分比邻的法兰西军队召引到城内来，法国人开始时自然是掠夺和破坏了吉伯林党人，但最后对于他们的主人也采取了同样的手段，直到托尔托纳完全成为废墟为止。[3] 在罗马尼阿这个种种可怕的过激行动的温床，这两个党派的名字很久就失去了一切政治意义。它代表着人民的一种政治上的错觉，因为人们常常认为圭尔夫派是法兰西人的自然同盟者而吉伯林派是西班牙人的同盟者。我们看不出来那些想利用这种错误认识的人能得多大的好处。法兰西在它的一切干涉之后，最终仍不得不放弃这个半岛，至于西班牙，在它破坏了意大利之后怎么样，已为每一个读者所熟知。

但是，应该转回来谈文艺复兴时代的暴君了，我们可能认为，一个思想单纯的人也许会争辩说：既然一切权能来自上帝，如果这

---

① 《史论集》，第1卷，第17页，论菲利波·维斯康提死后的米兰。

② 《论知识的不确与虚妄》，第55章。（阿格利巴〔Agrippa，1486—1535年〕是德意志的医生、神学家和作家。——译者）

③ 见普拉托，载《历史文献》，第3卷，第241页。

些君主们得到全体臣民忠诚的拥护，那么，他们自己早晚一定会有所改进，从而消除他们以暴力起家的一切痕迹。但是我们不能期待那些感情激动雄心勃勃而又富于幻想的人也有这种想法。他们像庸医一样，想用消除表面征象的办法来治疗疾病。他们幻想如
76 果杀死暴君，自由就自然会随之而来，或者就连这些也没想到，而只是为群众泄愤或为一个不幸的家庭或为一个被伤害的个人复仇。因为统治是绝对的，不受一切法律的限制，所以它的反对者也就有同样的自由来选择它的武器。薄伽丘公开地宣称：[①]

> "我将称呼那个暴君为国王或者君主而把他当作我的国君来忠诚地服从么？不，因为他是国家的敌人。我可以使用武力、阴谋、密探、埋伏和欺骗等等手段来反对他；这样做是一个神圣而必要的工作。以暴君之血献祭是上帝所最嘉纳的。"

我们不必在个别的例子上多费时间；马基雅维里在他的《史论集》的有名的一章[②]中曾经谈到从希腊僭主时代以来的许多古今谋叛事件，并按照它们的不同的计划和结果而冷静地加以分类。我们只需要提到两种：首先是在教堂里实行的谋杀，其次是古代谋杀的影响。暴君得到严密的保卫，除了在庄严的宗教仪式上而外，在其

---

① 《论名人的不幸》第 2 卷，第 15 章。

② 《史论集》第 3 卷，第 6 页，参看《佛罗伦萨史》，第 8 卷。描述阴谋叛乱事件从很早以来就成为意大利作家们所喜爱的题材。克雷莫纳的卢特普兰德在《日耳曼史料集成》第 3 卷，第 264—363 页，给我们提供了几个比十世纪任何其他同时代的作者所写的都要详细的例子；十一世纪时，由于招请诺曼·罗吉尔（见巴律兹《杂纂》，第 1 卷，第 184 页）而达到了从萨拉森手里解救墨西那的目的，这一件事给这类故事的典型描述提供了机会（1060 年）；对西西里晚祷事件的戏剧性的渲染（1282 年）毋庸在此赘述。同样倾向亦显见于希腊作家的作品中。

他地方几乎是不可能对他下手的，而且也没有其他的机会能够看到他的整个家族集合在一起。因此法布利亚诺人[①]在大弥撒当中听唱到作为暗号的信经中“圣神降孕”[②]那句话时，谋杀了他们的统治家族，贾维斯特利的全家（1435 年）。在米兰，乔万尼·马利亚·维斯康提大公是在圣格达多教堂的入口处被刺死的（1412 年），加利佐·马利亚·斯福查是在圣斯蒂芬教堂被刺死的（1476 年），而洛德维科·摩尔因为进入圣安布洛吉奥教堂时，不是进的人们指望他进的那个门口才得幸免于大公的孀妇波娜的党徒的利 78
刃（1484 年）。这种行为并不是有意地亵渎神明；加利佐的刺杀者们在谋杀之前还曾经向教堂的守护圣徒祈祷并虔诚地静听了第一台弥撒。但是帕齐家族对于洛伦佐和朱利亚诺·美第奇弟兄的谋叛（1478 年）却遭到了部分的失败，原因是那个约好在一个宴会上进行谋杀的匪徒，蒙特西科，拒绝在佛罗伦萨礼拜堂里动手。某一个“熟悉那个神圣地方因而无所畏惧”的教士被劝诱替他干了那件事。[③]

对于古代谋杀的仿效（我们将常常提到它对于道德，尤其是对于政治问题的影响），统治者们自己留下了榜样，他们在他们的国家概念上和在他们的个人行为上都明言以古代罗马帝国为他们的模范。他们的反对者，当有意地用一种理论来开始活动时，就同

① 柯利奥，333 页。下文见同书 305 页，422 页以下和 440 页。

② 这是天主教信经中的一句话，原文为“我信其因圣神降孕生于马利亚之童身”，当做弥撒合唱到这一句时，全体教徒下跪，因而阴谋者可以乘机举事。——译者

③ 如在引自伽鲁斯的引文中，载西斯蒙第，第 11 卷，第 93 页。整个事件见拉蒙特，《洛伦佐·美第奇》，第 387—397 页，尤见 396 页。

样地以古代的诛戮暴君作为典型。要在主要问题上——在这种决定的本身上——证明他们有意识地模仿古代先例也许是困难的；但向古代求助却绝不是仅仅一句空话。关于加利佐·斯福查的谋杀者——兰普尼亚诺、奥尔加提和维斯康提的事情给我们留下了最明显的例证。[①] 虽然这三个人全都有他们自己要达到的目的，可是他们的冒险的事业部分可以归之于一个更为普通的理由。大约在这个时候，一个人文主义者修辞学教授柯拉·德·蒙泰尼在米兰的青年贵族中间已经唤起了一种对于光荣和爱国行为的模糊的感情，并且曾经对兰普尼亚诺和奥尔加提谈到了他拯救米兰的
79 愿望。不久就引起了人们对他的疑心；他被驱逐出这个城市，他的学生遂被卷入他所煽起的狂热中。约在举事的十天之前，他们在圣安布洛吉奥的修道院里聚会并庄严宣誓。奥尔加提说："那时我在一个遥远的角落里，仰视着守护圣徒的画像为我们自己和为他的全体人民恳求他的帮助。"他们祈求这个城市在天上的保护者保佑他们的举事，然后又向举事教堂的本名圣者圣斯蒂芬祈求，这时他们的许多同志们都知道了这个计划，每夜在兰普尼亚诺的家里集会，并用他们的剑鞘来练习杀人。这个袭击成功了，但兰普尼亚诺被大公的随从当场杀死，其他的人被逮捕。维斯康提忏悔了；但奥尔加提在各种酷刑拷打中始终认为这个举动是上帝所嘉许的，并在行刑者折断他的肋骨时，高呼："拿出勇气来，吉罗拉

---

① 见柯利奥，第422页，阿来格雷托：《锡耶纳日记》，载《意大利史料集成》，第23卷，第777栏。见前第五章。

谟！人们将永远纪念着你；死亡是痛苦的，但光荣是永存的。”[①]

这种阴谋叛变的目的和意图虽似理想主义的，但进行这些谋叛所采取的方式却透露出有最坏的阴谋叛变者卡提利那[②]的影响；卡提利那这个人的思想中毫无自由精神之可言。锡耶纳的年代记明白地告诉我们这些谋叛者是从撒路斯特[③]那里学来的，而这一事实亦为奥尔加提的自白所间接证实。[④] 在其他地方，我们

---

① 阿拉曼诺·里努奇尼（生于1419年）在他的《回忆录》，（艾亚齐编，佛罗伦萨，1840年）谈到凶手和他们的行为时所具有的热情是很显著的。有一个虽不是意大利籍的同时代人也替诛戮暴君辩解，见凯尔文·来腾霍夫，《无畏约翰与对诛戮暴君的辩护》，载《布鲁塞尔科学院通报》第11期，第558—571页（1861年）。一个世纪以后，意大利的见解就完全转变了。见对兰普尼亚诺行为的谴责，载厄尼亚其乌斯，《名人典范》，威尼斯，第99页b；参考第318页b。

彼得·克利尼图斯（《论正道》，巴黎1510年版，134页b）写过一篇诗《歌颂兰普尼亚诺诛戮暴君的勇武》。诗中，兰普尼亚诺的行为受到高度的赞扬，而他本人被描绘成足以与布鲁图斯相比。也可参见拉丁诗：《米兰诗人菩宁·蒙伯利特悼加利佐·马利亚·斯福查诗》，（两卷本，米兰，1504年）由阿斯卡龙·瓦利斯编（原文如此）。阿斯卡龙·瓦利斯在献给法学家巴尔萨莫斯的题词中赞扬了诗人并举出了其他一些同样值得刊印的诗歌。在这个作品中，墨哲拉和马尔斯，卡来俄比和诗人都以对话者的身份出现，凶手（并非兰普尼亚诺，而是微贱的工匠家庭出身的一个人）受到了严厉的谴责。他和他的同谋者被看作一般的罪犯；由于他们和勃艮第的查理之间存在着有计划的同盟，因而被控以叛国罪。有关加利佐大公之死的先兆，举出的不下十起。君主被谋害和凶手所受到的惩处都有生动的描述。结尾处有对那位寡妇王后的热情劝慰和若干宗教性的思考题。

② 卡提利那（Catiline，公元前108—前62年）是罗马的政客，出身于贵族，因竞选执政官失败而数次发动政变，但均未成功。最后一次反对西塞罗的阴谋失败后，五个同谋者被处死，他自己也和三百名拥护者战死在埃特鲁里亚附近。——译者

③ 撒路斯特（Sallust，公元前86—前34年）是罗马的历史家。他写有《卡提利那的阴谋》，对于阴谋叛变的经过有详细的记载。——译者

④ 阿来格雷托写道：“通过向卡提利那学习”——参看柯利奥作品中奥尔加提的一段如下的自白：“我们之中每个人都开始尽最大可能设法更多地煽动，贿赂同伙及其他无数的人，彼此故作殷勤，小有馈赠，同时多在夜间会食饮宴，终宵不眠，挥霍我们的全部财产……”

也遇到卡提利那这个名字，除开他所追求的目的而外，我们很难发现一个比他更有吸引力的典型的谋叛人物。

在佛罗伦萨人中间，每当他们驱逐或者试图驱逐美第奇家族时，他们普遍同意采取的办法就是诛戮暴君的方式。在1494年美第奇家族逃走之后，从他们所收藏的艺术作品中取出了多那太洛[①]的青铜群像——即朱迪思[②]和被杀死的霍洛芬斯的铜像——并把它们放在总督府前，即现在竖立米开朗琪罗所作“大卫”雕像的地方；并刻上“挽救国家的榜样，全体公民建于1495年”的字样。[③] 最受欢迎的是小布鲁图斯[④]的榜样。他在但丁的《神曲》[⑤]中和卡西乌斯以及卖主的犹大一起处在地狱的最下层，因为他叛
80 变了罗马帝国。在反对美第奇家族的朱利亚诺、乔万尼和朱利奥的阴谋中失败(1513年)的彼埃特罗·保罗·巴斯卡利是布鲁图斯的热情崇拜者，为了学他的榜样，专门等待着寻找一个卡西乌斯。他在阿古斯丁诺·卡伯尼这个人身上找到了这样一个同伙。他在狱中所说的最后几句话[⑥]——当时的一种宗教感情的明显的

① 见瓦萨利第3卷，第251页，《多那太罗传》，附注。(多那太罗〔Donatello，1386—1466年〕是意大利文艺复兴时期的雕刻家。——译者)

② 朱迪思是写于纪元前一百年左右的希腊作品《朱迪思传》中的主要人物。她谋杀了阿西里安军队的将军霍洛芬斯，保卫了希伯来城贝休利亚。——译者

③ 它现在已被迁移到一所新的建筑物里。

④ 布鲁图斯(Marcus Junius Brutus，公元前85—前42年)是罗马的谋杀凯撒的阴谋组织者。他于纪元前44年3月15日凯撒出征之前和卡西乌斯(Cassius)等同谋在元老院会议上把凯撒刺死。但丁在《神曲》中地狱的最下层写地狱魔王有三个面孔，正面口中咬着犹大，左右口中咬着布鲁图斯和卡西乌斯。——译者

⑤ 《地狱篇》，第34章，第64页。

⑥ 据一耳闻者卢加·德拉·罗比亚所述，《历史文献》，第1卷，第273页。参看保罗·乔维奥，《名人传》中《列奥十世传》第3章。

证据——说明他为了要像一个基督徒那样死去而要排除那些对于古代的幻想是如何的困难。一个朋友和听忏悔的神甫都不得不向他断言，圣托马斯·阿奎那完全不同意那些叛变者；但这个听忏悔的神甫以后向那个朋友承认，圣托马斯对于叛变者是做了区别的，阴谋反抗那些违反人民意志强行压在他们头上的暴君是被准许的。在洛伦奇诺·美第奇谋杀了阿利桑德罗大公(1537 年)逃走之后，出现了一篇对于这一行为的辩解，[1]大概是他自己的手笔，肯定也是替他说话的。在这篇辩解词中，他称赞诛戮暴君为一种 81
崇高的行为；假定阿利桑德罗是美第奇家族的嫡系因而和他有亲属关系，即使仅仅是远亲属也好，那么他就勇敢地把自己比作为国家而杀死自己弟兄的提摩利昂[2]。其他的人，在同样的情形下，也常常和布鲁图斯相比；米开朗琪罗自己虽然已到晚年，但从乌菲齐美术馆里他雕刻的布鲁图斯的半身像上可以看出他对于这种理想是并不反对的。像几乎他的所有作品一样，他并没有完成它；但如雕像下边的诗句所表明的，这自然并不是因为谋杀凯撒这件事和他的感情有什么抵触。

近代时期反对君主专制中出现的那种人民激进主义的形式在文艺复兴时代的暴君专制国家里边是找不到的。每一个个人在内心里边都反对暴君专制，但都打算去和它做可以容忍的或有利的

① 1723 年始刊于瓦尔奇的《佛罗伦萨史》附录中，继又刊于罗斯科《洛伦佐·美第奇传》第 4 卷附录 12 中。此外也屡被刊印。参看拉蒙特，《佛罗伦萨共和国结束以来的托斯卡纳史》，1876 年哥塔版，第 1 卷，第 67 页附注。又见《王侯书简》中的报道(威尼斯，1577 年，第 3 卷，第 162 页以下)。

② 提摩利昂(Timoleon，公元前 411—前 337 年)是希腊的政治家和将军，生于科林斯。他曾经帮助西西里击退迦太基人并迫使暴君狄奥尼撒斯退位。——译者

妥协而不去联合别人来消灭它。事情必须像在加米里诺，法布利亚诺和里米尼那样的坏，然后民众才能联合起来消灭或者驱逐那个统治的家族。他们在大多数情形下知道得很清楚，这样做不过是更换主人而已。肯定地说，共和国的气数已经是日薄西山、气息奄奄了。

82 第七章　共和国：威尼斯和佛罗伦萨

在早期，意大利的城市已显示出它们有把城市转变成为国家的力量。所剩下的只是这些城市应该怎样联合起来成为一个大的联邦，而这种理想是意大利的政治家们所经常考虑的，尽管它所表现出来的形式时时有所不同。事实上在十二世纪和十三世纪的斗争中，这些城市实际上已经组成了强大的联盟。西斯蒙第[①]（见《意大利共和国史》第二卷第 174 页）的意见认为：在伦巴第同盟最后武装起来反抗红胡子弗里德利希一世的时候，意大利就有可能组成一个统一的联盟。但是那些更强大的国家已经具有典型特征，使任何这种计划不能实行。它们在商业交往上，不惜采取一切极端的措施来破坏它们的竞争者；它们使它们的较弱的邻邦处于无助的从属地位——总而言之每一个国家都幻想它能够靠自己的力量维持下去而不需要其余国家的帮助，这样就给未来的篡夺铺平了道路。当贵族和人民之间和贵族各党派之间的长期冲突使人

① 西斯蒙第（Sismondi，1773—1842 年）是瑞士的历史学家和经济学家，著有《意大利共和国史》、《罗马帝国衰亡史》等书。——译者

们希望有一个强有力的政府时，当党派领袖们这时发现一般征募来的市民不适合于他们的目的，[①]转而代之以那些准备和愿意把他们的帮助卖给出价最高的收买者的雇佣兵队伍，篡夺者就出现了。暴君们破坏了大多数城市的自由，他们到处被驱逐，但并不彻底而仅仅是短时期的；他们总是能够卷土重来，因为内部条件对于他们有利，而反对他们的势力已经筋疲力尽。

在那些保持它们独立的城市中间，有两个城市对于人类历史具有深刻的意义。佛罗伦萨这个不断在变动中的城市给我们留下了三个世纪以来参加这个变动的每一个人和所有的人们的思想和愿望的记录；而威尼斯却是一个在表面上停滞了的和在政治上极为神秘的城市。我们不能想象出有一种能够比这两个城市所给我们的更鲜明的对照，而前此世界上所产生的任何东西也不能与这两个城市的任何一个相比。

威尼斯从一开始就承认它自己是一个奇怪而神秘的产物——
一种高出于人类天才的力量的成果。这个城市的庄严的奠基是一 83
个圣徒故事的主题。在413年3月25日中午时分，从帕多瓦来的移民在利亚尔图[②]地方安放了第一块石头，以使他们在野蛮人的蹂躏中间有一个神圣不可侵犯的避难所。后世的作家们认为它的建立者已经预感到这个城市的未来的伟大。安托尼奥·萨伯利科[③]在他的高贵而流畅的六音步的诗篇里边，歌颂了这件事情，并

① 关于后一点，见那迪，《安托尼奥·吉亚科莫传》，卢卡，1818年，第18页。

② 利亚尔图是威尼斯市内的一个名胜的地方，那里有大理石的拱形桥，附近是银钱业和商业活动的中心。——译者

③ 萨伯利科（Sabellico，1436—1506年）是意大利人文主义者和历史家。——译者

使主持那个供献礼的僧侣向天高呼:“在我们今后要完成伟大事
业的时候,愿赐给我们成功!现在我们跪在一个粗陋的祭坛前边;
但若我们所誓不虚,上帝啊,我们将为你建立起成百所黄金和大理
石的神殿。”[①]在十五世纪末,这个岛城是世界的珍宝箱。它是被
84 同一个的萨伯利科[②]这样描写的,这里有古代的圆顶屋、斜塔、镶
嵌大理石的建筑物正面,和集中表现的繁华,最壮丽的装饰并没有
妨碍每一块隙地的实际利用。他把我们带到了利亚尔图的圣吉亚
科米多教堂前面拥挤着人群的广场上,那里进行着全世界的商业
交易,但并不是在喧哗和混乱中,而是在压低的哼哼声中进行;在
广场四周[③]和附近街道的门廊里边坐着数以百计的兑换商和金
匠,而在他们头上则是一排排一眼望不到头的店铺和批发栈。他
描写了远在桥那边的德意志人的货栈,货栈里边有他们的货物和
住所,货栈前边有他们的船舶并排地停泊在运河内,再往上一点是
载满了油酒的全部船队,和它平行着,在蜂拥着搬运夫的河岸上是
商人们的圆顶房屋;而从利亚尔图到圣马可广场则有很多客栈和
香料店。作者就这样带领读者一个市区一个市区地巡礼直至最后
来到了属于公共福利机关的两座医院。威尼斯公用事业机关之

---

① 安托尼奥·萨伯利科《诗集》中的《祝威尼斯市诞生歌》,选择了 3 月 25 日,“因为天气特别晴朗,是由天文学家们好多次算定的”。参看桑索维诺,《高贵卓越的威尼斯市十四卷集》——1581 年,威尼斯,第 203 页,全章见《最渊博的学者厄尼亚其乌斯著威尼斯市及其他国家名人事迹》,巴黎,1554 年最早的威尼斯年代记作者约翰·狄亚科尼的《威尼斯年代记》(见柏兹《德意志史料集成》,第 7 卷,第 5、6 页)认为群岛的被占领是在伦巴第时代而利亚尔图的建设则较晚。

② “作为神托写下的赞美威尼斯壮丽的颂歌”。

③ 整个地区在十六世纪里已经重建并变了样了。

多，没有其他地方可以比拟。在平时和战时对于人民的照顾是这 85
个政府的特点，而它对于伤员的注意，甚至包括敌人的伤员在内，更引起了其他国家的赞赏。[①] 每一种公共设施都可以在威尼斯找到典范；对于退休的公务人员实行着规定的年金制度，包括对于孤寡的照顾在内。富庶、政情安定和熟悉外国情况，使它对于这类问题的考虑臻于成熟。这些苗条的金发白脸的人们，[②]走路安详而谨慎，说话不慌不忙，在穿的衣服和举止上没有多大分别；装饰品，特别是珍珠，专供妇人和女孩子们佩用。在那个时代里，它尽管从土耳其人那里受到了些损失，然而仍保有令人眼花缭乱的一般的兴盛繁荣的景象；这个城市所拥有的潜力和整个欧洲对它的偏爱，使它很久以后能够经得起到印度去的海道的发现、在埃及的马穆卢克人[③]的灭亡以及坎姆布雷同盟[④]战争所给予它的沉重打击。

萨伯利科出生于蒂沃利附近，有他那个时代的学者们肆言无忌的习惯。他在另外一个地方[⑤]有些惊异地说，那些青年贵族们有一天早晨来听他的讲演，但他不能说服他们，使他们进入政治问

---

① 本尼迪特，《查理八世》（见埃卡尔《史家集》第 2 卷，第 1597，1601，1621 栏）《威尼斯编年史》（见《意大利史料集成》第 24 卷，第 26 栏中）列举威尼斯人政治上的美德是："仁爱、无邪、热诚、虔敬、慈悲。"

② 很多贵族都剪发。见《伊拉斯玛斯对话集》——提古里版，1553 年：《士兵与加尔萨西安教团僧人》。

③ 马穆卢克人是出身于奴隶由伊斯兰教国君主带到埃及去的军人。他们自十三世纪以来统治着埃及，后来逐渐由于内部叛乱和土耳其人及拿破仑的征服而趋于灭亡。——译者

④ 坎姆布雷同盟是德意志皇帝马克西米利安一世和法王路易七世与教皇优里乌斯二世在坎姆布雷地方所结成的表面上为了举行十字军东征，实际上要使威尼斯屈服的同盟。1509 年路易七世进攻威尼斯得到了胜利。——译者

⑤ 《书信集》第 5 卷，第 28 页。

题的讨论:“当我问他们,人们对于在意大利的这一个或那一个运动怎么想、说些什么和期待着什么的时候,他们都异口同声地回答说,他们完全不知道这些事情。”尽管这个国家有严密的检查制度,但那些愿意出高价的人们仍然可以从贵族中的更堕落的分子那里得到不少的情报。在十五世纪的最后二十几年里,在最高级的官员中也有叛徒;[1]那些教皇们、意大利的君主们,甚至为政府
86 服役的二等雇佣兵队长们都有他们雇用的情报员,有时还给他们固定的薪金。事情甚至于到了这样的地步,以至于十人会议发现为了慎重,不得不把重要的政治消息对大议会隐秘起来,甚至于认为洛德维科·摩尔在大议会里控制了一定数目的选票。对于个别的犯罪者处以绞刑和给告发者以高额的赏金——例如给告发犯罪者六十个金币的终身年金——究竟有没有很大的效果是很难确定的;这种弊害的一个主要原因,是许多贵族的贫穷,不是一朝一夕所能消除的。在1492年,两个贫穷的贵族提议,国家应该每年用七万金币来救济那些没有公职的贫穷贵族们;这件事情几乎要被提到大议会上,在那里它很可能获得多数,但十人会议及时地干预了这件事,并把这两个提议者终身放逐到塞浦路斯的尼科西亚去。[2] 约在这个时候,一个索伦佐家族的人因窃取圣物而被绞死(虽然不是在威尼斯本城),而康达利尼家族也有一个人因夜盗罪

① 马利皮埃罗,《威尼斯年代记》,见《历史文献》第7卷,第1章,第377、431、481、493、530等页,第2章,第661、668、679等页。《威尼斯编年史》见《意大利史料集成》第24卷,第57栏。《费拉拉日记》见同书第240栏。并见《安托尼奥·朱斯提尼安报告集》(佛罗伦萨,1876年)第1卷,第392页。

② 马利皮埃罗,见《历史文献》第7卷,第2章,第691页。参考第694、713页和第1卷,第535页。

而被拘系;另一个同一家族的人在1499年来到总督署里诉苦,说他很多年来没有官职,他有九个孩子但每年只有十六个金币的收 87
入,他的债务已经达到了六十个金币,他不懂任何谋生之道,最近已经流落街头。我们可以了解为什么有些比较殷实的贵族们有时建造整列的房子供他们贫苦的同伙们居住。这一类工作有时作为一种慈善事业而在遗嘱中提出。[①]

但是,威尼斯的敌人如果把希望认真地建筑在这一类的弊端上,他们就要犯很大的错误。人们或者会这样想,这个城市的商业活动能够使最贫贱的人得到丰富的劳动报酬,而且还有在地中海东岸的殖民地,这些将使社会上的危险分子不再注意政治问题;但是热那亚,尽管有同样的有利条件,它的政治历史不也是变动最激烈的么?威尼斯稳定的原因毋宁是由于它具有其他地方所无的许多情况的结合。它处于不容易被攻击的地位,从一开始就能够对外交问题作周密而冷静的考虑,使意大利其余各地陷于分裂的党派之争,它几乎可以完全置之不理,它可以避免卷入永久的联盟,并对于它认为值得缔结的那些联盟付出最高的代价。因此,威尼斯人的性格的基调是一种傲然孤立、蔑视一切的精神,这种精神和
感到遭意大利其他国家的嫉恨加在一起,就引起了一种内部团结 88
的强烈意识。威尼斯的居民们不论在和殖民地还是在本土上的领地进行交易时,被一种最有力量的利益的纽带联系在一起,他们在本土领地贸易中,迫使直到贝尔加莫为止的所有各城镇的居民们只能在威尼斯进行买卖。一个建立在这种人为的手段上的强国,

① 马利诺·萨努多,《诸公列传》,见《意大利史料集成》第22卷,第1194栏。

只能靠内部的谐和一致和团结来维持下去，而这种信念如此广泛地流传在市民中间，从而使阴谋者找不到几个他们可以煽动的分子。即有不满之徒，也由于贵族和市民有所区别而被远远地隔离开，使得他们不容易有一种互相了解。另一方面，旅行、经商和不断对土耳其人作战，使贵族内部的富贵人家和危险人物消除了进行阴谋的有效根源，即无所事事。在这些战争中，他们受到统率军队的将领宽纵，往往到了犯罪的程度；威尼斯的一个像加图[①]那样的人曾经预言，如果那些贵族们仍然为了害怕"互相给予痛苦"而不惜损害正义，这个城市就要灭亡。[②] 虽然这样，但这种光天化日下的自由活动仍然使威尼斯的贵族们（作为整体来看）具有一种健康的倾向。

当妒忌和野心要求得到满足时，就出现了一个官方的牺牲者，而合法的手段和权力早就给他准备好了。弗兰切斯科·福斯卡里总
89 督[③]（死于1457年）多少年来在全体威尼斯人面前所受的精神折磨，就是一个只有在贵族政治下才有可能出现的可怕的报复的例子。"十人会议"可以干涉一切事情，有处理生死问题和处理财政事务和军事任命的最后权限；在它的成员当中包括审判官在内；它推翻了福斯卡里，像它以前曾经推翻许多有势力的人物一样。这个会议是每年从整个的统治机构，大议会中新选出来的，因而它就

① 加图（Cato，公元前234—前149年）是罗马的监察官，以整肃风纪著名。——译者

② 《威尼斯编年史》，见《意大利史料集成》第24卷，第105栏。

③ 福斯卡里（Foscali，1373—1457年）是威尼斯的总督，因好大喜功，曾使威尼斯陷入对米兰的连年不断的战争中。其子亚科伯因被怀疑通敌和行刺而被十人会议判决流放和监禁，最后死去。1457年十人会议决定免去福斯卡里总督职务，福斯卡里去职后忧伤而死。——译者

最直接地代表着它的意志。在这些选举中发生严重的密谋事件是不大可能的,因为它的任期很短,而所负的责任又很大,所以并不是人们极想追求的目标。虽然这个会议和其他政权机关所采取的行动可能是激烈和令人难测的,但真正的威尼斯人宁肯求得它们的审判而不加以逃避;这不仅是因为这个共和国的力量无远弗届,在抓不到他的时候可能惩罚他的家属,也是因为在大多数的情形下,它是根据合理的动机行事而不是要杀人流血。[①] 的确,没有一个国家能够比它对它的国内外属民行使过更大的道德权威。如果在元老院中发现叛徒也有一种相当的补救办法,因为每一个在国外的威尼斯人都是他的政府的天然的侦探。威尼斯在罗马的枢机主教把枢机主教秘密会议的活动消息送到国内是一件很自然的事情。枢机主教多密尼克·格里马尼曾在罗马附近把阿斯卡尼奥·斯福查送给他弟弟洛德维科·摩尔的文件截留下来,转送到威尼斯;当时他的正在遭受严重控诉的父亲在大议会面前,换一句话说,在全世界面前,自以为由于他儿子的这个贡献使他于国家有功。[②]

我们已经提到过威尼斯政府对于它雇用的雇佣兵队长的领导。惟一能够进一步获得他们的忠诚的保证就在于他们数目的众多,因而他们的叛变非常困难,而叛变的发现却非常容易。看一看威尼斯的军籍表,人们不能不惊讶,如此种种不同的军队编制怎么

① 《威尼斯编年史》(载《意大利史料集成》第 24 卷,第 123 栏及马利皮埃罗前引书,第 7 卷,第 1 章,第 175、187 页以下),叙述了海军总司令安托尼奥·格利马尼的重大失败,当有人控告他拒绝将总司令权力移交给他人时,他在抵达威尼斯之前,自动戴上脚镣,就这样出现在元老院。关于他和他以后的命运,见厄尼亚其乌斯,第 183a 页以下,第 198 页 b 以下。

② 《威尼斯编年史》,前引书,第 166 栏。

有可能采取任何共同的行动。在 1495 年之役的编制表中,我们看到有一万五千五百二十六名骑兵,分成许多小队。[①] 只是曼图亚的贡查加就有一千二百名,而乔佛里多·波儿亚有七百四十名;然后还有六个分遣队长,各有六百名到七百名,十个分遣队各有四百名,十二个分遣队各有四百名到二百名,十四个左右的分遣队各有二百名到一百名,九个各有八十名,六个各有五十名到六十名等等。这些军队一部分是由旧的威尼斯军队组成的,一部分是由威尼斯城或者乡间贵族所领导的老战士组成的;不过,大多数的领袖都是各城市的君主和统治者或者他们的亲属。这些军队之外还有
90 两万四千名步兵——我们不知道它们是怎样招募和指挥的——和另外的大概属于特殊任务的三千三百名附属军队。在和平时期,本土的各城市完全不设防或由很少的军队驻守。威尼斯即使不是完全依靠它的人民的忠诚,也是依靠他们的正确的认识。在坎姆布雷同盟战争(1509 年)中,如所周知,它解除了他们的忠顺的誓言,让他们把外国占领的滋味和他们所已习惯了的温和政治做一比较。他们背弃了圣马可[②]并不算作叛国,因而也就不必害怕惩罚,所以他们极其迫切地回到了他们旧主人的身边。我们可以在这里附带说一句,这个战争是一个世纪来反对威尼斯扩张野心的叫嚷的结果。事实上,威尼斯人也犯了那些聪明过度的人们的错

① 马利皮埃罗,前引书,第 7 卷,第 1 章,第 349 页。关于其他同类的统计表,见马利诺·萨努多,《诸公列传》载《意大利史料集成》第 22 卷,第 990 栏,(1426 年),1088 栏(1440 年),载柯利奥,第 435—438 页(1483 年),瓜佐《史记》,151 以下。

② 圣·马可(St. Mark)是新约圣经福音的作者。他是威尼斯城的守护圣徒,在城中心有圣马可教堂。背弃圣马可也就是背弃了威尼斯。——译者

误,他们认为他们的敌人不会采取不合理和轻率的举动。[①] 他们为这种也许是贵族阶级所特有的弱点,即乐观主义所迷惑,完全忽视了穆罕默德二世夺取君士坦丁堡的准备,甚至也忽视了查理八世的整顿军备,直至最后受到意外的打击。[②] 坎姆布雷同盟,就它显然与两个主要成员,路易七世和教皇优里乌斯二世的利益不相合的情况而言,是属于同一性质的事件。全意大利对这个胜利的城市的怨恨似乎都集中在这个教皇的心里,使他看不到外国人干涉的弊害;至于法国阿姆布阿斯枢机主教和他的国王的政策,威尼斯应该很早就认识到它含有愚蠢的敌意而早应充分警戒。其他成员参加这个同盟是由于妒忌,这种妒忌对于特别富强的国家可能 91
是一种有益的教训,但它本身却是一种卑鄙的感情。威尼斯光荣地经受了这一场斗争,但并不是没有受到永久性的损失。

一个强国,它的基础是如此的复杂,它的活动和利益的范围是如此的广泛,我们不能设想它没有一种对于全局的有系统的监督,没有一种对于资产和负债、利润和损失的常规的估计。威尼斯可以很恰当地说,或者和佛罗伦萨一起说,是统计科学的诞生地,并为其他比较开明的暴君国家所模仿。中世纪的封建国家除了领主的权利和财产的编目外,不知其他;它把生产的数量看作是固定的,实际上只有涉及土地生产方面,才大体上是那样的。另一方面,整个西方城镇的生产完全依靠着工商业,所以这些城镇从很早的时候起就一定把生产看作是变化很大的了。但是,即使是在汉

① 圭奇阿尔狄尼在他的《回忆录》第150号中头一个指出:“热衷于报复能将自身利害的最清楚的呼声淹没掉。”

② 马利皮埃罗,前引书,第7卷,第1章,第328页。

萨同盟的最繁荣的时代，它们所有的也不过是一个简单的商业的
92 借贷对照表。舰队、军队、政治力量和影响都记入一个商业总账的借贷两方。在意大利城市国家里，一种清醒的政治意识，穆罕默德式的行政管理和长期的积极的工商业活动等等合在一起就第一次产生了一种真正的统计科学。[①] 弗里德利希二世在南意大利所组织的君主专制国家，其惟一的目的是为他所从事的生死斗争获得集中的权力。而在威尼斯最高的目的则是生活和权力的享受、继承下来的利益的增加、最获利的工业体制的建立和新的商业途径的开辟。

当时的作家们以最大的自由来谈论这些事情。[②] 我们知道这个城市的人口在 1422 年达到十九万；意大利人也许是首先不按照炉灶，或能够拿起武器的人，或能够走路的人等等来计算人口，而是按照“生命”来计算的，因而能为进一步的计算得到最恰当的根
93 据。约在这时，[③]佛罗伦萨人希望和威尼斯结成同盟来反对菲利波·马利亚·维斯康提，他们当时遭到拒绝；威尼斯站在可靠的商

① 在《百花束》（载《意大利史料集成》第 11 卷，第 711 页以下）中，米兰 1288 年的统计材料范围虽不广泛，但很重要。它包括户数、人口、壮丁、贵族“游廊”、水井、面包烘制所、酒店、屠场、鱼商、谷物消耗、蓄犬、猎禽、盐价、木材、草料和美酒，又包括法官、公证人、医师、教员、书记、武器制造者、金属工匠、医院、寺院、赡养金和宗教团体等。在《米兰大公国记》（见《亨利·海尔沃狄亚》，波达斯特出版，第 165 页）中有一个或许比这更早的统计表。又见 1250 年前后阿斯提的统计表，载奥吉利乌斯·阿尔弗利乌斯，《阿斯提大事记》，《国家历史集成·史家篇》，第 3 卷，第 684 栏以下。

② 特别参看马利诺·萨努多，载《威尼斯诸公列传》（《意大利史料集成》第 22 卷各处）。

③ 关于威尼斯和佛罗伦萨之间的显著区别，见由某些威尼斯人在 1472 年写给洛伦佐·美第奇的一本重要的小册子，并见本尼迪托·戴对它所作的答复——载巴加尼尼，《论什一税》，佛罗伦萨，1763 年版，第 3 卷，第 135 页以下。

业利润的立场上认为:威尼斯和米兰战争,就是卖主和买主之间的战争,是愚蠢的。即使米兰大公仅仅增加他的军队,米兰人也将由于他们必须缴纳较重的捐税,而要成为较差的主顾。

> “最好让佛罗伦萨人吃个败仗,这样,他们习惯于自由城市的生活,就要像卢卡人在他们的困境中所做的那样,带着他们的丝织和毛织产品来和我们妥协。”

莫森尼哥总督临死时(1423年)对召集到他床前的几个元老的讲话仍然是很值得注意的。[①] 它包括着威尼斯整个财政来源的统计数字的主要项目。我不能说这个混乱的文件是不是或者在哪里还有详细的说明;作为举例,我们可以引用下列的事实。在偿还了四百万金币战债之后,国家公债(总额)仍然达到六百万金币;商业往来达到(大概是这样)一千万,这个文件告诉我们它可以获利四百万。三千只“小船”,三百只大船,和四十五只战舰的各自人员配备是一万七千,八千乃至一万一千名海员(每一只战舰有二百多人)。于此之外,还有一万六千名造船工。威尼斯的房屋估价为七百万,可以收租五十万。[②] 有一千名贵族的收入从七十到四千金币。另外一段记载着这个国家在同一年的常规收入为一百一十万金币;由于战争造成的商业上的不稳定,它在这一个世纪的中叶降低到八十万金币。[③]

---

① 见萨努多,前引书,第958栏。关于商业方面的,引自舍雷尔,《普通世界商业史》第1卷,第326页注。

② 这里指所有的房屋,不仅指属于国有的。国有房屋反而往往收入大量的租金。见瓦萨利,第13卷,第83页《桑索维诺传》。

③ 见萨努多,第963栏。同一处提供了一张关于其他意大利和欧洲各国的收入一览表,并见到一张关于1490年的预算。

威尼斯虽然以这种计算的精神及其实际应用，首先圆满地表现了近代政治生活的一个重要方面，但在意大利当时所最珍视的文化方面，却并没有站在前列。对文学活动的推动总的说来，在这里是缺乏的，在其他各地盛极一时的对于古典文化的热情，尤其缺乏。[①] 萨伯利科说，威尼斯人在哲学和修辞学上才能的显著本来不减于他们在商业和政治上的才能；但这种才能既没有在他们自己身上发展，也没有像在意大利其他地方那样，在外邦人身上得到
94 奖励。费莱佛[②]不是被国家召请而是被私人召请到威尼斯的，并且他不久就发现他的期待落了空；特列比松的乔治[③]在 1459 年曾经把柏拉图的《法学》的拉丁文译本献给威尼斯总督，[④]并被任命为年薪一百五十金币的语言学教授，最后又把他的修辞学献给元老院，但不久就怏怏地离开了这个城市。事实上，文学艺术在威尼斯，像其余的东西一样，大都带有一种以实用为目的的观点。因此，如果我们看一看弗兰切斯科·桑索维诺附录于其名著[⑤]后边的威尼斯学术史，我们会发现在十四世纪里，除了历史和神学、法律

---

① 这种憎嫌在保罗二世身上似乎已发展为真正的憎恨。他把人文主义者一概称为异端之徒。见普拉提那《保罗二世传》，第 323 页。关于这个问题的一般见解。见法格特，《古典古代文化的复兴》，1859 年柏林版，第 207—213 页。吉拉尔德认为，忽视学术是促进威尼斯繁荣昌盛的原因之一。(《全集》，第 2 卷，第 439 页)

② 费莱佛(Filelfo，1398—1481 年)是意大利人文主义者，对于拉丁和希腊文化的复兴有很大贡献。——译者

③ 特列比松的乔治(George of Trebizond，1396—1486 年)是希腊学者，以翻译柏拉图和亚里士多德的著作著名，曾任教皇保罗二世的秘书官。——译者

④ 萨努多，前引书，第 1167 栏。

⑤ 桑索维诺，《威尼斯》，第 8 卷。它包括按年代顺序编写的《总督列传》。每个传后面都有同时代作家的一个简介。(从 1312 年依次写起，标题：《威尼斯作家》)

与医药专著外几乎没有别的,而在十五世纪里,直到伊尔莫劳·巴
巴罗[①]和阿尔多·曼纽奇以前,对于如此一个重要城市来说,人文
主义的文化是表现得很少的。同样,像其他地方那种搜集书籍和
手稿的十分热情的反映也比较少见,而构成佩脱拉克一部分遗著
的重要的原稿也保存得很不好以至于不久就全部散失了。贝萨利
昂枢机主教遗赠国家的藏书(1468 年)也几乎遭到散失和破坏。
帕多瓦大学自然是提倡学术的,然而在那里,医学家和法学家——
后者被看作是提出合法意见的人——还是得到了远为优厚的待 95
遇。在意大利的诗的创作上,威尼斯很久以来就微不足道,一直到
十六世纪初才在这方面有所弥补。[②] 就是文艺复兴时代的艺术也
是从外部输入到这个城市里边来的,十五世纪末,它才在这个领域
里开始以独创的自由精神和力量来活动。但是我们仍然可以看到
比较明显的知识落后的事例。这个政府虽然如此全面控制着教
士,把一切重要教职的任命权保留在它自己的手里,并且一次又一
次地敢于向罗马教廷挑战,但却表现了一种极为独特的官方的虔
诚。[③] 在希腊被土耳其征服以后,它不惜以最大的代价来购买从
那里运入的圣徒遗体和其他遗物,并由总督以盛大的仪式列队恭

---

① 伊尔莫劳·巴巴罗(Earmolao Barbaro,1454—1493 年)是意大利学者,出生于威尼斯,曾经翻译和编订许多古代著作。——译者

② 威尼斯当时是佩脱拉克学派的一个主要所在地。贝克来斯班:《论佩脱拉克学派》,载《佩脱拉克与威尼斯》,1874 年,第 187—253 页。

③ 见亨利·海尔沃底亚所著书第 213 页,1293 年条,波达斯特版。他写道:“威尼斯人想从该处居民得到弗尔利·亚科伯的尸体,因为它显了许多灵迹。他们答应给许多东西作为报酬,其中包括承担对死者追封为圣人时的一切费用,但没有达到他们的要求。”

迎。[①] 为了一件无缝的僧袍，曾决定（1455 年）出价一万金币，但终于没有得到手。这些措施并不是由于什么群众情绪激昂而采取的，而是出于政府首脑们的冷静决定，就是不这样做也不会引起任何批评；在同样的情形下佛罗伦萨就一定不会有这种举动。我们将不谈"群众的虔诚和他们对于一张亚历山大六世的赦罪券的坚定信仰；但这个国家本身，在它并吞教会达到其他地方未之前闻的程度以后，它的组成上确实有着某种宗教的成分；这个国家的代表，总督，出现在十二次重大的半宗教性质的游行仪式（andate）上"。[②] 它们几乎全是纪念政治事件的庆典，并且在辉煌壮丽上可以和教会的盛大节日媲美；其中最盛大的一个，有名的"与海结婚"，是在基督升天节日举行的。

最高尚的政治思想和人类变化最多的发展形式在佛罗伦萨的历史上结合在一起了，而在这个意义上，它称得起是世界上第一个近代国家。在暴君专制的城市里属于一家一姓的事情，在这里是全体人民所勤奋研究的问题。那种既是尖锐批判同时又是艺术创造的美好的佛罗伦萨精神，不断地在改变着这个国家社会的和政治的面貌，并不断地对这种改变作出评述和批判。佛罗伦萨就这样成了政治理论和政治学说的策源地，政治实验和激烈的改革的策源地，但也像威尼斯一样成了统计科学的策源地，而且盖世无双

① 见萨努多，前引书，第 1158、1171、1177 栏。当圣路加的尸体从波斯尼亚运来时，他们同在帕多瓦的圣朱斯丁那的本尼迪特派修道僧发生了争执，后者断言，圣尸早就属于他们，从而使教皇不得不在双方间进行裁夺。参看圭奇阿尔狄尼：《回忆录》第 401 页。

② 桑索维诺：《威尼斯》第 12 卷，《论君主的公开游行》，见厄尼亚其乌斯，第 50 页 *a*。关于被教皇褫夺教权所感到的恐惧，见厄尼亚其乌斯，第 12 页 *a* 以下。

地成了具有近代意义的历史写作的策源地。对古代罗马的憧憬和对于它的主要作家的熟悉是有很大影响的。乔万尼·维兰尼[①]承 96
认他的巨著的最早的动力是他在罗马的一千三百年纪念节日上得到的,回来之后就立刻开始了它的写作。可是那一年二十万参拜圣地的人们中间有多少人和他有同样的才能和向往啊,然而还是没有写出他们本城的历史来!因为他们之中不是所有的人都能用这种思想来鼓舞自己:"罗马在衰落,我出生的城市正在兴起,并准备完成伟大的事业,所以我要叙述它的过去历史并希望继续写到现代,只要我一息尚存。"佛罗伦萨通过它的历史家们除了证明它的过去的历史外,还得到了另外的一些东西,——即声名洋溢,为意大利任何其他城市所未曾有。[②]

我们现在并不是要写这座著名的城市国家的历史,而只是要对佛罗伦萨人得之于这个历史的精神上的自由和独立做一些说明。[③]

---

① 见乔万尼·维兰尼,第 8 卷,第 36 页。1300 年也是《神曲》中指定的确定年代。

② 已于 1470 年左右由维斯帕西雅诺·菲奥兰提诺作了记述,第 554 页。

③ 这儿略去了前几版中关于第诺·康巴尼:《年代记》的以下这一段,因为年代记的真实性已为保罗·舍斐·布瓦科斯特在《佛罗伦萨研究》(来比锡,1874 年,第 45—210 页)中所批驳。而批驳是坚持(见《第诺·康巴尼的年代记》,来比锡,1875 年)针对一本著名的权威作品(黑格尔,《试为第诺·康巴尼年代记声辩》,来比锡,1875 年)的。舍斐的见解在德国一般是为人所接受的。见柏恩哈迪,《第诺问题的立场》载《历史杂志》1877 年,第 1 卷,就连黑格尔也设想现在我们所有的这种本子是后人对第诺的一部未完成作品的篡改。甚至在意大利,虽然多数学者想不理睬这种批评攻击,像他们对待以往其他这类攻击一样,但仍有人高声承认这篇东西系出于伪造。(尤见范范尼的《城外人》杂志和《为第诺·康巴尼昭雪》,米兰,1875 年)。关于最早的佛罗伦萨通史,见哈特威格,《探究》,马尔堡,1876 年,又见西培尔,《历史杂志》(第 35 卷)

任何其他意大利城市的党派之争也不像此地这样激烈和起源之早、持续之久。关于这些党争的叙述固为时较晚，但很清楚地证明了佛罗伦萨批判主义精神的优越性。

这些斗争的一个最大牺牲者，在家乡和流放生活中成长起来的阿利基里·但丁，是一个多么伟大的政治家啊！他以坚定的诗句表露了他对于故乡政治上的不断的变化和实验的轻蔑；这些诗句只要有同样的政治事件反复出现，就将永远为人们所传诵。[①]他以一种既蔑视又思慕得足以打动同乡人心弦的语言对他的故乡讲话。然而他的思想远及于意大利和整个世界；如果说他对于帝国所怀抱的热情不过是一种幻影，但我们还是必须承认像他那种新生的政治理想的青春幻梦并不是没有诗的华美壮观的。他以作为首先走这条道路的人而骄傲，[②]这自然是沿着亚里士多德的足迹，但却有他自己的独立方式。他理想中的皇帝是一个公平慈悲的法
97 官，只依存于上帝，是自然、正义和上帝意志所批准的罗马世界帝国的继承人。按照这种看法，征服世界是合理的，是建立在神对罗马帝国和世界上其他国家之间的裁判上，而上帝对这个帝国是嘉

中黑格尔的文章。从那以后，断然强调其真实性的有伊西多罗·隆哥，他完成了第诺作品大部头版本的编辑工作，并写了一篇详细的引言：《第诺·康巴尼和他的年代记》，两卷集，佛罗伦萨，1879—1880 年以后发现了这部历史的上溯到十五世纪初的手稿，因之也就是找到了比迄今所知的参考书和版本更早期的东西。由于这一手稿的发现又由于黑格尔所作的种种探讨，特别是由证明了这部作品的风格无异于十四世纪的作品，所以对这个问题的占优势的看法主要是认为这部年代史有一个重要的核心，这核心是真实的，然而它也许就是在十四世纪，根据维兰尼年代史的蓝图加以改写的。参看加斯巴利：《意大利文学史》，柏林，1885 年，第 1 卷，第 361—369 页，531 页以下。

① 《炼狱篇》，第 6 歌，结尾部分。

② 《君主论》，第 1 卷，第 1 章。（新审定版维泰校，豪尔，1863 年，第 71 页；德文本，胡巴赤译——柏林，1872 年）

许的，因为在它的统治之下，他降生为人，诞生时服从奥古斯都皇帝[①]的人口调查，绝命时甘受庞提乌斯·彼拉多[②]的审判。我们可能很难欣赏这些和其他这一类的理由，可是但丁的热情总使我们同意他的意见。在他的书信中，他以最早的政论家的姿态出现，[③]并且也许是用这种形式发表政治短论的第一个俗人。他开始得很早。在比阿特丽斯[④]死后不久，他就写了一本关于佛罗伦萨国家的小册子《给世界上的伟大人物》，而从他的被放逐时起，以后许多年公开发表的言论也都是给皇帝、君主和枢机主教的。在这些书信和在他的著作《俗语论》中，经常萦回着一种极端的痛苦所换来的感情，使这个被放逐者想起他只可以在他的故土以外的其他地方找到一个获得语言和文化知识的根据地，不能再从他那里夺走的根据地。关于这一点，我们在后文中还要详述。

我们得之于维兰尼兄弟（乔万尼和马提奥）的，在新颖的实际 98
观察以及佛罗伦萨统计的基本材料和对其他国家的重要评论等方面比在深刻的政治思想方面为多。这里工商业对于经济学和政治学也有所促进。在世界上任何地方也找不到这样准确的关于财政

① 奥古斯都（Augustus，公元前 63 年—公元 14 年）是罗马的第一个皇帝，他曾经实行罗马帝国的人口调查。耶稣是在他的统治时期出生的。——译者

② 庞提乌斯·彼拉多（Pontius Pilatus）是罗马帝国犹太省的总督，据说他曾经审判耶稣并把他交给犹太人钉死十字架上。——译者

③ 维泰注释《但丁书信集》，帕多瓦，1827 年。他欲使教皇和皇帝一样永远为意大利所有，见他在 1314 年卡蓬特拉斯教皇选举会议期间写的信（第 35 页）。关于第一封信，见《新生》，第 31 章和《书信集》，第 9 页。

④ 比阿特丽斯（Beatrice Portinari，1266—1290 年）是一个佛罗伦萨的女人，被认为是但丁的恋人。但丁一生把她当作崇拜的偶像，在他的诗集《新生》和名著《神曲》中都歌颂了她。——译者

情况的报告。阿维尼翁教廷的财产，在教皇约翰二十二世死时达到二千五百万金币，如果根据不足，殊难使人相信。[①] 只有在佛罗伦萨，我们才能看到像英格兰国王从佛罗伦萨巴尔第和佩鲁齐家族那里借到的那样巨额的款项；这两个家族在英格兰国王身上损失了一百三十六万五千金币（1338 年）——这是他们自己的和他们的合伙人的钱——但是他们还是从这次损失中恢复过来了。[②] 关于佛罗伦萨这一时期的情况，这里记载有许多极重要的事实：[③] 国家的收入（在三十万金币以上）和支出；这个城市的人口数目（这里仅仅按照面包的消费量，按照每人的口粮作大概的估计定为九万人）和整个领土上的人口数目；在每年受洗的五千八百人到六千人中间，男孩子比女孩子多三百到五百人；[④]在学的儿童数八千到一万人学习诵读，有一千到一千二百人在六个学校里学算术；除了这些之外，还有六百个学生在四个学校里学习拉丁文法和逻辑。其次有教会和修道院的统计；医院的统计，那里有一千多个床位；毛织工业的统计，附有最有价值的详细材料；还有关于铸币，城市

① 乔万尼·维兰尼，第 11 卷，第 20 页。参看马提奥·维兰尼，第 9 卷，第 93 页。他说，约翰二十二世“对于他的一切私事很机敏又最长于理财”。他遗留下一千八百万金币的现金和价值六百万金币的珠宝。

② 关于这件事和类似事件见乔万尼·维兰尼，第 11 卷，第 87 页；第 12 卷，第 54 页。他在这次失败中损失了自己的钱财还因欠债而被关进监牢。又见凯尔文·来腾霍夫，《美男子菲力普时代的欧洲，佛罗伦萨的财政官》，载《布鲁塞尔科学院通报》（1861 年）第 12 卷，第 123 页以下。

③ 见乔万尼·维兰尼所著书，第 11 卷，第 92 和 93 页。在马基雅维里著《佛罗伦萨史》第 2 卷，第 42 章中我们读到在 1348 年有九万六千人死于瘟疫。

④ 每一男孩受洗，教士就存放一粒黑豆；女孩受洗，就存放一粒白豆，这是当时唯一的登记方法。

粮食供应，公务人员等等的统计。[①] 附带着我们知道了许多稀奇的事情；例如在 1353 年，当第一次确定发行公债（“monte”）时，圣芳济会士怎样在教坛上赞成这个措施，多密尼克会士和奥古斯丁会士怎样反对它。[②] 整个欧洲没有任何其他地方能够像这个城市这样对于黑死病的经济上的后果做过观察和叙述。[③] 只有一个佛罗伦萨人才能够把当时的情况记载下来：人们怎样期待着人口减少会使各种物价低廉；这种想法不但没有能实现，而劳务和商品的价格反而涨了一倍；普通的人民怎样在最初完全不愿意做工作而只耽溺于享乐；在这个城市里边必须出很高的工资才能找到男女仆人；农民怎样只耕种最好的土地而任由其余的土地荒废，在发生瘟疫的当时赠给穷人的巨大遗产怎样在以后看来毫无用处，因为
穷人不是已经死掉就是不再穷了。最后，人们利用一个没有子女 99
的慈善家给这个城市里边的每一个乞丐六个“达那利”[④]的巨大遗赠的机会，曾试图对佛罗伦萨的乞丐情况做一个全面的统计。[⑤]

这种对于事物的统计观点以后在佛罗伦萨得到了更高的发展。它的值得注意的一点是，我们能够一般地看到它与更高的历史形势、艺术和一般文化的联系。在这个同一部著作中，一篇 1422 年的清单[⑥]提到了“新市场”周围的七十二个交换所；铸币流

---

① 当时在佛罗伦萨已经有了一支常备消防队。

② 见马提奥 · 维兰尼，第 3 卷，第 106 页。

③ 见马提奥 · 维兰尼，第 1 卷，第 2—7 页，参看第 58 页。薄伽丘的名著《十日谈》的开头对于这次瘟疫病有最好的和最可靠的描写。

④ “达那利”（Danari）是当时意大利通用的一种银币。——译者

⑤ 见乔万尼 · 维兰尼，第 10 卷，第 164 页。

⑥ 《塞来塔尼年代记选》见法布隆尼：《大柯西莫传》，附注 34，第 2 卷，第 63 页。

通的数量(二百万金币);当时新兴的金织工业,丝制品;菲利波·
100 布鲁内莱斯科[①]当时忙于从坟墓中挖掘古代建筑,而共和国大臣列奥那多·阿雷提诺,则致力于复兴古代文学和修辞学的工作;最后,它谈到了这个城市当时不受政治斗争影响的普遍繁荣,和意大利摆脱了外国雇佣兵的幸运。上述约于同年开始的威尼斯的统计肯定证明了它有更大的财富和利润以及更广阔的活动范围;威尼斯在佛罗伦萨派出第一批舰队(1422 年)到亚历山大港之前久已称霸海上。但每一个读者都会承认:佛罗伦萨的记载有更高的水平。这些以及同样的统计表每隔十年再次出现,都是经过系统地整理和列表,而在其他地方我们最多也只能看到偶然的介绍。我们能够对于占首位的美第奇家族的财产和营业做出一个大概的估计;他们从 1434 年到 1471 年,为慈善事业、公共建筑和捐税所付出的款项不下于六十六万三千七百五十五个金币,只是柯西莫一个人负担的就有四十多万,而"豪华者"洛伦佐却乐于正当地用掉这些钱财。[②] 我们又在 1472 年看到了这个城市的工商业的最重要的和比较是完全的面貌,[③]其中有一些可以全部地或者部分地归入美术品项下——像那些关于锦缎和金银刺绣,关于木雕和镶

① 菲利波·布鲁内莱斯科(Filippo Brunellesco,1377—1446 年)是意大利文艺复兴时期的第一个伟大建筑家,佛罗伦萨的许多有名的教堂都是他设计的。——译者

② 洛伦佐的《回忆录》,载法布罗尼《"豪华者"洛伦佐·美第奇传》,附注 2 和 25,保罗·乔维奥:《语录》,第 131 页以下,柯西莫条。

③ 上面所引的一段,(原书 93 页,注①)由本尼迪特·戴提供。必须记住,这项统计是要用来作为对攻击者的警告的。关于全部材料,见拉蒙特,《洛伦佐·美第奇》;第 2 卷,第 419 页。罗斯科《洛伦佐·美第奇传》,第 2 卷,附录 1 中提供了一个叫洛多维科·该蒂的财政计划,并附有重要的事实说明。

嵌，关于在大理石和沙石上雕刻蔓藤花纹，关于蜡像，和关于珠宝和金制品等等工商业。佛罗伦萨人把外部生活系统化的天赋才能表现在他们关于农业、商业和家政方面的著作上，在这些方面他们显然是优于十五世纪期间的欧洲其他各国人民的。决定出版这些著作的选集是非常正确的，[①]虽然要想从它们里边得出明确而肯定的结论还要做深入的研究。无论如何，我们是不难认识这个城市的，因为在这里，父母弥留之际往往在遗嘱中请求政府，如果他们的儿子不务正业就罚款一千金币。[②]

在十六世纪的前半期，世界上大概没有一个国家有像瓦尔奇描写佛罗伦萨那样的辉煌的著作。[③] 它在这个城市的自由和伟大消逝以前，在叙述性的统计学上像在其他许多方面一样给我们留下了另一个典范。

不过，这种对于外部生活的统计性的估计都夹杂着上述政治 101
事件的叙述。[④]

---

① 例如在《历史文献》第4卷(?)中。可对照地参看努兰的1455—1462年的最简单的分类账（斯图加特，1843年）。关于较后时期则见卢卡·雷姆的《1494—1541年的日记账》——格赖夫编，奥格斯堡，1861年。

② 李布利：《数学史》第2卷，第163页以下。

③ 瓦尔奇：《佛罗伦萨史》第3卷，第56页以下至第9卷末尾。某些显而易见的错误数字或许只是抄写或排印上的疏忽。

④ 关于意大利的价格和财富，因缺乏进一步探讨的资料，只能将随处偶拾的零星事例汇集于此。显而易见的夸张必须抛弃。值得提及的金币是"杜卡"，"塞干"，"金弗罗棱"和"金斯古多"，这一切金币的价值差不多都一样，等于法国货币的十一到十二法郎。例如在威尼斯，总督安德烈·温德拉明1476年拥有十七万枚"杜卡"，被认为是一个很大的富翁。（见马利皮埃罗，前引书，第7卷，第2章，第666页）。科尔雷俄尼被没收的财产数达二十一万六千"弗罗棱"，见前引书，第244页。约在1460年，阿奎莱雅镇的族长洛多维科·巴达维诺拥有二十万枚"杜卡"被称为"或许所有意大利人中

佛罗伦萨所依以存在的政体，较之意大利和欧洲一般的自由

最有钱的人。”加斯巴利·维罗纳：《保罗二世传》，（载《意大利史料集成》第3卷，第2章，第1027栏）。其他地方还有一些荒唐无稽的叙述。

安托尼奥·格利马尼，为儿子当选枢机主教曾付出三万枚“杜卡”，仅他的现款就有十万“杜卡”。（《威尼斯编年史》，载《意大利史料集成》第24卷，第125栏。）关于粮食市价情况和威尼斯市场情况，特别看马利皮埃罗，前引书，第7卷，第2章，第709页以下，1498年条。在1522年，不再是威尼斯，而是热那亚仅次于罗马而被列为意大利最富庶的城市（只有弗兰切斯科·维托利的著作是有根据的，见他所写的史书——载《历史文献》，补遗，第6卷，第343页）。邦德罗，第2编，故事第34和42篇中将安萨多·格利马第称为是他那个时代最有钱的热那亚富商。

桑索维诺认为1400和1580年之间的货币价格贬值百分之五十。（《威尼斯》，第151页b）人们认为，伦巴第十五世纪中叶的谷物价格和十九世纪中叶的谷物价格是三与八之比。（《皮阿琴察的劫掠》，载《历史文献》补遗，第5卷，编者萨卡拉伯利注）

在博尔索公爵时代，费拉拉有人拥有五万到六万金币（《费拉拉日记》，载《意大利史料集成》第24卷，第207、214、218等栏；一则夸张的记述，见187栏）。佛罗伦萨的资料属例外情况，它不能证明关于平均数的结论是正确的。放给外国君主的各项贷款就属于这一类，有一两个家族出名贷借，其实是很多人合伙放款，对被击败的党派所课的巨额罚金也是如此。我们看到例如从1430年到1453年就有七十七家付出四百八十七万五千枚金币。（瓦尔奇，第3卷，第115页以下）又曾看到吉安诺佐·曼内蒂一个人（以后我们还有机会谈到他）就被迫付出一笔十三万五千枚金币的巨款，从此沦为乞丐。（见拉蒙特，第1卷，第157页。）

乔万尼·美第奇的财富在他死时（1428年），数达十七万九千二百二十一块金币。他有两个儿子柯西莫和洛伦佐，单只后者一个人死的时候（1440年）就遗下二十三万五千一百三十七块金币。（法布罗尼：《洛伦佐·美第奇》，附注②。）柯西莫的儿子皮埃罗1469年遗下了二十三万七千九百八十二块金币（拉蒙特：《洛伦佐·美第奇》，第1卷，第286页）。

十四世纪，在佛罗伦萨维其奥桥上开锤的四十四个金匠给政府缴纳了一笔八百块金币的租金，见瓦萨利，第2卷，第114页，《塔提奥·加提传》。足以说明当时商业的一般活动情况。布纳科尔索·彼蒂的日记（见德莱克律兹：《佛罗伦萨及其盛衰》，第2卷）中，满是数字，但它们一般只证实物价之高和币值之低。关于罗马，来自全欧洲的宫廷收入，没有给我们提供一个标准数，关于教皇财富和枢机主教们财产的记录也不十分可靠。著名银行家奥古斯丁·齐吉在1520年遗下了一笔总数为八十万块金币的财产（见《画家书信集》第1卷，附录48）。在1505年物价高昂时期，一般重量为六十八—七十德意志磅的一个费拉拉“斯塔罗”的粮食涨价到一又三分之一个金币。每斯

国家,不仅复杂多变而且对于它们还发生了远为深刻的影响。它是一面忠实的镜子,反映了个人和阶级对于一个变化不定的整体的关系。像弗鲁瓦沙尔①所描画的法兰西和法兰德斯的伟大的市民民主的图景和十四世纪德意志编年史作者的叙述诚然是极为重要的;但在思想的含蓄和故事的合理发展上,没有一部能和佛罗伦 102
萨人的著作相比。贵族的统治、暴君专制、中等阶级和无产阶级的斗争、受限制的和不受限制的民主、假冒的民主、单一家族的专权、萨沃那罗拉的神权政体和为美第奇暴君专制铺平道路的混合形式的政府都被加以描述,因而历史扮演者的最隐秘的动机都在光天化日之下暴露无余。②最后,马基雅维里在他的《佛罗伦萨史》(到

塔罗糠麸卖二十个“索尔提”,在随后丰收的几年里,每斯塔罗只卖六个索尔提(见波那文图拉·比斯托斐洛,第494页)。1455年,在费拉拉,一所房子的全年租金为二十五里拉,参看《事实与记录》,帕尔马,第6卷,第250页。关于付给艺术家和抄写员的工资的史料记载,见265页以下。

根据美第奇家族的财产目录(见明兹:《先驱者》节抄,第158页以下)可以看出,珠宝价值为一万二千二百〇五块金币,指环价值为一千七百九十二块金币;珍珠(显然有别于其他珠宝。——英译者注)价值为三千五百一十二块金币;徽章,玉石和镶嵌细工,价值为二千五百七十九块金币;(希腊)花瓶值四千八百五十块金币;遗物匣等类东西值三千六百金币;藏书值二千七百金币,银子价格为七千金币。乔万尼·露切莱估计他在1473年(?)付出了六万金币的税捐,为他五个女儿的嫁妆花去了一万金币,为圣马利亚·诺维拉教堂的改建花去了二千金币。在1474年上由于一个仇人的阴谋陷害,他损失了二万金币(《提巴尔多内自传》,佛罗伦萨,1872年)。伯尔纳多·露切莱和洛伦佐·美第奇的妹妹南妮娜结婚时花了三千六百八十六块金币(明兹:《先驱者》,第244页)。

① 弗鲁瓦沙尔(Froissart,1337—1410年)法国历史家和诗人。——译者

② 关于柯西莫(1434—1464)及其孙“豪华者”洛伦佐(1492年卒),作者对其国内政治禁口不作任何批评。威廉·罗斯科(《“豪华者”洛伦佐·美第奇传》1795年,利物浦初版,1851年,伦敦第10版)对他们祖孙二人特别是对洛伦佐的吹捧似乎是引起人们对他们反感的主要原因。这种反感首先出现在西斯蒙第的作品中(见《意大利诸共和国史》第11卷)继有罗斯科出来答复他的有时不近情理的严厉遣责(见他的《关于洛伦佐·美第奇传的历史的和批判的说明》,1822年,伦敦。),后来在吉诺·加波尼在

1492 年为止）中把他的出生城市描写成为一个活的有机体，把它的发展描写为是一个自然而独特的过程；他是近代人中第一个具有这种观念的人。判断马基雅维里究竟是不是歪曲了历史并在哪些点上歪曲了历史，像他所写为大家所熟知的卡斯特鲁乔·卡斯特拉卡内[①]传——一个虚构的典型暴君的图画——那样，不是在我们研究范围之内。我们也可能从他所著的《佛罗伦萨史》的每一行找到某些可以訾议之处，但全书巨大无比的价值并不因此受到影响。他的同时代人和后继者，亚科波·彼蒂、圭奇阿尔狄尼、塞尼、瓦尔奇、维托利是一群多么优秀的人物啊！他们告诉我们的是多么伟大的故事啊！这里披露了佛罗伦萨共和国的最后几十年的伟大而难忘的戏剧性事件，记录了当时世界上所能表现的最高的和最具有特色的生活的崩溃。这些卷帙浩繁的记载对于有的人也许像是一堆瑰宝藏珍，对于另一个人也许引起他对于豪华生活的覆灭的魔鬼般的喜悦，在第三个人看来也许像一个最后的历史审判；而对于所有的人它将永远是一个思索和研究的对象。永远扰乱这个城市的和平的一个祸害就是它对于像比萨那样的曾经一度是强大而现在被它征服了的对手的统治，持续不断地使用暴力

《意大利历史文献》（第 1 卷，1842 年，第 315 页以下），以及以后又在《佛罗伦萨共和国史》（两卷本，佛罗伦萨，1875 年），对于他的论断提供了更进一步的证据和说明。又见拉蒙特：《豪华者洛伦佐·美第奇》（两卷本，来比锡，1874 年）。这部作品在见解上的公平稳健和在利用广泛资料所表现的熟练上同样有名。又见卡斯特尔曼，《美第奇家族》（两卷本，巴黎，1879 年），其中只偶尔涉及这个题目。参看比塞尔关于美第奇家族国内外政策的两部著作（来比锡，1879 年），即：《美第奇和法兰西的关系》（1434—1494 年）和《意大利政治家洛伦佐·美第奇》（第二版，1883 年）。

① 卡斯特鲁乔·卡斯特拉卡内（Castruccio Castracane，1281—1328 年）是意大利卢卡的大公，吉伯林派的领袖，曾经进攻佛罗伦萨并获得胜利。——译者

是这种统治的必然结果。惟一补救的办法就是及时把托斯卡纳变作一个自由城市的联邦国家。这自然是一个极端的办法,而且也是除了萨沃那罗拉[①]外,没有人能够说服佛罗伦萨采用的办法;就是他也只有在机缘巧合的情形下才能做得到。在以后一个阶段,这种在当时无非是梦想过去的计划曾经把卢卡的一个爱国公民[②] 103
送上了绞架(1548 年)。由于这个祸端并由于佛罗伦萨不幸的圭尔夫派同情外国君主,造成不断对它进行干涉,终于产生以后的一切灾难。虽然它的整个过去历史所教导的无非是复仇与消灭,它的令人尊敬的传教师却在人民中间培养起这样一种持续不断的高贵的感情,因而在意大利第一次树立了宽待降敌的榜样。对于这样的人民谁能不敬服呢?那种把爱国主义和新生的道德融合为一的光辉,当从远处看时,也许似乎是一闪即逝,但它的最好效果却在令人难忘的 1529—1530 年之围[③]中重新发出了光辉。如圭奇

① 萨沃那罗拉(Savonarola 1452—1498 年)是一个多米尼克会僧侣,他在布道时抨击教皇和教会的腐败,揭露美第奇家族的残暴统治,反对富人的骄奢淫逸,因此获得人民的拥护。他领导 1494 年的起义,起义者赶走美第奇家族,恢复共和国,实施一些有利于平民的改革,但萨沃那罗拉的最高理想是建立一个神权国,重点在教会改革,并对当时的侵略者查理五世寄以幻想。因此起义不能持久,终于失去人民拥护。1512 年美第奇家族复辟成功。——译者

② 弗兰切斯科·布拉曼奇是卢卡派新教徒领袖米凯尔·布拉曼奇的父亲。见《意大利历史文献》,第 1 辑,第 10 卷,第 435—599 页,文件类,第 146 页以下;更见加洛·米努托利《弗兰切斯科·布拉曼奇传》(卢卡,1844 年)和《托斯卡纳历史文献杂志》第 4 卷(1860 年)第 309 页以下,列奥尼·普雷特的重要补遗。大家都知道,米兰自十一到十三世纪以来怎样用苛酷对待其邻邦的办法为建立一个强大的专制国家铺平了道路。甚至在 1447 年当维斯康提家族灭亡之际,米兰主要通过不接受同等城市的结盟计划,破坏了对上意大利的援救行动。参看柯利奥,第 358 页以下。

③ 美第奇家族在教皇克莱门七世和神圣罗马帝国皇帝查理五世的援助下,进攻佛罗伦萨,于 1530 年第二次复辟。——译者

阿尔狄尼当时所写的，那些对佛罗伦萨发动这一袭击的人都是"蠢人"，但他自己也承认他们完成了似乎是使人难以置信的事情，而当他宣称聪明的人民必将逃脱这个危险时，他的意思无非是说佛罗伦萨应该沉默地和不光荣地在敌人手里投降。这固可以保存它的美好的城郊和花园以及无数市民的生命和幸福，但是比起它的最伟大最崇高的一次记忆来，这就很不体面。

在许多主要优点方面，佛罗伦萨人一般是意大利人和近代欧洲人的榜样和最早的典型；在许多缺点方面也是如此。当但丁把这个永远在修改其政体的城市比作一个不断辗转反侧以逃避痛苦
104 的病人时，他恰切地比喻出了佛罗伦萨政治生活上多年以来的特点。那些认为把现存势力和派别联合起来，就可以人为地制造出一种政体的重大近代谬见①经常在动乱的时候出现；就是马基雅维里也未能完全免俗。我们总是可以看到一些政治艺术家，他们想要用一种巧妙的分配和分割政权的方法，用一种最复杂的间接选举的方法，用设立名义职务的方法来建立事物的永久不变的秩序和对富人与穷人同样地予以满足或欺骗。他们天真地模仿古代并借用"清流党"、"贵族党"②等政党名称而不以为怪。从那时起人们就听惯了这种叫法，并给它们以一种传统的欧洲意义，另一方

① 1494年圣诞节的第三个星期日，萨沃那罗拉对于创立新政体的方式问题作了如下的说教，即市内的十六个行会各提出一个方案，市政长官从中选出四个最好的方案，执政官再从这四个最好的方案中选出其尤佳者。但事情的确在说教者本人的影响下，发生了不同的转变。见维拉利：《萨沃那罗拉》。除了这篇演说之外，萨沃那罗拉还写了一部著名的《佛罗伦萨政体论》（1817年，卢卡，再版）。

② 后一名称在1527年美第奇家族被逐后才第一次被使用。见瓦尔奇：《佛罗伦萨史》第1卷，第121等页。

面一切以前的党派名称则纯属于民族性的,或者代表不同的主张或者是由于偶然事件而得名。但是,一个名字对于增加或减少一个政治主张的色彩是多么有关系!

在所有那些认为有可能建设一个国家的人们当中,马基雅维里是一个最无与伦比的伟大的人物。[①] 他把现存势力看作是有生命的和能动的,对于可能采取的方法,观察得广泛而精确,既不想自欺也不想欺人。他不矜虚荣和不尚浮夸,无人能及;的确他不是为一般群众,而只是为了君主和执政者,或者是为了私人朋友而写作的。对他来说,危险并不在于他冒充天才或在于思想体系的错误,而在于他自己显然也难于控制的强有力的想象力。他的政治论断的客观性,其坦率程度有时令人吃惊,但它是危急存亡之秋的时代标志,在那个时代里,人们是难于相信正义或者别人有正义的行为的。我们如果从道德观点上来衡量而对他感到愤怒,那是没有必要的,因为我们已经看到我们自己这一世纪的政治家们是把政治道德理解为什么意义的。马基雅维里毕竟能够为了他的主张而忘掉自己。实在说来,虽然他的著作,除了很少的词句外完全缺乏热情,虽然佛罗伦萨人自己最后把他看作是一个罪人,[②]但他确是一个不折不扣的爱国者。尽管他像他的大多数同时代人一样,言行放任,但国家的兴隆始终是他的想望。

他在佛罗伦萨建立一个新的政治制度的最完整的方案是在他

---

① 马基雅维里:《佛罗伦萨史》,第 3 卷,第 1 章:“英明的立法者”能拯救佛罗伦萨。

② 见瓦尔奇,《佛罗伦萨史》第 1 卷,第 210 页。

上教皇列奥十世的陈情书中提出来的；[①]这篇陈情书是在乌尔比诺大公，小洛伦佐·美第奇（死于1519年）死后写成的；他曾经把他的著作《君主论》献给这位大公。那时国家正处于穷途末路、腐败不堪的状态中，而所提出来的挽救办法未必都合于道德；但最有
105 趣的是：我们看到他如何地希望建立起一个温和的民主形式的共和国以为美第奇家族之续。我们不能想象出一个对教皇及其许多依附者和对佛罗伦萨的不同利益做出让步的比这更巧妙的计划；我们也许以为是在看一个钟表的装置。在他的著作《史论集》中，原则、评论、对照、政治预测等等，比比皆是，其中闪耀着惊人的识见。例如，他承认共和制度的虽然不是始终如一地但却是不断地发展的规律，并要求一种可以通融变化的宪法以作为避免流血和放逐的惟一手段。出于同样的理由，为了防止私人暴力和外来干涉——"一切自由的死亡"——他希望看到采取一种司法程序（"起诉"）来对待被憎恨的市民，过去佛罗伦萨在这方面，除了审理诬陷罪的法庭外是一无所有的。他巧妙地描述了迟延判决和无意判决[②]，这种判决在共和国家的危急时期将起一种非常重要的作用。不错，他曾经一度被他的想象和形势的压力所迷惑，不适当地称赞人民，说人民能够比任何君主更好地选择他们的官吏并且可以用"善意的劝告"来纠正他们的错误。[③] 关于托斯卡纳的统治权，他相信应该属于他出生的城市，并在一篇特别"论文"中主张

① 见《短篇集》第207页，"佛罗伦萨国家改革论"。

② 无意判决当时是指法官无意判罪，但根据法律不得不判罪的一种判决。——译者

③ 同样见解亦见于孟德斯鸠，无疑是从这里抄袭的。

重新征服比萨是一个生死攸关的问题;他哀叹阿雷佐在1502年叛变之后没有被夷为平地;他总的认为,应允许意大利的一些共和国自由扩展和开疆拓土,以便在国内享有和平和免于受到外来的攻击,但他宣称,佛罗伦萨总是从错误一端开始,从一开始就和比萨、卢卡和锡耶纳成为死敌,而皮斯托亚则因为"被待如手足"自动悦服于它。[1]

将十五世纪仍然存在的少数其他共和国同这个意大利的、而
且确实也属于近代欧洲精神最重要发源地的独一无二的城市相提 106
并论是不合理的,锡耶纳苦于其本身弊端重重,我们不能因为它在技艺上和在生产上比较繁荣,而有所迷惑。伊尼亚斯·希尔维优斯[2]从他出生的市镇向往地望着"快乐的"德意志帝国城市,因为在那里没有使生活变得痛苦的土地和货物的没收、专横的官吏和政治党派。[3] 热那亚几乎不属于我们所要讨论的范围之内,因为在安德烈·多利亚[4]的时代以前,它几乎没有参加文艺复兴。的确,里维埃拉的居民在意大利人中间是以轻视一切较高的文化著

① 属于较晚近的一个时期(1532年?)。参见圭奇阿尔狄尼关于美第奇政党的状况和必然组织的异常坦率的评价。《王侯书简》第3卷,第124页。(威尼斯,1577年)

② 伊尼亚斯·希尔维优斯:《答辩马丁·迈尔》第701页。马基雅维里亦有此意,见《史论集》第1卷,第55页等处。

③ 近代的半开化状态怎样不可思议地影响到政治生活,由1535年的党争表现出来。德拉·瓦勒:《锡耶纳文集》第3卷,第317页。很多小商人由于学习李维的作品和马基雅维里的《史论集》而受到激励,极其严正地呼吁保民官和罗马其他长官起来反对贵族和官僚阶层的苛政。

④ 安德烈·多利亚(Andera Doria,1468—1560年)是热那亚的海军将领和政治家,以在1519年击败土耳其人而出名。——译者

称的。[1] 党派之争在这里采取了如此激烈的性质,并且如此严重地扰乱了整个生活进程,以至使我们难以理解:热那亚人在这么多的内部革命和对外侵略之后,怎么总能想出办法来恢复到一个可以忍受的地步。它可能是由于这样一个事实,即几乎所有参加政务的人同时几乎没有例外地都是积极经营商业的人。[2] 热那亚的例子显著地证明了财富和巨大的商业与不安全感,在远方拥有殖民地与内部骚乱,是可以相容并处的。

卢卡在十五世纪里并没有什么重要意义。

107 第八章　意大利各国的外交政策

因为大多数的意大利城市国家在内部构成上是一种策略的产物,是深思熟虑精心设计的结果,所以它们彼此之间的和对外国的关系也是一种策略的产物。几乎所有这些国家都是新近从篡夺产生的这一个事实,对于他们的内外政策同样有着严重的影响。它们之中没有一个国家无保留地承认另一个国家;风云际会有助于

---

① 彼埃利奥·瓦雷里亚诺:《论学者的不幸》,巴尔托洛缪·德拉·罗维里条,(瓦雷里亚诺此书写于 1527 年,这里是根据门肯出版《学者的不幸文献集》,来比锡,1707 年,来引用的。)这里所指的只能是 384 页上所载的那一段,从这段引文我们不可能推断出原文的内容,但我们可以看到巴尔托洛缪·德拉·罗维里要使他儿子抛弃好学的念头而使他经商。

② 塞纳雷加《热那亚大事记》,见《意大利史料集成》第 24 卷,第 548 栏。关于当时国家的危急,特别参看该书第 519、525、528 等栏。关于 1464 年将国家交给弗兰切斯科·斯福查时,使节告知他热那亚的让交是出于对安全和舒适生活的愿望所作的坦率的陈词,见卡尼约拉,《历史文献》,第 3 卷,第 165 页以下。总主教、总督、海盗和(以后)保罗·弗雷哥索枢机主教的形象形成了同意大利的一般情况的明显对比。

建立和巩固一个朝代，同样也可以颠覆另一个朝代。究竟能否保持升平，未必可以尽由暴君抉择。活动和扩张是一切非正统国家的共同要求。所以意大利就成了一个“外交政策”的舞台，这种政策也像在许多其他国家里一样，逐渐地取得了一个获得公认的国际公法的地位。它对于国际事务做纯客观的处理，既不受成见的影响也没有道德上的顾虑，它达到了一种完美的地步，因之有时也并不是没有它自己的一些美好和伟大之处的，但整个说来，它却给予我们以无底深渊的印象。

阴谋、武装、联盟、行贿和背叛构成这一时期意大利的表面历史。特别是威尼斯很久以来成了众怨之的，认为它想要征服整个半岛或者逐渐削弱它的力量以便一一加以并吞。[①] 但更仔细地观察起来，显然可以看出，这种怨言并不是来自人民而是来自宫廷和统治阶级；它们通常为它们的人民所厌弃，而威尼斯的温和统治却为自己取得了普遍的信任。[②] 就是佛罗伦萨，尽管有它的难以驾驭的从属城市，也发现它自己和威尼斯处于一种虚与委蛇的地位，更不用说对它的一切商业上的妒忌，和威尼斯在罗马尼阿的发展了。最后，坎姆布雷同盟真正给了这个全意大利本应该以联合的力量来支持的国家一个严重的打击（见第 91 页）。

① 事隔多年，瓦尔奇《佛罗伦萨史》第 1 卷，第 57 页曾有这种记述。

② 加利佐·马利亚·斯福查确曾在 1467 年对威尼斯使者作过相反的声明，即威尼斯臣民曾提出与他联合起来对威尼斯作战；但这只是一种虚夸的话。见马利皮埃罗，《威尼斯年代记》，《历史文献》第 7 卷，第 216 页以下。如圭奇阿尔狄尼在他的《回忆录》29 号所记，当佛罗伦萨不得不对一向习于独立的毗邻共和国实行武力镇压的时候，很多城市和乡村，当然，主要是那些逃脱了暴君之手的，都自发地利用每一个机会投靠了威尼斯。

108 其他的国家也被一种同样不友好的感情所驱使，时刻准备使用他们无所不用其极的恶毒手段来互相对待。洛德维科·摩尔、那不勒斯的阿拉戈纳国王和教皇西克塔斯四世——更不必说那些较小的国家——使意大利一直处于一种经常的危险的骚乱状况之中。如果这种残暴的逐鹿仅限于意大利境内还好一些；但由于这种逐鹿的性质最后势必导致向外国——特别是向法兰西人和土耳其人要求援助和干涉。

一般人民的同情完全是在法兰西一边的。佛罗伦萨一直以惊人的天真承认它对于法兰西人有着老圭尔夫派的偏爱。[①] 当查理
109 八世亲幸阿尔卑斯山以南时，全意大利以一种国王本人及其从者似乎都不能解释的热诚欢迎他。[②] 在意大利人的想象中——以萨沃那罗拉为例——一个明智、公正和有力的救世主和统治者的理想形象仍然是活着的，所不同的是：他不再是但丁所祈求的皇帝，而是法兰西的卡贝族国王。随着他的离去，这种幻想破灭了；但在很久以后，大家才了解到查理八世、路易十二世和弗朗索瓦一世怎

① 可能最有力的表现是在1452年给派往查理七世的使节们的一篇训令中（见法布罗尼：《柯西莫》附注107页；第2卷，第200页以下）。佛罗伦萨的使节受命提醒国王，若干世纪以来，法兰西和他们的故乡城市之间存在着友好关系，并提醒他，查理大帝曾经自蛮族（伦巴第族）之手救出佛罗伦萨和意大利，而查理一世和罗马天主教会是“圭尔夫派的创始者，这个基础造成了反对党覆灭的原因并产生了我们现在所处的这种幸福的状态”。年轻的洛伦佐往访当时居留佛罗伦萨的安茹公爵时，身穿法兰西服装。见法布罗尼第2卷，第9页。

② 科米斯，《查理八世》，第10章。法兰西人曾被认为是“圣者”，参看第17章；《威尼斯编年史》（见《意大利史料集成》第24集，第5、10、14、15栏）马达拉佐：《佩鲁贾编年史》，载《历史文献》第16卷，第2章，第23页，不必列举其他无数例证。尤见德慈丹，前引书，第127页注①中的史料。

样歪曲了他们和意大利的真正关系以及带着如何卑劣的动机。那些意大利君主们，则试图以一种完全不同的方式来利用法兰西。当英法战争告一结束时，当路易十一世在各方面撒下他的外交罗网时，当勃艮第的查理从事于他的愚蠢的冒险时，意大利的各国政府准备各方面应付他们。很清楚的是：即使法兰西对那不勒斯和米兰根本没有提什么要求，它的干涉也仅是一个时间问题，它过去对于热那亚和皮埃蒙特的干涉就是一个要仿效的先例。事实上，威尼斯人早在1462年[①]已经等待着它的到来。米兰的加利佐·马利亚大公在勃艮第战争中显然既是查理的同盟者又是路易的同盟者，结果他就有理由害怕来自双方的攻击；这明显地表现在他的书信里边。[②]“豪华者”洛伦佐所理解的四个主要意大利国家保持均势的计划只是一种快活的乐观主义精神的假设，这种乐观主义精神比之一个试验政策的轻率和佛罗伦萨的圭尔夫主义的迷信有过之而无不及；并继续往最好处想。当他对那不勒斯的费兰特和教皇西克塔斯四世作战，路易十一向他提供援助时，他回答说：
“我不能把我自己的利益看得高出于全意大利的安全，但愿法兰 110
西的国王们永远不打算对此国土动用武力！如果他们要这样做，意大利就完了。”[③]对于其他的君主来说，法兰西国王被他们交替

① 庇护二世《回忆录》第10卷，第492页。

② 金金，《米兰使节报告及其他》，第1卷，第26、153、279、283、285、327、331、345、359页；第2卷，第29、37、101、217、306页。查理曾说过将米兰赐给奥尔良的年轻公爵。

③ 尼科洛·瓦洛利，《洛伦佐传》（佛罗伦萨、1568年，拉丁原文的意大利文译本初版于1749年，后来刊载在加利提的《菲力波·维兰尼著佛罗伦萨名人录》，佛罗伦萨，1847年，第161—183页；这里所引的一段见171页）。但不要忘记，在洛伦佐死后不久所写的这部最早的传记，与其说是忠实的人物描写，毋宁说是一部阿谀奉承之作，

用来作为恐吓自家和敌人的妖怪，每当他们看到没有一个更方便的办法来摆脱困境时，他们就威胁着要把他召唤进来。至于教皇们那一方面，则幻想他们可以利用法兰西而不致对他们自己有任何危险，英诺森八世也曾想象他可以不愉快地撤退到北方，但从那里率领一支法兰西军队胜利地回到意大利。[①]

的确，有头脑的人远在查理八世远征之前就预见到了外国的征服。[②]当查理重新回到阿尔卑斯山的那一边时，每一个人都看清

而这里认为是洛伦佐所说的一些话并未被法兰西记录者所提及，事实上，这些话也是难于道出的。路易十一派往罗马和佛罗伦萨的科米斯说道：（见《回忆录》，第6卷，第5章）“我不能给他一支军队，我随身只有一套衣服，”（参见拉蒙特《洛伦佐》第1卷，第197、429页；第2卷，第598页。）在一封自佛罗伦萨写给路易十一的信中（1478年8月23日）可以看到：“我们的全部希望寄托于陛下的恩泽。”见德惹丹《法兰西同托斯卡纳的外交谈判》（巴黎1859年）第1卷，第173页。洛伦佐本人也说过类似的话，见凯尔文·来腾霍夫的《菲力普·科米斯的书信和谈判》第1卷，第190页。实际上我们看到，洛伦佐是一个低声下气地乞求援助的人，不是一个傲慢地拒绝援助者。

〔盖格尔博士在其补遗中坚持，布克哈特关于洛伦佐的意大利民族政策的见解，没有为事实所证明。译者不能参与这个问题的讨论。要使译者相信布克哈特博士在他精心探讨的一个问题上的杰出历史见解是错误的需要强有力的证据。在一个外交谎言和政治欺骗被认为是理所当然的时代里，证明文件大大失去了它的重要性，从而不能作为表现有关人员真正情感的东西无条件地接受下来，这些人员支吾搪塞、随机应变，说谎话，翻来覆去，转变之速使惯常生活在讲真话的人们中间的人感到诧异。盖格尔博士所引用的史料是：拉蒙特，《洛伦佐》第2版，第1卷，第310页；第2卷，第450页；德惹丹，《法兰西同托斯卡纳的外交谈判》，巴黎，1859年第1卷，第173页；凯尔文·来腾霍夫《菲力普·科米斯的书信和谈判》第1卷，第180页。——英译者〕

① 法布罗尼：《豪华者洛伦佐》附注，第205页以下。在他的一篇敕令中有如下的字句：“如果我们不能挫败骄敌，我将动员冥界的力量。”他暗指的可能不是土耳其人。（维拉利：《萨沃那罗拉传》，第2卷，第48页，“文献”条。）

② 例如乔维诺·庞达诺在他所著的《渡神》中。在埃古斯，迈诺斯和麦丘利的对话中（《全集》巴塞尔版，第2卷，第1167页），第一个说：“或者因为我预测不出很多世纪以后，迈诺斯，对你心怀怨恨的意大利将被迫处在一个人的支配之下而恢复帝国的权威。”为了答复麦丘利对土耳其人的警告，埃古斯说：“这固可怕，但如果我们回首过去，那么意大利所应该常常对之恐惧的不是亚细亚和希腊，而是法国人和德意志人。”

一个干涉的时代已经开始了。灾难接踵而至；法兰西和西班牙两个主要侵略者，已经成为欧洲的强大国家，他们已不再以口头上的服从为满足，而要拼死地在意大利争夺势力和土地，关于这些已经了解得太迟了。他们已经开始变得类似意大利的中央集权国家，实在也就是抄袭它们，只不过是大规模的抄袭。吞并或者以领土做交易的计划一时接连不断。其结果如大家所熟知的，是西班牙的完全胜利，并成为反宗教改革的后盾，使教廷长期沦为其附庸。如同其他属国一样。哲学家们悲伤的感叹只能告诉他们，引狼入室的人都没有好下场。

在这同时，还毫无顾忌或毫无掩饰地和土耳其人结成了联盟；人们认为这样做法也不比任何其他政治上权宜之计更坏。西方基督教界应该团结起来的那种信仰在十字军东征过程的不同时期曾经发生过严重动摇，而弗里德利希二世大概已经摆脱了这种信仰。但是，东方民族的新的兴起和希腊帝国的危急与覆亡又在整个西欧恢复了这种旧日的感情，虽其势已不如前。不过，意大利却显然是这一规律的一个例外。虽然意大利各国对于土耳其人和来自他们的真正危险感到极大的恐怖，但是，几乎没有一个有力量的政权不与穆罕默德二世和他的继承者密谋来反对其他国家的。即使有时没有这样做，人们也认为它们这样做了；并且这样做也并不比派遣间谍在威尼斯的贮水池里放毒更坏，那不勒斯的阿尔方索国王的继承者们就曾因此而受到指控。[①] 像西吉斯蒙多·马拉泰斯达 112

① 科米斯：《查理八世》，第7章。阿尔方索在战争期间有一次怎样设法在一个会议上逮捕他的对手，南提波托曾有记述。见《意大利史料集成》，第3卷，第2章，第1073栏。他是凯撒·波几亚的一个真正的先驱。

那样的恶棍，我们不能期待他会做出比召唤土耳其人进入意大利更好的事情来。[①] 但是，据我们所知；穆罕默德曾在其他意大利政府，特别是威尼斯[②]的煽动下，一度从那不勒斯的阿拉戈纳君主们手里夺去了奥特朗托，这些君主们后来也嗾使苏丹巴雅泽特二世来反对威尼斯人。[③] 洛德维科·摩尔也受到过同样的责难。国史家说："被杀害者的鲜血和土耳其人手中囚犯的悲惨遭遇，都在呼吁上帝为其复仇。"在政府能够获得种种消息的威尼斯，人们获悉摩尔的表兄弟，佩札罗的统治者乔万尼·斯福查曾经招待在去米兰途中[④]的土耳其大使们。十五世纪最受尊敬的两位教皇，尼古拉五世和庇护二世，因土耳其人的扩展感到深切悲痛而死，而后者确实是在准备率领十字军御驾东征中死去的；他们的继承者侵吞了各地基督教界为这一目的而送来的捐输，并把为回报各国而颁发的赦罪券化为私人的商业投机。[⑤] 英诺森八世为了得到逃亡

① 《庇护二世回忆录》，第 10 卷，第 492 页。见马拉泰斯达的一封信，信中他给穆罕默德二世推荐了一位肖像画家维罗纳的马提奥·巴索，并告诉他寄上了一本论战争艺术的书籍，这大概是 1463 年的事，载巴律斯：《杂纂》第 3 卷，第 113 页。1467 年，米兰的加利佐·马利亚对一个威尼斯使节所谈的话，即他和他的盟国要联合土耳其人消灭威尼斯等话纯粹出于威胁。参看马利皮埃罗：《威尼斯年代记》，载《历史文献》，第 7 卷，第 1 章，第 222 页。关于波加利诺见第 44 页。

② 见波齐奥：《男爵的阴谋》，第 1 卷，第 5 页。如波齐奥所隐示，洛伦佐实际参与该项阴谋，是不可信的。反之，布罗斯奇的《优里乌斯二世》第 17—20 页证明威尼斯曾煽动土耳其王从事此举则似乎非常确实可靠。见罗曼诺：《威尼斯历史文献》，第 11 卷，第 3 章。奥特朗托被占领后，维斯帕西雅诺·比斯提奇发表了他的《哀意大利》，载《意大利历史文献》，第 4 卷，第 452 页以下。

③ 见《威尼斯编年史》，载《意大利史料集成》，第 24 卷，第 14 和 76 栏。

④ 马利皮埃罗，前引书，第 565、568 页。

⑤ 特利塞姆：《希尔索年代记》，附注，1490 年条，第 2 卷，第 535 页以下。

的迪姆王子的弟兄巴雅泽特二世[1]所付出的一笔报酬，同意囚禁迪姆王子，而亚历山大六世支持了洛德维科·摩尔在君士坦丁堡所采取的促成土耳其对威尼斯的袭击的步骤（1498 年），因此威尼斯威胁他要召开宗教会议。[2] 很显然，弗朗索瓦一世和苏里曼二世之间的臭名远扬的联盟并不是一个新的或者前所未闻的事。

的确，我们看到有这样的例子，全体居民认为归顺土耳其并不是什么特别的罪恶。这种想法即使仅仅是作为对于专制政府的一种威胁而提出的，但至少也足以证明具有普遍性。早在 1480 年，巴蒂斯塔·曼托万诺就已经使我们清楚地了解到亚德里亚海岸的居民们已经预见到这种事情，而安科那尤其盼望这件事。[3] 当罗马尼阿遭到列奥十世的压迫统治时，一个拉文纳的代表公开地对罗马教皇的使节枢机主教朱利奥·美第奇说："主教大人，可尊敬的威尼斯共和国不会接受我们，因为怕和教皇引起争端；但是，如果土耳其人来到了腊古扎，我们将投向他们。"[4]

这时意大利已开始受到西班牙人的奴役，这是一种可怜的而 113

① 巴雅泽特二世（Bajazet II，1447—1513 年）是奥斯曼苏丹，穆罕默德二世的儿子。他曾经平定了他的兄弟迪姆的叛乱。迪姆逃走，后来被教皇当作囚犯拘禁起来。——译者

② 马利皮埃罗，前引书，第 161 页；参看 152 页。迪姆投降查理八世，见 145 页，从而可以明显看出，即使布尔卡尔都斯书中所记的文件是伪造的，而在亚历山大和巴雅泽特之间也存在着一种非常可耻的关系。事见兰克，《近代史家批评》，第 2 版，1874 年，来比锡，第 99 页；又见格累哥罗维乌斯第 7 卷，353 页注①。同书第 353 页注②，教皇的一项声明，说他和土耳其人没有结盟。

③ 巴蒂斯塔·曼托万诺：《论时代的灾难》，第 2 卷末尾，女海神达丽斯对土耳其舰队的颂歌。

④ 托马索·加尔：《罗马宫廷报告集》，第 1 卷，第 55 页。

却并非毫无理由的慰藉，因为这个地区至少得以免于因受土耳其统治而命定要堕入的野蛮状态。[①] 像意大利那样四分五裂，靠它自己的力量是很难逃脱这种命运的。

如果说这一时期意大利的政治策略虽然具有这一切缺点，还有值得我们称赞之处，那只是由于它处理这些问题时的切合实际而无成见，并不受恐惧、激动或恶意的影响。这里没有仿照北方形式的具有人为的各种权利的封建制度；有的只是每一个人在实际上和理论上保持了他所有的权力。这里没有侍从贵族来在君主心里培育中世纪的荣誉感，和随之而来的奇奇怪怪的后果；有的只是君主们和参议官们按着特殊情形的需要和他们所怀抱的目的所采取的一致的行动。对待可引为己用的人和不论来自何方的同盟者都不使人感到盛气凌人，因为这种态度可能疏远了一个支持者；在雇佣兵队长这一个阶级里边，出身是一件无足轻重的事情，这就很清楚地表明了什么样的人掌握着真正的权力。最后，开明的专制君主所掌握的政府，对本国和邻邦的确切了解，远非当时北方诸国所可比拟，而对于友邦和敌国的经济能力和道义精神也有最精密的估计。那些统治者尽管有严重错误，但生来都是统计科学的能手。和这些人谈判是可能的；可以设想，只要把实际理由摆在他们面前，他们是可以被说服并改变主张的。当那不勒斯的大阿尔方索成为菲利波·马利亚·维斯康提的阶下囚时（1434 年），他能够使

① 兰克：《罗马及日耳曼民族史》。密什莱在《宗教改革》467 页上说，土耳其人会在意大利采用西方文明的这一见解不能使我满意。西班牙的这项使命可能首先暗示于费德拉·英吉拉米 1510 年在优里乌斯二世御前为庆祝天主教王斐迪南的舰队攻占布几亚所作的讲演词中。见《学界逸话》，第 2 卷，第 419 页。

得监禁他的人确信；安茹朝在那不勒斯代替他自己的统治将使法 114
兰西人成为意大利的主人；菲利波·马利亚不要赎金就释放了他，[1]并和他结成联盟。一个北方的君主大概是不会做出同样的事情来的；肯定没有一个人具有类似维斯康提君主过去所有的道德观念。对于利己主义的力量的信心表现在“豪华者”洛伦佐对那不勒斯的无信的费兰特所作的有名访问中，这使佛罗伦萨人普遍感到惊愕；费兰特当时很有可能被人怂恿把他囚禁起来，并且这样做完全不算是过分认真。[2] 但是因为拘捕一个有力量的君主，在勒令他签字并用其他方法加以侮辱之后再予释放，如大胆查理在佩龙纳对路易十一之所为（1468 年），在意大利人看来，似乎是一种鲁莽的事情；[3]所以人们认为洛伦佐不是载誉归来就是一去不返。在这个时候，政治说服的艺术已经被提高——特别是被威尼斯的大使们提高到一定的高度，北方国家是第一次从意大利人那里得到了这种概念，而正式的演说所给我们的只是一个极不完全的观念。这些演说不过是人文主义者的辞令而已。在外交往来上虽另有客气的礼节，但在必要的时候，也不乏粗暴而率直的语言。[4] 像

① 就中可参看柯利奥，第 333 页。庞达诺在其《论豁达》一书第 28 章中，将不索取赎金而赦归阿尔方索一事看作是菲利波·马利亚“豁达宽厚”的证明。关于对斯福查所采取的方针，见第 329 页。

② 尼科洛·瓦洛利：《洛伦佐传》；保罗·乔维奥《列奥十世传》，第 1 卷；后者虽不无辞藻华丽之嫌，但肯定有可靠的根据。参看拉蒙特第 1 卷，第 487 页上的一段引文。

③ 科米斯对这一点和对其他很多事件的批评和判断所以和任何一个意大利人一样客观，是因为他和意大利人尤其和安吉洛·卡托有交往。

④ 例如可参考马利皮埃罗，第 216、221、236、237、468 等页和 107 页注②，参看厄尼亚其乌斯 321 页 a。教皇诅咒一位使节；一位威尼斯使节辱骂教皇；另一人为了吸引听众说了一个寓言故事。

马基雅维里那样的人在他的《使节》中是以可怜的样子出现的。他所得到的指示很有限,装备很寒酸,被人看作是一个地位卑下的代表,但他永远没有失掉他的不受拘束而广泛的观察力或是对于生动逼真的描述的爱好。从那时起,意大利就一直是一个充满了政治"指示"和政治"报告"的国土。无疑地,其他国家也具有丰富的外交才能,但只有意大利,在这样早的时代里就保存了与之有关的大量记载。那不勒斯的费兰特晚年时(1494 年 1 月 17 日),由庞达诺写给亚历山大六世的内阁的一封很长的公函,使我们对于这一类的政治文件有最高的评价,虽然它不过是许多文件中偶然被引用的一个文件。在这一时期和以后的外交来往中,有多少同样重要和同样写得生动有力的其他文件,一直不为人所知或者没有予以编辑出版啊![①]

本书将有一个专编来研究作为个人和作为民族的人,这种研究在意大利人中间是和对于人的外部生活情况的研究齐头并进的。

115 # 第九章　战争艺术

这里必须简要地加以指出,战争的艺术以什么步骤而带有深

① 维拉利:《萨沃那罗拉传》,第 2 卷,第 43 页,《资料篇》,第 43 页,其中也可找到其他重要的政治信件。其他文件,尤其是十五世纪末的文件,见巴律斯:《杂纂》,芒西版,第 1 卷。特别参看十五世纪末和十六世纪初佛罗伦萨和威尼斯使节报告集,载德惹丹,《法兰西与托斯卡纳的外交谈判》,第 1、2 卷,巴黎,1859,1861 年。

思熟虑的成果的特点。[①] 中世纪时所有西方国家,在当时流行的攻守方法的范围以内,对个别兵士的教育是很完善的。在围攻和筑堡垒技术上,这里也并不缺少任何机巧的创造发明家。但是,战略和战术的发展却受到了军事服役的性质和服役期限的阻碍,也受到了贵族们野心的阻碍;他们在敌人面前争论孰先孰后的问题,就像克雷西[②]和莫佩提乌斯那样大的战役,就只是由于缺乏纪律而招致失败。相反地,意大利是第一个采取雇佣兵制度的国家,这要求一种完全不同的组织;而火器的最早采用也有助于使战争成为平民的职业,这不仅因为最坚固的城堡也不能抵御轰击,而且也因为属于贵族以外的另一个阶级的工程师、枪炮铸造师和炮手们 116
的技术当时在战役中占有最重要的地位。人们遗憾地感觉到:个人过去曾经是一个小而组织良好的雇佣兵队的灵魂,他的价值将要因这些在远处打过来的新破坏手段而受到损害。有些雇佣兵队长至少是极端反对使用最近在德意志发明的步枪的。[③] 我们知道,保罗·维特利[④]在承认并自己采用大炮的同时,挖掉敌俘"火枪手"的眼睛,砍掉他们的手,因为他认为:一个勇敢的,也许是贵族的骑士,不应该被一个平凡卑贱的步卒所杀伤。但是总起来说,

① 后来马克斯·雅恩斯在其所著的《艺术品的兵法》(来比锡,1874年)中更加透辟地论述了这个问题。

② 克雷西是法国北部的小镇。百年战争中,英军在这里粉碎了法军;这一役说明了纪律优良的军队能够胜过勇敢而没有协作训练的骑士。——译者

③ 庇护二世,《回忆录》,第4卷,第190页,1459年条。

④ 克雷莫纳人以他们在这方面的技能而感到自豪。见《克雷莫纳编年史》,载《意大利历史丛书》,第1卷,米兰,1876年,第214页及附注。威尼斯人也是如此。见厄尼亚其乌斯,第300页以下。

这些新发现的被接受和采用，是直到意大利人在建筑和进攻堡垒
方面成为全欧洲的教师时才开始的。[①] 像乌尔比诺的菲德利哥和
费拉拉的阿尔方索那样的君主都精通这一门技术；这一比起来，就
117 是马克西米利安一世的知识也显得肤浅了。和其他地方比起来，
意大利早就有广泛的军事科学和技术；在这里，人们第一次对于能
干的将才本身产生不带偏见的喜爱，的确，这可能由于党派的时常
变换和雇佣兵队长的完全不顾情面的行动而引起的。1451 年和
1452 年，在弗兰切斯科·斯福查和亚科波·皮奇尼诺之间发生米
兰—威尼斯战争时，学者吉安·安托尼奥·波尔切洛·德·潘多
尼参加了后者的司令部，并奉那不勒斯的阿尔方索的命撰写关于
这个战役的报告。[②] 这个报告是用拉丁文写的，文字虽不精粹，但
118 不失为流畅，很有点当时人文主义的夸张风格，并且是以凯撒的
《高卢战记》为蓝本，穿插着演说词、奇闻怪事之类。过去一百年
以来，人们曾经认真地争论着：西庇阿·阿非利加奴斯和汉尼拔究
竟谁更伟大一些，[③]皮奇尼诺在全书中必须被称为西庇阿，而斯福
查必须被称为汉尼拔。但关于米兰的军队也必须说些称赞的话；
这位诡辩家访晤了斯福查；被领去检视了军队，高度称赞他所看到

① 保罗·乔维奥附带说过与此主旨相同的话（《语录》，第 184 页）：“外邦人的残酷风气尚未输入，他们已向意大利学到了做喋血嗜杀的士兵。”这使我们想起乌尔比诺的菲德利哥来，他会以容许在他的图书室中有印刷的书本为可耻。见维斯帕西亚诺·菲奥兰提诺。

② 波尔切洛著《亚科伯·皮奇尼诺战记》，载《意大利史料集成》，第 20 卷。关于 1453 年的战争的续篇，载同书，第 25 卷。保罗·科尔泰修斯（《学者论》，第 33 页，佛罗伦萨，1734 年。）因为这本书中拙劣的六音步诗而严厉地批评过它。

③ 波尔切洛把指老阿非利加努斯之处误称为西庇阿·爱弥利亚努斯。

的一切并答应把它写下传诸后代。[①] 除了他的写作之外，当时意大利的文献中也有关于战争和战略计划的丰富记载，它是为了满足一般受过教育的人和专门家的需要而写作的；而同时代的北方人的记叙，如迪博尔德·席林所写的《勃艮第战争》则犹未脱纯编年史的平铺直叙、就事论事、枯燥无味之病。以爱好者身份[②]讨论军事问题的最伟大的“业余军事家马基雅维里”当时正忙于写他的《战争艺术》。但是，士兵个人的发展已在一对或者许多对战斗员的公开严肃的决斗中得到了最充分的表现，这种决斗在有名的 119
《巴尔莱达挑战》[③]（1503 年）很久以前就已经实行了。胜利者肯定能够得到北方的武士们所不能得到的诗人们和学者们的称赞。这些决斗的结果不再被看作是上天的判断，而被认为是个人能力的胜利，而在旁观者看来，它似乎既是一个激烈竞争的判定也是使军队或国家荣誉得到增光。[④]

很显然，这种纯理智地对待战争问题，即使并没有强烈的政治仇恨，但在某些情况下，如在准许军队对一个城市实行劫掠时，就

---

① 西蒙那塔：《弗兰切斯科·斯福查传》，载《意大利史料集成》，第 21 卷，第 630 栏。

② 当时人们这样看待他。参看邦德罗第一编，故事第 40 篇。

③ 例如参看《提伯尔诺之围》，载《意大利大事记佛罗伦萨史家集选》，第 2 卷，第 690 栏。马歇尔·布奇科和加利佐·贡查加在卡尼约拉的决斗，见《历史文献》第 3 卷，第 25 页。茵菲苏拉告诉我们，西克塔斯四世对其侍卫中的决斗者曾给予荣赏。他的继任教皇们才颁布法令禁止决斗。

④ 我们不妨在此附带地说明一下关于雇佣兵队长战术的比较不利方面。（见雅恩斯，第 26 页以下）他们的战斗往往是一种纯粹的模拟战。战斗中用不造成伤亡的战略迫使敌人退却，战斗者的目的是避免流血。顶多是为了得到赎金而捉些俘虏。根据马基雅维利的记载，佛罗伦萨人在 1440 年的一场大战中仅仅损失一个人。

会产生最残暴的行为。斯福查曾经被迫准许他的士兵对皮亚琴察大掠四天(1447 年),结果这个城市长期空无一人,因而最后不得不强迫人民迁来居住。① 但是,像这样的暴行,和后来的外国军队,特别是西班牙军队所给予意大利的痛苦比起来仍旧算不了什么;这些西班牙人或许是因为有一点东方人的血液,或者是因为看惯了异端裁判所的景象,竟使人类天性中穷凶极恶的成分大为放肆。看到他们在普拉托、罗马和其他地方的行为之后,人们很难关注“天主教徒”斐迪南和查理五世会有任何更高的态度,他们知道这是一些什么样的劫掠者,而竟不加以约束。从这些统治者的密室里逐渐发现的大批文件将永远成为重要的历史资料;但却不能希望从这样的人们身上得到效果良好的政治观念。

120 # 第十章　教皇政府和它所遭到的危险

教皇政府和教会领地②是这样一种特殊的产物,所以我们在此以前,在确定意大利国家的一般性质时,只是偶然地提到过它们。对于政治计谋的慎重抉择和采用,其他国家极感兴趣,在罗马却很少看到;因为在这里,精神权力可以经常掩盖或补救世俗权力的不足。在十四世纪,和十五世纪的开头,当教皇被诱到阿维尼翁囚禁起来时,这个国家经历了一个多么猛烈的火的考验啊! 最初,

---

① 详见《历史文献》附录第 5 卷。

② 这里请读者彻底参考一下兰克的《教皇史》,第 1 卷及苏哲内姆的《教会国家形成发展史》。格累哥罗维乌斯和拉蒙特的比较更晚一些的作品都被利用了,它们有新材料和新见解时也都被加以引用。亦见瓦顿巴克:《罗马教皇政权史》,柏林,1876 年。

一切都陷于混乱中；但教皇有钱，有军队还有一位伟大的政治家兼军事将领，即西班牙人阿尔沃诺斯。他重新使这个教皇国完全服从领导。在教会分裂时期，最后瓦解的危险更甚于前，当时无论罗马教皇或法国教皇都没有充分财力恢复新丢掉的国家；但这在教会恢复了统一之后，在马丁五世时，终于做到了，而在重新遭到这种危险时，又在尤金尼斯四世时代做到了，但这个教皇国在意大利的各国当中一直是一个完全不同一般的国家；在罗马本城及其附近，教皇政府遭到科伦纳、奥尼西尼、萨维利和安吉拉拉等大家族的蔑视；在翁布里亚，在边境地带，在罗马尼阿，那些市民共和国所表现的热诚并没有得到教皇政府多大的感激，这些共和国已经几乎不存在了；它们的地位已经为一群君主专制的大小王朝所代替，而它们所表示的忠诚和服从也没什么关系。那些依靠自力而独立自主的国家，各自关心自身的利害，我们已经根据这一观点对它们之中最重要的王朝做过讨论（见本书第45页以后和第60页以后）。

然而对于教皇政府做一些一般的评述仍然是需要的。在十五世纪的过程中，它遭遇到新的意外的危险和考验，因为这个民族的政治精神开始在各方面支配了它，并且把它吸引进它的活动范围之内。这些危险从人民或者从外国来的很少；而来自教皇本身性格的却最为严重。

在阿尔卑斯山彼麓的那些国家姑置不论；当教皇政府在意大 121
利面临致命危险时，它没有也不可能从当时在路易十一统治下的法兰西，或者从苦于玫瑰战争的英格兰，或者从当时秩序紊乱的西班牙王国，或者从不久前在巴塞尔宗教会议上被出卖的德意志得到微小的帮助。在意大利本身，有一些受过教育的和没受教育的人有民族虚荣心，他们因为教皇政府的意大利性质而感到骄傲；许多人的个人利益就系于它具有和保持这种性质；而广大的人民仍然相信教皇赐福和授任圣职的能力；[①]其中像维特洛佐·维特利那样的有名的犯罪者，他在教皇的儿子命令把他杀了的时候还在
122 祈求亚历山大六世赦免他的罪恶。[②] 但是，所有这些同情的理由加在一起也不足以把教皇政府从它的敌人手中保全下来，如果后者真正认真起来，并知道怎样利用人们对于这个制度的妒忌和仇恨的话。

正当从外部得到援助的希望是如此渺茫时，在教皇政府内部出现了最危险的征象。像它此时这样地以世俗的意大利君主国的精神来生存和行事，它就不能不像它们那样有着同样阴暗的经历，但是，它自己的异常的性质给了这些暗影以一种特殊的色彩。

① 关于尤金尼斯四世在佛罗伦萨的祝福所造成的印象，见维斯帕西雅诺·菲奥兰提诺，第 18 页，并见拉蒙特：《洛伦佐·美第奇》第 1 卷，第 171 页所引段落。关于尼古拉五世动人的宗教仪式，（见茵菲苏拉，载埃卡尔，第 2 卷，第 1883 栏以下）及曼内蒂：《尼古拉五世传》，载《意大利史料集成》，第 3 卷，第 2 章，第 923 栏。关于对庇护二世的崇敬，见《费拉拉日记》，载《意大利史料集成》，第 24 卷，第 205 栏，及《庇护二世回忆录》中各处，尤见第 4 卷，第 201，204 页及第 11 卷，第 562 页。关于佛罗伦萨，见《学者的快乐》，第 20 章，第 368 页。连那些职业的杀人凶手也都尊重教皇人身。

崇尚排场的保罗二世（见普拉提那，前引书，第 1 卷，第 321 栏）和西克塔斯四世对教堂举行盛大礼仪极为重视，后者虽患脚痛风，犹在复活节的那一天坐着举行弥撒圣祭（《伏拉泰拉日记》，载《意大利史料集成》，第 23 卷，第 131 栏）。民众如何对祝福的奇效和祝福的人的不称职加以区别，说来是很奇怪的。当 1481 年耶稣升天节，教皇未能赐福时，群众即啧有烦言，并诅咒他（同书第 133 栏）。

② 见马基雅维里：《短篇集》，第 142 页，关于西尼加利亚大灾难的著名论文。的确，法兰西和西班牙士兵较意大利人更为虔诚。参看保罗·乔维奥：《列奥十世传》，第 2 卷中拉文纳战役以前的情景。当时西班牙士兵们围拢着喜极流泪的教皇使者，恳求赦罪。关于法军在米兰的记述，亦见同书。

就罗马这个城市本身而论，关于它的内部骚动是不必重视的。有许多教皇在被人民的暴动驱逐以后又回到了罗马，罗马人民对于教皇的驻在罗马也感到有极大的好处。但是，罗马有时候不仅表现了一种特别的反教皇的激进主义，[①]而且在当时所策划的最严重的阴谋当中，证明有来自外部的秘密干涉在起着作用。斯蒂法诺·波尔卡罗反对尼古拉五世的阴谋就是如此。正是这位对于这个城市的繁荣贡献很大的教皇，由于使枢机主教们致富和把罗马变为教皇的堡垒而引起人民的不满。[②] 波尔卡罗的目的是彻底推翻教皇的统治，他的同谋者中颇多有名人物；他们的名字虽然没有留传下来[③]，但一定是可以在当时意大利的许多国家政府里找得到的。就在这位教皇的任期内，洛伦佐·瓦拉[④]的有名的反对“君士坦丁大帝的赠与”的演讲词[⑤]的结论是希望教皇属邦迅速世

① 关于在康帕尼亚的波利异端派主张真正的教皇必须表现出基督的穷困以为天命之征的，只有瓦尔顿派的一种学说。这些异端派在保罗二世时代的入狱，茵菲苏拉（埃卡尔，第2卷，第1893栏）和普拉提那，第317页等处都有叙述。

② 作为这种情感的说明，可见格累哥罗维乌斯，第7卷，第136页中所引赠教皇诗。

③ 见他的同时代人彼得卢·哥德·维琴察所著而为格累哥罗维乌斯所引用的（第8卷，第130页）《斯蒂法诺·波尔卡罗阴谋对话》。又见阿尔伯蒂：《波尔卡罗谋反记》，载《意大利史料集成》，第25卷，第309栏。波尔卡罗希图“基本上消灭掉一切教皇的动乱”。作者最后做出结论说：“我完全看到，意大利的事情弄到何种地步，我懂得他们是谁，在这里，一切都陷于混乱对谁有利……”作者把他们叫做“外在推动者”，并认为波尔卡罗会找到后继其罪行的人。波尔卡罗的梦想和柯拉·第·利恩济的无疑有着某些相似之处。他又把佩脱拉克赠利恩济的诗《可爱的精神》认为是他自己写的。

④ 洛伦佐·瓦拉（Lorenzo Valla，1407—1457年）是意大利的人文主义者，以大胆攻击一切假造的东西出名。——译者

⑤ 君士坦丁大帝曾经给予教皇以统治基督教的精神方面的权力和统治意大利和西方的世俗的权力。洛伦佐·瓦拉在1440年揭露这个赠与是假造的。——译者

俗化的。[①]

教皇庇护二世不能不与之作斗争的卡提里那式的阴谋集团(1460 年)[②]以同样的坦率声言,他们决心推翻僧侣政府;他们的领袖,提伯吉奥,把责任推到了占卜者身上,他们认为那一年就可以实现他的愿望。几个罗马的主要人物,塔伦特王子、亚科波·皮奇尼诺雇佣兵队长,都是提伯吉奥的同谋和支持者。的确,当我们想到在富有的高级教士的宫室里积聚起来的财物——阴谋者特别
123 注意的是阿奎莱雅枢机主教——在一个几乎没有防守的城市里,这样的窥伺夺取的事竟没有更多地发生和获得更多的成功,真使我们惊讶。庇护二世宁肯住在任何地方也不愿住在罗马并不是没有理由的,甚至保罗二世[③]也由于一些被撤职的高级教廷官员所进行的阴谋而感到极大的不安,这些人在普拉提那的指挥下,曾经把梵蒂冈包围了二十天。如果教皇政权不是根除了那些贵族集团,它早晚必成为这些阴谋活动的牺牲品;正是在这些贵族集团的保护之下,这些匪帮们才出头肇事的。

这一任务由厉害的西克塔斯四世担负起来了。他是第一个把罗马和邻近地区完全置于他的控制之下的教皇,特别是在击败了

---

① “为使教皇只是基督的代表而非凯撒的代理人……这样,教皇将被称为并将真正成为圣父,万民之父,教会之父。”瓦拉的作品写得更早,它是针对尤金尼斯四世而写的。见瓦伦:《洛伦佐·瓦拉》(柏林,1870 年),第 25 页以下,尤见第 32 页。而另一方面尼古拉五世却受到瓦拉的颂扬。见格累哥罗维乌斯,第 7 卷,第 136 页。

② 见《庇护二世回忆录》第 4 卷,第 208 页以下。又见法格特:《伊尼亚斯·希尔维优斯》,第 3 卷,第 151 页以下。

③ 普拉提那:《保罗二世传》。参见帕斯托尔,第 2 卷,第 310 页以下,书中在经过彻底探究之后,对阴谋仍存有疑问。

科伦纳家族以后，因此无论在他的意大利政策上和在教会的内部事务上，他敢于以旁若无人的蔑视态度来行事，并无视从欧洲各地发出来的不平之鸣，和要召集一个宗教会议的威胁。他用买卖圣职的办法来供应他自己必需的用款，这种买卖突然增加到前所未闻的程度，并且从枢机主教的任命一直到最小的恩惠的赐予无不如 124
此。[①]西克塔斯自己就是依靠这种手段才得到了教皇的地位的。

如此普遍的腐败风气早晚会给教皇制带来毁灭性的后果的，不过，这还是未可知的将来的事。可是产生“族阀主义”就不然了，它曾一度有完全毁灭教皇政权的危险。在所有的“亲族”中，枢机主教彼埃得罗·利阿里奥首先最受西克塔斯的宠爱，几乎是专宠。他不久就引起了全意大利对他的注意，[②]部分是因为他的使人难以相信的奢侈的生活，部分是由于当时流传的关于他轻视宗教和他的政治谋略的传说。他和米兰的加利佐·马利亚大公约定（1473 年），使后者成为伦巴第国王，然后由后者用金钱和军队帮助他回到罗马即教皇位；西克塔斯似乎要自愿地让位给他。[③]

---

① 巴蒂斯塔·曼托万诺：《论时代的灾难》，第 3 卷。阿拉伯人出售乳香，泰雅人出售紫锦，印度人出售象牙，“而我们，举凡圣堂、圣职、祭坛、圣物、王冠、圣火、乳香、祈祷、天堂以至上帝，无不可以出售。”《全集》，巴黎，1507 年，第 302 页 b，接着是一篇对教皇西克塔斯的劝告，劝他对这些罪行加以禁止。西克塔斯过去所做的努力受到过人们的赞扬。

② 例如，可参看《皮亚琴察年代记》，载《意大利史料集成》，第 20 卷，第 943 栏。

③ 见柯利奥：《米兰史》，第 416—420 页。彼埃得罗在西克塔斯的教皇选举中早已提供过帮助。见茵菲苏拉，载埃卡尔：《史家集》，第 2 卷，第 1895 栏。奇怪的是，1469 年就有人预言过三年之内，拯救将来自萨沃纳。（1471 年当选教皇的西克塔斯的故乡）。信和日期均见巴律斯：《杂纂》第 3 卷，第 181 页。据马基雅维里：《佛罗伦萨史》，第 7 卷，威尼斯人毒杀了枢机主教彼埃得罗。无疑他们不是不想毒杀彼埃得罗的。

这个计划要使教皇的职位成为世袭的，结果必将使教皇国家世俗化，但它因为彼埃得罗的突然死亡而失败。第二个"亲族"，吉罗拉谟·利阿里奥，终其生为世俗中人，未尝觊觎教皇职位。从这时起，这些"亲族"们，由于他们力图为自己建立公国，就成了意大利混乱的一个新祸源。曾发生过教皇们试图支持他们的亲族在那不勒斯提出封建权益要求作为报偿之事；[①]但是，自卡利克塔斯三世失败以后，这样的计划不再是实际可行的了；而吉罗拉谟·利阿里奥，在企图征服佛罗伦萨（谁知道还有多少其他地方？）失败以后，也不得不在教皇领土的范围以内建立一个国家来聊以自慰。在罗马尼阿的贵族以及城市暴君们威胁着要完全摆脱教皇的无上权力，而罗马出面阻挠，有在短期内被斯福查或威尼斯人侵夺之虞的时候，这样做是有理由的。但是，在像这样的时代和环境之下，"亲族"及其后人一旦变成为君主而和教皇没有多大关系的时候，谁能保证他们对于教皇能够继续服从呢。就是在教皇活着的时候，他也不是永远认为自己的子侄是可靠的，驱逐前任教皇的"亲族"而用自己的一个"亲族"来代替他的诱惑是强烈的。整个制度对于教皇政权本身的影响，性质极为严重；人们为了最可疑的目的而毫无顾忌地使用着无论是宗教的或者是世俗的一切强制手段；
125 教皇的其他一切目标对于这些目的来说都被看作是次要的。当这些目的以革命和放逐无论什么样的代价达到以后，一个纯以毁灭教皇政权为其最大利益的朝代就建立起来了。

---

① 霍诺留二世在威廉一世（1127 年）死后欲兼并阿普利亚作为归还圣座（教皇）的一块采邑。

在西克塔斯死的时候，吉罗拉谟仅仅能够靠他自己的竭尽全力和斯福查家族的帮助维持住他篡夺来的弗尔利和伊摩拉的君位。他在1488年被谋杀了。在西克塔斯死后的教皇选举会议上 126
（1484年）——英诺森八世当选的那一次会议——发生了一件意外的事情，它似乎给教皇政权提供了一个新的外部的保障。两个枢机主教——他们同是统治家族的王子——费兰特国王的儿子阿拉戈纳的乔万尼，和摩尔的兄弟阿斯卡尼奥·斯福查，极端厚颜无耻地出售了他们的选票；[①]所以，那不勒斯和米兰的统治家族，由于维持教皇制度继续存在下去使他们能参加分赃，无论如何也感到兴趣了。在下次教皇选举会议上，当所有的枢机主教除了五个人之外都出卖了他们自己的选票时，阿斯卡尼奥又一次地获得了巨大数目的贿赂，并期望自己在下一次选举中成为有希望的候选人。[②]

“豪华者”洛伦佐，则惟恐美第奇家族空手而归。他把他的女儿玛达丽娜嫁给新教皇——第一个公开承认自己有儿女的教皇——的儿子弗兰切斯克托·奇博，不仅希望他自己的儿子（即枢机主教乔万尼，亦即以后的列奥十世）得到种种好处，而且希望他的女婿得到很快的升迁。[③] 但关于后者，他的要求不可能实现。

① 法布罗尼：《“豪华者”洛伦佐传》，附注第130、256页以下。一个告密者维斯普奇告发他们两人的话：“他们每次选举，都想掠夺这个宫廷，实在是世间稀有的无赖之徒。”

② 柯利奥，第450页。这些贿赂行为的详情部分来自未公布的文件，见格累哥罗维乌斯，第7卷，第310页以下。

③ 洛伦佐的一封最具有特征的劝告书，见法布罗尼：《“豪华者”洛伦佐传》附注第217页，和兰克：《教皇史》，第1卷，第45页节录，又拉蒙特：《洛伦佐·美第奇》，第2卷，第482页以下。

英诺森八世在位时，那种曾经被用来建立许多国家的无耻的族阀主义已无机可乘了，因为弗兰切斯克托自己是一个不争气的家伙，他像他的教皇父亲一样，寻求权力仅仅是为了取得和积累财富这个最卑贱的目的。[①] 然而，他们父子从事这种勾当的行径早晚必招致最后的灾祸，即教皇国家的解体。如果说西克塔斯是用支配宗教上的高官显位和恩典的办法来充实他的财库，那么英诺森和他的儿子可以说是建立了一个出卖世俗恩典的官署，在那里可用大量金钱买到对谋杀罪和屠杀罪的赦免。每一笔罚款中有一百五十个金币归入教皇的国库，其余多出来的归弗兰切斯克托所有。这位教皇在位的后半期，罗马充满了有执照的和没有执照的刺客；西克塔斯曾经开始平服的一些集团又和以前一样地活跃起来了；在梵蒂冈里受到警卫森严的保卫的教皇，以时时设立一个陷阱，偶然捕获一个富有的犯罪者为乐事。对于弗兰切斯克托来说，主要的问题是要知道在教皇死后他能够用什么方法携带着装得满满的财宝箱逃跑。他终于在听到他父亲死亡的一个假报告时（1490年），不自觉地暴露出了本心；企图把教皇金库里所有的金钱都带走，而当这事显然不可能时，他坚持无论如何那个土耳其的王子迪姆必须和他一起走，把他作为一个活的资本，以备有利地出卖，也许卖给那不勒斯的费兰特。[②] 推测遥远的过去时期的政治可能性
127 是困难的，但我们不禁要自问，经过这样的两三任教皇之后，罗马

① 大半也是为了要得到那不勒斯的一些领地，英诺森才再次召请安茹家族来反对顽固的费兰特。教皇在这一事件中的行为和他参与贵族们的第二次阴谋，同样是愚蠢和不正直的。关于他和外国谈判的方式，见前。

② 特别参考茵菲苏拉，载埃卡尔：《史家集》，第 2 卷，各处。

是否还能残存下去。就是对于欧洲信仰宗教的国家来说,让事情发展到这种地步,也是非常轻率的。当时不仅旅客和朝圣者,就是罗马人的国王,马克西米利安的整个使团人员也都在罗马的邻近被剥得只剩下了衬衫,而使节们经常地还没有涉足城内就被迫转回去了。

这样的情况是与有才能的亚历山大六世(1492—1503 年)关于权力的概念和对权力的喜爱不相容的,所以他办的第一件事情就是恢复公共秩序——至少是暂时恢复——和如期支付一切薪金。

严格地说起来,我们现在是在讨论意大利的文化的状况,既然波几亚家族和在那不勒斯的家族同样都不是意大利人,[①]所以这一任教皇可以略过去不谈。亚历山大当众和凯撒·波几亚说西班牙语;露克瑞佳在进入费拉拉时身着西班牙服装并受到西班牙优伶们的歌唱欢迎;他们的心腹侍从也像在 1500 年战争中凯撒的最不名誉的一连军队一样是西班牙人;甚至他的绞刑吏,唐·米切莱托和他的毒杀者,塞瓦斯蒂安·平松[②]也似乎是西班牙籍。凯撒的成就之一,是他曾以地道的西班牙方式,在一个圈起来的场子里边,按照斗牛技术的规矩杀死了六条野牛。但是,在这个家族里似乎发展到了登峰造极地步的罗马式的腐化堕落,早在他们来到这个城市时已经发展得很严重了。

人们常常详尽地叙述他们是些什么样的人和做了些什么样的 128

① 应特别指出波几亚家族吹嘘他们的罗马身世,凯撒在意大利的大学中读过书,亚历山大六世和露克瑞佳热心奖励意大利文学和文化。

② 根据《安托尼奥·朱斯提尼安的报告集》第 1 卷,第 60 页和第 3 卷,第 309 页,塞瓦斯蒂安·平松是克雷莫纳人。

事。[①] 他们的直接目的是完全征服教皇国，事实上，他们已经达到了这一目的。所有那些小暴君们[②]都被驱逐或者毁灭了，他们大部分或多或少地是教会的不听话的臣属。在罗马城内，所谓的圭尔夫派奥尔西尼和所谓的吉伯林派科伦纳这两个大集团被消灭了。但是，所用的手段是如此可怕，如果不是父亲和儿子同时中毒这件事突然发生，改变了整个局势的面貌，这些手段最终必将使教皇政权遭到毁灭。基督教世界的义愤对于亚历山大来说自然不是巨大的危险的根源；在国内，他有足够的力量使人们恐惧和服从，外国的统治者已被争取到他那一边来了，而路易十二甚至于以全力来支持他。整个欧洲的广大人民几乎难以设想在中部意大利发生着什么样的事情。惟一真正充满了危险的时刻是查理八世在意大利的时候，但却意外幸运地度过去了，而且就是在那时候，也不是教皇政权有什么危险，而是亚历山大有被一个更可尊敬的教皇所代替的危险。[③] 教皇政权的最大的、经常存在和日益增长的危

① 格累哥罗维乌斯近作：《露克瑞佳·波儿亚》，第 2 卷，第 3 版，斯图加特，1875 年。

② 波洛尼亚的本蒂伏利奥和费拉拉的伊斯特家族除外。后者不得不进行一种家族联姻，而使露克瑞佳嫁给王子阿尔方索。

③ 根据柯利奥，第 497 页所述，查理意欲召开宗教会议，废黜教皇，甚至把他带往法兰西。这是他从那不勒斯归来的事情。根据本尼迪特《查理八世》（见埃卡尔《史家集》，第 2 卷，第 1584 栏）当查理在那不勒斯，教皇和枢机主教们拒绝承认他的新王位时，他确曾起意“改变意大利的主权和教皇的地位”，但不久后，就打定主意满足于亚历山大个人对他的屈从。不过教皇还是逃脱了他的手掌，详见皮洛杰里：《意大利大军的战役和战报》，第 1494、1495 页（巴黎，1866 年，8 卷本）。其中谈到了亚历山大在不同时期内的危险程度。（第 111、117 等页）在里边刊印的一封圣马罗大主教上安娜王后的书信中清楚地表示：“如果我们的国王愿意听从大部分枢机主教的话，他们早就如他们所说的另立教皇以便改革教会了。国王很愿意改革教会，但不愿意废黜教皇。”

险来自亚历山大本人，尤其是在他的儿子凯撒·波几亚身上。

那个父亲的天性，是奢望、贪心和肉欲与坚强而有才华的品质相结合。从他开始任教皇的第一天起，就尽情沉湎于权力和奢侈的享受。在为达到这个目的所选择的手段上，他是肆无忌惮的，人们立刻知道了他将为他选举时所遭受的金钱牺牲取得更多的补偿，①而他出卖圣职的罪要远远超过他购买圣职的罪。必须记住，亚历山大以前担任过的副财政大臣和其他职务使他对于各种收入来源比教廷的任何其他成员都知道得更清楚，更能实际地加以利用。早在1494年，人们发现一个曾经在罗马讲道攻击买卖圣职的白袍僧，热那亚的亚当，被杀死在床上，受伤二十处。几乎没有一个枢机主教不是付出大量款项而被任命的。

但是，这个教皇逐渐受到儿子凯撒·波几亚的影响，这时他的暴烈的措施就具有一种穷凶极恶的不道德性质，这必然反映在他所追求的目的上。在同罗马贵族和罗马尼阿暴君的斗争中，他的所作所为，其不信不义和野蛮程度甚至超过了世所熟知的那不勒斯的阿拉戈纳统治者们所采取的措施；而他那种欺诈的天才也较高。凯撒用来孤立父亲，谋杀弟兄、姻弟兄和其他亲属或廷臣的方式至足惊人，无论什么时候，只要教皇对他们的宠幸或者他们在任何其他方面的地位于他不利时，他就这样干。亚历山大曾被迫默

① 柯利奥，第450页。马利皮埃罗：《威尼斯年代记》，载《历史文献》第7卷，第1章，第318页。对于整个家族的掠夺，就中可参考马利皮埃罗，前引书，第565页中的史料。一个教皇“亲族”曾在威尼斯作为教皇的钦使而受到盛大欢迎，并以出售赦罪券捞到大笔款项。他的仆从们当离去时，盗走了他们能够窃取的一切，包括木拉诺教堂内正祭台上的一块绣花台布。

许刺杀他最爱的儿子甘底亚大公，因为他自己也是无时无刻不生活在凯撒的恐怖中。①

凯撒的最终目的究竟是什么呢？甚至于在他的暴政的最后几个月，当他已经在西尼加利亚谋杀了雇佣兵队长，和实际上已成为教皇国的主人时（1503年），他的左右给人以谦虚的回答是：大公本心只要平服那些反对党和暴君们，而这一切都只是为了教会的利益；至大公本人，除罗马尼阿的君主身份外，别无所求，而且由

① 此事在同时代的史家著述中只见于潘维尼奥（《普拉提那》续编，第339页），“他被同胞凯撒的奸计所害……父亲对此罪行……视若无睹。”这肯定是个可信的记述，可以和马利皮埃罗和马达拉佐的断言（他把罪责推给乔万尼·斯福查）对照起来看；乔维奥：《名人语录》，第302页中有主旨相同的记述。亚历山大极度的激动似乎是同谋的迹象。当尸体从台伯河中捞出后，桑纳扎罗写道（《拉丁文写作全集》，1535年出版，第41页a）：

“六世呀，我们不要认为，你不是捕人的渔夫，请看，你用网捕住了你的亲生子。”

除了所引的这一讽刺诗而外，在桑纳扎罗的作品中，还有其他攻击亚历山大的短诗（第36页*b*、42页*b*、47页*b*、51页*a*、*b*，在最后第5节里）。其中在格累哥罗维乌斯，第1卷，第314页上有一首著名的有关露克瑞佳·波几亚的诗句：

“所以，露克瑞佳，六世要永远贪求你。

不幸的家族厄运啊，有这样的父亲吗？”

另外的诗诅咒了他的残暴，欢庆他的死亡，认为那是太平时期的开始。在大赦年庆典时（见该书108页注①），另有一首讽刺诗，见第43页*b*。此外还有其他一些攻击凯撒·波几亚，激烈程度不减于以前的讽刺诗（见第34页*b*、35页*a*、*b*、42页*b*、43页*a*），其中我们发现有最强烈的一篇如下：

“波几亚或者意味着凯撒，或者意味着乌有。

为什么不是呢？因为凯撒一有势力，一切都化为乌有。”

（它曾为邦德罗所引用，第4编，故事第2篇）关于谋害甘底亚的公爵一事，最原始的证明材料收集在格累哥罗维乌斯（第7卷，第399—409页）中，这是一个很好的集录，可特别参考。根据这些材料，凯撒显然是有罪的。〔但是根据新近的研究，亚历山大是否知道或者认可这桩蓄意的谋杀，倒似乎很可疑。说他怂恿这事，也没有证据。——英译者〕

于他为以后的教皇们除去了奥尔西尼和科伦纳两大家族，他已经得到了他们的感激。[1] 但是没有人相信这是他的最终目的。亚历山大本人，在和威尼斯大使的谈话中，把他的儿子托付给威尼斯来保护时，他所说的话就超出了这一点。他说："我将设法使教皇政府将来有一天或者属于他或者属于你们。"[2]凯撒当然也附加一句说，没有威尼斯的同意，谁也不能做教皇，为了这个目的，威尼斯的枢机主教们不能不很好地团结在一起。究竟他指的是不是他自 130
己，我们不能说；无论如何，他父亲的话就足以证明他对于教皇宝座的垂涎。此外，我们还从露克瑞佳·波儿亚那里得到了一定数量的间接证据；这是就埃科尔·斯特罗齐的诗篇中的某些段很可能反映了她作为费拉拉的女大公可以自由使用的语言而言。其中也主要谈到了凯撒对于教皇宝座的期望，[3]但是有时也暗示他对全意大利的最高统治权的属望，[4]而最后使我们了解到的是：作为世俗的统治者，凯撒有最远大的计划，为了这些计划，他以前才放弃了

---

① 马基雅维里：《全集》，米兰版，第 5 卷，第 387、393、395 页，"派赴瓦伦提诺公爵的使节"条。

② 托马索·加尔：《罗马宫廷报告》，第 1 卷，第 12 页，见"卡贝罗报告"条。原文是："教皇尊重威尼斯胜于世界任何其他强国。""希望它（威尼斯政府）保护他的儿子，声称愿作这样的规定，即教皇领地或为自己的儿子所有，或为我们的政府所有。""自己的"的字只能指凯撒。这种用法所造成的不确切，还有一例见于瓦萨利在《拉斐尔传》中所使用的意义还更有争论的一些话，如："他给宾多·阿尔托维提画了自己的像。"

③ 《斯特罗齐诗集》，第 19 页，在埃科尔·斯特罗齐的"狩猎"一节中有："命运妒忌他的三重宝冠"，又在哀凯撒之死的挽歌（第 31 页以下）中有："他也曾想望父亲宝座的崇高荣誉。"

④ 同上，丘比特曾答应：

"有朝一日，亚历山大的后裔将会来到，
为意大利立法，恢复它的黄金时代。"

他的枢机主教的职位。① 事实上是：在亚历山大死后，无论凯撒是否被选为教皇，他将不惜任何代价来占有这个教皇国家，而在他犯了种种重大罪行之后，即使他作为教皇也不能永远这样占有下去却是不容怀疑的。如果说有任何人能够使教皇属邦世俗化，则他正是此人，而为了保持住这些属邦，他必将被迫这样做。② 如果我们没有深受欺骗，那么这就是马基雅维里对于这个重大的罪犯抱有隐秘的同情的真正理由；除凯撒外，不能希望任何人"从伤口里抽出刀来"，换一句话说就是不能希望消灭这个教皇政权，这是一切外国干涉和所有使意大利分裂的根源。那些想揣测凯撒的目的的阴谋家们，当对凯撒提出托斯卡纳王国的希望时，似乎就被轻蔑地斥退了。③

但是，从凯撒所具有的前提中得出来的一切必然的结论都是无效的，这并不是由于他有莫名其妙的天才，事实上他所赋有的天才之少，和弗里德兰大公正相同，而是由于他所用的手段与他的任何巨大而前后一贯的行动方针不相符合。的确，即使没有结束他
131 的统治的意外事件，也许在他的极端不道德中存在着教皇政权得救的希望。

即使我们认为他在教皇国中消灭那些小暴君使他得到的完全是同情，即使我们认为那支由意大利的精锐官兵所组成、有列奥那多·达·芬奇做总机械设计师，在1503年和他同命运的军队是他

---

① 同上页注④，"他为取得更大的光荣而放弃了圣职的光荣。"

② 如所周知，他娶了法国阿尔布累家族的一位公主，并由她生下一个女儿，他试图想方设法建立一个王朝。（根据马基雅维里，前引书，第285页），虽然他一定曾期待父亲快死，但他是否曾设法重新获得枢机主教的头衔，却不得而知。

③ 马基雅维里，前引书，第334页。对于锡耶纳以及最后对于整个托斯卡纳的野心无疑是存在的，但时机还没有成熟，法国的同意是不可少的。

的远大计划的证明，可是其他事实仍然具有不合理的性质，因而我们的判断和当时的观察家们的判断同样地完全不能解释它们。这类事实之一就是凯撒对于新得到的国家虽仍想予以保持和统治，但却又加以破坏和虐待。[①] 另外一个事实就是这个教皇在位的最后几年的罗马和教廷的情况。无论他们父子曾否开列出一个要处死的人们的正式名单来，[②]或者是那些谋杀是一个一个地决定的，任一情形都说明波儿亚父子一心要秘密消灭那些妨碍他们或遗产为他们所垂涎的人。现金和动产只是这笔遗产的最小一部分。教 132
皇尤为巨大的收益来源是：对那些被处死的教会高级僧侣停发薪俸，在职位虚悬期间，该项薪俸归教皇所有，而且当有人接替这些被害者的职位时，教皇还可以得到一笔代价。威尼斯大使，保罗·卡佩洛，[③]在1500年宣称："每夜都发现四五个人被谋杀，其中有主教、高级教士等人，整个罗马都战战兢兢，惧遭公爵（凯撒）毒手。"他自己也常常带着卫士们夜间在罗马市内蹓跶，[④]我们有一

① 马基雅维里，前引书，第326、351、414等页；又见马达瑞佐：《佩鲁贾编年史》，载《历史文献》，第14卷，第2章，第157、221页。他希望他的士兵驻扎在他们愿意驻扎的地方，使他们在和平时期就比在战争时期所获更多。彼得罗·阿尔塞俄尼：《放逐论》（1522年），门肯版，第19页，谈到指挥作战的方式说："由我们的军队所犯的那些罪恶和无耻行为，即使是大月氏人，土耳其人或迦太基人也没有在意大利犯下过。"同一作者（第65页）将亚历山大斥为西班牙人："西班牙籍人的特点是只关心西班牙人的而不关心意大利人的利益和幸福。"参见本书第127页。

② 彼埃利奥·瓦雷里亚诺：《论学者的不幸》（门肯版，第282页）中有主旨与此相同的话，见乔万尼·雷焦条："列入了被处死的人们的黑名单中。"

③ 托马索·加尔，前引书，第11页。从1502年5月22日以来的《朱斯提尼安报告集》，（共三卷巴斯卡尔·维拉利编，佛罗伦萨，1876年），提供了有价值的报道。

④ 保罗·乔维奥：《语录》，"凯撒·波儿亚"条。在伏拉泰拉的《国都杂记》，第22卷中有一篇写于优里乌斯二世时代用笔还十分谨慎的对于亚历山大六世的描述。其中，我们读到这样的句子："高贵的罗马已经变作执行死刑的场所了。"

切理由相信他这样做不仅仅是因为像提贝留[①]那样害怕在白天显露出他此时已经成为可憎的面目，而且也是因为要满足他的疯狂的杀人喋血的嗜好，他甚至于也许把不认识的人给杀掉。

早在1499年，失望就已如此之大和如此之普遍，甚至教皇的很多卫士们都受到伏击和杀戮。[②] 而那些波几亚父子不能用公开的暴力来袭击的人，则往往遭到他们的毒杀。有时需要注意一定程度的慎重，他们便使用了一种味道可口的白色粉末，[③]这种粉末并不当场生效，而是缓慢地逐渐地置人于死，并且可以掺到任何菜肴或酒类里边而不被发现。迪姆王子在被亚历山大交付给查理八世（1495年）以前，曾经在一杯甜酒中吃了一些，而在他们一生事业的末期，波几亚父子由于偶然地吃了为一个富有的枢机主教——大概是科尔内多的阿德里安[④]——准备的蜜饯，自毙于这种毒药。教皇史的摘录史官，乌诺弗利奥·潘维尼奥，[⑤]提到了三个被亚历山大毒死的枢机主教：奥尔西尼、费雷里奥和米奇尔，并暗示还有第四个，即凯撒准备自己下毒手的乔万尼·波几亚——

① 提贝留（Tiberius.纪元前42年—纪元后37年）是奥古斯都的继子，罗马的第二个皇帝。他也是一个实行恐怖政治的专制暴君。——译者

② 《费拉拉日记》，载《意大利史料集成》，第24卷，第362栏。

③ 保罗·乔维奥：《历史》第2卷，第47页。

④ 见兰克：《教皇史》中的一些地方，又见维尔凯第37卷，第35页和第39卷，格累哥罗维乌斯第7卷，第497页以下。朱斯提尼安不相信教皇被害。见他的《报告集》，第2卷，第107页以下；又见维拉利笔记，第120页以下和补遗458页以下。

⑤ 潘维尼奥：《教皇史纲》，第359页。关于对亚历山大的继位人优里乌斯二世的毒害企图，见第363页。根据西斯蒙第第13卷，第246页所述，多年以来就是教皇一切密谋的同谋者的加普亚的枢机主教洛培兹也遭到这样的结果。根据萨努托（见兰克《教皇史》第1卷，第52页注），维罗纳的枢机主教遭到同样结果。奥尔西尼枢机主教死后，教皇从一个医师协会那里弄到了一纸鉴定其为自然死亡的证明书。

当时富有的高级教士死在罗马而不引起这种怀疑的很少。甚至退居到某些地方市镇的安静的学者也逃不脱这种无情的毒杀。一种隐秘的恐怖似乎笼罩在教皇的周围；最初，宫墙之内，卧房之中，时常遭到霹雳风暴的侵袭使他受到惊吓；1500 年，[①]当这些现象再次 133
发生时，人们就认为那是“魔鬼的故事”。关于这些事件的传说似乎最后通过有 1500 年大赦年纪念[②]盛典而广泛地传播到欧洲的所有国家去，不必谈别的，单是那不名誉的赦罪券交易也就很足以引起全欧洲对罗马的注意了。[③] 除了参拜圣地归来的人以外，还有奇怪的白衣忏悔者从意大利来到了北方，其中有伪装的从教皇国逃出的亡命者，而他们是不会缄口不言的。在基督教界的这种愤慨和恼怒变成亚历山大的迫在眉睫的危险的根源以前，还没有人能够估计到它们将发展到什么程度。潘维尼奥在另外一个地方说：[④]“要是他不是在为儿子进行巨大谋划的中途死亡的话，他必将除掉其他一切有钱的枢机主教和高级教士并夺取其财产。”如果凯撒在他父亲死时不是卧病在床，有什么事情是他所做不到的！当时没有法国军队在旁边，而他拥有一切手段，可以勒令被他毒杀而适当地减少了人数的教皇选举团选举他，这将是一个什么样的

① 见普拉托：《历史文献》，第 3 卷，第 254 页；参看阿提里奥 · 阿来西奥，载巴律斯：《杂纂》，第 4 卷，第 518 页以下。

② 教皇利用它来大捞一笔。参看《威尼斯编年史》，载《意大利史料集成》第 24 卷，第 133 栏；其中记述了一项传闻说：人们估计教皇应该从这个圣年大典中榨取很多的钱并会及时地弄到很多。

③ 安瑟伦：《伯尔尼编年史》第 3 卷，第 146—156 页。特利塞姆：《希尔索年代记》，第 2 卷，第 579、584、586 页。

④ 潘维尼奥：《普拉提那续编》，第 341 页。

教会选举会呢！在做这样一种假定时，情况简直是不堪设想。

134 替而代之的是庇护三世当选的那次教皇选举会议，而在他很快逝世之后，就是选举优里乌斯二世的会议——这两次选举都是一种普遍反动的结果。

不管优里乌斯的私人道德怎么样，但在一切主要方面他是教皇政权的救星。他熟悉自他叔父西克塔斯任教皇以来的事变过程，这使得他对于教皇权威的根据和条件有了深刻的认识。他把他自己的政策建筑在这上边，并以他的不可动摇的气魄全力地和热情地来专心从事。他登上教皇宝座，并没有用贿买圣职的办法，而是受到了普遍的赞扬，总之，教会最高职位的公开买卖是随着他而终止了。优里乌斯有他的亲信，其中也有几个是不足取的，但是一种特殊的运气使他没有受到"族阀主义"的诱惑。他的弟弟乔万尼·德拉·罗维里是乌尔比诺的女继承人的丈夫，女继承人是蒙特费尔特罗家族最后一代，圭多巴尔多的妹妹。他们结婚后在1491年生了一个儿子，名叫弗兰切斯科·马利亚·罗维里，他既是教皇的侄子同时又是乌尔比诺公爵的继承人。凡是优里乌斯在其他地方得到的东西，无论是在战场上或者是使用外交手段得到的，他都自豪地赠给了教会而不是赠给他的家族；他完全平服了已濒于解体状态的教会领土，把它遗留给他的后任，并增加了新领土帕尔马和皮亚琴察。费拉拉没有被划入教会版图并不是他的过错。在圣安吉洛城堡中储藏的七十万金币将由地方长官只移交给未来的教皇。他使他自己成为一切枢机主教的，实际也是一切死在罗马的教士的财产继承人，并且用的是最专制的手段，但他并没

有谋杀或者毒死他们任何人。[①] 当一个人在意大利被迫处在不为
刀俎则为鱼肉的时代，当个性比最无可争议的权利更有力量的时
代，他必须率军亲征一事对他有不可避免的需要，而这种做法给他
带来的自然是只有好处。如果说他曾大声疾呼“把野蛮人赶出
去！”但他却又比任何人都更多地帮助了西班牙人在意大利扎下
稳固的基础，那大概是因为他认为这对于教皇政权来说是一件无
所谓的事情，或者甚至于按照当时的情况来说是比较有利的事情。
在意大利的君主们一心策划亵渎神圣反对教会的时代里，教会
呢？[②] 虽然这样，能够希望从谁的身上比从西班牙更快地得到真
诚的和持久的尊敬但他那种喜怒好恶不隐藏的强有力的独特性
格，整个给人一个对于他的地位最有利的印象——“好厉害的教
皇”。他甚至能够比较问心无愧地敢于在罗马召集一个宗教会
议，以蔑视全欧洲反对他的人所提出的召开宗教会议的喧嚷。一 135

个这种性格的统治者需要伟大的外部征象来表现他的概念，优里
乌斯在圣彼得大教堂的重建上找到了这个征象。它的设计正如布
拉曼特所希望表现的，大概是人们所能设想的统一权力的最伟大
的表现。除建筑外，在其他艺术方面，这个教皇的面貌和记忆也以 136
最理想的形式被保存了下来，甚至当时的拉丁文诗篇里对于优里
乌斯也表现了一种迥不同于对其前任的热情，这一点并不是没有
意义的。枢机主教阿德里安·达·科尔内多在他的《优里乌斯二

① 因此这些高级教士的豪华坟墓在他们生前就建造起来了。掠夺品的一部分就这样免于落入了教皇的手。

② 虽有乔维奥的这种说明（见《阿尔方索公爵传》），但优里乌斯是否真正希望天主教徒的国王斐迪南接受劝告恢复被放逐的阿拉戈纳朝的那不勒斯王位，尚属疑问。

世的旅程》一诗结尾所描写的波洛尼亚入城式有其辉煌壮丽之处，而乔万尼·安多尼奥·弗拉密尼奥[①]在一篇最美好的挽歌中曾要求这位教皇发扬他的爱国精神给意大利以保护。

在拉特兰会议的一篇谕令中，优里乌斯痛斥教皇选举中的贿买圣职之非。[②] 在他1513年死后，那些爱财的枢机主教们企图逃避这个禁令，他们建议，候选人被选后，其以前所拥有的收入和职位应该在他们中间平分，在这种主张下，他们将选举那产权最多而没有才能的拉斐尔·利阿里奥。[③] 但是，主要由于选举团的少壮分子起而反对，他们首先要选举出一位宽宏豁达的教皇，因而使得这个卑鄙的计划遭到了失败；结果乔万尼·德·美第奇——有名的列奥十世当选了。

我们在讨论到文艺复兴的全盛时期时将常常谈到这位教皇，这里我们只想指出，在他任教皇时期，教皇政权再度遭到很大的内外危险的威胁。在这些危险当中，我们并没有把佩特路奇、德·绍利斯、利阿里奥和科尔内多（1517年）这些枢机主教的阴谋算在内。这些阴谋最多也不过引起人事的变化，而列奥以前所未闻的任命三十九个新枢机主教的真正对策予以对付。这个措施至少在

① 两诗都见罗斯科：《列奥十世传》，菩西版，第4卷，第257和297页，关于他的死，《克雷莫纳编年史》上说："这是意大利的一个巨大的损失，因为他不愿意大利有异族，他驱逐了法国人，并一心要驱除外人。"当优里乌斯1511年8月某日昏倒达数小时之久，人们认为他已经死去的时候，豪贵家族中比较浮躁的分子——蓬佩奥、科伦纳和安托尼奥·萨维利确曾大胆召集"人民"到加比多尔山去，煽动他们推翻教皇的统治，如圭奇阿尔狄尼在其著作第10卷告诉我们的那样，"在民众叛乱中恣意复仇"。也可参见保罗·乔维奥的记述，载《蓬佩奥·科伦纳传》和格累哥罗维乌斯，第8卷，第71—75页。

② 《第七谕令集》，第1卷，第3篇，第1—3章。

③ 见弗兰切斯科·维托利，载《历史文献》第6卷，第297页。

某些情况下，还有一种奖赏真正有功者的附带优点。[1]

但是，在他任职期间的头两年，列奥所走的某些道路达到了最危险的程度。他认真地想要用谈判的方法为他的兄弟朱利亚诺得到那不勒斯王国，并为他的侄子洛伦佐得到一个强大的北部意大利国家，包括米兰、托斯卡纳、乌尔比诺和费拉拉在内。[2] 很显然，这个教皇国家这样在各方面被包围起来，必将成为仅仅是一个美第奇家族的属国，事实上也就没有再进一步把它世俗化的必要了。

这个计划在当时的政治情况下遇到了一个难于排除的障碍。朱利亚诺很早就死了。为了给洛伦佐做准备，列奥要从乌尔比诺赶走弗兰切斯科·马利亚·德拉·罗维里公爵，但是从这个战争里所得到的只是仇恨和贫困。当洛伦佐在 1519 年追随他的叔 137
父[3]进入坟墓时，列奥被迫把得之不易的征服地交给了教会。[4] 他是被迫这样做的，所以谈不到是优点；倘要是他自愿地这样做，他必将得到不朽的荣誉。一部分靠他自己的力量，一部分通过同弗朗索瓦一世和查理五世的交替谈判，他企图攻击费拉拉的阿尔方索，实际上只达到攻击少数的小暴君与雇佣兵队长们，这肯定地说

① 据说此外还拿出了不下于五十万金币之多（保罗·兰格：《西里西亚编年史》）；圣芳济会总会长被升为枢机主教，单只他一个人就付出了三万金币。关于付出的各种不同的款项的报道，参看萨努托，第 24 卷，第 227 页，整个问题，见格累哥罗维乌斯，第 8 卷，第 214 页以下。

② 弗切西斯科·维托利，前引书，第301页。《历史文献》，补遗第1卷，第293页以下。罗斯科：《列奥十世传》，菩西版，第6卷，第232页以下。托马索·加尔，前引书，第42页。

③ 这里指的是朱利亚诺。——译者

④ 阿里奥斯托：《讽刺诗集》，第 6 卷，第 5 章，第 106 页："你们都要死，所以列奥也命定地接着要死。"

讽刺诗集的第 3 和 7 章嘲笑列奥教廷中的食客。

都不是那种能够抬高他的身价的事情。而这些事情恰好发生在西方国家君主年复一年愈来愈多地习惯于以意大利这一省或那一省作为赌注进行大规模的政治赌博的时候。[①] 最后几十年他们在国内的权力既已得到了巨大的增长，谁能保证他们的野心不扩展到教皇属邦里来呢？列奥亲眼看到了在1527年实现的那些事情的序曲；在1520年底，有几个西班牙的步兵队伍出现在教皇领土的边界，似乎是他们自己作主干的，目的是强制教皇捐献，[②]但被教皇的武力赶回去了。公众反对腐败的教士政治的情绪也在最近几年内很快地达于极点，像小皮科·德拉·米朗多拉那些放眼未来的人们迫切地要求改革，[③]同时，路德也已经在历史舞台上出现。

138 阿德里安六世（1522—1523年）时期，在伟大的德国宗教改革运动面前所实行的少数胆怯的改进来得太迟了。他对前此所发生的事态，如买卖圣职、族阀主义、穷奢极欲、抢劫掠夺，放荡堕落等，除宣示其厌恶心情外，殆一无所为。从路德教徒那方面来的危险绝不是最大的；威尼斯的一个敏锐的观察家，吉罗拉谟·尼格罗说出了他对于一个可怕的灾难就要降临罗马本城的恐惧。[④]

---

① 在《王侯书简》第1卷，第65页，枢机主教贝比埃那1518年（12月21日）自巴黎发出的一封急报中给我们提供了一项关于这些共谋的一个实例。

② 弗兰切斯科·维托利，前引书，第333页。

③ 1512年拉特兰宗教会议期间，皮科写了一篇叫作《皮科对列奥十世和拉特兰宗教会议所作论改良教会作风的演说词》的讲话（1512年哈该瑙版，常常印在他的著作的各种版本中）。这篇演说词是献给柏克海默的，并于1517年再次送交给他。参看《学者书信集·致柏克海默书》，来比锡，1838年，第8页。皮科担心在列奥十世治下必然会正不胜邪，"我们宗教敌人对您的战争在您尚未闻及其发生之前就已经开始了。"

④ 《王侯书简》，第一信（1523年3月17日，罗马）："这座城市危如累卵，愿上帝开恩，使我们不致很快就被赶到阿维尼翁或天涯海角去。我已预见到这个精神王国的

克莱门七世时代，罗马的整个地平线上烟雾弥漫，好像非洲热风阴郁地笼罩在坎帕尼亚地区上空，使得每年夏末月份窒人欲死一样。教皇在国内外遭人厌弃。有识之士，满怀隐忧，[①]隐士出现在罗马的街头和广场上，预言着意大利和世界的命运，并称教皇为基督之敌。[②]科伦纳集团以挑战的姿态重新抬头；那个不屈不挠的枢机主教，蓬佩奥·科伦纳，仅仅他的存在[③]就是教皇政府的一个长期存在的威胁，他在1526年冒险突袭罗马，希望靠查理五世的
帮助在克莱门被杀或被俘房后，立刻成为那里的教皇。后者得以 139
逃到圣安吉洛城堡里边，并非罗马之福，而他为他自己保留的命运也可以说比死亡还坏。

克莱门由于一系列的谎话——这些谎话只有强者敢于冒险一试，必给弱者带来灭亡——招来了在波旁王室和弗隆兹堡统帅下的德意志—西班牙军队的进犯（1527年）。肯定地说，[④]查理五世的政府是打算给他一个严厉的惩罚的，并且在事前也不能估计出它的不领薪饷的大群劫掠者的狂热会把这个惩罚实行到什么程度。如果不是大家都清楚地知道这次出征的目标是罗马，要想在

迅即崩溃……如无上天助佑，我等休矣！”阿德里安是否真的被毒害，不能从奥尔提的《阿德里安旅行记》（载巴律斯：《杂纂》，菩西版，第1卷，第386页以下）中确切地推断出来。不幸的是，大家都相信这事。

① 尼格罗，前引书。1526年10月24日（应该是9月）和11月9日，1527年4月11日。他确实博得人们对他的赞美和阿谀。彼得罗·阿尔塞俄尼的《放逐论》对话就是在他升任教皇前不久，为了赞美他而写的。

② 瓦尔奇：《佛罗伦萨史》第1卷，第43、46页以下。

③ 保罗·乔维奥：《蓬佩奥·科伦纳传》。参见帕斯托尔，第4卷，第2章，第222页以下。

④ 兰克：《德国史》，第四版，第2卷，第262页以下。也参见帕斯托尔，第4卷，第2章，第241页以下。

德意志招募军队而不给以饷金是办不到的。给予波旁的书面命令可能有一天被发现,也很可能证明它们的措辞是温和的。但是,历史的批判是不能被它引入迷途的。只是由于这个奉教国王和皇帝的幸运,教皇和枢机主教们才没被他的军队杀害。如果发生了这样的事,世界上的任何诡辩也不能解脱他这次犯罪的责任。无数
140 普通人民被屠杀,其余的人们被抢劫,以及一切酷刑拷打,并买卖人身的恐怖很清楚地证明了在"罗马的劫掠"中可能发生的都是些什么事情。

查理似乎想要在从这个第二次逃到圣安吉洛城堡的教皇勒索一大笔钱财之后,再把他送到那不勒斯,而克莱门的逃到奥尔维多一定是在没有得到西班牙方面[1]的默许的情况下发生的,究竟这个皇帝是否曾经认真地想要把教皇属邦世俗化(对此每个人都完全做好了准备),[2]和他是否真正由于英格兰的亨利八世的劝阻而没有这样做,大概是永远弄不清的。

但是,即使真有这样的计划,也是不能长期继续下去的:因为从这个被劫掠的城市中兴起了改革教会和国家的新精神。人们立即感觉到了。枢机主教萨多莱托,是许多证人中的一个,他这样写道:

> "如果由于我们的受难使上帝的愤怒和正义得到了补偿,如果这些可怕的惩罚为更好的法律和道德重新开辟了道路,那么我们的不幸也许不是最大的……凡是属于上帝的,他将加以照顾;在我们面前有一种改

---

① 瓦尔奇:《佛罗伦萨史》,第2卷,第43页以下。

② 同上,又兰克:《德国史》,第2卷,第278页及注和第3卷,第6页以下。人们认为,查理要把他的京都迁往罗马。

革的生活，这是任何暴力所不能夺走的。我们要如此来控制我们的行为和思想，那就是只在上帝那里寻求教士的真正光荣和我们自己的真正伟大和权威。"①

事实上，这个生死关头的一年，1527年，到底是有收获的。正直严肃的人们的声音重新得到了倾听。罗马所遭受的苦难非常深重，即使在保罗三世时代，也没有再回到列奥十世的那种放荡堕落中去。

教皇政府也在它遭到如此巨大灾难的时候，开始引起了一种半宗教的和半政治的同情。那些国王们不能容忍他们之中有谁把教皇看管者的权利霸占在自己手里，因而缔结了（1527年8月18日）亚眠条约，条约目的之一就是营救克莱门。因此，他们不管怎样也要利用帝国军队的行为所引起的反感。同时，那个皇帝甚至在西班牙也遭到了严重的困难，教士和贵族们只要一见他的面就提出最迫切的劝告。当计划着要成立一个僧俗人等全体服丧的总代表团时，查理恐怕这会像几年以前平息下去的叛乱一样产生麻烦，因而禁止了这个计划。② 他不仅不敢再继续虐待教皇，而且，且不说对一切外交政策的考虑，他也不得不和他曾经严重伤害过的教皇政府采取了讲和的态度。因为那肯定是与他相悖的德意志人民的性格，在他看来像一般的德意志的事情一样，是不能作为一项政策的基础的。如同一个威尼斯人所说的，③还有一个可能是：

① 见他1527年9月1日自卡蓬特拉斯写给教皇的信，载《学界逸话》第4卷，第335页。

② 《王侯书简》，第1卷，第72页，《卡斯蒂利昂上教皇书》，1527年12月10日，布尔戈斯。

③ 托马索·加尔：《罗马教廷报告集》，第1卷，第299页。

罗马劫掠的记忆使他的良心受到严厉的谴责，他因而急于赎罪；他
141 使佛罗伦萨人永久屈服于美第奇家族就是这种赎罪的表现，教皇是美第奇家族的成员之一。教皇的"亲族"，新继位的公爵，阿利桑德罗·美第奇，和这个皇帝的私生女结了婚。

在以后的年代里，查理根据一个宗教会议的方案，能够在一切主要问题上把教皇政府置于自己的控制之下，既保护它又压迫它。从教皇政府内部、从教皇们本身及其"亲族们"产生的一切危险中的最大危险即世俗化，由于德意志的宗教改革运动而延迟了许多世纪。正像这个运动本身曾经使出征罗马（1527 年）成为可能并获得成功一样，它也迫使教皇政府重新成为全世界宗教力量的代表，从它自己所处的萎靡堕落的状态崛起，并从而领导这个改革运动的一切反对者在克莱门七世的后期和在保罗三世、保罗四世及其继任者的年代，这个有所改进的教会，面对着半个欧洲的背叛，一直是一个革新的教阶组织。它避免了前一个时期一切严重而危险的丑行，特别是"族阀主义"和随之而来的扩大领土的野心。[①] 它和天主教君主们联合起来，并为一种新生的精神力量所推动，把主要工作放在恢复已失掉的东西上边。它只是在反对分离者中才存在下来并且是可以理解的。在这个意义上，我们可以十分正确地说：教皇政权之所以能在精神上得救，是因为它有不共戴天的敌人。而这时它的政治地位已经变得十分稳固，虽然它必须在西班牙的永久保护之下；在它的属国消灭时，它几乎没有费什么力气就继承了伊斯特和德拉·罗维里家族的正统世系，即费拉拉和乌尔

① 法尔尼斯家族在领土扩张那一类的事情上有所成功，而卡拉法家族则没落了。

比诺的公国。但是,如果没有这个宗教改革,确可以设想整个教皇国家恐怕早就转移到世俗人们的手中去了。

在结论中,我们可以简单地考虑一下这些政治情况对于这个 142
民族的精神的一般影响。

显然,十四和十五世纪期间意大利一般政治上的不稳定引起当时的优秀人物一种出于爱国的厌恶和反对情绪。但丁和佩脱拉克[①]在当时曾经宣称,一个共同的意大利是她的所有儿女们的最崇高的奋斗目标。也许有人会表示异议说:"这仅仅是少数受过高度教养的人们的热情,和广大人民无关。"但是,就是在德意志也是这样,虽然它至少在名义上是统一的并承认皇帝为最高元首。如果我们把"行吟诗人"的某些诗歌除外,则德意志文学的最早表达出来的爱国主义感情是在马克西米利安一世[②]及其以后时代的人文主义者的作品里,这些作品读起来像意大利种种演说、辩论的回响,或者像对意大利批评德意志思想上的不成熟的回答。不过,事实上自罗马时代以来,德意志就比意大利更早地是一个具有较真正意义的国家。法兰西的国家统一的意识是从和英吉利人的冲突中得来的,而西班牙和葡萄牙虽然关系密切,但西班牙在合并葡

① 佩脱拉克:《书信集》第 1 卷,第 3 章,第 574 页,他感谢上帝使他生为意大利人。又见于他在 1307 年所著《对某匿名法国人诬蔑的答辩》一文中,(《全集》,1581 年,巴塞尔版)第 1068 页以下。又见盖格尔:《佩脱拉克》,第 129—145 页。

② 特别参看斯卡尔狄乌斯:《德国史家文集》(巴塞尔,1574 年)第 1 卷中的作品。关于比较早期的,见菲立斯、法伯尔:《斯威沃人史》二卷集,1605 年。关于晚期的,见伊伦尼库斯:《德国经典注疏》,哈格诺,1518 年。关于后一作品和当时的爱国历史,见阿·霍拉维兹所作的各项研究,《历史杂志》,第 33 卷,第 118 页注①。

萄牙的问题上，始终未获得持久的成功。就意大利来说，教皇国的存在及其赖以继续维持下去的条件是意大利国家统一的永久障碍，似乎难望消除。所以，在十五世纪的政治交往中，当共同的祖国这一名词有时被着看地提出来时，它在大多数的情形下是会引起其他一些意大利国家[①]的烦恼的。十六世纪的最初几十年，也即文艺复兴达到全盛时期的年代，对于爱国主义的复活是不利的；文学艺术乐趣的享受，生活的舒适和高雅以及对于自我发展的无上兴趣破坏了或阻碍了对于国家的热爱。直到后来，那时统一的时机已成为过去，这个国家里充满了法兰西人和西班牙人，后来德意志的军队又征服了罗马，人们才又听到了对于民族感情的十分严肃、十分悲哀的呼吁。这种感情可以说已经在某种程度上为一种地方爱国主义的意识所代替，虽然这种感情是无法比拟的。

① 很多事例中的一项，见马利皮埃罗：《威尼斯年代记》，《威尼斯总督 1496 年关于比萨问题对佛罗伦萨使节的答复》载《意大利历史文献》，第 7 卷，第 1 章，第 427 页。

第二篇　个人的发展 143

第一章　意大利的国家和个人

无论是共和制或是暴君专制，在这些国家的性质上存在着意大利人的早期发展的原因，这虽不是惟一的但却是主要的。正是因为如此，意大利人成了近代欧洲的儿子中的长子。

在中世纪，人类意识的两方面——内心自省和外界观察都一样——一直是在一层共同的纱幕之下，处于睡眠或者半醒状态。这层纱幕是由信仰、幻想和幼稚的偏见织成的，透过它向外看，世界和历史都罩上了一层奇怪的色彩。人类只是作为一个种族、民族、党派、家族或社团的一员——只是通过某些一般的范畴，而意识到自己。在意大利，这层纱幕最先烟消云散；对于国家和这个世界上的一切事物做客观的处理和考虑成为可能的了。同时，主观方面也相应地强调表现了它自己；人成了精神的个体，[①]并且也这样来认识自己。希腊人曾同样地把他自己与野蛮人区别开来，而在其他亚洲人只是意识到自己是一个种族的成员时，阿拉伯人已

---

① 注意所谓“独特的人”是指个人发展的较高阶段，而“惟一的人”则指个人发展的最高阶段。

经感到自己是一个个人了。不难表明，这种结果主要是由于意大利的政治情况产生的。

远在很久以前，我们就能在意大利随处发现一种自由人格的发展，这种发展在欧洲北部或者根本没有发生，或者未能以同样方式表现出来。卢特普兰德曾经为我们描写过十世纪的一群大胆的犯罪者，其中有一些是格雷戈里七世的同时代人，有少数是霍亨斯陶棻王朝第一代的反对者，他们就显示出这种性格。但在十三世纪末，意大利开始充满具有个性的人物；施加于人类人格上的符咒被解除了；上千的人物各自以其特别的形态和服装出现在人们面前。但丁的伟大诗篇在欧洲的任何其他国家都是不可能产生的，单只提它们还处在种族诅咒下这一理由就足以说明。对于意大利来说，这位堂堂的诗人，由于他显示出来的丰富的个性，是他那个时代的最具有民族性的先驱。不过这个在文学和艺术上的对于丰

144 富多彩的人类天性的揭示——这个多方面的描述和批判——我们将以独立的章节来加以讨论；这里，我们将只涉及那个心理状态的事实本身。这个事实是以最明确的和最不易弄错的形式出现的。十四世纪的意大利人对于任何形式的虚伪的谦恭或者伪善很不熟悉；他们之中没有一个人害怕与众不同，害怕在穿着打扮上[①]和在立身行事上是一个和他的邻居不同的人。[②]

---

① 1390年前，佛罗伦萨男子不再有什么时髦服装。各人爱穿什么样的服装就穿什么样的服装。可参阅弗朗哥·萨克蒂的《短歌》："关于新奇的风姿"，载波吉亚利发表的《韵诗》。

② 十六世纪末，蒙坦作过以下比较（《论文集》，第3卷，第5章；1816年巴黎版的第3卷，第376页），"他们（指意大利人）的美女一般比我们多，而丑的则比我们少；但是，我认为，在那些绝色超群的美人方面，我们是可以和他们比美的。关于才智之士，

如我们所已经看到的，暴君专制不仅在最大的程度上培养了暴君或雇佣兵队长本人的个性，[①]而且也培养了他所保护的或为他所用的那些人——秘书、大臣、诗人和朋友——的个性。这些人不能不认识他们自己天性中转瞬即逝的或永久存在的内在才能；而他们的生活享受，由于想从可能是很短时期的握有威权和势力中得到最大的满足而加强和集中了。

甚至他们所统治的臣民也没有摆脱同样的冲动。撇开那些在密谋反抗和阴谋中丧失了他们生命的人不谈，我们所说的是那些满足于一种严格的私人身份的，像拜占廷帝国和伊斯兰教国家的大多数城市居民那样的多数人。无疑地，一个维斯康提暴君治下的属民要想维持他们个人的和家族的尊严往往是困难的，而由于遭受奴役，道德品质一定丧失了很多。但是，在个性方面情况却不是这样；因为政治上的软弱无力并不阻碍私生活的不同旨趣和不同表现的生气勃勃和丰富多彩。财富和文化上的夸耀和竞争没有受到禁止、一定程度的市民自由依然存在、有一个和拜占廷或回教世界不同的、不是政教合一的教会——所有这些条件无疑地对于个人思想的发展都是有利的，而党派斗争的停止也给这种发展提供了必要的闲暇时间。对政治漠不关心，一边忙于他自己的正当

我也有同样论断。论普通的才智人物，他们拥有的显然比我们多得多。粗鄙之辈在他们那里是无比地少见；至于卓越的上等社会的人士，我们比之他们是毫无逊色的。”

① 关于他们的妻室也是如此，正像在斯福查家族里和其他北意大利统治者间所见到的那样。见亚科伯·菲力普·柏格曼的作品《名妇选辑》（费拉拉，1497 年）中，巴蒂斯塔·马拉泰斯达、保拉·贡查加、波那·伦巴达、伊斯特家族的利卡尔达以及斯福查家族的重要女流——比阿特丽斯等人的传记。其中有不止一个真正的巾帼英雄，而且有些人是天赋之外又加上伟大人文主义的教养的充实。（见下面三章和第五篇）

事业，一边对于文学艺术有极大的兴趣，这样的私人，似乎已经在十四世纪的这些暴君专制制度下初次完整地形成了。自然，我们还不能在这样一个问题上要求书面的证据。我们可能从之得到材料的小说家们为我们描写了很多的怪癖，但是这种描写只是从一个观点出发，并且仅限于故事的所需要的范围以内。它们的场面也主要是放在共和国的城市里边。

145 在共和国城市里边，情况也是对于个人性格的发展有利的，只是方式上有所不同。当权的党派更换的次数越多，个人就越充分行使和享受权利。特别是在佛罗伦萨的历史上，[①]那些政治家和民众领袖们具有如此鲜明的性格，使我们在同时代的历史中也几乎找不到一个能够和他们相比拟的人物，即使是个别例外的也没有，就是亚科伯·冯·阿特费尔德[②]也不行。

在另一方面，失败了的党派的成员所处的地位常常和暴君专制国家的臣民相似，所不同的是：已经享受过的自由或权力以及在有些情形下要想恢复它们的希望，给他们的个性增添一种更高的活力。在这些被迫闲居的人们当中，我们发现，例如，有个阿尼约洛·潘多尔菲尼（死于 1446 年），他的关于家政的著作[③]是一种得

---

① 弗朗哥·萨克蒂 1390 年前后在他的《加比托洛》（载波吉亚利编《韵诗》第 56 页）中列举了他已经忘怀了的一百多名统治党派的名人的名字。虽然他们之中可能有很多是平庸之辈，但这个名单作为说明个人觉醒的明证仍然是值得注意的。关于菲利波·维兰尼的《列传》，见下文。

② 亚科伯·冯·阿特费尔德（Jacob von Arteveldt，1290—1345 年）是佛兰德斯的政治家和将军。他在百年战争中取得了佛兰德斯的中立，在外交和工商业上也有很大的成就。——译者

③ 《齐家论》是《持家》这部著作的一部分（里昂·巴蒂斯塔·阿尔伯蒂：《俗语文集》，阿尼奇奥·波努奇刊行，佛罗伦萨，1844 年，第 2 卷）。参看第 1 卷，第 30—40 页；第

到发展的私生活的第一部完整的纲领。他把个人责任和社会生活[①]所冒的危险和所得的忘恩负义做了比较；他的评论也可以算是那个时代的一部不朽的著作。

放逐也尤其有这样的结果，它或者是使被放逐者困顿以终，或者是使他身上原来所有的最伟大的东西得到发展。乔维诺·庞达诺说[②]："在我们所有的人口较为稠密的城市里边，我们看到成群的人由于他们自己的自由意志而离开了家乡；但是，一个人无论走到哪里都具有他的美德。"事实上，他们不仅限于真正被流放的人，而且还有成千上万的自愿离开他们故土的人，因为他们无法忍受家乡的政治或者经济情况。在费拉拉的佛罗伦萨移民和在威尼斯的卢卡人都形成了他们自己的聚居地。

在最有才能的集团里边发展起来的世界主义，它本身就是个人主义的较高阶段。如我们已经说过的，但丁在意大利的语言和文化上找到一个新的故乡，但是，在他所说的"我的国家是全世界"[③]这句话里边，他甚至于超过了这个限度。当人们提出以屈辱

2 卷，第 35 页以下；第 5 卷第 1—127 页。从前，这部著作如原文所示一般认为是阿尼约洛·潘多尔菲尼（死于 1446 年，关于他，见维斯帕西雅诺·费奥兰提诺第 291 页和 379 页）的作品。根据巴来尔莫（佛罗伦萨，1871 年）的最近考究，阿尔伯蒂才是这部书的作者。这里引用的是都灵，庞巴版本，1828 年。

① 《论文》，第 65 页以下。

② 乔维诺·庞达诺：《论勇敢》，第 2 卷，第 4 章，"论忍受流放"；七十年后，卡尔达诺（《自传》，第 32 章）才得以激烈地问道："何为国家？国家不过是小暴君们合谋压迫怯懦无辜的弱小者而已。"

③ 《俗语论》第 1 卷，第 6 章。论理想的意大利语言，见第 17 章。论有教养的人们的精神一致，见第 18 章。论乡愁，参看《炼狱篇》，第 8 歌第 1 行以下，和《天堂篇》第 25 歌，第 1 行以下有名的几行。

他的条件把他召回佛罗伦萨时，他写信回去说："难道我在别处就不能享受日月星辰的光明么？难道我不在佛罗伦萨这个城市和它的人民面前屈身辱节，我便不能思索宝贵的真理么？况且我并不缺少面包吃。"[①]艺术家们也以同样的挑战态度为他们不受固定居
146 处限制的自由而高兴。吉贝尔蒂说[②]："只有那个学识渊博的人才能四海为家；他虽被剥夺了财产，没有朋友，但他是每一个国家的公民，并且能够无所畏惧地蔑视命运的变化。"一个被放逐的人文主义者以同样的口气写道："一个有学问的人定居在哪里，哪里就是家。"[③]

① 《但丁书信集》，加罗卢斯·维泰编，第 65 页。

② 见吉贝尔蒂：《续回忆录》，第 15 章（瓦萨利编，勒摩尼埃版，第 1 卷，第 29 页）。

③ 见科德路斯·乌尔塞斯著作集后面的《科德路斯·乌尔塞斯传》，波洛尼亚，1502 年初版。这句话肯定和"那里好，那里就是家乡"这句古老的谚语差不多。科德路斯·乌尔塞斯的名字不是由于他的诞生地，而是由于他久居其地的弗尔利得来的；见马拉果拉：《科德路斯·乌尔塞斯》，波洛尼亚，1877 年，第 5 章，又附录第 11 章。不以地方环境为转移，而为意大利知识分子所日益习惯的诸多随遇而安的精神上的快乐，使得流放之苦对于他们就好受得多；而且，以世界为家的思想变成了一个新世界被发现的时代的标志，人们不再安于旧的世界了。我们在伯罗奔尼撒战争后的希腊人中间也看到了这一点；柏拉图，如尼布尔所说的，不是一个好公民，而色诺芬则是一个坏公民；狄奥金尼斯甚至宣称无家可归是一种快乐，据莱尔奇乌斯告诉我们，他自称为"无国者"（ἄπολις）。这里可以提一下另外一本值得注意的著作。彼得·阿尔塞奥尼在他所写的《美第奇·雷加特放逐论》两卷，威尼斯，1522 年（刊于门肯：《文人不幸集》，来比锡，1707 年，第 1—250 页）以冗长的篇幅讨论了关于流放的问题。他力图从逻辑上和历史上批驳认为流放是坏事的三种理由，即（1）因为被流放者要远离祖国，（2）因为他要失掉故国给予他的荣誉，（3）他必定不能和亲友相处；并最后得出流放不是一件坏事的结论。他竟致作出以下的论断："每一个非常明智的人都认为全世界是一个城市，并且把它看做是——接待自己如游客，崇尚廉洁、正直和美德，孜孜于最高尚的学术，自由的学艺；并使一切游客能以光荣的和平保持其庄严的立场和荣誉的——真正的祖国。"

第二章　个人的完美化 147

一个目光敏锐和有观察经验的人可能看到十五世纪期间完美的人在数目上逐步地在增加。究竟他们是否在有意识地追求一个目的，也就是说，求得他们的精神生活和物质生活的和谐发展，是很难说的；但就一切尘世的东西都不免有缺陷这一点来说，他们之中有几个人已经达到了这个地步。放弃对于财产、性格和才能在“豪华者”洛伦佐一生中各起多少作用做一番估计的这种企图也许较好。但可以看一看像阿里奥斯托那样的一个人格，特别是表现在他的讽刺文学里边的那个人格。在那里他是多么和谐地表现了他作为人和作为诗人的骄傲、表现了他对于他自己的享乐的嘲笑、最微妙的讽刺和最深厚的善意！

当这种对于最高的个人发展[①]的推动力量和一种坚强有力、丰富多彩并已掌握当时一切文化要素的特性结合起来时，于是就产生了意大利所独有的“多才多艺的人”——“l' uomo universal”（全才）。在中世纪，许多国家里边都有知识渊博的人，因为这种知识只限于很狭窄的范围；甚至在十二世纪还有全能的艺术家，但是，当时的建筑问题比较简单无变化，而在雕刻和绘画上，人们注

① 这种人格觉醒也在以下两方面显示出来，即大力强调性格的独立发展，和要求摆脱自己的祖先和父母而形成个人的精神生活。薄伽丘（《论名人的不幸》——巴黎，年代不详，第29页乙）指出，苏格拉底的父母是文盲，优里庇底斯和狄摩西尼的双亲默默无闻，并大叫：“好像我们的精神应该来自父母似的！”

重内容甚于形式。但在意大利，在文艺复兴时期，我们看到了许多艺术家，他们在每一个领域里都创造了新的完美的作品，并且他们作为人，也给人们留下最深刻的印象。还有的人，除了他们所从事的艺术以外，还对广泛的心智学术问题深有钻研。

但丁，甚至在他活着的时候就被某些人称为诗人，被另外一些人称为哲学家，还被另外一些人称为神学家。① 在他的一切作品中洋溢着个人的力量，使读者除对主题感兴趣之外，不禁为之神往。《神曲》这一篇长诗的前后一致和完整无瑕的精心结构应该需要一种多么坚强的魄力啊！如果我们看一看这篇长诗的内容，我们就发现：在整个精神的或物质的世界中，几乎没有一个重要的主题没有经过这个诗人的探测，而他对于这些问题的发言——往往只是很少几句话——也没有一句不是他那个时代的最有分量的

148 语言。在造型艺术上，他也是第一流人物，而这样评价他是比评价他的同时代的少数艺术家们更有理由的——他自己不久就成了灵感的源泉。②

十五世纪特别是一个多才多艺的人的世纪。没有一部传记不在书中主人公的主要成就之外，谈到他在其他方面研究的，而这些研究都超出了一般弄着玩玩的范围。佛罗伦萨的商人兼政治家往往精通两种古典语言，最有名的人文主义者将亚里士多德的伦理

① 见薄伽丘：《但丁传》，第 16 页。

② 在比阿特丽斯逝世的周年纪念日上（见《新生》第 61 页），他在木版上所作的天使画像可能已超过一位艺术爱好者的作品的水平。列奥那多·阿雷提诺说，他画得“很出色”，并且是一位伟大的音乐爱好者。

学和政治学读给他和他的儿子们听；[①]就是那个家族的女儿们也受到良好的教育。正是在这些人里边私人教育第一次受到了认真的重视。从人文主义者本身来说，他是不能不具备多方面的造诣的，因为事实上，他的学问不仅限于研究古代经典的理论知识，而是还要为日常生活的实际需要服务。在研究普林尼[②]时，[③]他收集博物学的资料；他以古人的地理学为向导来研究近代地理，古人的历史是他写当代历史的典范，即使他是用意大利文写作；他不仅翻译普劳图斯[④]的喜剧，而当它们上演时他还要做导演；他要尽全力来模仿每一种有影响的古代文学形式直到卢西安[⑤]的对话；除了所有这些之外，他还要做未必总是对他有利的地方长官、大臣、外交家。

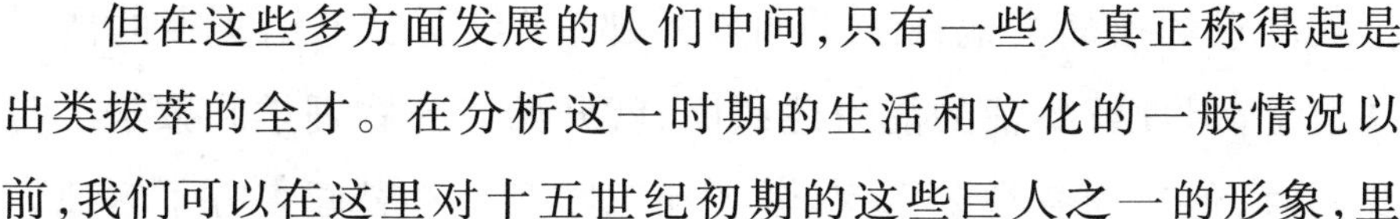

但在这些多方面发展的人们中间，只有一些人真正称得起是出类拔萃的全才。在分析这一时期的生活和文化的一般情况以前，我们可以在这里对十五世纪初期的这些巨人之一的形象，里 149

---

① 关于这一点和下文所述，可特别参考一本有关十五世纪佛罗伦萨文化的头等史料，《维斯帕西雅诺·菲奥兰提诺》。参看第 359、379、401 等页。又见那杜斯·那迪的引人入胜和富有教育意义的《曼内蒂传》（曼内蒂 1396 年生）（载木拉托里，《意大利史料集成》，第 20 卷，第 529—608 页）。

② 普林尼（Pliny，公元 23—79 年）是罗马的博物学家，著有《自然史》辞典三十七卷。他的侄子小普林尼是一个演说家和政治家。——译者

③ 下文所述引自例如柏提卡利对潘多福的描写，载罗斯科，《列奥十世》，菩西版，第 3 卷，第 197 页以下；又引自《柏提卡利伯爵全集》，米兰，1823 年，第 2 卷。

④ 普劳图斯（Plautus，死于公元前 184 年）是罗马的喜剧诗人，留有作品二十一种。——译者

⑤ 卢西安（ Lucian，二世纪）是希腊的讽刺作家，著有许多对话，其中最有名的为《死人的对话》。——译者

昂·巴蒂斯塔·阿尔伯蒂（1404？—1472年）[①]做片刻的研究。[②]他的传记[③]仅仅是一个片段，谈到他是一个艺术家的地方很少，并且完全没有提到他在建筑史上的巨大重要性。我们将在这些使他出名的特别理由之外，看看他是一个什么样的人。

里昂·巴蒂斯塔从儿童时代起就在一切方面出人头地。关于他的各种体育技艺和练习，我们很惊讶地读到：他怎样能够双脚并拢跳过一个人的头顶；他怎样在大教堂里向空中掷出一个硬币，直到听见它落在远处屋顶上的响声；最难驯服的劣马怎样在他的胯下战栗。在三件事情上他希望别人找不出他的缺点：在走路、骑马和说话上。他学习音乐没有老师，可是他的作曲却得了专门家的称赞。他虽处困境，却学习民法和寺院法很多年，直到疲劳过度而招致严重的疾病。他在二十四岁的那一年，发现记忆文字的能力减退了，但理解事情的能力还照旧，就开始研究物理学和数学。与此同时，他还向各类艺术家、学者和工匠乃至补鞋匠多方了解他们的行业的秘密和特点，从而掌握了各种才艺和熟练技巧。他顺便

① 里昂·巴蒂斯塔·阿尔伯蒂（Leon Battista Alberti）是意大利大建筑家之一，他同时也是音乐家、画家、作家和有名的人文主义者。他在曼图亚、里米尼、佛罗伦萨等地建筑过许多教堂，一般都具有古典风格。——译者

② 关于下文所述，参照布克哈特：《意大利文艺复兴史》，1868年斯图加特版，特别是第41页以下，和斯普林革的《新艺术史论文集》，波恩，1867年，第69—102页。关于阿尔伯蒂的一部新的传记刻正由雅尼彻克编写中。

③ 载木拉托里，《意大利史料集成》，第25卷，第295栏以下，附有载在阿尔伯蒂：《俗语文集》第1卷，89—109页的意大利译文，这里有关于这部《传记》系出自阿尔伯蒂本人手笔的猜测，而这种猜测看起来像是正确的。另外参照瓦萨利，第4章，第52页以下。如果我们能够相信在伊尼亚斯·希尔维优斯的著作中（《全集》，第622页，书信第112号）关于马利亚诺·索奇尼的记述，那么，他就是一位全面的艺术爱好者，同时又是某几门学科的大师。

学习了绘画和造型艺术，特别长于根据记忆来刻画描绘达到逼真
逼肖。他的神秘的“暗箱”[1]受到极大的赞赏，暗箱里，他有时候展
示的是一轮明月和几点疏星从远山的后边升起，在另外一个时候，
表现的是一个宽阔的景色，有起伏的山峦和深远的海湾退到模糊
的远景中去以及战船于阳光下或暗影中在水面上前进。对于别人
的创作，他也高兴地表示欢迎，并认为每一种合于美的法则的人类
成就都是近于神圣的东西。[2] 此外，还有他的写作，首先是那些关
于艺术方面的。这些作品是“艺术形式文艺复兴”的里程碑和第
一流的权威著作，特别是在建筑方面；其次还有他的拉丁散文作 150
品——小说和其他著作——其中有一些曾经被误认为是古代作
品；还有他的挽歌、牧歌和诙谐的宴会演说。他还写了一部四册的
关于家庭生活的意大利文著作；[3]各种伦理的、哲学的和历史的著
作以及许多演说词和诗篇，其中包括一篇对于他的狗的悼词。尽
管他欣赏拉丁语言，他仍用意大利文写作并鼓励别人也这样做；他
自己是希腊学术的信徒，但认为如果没有基督教，世界必将误入迷
途。他的言论严肃而机智，一般认为有收集的价值，其中有些典型
的句子，长达许多行，已经被引用到他的传记中了。他像天性纯厚
的人所常做的那样，毫无保留地传授他所有的和所知道的一切，毫

---

①　安达卢西亚人阿布勒·阿巴斯·卡西姆约在公元 880 年上做过一些类似的尝试，特别是关于做飞行机器的一次尝试。参看吉安哥斯，《西班牙穆斯林王朝史》，伦敦，1840 年，第 1 卷，第 148 页以下和第 425—427 页；并参看哈默，《阿拉伯文学史》，第 1 卷，引言，第 51 页，节录。

②　“不论由于人们的才能有什么优美的成就，他都以为是几乎近于神圣的东西。”

③　这就是长期以来被人们认为是潘多菲尼的作品的那部著作（参看 145 页），它的一部分往往以单行本问世。

无保留毫无代价地把他的主要发现公开出来。然而我们还没有谈到他天性中最深邃的源泉——他一生与人周旋中所带有的那种深厚的同情。他看到参天大树和波浪起伏的麦田就为之感动得落泪。他把慈祥而尊严的老人们当作“自然界赏心悦目之作”来尊敬并且百看不厌。他对形体完美的动物发生好感，因为它们特别受到了自然的宠爱；当他有病时，不止一次因为看到了美丽的自然景色而霍然痊愈。[①] 无怪乎那些看到他和这个世界有如此亲切而神秘的灵感交流的人们都认为他有预言的能力。有人说他在事情发生的许多年以前就曾经预言过伊斯特家族中的一个流血惨剧、佛罗伦萨的命运和教皇们的死亡，并且善于观察人们的气色和内心。毋庸多说，一个铁一般的意志浸透着和支持着他的整个人格；像文艺复兴时期的所有伟大人物一样，他说：“人们能够完成他们想做的一切事情。”

列奥那多·达·芬奇和阿尔伯蒂相比，就像完成者和创始者，专长的大师和业余爱好者相比一样。如果瓦萨利[②]的著作能够附有像这里关于阿尔伯蒂一样的一篇描写那有多好啊！我们永远只能可望而不可即地看到列奥那多伟大人格的模模糊糊的轮廓。

① 在他的作品《建筑论》，第 8 卷，第 1 章里有关于一条美丽道路的说明：“最好要使人们有时候看到海，有时候看到山，有时看到流动的湖水或泉水，有时看到不毛的山岩或平地，有时看到丛林和山谷。”

② 瓦萨利（Vasari，1511—1574 年）是意大利的建筑家、艺术史家和画家。他的最有名的著作是《意大利艺术家传记》，其中包括达·芬奇和米开朗琪罗等人的生平、评传以及有关的历史。——译者

第三章 声誉的近代概念 151

和这种个人的内部发展相适应的是一种新的外部荣誉——近代形式的荣誉。①

在欧洲的其他国家里，社会上各阶级分开生活，每一个阶级各有本阶级的中世纪等级荣誉感。抒情诗人和行吟诗人的诗人荣誉是骑士阶级所特有的。但在意大利，在暴君政治或民主政治的时期以前，已经出现了社会平等。我们在那里看到了一个一般社会的早期痕迹，如我们在后文将要详加叙述的，它在拉丁和意大利文学上具有共同的基础；而这样一个基础是这个新的生活因素生长所需要的。此外，还必须加上：那些古罗马作家的作品当时都被人们热情地研究着，尤其西塞罗是所有作者中受人研读最多和最受赞扬的一个；这些作家的作品中都充满和渗透了荣誉的概念，而他们的主题本身——罗马大帝国——在意大利人的心目中是一个永恒的理想。从那时起，人民的一切愿望和成就都被一个道德上的要求支配着，而它是欧洲其他地方还没有了解的。

这里，像在一切主要问题上一样，第一个召唤来的证人又是但丁。他曾用他的全副精神力量来争取诗人的花冠。② 作为一个政

① 在很多作品中，有布朗德斯的《凯旋中的罗马》一书，其中（第5卷，第117页以下）关于荣誉的定义，是从古人作品中收集来的，而且显然容许基督徒追求它。佩脱拉克声称拥有的西塞罗的作品《论荣誉》，被他的老师孔文内沃尔从他那儿偷走，从此该书即告失踪。阿尔伯蒂刚二十岁时便在他早年的一篇文章里赞扬过对荣誉的追求。《全集》，第1卷，第77—97页。

② 《天堂篇》，第25歌，开头处："假设有一天临到"云云。参看薄伽丘，《但丁传》，

论家和文学家，他强调这样一个事实，那就是他所做的一切都是新的，他不仅希望他在自己事业中出类拔萃，并且也希望别人这样认识他。[1]但是，就在他的散文作品中，他也谈到了关于声誉的麻烦；他知道和有名人物的私人交往怎样常常使人失望，并说明这一部分是由于人们天真的幻想，一部分是由于嫉妒，而一部分也是由于那个英雄人物的本身的缺点。[2]在他的伟大的诗篇里，他坚决认为声誉是空虚的，虽然从口气中仍可看出他内心里并没有摆脱掉对于声誉的渴望。在"天堂"里边，"水星天"是那些善人们的居处，[3]他们在世的时候曾经为荣誉而努力，因而射在他们身上的"真爱之
152 光"也就暗淡了。特别说明问题的是："地狱"里边堕落的灵魂恳求但丁在现世上使人们保持住对他们的记忆，并保住他们的声誉；[4]而那些在"炼狱"里边的人却只是恳求他和别人为解救[5]他们而祈祷。在有名的一段中[6]，渴求荣誉的热情——"想坐第一把交椅的野心"——受到了谴责，它的理由是：智力的荣誉不是绝对的，而

第 49 页："他十分追求荣誉和荣华，但不以侥幸，而以自己的令德来求得它们。"

① 《俗语论》，第 1 卷，第 1 章，尤见《君主论》第 1 卷，第 1 章；在书中，他想说明君主政体的观念不只为了有用于世，而且也"为使我首先赢得这么大的优胜的奖赏，以为我的光荣。"

② 《宴会》，威尼斯，1529 年，第 5、6 页。

③ 《天堂篇》，第 6 歌，第 112 行以下。

④ 例如，《地狱篇》，第 6 歌，第 89 行；第 13 歌，第 53 行；第 16 歌，第 85 行；第 31 歌，第 127 行。

⑤ 《炼狱篇》，第 5 歌，第 70、87、133 行；第 6 歌，第 26 行；第 8 歌，第 71 行；第 11 歌，第 31 行；第 13 歌，第 147 行。

⑥ 《炼狱篇》，第 11 歌，第 85—117 行。除"荣誉"外，我们还看到有"声誉，令闻，众望、名声、荣誉"等等指同一事物的不同名称。薄伽丘，如他在致皮津加的信件中所承认的那样，说："由于希望名垂不朽。"

是以时代为转移的，并且可以为更伟大的后继者所超越和盖过。

在但丁以后不久崛起的新的诗人学者很快地就使他们自己成了这种新趋势的主人。他们是在双重意义上这样做的：他们自己是意大利一致公认的名人，同时作为诗人和历史家，他们有意识地来评定别人的声誉。这种声誉的一个表面象征就是对诗人的加冕，关于这一点我们将在以后谈到。

但丁的一个同时代人，阿尔伯蒂·莫莎图，在帕多瓦被主教和教区长加冕为诗人；他所享受的荣誉几乎达到了神化的地步。每一个圣诞节日，大学的两个学院的博士和学生们排着庄严的队伍、吹着喇叭并且好像是持着点燃起来的蜡烛、来到他的住宅前向他致敬[①]并馈送礼品。他的盛名一直继续到1318年他失宠于卡拉拉家族的当权的暴君时为止。 153

这种新的崇拜过去只是献给英雄圣贤的，而这时却大量地给予了佩脱拉克；他自己在晚年时确信这不过是一种愚蠢而讨厌的事情。他的《致后人书》[②]是一个不得不满足群众好奇心的名高望重的老人的自白。他承认他宁愿名传后世而不愿声闻当时。[③] 在

---

① 见斯卡尔第奥尼乌斯：《帕多瓦古都记》（格雷维乌斯：《宝典》，第6卷，第3章，第260栏）。究竟应该解作"蜡烛"或"一定的礼物"，不能断言。莫莎图的有些严肃的性格可以从他所写的亨利七世的传记一书的笔调中看出来。

② 见佩脱拉克：《致后人书》或《告后人书》，在他作品各版本的开端，或《晚年书简》第18卷里的惟一的一封信。又见弗拉卡塞提：《佩脱拉克书信集》——1859年版，第1章，第1—11页。近代一些批评佩脱拉克虚荣心的人，如果处在佩脱拉克的地位，就不见得会表示出那么厚道和坦率了。

③ 《全集》，1581年版，第177页：《论丑名》。在人民群众中的声名特别使他不快。《书信集》第1卷，第337、340页。我们可以在佩脱拉克身上像在老一代的人文主义者身上一样观察到沽名钓誉和要求有基督教徒的谦虚精神的矛盾。

他的关于幸与不幸的对话中，[①]那个主张光荣为无谓的对话人得
到了胜利。但是，在这同时，佩脱拉克却以拜占廷的君主[②]能够像
154 查理四世一样地从他的著作上知道他而高兴。[③] 事实上，就是在
他活着的时候，他的声誉已经远及于意大利以外。当有一次他访
问故乡阿利佐（1350 年），他的朋友把他带到他出生的那所房子
里，并告诉他那个城市如何禁止对房屋内原来的样子作任何变动
时，[④]他的感情为之激动是很自然的。在从前，某些伟大圣者的住
处都是这样受到妥善保存和尊敬的，如圣托马斯·阿奎那在那不
勒斯的多密尼克修道院的住室和阿西西附近的圣芳济的小屋都是
这样；有一两个法律学家也享受到了半神话式的称誉而得到了这
种光荣。十四世纪末，佛罗伦萨附近的巴尼约洛的人把一个古老
的建筑叫作亚克索（约生于 1150 年）的书斋；但后来又坐视它被
毁掉。[⑤] 可能是某些法学家作为咨询律师所得到的巨大收入和政
治势力，在一般人的想象中留下了持久的印象。

① 《论处祸福之道》，收入在这些作品的各种版本中。又往往印成单行本，如伯尔尼，1600 年版。参阅佩脱拉克的著名对话《论鄙夷尘世》或《论自己各种苦恼的矛盾》，其中，对话人奥古斯丁将沽名钓誉作为可恶的缺点错误加以谴责。

② 《书信集》，第 18 卷（弗拉卡塞提版），佩脱拉克的声誉是在一百年后布朗德斯的著作：《绘图意大利》，第 416 页的论述中得到了评价。他说：若不是佩脱拉克这么多次和这么亲切地谈到"好人"罗伯特，就连一个有学问的人恐怕也不会知道罗伯特的任何情况。

③ 必须注意的是，查理四世可能受了佩脱拉克的影响，就连他在一封致历史学家马利尼约拉的信中也说到声誉是每一个发愤图强者的目标。见弗利忠：《查理四世皇帝和他对当时精神生活的不安》。维也纳，1876 年，第 221 页。

④ 《晚年书简》xiii，第 3 书，致乔万尼·阿雷提诺（1370 年，9 月 9 日）。

⑤ 见菲力波·维兰尼：《列传》，第 19 页。

除了对于有名人物出生地的崇拜外,还有对于墓地的崇拜,[1]而对于佩脱拉克,还有对他逝世地点的崇拜。为了纪念他,阿尔夸成了帕多瓦人喜爱的游览胜地,那里点缀着许多美丽的小别墅。[2] 155 这时在北欧没有“圣地”,人们只瞻仰肖像和遗物。各个城市都以拥有它们自己的和外国名人的骨骸为光荣;最值得注意的是:甚至在十四世纪,远在圣十字教堂建筑之前,佛罗伦萨人就何等郑重其事地使他们的教堂变成一个伟人祠。佛罗伦萨为阿克索、但丁、佩脱拉克、薄伽丘和法学家扎诺比·德拉·斯特拉达修筑了壮丽的坟墓。[3] 在十五世纪后期,“豪华者”洛伦佐亲自到斯波莱托人那里,请求他们把画家菲利波·李比修士的遗体赠给这个教堂,他所得的回答是他们这个城市并没有多少纪念物,特别是属于有名人物这一类的,为了这个理由他们恳求他把这个遗体留给他们;因此事实上他就不能不以建立一个纪念碑为满足。[4] 甚至但丁,尽管薄伽丘极其严厉地敦促佛罗伦萨人提出归还遗骨的请求,[5]但他仍然在拉文纳安静地长眠在圣芳济教堂旁。他被葬在“古代帝王陵墓和圣者墓穴之间,啊!家乡!和您所能提供给他的更光荣的伴侣为伍了”。甚至于发生这样的事,有一次有一个人从上面立

① 二者都见于薄伽丘的墓志铭上:“我生在佛罗伦萨的波佐托斯卡内利,埋葬并永眠于彻塔多郊外。”《薄伽丘俗语著作集》,第16卷,第44页。

② 见米凯尔·萨沃那罗拉:《帕多瓦颂》,载木拉托里,《意大利史料集成》,第24卷,第1157栏。阿尔夸从那时起一直成为特殊礼赞的对象(参阅埃托尔·马果拉:《阿尔夸古抄本》,1874年帕多瓦版),又是佩脱拉克逝世五百周年盛典纪念的场所。据说,他的寓所以后被他的最后的主人西尔维斯特里枢机主教赠给帕多瓦市。

③ 1396年的这一命令及其理由,见盖伊:《通信集》,第1卷,第123页。

④ 见拉蒙特,《洛伦佐·美第奇》,第2卷,第180页。

⑤ 见薄伽丘:《但丁传》,第39页。

着十字架的祭坛上取走了烛灯，并把它们放在但丁的墓前说：“收下吧！你比他，那个被钉在十字架上的人，更值得接受它们！”而这个人并没有受到惩罚。[①]

这时，意大利城市又开始记起它们的古代公民和居住者了。也许那不勒斯从来没有忘掉过它的维吉尔的坟墓，因为和这个名字联系在一起的有一种神话式的荣光，而留在这个城市里边的佩脱拉克和薄伽丘恢复了对于这个名字的纪念。

甚至在十六世纪时，帕多瓦人坚决相信他们不仅拥有他们的创造者安特诺尔的而且还有历史家李维的真正遗骨。[②] 薄伽丘说：[③]“苏尔莫纳以奥维德[④]在流放中远葬异地而叹息悲伤；帕尔马以卡西乌斯[⑤]能够长眠在它的城垣之内而欢欣鼓舞。”曼图亚人在十四世纪铸造了一种上面刻有维吉尔半身像的纪念章并建立起了他的雕像。年轻的贡查加的保护人，卡洛·马拉泰斯达在1392年有一次犯了贵族的骄纵脾气[⑥]，把它毁掉了，而在以后，当他发现

① 见弗朗哥·萨克蒂，《故事》，第121篇。

② 前者在圣洛伦佐教堂附近的人所共知的石棺里，后者在“正气宫”的一扇门上。关于在1413年发现这些骨骸的详细情况，见米松：《意大利旅行记》，第1卷，和米凯尔·萨沃那罗拉，第1157栏。

③ 见上述《但丁传》。卡西乌斯的遗体怎样从菲力比回到了帕尔马？

④ 奥维德（Ovid，公元前43—公元17年），拉丁诗人，生于罗马东北的苏尔莫纳地方。——译者

⑤ 卡西乌斯（Cassius，死于公元前30年）是罗马的一个军人，也是一个诗人，生于帕尔马地方。——译者

⑥ 庇护二世（《回忆录》第10卷，第473页）说：“由于贵族的骄矜”并“以宗教为借口”。这种新荣誉必然是不适于那习惯于旧日荣誉的人。卡洛·马拉泰斯达使人推倒维吉尔的雕像，并将其投入明乔河中，而他说，这是由于他恼怒曼图亚人给予它的崇拜，这是一件有根有据的事情，它特别为比埃尔·保罗·维尔吉利奥1397年所写的一

这位老诗人过于名高望重时，他不得不又重新把它树立起来。甚 156
至以后，一个离城二三里远的小山洞，[1]传说维吉尔曾经在那里沉
思构想过，也和那不勒斯的“维吉尔学校”一样，给外来的客人们
参观。科摩认为两个普林尼[2]都是属于它自己的，并且在十五世 157
纪末，在大教堂正面华美的天盖下建立雕像以对他们表示尊敬。

篇痛斥卡洛·马拉泰斯达的文章所证明。《论雄辩的演说家维吉尔的被打倒的雕像的信》，马可·曼托瓦·本纳维德斯编（无疑是在1560年前在帕多瓦出版的）。从这一作品中可以清楚地知道，直到那个时候，那个雕像还没有重新竖立起来。这是否由于那篇痛斥的文章所致吗？巴尔托洛缪·法西奥说是的（《论名人维吉尔》，第9页以下，载《维尔吉利奥的传记》中，1456年版），“他因为维吉尔的雕像被卡洛·马拉泰斯达在曼图亚公然推倒而对他进行攻击。因为他自己是维吉尔的同乡，所以他设法使那雕像在原来的地点重新竖立起来。”他的证据是独一无二的。

诚然，就我们所知，当时没有关于曼图亚的历史记录（普拉提那：《曼图亚史》，载木拉托里，《意大利史料集成》，第20卷，没有任何关于这方面的记载），但较晚期的历史学家们都一致认为那个雕像迄今仍未恢复。关于证据，参阅普伦第拉夸：《维达利诺·达·菲尔特立传》，传写在1446年后不久（1871年版，第78页）。它只谈到雕像的毁坏而没有提到雕像的恢复。又安托尼奥·波昔维尼的作品《贡查加》，曼图亚，1628年，第485页上，关于雕像的被推倒，人民的怨言和激烈反对以及君主因而答应要加以复修等情况，都有所记述，并附加说：“但维吉尔的雕像并未修复。”此外，1499年3月17日，亚科波·达特利写信给伊斯特家族的伊莎贝拉，说他曾和庞达诺谈过女公爵关于在曼图亚建立维吉尔雕像的计划，又说庞达诺快乐得大声喊叫说，如果维吉尔尚在人世，他会更加高兴，“当卡洛·马拉泰斯达说服人们将维吉尔雕像投入河中时，他们又郁郁不乐了。”于是作者继续谈到建立塑像的方式，并谈到像上的铭文：“曼图亚人维吉尔”和“伊莎贝拉·马尔希奥尼萨重建于曼图亚”等字样，并认为，安德烈·曼坦那是适合于担任这项工作的人。事实上，曼坦那也绘出了建像用的图。（那个绘图和文字载在巴瑟的《曼图亚文献中的艺术与历史资料研究；关于曼坦那本人及其作品的未刊资料》，见《美术杂志》，第20期（1866年）第478—492页，尤见第486页以下。）从这个文字中可以清楚地看到卡洛·马拉泰斯达没有修复这个雕像。科姆巴累提曾继布克哈特之后，在关于中世纪维吉尔的作品中讲过这个故事，但没有什么根据。盖格尔博士根据柏林保罗教授的意见，对卡西乌斯·隆吉努斯和帕尔马诗人卡西乌斯两人做出了区别，他俩都是刺杀凯撒的凶手。

① 参看凯斯勒的《最近的旅行》，第106页。

② 老普林尼显然是维罗纳人。

历史和新地志学这时很注意不忽略每一个当地的有名人物。在同一时期，北方的历史家只是在列举教皇、皇帝、地震、彗星时，偶然插入一点说明，提到在这个时期有这个或那个有名人物“活跃”过。我们将在其他地方表明，怎样主要在荣誉概念的影响下，发展起来一种优秀的传记文学。这里，我们只谈谈那些地志学家们的地方爱国主义，他们记载那些他们的出生地城市有名的人物。

在中世纪里，很多城市都以它们的圣徒和它们教堂里的遗骨和遗物而骄傲。[①] 1440 年帕多瓦的颂词作者，米凯尔·萨沃那罗拉[②]就以这些来开始他一系列的圣贤颂，并从这些谈到“那些名人，他们并非圣徒，但由于他们的大智大勇（德行）应该列入（adnecti）圣徒之列。”——正像古典时代卓越的人物和英雄相近似一样。[③] 更详细的列举最能代表这个时代。首先是普里亚姆的兄弟安特诺尔，他带着一群特洛伊的逃亡者建立了帕多瓦；达尔达奴斯国王，他在尤干尼亚山战败了阿蒂拉，于是跟踪追赶，并在里米尼用棋盘将他打死；皇帝亨利四世，他建造了大教堂；一个叫做马尔库斯的国王，他的头被保存在蒙塞立斯山（燧寨山）上；其次还有两三个枢机主教和主教，他们是学院、教堂等等的创建人；著名的奥古斯丁会神学家弗拉·阿尔伯托；自保罗·维纳托和有名的阿

① 这就是有名的作品《帕维亚颂》（载木拉托里，《意大利史料集成》，第 20 卷，始于十四世纪）的格调——地区自豪感很强烈，却没有个人荣誉感。

② 见《帕多瓦颂》，载木拉托里，《意大利史料集成》，第 24 卷，第 1138 栏以下。根据他的意见，只有三个城市——佛罗伦萨、威尼斯和罗马可以和帕多瓦相比拟。

③ “因为，美德和贤圣为邻，并具有同等价值，所以我们的先人们对这样神圣的或值得永久纪念的人们加以赞扬，不为不当。”下面的话是最典型的：“所以按照我的浅见，我要使他们永垂不朽。”

尔巴诺的彼埃特罗以下一系列的哲学家；法学家保罗·帕多万诺；其次还有李维和诗人佩脱拉克、莫莎图、洛瓦托。如果说这个名单里边缺少任何有名的军事家，那么诗人引以自慰的是他所提出来的博学之士的众多和学术上的光辉成就更能够名垂不朽，而军人的荣誉则是名随身灭，或者，即使传诸永久，也只是赖学者之笔以彰。[①] 虽然如此，但外国的名将自愿葬在这里对于这个城市依然是一种光荣，如帕尔马的彼埃特罗·德·罗西、皮亚琴察的菲利波·阿尔切利，特别是纳尔尼的加达美拉达（死于1442年），[②]他的骑马铜像“像一个凯旋的凯撒”早已矗立在圣图教堂的旁边。这个作者然后又提出来一群法学家和医学家的名字，医学家中有佩脱拉克的两个朋友，约翰·阿布·霍罗洛吉奥和亚科伯·德·唐底斯，他们是贵族，“像许多其他贵族一样，不仅得到了而且应 158
该得到骑士的光荣。”然后接着是一系列有名的工程家、画家和音乐家，最后是一个剑术家，米凯尔·罗索的名字，因为他是他那一行里边最卓越的人物，所以在许多地方都可以看见他的画像。

在这些由神话、圣徒故事、民间颂赞、文学传说共同砌成的地方荣誉殿堂的旁边，诗人学者们又建造了一座伟大的具有世界声誉的名人万神殿。他们往往直接模仿科尔尼里乌斯·尼波斯[③]、伪

① 在很多同时代的作家中，也发现有类似的想法。科德路斯·乌尔塞斯在他的《讲演》第13篇（《全集》，1506年，第38页b），谈到学者兼战士的加利佐·本蒂伏利奥时说：“他认为军事艺术固然高尚，但文学则确乎更加高尚。”

② 一如编者所指的那样（见木拉托里《意大利史料集成》，第1059栏注），紧接着下文的并不是出自萨沃那罗拉的手笔。

③ 科尔尼里乌斯·尼波斯（Cornelius Nepos，公元前一世纪）是罗马的历史学家。——译者

托的苏多尼乌斯[1]、瓦勒里乌斯·马克西姆斯[2]、普鲁塔克[3](《妇女的美德》)、哲罗姆[4](《名人传》)等人的作品荟萃了很多男女名流。或者,他们像佩脱拉克在他的《荣誉的凯旋》里,薄伽丘在他的《爱的梦想》中那样,写想象中的凯旋式和奥林帕斯的群神大聚会,有上百人的名字之多,其中至少有四分之三是属于古代的,其余的是
159 属于中世纪的。[5] 这种新的和比较近代的成分逐渐地得到更大的重视,历史家们开始插入人物性格的描写,从而产生了如菲利波·

① 苏多尼乌斯(Suetonius,于公元二世纪左右)是罗马历史家,写有《凯撒传记》。——译者

② 瓦勒里乌斯·马克西姆斯(Valerius Maximus,公元一世纪)是拉丁作家,写有《著名言行汇编》一书。——译者

③ 普鲁塔克(Plutarch,约生于公元16年)是希腊传记作家和论文家。——译者

④ 哲罗姆(Hieronymus,公元340—420年)是著名的基督教学者,写有圣经注释。——译者

⑤ 佩脱拉克在这里所引的《凯旋》一书中只涉及古代人物,而在他的《大事记》集子里,对同时代的人谈得很少。在薄伽丘的《名人的不幸》中,(男人之外也包括一些妇女,除了末尾所叙及的菲丽帕·卡斯丁之外,甚至也谈及女神朱诺)只有第8卷的末尾和最后一卷(第9卷)才谈到非古典时代。薄伽丘的著名作品《名妇传》也几乎是专谈的古人。它从夏娃开始谈起,接着叙及古代的九十七位妇女,加上中世纪的七位,起自教皇约翰,止于那不勒斯的约翰娜王后。

过了很久以后,在伏尔泰拉的《城市记事》中也是如此。在奥古斯丁会教士亚科伯·柏格曼的作品《名妇传》中(1497年出版,但可能发表得更早些),古人和圣徒列传占主要地位,但里面仍有一些有价值的意大利妇女的传记。还有维斯帕西雅诺·达·比斯提奇所写的一两篇当代妇女的传记(《意大利历史文献》,第4卷,第1章,第430页以下)。在斯卡第奥尼乌斯的《帕多瓦古都记》里(载《宝典》第6卷,第3章,第405栏以下),只提到过著名的帕多瓦妇女。这本书最初是写帝国衰落时期的稗史或传说,继而是十三、十四世纪党派斗争的悲惨故事,接着是几位巾帼英雄的事迹,再就是女修道院的女创办人、女政治家、女医生、生有很多名人的母亲、女学者、死于节操的农村姑娘;以后是十六世纪备受大家以十四行诗赞颂的有教养的美人,最后是帕多瓦的女小说家兼诗人。一世纪后,女教授可能要加入到这个行列里。关于伊斯特家族的著名妇女,见亚里奥斯托:《奥兰多》,第13章。

维兰尼、维斯帕西雅诺·菲奥兰提诺、巴尔托洛缪·法奇奥、保罗·科尔蒂斯[①]以及保罗·乔维奥等人所写的很多当代名人传记。[②]

① 巴尔托洛缪·法奇奥和保罗·科尔蒂斯。法奇奥的《名人录》,首先由美优斯出版(佛罗伦萨,1745 年),这部书是在作者于 1455 年写完那不勒斯的阿尔方索国王的历史之后开始的(作者以其他历史著作知名,并且是那不勒斯阿尔方索宫廷的幕宾),并于 1456 年写完,因为书中引证匈牙利的斗争,而对伊尼亚斯·希尔维优斯升任枢机主教一事一无所知。(见瓦楞编:《洛伦佐·瓦拉短篇集三卷》,维也纳 1869 年,第 67 页注①。)这本书从来不为当代人也很少为以后的作者所引证。作者想要在这部书里描写"当代和我们记忆所及的"名人,因而只提到那些生于十四世纪后期到十五世纪中期还活着或者不久之前去世的人物。他描述的范围主要限于意大利人,艺术家和君主则例外。他把西吉斯蒙多皇帝和布兰登堡的阿尔贝赫·阿奇利斯都包括在君主中。在编排各种不同的传记上,他既不遵循编年顺序,也不论每人声誉的高低,只是"我遇到谁",就将谁写下来,想把头一部分所漏掉的,在第二部分里都予论及。他把名人分为九大类,几乎全部都先说明他们的特性:第一类,诗人;第二类,演说家;第三类,法律学家;第四类,医生(附加九个哲学家和神学家);第五类,画家;第六类,雕刻家;第七类,有名望的公民;第八类,将领;第九类,君主和国王。在后者中,他十分详细、十分注意地叙述了教皇尼古拉五世和那不勒斯国王阿尔方索。他一般只写简短的颂扬性的传略,写国王和军人时,只限于写他们一系列的功绩,而对艺术家和作家,也只是列举他们的作品。对这些作品并不试图作细腻的描述或评论,只对几件他曾亲自见到过的艺术作品才比较全面地描写。对单独的个人,他也没有任何意图去评价;他所写的人物或者泛泛地得到几句颂扬的话,或者只被提一下名字而已。关于他本人,作者几乎只字未提,仅仅说盖利诺是他的老师,曼内蒂写的一部书的题材是他自己曾经论述过的,布拉切利乌斯是他的同乡,而画家维罗纳的皮萨诺也是他的熟人。(见第 17、18、19、48 等页)可是谈到洛伦佐·瓦拉时,对于他自己和这位学者之间的激烈争辩却只字未提。另一方面,他表达了对上帝的虔诚和对土耳其人的憎恨(见第 64 页),把瑞士人称做蛮子以见其对意大利的爱国心(见第 60 页),并且说维尔吉利奥是"适于在意大利以写作度过一生的人"(见第 9 页)。

在所有名人中,他最重视的显然是学者,而学者中又以演说家为最,他的书的三分之一的篇幅几乎都是讲述他们。但他也极尊重法律家,对医生也表示出特殊好感,而在这些医生中,他也善于将理论家和实际临床者区别开来;他叙述了这些临床医生的成功的诊断和手术。他将神学家、哲学家和医生联系起来讨论,同他要把画家紧紧地列在医生之后是同样的令人奇怪的,虽然,照他说的,画家同诗人是最有连带关系的。从他对保护学术的君主所作的赞颂,虽然可以看出他对知识的推崇,但他是一个很重要的廷臣,没有将他所谈到的学者受过君主恩赐的事情记载下来,又不曾在叙述君主

（注文见 163 页）

160 在北欧，直到意大利对它的作家们发生影响以前，——如特利

的各章前的序言中将他们表彰为“有如身体之于四肢，是对上述各种人也同样加以支配和保护”的那些人。

该书的体裁朴实而不尚修饰，其内容虽然简短，但充满了教训。遗憾的是法奇奥没有更全面地深入到他所描述的人物的个人关系和环境中去，也没有给他们的一系列作品附加一些有关内容和作品价值的介绍。

保罗·科尔蒂斯（1645 年生，1510 年死）的作品《学者论对话》（佛罗伦萨，1734 年），则更受体裁特点的限制。这部书约写于 1490 年，因为它把死于 1488 年的安托尼奥·吉拉尔丁作为亡者来加以提及，而又把这本书献给死于 1492 年的美第奇家族的洛伦佐；它和法奇奥早三十年写的那部著作不同，不仅是因为它排除了那些并非学者之流的人物，也是因为它具有各种内在和外在的特点。首先是因为这本书的体裁用的是作者和他的两个伙伴即亚历山大·法尔尼斯和安东尼的对话体，同时又因为它有一些离题的话并对由此谈及的各种各样的人物予以不同的对待；其次是因为处理方式本身。法奇奥只谈他那个时代人物，而科尔蒂斯则只谈过去的人并且部分是死去已久的，这样一来，他不是由于不谈活人缩小了写作范围，而是扩大了这个范围。法奇奥仅仅是把作品和事迹记录下来，好像人们不知道它们一样，而科尔蒂斯则对他书中人物的文学活动加以评论，好像读者对他们已经很熟悉似的。这种评论是由人文主义者对修辞学的重视而形成的，根据这一点，任何人，除非他在修辞学上即在古典文学和在拉丁语方面的西塞罗式的运用上有显著的成就，是不会受到重视的。根据这一原则，但丁和佩脱拉克只受到适度的称颂，并由于他们在从拉丁文转移到意大利文方面用力过多而受到非难。盖利诺被描述成至少是模模糊糊地见到了完美的修辞学的人，列奥那多·阿雷提诺被描述成为给同时代的人们曾经贡献过“某种更光辉的东西”的人，而伊尼亚斯·希尔维乌斯被描述成为“在他身上首次出现了划时代的标志”的人。这个观点比其他一切观点都突出；但或许从来没人像科尔蒂斯这样片面地抱着这种观点。要明白他的思想方法，我们只须听听他对一位前辈（也是一位大量传记材料的编者）西科·波伦托内的评语：“他写给儿子的非常有用的名作家论二十卷，几乎没人阅读了。因为该书在论断上不够透彻，又其论事都是前人已经论述过的，所以不为人所喜闻乐见，但这犹可忍。那必然会令人不快的是当它堆满了一些不得当的词句的时候，文章显得有时平稳清顺，有时显得生硬粗糙，从而在文体上产生了很大缺点。全书中的这种情况，就如在一块田间撒下了很多彼此有害的种子一样。”

他描写所有的人都不是那么详细；大多数只简短几句话就解决了；有些则是仅仅提一提名而不赘一词。不过从他的论断中可以了解到许多人，虽然我们往往不同意这些论断。我们在这里不能更充分地讨论他，尤其是因为他的许多典型言论都已被引用

特米乌斯就曾受到影响，他是第一个写名人传记的德国人——它所有的只是关于圣徒的传说或者关于君王和圣职人员的描写，具有很大的传说性质，使人看不出荣誉的观念的痕迹，也就是由于个人努力而获得的声誉。诗人的荣誉仍然局限于社会的某些阶级才能获得；而这时北方艺术家们的名字也只是在他们作为某些行会或社团的成员而提及时才为我们所知。

如我们已经说过的，意大利的诗人学者最充分地意识到：他能使人获得荣誉和名垂不朽，或者（如果他要这样做的话），也可以

过，总起来看，这些言论给我们展示了当时的风气的一幅清晰图景，表面看来比较发达的晚近时期，以挑剔藐视的眼光瞧不起那内在也许更加丰富但外表不那么完美的早期。

上述传记作品的作者法奇奥被谈到了，但未谈及其著作。科尔蒂斯和法奇奥一样是一个卑微的廷臣，他看待洛伦佐·美第奇就如法奇奥看待那不勒斯的阿尔方索一样。他也是一个爱国者，他颂扬外国的优点只是出于不得已，也是因为他必须这样做，接着就提出保证说，他不愿意反对自己的祖国（见第 48 页亚努斯·潘诺尼奥条）。

有关科尔蒂斯的资料是由科尔蒂斯作品的编纂者伯尔那多·帕佩利尼乌斯收集的。最后，我们可附带说一句，他译的阿尔伯蒂小说的拉丁文译文：《希波利都斯和得若尼拉》首次刊印在《阿尔伯蒂文集》，第 3 卷，第 439—463 页上。

② 人文主义者名气之大到何等程度，从一些骗子企图利用他们的名字作招摇撞骗的资本这一事实可看出来。在维罗纳就曾出现过这么一个服装奇异、举止怪诞的人，被带到市长跟前，他就很起劲地背诵帕诺尔密达作品中的拉丁文诗句和散文，他回答人们的提问说他就是帕诺尔密达本人。他还能提供关于这位学者的生平许多一般不为人所知的细节，他的话因而得到了广泛的信任。于是他受到该城当局和学者们的极为光荣的接待。在一个相当长的时间里，他成功地扮演了这个伪装的角色，直到盖利诺和其他几个亲自认识帕诺尔密达的人揭穿了这场骗局为止。参看罗斯密尼，《盖利诺传》，第 2 章，第 44 页以下和 171 页以下。人文主义者当中，很少没有吹牛的习惯。科德路斯·乌尔塞斯（在 1506 年出版的《全集》一书之末《传记》第 70 页中），当有人问他对这个或那个名人有何见解时，他常常回答道："似乎他们有知识。"巴尔托洛缪·法奇奥《名人录》第 31 页上谈到法律家安托尼奥·布特立安西斯"在这个人身上只有一件事情应予注意，即他在这门学问上愿意如此地超出别人之上，因而他从来不承认在考试中任何人适于授给博士学位。"

随意使人没世无闻，名随身灭。[①] 尽管佩脱拉克对于劳拉[②]的爱情是非常理想的，但他仍透露着这种感情，那就是他的十四行诗能使他的所爱和他自己一样地传诸不朽。[③] 薄伽丘曾经对一个美丽的女人表示不满，他曾经对她表示敬意，而她却一直是无动于衷，目的是为了使他继续称赞她以使她名噪一时，但薄伽丘却暗示她，他
161 将要试一试对她略作微词，看有什么效果。[④] 桑纳札罗[⑤]以他的两篇辉煌的十四行诗，使那不勒斯的阿尔方索有遭永世遗忘的危险，因为他曾经在查理八世的面前怯懦地逃走。[⑥] 安吉洛·波利齐亚诺严肃地劝告（1491 年）葡萄牙的国王约翰[⑦]要及时地想到关于他在非洲新发现的不朽事业并把材料送到佛罗伦萨，由他加以整理（细加润色）；不然，他将像所有其他的人一样，由于得不到学者文人的襄助，他们的事业“被埋没在人类的无常之中”。那个国王，或是他的人文主义的大臣，同意这个意见，并答应至少要把关于非洲事情的葡萄牙文记录译成意大利文，送到佛罗伦萨写成拉

① 十二世纪的一个拉丁诗人，即一位以出售他的诗歌来换取一件外衣的行吟诗人，就是拿他可以使人传诸不朽或没世无闻这一点来威胁人的。见《布拉那诗集》，第 76 页。

② 劳拉（Laura）是一个结了婚的贵族夫人，也是佩脱拉克的理想中的爱人，他曾为她写了许多的爱情诗篇。——译者

③ 十四行诗：时间迁流……

④ 薄伽丘：《俗语著作集》，第 16 卷，十四行诗第 13 首：《面色苍白，遭到失败……》。

⑤ 桑纳札罗（Sannazaro，1458—1530 年）是意大利的诗人。他的最有名的作品是一篇写农村恋爱故事的散文，《亚加狄亚》。此外他还有模仿佩脱拉克的许多十四行诗和抒情诗篇。——译者

⑥ 见他处，并见罗斯科：《列奥十世》菩西版，第 4 章，第 203 页。

⑦ 《安吉洛·波利齐亚诺书信集》，第 10 卷。

丁文著作。究竟这个诺言是否实现了不得而知。这些主张绝不像它们初看来那样毫无根据；因为使一些事件，即使是最伟大的事件，传播于当代和流传后世的方式并不是一件无关重要的事情。意大利的人文主义者，以他们的表达方式和拉丁风格，很早以来就完全掌握欧洲的读者，直到上一个世纪，意大利诗人比任何其他国家的诗人都更为广大群众所熟知和受到更广泛的研究。地球上的一个新发现的地区之所以以佛罗伦萨的亚美利哥·维斯普奇的教名命名，是由于他有一部游记——自然这是在把它译成拉丁文的德意志人，马丁·瓦尔德斯莫勒尔（希拉科米鲁斯）的提议之下作出的；[1]保罗·乔维奥虽然充满肤浅之见和美丽的空想，但他自认为有希望成为不朽的人物，[2]他的期待并没有完全落空。

在所有这些从表面上看来是为了获得荣誉的努力当中，有时 162
我们把帷幕揭开，看到可怕的彰明较著的事迹，看到一种不惜采用一切手段和不顾一切后果以追求“伟大”的无限野心和渴望。因此，马基雅维里在他的《佛罗伦萨史》的序言中，非难他的前辈列奥那多·阿雷提诺和波吉奥，认为他们关于那个城市的党派问题过于慎重和沉默：

> “他们错误很大，并表明他们对于人们要名垂不朽的野心和欲望了解得很少。有多少人如不能以丰功伟绩流芳百世就力图以恶德丑行遗臭万年啊！那些作家们并没有想到：那些本身是伟大的行动，例如统治

---

① 《四度航海记》等书。德约达托姆（圣提埃），1507。参考培舍尔：《发现时代史》，1859 年初版，1876 年第二版。

② 见保罗·乔维奥：《论罗马鱼类》，序言（1825 年出版）。他抱着某种不朽的希望想使他的史书前十卷早日出版。

> 者和国家的行动，不管它们属于哪一类和会有什么样的后果，总是似乎给人带来光荣，而不是给人带来责难。”①

严肃的作家们把不止一件惊人而可怕的事情的动机归之于一种要完成一些伟大而令人难忘的事情的迫切的欲望。这种动机不仅是一般极端的虚荣心，而是有些近乎着了魔，包括着意志的屈服，使用任何残暴手段乃至对成败本身的在所不计。例如，马基雅维里就是在这个意义上来理解斯蒂法诺·波尔卡罗（见边码 122 页）的性格的；②关于加利佐·马利亚·斯福查的谋杀者（见边码 77、78 页），历史记载也告诉了我们同样的情况；而佛罗伦萨的阿利桑德罗大公的被刺（1537 年），瓦尔奇本人也认为凶手洛伦奇诺·美第奇是因为受到了渴求声名的折磨（见边码 80 页）。保罗·乔奥维更强调了这一动机。③ 按照他的说法，洛伦奇诺因为毁坏了一些罗马的古代雕像，曾经受到莫尔扎的一本小册子的嘲笑，因此他考虑做一件新奇的事情以使他的羞耻为人所忘，结果就产生了对于他的亲属和君主的谋杀。这些就是这个在感情和力量上极度紧张和绝望的时代的典型特征，并且使我们想起了在马其顿的菲利普时代焚烧埃菲萨斯的狄亚娜神庙的事件④。

---

① 参看《史论集》，第 1 卷，第 27 页。“邪恶”可能有“宏大处”和“豪爽的一面”。“宏大”可能消除行为中的“污点”，一个人可能“邪恶得光荣”和那种好得完美的人相比。

② 《佛罗伦萨史》，第 6 卷。

③ 见保罗·乔维奥：《著名学者语录》，第 192 页，马利乌斯·莫尔萨条。

④ 狄亚娜神庙是小亚细亚埃菲萨斯地方的一个有名的希腊神庙，建于公元前六世纪，以它的宏大和辉煌壮丽出名，被列为世界七大奇迹之一。公元 262 年为哥特人所焚毁。——译者

第四章　近代的机智与讽刺

163

嘲笑，尤其是当它以出奇制胜的方式表达出来时，不仅是近代渴求荣誉的矫正剂，而且也是一切高度发展的个性的矫正剂。[①] 我们读到，中世纪里敌对的军队、君主和贵族们怎样互相以象征性的侮辱来激怒对方，而失败的一方又怎样地饱受这种侮辱。在古典文学的影响下，机智也到处开始被用作神学争论中的一种武器，而普罗旺斯[②]的诗则产生了整个一类讽刺文学的文体。甚至"行吟诗人"，如他们的政治性的诗篇所表明的，在必要的时候也能采取这种口气。[③] 但是，机智有了它嘲笑的适当的对象，即有个人抱负的充分发展的个人时，才能成为生活中的一个独立因素。自此以后，它的武器就完全不限于口舌笔墨的运用，而是包括恶作剧和开玩笑在内——即所谓"burle"和"beffe"——它们构成了许多故事集的主题。

必定是在十三世纪末写成的《古代故事百篇》既没有以对比

① 纯粹的嘲笑很早就见于十一世纪本佐·阿尔巴的作品中(《德意志史料集成》，第 11 卷，第 591—681 页)。

② 普罗旺斯是法国东南部的古州，因中世纪产生"抒情诗人"的一派而有名。——译者

③ 中世纪是更加富于所谓讽刺诗的，但讽刺不是针对个人而是针对各阶级各部门和全民的，并且很容易地变成了说教的口气。这种文学的整个精神，在西方各国的所有这类文学形式中以《狐狸先生》表现得最为佳妙。关于法兰西文学的这一分支，见勒尼昂的一部很好的新作:《中世纪法兰西的讽刺文学》(巴黎，1860 年)和他的同样卓越的续作:《十六世纪法兰西的讽刺文学或战斗文学》(巴黎，1866 年)。

写法的产物“机智”，也没有以“谐谑”作为它们的主题；[①]它们的目的仅仅是简单而优美地表达富有智慧的格言、美丽的故事或寓言。但是，如果要找有什么东西能够证明这一部作品的古老，那就恰好是它的缺乏讽刺。因为随着十四世纪的到来，出现了但丁，他在嘲笑的语言上把世界上所有其他诗人远远抛在了后边，而即使单就他对于欺诈者的巧妙的描写而言，[②]他也可称为大喜剧的第一流大师而无愧。从佩脱拉克[③]起才按照普鲁塔克的范例开始收集警句（《格言集》等）。

164 在这一个世纪中间，弗朗哥·萨克蒂[④]的小说最典型地说明了佛罗伦萨对警句的收集是何等的丰富。这些小说，大部分并不是故事，而是在某种情况下所作的回答——是无知愚人、朝廷弄臣、恶棍和放荡的女人们用以进行反唇相讥的惊人质朴的语言。故事的喜剧成分就在于这种真正的或伪装的天真质朴与世上因袭的道德、通常的关系的惊人的对比——许多事情都被颠倒过来了。这里使用了一切生动的表现方法包括某些北意大利方言的应用。机智往往为单纯的傲慢态度、笨拙的圈套、亵渎和淫猥的话所代

① 见上文，第 25 页我们偶尔看见一则傲慢无礼的笑话，《故事》，第 37 篇。

② 见《地狱篇》，第 21、22 歌。是惟一可能与阿里斯托芬相匹敌的。

③ 开始时，还有些谨慎，《全集》第 421 页以下，载《大事记四卷集》，又见《晚年书简》第 2 卷，第 2 书。参考《书信集》（佛拉卡塞提版，第 1 卷，第 68 页以下和第 70、240、245 等页）双关语具有其中世纪发祥地——寺院的风味。佩脱拉克的《斥法国人》和《斥严以责人的医生》的谩骂之作及所著《论自己及许多人的无知》，也许还有他的《无名书信集》可引为讽刺作品的早期样本。

④ 萨克蒂（Sacchetti，1330—1399 年）是意大利的商人、政治家和小说家，写有抒情诗和简洁的小说故事。——译者

替；讲到佣兵队长[①]的几则笑话是曾经记载过的故事中间最无情的和最恶毒的几则。有许多“恶作剧”是真正可笑的，但也有许多只是证明个人对别人取得了真正的或假想的优势和胜利而已。人们究竟愿意忍受它到什么程度，被伤害者究竟是否常常从一个报复性的恶作剧中得到发笑为满足是难说的；它整个掺杂有很多无情的和无谓的恶毒，无疑地，佛罗伦萨的生活往往由于这个原因而弄得非常不愉快。[②] 那些笑话的发明者和到处讲说笑话的人不久就成了不可缺少的人物，[③]在他们中间一定有一些是第一流的，远比一切仅充当宫廷中的弄臣的优越得多，这些弄臣是得不到竞争、常常更换的公众、得到听众的迅速的了解等等佛罗伦萨生活的一切便利的。有一些佛罗伦萨的富有机智的人到伦巴第和罗马尼阿[④]的暴君宫廷里去充当主要演员，并感到比在国内能够得到更好得多的报酬，因为在国内他们的这种才能不但不值钱而且比比皆是。这些人当中，最好的一类是逗笑的人（l' uomo piacevole），最坏的是演滑稽戏的丑角和庸俗的帮闲，他们不待邀请就出现在婚礼上和宴会上，理由是“如果我没有被邀请，那不是我的过错”。有时候，后两种人合起来骗取浪荡子的金钱，[⑤]但一般他们是被当

① 故事第40、41篇。这人就是利都弗·加米里诺。

② 尽人皆知的对布鲁内莱斯科和胖木刻师曼那托·阿马那提尼（据说他在遭受嘲笑之前就已经逃往匈牙利）的嘲笑，虽说得巧妙，但很刻薄。

③ 佛罗伦萨国家的“传令官”。《利那尔多·阿尔比齐的命令》，第3卷，第651、669页，可算是其中的一个例子。滑稽家成了饭后给满座客人助兴的不可少的人物。见阿尔塞俄尼《放逐论》（门肯版，第129页）。

④ 萨克蒂故事第48篇。可是据故事第67篇所记，有这么一种印象，即一个罗马尼阿人比最坏的佛罗伦萨人强。

⑤ 见阿尔伯蒂：《齐家论》，《全集》，波努希版，第5卷，第171页。参考上文第145页。

作帮闲,受到鄙视;而地位较高的戏谑家则俨然以王侯自居,并认为他们的才能是有些了不起的。查理四世曾经称多尔奇本是“意
165 大利的滑稽家之王”,多尔奇本在费拉拉向他说:“您将征服这个世界,因为您是我和教皇的朋友;您用宝剑,教皇用诏书,而我用我的舌头来战斗。”[①]这不仅是一句戏谑,而也是预示皮埃特罗·阿雷提诺[②]的到来。

十五世纪中叶前后的两个最有名的滑稽家是佛罗伦萨附近的一个僧侣,较高雅的嘲讽者阿尔洛托(1483 年)和费拉拉的宫廷弄臣,滑稽演员贡纳拉。我们不能拿他们的故事和《卡伦堡的教士》[③]和《蒂尔·欧伊伦斯比格尔》[④]的故事相比,因为后者是以一种不同的半神话方式,作为整个民族的幻想的产物而兴起的,它所涉及的是一般的并为一切人所理解的东西;至于阿尔洛托和贡纳拉则是历史的人物,带有地方色彩和受着地方形式的影响。但是,如果允许我们把范围扩大到非意大利国家的嘲讽作一比较,我们一般地会看到:在法兰西的《寓言故事》[⑤]里的笑话像在德意志人

① 见弗朗哥·萨克蒂,《故事》第156篇。关于多尔奇本和犹太人,参看第24篇(关于查理四世和滑稽家,见“弗利忠”前引书,109页)。波吉奥的《滑稽集》大体上像萨克蒂的作品,都是些开玩笑、鲁莽无礼的话、易为一般愚民所误解的精炼的猥亵语言。大量的口头笑谑表现了这位语言学家的作品的特征。关于阿尔伯蒂,见本书第二篇第二章。

② 阿雷提诺(Pietro Aretino,1492—1556 年)是意大利的讽刺作家,常被雇用来写诽谤性的文章,为许多人所畏惧和痛恨。——译者

③ 《卡伦堡的教士》(Parson of Kalenburg)是一部德意志的讽刺故事集,主人公即“卡伦堡的教士”,1450 年由菲利普编成,其中多为嘲笑农民和教士的故事和笑话。——译者

④ 蒂尔·欧伊伦斯比格尔(Till Eulenspiegel,1300—1350 年)是农民出身的编述故事和笑话者,以后被北德的民间著作反复采用为主人公,并以他的姓名为书名。——译者

⑤ 必然也出现在意大利人的那些小说中,它们的题材是从这里选取的。

当中的一样，主要是用来取得某种利益或享乐；而阿尔洛托的讥讽和贡纳拉的恶作剧则是为玩笑而玩笑，它们的存在仅仅是为了作品的胜利（蒂尔·欧伊伦斯比格尔，作为特定阶级和特定职业的爱开玩笑的人的化身，是独成一格的。他的玩笑大多数没有什么意义）。伊斯特家族的宫廷弄臣不止一次地用他的尖锐的讽刺和高雅的报复方式挽救了他自己。[1]

“逗笑的人”和“滑稽戏演员”这一类型的人在佛罗伦萨失去自由很久以后还存在着。巴尔拉奇亚活跃在柯西莫公爵的时代，而在十七世纪初则有弗兰切斯科·拉斯波利和柯吉奥·马里尼约利。佛罗伦萨人对于滑稽家的真诚爱好明显地表现在教皇列奥十世身上。这位君主对于最风雅的精神享受百听不厌，他在平常吃饭的时候就容许而且希望有一些幽默的弄臣和丑角们陪伴着他，其中有两个僧侣和一个跛子；[2]在公开的宴会上，他故意轻蔑地把
他们当作帮闲看待，给他们面前摆上一些猴子和老鸦以替代美味 166
的肉食。的确，列奥对于“诙谑”表现了一种特别的爱好；他的天性使他有时诙谐地处理自己最爱好的艺术——音乐和诗歌，并和他的一个秘书枢机主教贝比埃那一起写些这方面的滑稽作品。[3]

① 据邦德罗，第4编，故事第二篇，贡纳拉善于扮作别人的模样，能模仿意大利的各种方言。

② 见保罗·乔奥：《列奥十世传》。

③ “当时有一个无比地巧于戏弄年老位高的人并使之大怒的贝比埃那。”这里不禁使我们想起瑞典的克利斯提那戏弄她的古典学者的故事。参阅乔维诺·庞达诺的一段值得注意的文字（《谈话论》，第2卷，第9章）：“阿尔方索的儿子斐迪南，那不勒斯人的大王，他本人就是一个时代风尚所要求的长于化装和讲话的艺术家，因为当代的教皇们在化装和辞令上比那些滑稽演员们都有过之而无不及。”

他们曾经愚弄一个诚实的老秘书，直到使他认为他自己是一个音乐艺术的大师，而他们却谁也不觉得这样做不合他的身份。那个即兴诗人，加埃达的巴拉巴洛被列奥奉承到这样的地步，甚至十分认真地请求在罗马加比托尔山上给他加上诗人的冠冕。在美第奇家族的保护圣者，圣柯斯马斯和圣达米安的节日上，他最初不得不戴着桂冠穿着紫袍以他的朗诵来愉悦教皇的客人，而最后，当所有的人都笑不可抑时，他又不得不在梵蒂冈的宫廷里边骑上了金鞍的大象（葡萄牙国王伊曼纽尔送给罗马的礼物），这时教皇正在用他的眼镜凭高下望。[①] 但是，那只大象被喇叭声和铜鼓声以及群众的欢呼声所惊吓，使他根本没能越过圣安吉洛桥。

把严肃而崇高的事情滑稽化，如我们在一个庄严的仪式上所看到的，已经在诗歌中占有一个重要的位置。[②] 自然，它不能不于

① 那个眼镜不仅可以从拉斐尔画的肖像画上看到，肖像画上的眼镜可以被解释为用以看祈祷书上精细画的放大镜，而且可以从佩利卡努斯的记述中得知，根据他的记述，列奥曾透过一个眼镜来眺望一列前进中的僧侣们的游行队伍（参看《苏黎世 1858 年年鉴》，第 177 页）。也可以从乔维奥所记他在打猎时所用的“凹透镜”得知。（参见罗斯科所著书附录中《匿名氏著列奥十世传》）在阿提利乌斯·阿来西乌斯书中（载巴律斯《杂纂》第 4 卷，第 578 页），我们看到，“他使用宝石制眼镜，拿在手内，移到眼前，对准要看的东西。”美第奇家族有遗传的近视病。罗伦佐患近视，并对说佛罗伦萨空气对眼不利的锡耶纳人巴尔托洛缪·索西尼答复说：“而锡耶纳的空气对脑不利。”列奥十世的视力不好，尽人皆知，在他当选后，罗马的才子们解释那雕刻在梵蒂冈宫的数字“MCCCCXL”（1440）如下：“Multi caeci Cardinales creaverunt caecum decimum Leonem”（很多盲目的枢机主教选举了盲目的列奥十世）。参看舍费德－托内利：《波吉奥传》第 2 章，第 23 页以下，又上面引用的一些段落。

② 在造型艺术上我们也见到这种现象，例如在一张有名的版画上把拉孔恩群像戏刻成三只猴子。但诙谐作品很少超过草图等类的范围，而且这类作品确实可能被毁掉了许多，而讽刺画则有些不一样。列奥那多在阿姆布洛吉乌斯图书馆所收藏的奇怪的脸谱上，表现了可怕而又可笑的东西，并任意夸张了滑稽的因素。

阿里斯托芬(他曾经把一个伟大的悲剧家写入他的剧作)的人物 167
之外,另行物色讽刺的对象。但是文化的成熟,曾一度在希腊人中间产生过讽刺诗文而它在意大利也起了同样的作用。在十四世纪末的时候,佩脱拉克的十四行诗中失恋的悲叹和其他类似的诗被讽刺家们用来学样取笑;而这种诗体的庄严气氛也被人们以不可思议的废话连篇滑稽地模仿着。《神曲》也经常受到人们滑稽的模仿,“豪华者”洛伦佐仿效《地狱》的风格写了那篇最美妙的滑稽作品(《盛宴》或《酒会》)。卢吉·普尔奇①显然是在他的《巨人传》诗中模仿即席诗人,而他和博亚尔多的诗,至少一部分是半自觉地对于中世纪骑士诗的滑稽模仿。伟大的滑稽诗文作者泰费洛·弗伦哥②有意地采取了这种讽刺的体裁。他托名利墨尔诺·皮托科写成了《小奥兰多》这一篇滑稽诗,诗中骑士的豪侠仅仅是作为一群近代人物和近代观念的滑稽陪衬而出现。他又托名梅尔利奴斯·科加朱斯描写了他幻想中的流浪汉的旅行和探险(以同样的谐模精神);这是半拉丁的六音步诗,虽然有当时熟悉的叙事诗的故作夸张之文(《混淆体诗集》)。从那以后,讽刺作品经常地而且常常是光辉地出现在意大利的诗坛上。

约在文艺复兴的中期,对于机智讽刺作了一次理论上的分析,而对它在上流社会里边的实际应用也作了更为明确的规定。这个

① 卢吉·普尔奇(Luigi Pulci,1432—1484 年)是意大利诗人,曾受洛伦佐保护。他的最有名的作品是一篇滑稽体裁的英雄诗《巨人传》。——译者

② 泰费洛·弗伦哥(Teofilo Folengo,1491—1544 年)是意大利的僧侣和滑稽诗人,他的有名的著作是《小奥兰多》和一些混淆体诗篇(混合近代语和拉丁语写成的诗)。——译者

理论家是乔维诺·庞达诺。[1] 在他关于讲话的著作里边，特别是在第三卷和第四卷中，他试图用许多笑话或“滑稽故事”做比较来得出一个普遍的原则。巴达萨尔·卡斯蒂利昂在他的《廷臣论》里教导人们应该怎样在有地位的人们中间运用机智。[2] 它的主要作用自然是用一些可笑的或优美的故事和谚语的复述使在场的人快活起来；相反地，拿个人来开玩笑是不应该给以鼓励的，理由是它使不幸的人们受到伤害，使加害于人的人洋洋自得，而且会结怨
168 于权门贵族和一时风云际会的人物；[3]即使在复述的时候，也建议那位复述的绅士要尽量少用表演式的动作。他接着收集了大量的俏皮话和嘲讽的语言，并按照它们的种类把它们系统地排列起来，目的不仅仅是为了供引用，而且是为未来的滑稽家提供典范；其中有一些是很优美的。约在二十年以后，乔万尼·德拉·卡萨在他的交际指南中的主张是更严格和更谨慎的；[4]至于后果，他希望从笑话和诙谐中完全取消那种制胜他人的愿望。他是那时早晚必定出现的一种反倾向的先驱。

事实上，意大利已经成了一所诽谤中伤的学校，和它同样的学校在世界上是找不到的。即使是在法兰西的伏尔泰时代也找不

① 见乔维诺·庞达诺：《谈话论》，第5卷。他认为锡耶纳人，佩鲁贾人以及佛罗伦萨人有特殊的机智天才，附带把西班牙宫廷说成是温文有礼的。

② 见《廷臣论》，第2卷，第4章，第4页以下，保德·底·维斯麦，佛罗伦萨，1854年，第124页以下。关于把机智解释为（虽然说得并不明显）比较的结果，见同书第73章，第136页。

③ 庞达诺在《谈话论》，第4卷，第3章也劝告人们对无论不幸的人或强有力的人都不要使用笑谑。

④ 见卡萨著《加拉提奥》（礼范），威尼斯1789年版，第26页以下和48页。

到。伏尔泰和他的同伴们，无疑地并不缺少这种否定精神；但在十八世纪，哪里去找大批适合于嘲讽的人物呢？那些无数的高度地和典型地发展了的人物，各种有名的人物，政治家、教士、发明家和发现者，文学家、诗人和艺术家；他们当时全都使他们的个性得到最充分和最自由的表现机会；这一群人是存在于十五世纪和十六世纪的。当时的一般文化曾经同时培养出一伙恶毒又无能的机智嘲讽者，生来就是批评家和奚落人的人，他们的妒忌要求有上百嘲讽对象。于所有这些之外，还有名人自己中间的互相嫉视。在这类事情上边，声名狼藉地带了头的是那些文人，如费莱佛、波吉奥、洛伦佐·瓦拉之流，而十五世纪的艺术家们却是生活在彼此之间的和平和友好的竞争中的。艺术史可以注意这个事实。

佛罗伦萨这个巨大的声誉市场，如我们已经说过的，在这一点上是走在其他城市前边的。“目光锐利、口舌刻薄”是对于这个城市的居民的描写。[①] 对每件事和每个人都随便加以蔑视大概是当时社会上流行的风气。马基雅维里在他的《曼陀罗华毒草》的有名的序言中正确地或者错误地提到了道德力量显而易见地堕落成为一般说坏话的习惯，并威胁他的诽谤者，告诉他们说，他能够像他们一样地说出尖刻的语言来。次于佛罗伦萨的是教廷，它很久以来就是最刻薄最机智的嘲讽者的荟萃之区。波吉奥的《滑稽故事》是从教廷显贵们的谎言（bugiale）之所开始的；只要想起有那么

① 《画家书信集》，第1卷，第71页，在波尔吉尼1577年的一封信里。马基雅维里：《佛罗伦萨史》第8卷，第28章，谈到十五世纪中叶后不久的佛罗伦萨的青年士绅说：“他们追求的似乎是穿着华美，讲话机智、伶俐，巧于嘲笑人家的人，愈明智和愈受人尊重。”

多失望的猎取官职者、没有希望的竞争者和嫉妒受宠者的敌人，以及集聚在那里的悠闲放荡的教士们时，我们就容易理解为什么罗马变成了既是富有哲学意味的讽刺的故乡，又是野蛮的嘲笑的策源地。如果再加上人民对于教士们的普遍的仇恨，和人们所熟悉
169 的群众把任何恐怖事件都归罪于大人物的本能，结果就产生了一大堆说不尽的丑闻。[①] 那些最善于保护自己的人，对于错误的和正确的攻击都一律采取蔑视的态度，并以漂亮而快活的夸示来保护自己。[②] 天性更敏感的人，一旦感到自己深深地卷入犯罪行为中和更深地陷入丑闻中时，就完全跌入了绝望的深渊。[③] 随着时间的前进，诽谤愈来愈普遍，而最严格的道德也一定会挑起恶意的攻击。关于那个伟大的教坛演说家，维特尔博的伊吉底奥修士，教皇列奥曾经因为他的功绩而任命他为枢机主教，他自己也在1527年的灾难中表明他是一个属于人民的人和一个勇敢的僧侣。[④] 但乔维奥却告诉我们，伊吉底奥用一种湿草的烟和同一类的其他方法来保持他那苦行的苍白面色。乔维奥在这些事情上成了真正的

① 参看费德拉·英吉拉米，对鲁德维科·波多卡达罗（死于1504年8月25日）所作的悼词，载《学界逸话》，第1卷，第319页。在保罗·乔维奥的《著名学者对话录》（提拉菩斯基，第7卷，第4编，第1631页）中，曾提到到处讲人坏话的马西因诺。

② 这是列奥十世所采取的方略，而他的方略并没有落空。讽刺作家们在他死后虽曾极力毁坏他的声誉，但他们无法更改业已形成的对他的全面评价。

③ 阿尔第奇诺·波尔塔枢机主教大概就是这种情况。他在1491年想辞职逃避到一所修道院里去。见茵菲苏拉，载埃卡尔，第2卷，第2000栏。

④ 见《学界逸话》，第4卷，第315页上对他的悼词。他在安科那境内集结了一支农民军队，只是由于乌尔比诺公爵的叛变才未得行动起来。关于他的优美而绝望的恋爱诗篇，见特鲁基，《未刊诗集》，第3卷，第123页。

教廷官员了。[①] 他一般地以叙述他的故事开始，然后加上去说他并不相信它，而在最后暗示说这里边也许有些道理。不过，罗马人嘲笑的真正的替罪羊却是那位虔诚有德的教皇阿德里安六世。大家好像一致同意只看他那可笑的一面。阿德里安曾经轻蔑地把拉奥孔恩群像叫作"古人的偶像"，曾经关闭到贝尔维德尔望亭去的大门，曾经使拉斐尔的作品未能完成，曾经从教廷中放逐出去诗人和演员；人们甚至怕他会把古代的雕像烧成石灰用来建筑圣彼得新教堂。他从一开始就和可怕的弗兰切斯科·贝尔尼闹翻，他威胁着要把那讽刺作家们而不是如人们所说的，[②]把巴斯奇诺的雕像投掷在台伯河里。对于这件事情的报复就是反对教皇阿德里安的有名的《加比托洛》，这并不完全是由怨恨激起的，而是由于对于这个可笑的荷兰蛮人[③]的轻蔑；[④]对于选举他的那些枢机主教则进行了最凶恶的威胁。当时在罗马流行的瘟疫病也归罪于他；[⑤]贝尔尼等人[⑥]以近代文艺小品作家颠倒黑白、混淆是非的那种华而不实的手法来描写教皇的左右——支配他的那些德意志人[⑦]。

① 关于他在克莱门第七的满座客人前如何运用他的辩才，在吉拉尔德的《故事百篇》，第 7 卷，故事第五篇中有所叙述。

② 考虑把巴斯奇诺雕像投到河里的这一提议的罪责从西克塔斯四世转移到阿德里安的身上（见保罗·乔维奥：《阿德里安传》）。参见《王侯书简》，第 1 卷，第 114 页以下，尼格罗的书信（写于 1523 年 4 月 7 日）。在圣马可纪念日，为巴斯奇诺举行了被教皇禁止的特殊庆祝会。

③ 阿德里安第六是出生于荷兰的一个非意大利人的教皇。——译者

④ 见格累哥罗维乌斯所收集的几段，第 8 卷，第 380 页注，381 页以下，393 页以下。

⑤ 参见彼埃利奥·瓦雷里亚诺：《论学者的不幸》，门肯版，第 178 页，"随阿德里安俱来的瘟疫病侵袭了罗马。"

⑥ 例如费伦佐拉的《全集》（米兰，1802 年）第 1 卷，第 116 页，载《动物论》中。

⑦ 参考霍夫勒：《维也纳科学院报告集》中的名字。（1876年版）第82卷，第435页。

枢机主教托尔托萨委托保罗·乔维奥所写的应该是一部歌功颂德的颂词，但对于任何一个会从字里行间读文章的人来说却是一篇前所未有的讽刺作品。它听起来是可笑的——至少对于那时的意大利人来说是如此——如说阿德里安怎样到萨拉戈萨的教士会那
170 里请求圣兰伯尔特的下颌骨；那些虔诚的西班牙人怎样把他装扮起来直到他看来“像一个真正的衣冠楚楚的教皇”；他在一个混乱和粗俗的仪仗队中从奥斯蒂亚来到罗马，计划着要烧毁或沉溺巴斯奇诺雕像；一听说用饭的时间已到，他就突然把最重要的事情搁下不管；以及最后，在他的不幸的统治结尾的时候，他由于喝啤酒过多而死去，因此，他的医生的房子被半夜纵酒的人挂上了花环并饰以题词：“罗马元老院和人民献于祖国的拯救者。”诚然，乔维奥曾经在普遍没收公款中失掉了他的钱，并且仅仅从补偿的办法中得到一笔圣俸。这还因为他“非诗人”，也就是说，非异教徒。[①] 但阿德里安却被宣告为应该是最后一个伟大牺牲者。在1527年罗马陷入大灾难以后，诽谤中伤显然随着私生活的无限败坏而衰落了。

但是，当诽谤仍在流行的时候，皮埃特罗·阿雷提诺主要在罗马发展成一个近代最大的讽刺家。研究一下他的生活和性格，就

① 彼埃利奥·瓦雷里亚诺的说话（《论文人的不幸》，门肯版，第382页。）是最能代表罗马的群情的：“请看来了一个反对文艺和整个修辞学的优美的最凶恶的敌人，他仇视一切文学之士，因为如他本人常说的，他们是德兰斯派，因为他开始仇恨并迫害他们，所以他们有的人就自动流浪远方，有的人就各自逃亡潜藏，直至承上帝恩宠他在统治的第二年死去为止。如果他再多活一些时候，则看来他要煽动那黑暗的时代起来反对优美的文学。”人们对阿德里安的普遍怨恨，一部分也由于他遇到财政上的极大困难因而采取直接加税的方法。兰克：《教皇史》，第1卷，第411页。但这里也应该提及，仍然有赞扬阿德里安的诗人。参阅《科利其乌斯曲》（罗马版，1524年，各节，尤其J. J. 2b以下）。

可以免掉我们对于属于他一类而不甚出名的那些人物都予以注意的麻烦了。

我们了解他，主要是在他一生的最后三十年（1527—1557年），这一期间他是在他的惟一可能的避难所威尼斯度过的。从那时起，他使所有在意大利的有名人物都处于受围攻的状态，而那些需要或者害怕他那笔锋的外国君主们都向他送来礼物。查理五世和弗朗索瓦一世同时都给他以津贴，双方都希望阿雷提诺给对方以一些损害。阿雷提诺对他们双方都加以奉承，但自然和查理的关系更密切，因为他一直是意大利的主人。在这位皇帝于1535年在突尼斯胜利以后，这种谄媚的口吻变成了最可笑的崇拜。在谈到这一点时，必须不要忘记阿雷提诺经常抱有一种希望，那就是查理将帮助他获得一顶枢机主教的帽子。作为一个西班牙的代理人，也可能享受着特殊的保护，因为他的发言或者沉默不语的态度能够对于较小的意大利宫廷和意大利的公众舆论有很大的影响。他假装着由于他对教廷了解得太清楚了，所以十分轻视教廷；而真正的理由则是因罗马既不能也不愿再继续给他钱了。[1] 他是很聪明的，所以对于保护他的威尼斯并不加以攻击。他和大人物的其他关系仅仅是一种乞求和卑鄙的敲诈。

阿雷提诺首先提供了为这类目的而滥行发表文章的重大先
例。比他早一百年的波吉奥和他的反对者之间所交换的那些论战 171
的文章，其口气和目的上正是同样恶劣，但它们不是为了发表而是

① 1536年1月1日致费拉拉公爵的信上（见《书信集》，1539年版，第39页）写道：“现在请你从罗马旅行到那不勒斯来。”“在惊异教皇的悲惨和欣赏皇帝的优越中赏心悦目”。

为了一种私人之间的传阅而写的。阿雷提诺从完全公开发表上获得了他的一切利益，这在某种意义上可以被看作是近代新闻业的前辈。他的信件和各种杂文是在相当广泛的公众之间已经流传了之后，按期付印的。[①]

和十八世纪的尖刻辛辣的作家们相比，阿雷提诺的有利条件是他不受原则之累，既不受自由主义、博爱主义或任何其他道德之累，甚至也不受科学之累；他的全部货色只有一句有名的格言，
172 “直言招恨”。因此，他从来也没有感到自己处在伏尔泰的作伪的地位，以至于像他那样不得不否认《处女》系他所写，并一生都隐匿地是其他作品的作者的身份。阿雷提诺在他的一切著作上都署上自己的名字，并且公然以他那臭名远扬的《论术》一书为光荣。他的文学天才，他的清新而才气焕发的风格，他对于人和事物的多方面的观察，将使他在任何情况下都能成为一个可观的作家，虽然他缺少孕育一部真正艺术作品，如一部真正动人的喜剧那样的力量。无论他的攻讦是非常粗暴还是非常文雅，它们都同样具有一种滑稽的机智，它的美妙程度有时并不亚于拉伯雷的作品。[②]

在这种情况下，他以这样的目的和手段，来动手攻击或陷害他的牺牲品。当这个被蹂躏了的城市的哭声上闻于教皇克莱门七世被囚于内的圣安吉洛的城堡时，他请求克莱门七世不要埋怨，不要

① 他用这些手段引起著名人士，尤其引起艺术家们的恐惧，无须在这里描述。德意志宗教改革的政论作家的武器，主要是一种小册子，议论当时所发生的事件。就其内心有着无穷的写作动因的这一意义来说，阿雷提诺不啻是一位新闻记者。

② 例如在他所写的关于恶劣的诗人阿尔比康特的《加比托洛》中，不幸，这几段不适于引证。

报复,[①]而要宽恕时,所用的语调是一个魔鬼或者是一个猴子的嘲笑语调。有时候,当他不得不放弃一切获得馈赠的希望时,他的愤怒就迸发为一种野蛮的咆哮,他在《加比托洛》里对待萨勒尔诺王子就是这样,因为王子在津贴他一个时期之后拒绝再继续津贴他了。另一方面,帕尔马大公,残暴的彼埃路吉·法尔纳斯却似乎从来没有注意到他。因为这位先生大概已经完全放弃了获得令名的兴趣,所以也就不容易引起他的任何烦恼;阿雷提诺曾经拿他的面貌同一个警察、一个磨坊主和一个面包师的面貌相比来试图达到惹恼他的目的。[②] 阿雷提诺的那一幅乞讨的可怜相,如在写给弗朗索瓦一世的《加比托洛》中所表现的,是最可笑的;但这些由恐吓和阿谀构成的文章和诗篇,尽管他们里边的一切都是滑稽可笑的,却使人读起来仍不能不深感憎恶。像他在 1545 年 11 月写给米开朗琪罗的那一封信[③]就全然是属于这一类的。虽然他对"最后的审判"表示称赞,但他同时却攻击他不信宗教;猥亵和在教皇优里乌斯二世的继承人那里偷盗,并在带有和解口气的附言里边加上一句说:"我只是要向你表明,如果你是'神圣的',我也不是'不值钱的'。"阿雷提诺非常强调——或者是由于狂妄或者是由于讽刺有名的人物的方式——他自己应该被称为神圣的,如同他的一个阿谀者已经开始这么称颂他;他自然也获得了个人的盛名,所以他在阿利佐的那间屋子被当作是当地的名胜之一。[④] 的确,

① 《书信集》,威尼斯 1539 年,第 12 页,写于 1527 年 5 月 31 日。

② 在他所写的致柯西莫的第一个《加比托洛》中。

③ 盖伊:《通信集》,第 2 卷,第 332 页。

④ 见《画家书信集》附录 34 里面的 1536 年的一封盛气凌人的信。关于佩脱拉克在阿利佐出生的屋子,见本书第二篇第三章。

他曾经有多少个月在威尼斯足不出户,害怕碰到像小斯特罗齐那样被激怒了的佛罗伦萨人。但他也难逃他的敌人的棍棒和刀剑,①虽然他们并没有像贝尔尼在一篇有名的十四行诗里所预言
173 的那样把他致于死命。阿雷提诺以中风病死在自己家里。

他在阿谀奉承的方式上的区别对待是值得注意的:对于非意大利人,他是非常讨厌的;②对于像佛罗伦萨的柯西莫大公那样的人物他就另眼相看了。他赞扬这位当时还年轻的君主的美貌,这位君主也确实很不同一般,和奥古斯都很相像;他赞扬他的道德品质,并拐弯抹角地提到柯西莫的母亲,马利亚·萨尔维亚提在财政方面的活动,结尾是困难时期的乞求哀声等等。当柯西莫津贴他的时候③——最后达到每年一百六十个金币,根据他平素的吝啬,他能这样做就是很大方的了——他无疑地是看到了阿雷提诺作为一个西班牙代理人的危险性质。阿雷提诺能够嘲笑和诽谤柯西莫并在同时威胁佛罗伦萨的代表,说他将使大公立刻撤他的职;而如果这个美第奇君主最后认为他自己被查理五世看穿,他自然不用操心阿雷提诺那些反对他的笑话和诗歌是否在皇帝的宫廷中流传了。一篇措辞奇怪的阿谀作品是写给声名狼藉的马里尼亚纳诺侯

① 阿雷提诺劝天之惠安然无恙,
胡子修饰得很漂亮,
带着比一个手上的手指更多的创伤。
——毛罗,《歌颂虚伪的加比托洛》

② 例如,见:致洛林的枢机主教的那封信。载《书信集》,威尼斯版,第 29 页,写于 1534 年 11 月 21 日,以及致查理五世的一些信。他在信中写道,没有一个人比查理更接近上帝。

③ 关于下文所叙,见盖伊:《通信集》,第 2 卷,第 336、337、345 页。

爵的,这位侯爵作为慕索的城主(见边码44页)曾经试图建立一个独立的国家。阿雷提诺在感谢他赠给一百个银币的同时写道:"您具有一个君主应该具有的一切品质,所有的人都会这样想,如果不是在整个事业的开始时那些必不可免的暴行使您显得有点粗野(严厉)的话。"[1]

人们常常注意到有些奇怪的事情是:阿雷提诺只诽谤这个世界而不诽谤上帝。一个像他那样生活过来的人,宗教信仰是一件完全无所谓的事情;他为了他自己[2]而写的那些垂训后人的作品又何尝不是如此。事实上,我们也很难说他凭什么应该是一个亵 174
渎神明的人。他不是一个教授或理论思想家或作家;而他也不能用威胁或者阿谀从上帝那里诈得金钱,因之他也就永不会由于遭到拒绝而被激成为亵渎神明的人。像他那样的人是不找无谓的麻烦的。

在意大利再也找不到像这样的人物和这样的经历,这是意大利现代精神的一个良好征象。可是,历史的批判将永远认为阿雷提诺是一个重要的研究对象。

① 《书信集》,威尼斯,1539年,第15页,写于1529年6月16日。参见另外一封致侯爵的有名信件。日期是1528年4月15日,第212页。

② 他这样做可能是希望得到一顶枢机主教的红帽子,或者是由于害怕异端裁判所的新措施,因为在1535年他曾大胆激烈地攻击过该异端裁判所(前引书,第37页)。但是该裁判所在1542年改组之后,很快就有了新的转变,从而很快就使各方面的反对意见都沉默下来。

175 # 第三篇　古典文化的复兴

第一章　引言

我们从历史上对意大利文化的观察既如上述，现在就到了要谈一谈古典文化的影响的时候，这个古典文化的“复兴”曾经被片面地选定为总结整个时期的名词。在此以前所描写的那些情况，就是没有古典文化也很足以使民族精神兴起和臻于成熟；而大多数还有待于我们讨论的思想倾向，即使没有古典文化也是可以想象得出的。但是，无论是以前已经涉及的或是我们将要继续讨论的都在许许多多方面带有古代世界影响的色彩；没有古典文化的复兴，虽然现象的本质可能没有什么不同，可是它们都是伴随和通过这种复兴才向我们实际表现出来的。如果文艺复兴的因素能够如此容易地被彼此分隔开来，它也就不会像原来那样是一个具有广泛世界意义的历史进程了。作为本书的主要论点之一，我们必须坚持的是：征服西方世界的不单纯是古典文化的复兴，而是这种复兴与意大利人民的天才的结合。民族精神在这个结合中究竟保持有多少独立性是随着情况而不同的。在这个时期的近代拉丁文学中，它是很少的，而在造型艺术和在其他领域中，它却是很大的，所以在同一个民族的文化上将两个遥远的时代结合起来，如果结合的条件相同,就被证明是正当的和有成绩的。欧洲的其余各民族是拒绝还是部分地或全部地接受这个从意大利来的巨大动力,这完全是自由的。如果是后者的情形,我们就可以同样地不必为中世纪的信仰和文明的过早衰落而兴叹。如果这些信仰和文化有足够的力量来维持它们的阵地,它们就一定会存在到今天。假如那些盼望看到这些信仰和文化恢复的抚今思昔的人们能够在其中哪怕是生活一小时,他们就一定会切盼回到现代的空气中来。在这种伟大的历史进程中,无疑地,有一些精致美丽的花朵可能还没有在诗歌和传说中获得永生就凋谢了;但是,我们不能因此就希望 176
这个进程没有发生。这个进程的一般结果就是,在此前把西方国家联结在一起的教会(虽然它已不能再继续这样做下去)之外,产生了一种新的精神影响的力量,这种精神影响力量从意大利传播到国外,成为欧洲一切受过良好教育的人们所必需的东西。这个运动的最大的坏处可以说它是排斥人民大众的,可以说通过它,欧洲第一次被鲜明地分成为有教养的阶级和没有教养的阶级。当我们想到就是现在也不能改变这种事实(虽然大家认识得很清楚)时,我们就可看出这种责备是没有理由的。这种划分在意大利也完全不像其他地方那样残酷和绝对。意大利艺术性最强的诗人,塔索的作品,即使最穷苦的人也是人手一篇的。

自十四世纪以来,在意大利生活中就占有如此强有力地位的 177
希腊和罗马的文化,是被当作文化的源泉和基础,生存的目的和理想,以及一部分也是公然反对以前倾向的一种反冲力,这种文化很久以来就对中世纪的欧洲发生着部分的影响,甚至越过了意大利的境界。查理大帝所代表的那个文化在七世纪和八世纪的蛮族面 178

前基本上就是一个文艺复兴,并且不可能在其他形式下出现。正像在北方的罗马式建筑上一样,除了从古代继承下来的一般轮廓之外,也出现了对于古代的显著的直接模仿,同样,经院学者不仅逐渐地从罗马的作家那里吸收了大量的材料,而且也吸收了古代的风格,从爱因哈德①那个时期以来就看到了有意识的模仿痕迹。

但是,古典文化的复兴在意大利采取了一种和北欧不同的形
179 式。蛮族的浪潮还没有成为过去,往昔的生活仅仅被抹去一半的意大利民族,已经意识到它的过去并且希望这个过去能够重现。在欧洲的其他地方,人们有意地和经过考虑地来借鉴古典文化的某种成分,而在意大利则无论有学问的人或一般人民,他们的感情都自然而然地投向了整个古典文化那一方面去,他们认为这是伟大的过去的象征。拉丁语言对于一个意大利人来说也是容易的,而在这个国家里的大批古迹和文献也特别有利于他们回到过去。这种趋势再加上其他成分——这时为时间所大大改变了的人民的性格、伦巴第人从德意志输入的政治制度、骑士制度和其他北方的文明形式、宗教和教会的影响——合在一起产生了注定要成为整个西方世界的典范和理想的近代意大利精神。

在蛮族的洪流退落之后,古典文化怎样立即在造型艺术方面发生影响,是可以很清楚地从十二世纪的托斯卡纳的建筑和十三世纪的雕刻上看出来的。在诗歌方面,在有些人看来也不乏类似的例子,这些人认为十二世纪的最伟大的拉丁诗人,表现拉丁诗歌

① 爱因哈德(Einhard,约770—840年)是法兰克的历史学家,著有《查理大帝传》等书。——译者

的主要动向的作家是一个意大利人。我们所说的是所谓《布拉那诗集》中最好的作品的作者。当加图和西庇阿享有基督教的圣徒和英雄的地位时，在那些韵调铿锵的诗句里边充满了对于生活和人生之乐的坦然享受，而异教之神则被呼求作为这些享受的保护者。我们一口气读完了这些诗歌之后，不能不得出这样的一个结 180
论：这是一个意大利人还可能是一个伦巴第人在说话；事实上，这样想是有正当理由的。[①] 在某种程度上，这些十二世纪的"流浪教

① 《布拉那诗集》，载斯图加特文艺协会丛书，第16卷（斯图加特，1847年）。在帕维亚的逗留（第68页两次出现），普遍的意大利地方色彩，衬以油橄榄树下的牧羊女的景致（第146页），提到松树是一种遮阴的大树（第156页），经常使用"bravium"这个字（第137、144页），特别是以Madii的字形来代替Maji（第141页），所有这些都证实了我们的臆测。

〔布克哈特博士的关于《布拉那诗集》中最美妙的片断系出自一个意大利人之手的这种臆测是不足取的。支持他这个意见的根据也是软弱无力的（例如说到帕维亚：逗留在帕维亚的人，"有谁被认为是清廉的呢？"这句话可作为一句谚语来解释，或者指的是作者在帕维亚的短暂的逗留），加之，在反驳对方的理由时，也是站不住脚的，而在验证作者可能的身份方面，终于丧失其全部说服力。说这些诗系出自意大利人的手笔，胡巴赤在《中世纪拉丁语行吟诗人》（革利兹，1870年，第87页）中是反对这种见解的。论据之一就是诗中对意大利圣职人员的攻击和对德意志圣职人员的颂扬，将南方人斥为"厚颜的人"，将诗人说成是"住在山之彼麓者"。其真正的作者究竟是谁，到底没有搞清楚。他的名字叫瓦尔忒并无助于查明他的身世。从前人们曾认为他和十二世纪末索尔兹伯里的教士并做过英国国王的王宫教士的夸尔特拉斯·德·马普是同一个人；此后基塞布累赫特（《流浪教士或行吟诗人和他们的诗歌》，载《普通月刊》，1855年）又确定他同里尔的瓦尔忒或者同由法兰西去英格兰和德意志的夏蒂荣的瓦尔忒，并且可能和前往意大利帕维亚等地的科隆大主教莱印霍特（1164和1175年）为同一个人。胡巴赤在前引书中提出了某些反对意见所反对的这一假设如果应该放弃的话，无疑地，几乎所有这些诗歌的出处只有寻之于法兰西了。这些诗歌从法兰西通过全德意志为之设立的正规学校而流传下来，它在德意志广泛传播并掺杂了一些日耳曼语的词句。而意大利，如基塞布累赫所指出的，几乎始终未受到这种诗歌的影响。布克哈特博士的作品的意大利文译者瓦尔布萨教授关于这一段（第1卷，第235页）的注解中，对诗起源于意大利也持反对意见。——盖格尔〕

士”的拉丁诗歌，以它们所具有的明显的轻浮，无疑地是一种整个欧洲都分享其成果的作品；但是，说《菲立德和弗萝拉》[①]与《燃烧着的热情》的诗歌的作者是北方人，同说《当傍晚月亮出现的时候》的作者，一个享乐主义的光辉的信奉者，是北方人，是同样没有多大可能的。实在说来，这里是整个古代的生活观点的再现，而用中世纪的诗歌形式把它表现出来就显得最为鲜明。有许多这一世纪和以后各世纪的作品，其中对于古代悉心的模仿表现在主题具有古典的，并往往是神话的特点的六音步诗和五音步诗上，但它却没有和那种古代精神任何相似之处。在古里慕斯·阿波利安西斯和他的继承者的六音步史诗和其他作品里（1100 年左右起），我们看到了很多向维吉尔、奥维德、卢堪[②]、斯达提乌斯[③]和克劳底
181 安[④]等人勤勉学习的痕迹；但是，这里的这种古典形式毕竟不过是一种考古学，正像在博韦的维桑[⑤]那样的搜集家的著作里或神话

① 《布拉那诗集》第 155 页，仅是一个片断：全文见赖特，《瓦尔忒·马普传》（1841 年），第 258 页，参见胡巴赤第 27 页以下，他使人注意这一事实，即在法兰西经常谈到的一个故事是有根据的。《燃烧着的热情》，载《布拉那诗集》，第 67 页；《当傍晚月亮出现的时候》，载《布拉那诗集》，第 124 页，还有以下的例证：《把胸怀披露给丘比特神》；为恋人所取的古典名字；有一次，当他叫她布兰西夫洛尔（白花）时，他又加上赫伦娜的名字，好像是弥补布兰西夫洛尔的不足。

② 卢堪（Lucan）是公元一世纪的拉丁诗人，写有描写凯撒与庞培之间的战争的诗集。——译者

③ 斯达提乌斯（Statius，约公元 45—96 年），是那不勒斯人，写有各种题目的短诗。——译者

④ 克劳底安（Claudian 死于公元 408 年），是最后一个古典拉丁诗人，写有叙事诗数种。——译者

⑤ 博韦的维桑（Vincent of Beauvais，1190—1264 年）是法兰西多密尼克会的修道士，拉丁百科全书的作者。——译者

和寓言作家阿拉奴斯·阿卜·英苏里斯[①]的著作里的古典主题一样。文艺复兴不仅是片段的模仿或零碎的搜集,而是一个新生,新生的标志可以在十二世纪的无名“教士”的诗歌里看到。

但是意大利人在十四世纪以前并没有表现出对于古典文化的巨大而普遍的热情来。这需要一种市民生活的发展,而这种发展只是在当时的意大利才开始出现,前此是没有的。这就需要贵族和市民必须首先学会在平等的条件下相处,而且必须产生这样一个感到需要文化并有时间和力量来取得文化的社交世界。但是, 182

文化一旦摆脱中世纪空想的桎梏,也不能立刻和在没有帮助的情形下找到理解这个物质的和精神的世界的途径。它需要一个向导,并在古代文明的身上找到了这个向导,因为古代文明在每一种使人感到兴趣的精神事业上具有丰富的真理和知识。人们以一种赞羡和感激的心情采用了这种文明的形式和内容,它成了这个时代的文明的主要部分。[②] 这个国家的一般情况是有利于这一转变的。那个中世纪的帝国,自霍亨斯陶棻王朝灭亡以来,不是放弃就是无力实现它对于意大利的要求。教皇们迁移到阿维尼翁去了。实际存在的政治势力大多数起家于暴力的和非法的手段。人民的精神这时已经觉醒到认识到了自己的存在,并要寻求一个可以依以存在的新的稳固的理想。因此,一个世界范围的意大利和罗马

---

① 阿拉奴斯·阿卜·英苏里斯(Alanus ab Insulis,1128—1202年)是法兰西的烦琐主义的哲学家和神学家。——译者

② 用什么方法使古代文明能在一切较高的生活领域中充当领导和导师,在伊尼亚斯·希尔维优斯的作品里,《全集》,第603页,《书信集》,第105页,致西吉斯蒙多大公,有简略的概述。

帝国的梦想如此深入人心，致使柯拉·第·利恩济能够真的想去实现它。他对于他的事业所抱的理想，特别是当他第一次任保民官时的想法，只能以某种狂想的喜剧而告终，尽管如此，但是对古代罗马的追怀不失为对于这种民族感情的一个有力的支持力量。以它的文化重新武装起来的意大利人不久就感觉到他自己是世界上最先进国家的真正的公民。

我们现在的任务是对于这个精神运动做一个概述，当然不是巨细靡遗而是要指出它的最突出的特征，尤其是它那早期开始时的面貌。[①]

183

第二章　罗马——古城遗迹

罗马这个古城遗迹本身，这时已经成了和写作《罗马珍奇录》与马尔美斯伯里的威廉的著作的那个时代完全不同的一种崇拜对象了。在当代的记载中，那些热诚的圣地朝拜者或寻求珍宝奇迹者[②]

---

① 关于详细情节，应请读者参阅罗斯科的《豪华者洛伦佐》和《列奥十世》以及法格特的《伊尼亚斯·希尔维优斯》（柏林，1856—1863 年），又拉蒙特的作品和格累哥罗维乌斯的《中世纪罗马城史》。

想要得知十六世纪初各种学术所涉及的范围，最好看一看拉斐尔·伏尔泰拉的《都市杂记》（巴塞尔版，1544 年，160 页等处）。从中我们看到古典文化怎样在学术的各个分科上成为入门和学习的主要内容，从地理和地方志，从伟人和名人的传记，通俗哲学，伦理学和专门科学直到全部亚里士多德著作的分析。说到这里，这部著作就结束了。

为了了解它作为文化史的权威著作的意义，我们必须参看所有早些时候的百科全书。在法格特的杰作：《古典古代的复活或人文主义的最初世纪》（柏林，1859 年）中，对此书内容曾作过全面而详尽的说明。

② 在马尔美斯伯里的威廉的作品《英王事迹》第二卷，第 169、170、205、206 页。(1840年，伦敦版，第1卷，第277页以下和354页以下）我们可以读到关于寻求珍宝者

的幻想已经为爱国者和历史学家的兴趣所代替。我们必须在这个意义上来理解但丁的话[①]:罗马城墙的石头值得我们尊敬,而建成这个古城的土地比人们所说的更有价值。纪念庆典虽然不断地举行,然而在真正的文学作品中几乎没有留下任何一篇忠诚的记载。乔万尼·维兰尼(见边码95—96页)从罗马一千三百年纪念中带回来的最好的东西是他想写一部历史的决心,而这是由于看到了罗马古城的遗迹而激起的。佩脱拉克表明他自己对于古典文化和基督教古代文明的兴趣各居其半。他告诉我们他怎样时常和乔万尼·科伦纳一起登临狄奥克莱齐安[②]大浴室的高大穹隆,[③]在澄澈的碧空里,无边的寂静中,眺望罗马周围的全景;这时他们所谈的不是日常事务或政治事件,而是在他们足下的古城遗迹使他们联想起来的历史,在他们的对话中佩脱拉克赞扬古典文化,乔万尼歌颂基督教的古代文明,然后他们进而谈到哲学和艺术的创造者。从那时起,直到吉本和尼布尔的时代,这同一个遗迹曾经有多少次

的梦想,关于爱神维纳斯的传说以及关于约在十一世纪中叶,伊凡得之子巴拉斯的庞大遗体的发现。参看亚科伯·阿巴圭斯的《世界之形象》(载《国家史料集成》,《作家篇》,第3卷,1603栏)论科伦纳家族的起源中关于秘密珍宝发现部分。马尔美斯伯里的威廉除了叙述一些有关寻求珍宝者的故事而外,并提到对十二世纪上半叶一位具有人文主义狂热最突出的代表人物——图尔主教芒布的希尔德柏特的挽歌。

① 但丁:《宴会》,第4篇,第5章。

② 狄奥克莱齐安(Diocletian,245—313年)是罗马的皇帝,文中所说的大浴室是罗马建筑杰作之一。——译者

③ 《书信集》,第6卷,第2书,关于他在没有看见罗马之前对罗马的叙述以及他仰慕罗马的词句,见《书信集》,夫拉卡塞提版,第一卷,第125、213页;第二卷,第336页以下,并见盖格尔:《佩脱拉克》,第272页,注三,所搜集的有关材料。在佩脱拉克的作品里,我们曾读到他对许多建筑物遭到破坏和被弃置不顾表示不满,他曾一一列举了这些建筑物,《论处祸福之道》,第1卷,对话118。并注明许多雕像都是古代遗留下来的,但没留下什么绘画(前引书,第41页)。

在人们的心中唤起同样的沉思和回顾啊！

这种双重的感情的思潮也可以在法齐奥·德利·乌贝蒂的《狄达蒙多》(约写成于1360年)中看出来。这是一部描写神游的著作,书中作者由一位年老的地理学家,索利努斯陪伴着,就像但丁在《神曲》中被维吉尔引导着一样。他们访问了纪念圣尼古拉
184 的巴利城和纪念天使长米凯尔的格尔加诺山峰,并提到了阿拉塞利在罗马和圣马利亚在特拉斯特维尔的传说故事。但是,古代罗马的异教光辉显然是更吸引他们。一位衣衫褴褛的可尊敬的主妇——指的是罗马自己——对他们诉说了她过去的光荣史,并对他们详尽地描述了古代的凯旋式,[1]然后引导客人们走遍全城并向他们指出罗马七山和许多主要遗迹——"你可以想见我曾经是如何地美丽。"

185 不幸的是这个宗派分立和教皇们被迁至阿维尼翁的时代的罗马,在古代遗迹保存方面已不如几世纪以前了。一百四十所罗马贵族的设有堡垒的住宅在1258年为元老布兰加利昂所破坏,一定已经完全改变了当时存在的那些最重要的建筑的特色;因为那些贵族们自己无疑地是安居在最巍峨的和保全得最好的遗迹之上的。[2] 虽然如此,当时所留下的还是比我们现在所看到的多得多,

---

① 《狄达蒙多》,第二卷,第三章。这次神游时而使人想起古画中的三王和他们的随从。对这座城市的描述(第二卷,第31章)不无考古学的价值(见格累哥罗维乌斯,第6卷,第697页,注①)。据波利斯托罗(载木拉托里《意大利史料集成》,第24卷,第845栏)所述,尼古拉和伊斯特家族的乌哥曾在1366年旅行至罗马,"为了看一看现时可以在罗马看到的古代的伟观。"

② 见格累哥罗维乌斯,第5卷,第316页以下,我们可附带引用外国的证据来证明在中世纪,罗马被人看作是一个采石地,约在1140年著名的苏哲里乌斯院长为了重

很多遗迹可能仍然保有它们的大理石的外部装饰，它们的饰有圆柱的大门口和其他装饰，而在这些地方现在除了砖砌的骨架以外，186
我们什么也看不见了。对于这座古城的最早的地志学的研究就是在这种情况下开始的。

在波吉奥的罗马漫游[①]中，对于遗迹本身的研究第一次与对于古代作家和碑铭——这些碑铭是他从深埋其中的茂林丰草[②]中找到的——的研究更密切地结合起来。作者的想象力在这部著作中，受到了严格的限制，对于基督教罗马的回忆也小心地加以排除。惟一的憾事是波吉奥的著作没有写得更详尽和没附插图。在他那个时代所留下来的古迹比八十年以后拉斐尔所看到的要多得多。他看见了塞西利亚·美泰拉[③]的坟墓和在加比多尔山坡上一个神庙前边的柱子，这些柱子起先还保存得完好，但到后来就大半被破坏了，原因是大理石具有那种不幸的容易被烧成石灰的性质。在米纳尔娃神庙附近的一个巨大柱廊也陷于同样的命运而崩塌破

建圣得尼教堂而搜求极高的石柱，起初就是想把狄奥克莱齐安皇帝浴室的花岗岩石柱弄到手，但以后又改变了这个主意。见《苏哲里乌斯的第二疏》，载迪歇纳：《法兰克史家集》，第四卷，第352页。

① 见《波吉奥全集》，第50页以下，《罗马城遗迹记述》，约写于1430年，马丁五世去世前不久。当时卡拉卡拉和狄奥克莱齐安浴室，尚有石柱和大理石护壁。见格累哥罗维乌斯等6卷，第700—705页。

② 波吉奥在《波吉奥传》中他的书信里（载《意大利史料集成》，第20卷，第177栏），表明他是碑刻的最早收集者之一，也是半身像的一位集存者，（183栏和收入舍费德的《波吉奥传》托内利译本中的书信，第1卷，第258页）。又见《阿姆布洛吉乌斯·特拉维尔萨利乌斯书信集》，第25章，第42页。波吉奥所写论碑刻的一本小书似已散失。舍费德：《波吉奥传》，托内利译本，第1卷，第154页以下。

③ 塞西利亚·美泰拉是古代罗马的将军。——译者

碎了。一个目击者在1443年告诉我们，这个“石灰制造业”还在发展中：“这是一件可耻的事情，因为新建筑小得可怜，而罗马的美丽则完全被毁了。”[①]那时罗马的居民，穿着农民的衣服和靴子，在外国人看来像一群放牛的人；事实上，牛群也已经放牧到城内班奇一带了。惟一的社交聚会的机会就是在教堂做礼拜的时候，那时才有对美丽的女人看上一眼的可能。

在教皇尤金尼斯四世（死于1447年）的最后几年，弗尔利的布朗德斯利用弗隆提努斯[②]的著作和旧日的“地方志”，似乎还参照了阿纳斯塔修斯[③]的著作，写了一部《重建罗马》。他的目的不仅是描写存在着的东西，而更多的是要恢复那已经失去了的东西。根据他献给教皇的题献，他对于罗马的普遍荒废因想到罗马拥有很多宝贵的圣徒遗物而聊以自慰。[④]

从尼古拉五世（1447—1455年）以后，教皇表现出了一种文艺复兴时期所特有的纪念过去的新精神。这种美化这个城市的新的热情一方面给遗迹带来了一种新的危机，另一方面也使人产生尊敬的心情，因为它们构成罗马驰名的理由之一。教皇庇护二世好

---

① 法布罗尼：《柯西莫》，附注86。引自阿伯尔托·德利·阿尔伯蒂致乔万尼·美第奇的一封信，亦见格累哥罗维乌斯，第7卷，第557页。关于马丁五世时代的罗马的情况，见普拉提那，第227页，关于尤金尼斯四世迁都时的罗马情景，见维斯帕西雅诺·菲奥兰提诺，第21页。

② 弗隆提努斯（Frontinus，生在公元一世纪）是罗马的行政官和作家，曾任罗马的水利专员，著有《罗马的沟渠》一书。——译者

③ 阿纳斯塔修斯（Anastasius，430—518年）是东罗马帝国的皇帝，曾经改革币制和税制，并筑城以保卫君士坦丁堡。——译者

④ 见1447年所写并献给教皇的《重建罗马》，罗马，1474年初版。

古成癖，如果说他关于罗马的古迹谈得不多，①他却仔细地研究了意大利其他各地方的古迹，并且是第一个了解和准确叙述京城周 187
围几十里以内地方的古迹的人。② 作为一个僧侣和一个宇宙志学者，他的确对于古典的和基督教的纪念物以及自然界的珍奇抱有同样的兴趣。当他说诺拉③从纪念圣包利努斯④所得到的光荣超过了它从纪念古代和马尔切路斯⑤的英勇斗争上所得的光荣时，他并没有违背了他的本意。的确，他对于遗物的信仰并不是伪装的；但是他的天性显然倾向于探索自然，搜奇访古，热心于不朽的作品和对于人类生活做敏锐而细致的观察。在他任教皇的最后几年，虽然受着痛风症的折磨，但仍然很高兴地坐着轿舆翻山越岭，到塔斯库路姆、阿尔巴、蒂布尔、奥斯蒂亚、法雷利和奥克里库路姆等地并把他所看到的不论什么东西都记载下来。他沿着罗马公路和引水道的线路前进，试图确定居住在这个城市周围的古老部族的疆界。在他和乌尔比诺的大菲德利哥一起到蒂沃利去旅行时，他们谈到古人的军事制度，特别是特洛伊战争，快乐地消磨掉他们

① 参考他在法格特：《古代文化的复兴》的对句，第 275 页注②。他是第一位发布训谕、明令保护古迹的教皇（1462 年 5 月 26 日），违则惩处不贷。但这些措施终归无效。见格累哥罗维乌斯，第 7 卷，第 558 页以下。

② 下文引自安托尼奥 · 康帕纳斯：《庇护二世传》，载木拉托里，《意大利史料集成》第 3 卷，第 2 章，第 980 栏以下。《庇护二世回忆录》，第 48、72 页以下，第 206、248 页以下，第 501 页和其他地方。

③ 诺拉（Nola）是意大利的一个城镇，在那不勒斯的东北，是圣包利努斯的故乡，也是古代的战场。——译者

④ 圣包利努斯（St. Paulinus，死于公元 644 年）是意大利的教士，曾在英国传教，是约克郡的第一任大主教。——译者

⑤ 马尔切路斯（Marcellus）是古代罗马的一个有名家族，其较早的一代马尔库斯 · 克劳底乌斯 · 马尔切路斯曾五次为罗马执政官，并在南部意大利作过战。——译者

的时间。就是在他参加曼图亚会议(1459 年)的旅程中,他还去寻找了普林尼提到的克路秀姆古城的迷宫(虽然没有成功),并访问了在明乔河上的所谓维吉尔的别墅。像这样的教皇要求教廷的布令官以古典的拉丁风格来写作,自然是一件预料得到的事情。在同那不勒斯的作战中,他赦免了阿尔比诺姆地方的人,因为他们是西塞罗和马利乌斯[①]的同乡,他们有很多人都以这两人的名字命名。布朗德斯的一部第一次企图全面说明罗马古代的伟大作品《胜利的罗马》只能献给既是鉴定者又是保护人的庇护二世[②]。

188 这一时期对于意大利古典时代的热情并不限于京城以内。薄伽丘[③]已经把巴耶[④]的广大遗迹称为"具有现代新精神的古城";从这时起,它们就被认为是那不勒斯附近最有趣的景物。对于各种古物的收集这时已很普遍了。曾经向西吉斯蒙多皇帝说明(1433 年)罗马纪念物的安科纳的奇里亚科(死于 1457 年)不仅走遍了意大利而且也旅行到旧世界的其他各国、希腊、爱琴海群岛中的岛屿,甚至于到亚洲和非洲的一部分,并且带回来无数的碑文和略图。当人们问他为什么这样不怕一切麻烦时,他回答说:"是要使死者复苏。"[⑤]意大利各城市的历史从最早的时候起就主张它们和罗马有某种真正的或想象中的关系;并断言它们是从京城起开始

---

① 马利乌斯(Marius,公元前 155—前 86 年)是罗马的将军和执政官。——译者

② 载有日期的第一版,布立森,1482 年。

③ 薄伽丘:《费亚梅塔》,第 5 章,载《全集》。蒙提埃版,第 6 卷,第 91 页。

④ 巴耶(Baiae)是南意大利那不勒斯以西的一个古城址。当地有硫磺泉,在古代以繁华著称,现在已变成一个村子。——译者

⑤ 他的著作:《安科那人奇里亚科旅行记》美羽斯版,佛罗伦萨,1742 年,参看里昂德罗·阿尔伯蒂:《全意大利志》,第 285 页。

向各地移民或殖民的；[①]而那些令人感激的血缘创造者似乎经常能说出许多家族是从罗马最老的和最有名的血统传下来的。人们如此高度重视这个显贵身份，甚至按照十五世纪发端的批判主义
观点也还是想紧紧依附它。当庇护二世在维特尔波时，[②]他坦白 189
地向请求他回去的罗马代表说："在罗马和在锡耶纳同样都是在故乡，因为我的家族，皮科洛米尼，在早期是从京城来到锡耶纳的，这从我的家族常常使用伊尼亚斯和希尔维优斯这两个名字就可以证明。"如果说他是优里乌斯家族的后代大概他也是不会反对的。教皇保罗二世，威尼斯的巴尔博[③]，尽管他有一个相反的血统（根
据这个血统它是从德意志来的）但却以从罗马的阿亨诺巴尔布斯 190
找到他家族的来源为光荣；阿亨诺巴尔布斯曾经率领一支移民队到帕尔马，而他的后人又由于党争被迫移居威尼斯。因此，我们对于马西米家族说自己是法比乌斯马克西姆斯的后代，科尔纳罗家

① 例子很多，这里可以举出两项，即在《百花束》（载木拉托里《意大利史料集成》，第40卷，第552栏）中所记关于米兰的神话式的起源，以及在乔万尼·维兰尼著作中的佛罗伦萨的起源，乔万尼·维兰尼的著作在这里和在别处一样详述了李嘉图·马莱斯彼尼杜撰的编年史。据编年史说，佛罗伦萨在感情上是忠实的罗马人，所以始终理应反对那反罗马的叛乱者费埃苏来（第1卷，第9、38、41页；第2卷，第2页）。但丁《地狱篇》，第15歌，第76行。

② 见《回忆录》第4卷，第206页。米凯尔·卡尼西乌斯：《庇护二世传》载《意大利史料集成》，第3卷，第2章，第993栏。作者甚至对于多密西乌斯·阿亨诺巴尔布斯的儿子尼罗也不会不客气，因为他和教皇有亲缘关系，在谈到尼罗时作者只是说"而对于他，作家们记述了很多的不同的事情"。在米兰的柏拉图家族则更进一步，以它是伟大的雅典人柏拉图的后裔而沾沾自喜。费莱佛在一篇婚礼贺词和在对法学家提奥多罗·柏拉图的一篇颂词中也冒昧地作过这种断言；并且有一个乔万尼·柏拉图，在他1478年所刻的浮雕像上（在米兰马贞塔宫的庭院中），刻上这样的题词："由之出生，并由之得到天赋的先人柏拉图。"

③ 教皇保罗二世的名字是彼得罗·巴尔博。——译者

族说自己是科尔纳利的后代也就不觉得惊奇了。另一方面，十六世纪有一个事实是明显的例外，那就是小说家邦德罗试图把他的血统和东哥特人一个显贵的家族连在一起（见邦德罗著《故事集》第一编第 23 篇故事）。

还是再谈罗马吧。当时“自称罗马人”的那些居民贪婪地接受意大利其余各地对他们所表示的敬意。在保罗二世、西克塔斯四世和亚历山大六世的时代，盛大的游行构成狂欢节的一部分，表现出对于当时人们的想象最富于吸引力的场面——罗马大将军凯旋式。人民很自然地以这种形式和与它相类似的形式来表现他们的情感。在公众的这种情感之下产生了一种传闻，说在 1485 年 4 月 15 日发现了一具古典时代的罗马少女的尸体——艳丽惊人并且保存得十分完好。[①] 据说：几个伦巴第石匠在塞西利亚·美泰拉墓那边的阿庇安公路旁边，圣马利亚诺维拉修道院的土地上掘开一个古墓，发现了一个大理石的棺材，上边刻着“朱丽亚，克劳底乌斯的女儿”字样。在这个基础上就编造了下边的故事。那几
191 个伦巴第人把石棺里和尸体上一起找到的珠宝和贵重物品拿走了。尸体曾涂过防腐的油质，像一个刚死不久的十五岁的少女那样绵软如生。据说她仍保持着活人的面色，半张着嘴和眼睛。她被移置到加比多尔山上“陈列馆”的宫殿里，然后人们就开始对她的参拜。在成群的人们当中有许多人是来画像的：“因为语言文字都不足以形容她的美丽，即使能形容出来，那些没看见过她的人

① 关于这一点，见南极波托，载《意大利史料集成》，第 3 卷，第 2 章，第 1094 栏；茵菲苏拉，载埃卡尔《史家集》，第 2 卷，第 1951 栏，马达瑞佐，载《历史文献》，第 16 卷，第 2 章，第 180 页。但南极波托承认：不再有可能去断定这具尸体究竟是男是女。

也不会相信。”由于教皇英诺森八世的命令，在一个夜间她被秘密地埋葬在平西门外；那个空的石棺却被留在陈列馆的院子里。大概以这个尸体的面部为模型按照古典风格用蜡质或某种其他材料做成了一个彩色的面具，我们所辨认出的金发一定会和它美妙地调和起来。这个故事的动人处不在于事实的本身，而在于坚定相信当时人们认为得以亲眼见到的那个古代人体，必定比现在的任何东西都美丽得多这一点。

同时，对于古代罗马的实际知识也由于出土的古物而增加了。192
在亚历山大六世时代，发现了所谓“岩窟式的壁画”，也就是古人的墙饰，并在安佐港找到了贝尔维德尔陈列馆里的阿波罗像。在优里乌斯二世时代，接着又有拉奥孔恩群像、梵蒂冈的维纳斯像、赫克里斯的躯干像和克利奥巴特拉像等可贵的发现。[①] 贵族们和枢机主教们的宫室里边开始摆满古代雕像和美术品的碎片。拉斐尔在他的有名的信（1518 或 1519 年）中提到了替教皇列奥十世对这个整个古城做理想的恢复。[②] 他对于甚至当时都还没有停止，而特别在优里乌斯二世时代还常见的破坏提出了激烈的控诉之后，请求教皇保护那些足以证明神圣的古代精神的力量与伟大的剩下不多的古迹，追念这种精神对于一切能够完成更崇高事业的人将是一种鼓舞。然后他以敏锐的鉴别力为比较美术史奠定了基

① 早在优里乌斯第二时代就进行过发掘，希望找到雕像。瓦萨利，第 11 卷，第 302 页，《乔万尼·乌丁传》，参见格累哥罗维乌斯，第 8 卷，第 186 页。

② 起初，认为这封信是卡斯蒂利昂写的，见《卡斯蒂利昂伯爵书信集》，帕多瓦，1736 和 1769 年版，但在 1799 年达尼尔·弗兰切斯科尼证实它出自拉斐尔的手笔。它是根据慕尼黑的一个抄本印行的。抄本载巴萨封著：《拉斐尔传》，第 3 章，第 44 页。参见盖格尔：《拉斐尔与古代文化》，1864 年版，第 1 卷，第 435—457 页。

础,并在结束时给建筑测绘学下了定义,这个定义一直为他以后的人所接受;对每一座留存下来的建筑物他都分别地索取了它们的平面、断面和正面图。关于在他那个时代以后,考古学家怎样致力
193 于研究这个古老的城市并发展成为一种专门的科学,以及维特鲁维安学院怎样终于为自己提出了伟大的目标就不能在这里叙述了。[①] 我们还是谈一谈列奥十世时代的情况吧。在他那个时代,对于古代文化的享受和一切其他享受一起使得罗马生活具有一种独特的神圣化的特征。[②] 梵蒂冈飘扬着歌声和乐声,它们的回音响彻全城,像是在唤起人们的欢欣和喜悦,虽然列奥并没有能因此而从他自己的生活中除掉忧愁和烦恼,而他那有意识地想用愉快的心情来延年益寿的打算也由于死得较早而遭到了失败。[③] 如保
194 罗·乔维奥所描写的,列奥时代的罗马形成了一幅使人迷恋忘返的壮丽的图景,但它那些黑暗面也明摆着——那些想要挣扎起来造反的人们的被奴役;那些虽然负债累累但还不得不顾全身份强撑门面来度日的教士们的内心的悲哀;那种驱使人们成为寄生虫和冒险家的文学庇护制度;最后,还有这个教皇国在财政上臭名远扬的腐败管理。[④] 可是,正是这位对于这些事情知道得那么清楚

---

① 《画家书信集》,第 2 章,第 1 页,托勒密致兰第书,1542 年 11 月 14 日。

② 他曾力求"无论如何不予忧虑和心灵的痛苦以可乘之机"。他对音乐和趣味盎然的谈话感到兴趣,从而希望借此益寿延年。匿名氏《列奥十世传》,载罗斯科,菩西版,第 12 卷,第 169 页。

③ 这一点在阿里奥斯托的《讽刺诗》里已有叙及。见第一首"因为我很……"和第四首"既然,汉尼拔……"。

④ 兰克《教皇史》,第 1 卷,第 408 页以下。《王侯书简》,第 107 页,尼格里的书信(1522 年 9 月 1 日)……"一切为教皇列奥搜刮殆尽陷于破产的廷臣。"在列奥逝世以后,他们以讽刺诗和题词进行了报复。

和嘲笑得那么厉害的阿里奥斯托在第六篇讽刺文里描写了他的渴望：他切盼和有成就的诗人们来往，由他们引导着他遍游古城遗迹，切盼在那里能为自己的文学上精心之作向学识渊博的人们征询意见，并切盼能读到梵蒂冈图书馆的珍贵藏书。他说，当他被约请以费拉拉大使身份到罗马去时，真正吸引他的是这些东西，而不 195
是那早已放弃了的获得美第奇家族保护的希望。

但是，罗马古城内外的遗迹不仅唤起考古的热情和爱国的感情，同时也唤起了一种哀愁或感伤的忧郁。在佩脱拉克和薄伽丘的作品中我们可以找到这种感伤的痕迹（见边码 183、188 页）。波吉奥常常去访问维纳斯和罗马的神殿（相信它是加斯多尔和波鲁克斯[①]的殿堂，当时元老院常常在此开会），并且会沉湎于对那些伟大的演说家：克拉苏、霍尔坦修斯和西塞罗的追怀中。教皇庇护二世所用的语言，特别在叙述蒂渥利时，完全是一种感伤的调子，[②]而不久以后（1467 年）就出现了附有波利菲洛注释的对于遗迹的最早的描绘。[③] 从他的篇页上描绘出半隐在梧桐树、月桂树、柏树和丛林中的巨大拱门和柱廊的遗迹。我们说不出来是什么原因，在宗教的传说上，人们都习惯于把基督的出生处说成是一个壮

① 加斯多尔和波鲁克斯（Castor and Pollux），希腊神话中宙斯神的私生子。——译者

② 《庇护二世回忆录》，第 5 卷，第 251 页。参看桑纳札罗的“吊古叩密废墟”（《全集》，第 236 页以下）。

③ 波利菲洛（即弗兰西斯科·科伦纳，《睡眠和爱的战斗》）书中告诉人们，世间一切人事无非梦幻，并附带使人们记起很多非常有价值的法令。威尼斯，阿尔多·曼纽西出版，1499 年。关于这部有名的著作及其他，可参看提多《阿尔多·曼纽西》，巴黎，1875 年，第 132—142 页及格鲁耶《拉斐尔与古代文化》，第 1 卷，第 199 页以下；布克哈特《意大利文艺复兴史》第 43 页以下和阿·伊尔格的作品。1872 年维也纳版。

丽的宫殿的遗址。[①] 人们以后布置庭园所以必须点缀上人工仿作的古迹废墟，不过是这种感情的实际表现而已。

196

第三章 古代著作

古代文化中希腊拉丁的文学遗产，这比建筑方面的遗迹更为重要，当然也远比它传留下来的一切艺术残迹更为重要。它们在最绝对的意义上被认为是一切知识的源泉。那个伟大发现时代的文学情况经常有人们阐述；这里不过试图指出这幅图景的少数比较不为人们所知的面貌而已。[②]

虽然古代作家对于十四世纪和以前的意大利精神的影响很大，但这种影响与其说是由于很多新东西的发现，不如说是由于早就为人所知的那些东西的广泛传播。那些最为人们所熟知的拉丁诗人、历史家、演说家和书信作家连同亚里士多德、普鲁塔克和一些其他希腊作家的个别作品的拉丁文译本一并构成了一个宝库，有一些佩脱拉克和薄伽丘时代的幸运的人们从这个宝库里得到了他们的灵感。如人们所熟知的，佩脱拉克拥有并以有如宗教的虔诚态度小心地保存着一部自己不能读的希腊文荷马诗集。《伊利亚特》和《奥德赛》的全部拉丁译文，在佩脱拉克的建议和薄伽丘

---

① 可是教父们和所有的朝圣者只谈到一个地窖，诗人们也无需乎宫殿。参看桑纳札罗“论童贞女的生子”第2卷。

② 主要根据维斯帕西雅诺·菲奥兰提诺的记述，载马伊编《罗马集粹》，第1卷。本书所引用的即此卷。巴托利所编新版本，1859年佛罗伦萨出版。编者是十五世纪时或十五世纪后的一个佛罗伦萨书商兼誊写代理人。

的帮助下,由一个卡拉布里亚的希腊人,里昂吉奥·彼拉多完成了,虽然译得并不好。[1] 但是,随着十五世纪的到来,开始有了很多新发现,有了用抄写方法系统地制作出的许多丛书,从希腊文翻译过来的作品也有迅速的增加。[2]

如果不是由于那个时代的几个收集家不遗余力、不怕困难地来从事搜求的热情,我们一定只能拥有我们手中现在所有的文学作品的一小部分,特别是希腊人的文学作品。当教皇尼古拉五世还不过是一个普通教士的时候,他曾由于购买手稿或者请人抄写手稿而身负重债。即使在那时,他也毫不掩饰他对于文艺复兴时期人们最感兴趣的两件东西——书籍和建筑的热情。[3] 作为教皇他实现了他所说的话。抄书手给他抄书,调查员给他搜寻资料,范 197
围之广,遍及于半个世界。佩罗托由于把波利比乌斯的作品译成拉丁文得到五百个金币;盖利诺由于译斯特拉博[4]的作品得到一千个金币,如果不是这个教皇死了,他必能多得五百个金币。费莱佛本应因以韵文译荷马的作品得到一万个金币,但由于教皇的逝世,他没能从米兰到罗马来。尼古拉遗留下五千册,或者按照另外

① 参看佩脱拉克《书信集》,夫拉卡塞提版,第 18 卷第 2 页,第 24 卷第 12 页,改订本 25 页。夫拉卡塞提意大利文译本第 4 卷,第 92—101 页及第 196 页以下的注释,柏拉图时代以前荷马的作品译文片断,亦见于此。

② 大家都知道,伪造作品的事当时是很普遍的。复古的热情由此变成无赖之徒谋利或娱乐的东西。见文学史中论阿尼乌斯·维特尔波的文章。

③ 维斯帕西雅诺·菲奥兰提诺,第 31 页。"托马索·塞累扎纳常说:假我以资财,当成就两桩事业,即书籍和建筑,及后为教皇,两者都付诸实施。"关于他的译述事业,见伊尼亚斯·希尔维优斯《论欧洲》第 58 章,第 459 页和巴本科尔特《罗马都市史》第 502 页,尤见法格特,前引书,第 5 卷。

④ 斯特拉博(Strabo,公元前 63—公元 21 年)是希腊的地理学家。——译者

一个计算方法九千册[1]图书供罗马教廷的人员使用,这些图书构成了梵蒂冈图书馆的基础。它们被当作最高贵的装饰品保存在宫廷里边,像亚历山大港的托勒密·费拉德尔法斯[2]的藏书一样。当1450年的瘟疫把他和他的教廷人员驱赶到法布利亚诺时,因为当时从那里,像现在一样,可以得到最好的文献,所以他带着他的翻译和编辑人员一起去以免错过机会。

佛罗伦萨的尼科洛·尼科利,[3]是老柯西莫·美第奇左右一群有才学的朋友当中的一员。他把他的全部财产都消耗在买书上,最后,当他一文不名时,美第奇家族答应供给他为了这个目的而需用的任何款项。我们能有阿米亚努斯·马尔塞利努斯的全集,西塞罗的《论讲演术》全集,仍然是最有根据的卢克莱修著作的原本和其他著作,不能不感谢他。他说服柯西莫从卢贝克的修道院里买来普林尼的最好手抄本。他以崇高的信任心情把他的书借给那些请求借阅的人,允许一切来客在他自己家里阅读,并随时准备和研究者讨论他们所读过的一切。他所收藏的八百册图书,价值六千金币,在他死后,经过柯西莫的手交给了圣马可修道院,条件是必须使大家都能去看,现在这项图书成了洛伦佐图书馆的珍藏之一。

① 维斯帕西雅诺·菲奥兰提诺,第48、658、665页。参看曼内蒂《尼古拉五世传》,载木拉托里,《意大利史料集成》,第3卷,第2章,第925栏以下。关于卡利克斯塔斯三世是否以及如何将藏书再次部分分散的问题,见维斯帕西雅诺·菲奥兰提诺,第284页,附马伊注。

② 托勒密·费拉德尔法斯,(约公元前309—前246年)是埃及马其顿王朝的第二个国王。——译者

③ 维斯帕西雅诺·菲奥兰提诺,第617页以下。

盖利诺和波吉奥是两个有名的书籍搜求者，后者[①]借康斯坦斯宗教会议的机会，捎带作为尼科利的代理人，孜孜不倦地在南德意志的大寺院中进行搜求。他在那里发现了西塞罗的六篇讲演词和现在放在苏黎世的圣加尔寺院的第一部昆提里安[②]的全集。据说他用了三十二天的时间以美丽的字迹全部抄完了这部著作。他对于西里乌斯·意达利库斯、马尼利乌斯[③]、卢克莱修、瓦勒利乌斯[④]、弗拉库斯 、阿斯康纽·培底亚努斯[⑤]、科隆梅拉[⑥]切尔撒斯、[⑦]奥路斯·吉利乌斯[⑧]、斯达提乌斯[⑨]等人的作品都做了重要的增补；并在列奥那多·阿雷提诺的帮助下，发掘出普劳图斯的最后十二部喜剧，以及西塞罗的反对维兰家族的演说，《布鲁图斯》和《论讲演术》。

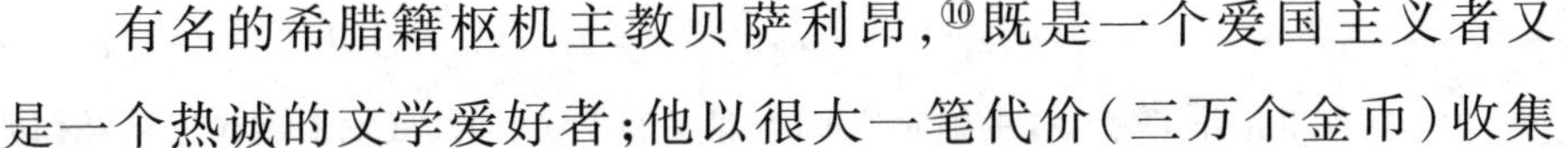

有名的希腊籍枢机主教贝萨利昂，[⑩]既是一个爱国主义者又是一个热诚的文学爱好者；他以很大一笔代价（三万个金币）收集

① 维斯帕西雅诺·菲奥兰提诺，第457页以下。

② 昆提里安（Quintilian，公元40—118年）是罗马有名的修辞学者。——译者

③ 马尼里乌斯（Manilius，死于公元66年）是罗马的政治家，创有“马尼里法”。——译者

④ 瓦勒利乌斯（Valerius，公元一世纪）是罗马的叙事诗人。——译者

⑤ 阿斯康纽·培底亚努斯（Asconius Pedianus 约公元前2年—约公元83年）罗马的文法家和历史家。——译者

⑥ 科隆梅拉（Columella，公元一世纪）是古代一部拉丁文的关于农业的主要著作的作者。——译者

⑦ 切尔撒斯（Celsus，公元二世纪）是反对基督教的哲学家。——译者

⑧ 奥路斯·吉利乌斯（Oulus Gellius，公元二世纪）是罗马作家。——译者

⑨ 斯达提乌斯（Statius 公元一世纪）罗马诗人。——译者

⑩ 维斯帕西雅诺·菲奥兰提诺，第193页。马伦·萨努多，载木拉托里，《意大利史料集成》，第22卷，第1185栏以下。

了异教和基督教作家的六百部手稿。接着他就四处寻求一个储藏所，以便把这些手稿安全地收藏起来，直到他的不幸的祖国一旦恢复自由时能够收回她这业已失去的文学宝藏。威尼斯政府宣布它准备为这些手稿修造一所适当的建筑；直到今天圣马可修道院的图书馆里还保存着这些贵重手稿的一部分。①

有名的美第奇家族的藏书有它自己的一部历史，我们在这里不能详述。"豪华者"洛伦佐的主要收集人是约翰·拉斯卡利斯。为人们所熟知的是：在1494年遭劫以后，它所收藏的图书不能不由乔万尼·美第奇枢机主教，即以后的教皇列奥十世，来零零碎碎地加以恢复。

200 乌尔比诺的藏书②，现在放在梵蒂冈，(见第63页以下)完全

① 这件事是作了怎么样的临时处理的，见马利皮埃罗的《威尼斯年代记》，载《历史文献》第7卷，第2章，第653、655页中曾有记述。

② 维斯帕西雅诺·菲奥兰提诺，第124页以下和《乌尔比诺藏书目录》(十五世纪时，乌尔比诺大公蒙特费尔特罗的菲德利哥一世的图书管理员菲德利哥·维泰拉诺编)，瓜斯提将它载入《托斯卡纳文献史杂志》，第6卷(1862年)第127—147页，又第7卷(1863年)第46—55页、130—144页中。当时关于这种藏书的讨论，见法夫尔：《文学史札记》，第1卷，第127页，注6。

以下是盖格尔博士对于古代作家评论的梗概：

〔关于美第奇家族的藏书，可参考皮科罗密尼所探求的《1494年到1508年美第奇家私人藏书的情况和变迁》(载《意大利历史文献》，第265页以下，第3辑，第19卷，第101—129、254—281页；第20卷，第51—94页；第21卷102—112、282—296页)。盖格尔博士并不想对藏书的各种稀有得几乎不为人知的著作的相对价值给予估计，他也不能说出如今在什么地方可以找到这些作品。他指出其中关于希腊的知识远比关于意大利的知识更为丰富，这是时代的特征。图书目录包括圣经的诸版本，附有注解的单行本，还有当时最完整的希腊和罗马的著作集和一些希伯来文的书籍——《犹太经师著作集》——还有很多近代作品，主要是拉丁文的，也有不少是意大利文的。盖格尔博士对维斯帕西雅诺·菲奥兰提诺的乌尔比诺藏书目录的绝对准确性抱有怀疑。见德文版，第1卷，第313、314页。——英译者注〕

是伟大的蒙特费尔特罗的菲德利哥的功绩。他在青年时代就已经开始收集图书，在以后的年代里，他在各地经常雇用三四十名“写本人员”，在这项收集上花费了不下三万金币。这一藏书主要是靠维斯帕西雅诺的帮助，得到有计划的扩充和完善的；他关于这件事的记载是文艺复兴时代的一个文库的理想的描绘。在乌尔比诺有梵蒂冈的藏书目录、佛罗伦萨的圣马可修道院的藏书目录、帕维亚的维斯康提家的藏书目录乃至牛津的藏书目录。他自豪地指出：在图书的丰富和完备上没有一个地方可以和乌尔比诺相匹敌。关于神学和中世纪的著作的收集它大概是最完备的。那里有托马斯·阿奎那、大阿尔伯图斯和博那文图拉的全集。但这个收藏是多方面的，包括当时所有的每一种医学著作。在“近代作家”方面，十四世纪的伟大作家——但丁和薄伽丘的全集——占首要地位。其次有二十五名人文主义作家的选集，一律包括他们的拉丁文和意大利文作品以及所有的翻译作品。在希腊文的手稿中，教父手稿远比其他人的手稿为多；但在古典作品的目录中我们可以看到索福克利斯、平达尔[1]和米南德尔[2]的全部作品。米南德尔的作品一定是很快地就从乌尔比诺消失了，[3]不然那些文学爱好者

① 平达尔(Pindar，公元前518—前448年)是希腊抒情诗人。——译者

② 米南德尔(Menanden，公元前342—前291年)是希腊的新喜剧作家。——译者

③ 或许是在凯撒·波几亚的军队占领乌尔比诺的时候。有人曾经怀疑过这一抄本的存在，但我不能相信，维斯帕西雅诺会把总共不过二百首格言诗的米南德尔的作品节抄说成是“全集”，而没有在他那综合抄本目录中提到它们，即使他手边仅有我们目前的平达尔和索福克利斯两书。可以想象，终有一天，这一米德达尔的作品会被人们所发现。

〔上溯到十五世纪的《乌尔比诺藏书目录》(见前注)同维斯帕西雅诺的记载和布克哈尔特博士关于它的说明是不完全吻合的。作为一部官方文献，它比维斯帕西雅诺

一定不久就会把它刊行的。但是,在这个收集书籍的时代里,也有人对于这种狂热劲提出了警告。这些人并不是学术的敌人,而是它的朋友,他们担心这种已经成为狂热的追求会产生弊害。佩脱拉克本人就反对这种无益地堆积大批书籍的愚蠢时尚;而在同一个世纪里,乔万尼·曼志尼嘲笑了一个来自布雷西亚的七十多岁的老者安德列奥罗·德奥奇斯,因为他准备牺牲他的房产、土地、妻子和他自己以增加他的藏书。

201 此外,关于手稿和藏书的增加方式,[①]我们也有很多这方面的见闻。买到一部古代的手稿,里边包括一个古代作家的稀有的或惟一完整的或惟一存在的原本自然是一种意外的幸运,关于这一点我们不需要再多说。在以抄书为职业的人们当中,那些懂希腊文的人地位最高,他们特别被加以"写本人员"的光荣称号。他们的人数总是有限的,而他们所得的报酬也很高。[②]其余的人仅仅被

的记述更值得信赖。维斯帕西雅诺的记述像他的大多数记述那样,在细节上不免有些不准确,并且有过于渲染的倾向。

在这个书目里没有提到米南德尔的抄本,这就证实了马伊怀疑这一抄本的存在是正确的。我们没找到《平达尔全集》,而只找到《平达尔的奥林匹亚和比提亚》。这个书目没有分别古书和近代的书。它包括但丁的作品集(其中有托斯卡纳喜剧诗)、薄伽丘的作品集(所收很不完整),以及佩脱拉克的非常完全的作品集。也可附带说一句,这个书目还提到了许多迄今尚不为人们所知和尚未刊印的人文主义者的作品,它还包含有关蒙特费尔特罗的君主们独有的收藏,并细心地列举了译者或原作者题献给乌尔比诺的菲德利哥的作品。——盖格尔〕

① 关于下文和部分上文,见瓦顿巴克《中世纪的抄写制度》,第二版,1875年,来比锡,第392页以下,405页以下和505页。又参看贝罗阿尔都斯的《论书记职务》一诗,不过他偏重于谈有关公共事务的书记。

② 彼埃罗·德·美第奇在有书癖的匈牙利国王——马提亚·科维那斯死的时候宣称"写本人员"现在必须降低他们的抄写费,因为否则他们就不会找到工作(意大利除外),他的意思只能指希腊文抄写本人员,因为这个字可能易于使人理解为书法家,书法家在整个意大利为数一直是很多的。见法布罗尼,《豪华者洛伦佐》附注156,参看附注154。

叫作“抄书手”,他们一部分是以这种职业为生的办事员,一部分是学校教师和贫苦的读书人,希望增加一些收入,一部分是修士,乃至是修女,他们认为这种工作是上帝所嘉许的。在文艺复兴的早期,这种职业抄书者很少而且是不可靠的,佩脱拉克就曾经对他们工作上的无知和拖沓提出过激烈的指责。在十五世纪中,他们的人数多起来了,也获得了更多的关于他们职业上的知识,但在工作的精确性上,他们始终没有达到过老修士们那种谨严认真的程度。他们似乎是以一种不愉快的敷衍塞责的态度来从事自己的工作,他们很少在抄本下面署名,一点也看不出他们对于这样一个有益于人类的事业有高兴的心情或自豪感,而在同一时期的法文和德文的手抄本中却具有这种精神,常常使我们感到惊奇。更奇怪的是:在尼古拉五世时代,在罗马的抄书手大多数是德意志人或法兰西人[①]——意大利的人文主义者所说的“野蛮人”,大概也就是那些在教廷寻求照顾并借此以维持生活的人。当柯西莫·美第奇急于为他心爱的团体,费埃苏来山麓的巴底亚修道院,建立一个藏书室,他派人去请维斯帕西雅诺来,维斯帕西雅诺劝他放弃一切买书的想法,因为那些有价值的书是不容易买到的,所以不如利用抄书手。于是柯西莫和他商定一天付给他若干钱,由维斯帕西雅诺雇用四十五名抄书手,在二十二个月之内交付了二百册图书。[②]

① 盖伊《通信集》第 1 卷,第 164 页,1455 年卡利克斯塔斯三世时代的一封信。闻名的乌尔比诺附有精细画的圣经是维斯帕西雅诺手下的一名法国抄书手缮写的。见达仁古尔,《绘画》,第 78 图。关于在意大利侨居的德国抄书手,另见康波利《伊斯特宫廷中的意大利和外国艺术家》,摩德纳,1855 年,第 277 页和《美术学杂志》第 2 卷,第 360 页以下。瓦顿巴克,《抄写制度》第 411 页,注⑤。关于德国出版家,见下文。

② 维斯帕西雅诺·菲奥兰提诺,第 335 页。

要抄写的著作的目录由尼古拉五世[①]亲笔写出送给柯西莫。教会传道书籍和教堂合唱用书自然在这个目录中占主要地位。

204 抄写的字迹是前一世纪已经开始使用的美丽的近代意大利字体，它使那个时代的书籍看起来非常美观。教皇尼古拉五世、波吉奥、吉安诺佐·曼内蒂、尼科洛·尼科利和其他有名的学者，他们自己都写一手好字，并且希望看到好字，也不能容忍其他恶劣的字迹。那些附带的装饰，即使其中没有精细画，也是饶有风趣的；这特别可以从洛伦佐的手抄本中看到，这些抄本在字行的开始和结尾都有浅淡而美丽的花体字。如果抄写工作是由大人物或富有者的命令进行的，用来抄写的材料总是羊皮纸，而无论是在梵蒂冈或在乌尔比诺，都一律用深红色的天鹅绒作为封面装订，并带有白银的搭扣。因为人们十分注意用书籍外观的美丽来表示对于它的内容的重视，所以印本书籍的突然出现最初不受欢迎就是一件可理解的事情了。当贝萨利昂枢机主教的使者们第一次在康士坦丁·拉斯卡利斯的家里看到一本印本书时，他们曾经对于“在某一德国城市的野蛮人中间的”发现加以讪笑，而乌尔比诺的菲德利哥也“一定会以有一本印本书为耻辱”。[②]

但是，那些疲倦的抄写者——不是指那些以这一行业为生的人，而是指许多为了得到一本书而不得不去抄写它的人——对于

① 阿姆布洛吉乌斯·特拉维尔萨利乌斯，《书信集》第1卷，第63页。教皇对乌尔比诺和佩扎罗的藏书（斯福查藏书，见第45页）同样有贡献。参看《意大利历史文献》第21卷，第103—106页。圣经及其注疏、教父著作、亚里士多德著作及其包括阿维洛斯和阿维森那在内的各家注、摩西·迈蒙尼提斯著作，希腊哲学家著作的拉丁译本，拉丁散文作家作品，诗人方面只提到维吉尔、奥维德、卢堪。

② 维斯帕西雅诺·菲奥兰提诺，129页。

德国人的这一发明却很欢迎,[1]“尽管诗人们对于书法给以称赞和鼓励。”它不久就在意大利被用来首先增印拉丁作家的然后是希腊作家的著作。但很长一个时期,除意大利外,它没有在其他地方传开,而在意大利它也完全没有以人们对于这些著作的普遍热情所能期待的速度传播开。过些时以后,作家和出版者的近代关系开始发展起来;[2]而在亚历山大六世时代,当时已不再能像柯西莫那么容易使费莱佛答应毁掉一部书,[3]就出现了查禁的检查制度。

伴随着语言和古典文化研究的进步而发展起来的对于版本的批判校勘,与本书内容和一般的学术史都同样没有多大关系。我们这里所要论及的不是意大利人的学术问题,而是在文学和生活上古典文化的再生。不过关于学术研究本身再说上几句仍然是允许的。

希腊学术主要限于佛罗伦萨,时间是在十五世纪以及十六世
纪初。它始终也没有像拉丁学术那样普遍,部分原因是因为研究 205
这种学问有极大的困难,另一方面也是更主要的原因是罗马人的

① 见罗伯特·乌尔苏斯约在1470年在一首诗里所写的“技术——从疲乏的关节中除去了何等的疲劳!”载《意大利大事记佛罗伦萨史家集选》,第2卷,第693栏。他对人们所希望的古典文学的迅速传播,未免高兴得过早一些。参看李波利《数学史》第2卷,第278页以下。又见洛伦佐·瓦拉的颂词作品,载《历史杂志》第32卷,第62页。关于罗马的出版家(头一批是德国人:罕·潘那兹,施威内姆)见加斯巴·维罗纳,《保罗二世传》,载木拉托里,《意大利史料集成》第3卷,第2章,第1646栏以及莱尔《十五世纪罗马印刷专史》,罗马,1778年。见格累哥罗维乌斯,第7卷,第525—533页。关于威尼斯的第一次出版特许,见马伦·萨努多,载木拉托里,第22卷,第1189栏。

② 类似的事情早已存在于手抄时代。见维斯帕西雅诺·菲奥兰提诺,第656页,论皮斯托亚人曾比诺的《世界纪年》。

③ 见法布罗尼《豪华者洛伦佐》附注212。具体到《放逐论》这本毁谤性作品,就发生过这样的事情。

优越感和对于希腊人的本能的憎恨，这种憎恨并没有因为希腊文学对于意大利人具有吸引力而被完全抵消。[①]

佩脱拉克和薄伽丘对于希腊文化的认识虽然肤浅，但他们所起的推动作用是强有力的，不过并没有对他们的同时代人立刻发生影响。[②] 另一方面，对希腊文学的研究约在 1520 年[③]就和有学问的希腊流亡者的最后一个侨居地的消失而一起停止了；特别值得庆幸的是北方人像阿格利科拉、吕契林、伊拉斯玛斯、斯蒂芬家族和博达斯等能够及时使他们自己成为这个语言的大师。那个侨居地最初是由曼纽尔·克里索洛拉和他的亲属约翰以及特列比松

① 就连在佩脱拉克的著作里也常常可以看到意大利人的这种胜过希腊人的优越感。见《书信集》，第 1 卷，第 3 信。他赞扬希腊人出于勉强。见《诗集》第 3 卷，第 30 页（罗塞提版，第 2 卷，第 342 页）。一世纪后，伊尼亚斯·希尔维优斯写道："人们重视阿尔方索胜于苏格拉底的伟大正如重视罗马人胜于希腊人一样"（帕诺尔密达：《阿尔方索言行录注释》附录）。由于这种情绪，对于希腊文化的研究也没有受到重视。从下面引用的写于 1460 年前后的文件可以看出波尔切利乌斯和托马索·塞尼加力图抵制希腊文化日益强大的影响。同样保罗·科尔蒂斯（1490 年）也不喜欢希腊文，怕的是拉丁文唯我独尊的地位受到损害。见《学者论》第 20 页。

关于意大利的希腊文字的研究，特别参看法夫尔的渊博之作《文学史札记》中各处。

② 见本书 196 页并参考瓦格特《复兴》，第 323 页以下。

③ 彼埃利奥·瓦雷里亚诺的《论学者的不幸》里，在论及拉斯卡利时曾谈到这些希腊人的消逝。而保罗·乔维奥在他的《读书语录》结尾处谈到日耳曼人时说："因为不仅拉丁文学和我们的知耻心一起迁走，而且希腊文学和希伯来文学也不可避免地迁到他们的国土去（约在 1450 年）。"同样，六十年前（1482 年左右）当阿吉罗布洛斯听到青年的吕契林在罗马讲堂翻译修昔底德的作品时，曾大声疾呼："希腊已经离开我们越过阿尔卑斯山去了。"盖格尔：《吕契林》（1871 年，来比锡出版）第 26 页以下。布克哈尔特，第 273 页。在乔维诺·庞达诺的《安托尼奥》全集，第 4 卷，第 203 页可以见到这样的名句："目前你在希腊学习土耳其语要较希腊语为多，因为希腊学术所有的任何渊博的东西，在我们意大利都有。"

的乔治开辟的。接着约在君士坦丁堡的征服和以后的时代里，是约翰·阿吉罗普洛斯、西奥多·加扎、德米特里奥斯·哈尔孔季拉斯（他曾把他两个儿子西奥菲洛斯和巴西利奥斯培养成为卓越的希腊语学家）、安德罗尼科斯·卡利斯托斯、马科斯·莫萨罗斯和拉斯卡利斯家族等等不必细举。但是，在希腊完全被土耳其人征服以后，学者研究的继承仅仅是由流亡者的子弟维持着，或者某处由某一个干地亚[1]或塞浦路斯的流亡者维持着。希腊文化研究的衰落约开始于教皇列奥十世逝世的时候，这一部分是由于知识界态度的普遍改变[2]和当时已经感到古典文化影响的有些过多；但它恰好与希腊流亡者的死亡同时发生并不完全是一件偶然的事情。如以1500年为准，意大利人曾以特殊的热情学习希腊文。那时候的青年人学习说这种语言，而在半世纪以后，像教皇保罗三世和保罗四世到晚年时还能说希腊语。[3] 但学习到如此娴熟，估计必定曾和道地的希腊人有来往。

除佛罗伦萨外，罗马和帕多瓦几乎一直聘请有希腊文教师，而维罗纳、费拉拉、威尼斯、佩鲁贾、帕维亚和其他城市则聘有临时教
师。[4] 希腊文化的研究从威尼斯的阿尔多·曼纽奇印刷所得到了 206

① 干地亚是克里特岛上的一个最大城市，1669年为土耳其人所占领。——译者

② 兰克：《教皇史》，第1卷，第486页以下。参看本书本编的最后部分。

③ 托马索·加尔：《罗马宫廷报告》第1卷，第338、379页。

④ 特列比松的乔治在威尼斯任修辞学教授，年俸一百五十块金币（见马利皮埃罗《历史文献》第7卷，第2章，第653页）。关于佩鲁贾的希腊文讲座，见《历史文献》第16卷，第2章引言第19页。至于谈到里米尼是否教授过希腊文，则有疑问。参看《学界逸话》第2卷，第300页。奥利斯巴在法律学术的中心波洛尼亚只不过略有成就。详情见马拉果拉的著作。

极其可贵的帮助，在那里，第一次以原文印行最重要的著有多卷著作的作家们的作品。阿尔多把他的一切都投入到这项事业中；像他这样的编辑兼出版家是世所罕见的。[①]

随着这种古典文化的复兴，当时对于东方文化也进行了一些研究。[②] 但丁本人对于希伯来文有很高的评价，虽然我们不能假定他懂得这种文字。从十五世纪以来，学者们不再仅仅以能够怀有敬意地说这种语言为满足，而是要投身到它的彻底研究中。但是对于这种语言的学术兴趣从一开始就由于宗教上的考虑，或受到推动或受到阻挠。当波吉奥从君士坦丁宗教会议的辛勤工作之后得到休息的时候，就在那个地方和在巴登从一个领过洗的犹太人学习希伯来文。他对于这个犹太人的描写是“像大多数改宗了
207 的犹太人一样，愚蠢、暴躁而无知”；但他却不能不为他自己学习希伯来文的行为辩护，反驳利奥那多·布鲁尼，因为布鲁尼试图向他证明希伯来文是无用的乃至是有害的。伟大的佛罗伦萨政治家兼学者，吉安诺佐·曼内蒂[③]（死于 1459 年）反对犹太人的论辩文章提供了当时已有人完全精通犹太语言学术的最早的例证。他的儿子阿尼约洛从童年时代起就学习拉丁文、希腊文和希伯来文。在教皇尼古拉五世的命令之下，曼内蒂翻译了旧约中的诗篇，但不能不在一部致阿尔方索的著作中来为他的翻译的原则进行辩护。

---

① 关于这一点，在提多的优美作品《阿尔多·曼纽奇与威尼斯的希腊文化》中（1875 年，巴黎版）有详尽的报道。

② 关于以下问题，参看古培那提斯《意大利东方学术史料》，1876 年，巴黎、佛罗伦萨等地出版，并见索亚维在《意大利东方学通报》第 1 卷，第 178 页以下的补遗。更加精确的细节，见下文。

③ 见下文。

教皇曾经为寻求发现福音作者的希伯来文原本悬赏五千金币，在他的委任之下，曼内蒂收集了现在仍然保存在梵蒂冈的希伯来文手抄本，并开始写一部反对犹太人的伟大的护教著作。[①] 希伯来文的学习就是这样列入了教会事务中。加马多莱斯僧团的修士阿姆布罗吉奥·特拉维尔萨利学习了这种语言，[②]而教皇西克塔斯四世（他修盖了梵蒂冈图书馆的建筑，并把他自己广泛搜购的书籍加入到图书馆的藏书之内）所雇用的"写本人员"（图书馆员）既有懂希腊文和拉丁文的，也有懂希伯来文的。[③] 这种语言的学习当时变得更普遍了；人们收集希伯来文手抄本，而且在有些图书馆里，像乌尔比诺图书馆，它们成为那里所收藏的丰富而珍贵的书籍中特别有价值的一部分。在意大利，希伯来文书籍的印刷开始于1475 年，因而使意大利人自己和欧洲其他国家学习这种语文都更
加容易了，这些国家很多年来就靠意大利供给它们书籍。不久，凡 208
是比较大的城镇就都有个别的精通希伯来语言的人，而且有许多人渴望学习它；1488 年在波洛尼亚设立了希伯来文讲座，1514 年，在罗马设立了另一个讲座。对于希伯来文的学习变得如此普及甚至比希腊文还更受欢迎。[④]

① 见维斯帕西雅诺·比斯提奇著《吉安诺佐·曼内蒂传评注》，都灵，1862 年。特别参看第 11、44、91 页以下。

② 维斯帕西雅诺·菲奥兰提诺第 320 页。阿姆布罗吉·特拉维尔萨利，《书信集》第 11 卷，16 页。

③ 普拉提那：《西克塔斯四世传》，第 332 页。

④ 本尼迪特·法来乌斯：《希伯来、希腊及拉丁文学的起源》，1520 年，那不勒斯版。

所有那些在十五世纪里忙于学习希伯来文的人们当中,[①]没有谁比皮科·德拉·米朗多拉更为重要的了。他并不以得到希伯来文文法和圣经的知识为满足,而是要深入研究犹太神秘哲学,甚至要熟悉犹太教法典经籍。这种研究,虽然也许还没有升堂入室,但他之所以可能做到,不能不归功于他的犹太教师。事实上绝大部分希伯来文教学都是由犹太人担任,他们之中有几个人已经成了

① 关于但丁,见维格尔:《但丁传》,第二版,第268页,又,拉西尼奥:《但丁与闪语》(载《东方杂志》佛罗伦萨,1867—1868年)。关于波吉奥,见《全集》,第297页;布鲁尼:《书信集》第9卷,第12页,参见格累哥罗维乌斯第7卷,第555页,又舍费尔德-托内利:《波吉奥传》,第1卷,第65页。波吉奥致尼科利讨论希伯来文的信件,最近于1876年由安东尼·美来以《波吉奥著巴德浴场集》为题,用法文和拉丁文出版于巴黎。波吉奥想要弄清楚,哲罗姆是根据什么原则翻译圣经的,而布鲁尼则坚持认为哲罗姆的译文既然还存在,学习希伯来文就是表示对译文的不信任。关于希伯来文抄本收藏家曼内蒂,可参看下面引用的著作中斯泰恩什奈德的记述。在乌尔比诺的藏书中,共有六十一部希伯来文手抄本,其中有一部圣经是一部"惊人的完整的书,附有注解,字迹奇特,作鸟兽、树木形状,部头奇大,搬动必须三人。"这些从阿瑟马尼的书目中见到的书籍目前大部分都收藏在梵蒂冈图书馆里。关于希伯来文印行的最早的印刷品,可参阅斯泰恩什奈德和卡塞尔合编的《埃什和格鲁贝尔百科全书中的希伯来文印刷品》第二辑,第28卷,第34页;又斯泰恩什奈德编《波德莱图书馆书目》,1852—1860年,第2821—2866页。奇特的是,两个最早印刷希伯来文的人,一个是曼图亚人,另一个是卡拉布里亚的勒佐人,所以希伯来文书籍的印刷几乎是同时在意大利的这两个遥遥相对的地方开始进行的。曼图亚的印刷者是一位犹太医生,由他的妻子协助他。可以一提的奇事是,波利菲洛的《睡眠和爱的战斗》(写于1467年,1499年出版),第68页a中,有一小段希伯来文;除此之外,在1501年以前的阿尔丁版本中,没有看见任何希伯来文。德·古贝那提斯的著作(第80页)中曾介绍过意大利的希伯来文学者,但根据是什么,没有对他们逐个加以论述。(马可·李波马诺未被提及;参见下面斯泰恩什奈德所引书。)瓦勒里安曾谈到保罗·得·卡那来是一位学识渊博的希伯来文学家(《论学者的不幸》门肯版,第296页);1488年在波洛尼亚做大学教授的有"大维桑",参见《古代波洛尼亚的学习组织,纪律与改革》,《斯卡拉伯利教授回忆录》皮亚琴察,1876年;1514年在罗马任教授的有圭达切里乌斯。据格累哥罗维乌斯,第8卷,第292页,和其中几段引文。关于圭达切里乌斯,见斯泰恩什奈德《书目手册》,来比锡,1859年,第56、157—161页。

著名的大学教授和很受尊敬的作家，[①]虽然在这之前他们一般必

---

① 〔犹太人在意大利的文学活动，范围之大和影响面之广，不能一概略去不谈。为了不使本文分量过重，我把下面的几段写在注解里，这几段都是柏林斯泰恩什奈德博士写给我的信里的东西。我（盖格尔博士）在此顺便对他经常给予的友好的帮助表示感谢。他在他那篇深刻而有启发性的论文《犹太人的意大利文著作》中，关于这个问题，曾淋漓尽致地说明了可为佐证的事实。见《正路》杂志，第6、8、11、12卷，罗马，1871—1877年（也有单行本）；读者可直接参看该书。

在耶路撒冷圣殿重建时期，有许多犹太人住在罗马。他们整个沿用了当时盛行于意大利的语言和文化，甚至在他们的坟墓上都不用希伯来文而用拉丁文和希腊文的碑文（资料由格路奇提供，见斯泰恩什奈德：《希伯来文书目》，第102页，1863年）。特别在中世纪的意大利南部，希腊学术还普遍地残存在居民中，尤其是在犹太人中，据说，其中有些人在萨勒诺大学里任教，并在文学作品上可与基督教学者媲美（参看斯泰恩什奈德的《黄鼠狼》，载于维尔荷的《文献》杂志第39、40卷中）。希腊文化的这种优势一直延续到萨拉森人征服南意大利人的时候，但在南意大利尚未被征服之前，意大利中部的犹太人曾极力想赶上甚至超过在南方的他们的同族。犹太学术原集中于罗马。早在十六世纪时，就从罗马扩展到科尔多瓦，凯洛温和南德意志。意大利文的犹太语风，通过这些侨民而为全族所师法。通过多种作品，尤其通过纳桑·本·日开尔（1101年）一本关于犹太教法典、圣经集注及阿拉美伊克语旧约的大辞典（这部辞典虽然不是根据纯科学精神编写成的，但其内容是如此丰富，而所依据的材料又如此古老，以致它所包括的知识财富，虽至今日犹取之不尽，用之不竭），它间接地给了人以巨大的影响。（阿伯拉罕·盖格尔：《犹太教及其历史》，布累斯劳，第2卷，1865年，第170页；又，同一作者：《遗著》，第2卷，柏林1875年，第129及154页），稍后，在十三世纪时，意大利的犹太文学使犹太人和基督徒开始有了接触，并通过弗里得利希二世，尤其是通过弗里德利希二世之子曼弗雷，得到了官方的某种认可。关于这种接触，我们有事实作证，那就是有一个意大利人乔维那佐的尼科洛同一个犹太人，摩西·本·所罗门一起研究迈蒙尼德斯的有名著作《先知书》的拉丁译文；关于官方的认可，从一件事可以知道：以具有自由思想和爱好东方学术著称的那位皇帝大概就是使人把这部拉丁译文译出来的人。为了把阿维洛斯的作品译成希伯来文，他又将著名的阿那托利从普罗旺斯召至意大利。（参看斯泰恩什奈德，《希伯来文书目》第15卷，第86页；又雷农的《阿维洛斯与阿维洛斯学说》，第3版，巴黎，1866年，第290页。）这些做法证实了早年的犹太人懂得拉丁文，它使犹太人和基督徒之间的来往成为可能，这种来往有时带有友好的，有时则带有论战的性质。除了阿那托利之外，还有希莱尔·本·撒母耳在十三世纪的后半期专心从事于拉丁文学的研究。他先在西班牙求学，回意大利后曾将许多拉丁文著作译成希伯来文，其中包括希波克拉蒂的译为拉丁文的作品（这篇作品1647年由加约奇

须先皈依基督教。

209　在东方语言中，阿拉伯文也和希伯来文一样有人学习。伟大的阿拉伯医学家著作的较旧的拉丁文译本不再能使医药科学感到满足，因而要经常求助于原本；威尼斯在东方的许多领事馆提供了易于接触这些原本的机会，因为在它们那里经常有意大利医生。但是，文艺复兴时期的阿拉伯学术仅仅是阿拉伯文明在中世纪时对于意大利和整个文明世界所起影响的一个软弱无力的反应——这种影响不仅发生在文艺复兴的影响之前，而且在某些方面是和

乌斯出版，并被认为是他的创作）。他在这篇译文中引用了几句意大利文做解释，也许由此，或者由于他的整个文学活动使自己遭受藐视犹太学说的责难。

但犹太人却更进一步。十三世纪末和十四世纪，他们向基督教学术和文艺复兴时期文化的代表们靠拢到如此地步，其中有个名叫吉达·罗曼诺的，在一系列迄今尚未出版的著作里，热心地致力于经院哲学，并在一篇论文里，用意大利语去解释希伯来文词句。他是头一个这样做的人。（斯泰恩什奈德：《吉达·罗曼诺》，罗马，1870 年）另外一个人，就是吉达的表弟，但丁的朋友曼纽尔，模仿但丁写了一部希伯来文的神曲，他在这部作品里颂扬但丁，并写了一首意大利文的十四行诗哀悼但丁之死。（阿伯拉罕·盖格尔：《犹太文杂志》，第 5 卷，第 286—331 页，布累斯劳，1867 年。）还有一位叫摩西·利泰的（生在该世纪末）则用意大利文来写作（《希伯来文抄本样品》，莱丁，1858 年版）。我们能清楚地看出，十五世纪时，文艺复兴对于一个犹太作家美塞·里昂的影响，他在他所著的《修辞学》里既引用了犹太大家的著作也引用了昆提里安和西塞罗的著作。十五世纪在意大利一位最负盛名的犹太作家是哲学家伊里亚·美迪哥，他以一个犹太人的身份在帕多瓦和佛罗伦萨公开讲学，并曾一度被威尼斯大议会选聘为一场哲学辩论中的裁判。（阿伯拉罕·盖格尔：《遗著》，柏林 1876 年版，第 3 卷第 3 页。）

伊利亚·美迪哥是皮科·米朗多拉的老师；除他而外，还有约卡南·阿莱曼诺（参看斯泰恩什奈德《学术论争与辩护》附录 7，第 25 节，来比锡，1871 年）。卡罗尼莫斯·本·大卫和阿伯拉罕·德·巴尔美斯（1523 年卒）可能是在意大利的一系列犹太学者的最后两人。大部分阿维洛斯作品自希伯来文译为拉丁文，都归功于阿伯拉罕·德·巴尔美斯，这些译文在十七世纪的帕多瓦还公开地为人传诵。此外还可添上犹太人阿尔多·热尔松·松奇诺，他不仅使他的印刷所成为犹太文印刷品的中心，而且由于出版希腊作品，竟侵入了大阿尔多本人的阵地。（斯泰恩什奈德：《热尔松·松奇诺和阿尔多·曼纽奇》）。——盖格尔〕

它相抵触的,并且是在经过一番斗争之后才放弃了它长期地强有力地维持着的地位。一个威尼斯医生希罗尼莫·拉穆西奥,从阿拉伯文翻译了阿维森那的大部分著作并于1486年死在大马士革。贝卢诺的安德烈·蒙加约,[①]是阿维森那的门徒,在大马士革居住很久,他学习了阿拉伯文并发展了他的老师的学术。威尼斯政府后来任命他为在帕多瓦大学的这一门学科的教授。其他政府也学习了威尼斯的先例。君主和富翁们竞相收集阿拉伯文的手抄本。
第一个阿拉伯文印刷所是于教皇优里乌斯二世时代在法诺开始 210
的,并于1514年在列奥十世时代被确定为一个圣职事业。[②]

在开始叙述人文主义的一般影响之前,我们必须在这里对于皮科·德拉·米朗多拉略加论述。他是惟一大声疾呼并强有力地保卫一切时代的真理和科学,反对片面崇拜古典文化的人。[③] 他不但知道怎样尊重阿维洛斯[④]和那些犹太的研究家,而且也知道

① 见彼埃利奥·瓦雷里亚诺,《论学者的不幸》,门肯版,301页,蒙加约条。古培那提斯在第184页上将他同安德烈·阿尔巴哥混为一谈,据说伯来默也曾研读过阿拉伯文学,并在东方旅行过。关于一般的阿拉伯学术,见古培那提斯第173页以下。关于1341年由阿拉伯文译成意大利文的一篇译文,参见那尔都奇:《关于卡斯提尔国王阿尔方索十世的一篇天文学作品的意大利传统》,1865年罗马版。关于拉莫西奥,见桑索维诺:《威尼斯》,第250页。

② 见古培那提斯,第188页。第1卷中有阿拉伯文的基督教祈祷文。古兰经的最早的意大利文译本于1547年出版。在1499年普利菲洛的著作里(第7卷a),我们见到不多的几篇不十分成功的阿拉伯文体。关于埃及文研究的开始,见格累哥罗维乌斯,第8章,第304页。

③ 特别参看《波利提安书信集》第9卷中,1485年致伊尔莫劳·巴巴洛的重要信件。参见皮科《论人的尊严》。关于这篇论文,见第4篇的最后部分;关于皮科本人,将在第6篇第4章里有较多的论述。

④ 阿维洛斯(Averroes,1126—1198年)是西班牙—阿拉伯哲学家,在犹太教和基督教思想上占重要地位。——译者

怎样按照著作的内容来尊重中世纪的烦琐哲学作家。他似乎听见他们在说："我们将永生不朽，但不是在那些空喊口号的学派中而是在那些智慧的人群里，在那里人们所谈的不是安德洛玛琪[1]的母亲或尼奥比[2]的儿子而是天上人间事物的较深奥的原因；观察细密的人将看到：即使野蛮人也有他们的智慧（mercurium），但不是在口头上而是在内心里。"他本人能写强劲有力的优美的拉丁文，并且是一个叙事条理清晰的大家；他轻视那些空谈家的舞文弄墨和当时流行的过于重视形式的模仿，特别是如常见的那样，当它们失之于偏颇，对于事物本身的广阔真理淡然漠然的时候。看到皮科，我们可以猜想到：如果不是反宗教改革破坏了意大利人民的更高尚的精神生活，意大利哲学必将有极高的飞跃发展。

211

第四章　十四世纪的人文主义

那么，是谁使他们自己的时代和一个可尊敬的古代调和起来，并使后者在前者的文化当中成为一个主要成分呢？

他们是一群最复杂的形形色色的人物，今天具有这样一副面貌，明天又换了另外一副面貌；但他们清楚地感觉到，他们在社会上形成了一个全新的因素，这也是为他们的时代所完全承认的。十二世纪的"流浪教士"，他们的诗歌我们已经提到过（见本书第

① 安德洛玛琪（Andromache）是希腊传说中的特洛伊女人，赫克托的妻子，因她的丈夫战死而自杀。——译者

② 尼奥比（Niobe）是希腊传说中的底比斯女王，她曾为生有十二个儿子而自豪。——译者

180 页)，或者可以被认为是他们的先驱——他们有同样的不安定的生活，同样的对于人生的自由的和超乎自由的看法，而且无论如何在他们的诗歌中也有同样的异教倾向的萌芽。但是这时，出现了一种在中世纪的另一面建立起它自己的基础的新文明，它成为基本上是属于神职人员的和为教会所哺育的中世纪的整个文化的竞争者。它的积极的代表者成了有影响的人物，[①]因为他们知道古人所知道的，因为他们试图像古人曾经写作过地那样来写作，因为他们像古人曾经思索过或感受过那样地开始思索并欣然感受。他们所崇奉的那个传统在各方面都进入了真正的再生。

某些近代作家所惋惜的一个事实是：1300 年左右在佛罗伦萨出现的一个远远具有独立性而实质上不外是民族文化的萌芽，在以后竟完全为人文主义者所淹没了。[②] 据说，当时在佛罗伦萨没有不能读书的人，就连驴夫也能吟哦但丁的诗句；我们所拥有的最好的意大利文手抄本原是出自于佛罗伦萨的工匠之手的；出版一部像布鲁纳托·拉蒂尼的《宝库》那样的通用百科全书在当时是可能的；所有这些都是由于具有一种坚强有力的性格才产生的，而这种性格是由于人们普遍地参加公众事务、商业和旅行以及惯常谴责懒惰行为而形成的。据说，当时佛罗伦萨人到处受人尊敬，并且有世界性影响，而且在那一年不无理由地被教皇博尼法斯八世称为“第五元素”。1400 年以后人文主义的迅速发展破坏了人们

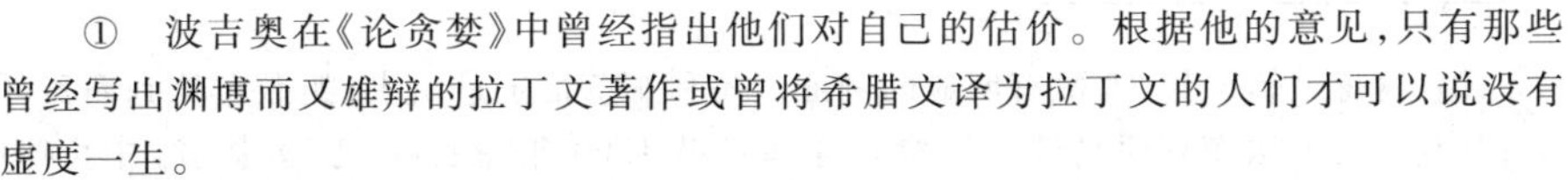

① 波吉奥在《论贪婪》中曾经指出他们对自己的估价。根据他的意见，只有那些曾经写出渊博而又雄辩的拉丁文著作或曾将希腊文译为拉丁文的人们才可以说没有虚度一生。

② 特别参见李布利《数学史》，第 2 卷，第 159 页以下及 258 页以下。

的天赋本能。从那时起，人们只是靠古代文化来解决每一个问题，
212 结果是使文学著作堕落成为仅仅是古代作品的引文。不仅如此，而且市民自由权的丧失一部分也应该归咎于这一切，因为新学术以服从权威为基础，为罗马法而牺牲了城市权利，用以寻求并取得暴君们的欢心。

我们在以后的研究中将不时地谈到这些指责，到那时我们将试图分析出人文主义运动的真正价值，并衡量一下这一运动的得失。目前我们必须只限于阐明：就连生气勃勃的十四世纪的文明也是必然地为人文主义的完全胜利铺平道路，而在十五世纪里敞开无限崇奉古代文化的门户的恰恰是那些意大利民族精神最伟大的代表者本人。

还是从但丁开始吧。如果说有很多有同样天才的人曾经支配了意大利文化，无论他们的性格中从古代吸收到什么样的成分，他们也仍然会保有一种富有特征的和鲜明的民族烙印。但无论意大利或西欧都没有产生另外一个但丁，所以他就是而且仍然是首先把古代文化推向民族文化的最前列的人。在《神曲》里，他并不是真把古代世界和基督教世界看作具有同等权威的，而是把它们看作是彼此平行的。正像中世纪早期在新旧约的历史上人们校勘真本和伪本一样，但丁也经常把同一个事实的基督教说明和异教的说明放在一起。① 必须记住：人们对于基督教所记载的历史和传说的始末很熟悉，而古代的记载则比较不为人所知，因此基督教的

① 《炼狱篇》，第 18 歌有明显的例证。马利亚急忙走过山去，凯撒急忙到西班牙去；马利亚穷而法布利西乌斯无私欲。像乌贝蒂 1360 年左右在《狄达蒙多》中（第 1 卷，第 14、15 章）试图将女巫们按编年顺序编入异教古代史中，我们可在此加以评述。

记载是受人欢迎和为人们所感到兴趣的;如果没有一个像但丁那样的人来保持这二者之间的平衡,则基督教所记载的始末在争取公众的赞赏方面必然占上风。

佩脱拉克现在主要是作为一个伟大的意大利诗人而活在大多数人们记忆中,然而他在他的同时代人中所获得的荣名其实主要是由于这样的事实,那就是:他是古代文化的活代表,他模仿各种体裁的拉丁诗歌,力求用他卷帙浩繁的历史和哲学著作来介绍古人的作品,而不是去代替它们。他写了不少书信,这些书信作为具有考古趣味的论文,获得了我们难于理解的声誉,但在一个没有参考书的时代里却是一件非常自然的事情。佩脱拉克自己相信并且希望他的拉丁文作品能在他同时代人和后代人中间给他带来声誉,但很少想到他的意大利文诗篇;如他所常告诉我们的,他宁愿毁掉这些诗篇,如果这样做能够把它们从人们的记忆中抹掉的话。

对于薄伽丘来说也是一样的。有两世纪,当《十日谈》[1]在阿尔卑斯山以北还很少为人所知的时候,他只是由于编辑了拉丁文的神话、地理书和传记而在全欧洲出了名。[2] 这些著作中的一部, 214
《诸神的世系》,在十四和十五卷里包括有一篇不平常的附录,他在附录里讨论了与那个时代有关的当时还是年轻的人文主义的地位。我们必须不为他对于"诗"的专门论述所迷惑,因为进行较细

① 由施太因豪威尔翻译的《十日谈》的第一个德文译本于 1472 年出版,很快就流行一时了。《十日谈》全集的译文几乎到处都是把佩脱拉克用拉丁文所写的格利塞尔达的故事的译文放在前面的。

② 薄伽丘的这些拉丁文作品近来受到舒克的精心研讨,见《论十四、十五世纪意大利人文主义者的性格描写》。1865 年布累斯劳出版。又见弗勒克森和马西乌斯所编《哲学与教育年鉴》第 20 卷(1874 年)中的一篇论文。

致的观察表明他所说的“诗”是指诗人学者们的整个精神活动而言。[①] 他所向之进行猛烈战斗的就是这个“诗”的敌人——那些除了淫乱对于任何事情都打不起精神来的轻浮的无知者；那认为赫利康[②]、卡斯达里安喷泉[③]和阿波罗的坟墓都是愚蠢的诡辩神学家；那些因为诗歌不能给他们带来钱财而认为它是一种多余的东西的贪婪的法律家；最后还有那（他拐弯抹角地说，但却很明显）随便以异教和不道德的罪名来进行攻击的托钵僧人。[④] 下面接着是为诗作的辩护、关于古人及其近代继承者的诗歌并不含有任何虚伪的成分的论证、对于这些诗歌的赞扬，特别是我们必须永远注意到它的更为深刻的和寓有譬喻意义的特点，以及旨在排除愚者心灵迟钝而有意识地采用的隐晦写法。

作者最后，显然是在说他自己的学术著作，[⑤]他为他那个时代和异教之间所保持的新的关系作了辩解。他论证说：当早期的教

① “诗人”一词即在但丁的作品中（《新生》第 47 行）也仅指拉丁文诗的作家而言，而指意大利文诗人则用“韵文家”、“说韵语者”等词来表示。当然日久天长这些名称和概念就混同起来了。

② 赫利康（Helicon）是希腊的一座名山，又名扎卡拉峰，相传为诗神缪斯的居处。——译者

③ 卡斯达里安喷泉在希腊德尔菲地方附近，巴尔那苏斯山麓的一个喷泉，相传是阿波罗和缪斯神们的圣地。——译者

④ 佩脱拉克在他的声誉达于极盛时代，于悲伤时也常抱怨说他的灾星注定他要在恶棍中度过他的晚年。见拟致李维书，《书信集》第 24 卷第 8 书，夫拉卡塞提版。佩脱拉克为诗歌辩护以及如何为诗歌辩护是尽人皆知的（参看盖格尔《佩脱拉克》，第 113—117 页）。除了那些同薄伽丘一道围攻的敌人以外，他还得对付那些医生们（参看《斥严以责人的医生》第 1 卷和第 2 卷）。

⑤ 薄伽丘在致亚科伯·皮津加的后一封信里（《俗语著作集》第 16 卷），更加严格地限定了所谓真正诗歌的意义。然而他只承认处理古代题材的诗歌才是诗歌，而忽视了抒情诗人。

会不能不在异教徒中间开辟它的道路时,情形是完全不同的。现在——让我们赞扬耶稣基督吧!——真正的宗教已经站稳了脚步,异教已经被毁灭,而胜利了的教会已经占领了敌人的营垒。现在几乎有可能和异教接触并对它加以研究而没有什么危险了。但是,薄伽丘并没有一贯地坚持这种开明的观点。他背弃这种主张的原因一则在于他的性格的易变,一则在于认为研究古典对于神学家不合适的成见仍在强有力而广泛地流传。在这些理由之外,还必须加上乔亚奇诺·奇亚尼修道士以已死的彼埃特罗·佩特罗尼名义给他的警告,要他放弃对于异端的研究,否则就要受到早死的惩罚。他于是决定放弃这些研究,而只是由于佩脱拉克的热诚的劝告,并由于他有力地证明了人文主义与宗教可以调和,他才从这个怯懦的决定中转回来。[①]

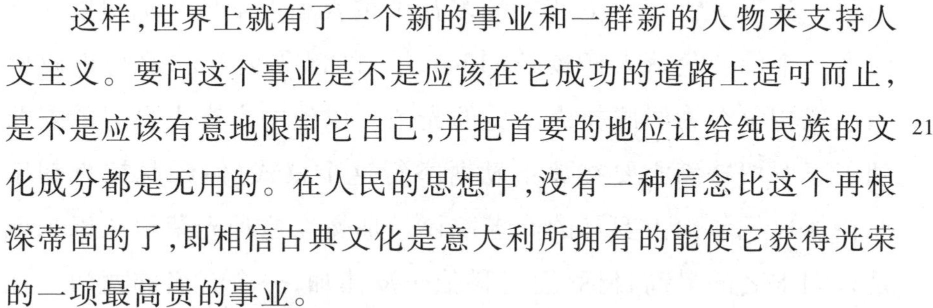

这样,世界上就有了一个新的事业和一群新的人物来支持人文主义。要问这个事业是不是应该在它成功的道路上适可而止,是不是应该有意地限制它自己,并把首要的地位让给纯民族的文 216
化成分都是无用的。在人民的思想中,没有一种信念比这个再根深蒂固的了,即相信古典文化是意大利所拥有的能使它获得光荣的一项最高贵的事业。

有一种为这一代的诗人学者所熟悉的象征性的典礼——对诗人的桂冠加冕式,虽然它逐渐失去了当初鼓舞过人的那种崇高的感情,但却历十五、十六世纪而未衰。这种制度在中世纪里的起源不明而仪节也从来没有固定下来。那是一种公开的表示,一种文

① 佩脱拉克:《晚年书简》第 1 卷第 5 函。

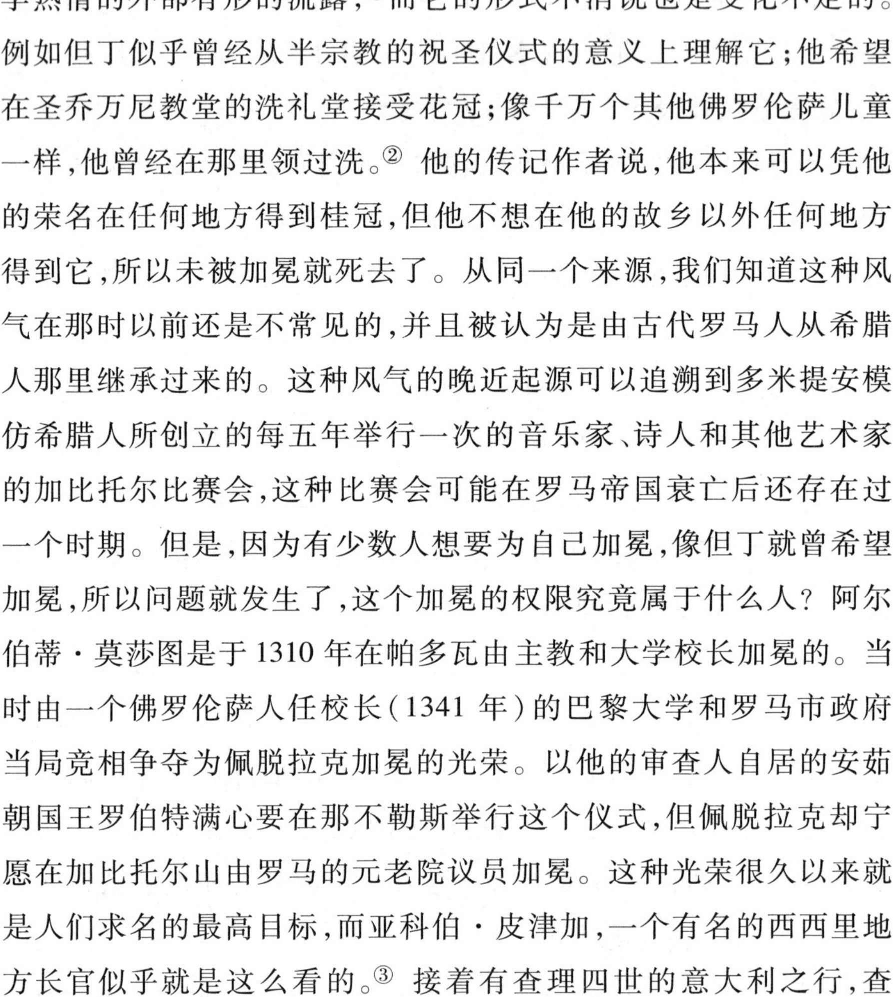

学热情的外部有形的流露，[①]而它的形式不消说也是变化不定的。例如但丁似乎曾经从半宗教的祝圣仪式的意义上理解它；他希望在圣乔万尼教堂的洗礼堂接受花冠；像千万个其他佛罗伦萨儿童一样，他曾经在那里领过洗。[②] 他的传记作者说，他本来可以凭他的荣名在任何地方得到桂冠，但他不想在他的故乡以外任何地方得到它，所以未被加冕就死去了。从同一个来源，我们知道这种风气在那时以前还是不常见的，并且被认为是由古代罗马人从希腊人那里继承过来的。这种风气的晚近起源可以追溯到多米提安模仿希腊人所创立的每五年举行一次的音乐家、诗人和其他艺术家的加比托尔比赛会，这种比赛会可能在罗马帝国衰亡后还存在过一个时期。但是，因为有少数人想要为自己加冕，像但丁就曾希望加冕，所以问题就发生了，这个加冕的权限究竟属于什么人？阿尔伯蒂·莫莎图是于1310年在帕多瓦由主教和大学校长加冕的。当时由一个佛罗伦萨人任校长(1341 年)的巴黎大学和罗马市政府当局竞相争夺为佩脱拉克加冕的光荣。以他的审查人自居的安茹朝国王罗伯特满心要在那不勒斯举行这个仪式，但佩脱拉克却宁愿在加比托尔山由罗马的元老院议员加冕。这种光荣很久以来就是人们求名的最高目标，而亚科伯·皮津加，一个有名的西西里地方长官似乎就是这么看的。[③] 接着有查理四世的意大利之行，查

① 薄伽丘：《但丁传》第 50 页："它(桂冠)并不增进学识而是既有学识的证书和装饰品。"

② 《天堂篇》，第 25 歌，第 1 行以下。薄伽丘：《但丁传》第 50 页："准备在圣约翰喷泉上加桂冠。"参看《天堂篇》第 1 歌，第 25 行。

③ 见薄伽丘写给他的信。《俗语著作集》第 16 卷，第 36 页："如蒙上帝保佑得到罗慕路斯元老院的许可……"

理乐于迎合那些沽名钓誉者的虚荣心理和用豪华的仪式来打动无知的群众。他从给诗人加冕是古代罗马皇帝的特权，因而认为这也同样是他自己的特权，从这一假想出发，在比萨给佛罗伦萨学者，扎诺比·德拉·斯特拉达加了冕（1355年5月15日）；这件事引起了佩脱拉克的不快，他悻悻不平地说："野人的桂冠竟敢用来装饰奥森尼亚[①]的缪斯所喜爱的人，"并且也引起了薄伽丘的极大厌恶，他拒绝承认这顶"比萨桂冠"是合法的。[②] 的确，人们可以正当地 217
提出质问，这个半斯拉夫种的外邦人有什么权利来评判意大利诗人的成就呢。但是从那以后，皇帝们无论旅行到哪里都给诗人加冕；而在十五世纪，教皇们和其他君主们也僭取了同样的权利，发展到最后不考虑任何地点或条件地加以滥授。在罗马，在西克塔斯四世时代，彭波尼乌斯·拉图斯[③]学院[④]随意决定赠送花冠。佛罗伦萨人懂得直到他们有名的人文主义者死后才给他们加冕的风雅。卡洛·阿雷提诺和列奥那多·阿雷提诺都是这样被加冕的。前者由马提奥·帕尔米利，后者由吉安诺佐·曼内蒂在市议会的议员和全体人民面前致颂词，致词者站在棺柩的头部，柩上放着身

① 奥森尼亚（Ausonia）是非拉丁民族对于意大利的称呼。——译者

② 见马提奥·维兰尼，第5卷，第26章。皇帝的随从和贵族陪伴着诗人时，有一个盛大的骑马环城游行。薄伽丘前引书。佩脱拉克《斥医生》并见《从夫拉卡塞提写的大众化书信集》，第3章，第128页关于扎诺比在加冕时所作的演说，见弗利仲前引书，第308页以下。法吉奥·德利·乌贝蒂也戴了桂冠，但在何处，由何人授予则不得而知。

③ 彭波尼乌斯·拉图斯（Pomponius Laetus，1428—1498年）是意大利的人文主义者，他以他的学生和周围的许多追随者而出名。——译者

④ 优尔泰拉，载木拉托里，第23卷，第185栏。

着丝制礼服的遗体。① 卡洛·阿雷提诺更得到埋葬在圣十字教堂里的光荣，这个教堂在整个文艺复兴时期是最美丽的教堂之一。

218

第五章　大学和学校

我们现在必须谈到的古代文明对于意大利文化的影响是以新的学术已经占领了大学园地为前提的。事实固然如此，但它绝没有达到我们所料想的那种程度，也没有产生我们所料想的那种结果。

直到十三和十四世纪，财富的增加使得更有计划地发展教育事业成为可能时，意大利的少数几个大学②才显得富有生气。最初，一般只有三种讲座，即民法、寺院法和医学；以后才逐渐增加了修辞学、哲学和天文学，这最后一种通常是与占星学合成一个科目的，虽然不总是如此。在不同的情形下薪金的差别是很大的。有时候也付出一笔大的薪金。随着文化的发展，竞争也活跃起来，各

① 维斯帕西雅诺·菲奥兰提诺，第575、589页。《曼内蒂传》，载木拉托里，第20卷，第543栏。列奥那多·阿雷提诺的名声在生前就如此之大，以致人们仅仅为了看他一眼而从四面八方前来；有一个西班牙人曾跪在他的面前——维斯帕西雅诺，第568页。为了建立盖利诺的纪念碑，费拉拉市政府在1461年曾拨出一百块金币。这在当时可称一笔巨款。关于在意大利所举行的诗人加冕礼，在法夫尔的作品《文学史札记》(1856年)第1卷，第65页以下有一个很好的概要说明。

② 参看李布利《数学史》第2卷，第92页以下。如所周知，波洛尼亚大学是比较古老的大学。比萨大学在十四世纪时曾盛极一时，后来经过同佛罗伦萨的战争才衰落下来，嗣后由"豪华者"洛伦佐加以修复，如乔维奥所说，"作为对已失去的旧有自由的慰藉"，见《列奥十世传》，第1卷。佛罗伦萨大学早于1321年即已存在(参见盖伊《通信集》第1卷，第461—560页各处；《马提奥·维兰尼》第1卷，第8页，第7卷，第90页)，对该市市民实行强迫就学。在1348年黑死病流行后重建，国家每年支给二千五百金币，以后再度衰落，1357年第三次重建。1373年由于很多市民的请求，开设讲授但丁作品的讲座，以后这个讲座多兼授语言学和修辞学。费莱佛担任这一讲座时即如此。

大学都争相罗致有名的教师；在这种情形下，据说波洛尼亚有时把它的国库收入（二万金币）的一半用在办大学上。教师的任命通常只是短期的，[1]有时仅仅是半年，所以他们就不能不像演员一样过着一种流浪的生活。但终身任命也并不是没有的。有时要求教师答应不在其他地方讲授已经在一个地方讲授过的东西。也有义务的不领薪水的教师。

在已经提到过的那些讲座中，修辞学是人文主义者特别想要担任的；但他们能否担任法律、医学、哲学或天文学的讲座完全以他们对于古代学术内容的是否熟悉为转移。当时一门学科的内容和教这门学科的教师的生活情况同样都是变化不定的。某些法学家和医学家得到了比众人高得多的最优厚的待遇，前者主要是充 219
任雇佣他们的政府关于诉讼和权利的法律顾问。在帕多瓦，一个十五世纪的法律家得到了一千金币的薪金，[2]并且有人提议以每年二千金币的薪金和私人开业的权利[3]来任用一个有名的医生，这人以前曾在比萨得到七百金币的薪水。当比萨的教授、法律家巴尔扎洛缪·索奇尼在帕多瓦接受了威尼斯的一项职务并将要启程前往时，他被佛罗伦萨政府逮捕了，只是在缴纳了一万八千金币[4]的保释金之后才获得释放。对于这些学科的高度重视使我们可以理解到，为什么杰出的有学问之士把他们的注意力转移到法

① 这在教授名单中应该加以注明，如在1400年帕维亚大学的名单里，其中法律学家就有不下二十名之多（柯利奥《米兰史》，第290页）。

② 马伦·萨努多，载木拉托里，第22卷，第990栏。

③ 见法布罗尼《豪华者洛伦佐》附注52，1491年。

④ 见阿来格雷托《锡耶纳日记》，载木拉托里第13卷，第824栏。

律和医学上，而在另一方面，专门的学者却越来越不能不取得一些广泛的文学修养。人文主义者在其他方面的实际活动，我们随后即将加以讨论。

虽然作为有学问之士，本身薪金很高，[①]并且不排除其他收入来源，但大体说来他们的地位仍是靠不住的和变化无常的，所以同一个教师能够和很多学校发生关系。很明显，人事的更动从大学本身来说是必要的，因为从每一个新来的人那里都可以期待得到一些新的东西；这在科学正处于发展阶段，它的成就因而在很大程度上要靠教师的个人能力的时代里是很自然的。一个讲授古典作家作品的讲师未必真正属于他讲学的那个城市的大学的。交通很方便，在修道院里和其他地方的食宿供应也很充分，因而由私人举办这种讲学往往是实际可行的。在十五世纪的前几十年里，[②]当
220 时佛罗伦萨大学正处于全盛时代，尤金尼斯四世乃至马丁五世的廷臣拥挤在教室里边听讲，卡洛·阿雷提诺和费莱佛争相吸引最多的听众，不仅在圣灵教堂的奥古斯丁会修士中间有一个几乎是完整的大学，不仅在天使教堂的加马多莱斯会修士中间有一个学者的组织，而且还有知名之士，或者单独地或者共同地，为他们自己和其他的人而设置的哲学和文学讲座。在罗马，语言学和古典文学的研究，却极少和大学(Sapienza)有关系，并且几乎完全依赖教皇和主教等个人的赞助，或者依靠教廷的任命设立。一直到列

① 费莱佛被聘到新建的比萨大学时，最低要求五百金币。参见法布罗尼，《豪华者洛伦佐》第 2 卷，第 75 页以下。谈判破裂不仅是由于所要求的薪金过高。

② 参看维斯帕西雅诺·菲奥兰提诺第 271、572、582、625 页。《乔万尼·曼内蒂传》载木拉托里，第 20 卷，第 531 栏以下。

奥十世时(1513 年),才对大学进行大改组,那里有八十八名教师,其中有虽非第一流但却很能干的人领导着考古学系。但是,这种新的光辉时代是短暂的。意大利的希腊文和希伯来文讲座我们已经在上边简单地谈到过了(见本书第 204 页以下)。

要想对当时所采取的科学的教学方法做一个准确的描绘,我们必须尽可能地使我们的目光远远离开我们现在的学院制度。师生之间的个人接触、公开的辩论、经常使用拉丁文和时常使用希腊文、教师的频繁更换和书籍的稀少:给那个时代的学术研究以一种难以想象的色彩。

在每一个最不重要的城市里边都有拉丁文学校,它绝不是仅仅为较高的教育做准备,而是因为在读、写、算之次,获得拉丁文的知识,也是必要的。拉丁文之外还有逻辑学。值得特别注意的是这些学校并不依存于教会而是靠市政当局办理,其中也有一些仅是私人创办的事业。

这种由少数著名的人文主义者管理的学校制度,不仅在组织上达到了非常完美的地步,而且成了在近代意义上的一种进行高级教育的手段。有的学校负责教育北意大利的两个君主家族的子女,这可以说是它们之中的独特的一种。

在曼图亚的乔万尼·弗兰切斯科·贡查加(从 1407 年统治到 1444 年)的宫廷里出现了一个叫维多利诺·达·费尔特雷[①](生

① 维斯帕西雅诺·菲奥兰提诺,第 1460 页。普兰第拉瓜(维多利诺的一位弟子):《关于维多利诺·达·费尔特雷的生平》,1774 年由那塔来·拉斯特出第一版,朱塞普·布朗比拉译本 1871 年在科莫出版。罗斯密尼《维多利诺·达·费尔特雷及其门人的生活与修养中善为人师的思想》,1801 年,巴萨诺版。稍后,有拉什利(1832 年,米兰)和维诺瓦(1853 年,巴黎)的作品的出版。

于 1397 年,死于 1446 年)的名人,又名维特立·兰巴多尼,——他
宁愿被称为曼图亚人而不愿被称为费尔特雷人——他是毕生献身
于其特别擅长的事业的一人。他几乎没有写过书,而最后把他青
年时代所写的、曾长久保存在他身边的少数的诗也毁掉了。他孜
孜不倦地求学;从来没有追求过功名,他轻视一切像这样的身外浮
221 名;他和师生友好,相处甚欢,知道怎样保持他们的好感。他在身
体锻炼和精神锻炼上都是过人的,是一个卓越的骑手、舞蹈家和剑
术师,无论冬夏都穿同样的衣服,就是在严寒天气也只是拖着一双
凉鞋走路,他这样生活下去,一直到老年也没有生过病。他很善于
控制他的激情、他的性欲和愤怒的自然冲动,因而能够一生保持童
贞并且从来也没有用恶语伤过任何人。

他指导君主家庭的子女们的教育,其中有一位姑娘在他的培
养之下成了学者。当时他的声名远传意大利各地,许多富豪贵绅
之家的子弟都远道而来,甚至有来自德意志的,愿列门下受教,贡
查加家族不仅愿意接待他们,并且似乎认为曼图亚被选定为一个
贵族社会的学校是一种光荣。在这里,体育和一切高尚的身体锻
炼,第一次和科学教育一起被看作是高等普通教育所不可缺少的
内容。除了这些学生外,还有其他有天才的穷苦学生,总数往往达
到七十人之多。维多利诺大概认为对于这些人进行教育是他的最
高的现世目的;他在他的家里供给这些人的生活,并"从爱上帝出
发"使他们和贵族青年们一起受到教育。这些贵族青年们在这里
222 学会了和平民的天才子弟们同居共处。聚集到曼图亚来的学生越
多就越需要有较多的教师对他们进行教育,维多利诺只能负责指
导。这种教育的目的是给每个学生以他最适合于接受的知识。贡

查加每年给他二百四十个金币的薪金，另外为他建造了一所华丽的房子，“乔科萨”，供校长和他的学生们居住，并捐助那些贫苦学生所需要的用费。此外再有所需，则由维多利诺向君主们和富有者求助，但他们当然不一定听从他的请求，而由于他们的狠心，使得他不得不向人告贷。不过到最后，他还是得到了愉快的处境，他在城里有一项小财产，在乡间有一处地产，假期里，他可以和他的学生们小住；他还收藏有名贵的书籍，这些书他乐于借给人看或者送给人，虽然他对于未经许可就取走很恼火。在清晨，他读关于宗教修养方面的著作，然后鞭打自己并进教堂祈祷；他的学生也不得不到教堂去，像他一样每月忏悔一次，并严格遵守斋期。他的学生尊敬他，但见到他时又不禁凛然生畏。当他们做错任何事情的时候，他们立刻受到惩罚。他的所有同时代人和他的学生一样地尊重他，人们仅仅为了要看一看他就到曼图亚去一游。

维罗纳的盖利诺[1]（1370—1460 年）对于纯学术更重视。他于 1429 年受伊斯特家族的尼科洛之聘，到费拉拉去教育他的儿子利奥纳洛，在他的学生 1436 年将要长成的时候，他开始在大学担任修辞学和古代语言教授。当他还在担任利奥纳洛的导师时，他还收有许多来自全国各地的其他学生，并在他自己的家里有一班经过选拔由他供给一部或全部生活的贫苦学生。他的晚间时间一直到深夜是用来帮助学生温课或进行训示的。他的家也是一个严格的宗教和道德的培养所。盖利诺是一位圣经研究者，和许多虔信 223

① 维斯帕西雅诺 · 菲奥兰提诺，第 646 页，但罗斯密尼在《维罗纳的盖利诺及其门人的生活与修养》（1856 年，布雷夏版，3 卷集）中，说它“事实上错误百出”。

宗教的同时代人过从甚密，虽然他毫不迟疑地写维护异教文学的文章来反对他们。他们那个时代的大多数人文主义者在道德或宗教方面很少值得赞扬，但他和维多利诺却另当别论。很难设想盖利诺于所担任的日常工作之外怎么还能找出时间来翻译希腊文和写作卷帙浩繁的作品。① 他没有使维多利诺的性格显得优美的那种聪明的自制力和温柔亲切的态度，因而很容易失为脾气急躁，使得他时常和同时代的学者们发生争论。

君主家庭的教育事宜若干年来，部分地掌握在人文主义者的手中，不仅在这两个宫廷里，而在整个意大利亦无不如此。因此他们得以在贵族社会中上升一步。写作关于君主教育的论文以前是神学家的事情，现在落到他们的职权范围之内了。

从彼埃尔·保罗·维尔吉利奥的时候起，意大利君主们在教育方面就得到了很好的照顾，而这种风尚被伊尼亚斯·希尔维优斯带到了德意志。他给哈布斯堡王室的两个年轻的德意志王子② 写了关于他们进一步受教育问题的详尽的劝告，尽可能地鼓励他

---

① 关于这些作品以及关于盖利诺的一般情况，见法奇奥所著《名人录》第 17 页以下，和科尔蒂斯所著《学者论》第 13 页。法，科二氏一致认为下一代的学者们都以曾经作过盖利诺的学生而自豪；可是，法奇奥颂扬盖利诺的作品，科尔蒂斯却反而认为他如果一点著作都没有，可能更负盛名。盖利诺和维多利诺是朋友，在学术研究上互相帮助。他们同时代的人们喜欢拿他们进行对比。一般说来，盖利诺在对比中占第一位（见萨伯利科《订正拉丁文对话》，载罗斯密尼，第 11 卷，第 112 页）。盖利诺对待“阴阳人”的态度是值得注意的；见罗斯密尼，第 11 卷，第 46 页以下。这两位教授对于吃喝都保持一种不寻常的节制；他们从来不喝没有掺水的酒。二人的教育原则也是相同的，两人都不施行体罚。维多利诺给予学生最重的处分是叫他跪在或躺在他同学们面前的地上。

② 上西吉斯蒙德大公书，《书信集》第 105 函，第 600 页及上遗腹子国王拉第斯劳书，第 695 页，后者题名为《子女教育论》（1450 年）。

们两人培育人文主义；但主要是告诉他们要使自己成为有为的君主和勇猛坚强的武士。也许伊尼亚斯认识到和这些青年人们说话，他们会置若罔闻，所以他采取了把他的文章公开发表的办法。不过，我们对于人文主义者和统治者的关系将另行讨论。

第六章　人文主义的促进者 224

我们在这里不能不首先谈到那些大多数是佛罗伦萨人的市民们，他们把研究古典文化当作他们毕生的主要目的之一；他们或者本身是有名的学者，或者是支持那些学者的著名文学艺术爱好者（参照本书第三篇第三章）。他们在十五世纪初的过渡时期中具有特殊的意义，因为在他们身上人文主义首先实地表明了它自己是一个日常生活中不可缺少的因素。只有在这以后，那些教皇们和君主们才开始认真地对待它。

我们已不止一次提到尼科洛·尼科利和吉安诺佐·曼内蒂。关于尼科利，维斯帕西雅诺①曾经对我们描写过，说他是一个不能容忍他周围有任何东西与他自己的古典精神不谐调的人。他的修长玉立的美秀风姿，他的亲切的谈话，他的用古代最高贵的遗物点缀着的房子，都给人一种特别的印象。他对任何事情都要求注意清洁，尤其是在吃饭的时候桌子上铺着纯白的亚麻布②，摆着古代

① 第625页。关于尼科利，另外参见波吉奥的一篇讲演词，《全集》，1513年版，第102页以下；又曼内蒂在所著《高寿名人传》中写过关于他的一篇传记。

② 维斯帕西雅诺的以下这句话是难于翻译的："A vederlo in tavola cosi antico come era, era una gentilezza."

的花瓶和水晶的酒杯。他使一个追求享乐的年轻佛罗伦萨人对学问发生兴趣的方法是如此地吸引人，使我们不能不在这里加以叙述。[①] 彼埃罗·德·帕齐是一个著名的商人的儿子，他自己也将注定从事于这个行业。他生得漂亮，深深迷恋于世俗享乐，什么都想就是不愿想到文学。有一天，当他经过市政大厦时，[②]尼科洛把他叫到面前，虽然他们以前从来没有交谈过一句话，但这个青年人服从了一个如此受到尊敬的人的召唤。尼科洛问他谁是他的父亲。他回答说“安德里亚·德·帕齐先生”。又问他在从事什么事，彼埃罗像一般青年人所常回答的那样说：“及时行乐。”尼科洛对他说：“你是这样一个父亲的儿子，生得如此漂亮，而对拉丁语言竟毫无所知，实在是一种羞耻；如果你学会了它，它将为你大大
225 增光。如果你不学它，你将一事无成，而青春的年华一经消逝，你就会成为一个无足轻重的人。”彼埃罗听到这些话，立刻感到这话说得很正确，并且说他愿意努力学习，如果能有一个老师的话。于是尼科利答应为他设法。他为他找到了一个精通拉丁文和希腊文的人，名叫庞达诺。彼埃罗把他当作自己家里人一样看待，每年酬以一百个金币。彼埃罗放弃了此前生活中的一切享乐，日夜攻读，成了一切有学问的人的朋友，和一个有崇高理想的政治家。他能背诵全部“艾尼伊德”[③]和李维的许多讲演词，主要是在往返佛罗

① 维斯帕西雅诺·菲奥兰提诺，第495页。

② 据维斯帕西雅诺所记（第271页），学者们有在那里集会讨论的习惯。

③ 《艾尼伊德》（“Aeneid”）是罗马大诗人维吉尔所著的有名的叙事诗，以罗马的祖先艾尼伊斯的英雄故事为主题。——译者

伦萨和他在特莱比奥的乡间住宅的途中背得的。[①] 吉安诺佐·曼内蒂（1393—1459年）在另外一种和更高的意义上表现了古典文化。[②] 他幼年早熟，在商业上学徒期满并成为一个银行的簿记员时，还不过是个孩子。但不久他就感到他所过的生活的空虚和易逝，从而开始向往那惟一能够使人名垂不朽的学问。此后，他就像很少的俗人曾经在他以前做过的那样，勤苦攻读，并如我们在前文说过的（见边码217）成了当时最渊博的学者之一。当他被政府任命为驻佩夏和皮斯托亚的代理长官和收税官时，他按照他的宗教感情和人文主义研究的共同启示给他的崇高理想完成了他的使命。他成功地征收了佛罗伦萨政府对当地人民所课的最不得人心的捐税，但拒绝接受他自己应得的报酬。作为地方长官，他拒绝一切馈赠，痛恨一切贿赂行为，禁止赌博，充分供应当地的食粮，要求下属绝对服从和彻底的廉洁无私。他不知疲倦地以和善态度处理

① 关于尼科利还可补充的一点就是，他和维多利诺一样，任何著作都没有，因他深信，他写任何东西都不能具有他理想中的完美形式；他深信，他的感官是如此微妙地保持着宁静，甚至“驴鸣，锯响，捕鼠器上的鼠叫都不能感觉或听到”。可是也不要忘却尼科利品质上的阴暗面。他夺走了他兄弟的情人本文努塔，这种行为激怒了列奥那多·阿雷提诺。为了这个姑娘，他对他的许多朋友很不快。他们拒绝借书给他，使他动怒；为此，他和盖利诺曾经发生剧烈的争吵。他对别人不免有些猜忌，在这种猜忌心的驱使下，设法迫使克莱苏洛拉、波吉奥和费莱佛离开佛罗伦萨。

② 见那杜斯·那迪所写的他的《传记》，载木拉托里：《意大利史料集成》第20卷，第532栏以下。其次见维斯帕西雅诺·比斯提奇的《吉安诺佐·曼内蒂大师生平录》（最初由范范尼刊在《未刊或罕见作品集》，第2卷中，都灵，1862年）。这部《曼内蒂生平录》必须区别于同一作者所写的简短的曼内蒂的传记。这本书里常常提到前一本书。维斯帕西雅诺和吉安诺佐·曼内蒂有密切关系，他力图在这部传记里为已经衰落的佛罗伦萨描绘出一个理想的政治家的形象。那迪的作品是根据维斯帕西雅诺的作品写成的。又参见加雷提：《佛罗伦萨记》，1847年，第129—138页曼内蒂死后半个世纪，他就几乎被人遗忘了。参见保罗·科尔蒂斯，第21页。

诉讼案件，并能实现以德感人化愤激为平静的奇迹。皮斯托亚人爱戴和尊敬他如圣徒，并且从来也没有发现他在两大党派之间有所偏袒。当他任职期满时，两派都派使者到佛罗伦萨去请求延长他的任期。他在公余之暇写了这个城市的历史，好像是象征大家的共同权利和利益。书成后，装以紫色封面并作为一件神圣的遗物被保存在市政厅里。[①] 当他离任时，这个城市送给他一面绣有
226 市徽的锦旗和一顶光彩夺目的银盔。在曼内蒂出使威尼斯、罗马和阿尔方索王廷时，他像在皮斯托亚一样，代表着他的故乡佛罗伦萨的利益，十分注意维护它的荣誉，但却拒绝赐给他个人的荣显。他因讲演和谈判而声誉卓著，并以他的智虑和预见取得了预言家的称号。

要想进一步了解这一时期内佛罗伦萨市学者们的有关情况，读者最好必须参考维斯帕西雅诺的著作，他对他们都有亲身的了
227 解，因为他写书的语调和气氛，以及他与他们朝夕相处的关系和情况甚至比他所记述的事实更为重要。该书的这个主要优点即使在译本中犹不免失掉，更何况我们在这里不能不受到局限的简短说明呢。他不是一个伟大的作家，但他却完全熟悉他所写的那个题材，并且深刻意识到它在学术上的意义。

如果我们要分析一下十五世纪的美第奇家族，特别是老柯西莫（死于 1464 年）和“豪华者”洛伦佐（死于 1492 年），对于佛罗伦萨和他们的一切同时代人所具有的魅力时，我们将看到这种魅力

① 这部作品的拉丁文和意大利文书名在比斯提奇的《曼内蒂生平录》第 109，112 页上曾经提到。

系于他们的政治才能者少，而系于他们是时代的文化领袖者多。一个处于柯西莫地位的人——大商人兼党派领袖，还有一切思想家、作家和研究家在其左右，论出身他在佛罗伦萨人中首屈一指，论文化他是意大利人的翘楚——像这样的一个人实际上已无异于是一个君主了。认识到柏拉图哲学是古代思想界最美丽的花朵，[①]以同样的信念感悟友人并从而在人文主义集团本身的内部促进了另一种更高的古典文化的复兴，这种特殊的荣誉是属于柯西莫的。我们对于这段历史知道得很详细。[②] 它完全依靠博学的约翰·阿吉罗普洛斯的号召和柯西莫本人晚年的个人热情。这种热情甚至使伟大的马尔西利奥·费奇诺[③]在柏拉图主义方面能够自称为柯西莫精神的继承人。在彼埃特罗·美第奇时，费奇诺已经是一个学派的领袖；著名的洛伦佐是彼埃特罗的儿子，柯西莫的孙子，被他从逍遥学派[④]争取了过来。在他最著名的同辈学者中

① 以前人们关于柏拉图所知道的，可能只是片片断断的东西。1438 年在费拉拉，锡耶纳的乌哥和前来参加这次宗教会议的希腊人之间发生了一次关于柏拉图和亚里士多德对立的奇怪的争论。参考伊尼亚斯·希尔维优斯《论欧洲》第 52 章。

② 见尼科洛·瓦洛利的《豪华者洛伦佐传》。参见维斯帕西雅诺·菲奥兰提诺，第 426 页。阿吉罗普洛斯的头一批支持者是阿奇亚佐利家族。见同书第 192 页：贝萨里昂枢机主教和他在柏拉图与亚里士多德之间所作的对比；同书第 223 页：柏拉图主义者库萨纳；同书第 308 页：卡塔罗尼亚人纳西索及其和阿吉罗布洛斯的争辩；同书第 571 页：列奥那多·阿雷提诺所译柏拉图的单人对话；同书第 298 页：新柏拉图主义的日益增长的影响。关于马尔西利奥·费奇诺，见拉蒙特，《洛伦佐·美第奇》，第 2 章，第 27 页以下。

③ 马尔西利奥·费奇诺（Marsilio Ficino，1433—1499 年）是意大利的柏拉图主义哲学家，曾被柯西莫任命为佛罗伦萨柏拉图学院的院长，并把柏拉图的作品译成意大利文，对于当时人文主义有很大的影响。——译者

④ 逍遥学派（Peripateties）是亚里士多德的信徒，以亚里士多德讲学时走来走去的逍遥自在方式而得名。——译者

有巴尔托洛缪·瓦洛利、德那多·阿奇亚佐利和比埃尔菲利波·潘多尔菲尼等人。这位满腔热情的教师在其著述的几个段落里宣称:洛伦佐已经深窥柏拉图哲学的一切奥秘,并且说明他确信没有柏拉图就很难做一个好的基督徒或一个好的公民。围绕在洛伦佐周围的一群著名学者由于这种对于一个更高尚的唯心主义的哲学的热情而团结在一起,并卓然超出一切其他这类集团之上。只有在这样一个团体里边,一个像皮科·德拉·米朗多拉那样的人才会感到幸福。但关于这个集团,值得大书特书的恐怕是它虽则崇古,却不失为意大利诗歌的神圣庇护者,而一切从以洛伦佐为中心的这个集团所放射出来的光辉中没有比这个更强烈的了。把洛伦佐当作一个政治家来看待,每一个人都可以按自己的意思来对他做出评价。关于佛罗伦萨的命运究竟哪些是由于人的罪过,哪些
228 是由于形势所迫,一个外国人也很难骤下断语。但没有比下面这个谴责再不公平的了,那就是:在文化领域里,洛伦佐是"平庸之才"的保护者,列奥那多·达·芬奇和数学家卢卡·巴乔洛修士的侨居国外是由于他的过错,托斯卡内拉[①]、维斯普奇[②]等人至少是一直没得到他的支持。的确,他不是一个有世界眼光的人;但在所有那些努力于保护和奖励精神事业的伟大人物中,肯定地说很少有几个人能像他这样有多方面兴趣,大概也没有一个人能像他一样地是出于内心深处的要求这么做的。

① 托斯卡内拉(Toscanella,1397—1482 年)是意大利的医生和地质学家,据说哥伦布在 1492 年航行到美洲时曾用他所制的世界地图。——译者

② 维斯普奇(Vespucci,1451—1512 年)是意大利的航海家和探险家,生于佛罗伦萨,以后入西班牙籍,从事航海事业,曾横渡过大西洋到南美洲沿岸。——译者

我们所生活的这个时代已经高声地宣布了文化的价值，特别 229
是古代文化的价值。但对古代文化如此热诚崇奉，承认它是一切需要中的第一个和最大的需要，则除了十五世纪和十六世纪初期的佛罗伦萨人而外，是在任何其他地方都找不到的。在这一点上我们有排除一切怀疑的间接证据。美第奇家族如果不是认为这些学习是世俗研究中最高贵的一项，就不会经常地让它的女儿们参加同样的学习，人们也不会像帕拉·斯特罗齐[①]那样，把放逐看成为一种可喜的隐退；沉湎于各种可以设想的过度放纵中的人们也不会像菲利波·斯特罗齐[②]那样，保留了力量和精神来写关于普林尼的《博物学》的评论文章。[③] 我们的任务并不是要褒贬谁，而是要在这个时代的一切精力充沛的人物身上来了解时代精神。

除佛罗伦萨外，有很多意大利城市，在那里，不论个人和社会团体都全力以赴地支持人文主义，并保护生活在他们中间的学者。当时的通信中充满了关于这类私人关系的叙述。[④] 受过教育的阶级的感情强烈地并且几乎是专一地倾向于这一方面。

现在可以谈一谈在意大利宫廷中的人文主义了。唯个人才能

① 帕拉·斯特罗齐（Palla Strozzi，1372—1462 年）是佛罗伦萨有名的贵族斯特罗齐家的一员。他是一个热心的希腊语言学家，在和美第奇家族的斗争中被放逐。——译者

② 菲利普·斯特罗齐（Filippo Strozzi，1488—1538 年）也是斯特罗齐家族的一员，曾与洛伦佐的孙女结婚，但仍反对美第奇家族。——译者

③ 见瓦尔奇《佛罗伦萨史》第 321 页。一篇美妙的人物性格素描。

④ 见上述罗斯密尼所著盖利诺和维多利诺的传记，以及舍费德所著《波吉奥传》特别是托内利增订的意大利文译本中（两卷，1825 年，佛罗伦萨出版），由同一作者所编纂的《波吉奥通信集》（共两卷，1832 年，佛罗伦萨出版）。以及马伊的《集粹》第 10 卷，1844 年罗马版，第 221—272 页中波吉奥的书信都包括有关这一问题的许多资料。

是赖的暴君与学者之间的自然结合前已言及(见本书第一篇第一章);后者公然认为君主的宫廷比自由城邦更可取,只是由于他们可以期待从那里得到较高的报酬。有一次,当阿拉戈纳的大阿尔方索似乎将要成为全意大利的主人时,伊尼亚斯·希尔维优斯写信给另一个锡耶纳的市民说[①]:“我宁愿意大利在他的统治下而不是在自由城邦的统治下获得和平,因为君主的慷慨能够给每一种卓越的成就以报酬。”[②]这种关系的不足取的一面和它所引起的以金钱为目的的阿谀,近来被强调得有些过分,正像以前人文主义者的歌颂引起了一种对于他们的保护人的过高的评价一样。总之,君主们感到必须站在时代文化和地方文化的前面,认为这对于他们是很大的光荣,虽然这个文化是片面的。某些教皇[③]对于新的学术研究可能导致什么后果的大无畏精神使我们不能不为之感动,而认为它是真正的(但却是不自觉的)伟大。尼古拉五世对于教会的前途是抱有信心的,因为千千万万有学问的人支持它。庇护二世对于人文主义远没有像尼古拉那样做出光辉的贡献,而时
230 常访问他的宫廷的诗人也为数不多;但和他的前任比起来,他却更是文坛的亲身领导者而他也心安理得地来享有这种地位。保罗二

① 《书信集》第 39 函;《全集》第 526 页致马利亚诺·索奇诺书。

② 我们不应该为下列事实所迷惑,即和所有这些怨言同时,常常听到王侯对于学术保护得不够,许多王侯对它的声誉漠不关心。例见早在十五世纪的巴蒂斯塔·曼托万诺《文集》第 5 章和阿姆布洛吉乌斯·特拉维尔萨里乌斯《论王侯的不幸》。不可能使大家都满意。

③ 关于直到十五世纪末历代教皇对文学和科学的保护,见格累哥罗维乌斯第 7 卷和第 8 卷。关于庇护二世,见法格特《教皇庇护二世——伊尼亚斯·希尔维优斯》,第 3 卷(1863 年柏林版)第 406—440 页。

世是对其属下的文化表示疑惧的第一人，而他的三个后继者，西克塔斯、英诺森和亚历山大却接受了诗人们的奉献，并容许他们自己被诗人们尽情地歌颂——其中甚至有大多以六音步诗写成的《波几亚诗》[①]——但他们在其他方面太忙了，太汲汲于为他们的权力寻求另外的基础，因而无暇对诗人学者们多所关注。优里乌斯二世发现诗人们在赞颂他，因为他本人就是一个很好的诗歌主题（见本书第一篇第十章），但他似乎并没有对他们多加关注。继任他的是列奥十世，“像努玛继任罗慕路斯一样”[②]，换句话说，在前任教皇的战争动乱之后，人们希望有一个献身于文化事业的新教皇。列奥用他生活中的一部分时间来欣赏优美的拉丁散文和音调铿锵的诗歌，而无疑地由于他的奖励，拉丁诗人们才给我们留下了一幅列奥时代的欢快的、精神焕发的生动图景。乔维优斯所写的传记中的无数讽刺诗、挽歌、颂歌和讲演词里就充满了这种精神。[③] 列奥十世如果和他一生的少数动人事迹比较起来，他所受到的崇敬歌颂之多大概是欧洲历史上任何一个君主都难以望其项

① 见吉拉尔德《我们现代的诗人》，加米利诺的《斯费卢鲁斯》条。这位名人没有及时完成他的作品，他把它搁置在案头达四十年之久。关于西克塔斯四世所付的菲薄报酬，参看彼埃利奥·瓦雷利亚诺《论学者的不幸》，卡扎条。他翻译一部亚里士多德作品并加以注释，只“从他希望将来完全由以致富的人那里”得到五十个金币的酬金。关于列奥以前历任教皇处心积虑地将人文主义者排斥于枢机主教职位之外，参看洛伦佐·格拉那对枢机主教厄吉迪奥的吊唁辞。《学界逸话》第4卷，第307页。

② 传说古代罗马第一个国王罗慕路斯死后由努玛继任。罗慕路斯好战，努玛则制定了罗马的宗教制度、祭司团和历法等等。——译者

③ 其最优秀的作品见于《意大利诗人抒情诗集》和罗斯科：《列奥十世》各种版本的补遗中。有几位诗人和作家像阿尔塞俄尼在其《放逐论》（门肯版，第10页）一书中说得坦白，他们之所以颂扬列奥，目的在于使他们自己名垂不朽。

背的。那些诗人接近他主要是在午间，当乐师们已经停止奏乐的时候，[1]但一个最好的诗人[2]曾经告诉我们他们怎样当他在花园里散步或者退居到他的私室时也去追逐他，如果在那里找不到他，他们就试图以一篇乞求的颂歌或哀歌来赢得他的奖励，这种作品里边照例要叙述到奥林帕斯山峰上的全部诸神。[3] 因为列奥在用钱上是挥霍的，并且不喜欢看到他周围的人愁眉苦脸，所以他在馈赠上显出慷慨大方；在以后经济困难的日子里这种情形被过分地夸大了。[4] 我们已经提到过他对于大学的改组（见边码 220 页）。为了不低估列奥对于人文主义的影响，我们必须严防被混杂在其中的滑稽文章引入迷途，同时也不要为他有时用来对待这些事情的表面的嘲讽所欺骗（见边码 165 页）。我们的判断必须以“激励”
231 这个字义所包括的无数的精神事业的可能性为依据，这虽然不能作为整体来加以衡量，但在仔细研究之下，仍然可以在特殊的情形下实地觉察出来。自 1520 年以来，无论意大利人文主义者在欧洲有什么影响，它多多少少地都是依靠列奥所给的鼓励。只有这位教皇能够在批准印行新发现的塔西佗[5]的著作时，有资格说：伟大的作家是生活的尺度和在不幸中的慰藉，帮助有学问的人和获得

---

① 见保罗·乔维奥《语录》，遗腹儿吉多条。

② 彼埃利奥·瓦雷利亚诺在其所著《猿猴》一书中。

③ 见《意大利诗人抒情诗集》中对奥列里乌斯·莫奇乌斯所作的挽歌。

④ 关于列奥常常盲目地伸手进去拿的装满各种大小不同金块的这一紫天鹅绒小钱袋，这一有名故事，见于吉拉尔德的《故事百篇》第 6 编故事第 8 篇。另一方面，拉丁文“即兴诗人”在他们的诗文错误百出时，曾遭受鞭打，见吉拉尔德《论我们时代的诗人》，《全集》第 2 卷，第 398 页（1580 年，巴塞尔版）。

⑤ 见罗斯科《列奥十世》，菩西版，第 4 章，第 181 页。

最好的书籍是他的最高目的之一;他现在感谢上帝使他能够促成这部书的出版以造福人类。

1527 年罗马遭劫掠,使学者和艺术家们同样地流离四方,并把已故的伟大的梅森那斯[①]的荣誉传播到意大利的最远的边境。

在十五世纪的世俗君主当中,没有一个人像那不勒斯的国王,阿拉戈纳的大阿尔方索那样对古代文化表现了如此的热情(参阅边码 51 页)。看来他的热情完全不是伪装的,从他来到意大利的时候起,古代世界的纪念物和著作就给了他一个深刻有力的印象,足以改变其生活。可能他是受了他的先人罗伯特(佩脱拉克的伟大保护人)的榜样的影响,希望和罗伯特相匹敌或者超过他。他异常爽快地把难以统治的阿拉戈纳让给了他的兄弟,而自己专心致志于他的新领地。先后或者同时为他服务[②]的有特列比松的乔治、小克里索洛拉、洛伦佐·瓦拉、巴尔托洛缪·法奇奥和安托尼奥·帕诺尔密达,其中最后两人是他的史官;帕诺尔密达每天对这个国王和他的廷臣讲授李维的著作,甚至在戎马倥偬中也没有停止过。这些人每年要耗费他二万个金币。他为了帕诺尔密达的著作给了他一千金币。法奇奥写一部《阿尔方索传》,除每年收入五百个金币外,在完成时还得到了一笔一千五百个金币的奖金;同时还对他说:“这不是给你的报酬,即使我把我的最美丽的城市给你

① 梅森那斯(Maecenas,死于公元 8 年)是罗马的文学事业赞助者和政治家,与维吉尔等人有友谊。此处借喻列奥本人。——译者

② 见维斯帕西雅诺·菲奥兰提诺,第 68 页以下。关于阿尔方索指令翻译希腊文一事,见第 93 页,《曼内蒂传》,载木拉托里,第 20 卷,第 541 栏以下,550 栏以下及 595 栏。又见帕诺尔密达著《阿尔方索言行录》,附伊尼亚斯·希尔维优斯注释,1538 年由雅各·斯彼该尔在巴塞尔出版。

也不足以作为你的作品的报酬；但我希望有一天能使你满意。”① 当他以最优越的条件任命吉安诺佐·曼内蒂为他的秘书时，他对他说：“我将和你分享我的最后一块面包皮。”当吉安诺佐最初带来佛罗伦萨政府对于费兰特王子结婚的祝贺时，给人的印象非常之深，以至于这位国王坐在宝座上“像一尊铜像般地一动不动，甚而忘记赶走在致词开始时就落在他鼻头上的一只苍蝇”。在重建他的宫廷时，他是以维特鲁维乌斯②的著作为指南的；无论走到哪里，他都随身带着古代经典著作；如果有一天没有读书他就认为这一天是虚度了；当他读书时，他不容许有任何打搅，甚至音乐亦然；
232 他轻视当时一切既非学者也非学术的保护人的那些君主。他喜欢常去的地方似乎是那不勒斯宫城里边的图书馆，如果图书馆员不在，他就自己开馆，坐在那儿的一扇窗前眺望下边的海湾并听取关于三位一体的学术辩论。因为他是笃信宗教的，所以他命人像读李维和塞尼加③的作品一样为他读圣经，一直到读了十四遍他几乎能背诵下来时为止。对于那些愿意做修女的人，他资助她们使她们能够入修道院；他是一个信教虔诚常去教堂的人，并且十分注意倾听神父们的讲道。谁能完全了解他用来尊敬在帕多瓦的假的

① 即使阿尔方索也不能使人人满足——如波吉奥就是一例。见舍费德-托内利，《波吉奥》，第 2 章，第 108 页以下和波吉奥致法奇奥的信（载《名人事迹》，美羽斯版第 88 页）。他在信中论阿尔方索说：“他做了一些在他们看来是保护学者的事情来表现一番。”又见马伊《集粹》第 10 卷，第 241 页中波吉奥的一封信。

② 维特鲁维乌斯（Vitruvius），是一世纪罗马的建筑学作家。他的一部著作《论建筑》，包括有城市设计、建筑材料、公共建筑、私人房屋、内部装饰等等。——译者

③ 塞尼加（Seneca，公元前 3 年—公元 65 年）是罗马的哲学家、戏剧家和政治家。——译者

李维遗体的那种感情呢？当时，他靠着恳切的请求从威尼斯人那里得到那副骨架的一块臂骨，并以隆重的仪式在那不勒斯接受它，那时在他的心里，基督教和异教的感情会是怎样奇怪地糅合到一起啊！在一次出征阿布鲁齐期间，当人们把远处的苏尔莫纳即奥维德的出生地，指给他看时，他对向苏尔莫纳致敬礼并对其守护神致谢。他为了能实现这个伟大诗人关于他将获得荣誉的预言而感到高兴。[①] 在他乘胜进入那不勒斯的有名的入城式上（1443 年），他自己确曾一度选择以古代的方式出现在世界的面前。离市场不远，在城墙上开了一个四十埃尔[②]宽的豁口，他像一个罗马的胜利者一样地坐在镀金的战车上通过这个豁口驶入城内。[③] 为了纪念这个场面，在新城堡建立了一个壮丽的大理石凯旋门。他的那不勒斯的继承者（见边码 52 页）对于这种向往古代文化的热情的继承就像继承他的其他优秀品质一样地少。

阿尔方索在学术上被乌尔比诺的菲德利哥[④]——那个伟大教师维多利诺·达·费尔特雷的高足——远远地超过了。他的周围只有少数廷臣，在任何事情上都不铺张浪费，而在运用古代文化上也像在其他一切事情上一样是慎重从事的。大多数从希腊文翻译过来的作品和一些最好的注释本以及其他这一类的著作，都是为他和尼古拉五世而作的。他在侍从他左右的文学之士身上花了不 234

① 奥维德《爱神》第 3 章，第 11 页，诗句二，乔维诺·庞达诺：《君主论》。

② 西方古尺名，每尺合 45 英寸。——译者

③ 《那不勒斯日记》载木拉托里，第 21 卷，第 1127 栏。

④ 维斯帕西雅诺·菲奥兰提诺，第 3 页及 119 页以下，“希望得到不论教内外各种事物的完备知识。”

少的钱，但却花得很有意义。在乌尔比诺找不出公认的诗人来，在整个宫廷中，大公本身就是一个最有学问的人。实在说来，古典文化只是构成了他的教养的一部分。作为一个有才学的君主、统帅和绅士，他已经掌握了当时的大部分学问并且是以实际应用为目的的。作为一个神学家，他能够把斯科塔斯[①]和阿奎那作比较，并熟悉东方教会和西方教会的教父著作，前者是通过拉丁文的译本熟悉的。在哲学上，他似乎是把柏拉图完全留给了他的同时代的柯西莫，但他不仅完全懂得亚里士多德的《伦理学》和《政治学》，而且也懂得他的《物理学》和其他一些著作。其余他所读的书主要是他拥有的一切古代历史家的著作；这些是"他经常自己读和让别人念给他听"的那些书，而不是那些诗人的作品。

斯福查家族[②]也或多或少地是有学问的人和文学的保护者；我们已经顺便地提到过他们（见边码 54 页以下）。即使仅仅是为了政治上的理由，弗兰切斯科大公大概也会把人文主义的文化看作是他的子女教育中的一件当然的事情。如果这位君主能够在平等的地位上和当时最有学问的人交游，那普遍认为是一个有利的条件。鲁德维科・摩尔本人就是一个卓越的拉丁学者，他在学术问题上所表现的兴趣远远地超过了古典文化的范围（见边码 58 页以下）。

---

① 斯科塔斯（Scotus，810—880 年）是生于爱尔兰的最早的烦琐主义哲学家。他把哲学和神学统一起来并且是一个泛神论者。——译者

② 维斯康提家族的末主对李维的著作、法兰西骑士小说、但丁以及佩脱拉克的著作都感兴趣。那些毛遂自荐"包他成名"的人文主义者一般在几天后即被辞退。参见《德琴布里奥》，载木拉托里，第 20 卷，第 1114 栏。

就是那些小暴君们也在追求同样的荣誉，如果我们认为他们在宫廷里维持一批学者只是为了传播他们自己的声誉，那是不公平的。一个像费拉拉的博尔索那样的君主（见边码 70 页），尽管好虚荣，似乎也绝不想从诗人们身上得到他的不朽，虽然他们都那样急切地想用《博尔索德》[①]等类著作来取悦于他。他很明白他自己作为一个君主的高贵地位，而不屑于接受这些。但是和有学问的人交游，对于古代研究感到兴趣和热爱优美的拉丁文书信对于那个时代的君主是必要的。在一切实际问题上非常能干的阿尔方索大公，曾经因为他的青年时期的身体软弱，而不得不只从体力活动中寻求消遣，他为此该有多么大的遗憾哪！[②] 或者这纯粹是他和人文主义保持一定距离的借口？像他那样的性格，即使他的同时代人也是难以理解的。

即使最不足道的罗马尼阿的暴君们也认为没有一两个文学之士在他们旁边就不好办事。教师和秘书往往是同一个人，他有时也实际兼任宫廷执事。[③] 我们往往把这些宫廷的规模之小当作一 235
个理由，而以一种断然的轻蔑态度草草提到一下，忘记了最高尚的

① “博尔索德”（“Borseid”）是模仿荷马的《伊利亚特》和维吉尔《艾尼亚德》等伟大的叙事诗所起的名字，用意在于阿谀博尔索，所以叫“博尔索德”。——译者

② 保罗·乔维奥《阿尔方索大公传》。

③ 关于 1508 年在佩扎罗的乔万尼·斯福查（阿利桑德罗之子）的宫廷中终于在 1508 年被处死刑的科列奴奇奥，参看第 148 页。在弗尔利的奥德拉佛家族的末主在统治时期，这一职位曾由科德路斯·乌尔切斯担任（1477—1480 年）；关于科德路斯·乌尔切斯临终时的不平之鸣，见《全集》1506 年威尼斯版，第 54 页；关于他在弗尔利的逗留，见《谈话》第 4 篇。参见马拉果拉：《科德路斯·乌尔切斯传》，波洛尼亚，1877 年 4 月 4 日。在有文化教养的暴君中可以一提的有 1488 年为其妻所谋害的法恩扎的曼弗雷以及波洛尼亚的本蒂伏利奥家族的一些君主。

精神事业并不恰好是一个规模大小的问题。

在豪放不羁的异教佣兵队长，西吉斯蒙多·马拉泰斯达的统治之下，里米尼宫廷的生活和作风必然是另有一番景象的。他周围有很多学者，其中有几个受到他的优厚待遇，甚至赠给他们以庄园，而另外一些人起码和他的军队里的将校们过着同样的生活。[①]在他的城堡——"西斯蒙底亚城寨"里边，他们经常在这位他们称之为"国王"的人面前举行往往是恶毒的辩论。他们用他们的拉丁文诗篇歌颂他，并赞扬他和美丽的伊索妲的桃色事件，为了尊敬和纪念她而在里米尼进行了圣弗兰切斯科教堂的著名的重建——称之为"圣妇伊索妲教堂"。人文主义者自己死了的时候，他们就被放在用来装饰教堂外墙的壁龛的石棺里边或下边，上边刻上字迹表明他们是在潘多福的儿子西吉斯蒙多的统治时期被安葬在这里的。[②] 今天我们很难相信，像这样一个残忍的君主竟然能够感到学术和同有教养的人们交往是生活中的必需；可是把他开除出教，同他作战，并焚烧他的模拟像的那个教皇庇护二世却说："西吉斯蒙多懂得历史，还有不少的哲学知识；他好像是生而能有所作为似的。"[③]

① 《学界逸话》第2卷，第305页以下，第405页。帕尔马的巴西尼乌斯嘲笑波尔塞罗和托马索·塞尼加说，他们是可怜的寄生虫，虽然年老，还不得不靠当兵生活，而他自己则在享受"田""园"之乐。

② 关于这些坟墓的详情，见凯斯莱《最近的旅行》，第924页。

③ 《庇护二世回忆录》第2卷，第92页。这里，历史一词指有关古代的一切。科尔泰斯对他也大加赞扬，第34页以下。

第七章　古典文化的仿效。拉丁文的书信和讲演词 236

不管怎样，一个人文主义者不论对于共和国或是对于君主或教皇之所以成为不可或缺的，是因为他有两项用途：即为国家草拟公函和在公开而庄严的场合担任讲演。

不仅做秘书官的必须是有才学的拉丁语学家，而且反过来说，也只有人文主义者才被认为具有秘书官职位所需要的那种知识和能力。因此，十五世纪时，知识界的最伟大人物大多数都把他们一生的相当一部分时间用在以这种身份为国家服务上。而一个人的家庭或出身如何是无关重要的。1427 年到 1465 年间，[①]四位充任佛罗伦萨有名的秘书官中，有三个人是属于阿利佐这个附庸城市的；他们的名字是利奥那多（布鲁尼）、卡洛（马尔苏比尼）和本尼德多·阿科尔蒂；波吉奥是泰拉·努瓦人，也在佛罗伦萨的领土以内。的确，有很长一个时期国家的许多最高级官员在原则上是由外国人担任的。利奥那多、波吉奥和吉安诺佐、曼内蒂曾经先后担任过教皇的私人秘书，而卡洛·阿雷提诺也会担任过这个职务。弗尔利的布朗德斯，乃至洛伦佐·瓦拉（虽经种种曲折）最后也担

① 见法布罗尼：《柯西莫》附注 118。维斯帕西雅诺·菲奥兰提诺，散见各处。关于佛罗伦萨人对他们的秘书官们提出的要求的重要一段（法奇奥在谈到波吉奥被委任秘书官职时说：“此事在佛罗伦萨人中间被认为是极大光荣”，见《名人传》第 17 页），见于伊尼亚斯·希尔维优斯：《论欧洲》，第 54 页（《全集》第 454 页）。

任了同样的职务。从尼古拉五世和庇护二世的时代以来，[①]教皇的秘书厅越来越多地不断吸引一些最能干的人物，即使在十五世纪最后几个教皇的任期内也仍是这种情况，虽然他们并不大重视文学。在普拉提那的《教皇史》中，保罗二世的传记是一个人文主义者所作的一篇引人入胜的对教皇有所报复的文章，因为这位教皇不懂得怎样对待他的秘书厅——那个“给予教廷的光荣并不亚于得自教廷的光荣的诗人和演说家的集团”。当某些席次之争发生时，例如，当“御前会议的辩护人”要求和秘书官们具有平等或高于他们的地位时，[②]看看这些高傲而富有的缙绅先生们（他们和教皇本人同样地知道怎样利用他们的地位来掠夺外国人）的愤怒是有趣的事情。[③] 得到过“天上秘密”启示的使徒约翰、曾经被穆
237 修斯·塞伏拉[④]误认为国王的波尔森那的秘书、给奥古斯都做过私人秘书的玛森那斯、在德意志被称为秘书官的大主教们都依次地被提到，来证明他们的地位。[⑤]

① 关于庇护二世对于教皇秘书厅秘书官所作的常常引起争论和常常被人误解的改革，见瓦格特《教皇庇护二世伊尼亚斯·希尔维优斯》第3卷，第488页以下。

② 参看斯彼该尔的记述（1521年），见《维也纳学院报告》，第78卷，333页。

③ 《学界逸话》第1卷，第119页以下。亚科伯·伏尔泰拉以秘书官的名义所提出的抗辩（选任红衣主教的诉权）无疑是在西克塔斯四世时代（法格特，前引书，第552页注）。“御前会议辩护人”的人文主义者的要求凭借他们的雄辩就如秘书官们的要求凭借他们的书信一样。

④ 穆修斯·塞伏拉（Mucius Scaevola）是传说中的一个古代罗马贵族青年。当埃特鲁里亚的克路西乌姆城国王波尔森那（Porsenna）进攻罗马时（公元前505年），塞伏拉曾潜入敌营要杀死波尔森那，但认错了人，杀死了波尔森那的秘书。——译者

⑤ 伊尼亚斯·希尔维优斯最了解弗里德利希三世时代的秘书厅。参见《书信集》第23和第105函，《全集》第516页和607页。

“教廷的秘书们掌握着世界上最重要的事情，因为除了他们，谁能决定天主教的信仰问题呢？谁能够和异端邪说作战，重建和平并在强大的君主国家之间进行调停呢？除了他们，谁能对基督教界的事情做统计学的记载呢？他们用教皇的名义来使那些国王、王公和国家感到震惊。他们草拟给教皇使节们的训令和指示；他们朝夕侍从教皇左右，只服从他一个人的命令。”

不过，达到这种光荣的最高峰的只有列奥十世的两个著名秘书兼文章大家：彼埃特罗·本波和亚科波·萨多莱托。[①]

并不是所有的秘书厅都能写出同样优美的文章来。用最不纯正的拉丁文写出来的拙劣的官样文章是常见的事。在柯利奥所保
存的米兰的文献中，可以看到这种文章和少数君主家族的成员所 238
写出来的信件之间有显著的不同，这些信件一定也是在最紧要的时刻写出来的。[②] 它们是纯洁的拉丁文法的典范。在任何情形下都保持一种完美无缺的文体是良好教育的一个准则和修养有素的

① 本波和萨多莱托的书信曾一再印行。例如本波的书信集就见于1556年巴塞尔出版的《全集》第2卷中，其中以列奥十世的名义写的信和私人的信做了区别，而萨多莱托的书信出版得最为完整，共五卷。罗马，1760年。卡洛·马拉果拉在《巴雷提》杂志（都灵，1875年）里还给这两人做了一些补充。关于本波的《阿苏拉尼》，我们将在下边谈到；关于萨多莱托的作品对拉丁文体的重要意义，他的一个同时代的人彼得鲁·阿尔塞俄尼曾作如下评价（《放逐论》，门肯版119页）。“他是当代惟一的或者肯定没有几个人和他一起注意到正确的拉丁文体是雄辩家的基础，为取得它，必须将被一些对优美的文学完全无知或毫无识见的人所污化了的拉丁语言加以纯化，这些人一部分是从波河附近小城镇，一部分是从阿尔卑斯山彼麓的省份中流入到这个城市里来的。所以这个非常渊博的学者以纯正完美的语法纠正了拉丁语言的讹误多瑕的习惯。”

② 关于阿拉戈纳的伊莎贝拉给她父亲——那不勒斯的阿尔方索的信件，见柯利奥《米兰史》第449页。摩尔致查理八世的两封信见第451、464页。克莱门七世如何在罗马遭劫期间召集他周围的学者，并叫他们每人分别写信给查理五世，可参看《画家书信集》第3卷，第86页（塞巴斯提亚诺致阿雷提诺书）上的故事。

结果。除了这些官员，各种私人学者自然也有他们自己的书信。写信的目的很少像今天这样，报告一些写信人的情况或者其他人的消息；它毋宁被看作是一种文学著作，用来证明自己的学问和取得收信人的重视。这些书信最初是用来进行学术探讨的；采用这种书信形式的佩脱拉克恢复了旧日尺牍体的形式，用古典的“汝”来代替中世纪拉丁文中的“你”。在以后一个时期，书信成了优美洗练的成语的总汇，用来鼓励或屈辱部下，恭维或侮辱同侪，歌颂保护人或者向他乞求。①

239 在这一时期，西塞罗、普林尼等人的书信被人当作典范来加以勤勉地学习着。早在十五世纪，关于拉丁文书信的形式和说明的大量著作就已经作为巨大的文法书和辞书的附录而出现了；即使我们今天在图书馆里看到这批著作的数量之巨也会感到惊讶。但是，正像这些参考书的存在引诱了许多人从事于不适合他们的工作那样，它们也鼓励了真正有能力的人写出更完美的优秀作品来，直到最后出现了波利齐亚诺的和十六世纪初的彼埃特罗·本波的书信。这些书信不仅在一般拉丁文体上，而且也在更特殊的书信写作艺术上取得了无与伦比的杰作的地位。

和这些书信一起，在十六世纪中出现了意大利文书信的古典文体，它的首屈一指的人物仍是本波。② 它的形式完全是近代的，并且有意识地不受拉丁文的影响，而它的精神则完全渗透和弥漫着古代的理想。这些书信，虽然一部分是属于机密性质的，但大多

① 关于这个时代的一般通信，见法格特《复兴》第414—427页。

② 本波认为有必要为自己用意大利文写作进行辩解。见《致塞姆普罗尼阿书》，《本波全集》(1556年，巴塞尔版，第3卷，第156页以下和附注)。

数都在写作时抱着将来可能发表的想法，并且始终认为由于它们的优美的文体是会有发表价值的。在1530年以后，开始出现了印本的书信集，它们或者是各种各样的人断断续续的通信，或者是单人作家的作品；以写拉丁文通信声誉卓著的本波，在用本国语言写作的书信上也获得了同样高的地位。[①]

但是，在一个人民以"倾听"为生活中主要享受之一，而每一个想象力都充满了对于古罗马元老院和它的伟大演说家的回忆的时代，演讲家比书信作家占有更光辉得多的地位。[②] 雄辩术摆脱了它在中世纪期间向之取得庇护的教会的影响，而在这个时候成了一切高尚生活不可缺少的因素和装饰品。现时用来听音乐的许多社交时间，在那时都用于听拉丁语或意大利语的讲演；而巴尔托洛缪·法奇奥还抱怨说，他那个时代的演说家和古代的比起来是处于不利地位的；古代演说家可以做三种讲演，而他那个时代却只剩下一种，因为法庭上的讲演已经让给了法律家，而在政府会议上的演说又必须使用意大利语言。[③]

演讲者的社会地位完全是无关重要的；所要求的只是造诣深湛的人文主义的才能。在费拉拉的博尔索宫廷上，大公的医生，耶

① 关于阿雷提诺的书信集见本书第170页以下。拉丁书信集在十五世纪即已印行。

② 参看费莱佛、萨伯利科、贝罗阿尔都斯等人的《全集》中的演说词，和吉安诺佐·曼内蒂、伊尼亚斯·希尔维优斯等人的著作和传记。

③ 见巴尔多罗缪·法奇奥：《名人传》，美羽斯版，第7页。如维斯帕西雅诺·比斯提奇在其《曼内蒂生平录》第51页上所指出的，曼内蒂用意大利语发表了许多次演说，以后又把这些演说词全部用拉丁文写出来。十五世纪的学者，例如保罗·科尔蒂斯完全从《雄辩》的观点来衡量历史上的成就。

罗莫·达·卡斯特洛被选在弗里德利希三世和教皇庇护二世访问
的时候致祝词。[①] 已婚俗人在任何庆祝或追悼的仪式上，甚至在
240 圣徒的节日上都可以登上教坛。米兰大主教竟召来当时还没有被
授圣职的伊尼亚斯·希尔维优斯在圣阿姆布洛吉乌斯的节日上做
公开说教，这件事使巴塞尔宗教会议的非意大利成员认为是怪事
而感到惊讶，但是，他们还是不顾那些神学家们的啧有烦言而容忍
了它，并以最大的好奇心听了他的讲话。[②]

我们可以暂且看一下那些最常见的和最重要的公开讲演的场合。

首先，那些从一个国家到另一个国家去的使节们并不是平白
地就得到了演讲家的称号的。无论他通过秘密交涉完成什么事
情，那个使节从来也不会错过在极其隆重仪式和典礼上公开出现，
并发表公开讲演。[③] 虽然使节很多，照例总是由一个人代表全体
讲话；但对于庇护二世，因为他是一个鉴赏家，人人都愿意在他面
241 前发言，所以他就被迫坐在那里听整个代表团，一个挨着一个地发
表演说。[④] 有演讲天才的学问渊博的君主们自己喜欢用拉丁或意

① 见《费拉拉日记》，载木拉托里：《意大利史料集成》第 24 卷，第 198，205 栏。

② 《庇护二世回忆录》第 1 卷，第 10 页。

③ 幸运的演说家的成就是巨大的，在高贵的听众面前遭到失败的演说者的丢丑也不小。后者的事例见彼得鲁·克利尼图斯：《论礼让》，第 5 卷，第 3 章。参见维斯帕西雅诺·菲奥兰提诺第 319，430 页。

④ 《庇护二世回忆录》第 4 卷，第 205 页。也有些罗马人在维特尔波等待他。因为他们在辩才上都不相上下，所以他们就各自单独发言，以免显得他们有优劣之分。阿雷佐的主教未被允许代表意大利各国使团向新当选教皇的亚历山大六世发表演说这一事实，圭奇阿尔狄尼在其作品第 1 卷开头便严肃地把它列为助长 1494 年灾难发生的原因之一。

大利语言讲演。斯福查家族的子女们都受过这种训练。加利佐·马利亚还是个孩子时，于 1455 年在威尼斯的大议会上发表了一篇流利的讲演，[①]他的妹妹伊波丽塔在曼图亚的宗教会议上用一篇优美的演讲词向教皇庇护二世致敬。[②] 庇护本人在他的一生中利用讲演为他最后登上教皇宝座做了不少准备工作。尽管他是伟大的学者兼外交家，但如果没有他那辩才的荣名和魅力，他或者会永远当不上教皇。"因为没有比他的讲演更显得高雅威仪的。"[③]无疑地，这就是为什么许多人甚至在他当选之前，就认为他最适合于担任教皇职位的理由。

人们通常也在公开的庆典上用讲演来欢迎君主们，这些讲演有时长达数小时。自然，这只能在这个君主被认为是或者希望被认为是一个辩才的爱好者。[④] 而且有一个有辩才的演说家在场的时候才能举行，不管这个演说家是一个大学教授、官员、教士、医生

① 马伦·萨努多曾有叙述，见木拉托里：《意大利史料集成》第 22 卷，第 1160 栏。

② 《庇护二世回忆录》第 2 卷，第 107 页，参见第 87 页。另一位有演讲才能的公主——即嫁给马拉泰斯达家族的巴蒂斯塔·蒙特费尔特罗夫人，曾在国王西吉斯蒙德和教皇马丁面前发表过演说。参见《意大利历史文献》第 4 卷，第 1 章，第 442 页注。

③ 《土耳其远征记》，载木拉托里：《意大利史料集成》第 23 卷，第 68 栏。"庇护演说时的高雅庄严举世无双"。这里毋庸提及庇护在描述他个人成就时所持有的那种不加掩饰的踌躇满志，见康帕纳斯：《庇护二世传》载木拉托里：《意大利史料集成》第 3 卷，第 2 章，散见各处。在以后的一个时期里，这些讲演就不像以前那样为人所赞赏了。参见法格特：《伊尼亚斯·希尔维优斯》第 2 章，第 275 页以下。

④ 当查理五世有一次在热那亚听不懂拉丁文演说家的美丽辞藻时，曾对乔维奥耳语道："啊，我们的老师阿德里安说得对，他告诉过我小时不努力学习拉丁文，一定要吃亏。"见保罗·乔维奥：《阿德里安六世传》。王侯们通过他们的御用讲演家答复了这些演说。弗里德利希三世通过伊尼亚斯·希尔维优斯来答复吉安诺佐·曼内蒂。维斯帕西雅诺·比斯提奇《曼内蒂生平录》，第 64 页。

或宫廷学者。

人们以同样的热情抓住每一个政治机会来做讲演，而文化人群集来听讲的人数多少则以讲演者的名望大小为定。在国家官吏的每年更动，甚至在新主教的圣职授任典礼上，也必有一个人文主义者出场并且有时以他的六音步诗和莎弗[1]式的诗句来向他的听众讲话。[2] 一个新任命的政府官员本人也往往必须做一篇多少与他的本部门有关，例如论司法的讲演；如果他是一个擅长此道的人，那算是他的幸运。在佛罗伦萨，甚至佣兵队长们，无论他们是什么出身或受过什么教育，也必须来做一篇讲演以适应群众的要求，并在接受他们的职务的任命时，由最有学识的秘书官，在群集的民众面前向他做一番大声疾呼的讲演。[3] 大约在市政厅左前面的兰齐大厅——即政府官员时常在那里庄严地出现在民众面前的门廊——的下边或者附近有一个为了这个目的而建立的讲坛。

周年纪念日，特别是君主们逝世的纪念日，通常都是以纪念演
242 说来举行的。即使在最严格意义上的追悼演说，一般也是委托一个穿着世俗服装的人文主义者在教堂里发表的；得到这种光荣的不仅有君主，而且也有官员或其他方面出名的人士。[4] 在结婚或

---

① 莎弗（公元前六世纪）据说是希腊的女抒情诗人，被看作为是第十位缪斯女神。——译者

② 见吉拉尔德《论我们时代的诗人》，科列奴奇奥条。已婚俗人费莱佛曾于1480年在科莫主教大教堂里为斯卡拉姆比主教作介绍演说。见罗斯密尼：《费莱佛》第2章第122页，第3章第147页。

③ 法布罗尼《柯西莫》附注52。

④ 不过，这件事在纪念普拉提那所举行的仪式中曾使吉亚科莫·伏尔泰拉感到一些不快（载木拉托里，第23卷，第171栏）。

订婚典礼上发表演说也是这种情形，所不同的是它们在宫廷里而不是在教堂里发表，如在安娜·斯福查和伊斯特的阿尔方索的订婚典礼上，费莱佛在米兰的宫城里所做的演说就是如此。这种礼节也有在宫城的小礼拜堂里举行的可能。名门望族无疑地也雇用这种婚礼演说家作为一种高等生活的奢侈享受。在费拉拉，人们请求盖利诺派出他的随便哪一个学生来参加这些典礼。[①] 教会在婚礼和葬礼上仅仅负责宗教仪式。

学院里，无论是一个新教师的就职演说或者是一门新课的开课演说，[②]都由教授本人来发表，并且被看作是表现伟大辩才的机会。大学的一般讲课通常也具有一种讲演的性质。[③]

关于法庭辩论，听众的水平决定着演说的形式。必要时，就用

① 见《学界逸话》第 1 卷，第 299 页。见费德拉在波达卡达罗的葬仪上的追悼演说。遇有这些典礼，盖利诺多要费德拉来充任。盖利诺本人所作的婚丧演说不下五十余次之多。对此，罗斯密尼的《盖利诺传》第 2 卷，第 139、146 页曾有详述。〔布克哈特，第 332 页。盖格尔博士在这里提到，威尼斯也有它的职业演说家。参见瓦格特，第 2 卷，第 425 页。——英译者〕

② 很多这类开课演说被保存在萨伯利科、老贝罗阿尔都斯和科德路斯·乌尔塞斯等人的著作中。在科德路斯·乌尔塞斯的作品里还载有他《在课前》所吟诵的一些诗句。

③ 蓬波那佐在讲演方面的声誉在保罗·乔维奥所著《学者语录》一书第 134 页中有所记载。一般说来，讲演词的形式要求完美，似乎讲演人都能背诵它。就吉安诺佐·曼内蒂来说，我们确定知道他在一次讲演中就是这样（见《生平录》，第 39 页）。可参阅该书第 64 页的记事，记事结语认为曼内蒂的即席讲演要比阿雷提诺的有准备的讲演更好。据说，科德路斯·乌尔塞斯的记忆力不好，讲演时得读讲演稿（见其《全集》后面的《传记》，威尼斯，1506 年，第 70 页）。下面的一段将说明有关讲演术的言过其实的价值："我敢断言，一个成功的演说家（只要他是成功的演说家）很容易给他所描述的事物以光辉，优美和明暗的色调，犹如我们看到一个画家在用他的色彩和绘具来作画一样。"（彼得鲁·阿尔塞俄尼：《放逐论》，门肯版，第 136 页）

各种哲学和古代知识来丰富它的内容。

我们可以提一提，在战斗之前或者在战斗之后，用意大利语言所作的战地演说，这是一种特别演说。乌尔比诺的菲德利哥被认为是这种演说的能手。[①] 当他的队伍排成战斗序列时，他惯于在他们中间巡行并依次地以自豪感和热情来激励他们。十五世纪的军事史家们的著作里的许多演说（例如在波尔切利乌斯的著作里）至少在事实上可能是出于虚构的，但其中一部分也有可能是真正说过的话的忠实记录。还有另一种讲演，是对佛罗伦萨民兵作的，[②]这种民兵主要是由于马基雅维里的影响在1506年组成的；这些讲演最初是在检阅时做的，后来则在每年的特别节日上发表。这仅仅是一般激发听众的爱国热情的讲演，是在城内各区的教堂里由一个身披甲胄手持宝剑的市民对集合起来的军队来讲的。

243 最后，教坛演说在十五世纪时开始失去了它的明显的特征。许多教士参加了研究古典文化的团体，并热望在这方面获得成功。街道说教师，锡耶那的伯尔纳丁，甚至在活着的时候就已经被认为是圣徒，并为人民所崇拜，但他并不以向有名的盖利诺学习修辞学
244 为耻，虽然他不得不只用意大利语讲道。对于说教师，特别是对于四旬斋期的说教师的要求，的确以这个时代为最多；有很多听众不仅能容忍而且也要求从教坛讲道中得到丰富的哲学知识。[③] 但

---

① 见维斯帕西雅诺·菲奥兰提诺，第103页。参见598页，他在这里描述吉安诺佐·曼内蒂如何前来阵地见他。

② 《历史文献》第15卷，第113页和121页，卡内斯特里尼的序言，第32页以下。关于两篇这种对士兵的演说的记录，第一篇由阿拉曼尼作，非常精美并适合这种场合。

③ 关于这一点，见浮士蒂纳斯·提尔多塞斯的讽刺诗：《愚昧的胜利》，第2卷。

是，这里我们还必须特别提到那些在必要时刻偶尔用拉丁文讲道的著名说教师。如已说过的，他们的许多机会已经被有学问的俗人夺去了。[①] 在特定的圣徒们的节日上、在婚葬典礼上，或者在一个主教的就职典礼上的演说，甚至一个神职朋友的开台弥撒的介绍演说或者在某些修会的节日上的讲演，都委托俗人来做。但是，在十五世纪的教廷里所举行的任何庆典上，说教师无论如何一般还都是僧侣。在西克塔斯四世时期，吉亚科莫·伏尔泰拉有次序地列举了这些说教师的名字，并按照这一门艺术的法则对他们做了鉴定。[②] 费德拉·英吉拉米在优里乌斯二世时代以演说家著称，他起码是接受过圣职，并且是圣约翰·拉特兰大教堂的执掌祈祷礼式者。除他之外，在当时高级教士中的优秀拉丁语学家比比皆是。在这方面像在其他方面一样，俗人的人文主义者过分享有的特权在十六世纪里显得减少了，我们即将就这个问题做更详尽的叙述。

那么什么是这些讲演的主旨和一般特征呢？中世纪的意大利人是并不缺少民族辩才的，而所谓“修辞学”从一开始就属于七门学艺之内；但就古代讲演方法的复兴而言，根据菲利波·维兰尼的意见，[③]应该归功于死于 1348 年瘟疫病中的佛罗伦萨人布鲁诺·

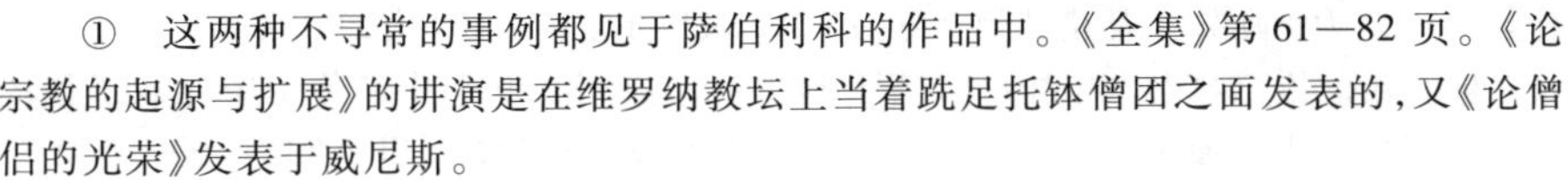

① 这两种不寻常的事例都见于萨伯利科的作品中。《全集》第 61—82 页。《论宗教的起源与扩展》的讲演是在维罗纳教坛上当着跣足托钵僧团之面发表的，又《论僧侣的光荣》发表于威尼斯。

② 吉亚科莫·伏尔泰拉:《罗马日记》，载木拉托里:《意大利史料集成》第 23 卷，各处。第 173 栏中记有一篇在教廷前发表的，但当时是西克塔斯四世并未在场的著名说教。教士保罗·托斯卡内拉大肆攻击了教皇、教皇的家族和枢机主教们。当教皇西克塔斯听到这件事时，付之一笑。

③ 菲利波·维兰尼，《列传》，加累提版，第 30 页。

卡西尼。他的实际目的是使他的同胞在公众面前能有效地畅所欲言，因之他以古人为典范，对于立意、发言、姿态和手势各按照他们固有的关系做了论述。在别的地方我们也读到了专为实际应用而写的训练讲演的著作。能以拉丁文做优美的即席演说是一种最受重视的才能。[①] 对于西塞罗的讲演词和他的理论著作的越来越多的研究，对于昆提里安和讴歌皇帝的颂词作家的越来越多的学习、新的论著的出现、[②]博古学术的一般发展，以及这时可以而且必须从中吸取营养的丰富的古代事物和思想等等加在一起形成了新雄辩术的特征。

245 尽管如此，但这种特征仍因人而大异。许多演说词，特别是紧扣所讨论的问题的那些演说词，灌注着一种真正雄辩的精神；庇护二世留给我们的大量演说词就是这一类。吉安诺佐·曼内蒂[③]的讲演所产生的神奇效果说明和他一样的演讲家是不多见的。他作为一个使臣在尼古拉五世和威尼斯的总督与大议会面前的伟大晋见演说是令人久久不能忘怀的事情。相反地，许多演说家不仅

---

① 见原书第 242 页。

② 特列比松的乔治的《修辞学》是第一部有完整系统的教科书。伊尼亚斯·希尔维优斯的《修辞学法程》(《全集》第 992 页)仅就句的结构和词的排列进行着重讨论，它的特色是墨守成规。书中引述了一些其他修辞理论的著作家，其中有些理论著作家已不复为世所知。瓦格特第 2 卷，第 262 页以下。

③ 他的传记收入木拉托里：《意大利史料集成》第 20 卷中。传记中充满了他的辩才无碍的记事。参见维斯帕西雅诺·菲奥兰提诺，第 592 页以下和《生平录》第 30 页。这些演说给我们留下的印象并不深。弗里德利希三世行加冕礼时的那篇演说就是一例，载弗勒厄－斯特卢维《德国史家集》。关于曼内蒂在列奥那多·阿雷提诺葬仪上所作的追悼演说，舍费德－托内利说：“他所作的讲演正是那种人们所能听到的最不足道的事情，都是一些风格庸俗，论证荒疏的儿语和令人不能容忍的冗长可厌。”(《波吉奥》第 2 章，第 67 页以下)

会抓住这种机会来迎合权贵的虚荣心，并且在他们的演说词中连篇累牍塞满古董糟粕。人们为什么会不厌其烦地听这种长达二三小时的讲演，只有在考虑到当时人们对于每一种与古代文化有关的事情都感到浓厚兴趣，而印刷术尚未普及，关于这一门学问的著作还极为稀少和有许多缺点时才能够了解。这一类的讲演起码还有我们认为（第238页）佩脱拉克的许多书信所具有的那些价值。但有些演说家做得太过火了。费莱佛的大多数讲演词是由古典的和圣经的引文杂凑而成的，再添些陈词滥调；在讲演词里，他以基本美德或类似的东西来恭维他所要恭维的大人物；似此情形，我们就必须费很大的力气才能分辨出其中真正含有的少数有价值的历史资料，其他人的情况也不外乎此。例如一个皮亚琴察的学者兼教授1467年在加利佐·马利亚大公的欢迎会上所做的演说，从优里乌斯·凯撒说起，然后进而把一大堆的经典引文，和演讲者自己杜撰的一些譬喻掺和在一起，并以一些给这位君主提的极端轻率的劝告作结束。[①] 幸而天色已晚，这位讲演家不得不把他写好了的颂词交给这个君主了事。费莱佛在一个订婚典礼上的演说以这 246
样的话开始："亚里士多德，这位逍遥学派哲人。"有的人从布普利乌斯·科尔纳利乌斯·西庇阿这一类的人开始，好像他们和他们的听众对于听引经据典都是迫不及待的样子。在十五世纪末，公众的口味突然提高了，这主要是由于佛罗伦萨的影响，于是引经据典的做法乃被限制在适当的范围之内。当时有很多参考书，其中人们所需要的一切古来对于君主和一般人们的赞颂之词，可以一

① 《皮亚琴察年代记》，载木拉托里，《意大利史料集成》第20卷，第918栏。

检即得。

因为大多数的讲演词是事前在书斋里写出来的，那个手稿就作为以后发表之用。另一方面，那些大即席演说家则有速记员跟着他们。① 我们还必须记住，一切流传到我们手里的讲演词并不都是打算真正当场发表的。例如老贝罗阿尔都斯对于鲁德维科·摩尔的颂词就是以手稿交给他的。② 事实上，正像书信可以作为练习、作为范文，乃至作为争论的工具而写给世界上一切假想的人和地方一样，同样也有为假想的场合③而写出来的模范讲演词供君主、主教等显贵们在招待会上使用。

对于讲演像对于其他艺术一样，教皇列奥十世的逝世（1521年）和罗马的遭劫（1527年）标志着衰落时代的开始。刚刚从那永恒之都的废墟中逃出来的乔维奥④描写了这个衰落的原因，虽然他的描写不是详尽无遗的但大体上却是真实可靠的。

① 例如曼内蒂，参看维斯帕西亚诺《生平录》第30页；又如萨沃那罗拉，参见培兰斯《萨沃那罗拉传》第1章第163页。可是事实上，速记员未必能记下他的话或记下任何讲话如流的“即席演说家”的话。萨沃那罗拉用意大利语讲道。见巴斯奇诺·维兰尼：《萨沃那罗拉传》。

② 这绝不是一篇最好的文章。（《贝罗阿尔都斯短篇集》，1509年，巴塞尔版，第18—21页）其中值得注意的是文章结尾的一句妙语：“你要以你本人为典范、为师表，取法你本人……”

③ 这种书信和演说出自阿尔伯特·达·利巴尔塔手笔。参见由他父亲编纂并由他本人续成的《皮亚琴察年代记》，载木拉托里，《意大利史料集成》第20卷，第914栏以下。这位学究在这部作品里对他个人的文学生涯作了有益的叙述。

④ 《保罗·乔维奥编著名学者对话集》第7卷第四编。而他约在十年后在《读书语录》一书的末尾写道：“我们在语言学的领导地位转移到日耳曼人手中以后，还固守着纯粹的一成不变的雄辩术的坚强堡垒。”在格累哥罗维乌斯第8卷，第227页以下所载的用德文写的那一整段文字是很重要的，因为它反映一个意大利人对德意志的看法，又关于这一点，下文还要再次加以引用。

“过去有教养的罗马人从之学习拉丁风格的普劳图斯和德兰斯[1]的戏剧，这时都被摈弃而代之以意大利喜剧了。优秀的演说家不再像过去那样为人们所赏识和得到报酬了。宗教法庭的辩护人除了他们演说的引言外不再做任何准备工作，而其余部分杂乱无章的讲话则靠着随机应变来对付。教堂讲道和庆祝会上的演说也降低到同样的水平。如果需要对枢机主教或其他大人物作追悼演说时，行政人员不必再花一百个金币的代价去聘请本城最好的演说家，而是花一点点钱去雇用他们所碰到的任何一个厚颜无耻、只是希望被人们谈到、好坏在所不计的腐儒。他们说，如果一个猴子身着丧服站在教坛上，用沙哑的声音开始抽抽咽咽、叽叽咕咕地讲话，然后逐渐变为大声的号叫，那个死了的人也并不因此而聪明一些。即使在重大的教廷典礼上的讲道，也不再像过去常见的那样使人有利可图了。各级的僧侣又重新把这项工作抓到他们自己的手里，说起教来好像是对一群暴徒讲话一样。而仅仅数年前，一篇在教皇面前举行的弥撒中的说教还可能很容易地成为晋升主教的阶梯呢。”

第八章　拉丁文的论文和历史

以下我们将从人文主义者的讲演和书信作品转而谈到他们的其他创作，这些创作或多或少都是古代文化的模仿。

在这些创作里边必须列入常常采取对话形式的论文。[2] 在这方面，它是直接模仿西塞罗的作品的。为了力求公平地对待这一类著作——为了不是一见到就把它当作一种使人讨厌的东西丢弃在一边——我们必须考虑到两件事情。摆脱了中世纪影响的那个

① 德兰斯（公元前185—前159年）是罗马的喜剧作家。——译者

② 科列奴奇奥尤其是庞达诺模仿卢西安所作的半讽刺性的对话形成了别具风格的一派。他们的榜样激励了伊拉斯玛斯和胡顿。关于纯粹是所谓普鲁塔克的几篇伦理作品的论文或可作为典范。

世纪，感到在许多道德和哲学问题上需要某些东西在它自己和古代之间进行调和，而这种需要就从论文和对话体著作的作家那里得到了满足。他们著作中许多在我们看来不过是平常的东西，但对于他们和他们的同时代人则是一种古人绝未言及的、不容易得到的对于事物的新观点。在这种形式的著作里，所用的语言，无论是意大利文或拉丁文，比在历史叙事、书信或讲演词里的语言更为流畅而多变化，因此它本身就是一个为人们所特别喜爱的原因。有几篇这一类的意大利文作品仍然保持着他们的范文地位。很多这类作品因其内容有的已被提到、有的将要提到；以下我们将把它们当作一个类别来加以论述。从佩脱拉克的书信和论文问世的时代起直到将近十五世纪末，大多数的此类作家像演说家一样，他们的主要工作是堆砌渊博的引证。在这之后，整个文体，特别是意大利文的，突然变得明晰起来，遂至在本波的《阿苏拉尼》[①]和卢吉·科尔纳罗[②]的《有节制的生活》中达到了古典的完美高度。这里还有一个决定性的因素，即在当时，每一种古代事物开始被收集在百科全书（时已印刷出版）里边，而不再成为论文家前进的障碍了。

人文主义的精神支配着历史的写作也是势所必然的。把这一时代的历史和较早的年代记，特别是像维兰尼那些生气洋溢、色彩丰富、光辉灿烂的著作作一个粗浅的比较，将使我们对于这种变化不禁喟然兴叹。和他们比较起来，最优秀的人文主义者，特别是他

① 《阿苏拉尼》是本波所写的关于柏拉图式的恋爱的一篇大论文。——译者

② 见下文第四篇第五章。（卢吉·科尔纳罗〔Luigi Cornaro，1454—1510 年〕是威尼斯贵族。他主张以有节制的生活，特别是饮食上的节制，来代替医药。他在八十三岁时写有《有节制的生活》一书。——译者）

们在佛罗伦萨历史家中最有名的直接继承者,列奥那多·阿雷提 248
诺和波吉奥,[①]显得如何枯燥无味和墨守成规啊! 法奇奥、萨伯利科、弗莱达、塞纳雷加、普拉提那在曼图亚的编年史里、本波在威尼斯的年代记里,乃至乔维奥在他的历史著作里边都有些古典的词句,当读者意识到在这些古典的词句中间,最好的地方色彩和个人特色以及对于事件真实性的完全忠实的兴趣已经丧失时,他们的欣赏就不断地遭到了破坏。当我们听到李维,这一派作家学习的典范,正好在他最不值得模仿的地方被抄袭时——理由是[②]“他把一个干燥无味的传说变成了美妙而内容丰富的故事”——就更增加了我们的不信任。同样地我们也听到了一种值得怀疑的说法,那就是:历史家的任务正和一个诗人一样,是刺激、迷惑和感动读者。我们还必须记住,许多人文主义历史家对于他们自己范围以外所发生的事情知道得很少,而就所知道的这一点点他们还往往被迫用来迎合他们的保护人和雇主的兴趣。最后我们就要自问,这些人文主义者有时公开承认[③]的对于近世事物的轻蔑是否不一定必然对他们处理这些事物发生一种不幸的影响。读者会不知不觉地对于像波洛尼亚和费拉拉的那些忠实于旧体裁、不尚虚饰的拉丁文和意大利文的编年史作者寄予更大的兴趣和信赖,并且会

① 参见桑纳札罗的讽刺诗:“当波吉奥赞扬祖国,诅咒敌人的时候,他既非坏公民,也不是好的历史家。”

② 本尼迪特:《查理八世传》,载埃卡尔《史家集》第 6 卷,第 1577 栏。

③ 彼得鲁·克利尼图斯对于这种轻蔑表示痛心。《论礼让》第 18 卷,第 9 章。人文主义学者在这点上和古代文化衰落期的作家们相像。这些作家们也是和他们自己的时代脱离的。参见布克哈特:《君士坦丁大帝时代史》。关于其他方面,见瓦格特《复兴》,第 443 页以下所载波吉奥的几项声明。

对于那些用意大利文写作的最好的真正年代记作家——即对于马利诺·萨努多、柯利奥和茵菲苏拉等人怀有更多的感激之情。在十六世纪初，这些人受到一群新兴的优秀的以本国语言写作的伟大民族历史家的仿效。

当代的历史用当时的语言来写无疑地是远比勉强用拉丁文来写为好。意大利语言是不是更适合于记载过去很久的事件或更适
249 合于做历史研究，当时对于这个问题的答复是不一致的。在那时，拉丁语是受过教育的人们的“共同语”，不仅在国际的意义上，作为英格兰人、法兰西人和意大利人的一种交往工具是如此，而且在各地之间交往的意义上也是如此。伦巴第、威尼斯和那不勒斯的写作风格，虽然很久以来就以托斯卡纳语为典范，而且只带有极轻微的方言痕迹，但仍不为佛罗伦萨人所承认。这不是由于写当地当时的历史的结果，因为在写历史的那个地方一定会有读者的，但在写过去的历史时，由于希望有更多读者就不同了。在这些著作中，人们的地方兴趣不能不为学者的普遍兴趣所打消。像弗尔利的布朗德斯那样一个人，如果用罗马尼阿的方言写他那不朽的学术巨著，他的影响所及会有多远呢？无疑地，这些著作只是由于佛罗伦萨人的轻视就将堕入无声无臭之中，而用拉丁文来写，它们就会对整个欧洲学术界都有极其深远的影响。佛罗伦萨人自己在十五世纪也写拉丁文，这不仅是因为他们思想受人文主义的影响，而且是为了获得更广泛的读者。

最后，在同时代的历史中还存在有某些拉丁文论文，它们和这一类的最好的意大利文著作具有同样的水平。当模仿李维风

格——它对于如此众多的作家来说，无异于是一张普洛克鲁斯特斯[①]的床——的那种长篇大论的叙述被抛弃时，有了惊人的变化。同一的普拉提那和乔维奥（他们所写的巨大历史著作，我们只有不得已时才去读它）当时一变而成了传记体裁的能手。我们已经提到过特利斯坦·卡拉奇奥洛的著作，提到过法奇奥的传记著作和萨伯利科的威尼斯地志学，其他著作下文还要提到。历史写作和书信讲演一样不久就有了它的理论。这个理论效法西塞罗的先例，骄傲地提出历史的价值和尊严，大胆地承认摩西和四大福音书作者是质朴的历史家，最后还提出要绝对公正和热爱真理的真诚的劝告。[②]

过去历史方面的拉丁文著作自然大部分是关于古代文化的。使我们更加感到惊异的是我们在人文主义者中间看到了相当数量的关于中世纪的历史著作。这一类著作的第一部是马提奥·帕尔米利的编年史（449—1449 年），它是从普罗斯柏尔·阿奎塔努斯搁笔的地方写起的，它的体裁无疑地是保罗·科尔蒂斯那样的后世批评家所不满意的。打开弗尔利的布朗德斯的《十卷史》，我们意外地发现：它是“从罗马帝国衰亡以来”的一部世界史，像在吉本的著作里那样，充满了对于每一个世纪的作家的独到的研究，而整个前三百张对开页中所讲的都是到弗里德利希二世逝世为止的

---

① 普洛克鲁斯特斯传说是古希腊强盗的名字。他常把捕到的人放在铁床上，如果人比床长就砍掉过长的部分，如果比床短，就把人强行拉长和床相齐。这里用来比喻作家们强行模仿李维。——译者

② 洛伦佐·瓦拉，载《阿拉戈纳国王斐迪南传》的序言中；吉亚科莫·芝诺在《查理·芝诺传》中（载木拉托里：《意大利史料集成》第 29 卷第 204 页）所持意见和他相反。又见盖利诺，载罗斯密尼，第 2 卷，第 620 页以下，177 页以下。

早期中世纪史。而这时在北方国家里边，对这类著作所要求的无非是关于教皇和皇帝的编年史以及称为“时代之束”的编年史而已。我们不能在这里说明布朗德斯利用了哪些著作，和他从哪里
250 找到了他的材料，虽然有一天文学史家会对他做出这种公平的判断。只是这部书就能够使我们有理由说：使中世纪的研究成为可能的乃是那对于古代的研究，这样先在思想上养成了我们对于历史做公平判断的习惯。此外我们还必须说明：中世纪这时对于意大利来说已经成为过去，意大利人能够更好地理解它们，因为他们已置身于中世纪之外了。虽然如此，但不能说他们立刻就判断得很正确，更不能说他判断得很忠实。在艺术上，表现了一种反对中世纪所创造出来的一切东西的成见，并且人文主义者是以自己勃兴之日为新纪元的。薄伽丘说：[①]

> “我开始希望并且相信，上帝怜悯了意大利的名誉，因为我看到：他的无穷仁爱使意大利人的内心里具有和古代人同样的精神——用掠夺和暴力以外的方法取得荣誉的精神，而且说得更正确一些，是在诗歌道路上使人们成为不朽。”

但是，当任何这种研究精神在欧洲其他地方还不足道的时候，这种狭隘而偏激的气质并没有妨碍意大利更有天才的人们的研究精神。对于中世纪的历史评判[②]之所以可行，正是因为人文主义者

---

① 致皮津加的信，见《俗语著作集》第 16 卷，第 38 页。和拉斐尔·伏尔泰拉（第 21 卷）意见一致，他认为精神世界始于十四世纪。他就是那位在其早期作品中对各国历史做了很多冠绝一时的评述的作者。

② 在这一点上，佩脱拉克也同样开辟了道路。特别参看他对自称为凯撒后人的奥地利人查特所作的批判性的考据。《晚年书简》第 16 卷，第 1 函。

对于一切问题的合理对待已经养成了一种历史精神。在十五世纪，这种精神甚至已经如此深深地贯穿在意大利的个别城市的历史中，因而关于佛罗伦萨、威尼斯和米兰的起源的那些愚蠢的神话故事已经不复再见，而与此同时和很久以后，北方的编年史中却装满了荒诞不经的无稽之谈，它们的大部分没有任何文学价值，但仍一直捏造到十四世纪为止。

地方史和光荣感之间的密切关系已经在叙述到佛罗伦萨时谈到过（见第一编第七章）。威尼斯也是不甘落后的。正像佛罗伦萨人的一次讲演上的巨大胜利[①]促使一个威尼斯使节赶紧写信回去请求随后派来一个演说家一样，威尼斯人也感到有必要写一部能够和列奥那多·阿雷提诺和波吉奥的作品相媲美的历史著作。为了满足这种要求，在十五世纪里，在和乔万尼·马利亚·费莱佛等人谈判失败之后，出现了萨伯利科的《十卷集》，而在十六世纪里出现了彼埃特罗·本波的《威尼斯事迹史》，这两部书都是在这个共和国的正式委托之下写成的，后者是前者的续集。

十六世纪初期的伟大佛罗伦萨历史家是和拉丁语学家本波与乔维奥完全不同的一种人物。他们用意大利文写作，不仅是因为他们不能和语言学家的优美的西塞罗风格争短长，而且也因为，他们像马基雅维里那样，只能用活的语言来记载他们自己直接观察所得的现实的结果——具体到马基雅维里，我们还可以加上他对 251
于过去的观察的结果——并且像圭奇阿尔狄尼、瓦尔奇和许多其

① 如吉安诺佐·曼内蒂在尼古拉五世面前和在整个教廷以及来自四面八方的大批外国人的面前所作的那篇演说。参考维斯帕西雅诺·菲奥兰提诺，第 591 页。更充分地参考《生平录》第 37—40 页。

他人的情况一样，也因为他们所最希望的是：他们对于事件进程的看法能够产生一种尽可能广泛而深远的实际影响。即使他们只是为少数友人而写作，像弗兰切斯科·维托利那样，他们也从内心里感到有必要说出他们对于人物和事件的见证、解释和辩护他们参加那些事件的理由。

可是，尽管他们有他们独特的语言和风格，他们还是受到了古典文化的强有力的影响，而没有这种影响，他们一定是难于想象的。他们不是人文主义者，但他们是从人文主义的学校里出来的，在他们身上比在李维的大多数的模仿者的身上有着更多的古代历史家的精神。像古代人一样，他们是为市民而写作的市民。

252

第九章　一般文化的拉丁化

我们不能试图去追寻人文主义在专门科学方面的影响。每一门科学都有它自己的历史，这一时期的意大利研究者，主要由于他们重新发现了古代文化所达到的成果，①而在这些历史上开辟了

---

①　事实上，已经有人说过，单只荷马一人的著作就包括了艺术和学问的全部——说他就是一部百科全书。参阅《科得路斯·乌尔塞斯全集》，讲演第 13 篇末尾。我们在几位古代作家的作品中也的确发现了与此相同的见解。以下就是科德路斯·乌尔塞斯的一段话（讲演第 13 篇，赞扬自由艺术颂；《全集》，1506 年，威尼斯版，第 38 页）："所以请即放心；我要为你讲授希腊文学；尤其是荷马的圣作，宛如拿骚所说的，诗人的口从荷马的大作中亦即从永久的源泉中得到诗神的水的涵濡，你可以从荷马学到文法，从荷马学到医学，从荷马学到天文，从荷马学到神话，从荷马学到历史，从荷马学到风俗人情，从荷马学到哲学家的理论，从荷马学到军事艺术，从荷马学到烹调，从荷马学到建筑，从荷马学到管理城市的方法；总之，笃学的人所能希求的任何美好的，任何高尚的事物，你都可以在荷马的作品中很容易地找到。"专讲荷马作品的"讲演"第 7 和第 8 篇（《全集》第 26 页以下，第 1034 栏）内容主旨相同。

一个新时代;随着这个新时代,有关科学就以多少不等的特殊性开始了它的近代阶段。关于哲学,我们也必须请读者去参考这方面的专门历史著作。古代哲学家对于意大利文化的影响,有时看来是巨大的,有时是轻微的;当我们考虑到亚里士多德的学说,主要是从他的伦理学[①]和政治学中引申出来的学说,——二者在早期都传播得很广——竟成受过教育的意大利人的共同财产,以及整个的抽象思维的方法怎样受他支配时,[②]它的影响就是巨大的;当我们记起古代哲学乃至那热心的佛罗伦萨的柏拉图主义者对于一般人民的精神上的教义影响是如何不足道时,它就是轻微的。那些看来像是这种影响的东西,大抵不过是一般新文化的以及意大利思想的特殊成长和发展的一种结果。当我们谈到宗教时,我们将在这个题目上多作论述。但在绝大多数的情况下,我们所必须涉及的不是人民的一般文化而是个人或学术界的表现;而这里也必须在对古代学说的真正吸收和赶时髦的装模作样之间划清界限。因为对于许多人来说,好古不过是一种时尚,甚至在很有学问的人们中间也在所难免。

但是,所有在我们这个时代看来像是矫揉造作的事情在当时并不一定真正是如此。例如,给子女们取希腊、拉丁名字就比现在从小说故事里取名,特别是取女人的名字的习惯,更好、更文雅一些。当人们对古代世界的热情大于对圣徒的热情时,贵族家庭把

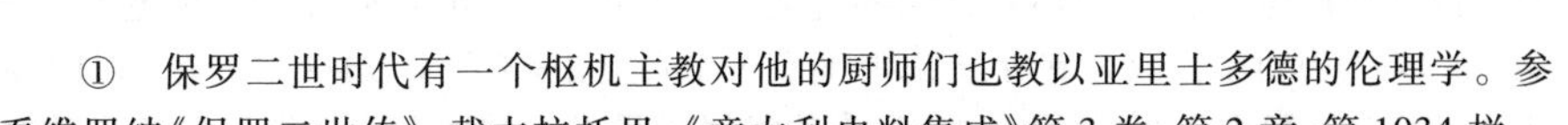

① 保罗二世时代有一个枢机主教对他的厨师们也教以亚里士多德的伦理学。参看维罗纳《保罗二世传》,载木拉托里,《意大利史料集成》第3卷,第2章,第1034栏。

② 关于对亚里士多德著作的一般性研究,伊尔莫劳·巴巴罗的一篇演说特别可以说明问题。

253 他们的儿子叫作阿伽门农、提德斯、阿奇里斯，[①]和一个画家把他的儿子叫作阿伯勒斯，把他的女儿叫作米诺尔娃[②]就是一件很简单很自然的事情。选择一个好听的古代名字来代替人们常常愿意摆脱掉的一个家族的名字，看来也并不是没有道理的。一个为当地全体居民所共有而还没有转变成为一个家族的名字的地方名字，人们是愿意放弃它的，特别是当它给人们以宗教联想，使人们认为它不合适的时候。菲利波·达·圣吉米尼亚诺就把自己叫作卡利马库斯。那个为他的家族所误解和侮辱，而在异乡城市里以学者成名的人，即使原是一个桑斯维利诺地方的人，也能够把他的名字改为优里乌斯·彭波尼乌斯·拉图斯。就是简单地把一个名
254 字译成拉丁文或希腊文，像在德意志几乎成了普遍的习惯那样，对于一个说和写都用拉丁文的时代也是可以原谅的，这个时代不仅

① 见布尔塞利斯《波洛尼亚年代记》载木拉托里：《意大利史料集成》第 23 卷，第 898 栏。

② 见瓦萨利，第 11 卷，第 189、257 页。《索多马和卡罗法洛传》。罗马的浪荡女人们都取那最美妙动听的古人名字如朱丽亚、露克瑞佳、卡桑德拉、波尔西亚、维尔吉尼亚、彭泰西利亚，她们就以这些名字出现在阿雷提诺的作品中，这事不足为奇。可能就在那个时期，犹太人取罗马人的敌人大闪族的名字如汉尼拔、哈米尔卡、哈斯德卢巴尔，甚至现在他们还普遍地叫这样的名字。〔最后的这一论断是站不住脚的。宋斯的《论犹太人的名字》（1837 年，来比锡版；1876 年重刊于柏林宋斯《全集》中。）和斯泰恩什奈德在其《正路》第 2 辑，第 6 卷（1871 年版，第 196—199 页）都没有谈到有任何一个当时的犹太人叫这些名字。根据蓬康巴尼从负责管理在罗马的犹太人档案的塔利亚卡波所作的调查，就连现在也仅仅有少数几个名叫哈斯德卢巴尔，而没有一个叫哈米尔卡或者汉尼拔的。——盖格附注〕布克哈特，第 352 页。阿尔伯蒂，《齐家论》（《全集》第 171 页）对慎重取名有所介绍，马菲欧·维吉奥在《论子女教育》第 1 卷，第 10 章中告诫读者不要取不当的、野蛮的、新奇的或属于异教邪神的名字。像尼罗这类的名字使叫这种名字的人不受欢迎。而另外有些名字如西塞罗、布鲁图斯、拿骚、马罗等名字本身虽不优美可爱，但由于这些人的超人的美德则可以采用。

需要有语尾变化的而且也需要便于在韵文和散文中使用的名字。可恼而又可笑的是改变洗礼名或族名的一半以便产生古典的声音和新的意义。于是乔万尼变成了乔维亚努斯或亚努斯，彼埃特罗变成了彼特利乌斯或彼埃利乌斯，安托尼奥变成了奥尼乌斯，桑纳扎罗成了桑塞路斯，卢卡·格拉梭成了卢西乌斯·克拉苏斯。对于这一切嘲笑得如此厉害的阿里奥斯托，①活着就看到了儿童们以他自己作品中的男女主人公命名。②

我们也不必过分严厉地批判这一时代的作家们的作品中把许多社会生活习惯，如官吏、礼节的名称和类似的东西等等拉丁化。只要人们满足于简单而流畅的拉丁文风格，如从佩脱拉克到伊尼亚斯·希尔维优斯的大多数作家们的作品那样，这种习惯就不是那么常见和显眼的了。它是在人们要求一种完美的西塞罗体拉丁文时才成为不可避免的。近代的名称和事物与这种文体不复谐调，除非先对它们加以人为的改变。腐儒们喜欢把市参议员叫作“元老院元老”，把修女叫作“维斯特处女”，把每个圣徒叫作“神明”或“神”，但像保罗·乔维奥那样更风雅的人则只是在不得已时才这样做。而正因为乔维奥做得很自然，并且不特别突出强调，所以在他那有旋律的语言里，即使枢机主教变成为“元老”，主教长变成“元

① 得到命运之赐有着和谐悦耳的名字的阿里奥斯托在《讽刺诗第七篇》第六十四首中这样嘲笑说：

“好像名字足以欺骗善良的法官，
而你更好是去做
那不要读多年书的诗人一般？”

② 或是取博亚尔多作品中人物的名字，这些名字多少像上述他的名字一样。

老院长”，开除教籍变成为“诅咒”[①]和狂欢节变为“牧神节”，我们也不感到刺耳。只是这个作家的这个例子就足以警告我们，不要从这些风格的特点上草率地得出关于作家的整个思想方法的结论。

用拉丁文写作的历史是不能在这里详加论述的。在整整两个世纪里边，人文主义者所作的就像是说，拉丁文是，而且必须一直是惟一值得用来写作的语言。波吉奥[②]惋惜但丁用意大利文写他的伟大诗篇；而但丁，如大家所熟知的，也确曾试图用拉丁文来写作，《地狱》的开头部分最初就是以六音步诗写成的。整个意大利诗歌就由于他没有继续采用这种同样的体裁而得到发展，[③]但就连佩脱拉克，重视他自己的拉丁文诗也比重视他的十四行诗和“短歌”为多；而有些人也曾希望阿里奥斯托用拉丁文写他的诗篇。在文学上，从来没有存在过更为强大的压力；[④]但诗歌却大部

① 1512年法兰西军队的士兵们曾“以一切诅咒（开除教籍）来呼求冥狱”。老实的中央堂教士迪奇奥曾非常认真地对外国军队念诵马克罗比乌斯的咒文，我们以后还要讲到他。

② 《论王侯的不幸》，载波吉奥《全集》第152页：“他（但丁）的诗著称于世，但如用拉丁文写成，则将无所逊于古代诗人。”根据薄伽丘《但丁传》第74页，“很多贤者”甚至在当时就讨论为什么但丁不用拉丁文写作的问题。保罗·科尔蒂斯在《学者论》（第7页）中遗憾地说：“这位拉丁文大师当时如既能很好地将他的思想付诸楮墨，又很好地为祖宗的语言增了光该多好！”他在谈到佩脱拉克和薄伽丘时也表示过同样的遗憾。

③ 他的作品《俗语论》很长一个时期几乎不为人所知，它在我们看来虽很有价值，但从未起过《神曲》那样的影响。

④ 要了解这种狂热达到了什么样的程度，我们只须参考一下吉拉尔德所写的《论当代诗人》中的各处就够了。维斯帕西雅诺·比斯提奇是那个时代公开承认他们只懂得一点点拉丁文的为数不多的拉丁作家之一（见《曼内蒂生平录》第2页），但他颇善于在他的作品里随处引用拉丁文词句，也会阅读拉丁文信件（同书第96，165页）。关于这种对拉丁文的破格重视，我们可以引用彼得鲁·阿尔塞俄尼所著《放逐论》（门肯版，213页）中如下的一段。他说，如果西塞罗能够复活起来看看罗马，“我认为，最使

分摆脱了它，并且可以不冒过分乐观的危险来这样说：好在意大利 255
诗歌有两种表现自己的方法。在两种文字的写作上都完成了一些
伟大而典型的东西，而在每一种写作上我们都能看到它为什么选 256
择了拉丁文或意大利文的理由。关于散文大概也可以同样这样说。意大利文化在全世界上的地位和影响就靠着某些著作是用拉丁文写成的[①]这样一个事实——"遍及全世界"——同时那些为了不用拉丁文写作而经过一番内心斗争的人却写出了最好的意大利文的散文。

从十四世纪起，西塞罗的著作被普遍认为是最纯洁的散文典范。这绝不是完全由于人们对于他的选词造句，和文章风格有公正评价，而更恰当的说，是由于这样一个事实，即意大利精神充分而自然地符合于这位书信作家的亲切的态度、这位讲演家的焕发的才华和这位哲学思想家的透彻的解释。就是佩脱拉克也清楚地认识到了西塞罗作为一个人和一个政治家的弱点，[②]虽然他非常尊敬他，但对于这些弱点并不感到高兴。在佩脱拉克的时代以后，书信体完全模仿西塞罗，除了记叙文体裁之外，其他文体也受到了同样的影响。但是，那种对每一个不能从大师的权威著作中找到根据的词句都加以排斥的真正西塞罗主义，直到十五世纪末

他迷惑不解的是一些人的怠惰，他们在哥特人，西哥特人和汪达尔人（他们原是基提人和达谢人）把基提语或达谢语带到意大利人中间来的时候，不去钻研罗马和意大利固有的古语，而去日夜汲汲于惟基提语和达谢语是学，并千方百计加以推广，以致罗马的艺术，语言，名姓都趋于沦亡。"

① 当时有正规的文体习作，如在老贝罗阿尔都斯的《演说集》中有薄伽丘的两篇故事甚至有佩脱拉克的一篇《短歌》译为拉丁文。

② 参见佩脱拉克从人间写给冥府著名幽魂的一封信。《全集》第 704 页以下，又见《论治国的最善策》第 372 页："我悲哀其如此，而事实竟如此！"

才出现,那时洛伦佐·瓦拉的文法著作已经开始对整个意大利发生影响,而罗马的文学史家的主张也被加以分析和比较。[①] 自那
257 以后,古代作家风格上的每一个细微的差别都越来越受到细致的研究,直到最后得出使人感到安慰的结论,那就是最完美的典范只有求之于西塞罗的著作中,或者——如果包括所有文学作品的形式在内——只有求之于那"不朽的和依然神圣的西塞罗时代"。[②] 像彼埃特罗·本波和彼埃利奥·瓦雷里亚诺这样的人这时都把他们的全副精力用在这一个目标上。就是那些长时期反对这种倾向,并从早期的作家那里形成了他们自己的一种古代体裁的人[③] 最后也屈服了,并且加入了对于西塞罗的崇拜。隆哥利乌斯在本波的劝告之下决定用五年长的时间来专读西塞罗的作品,并最后发誓不用这个作家未用过的字。这种偏激最后爆发成为文人学者中间以伊拉斯玛斯和斯卡利吉尔二人为首的一场大论战。

一切西塞罗的崇拜者绝没有片面到认为他就是语言的惟一源泉。在十五世纪里,波利齐亚诺和伊尔莫劳·巴巴罗曾经自觉地和有意地努力形成他们自己的一种风格,[④] 自然是在他们的"渊博

① 乔维诺·庞达诺在其所著《安托尼奥》一书中对罗马盛极一时的狂热的修辞癖曾作过一番诙谐的描绘。

② 见《枢机主教阿德里安·克赖索高奴斯著拉丁语说教论》,尤其是引言部分。他发现西塞罗及其同代人的拉丁文体具有独到的风格。上述科德路斯·乌尔塞斯发现在荷马的作品有着一切学识的总和,他写道(《全集》,1506 年版,第 65 页):"在我的这个时代里,我所见到和所学到的不论什么东西,幸而西塞罗都慨然给予了我。"甚至在另一首诗中(见同书)说:"学术之母的希腊没有类似他的人。"

③ 保罗·乔维奥《读书语录》第 187 页以下,巴蒂斯塔·庇护条。

④ 保罗·乔维奥《语录》,诺吉利乌斯条。保罗·乔维奥指出他们的理想是:"行文时,从事物的本质中,将某种可由明确标志反映出心性的特异之姿的独特的东西表

的"学识的基础上，虽然他们未能唤起他们的学生具有同样的独树一帜的愿望；而告诉我们这件事实的保罗·乔维奥也曾追求过同样的目的。他虽做得未必成功，却用力甚勤，并力求典雅，首先试图用拉丁文来重新表现近代的特别是美学的思想。他用拉丁文描写当时的伟大画家和雕刻家的性格时所做的最聪明的解释和最笨拙的说明交织在一起。[①]列奥十世虽曾引以为荣，"使得我们的拉丁语文于我在任期间实际称得起（比过去）更有所提高。"[②]但就是他也倾向于自由的而不是过于褊狭的拉丁语法，而这的确是和他那好游乐的性格相调和的。当他读到和听到的拉丁语是生动优美而又合于习惯语法的时候，他是欣然满意的。此外，西塞罗并没有给拉丁语会话提供典范，所以在这方面不能不于他之外另觅泰斗。这种需要从在罗马内外的经常上演的普劳图斯和德兰斯的喜剧中得到了满足，它对于演员来说是把拉丁语当作日常生活中的语言的一种最好的练习。研究古老的拉丁喜剧和对它们做近代的模仿，其动力是由于在《乌尔希尼亚修道院的古抄本》里发现普劳图斯的戏剧而来的；这些剧本在1428年或1429年被送到了罗 258

而出之。"波利齐亚诺反对在匆忙时用拉丁文写信。参见拉斐尔·伏尔泰拉《都会记事》第21卷。波利齐亚诺致科尔蒂斯书（《书信集》第8卷第16函）："在我看来，公牛甚或狮子的脸型要比猴子的可贵得多。"科尔蒂斯回答说："我宁可做西塞罗的仆从和猴子而不要做他的弟子。"关于皮科对拉丁文所持的意见，见本书第三篇第三章所引的书信。

① 保罗·乔维奥：《著名学者对话集》，载提拉普斯基1766年，威尼斯版，第7卷，第4页。如所周知，乔维奥早就渴望从事瓦萨利完成的那项伟大工作。在上述对话中，他预见到拉丁文就要完全失去它的无上优势而不禁兴叹。

② 见由萨多来托在1517年起草的致弗兰西斯科·罗西的教皇的手书。罗斯科：《列奥十世传》，菩西版，第6章，第127页。

马。几年以后，在保罗二世任教皇期内，提诺的博学多闻的枢机主教[①]（大概是皮斯托亚的尼科洛·福尔泰圭拉）以擅长这一门学问的鉴定工作著称。他从普劳图斯的最不完整的甚至连登场人物表都没有的剧本上开始工作，并仔细研究这个作家的全部残留下来的作品，主要着眼于他所用的语言。可能就是他首先促成了这些剧本的公演。以后，彭波尼乌斯·拉图斯也从事于这同一问题的研究，并于普劳图斯的剧本在高级圣职人员的家里上演时担任导演。[②] 乔维奥提到这些戏剧的上演在1520年以后次数已不如前，原因之一是如我们在前文所看到的由于雄辩术的衰落。

在结论中，我们可以提到文学上的西塞罗主义和建筑家们在艺术领域内对于维特鲁维乌斯的建筑艺术的复兴二者之间的相似之处。[③] 那条在文艺复兴史的其他方面适用的规律在这里也是同样有效的，即每一种艺术运动都有一种当时一般文化上相应的运动为其先导。至于建筑艺术，如果我们从科尔内多的枢机主教阿德里安（1505年？）算到第一批以维特鲁维乌斯派自居的建筑家们为止，这个间隔期间并不多于二十年左右。

---

① 见加斯巴罗·维罗内乌斯：《保罗二世传》载木拉托里：《意大利史料集成》第3卷，第2章，第1031栏。塞尼加的戏剧和译为拉丁文的希腊剧也都上演过。

② 在费拉拉所上演的普劳图斯的戏剧主要依据科列奴奇奥、小盖利诺等人用意大利文改编的脚本，这主要是由于情节的关系。伊莎贝拉·贡查加竟贸然地认为他的戏剧索然无味。关于一般的拉丁喜剧，见派帕尔载弗勒凯森和马西乌斯合编《新哲学语言学年鉴》，来比锡，1874年，第20卷，第131—138页，又《文学史文献》第5章，第541页以下。关于彭波尼乌斯·拉图斯，见《萨伯利科全集》书信，第10卷，第56页以下以及下文第三篇的末尾。

③ 参阅布克哈特，《意大利文艺复兴史》，第38—41页。

第十章　近代的拉丁诗歌 259

然而，人文主义者主要引以为骄傲的是他们的近代的拉丁诗歌。至少就它足以代表人文主义运动的特征来说，它是在本书的讨论范围之内的。

前面已经提到，舆论对于这种诗歌形式是如何地欢迎和它怎样几乎代替了一切其他形式的诗歌。我们可以十分肯定，当时世界上存在的一个最有天才和高度发展的民族并不是由于纯粹的愚蠢和盲干而拒绝使用像意大利语这样一种语言。导致他们这样做的一定有一个重大的原因。

这个原因就是对于古典文化的崇奉。像一切热诚、真正的崇奉一样，它必然促使人们去从事于模仿。在过去其他民族里边，我们也看到了很多同样的个别的努力。但是，只有意大利存在着新的拉丁诗歌延续和发展所必需的两个主要条件：在有教养的阶级中间对于这一门艺术的普遍发生兴趣，和在诗人们自己中间的往昔意大利天才的部分复苏——一个遥远的诗歌旋律的奇妙的回响。在这些条件下所产生的最好的作品不是模仿而是自由创作。如果我们不肯容忍艺术的任何借鉴形式，如果我们不是轻视古典文化，就是认为它有某种神秘莫测的难于接近的性质，如果我们不能原谅诗人们诸如在被迫去揣摩或发现一大堆的音节长短上所发生的错误，那么我们最好是把这种文学作品置之不论。它的最好的作品不是为了向文艺评论挑战才创作的，而是为了给诗人和他的千千万万同时代人以享受。[①]

获得成功最少的是取材于古代历史或古代传说的叙事诗。不
仅是在当时被视作仿效的典范的古罗马人而且就连荷马以后的希
腊人也都不具备一篇生动的叙事诗所需要的主要条件。我们也不
能从文艺复兴时代的拉丁诗人身上找到这些条件。但是,佩脱拉
克的《阿非利加》[②]和近代的任何原始叙事诗一样,拥有很多很热
260 心的读者与听者。这篇诗的写作目的和缘起是饶有兴味的。十四
世纪根据正确的历史眼光,承认第二次布匿战争是伟大罗马的全
盛时代,因而佩脱拉克就不能不写这一个时代。如果西里乌斯·
意大利库斯[③]当时已经发现,佩脱拉克或者将选择另外一个主题;
但实际上是对老西庇阿·阿非利加努斯的歌颂与十四世纪的精神
是非常吻合的,所以另一位诗人,扎诺比·德拉·斯特拉达也打算
从事于同样的写作,而只是由于对佩脱拉克的尊敬,才停止了他已
261 经写了很大一部分的诗。[④] 如果需要为写作《阿非利加》提出任何
理由,它的理由就在于这样一个事实,即在佩脱拉克的时代和以
后,西庇阿是群众感到兴趣的人物,好像他当时还活着一样,并且

① 以下记事见《意大利抒情诗集》,又见保罗·乔维奥《语录》;吉拉尔德《论我们时代的诗人》以及罗斯科的《列奥十世》补遗,菩西版。

② 这诗有两种新的版本,即 1872 年巴黎平高版和 1874 年帕多瓦科拉第尼版。在 1874 年也出现了两种意大利译文,译者分别为高多和巴莱莎。关于《阿非利加》,参见盖格尔:《佩脱拉克》第 122 页以下及 270 页,注 7。

③ 西里乌斯·意大利库斯(Silius Italicus,公元 26—101 年)是罗马皇帝尼罗时代的拉丁叙事诗人,曾以第二次布匿战争为题材写有长篇的叙事诗。——译者

④ 见菲力普·维兰尼《列传》,加累提版第 16 页。

被许多人认为比亚历山大、庞培和凯撒还伟大。[1] 有多少近代叙事诗处理过既这样受人欢迎,又这样具有历史基础和引人入胜的一个主题呢? 对于我们来说,诚然,这篇诗是不易读懂的。关于同一类的其他主题,读者可参考文学史。

在发展和补充希腊-罗马神话方面,我们发现了一条更为丰富多产的矿脉。在这条矿脉里,意大利诗歌也很早就有它的一份,以薄伽丘所著的被认为是他最好的诗作的《特赛德》[2]开始。在教皇马丁五世时期,马菲欧·维吉奥用拉丁文写了《艾尼伊德》的第十三册;除了这些著作之外,我们还看到许多不太重要的作品,特别是以克劳底安[3]的风格写成的一部《美利哥罗的故事》、[4]一部《希斯波利斯[5]的故事》等等。更稀奇的是那新编造出来的神话,它使意大利最美丽的地方住满了天神、半人半神的少女、神仙乃至于牧羊人;神话中的叙事诗和田园诗两种体裁交相渗透。在佩脱拉克时代以后的记叙体或谈话体的牧歌里边,田园生活被因袭地[6]看

① 见《弗兰切斯科·阿雷阿尔提歌颂弗兰切斯科·斯福查的演说》,载木拉托里,《意大利史料集成》第 25 卷,第 384 栏。在把西庇阿和凯撒作对比时,盖利诺和安科那的西利亚科认为后者更伟大。波吉奥(《全集》书信,第 125 页,134 页以下)则认为前者更伟大。关于阿塔凡泰的精细画中的西庇阿和汉尼拔,见瓦萨利,第 4 章,第 41 页,《费埃苏莱传》。两人的名字被用来指皮奇尼诺和斯福查,见第 99 页。关于比较二人的伟大,有过很大的争论。见舍费德-托内利,第 1 卷,第 262 页以下,又罗斯密尼,《盖利诺》第 11 卷,第 97—111 页。

② 《特赛德》(Teseide)是写希腊传说中的特洛伊王子特洛伊路斯和不忠实的克莱西妲的恋爱的故事。——译者

③ 克劳底安(Claudian)约卒于 408 年,是最后一个拉丁古典诗人。——译者

④ 美利哥罗(Meleager)是希腊传说中的英雄。——译者

⑤ 希斯波利斯(Hesperis)是希腊女神维纳斯的别名。——译者

⑥ 现实主义地对待田园生活的这种光辉的例外之作,以后还要述及。

作是表达种种感情和幻想的手段；关于这一点在后文中还要谈到。目前我们只能谈到新的神话故事。在神话方面，我们比在任何其他方面都能更清楚地看到古代的神对于文艺复兴时代的人具有双重意义。一方面，他们代替诗歌中的抽象名词，使那些比喻的词藻成为不必要的；另一方面，他们可以作为艺术中自由而独立的成分，作为在任何一篇诗歌中都可以利用的美的形式。薄伽丘以其想象中的神和牧羊人的世界大胆地树立了这种先例；这些神和牧羊人在他的《阿梅托的女神》和《费埃索来的女神》两篇作品中是住在佛罗伦萨周围的地方的。这两首诗都是用意大利文写的。但是，在这种体裁方面的杰作是彼埃特罗·本波的《萨尔加》。[①] 这篇作品叙述河神萨尔加向加达女神求婚和在巴尔多山的山洞里的盛大婚礼；叙述提瑞西亚斯[②]的女儿芒托的预言，孩子明希乌斯的出生，曼图亚的建立，和明希乌斯与安迪斯的女神美雅的儿子维吉尔的未来的光荣。本波以最美丽的诗句写出了这个人文主义的纤巧华美的作品，并以一篇能够引起任何诗人的嫉羡的对于维吉尔的致词作结束。这样的作品往往被人轻视，认为只不过是一种高谈阔论而已。这是一个鉴赏的问题，我们大家都可以自由表示自己的意见。

262 此外，我们还可以看到以六音步诗的形式写出来的关于圣经

---

① 刊在马伊的《罗马集粹》第 8 卷，第 488—504 页中，是约五百行的六音步诗篇。彼埃利奥·瓦雷利亚诺的诗篇是按照这个神话写的。见他的《卡彼俄》（载《意大利诗人抒情诗集》）。在维罗纳的木拉里宫中的布鲁萨索尔希的壁画表现了萨尔加的题材。

② 提瑞西亚斯是希腊神话中的最有名的古代预言家。神弄瞎了他的眼睛，所以给他以预言的能力以为报偿。——译者

和宗教主题的长篇叙事诗。这些作家们并不是一味地寻求升迁或讨好教皇的。他们之中最优秀的，甚至像《处女神》的作者，巴蒂斯塔·曼托万诺那样的天才较差的作家，大概都有一种用拉丁诗篇为宗教服务的真诚愿望——一种和他们对于天主教信仰的半异教的概念非常调和的愿望。历史家吉拉尔德列举了这些诗人，其中维达以他的《基督记》和桑纳札罗以他的三卷《处女的分娩》[①]占首要地位。桑纳札罗（1458—1530 年）以其从容有力的流畅诗句给人以深刻的印象，在这些诗句里边，基督教的和异教的成分被他以生动有力的描写和高度的技巧毫无顾忌地混合在一起了。他敢于把维吉尔的第四牧歌引用到他的在马槽旁边的牧羊人所唱的歌里去（第 3 卷，第 200 页以下）而不怕比较对照。在处理肉眼看不见的灵魂世界时，他有时显出具有和但丁一样的大胆，如他写大卫王在古圣祖[②]所在的地狱边缘站起来歌唱和预言（第 1 卷，第 236 页以下），或者写上帝坐在他的宝座上，披着绘有一切元素的闪闪发光的斗篷向他的天使大军讲话（第 3 卷，第 17 页以下）就是如此。他在平时毫不迟疑地把整个古典神话交织在他的主题里，而不破坏整体的和谐，因为异教之神仅仅是处于从属地位而不在故事里扮演重要角色。要从各方面评价那个时代的艺术天才，我们必须不拒绝注意像这一类的作品。当我们考虑到基督教和异教的成分混合在诗歌中往往比在造型艺术中使我们更加感到不安时，桑纳札罗的优点看来就更大一些。造型艺术还能够以形式和

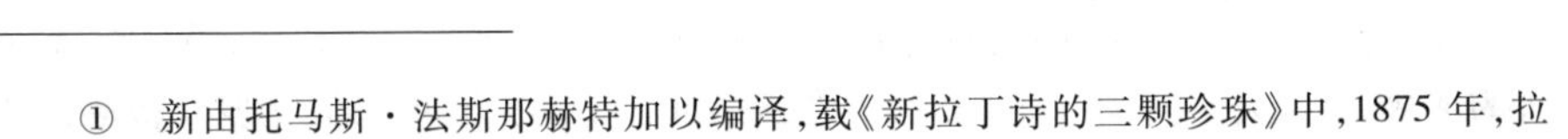

① 新由托马斯·法斯那赫特加以编译，载《新拉丁诗的三颗珍珠》中，1875 年，拉特刻赫和来比锡出版。更见歌德《全集》（黑姆培尔版）第 22 卷，第 157 页和 411 页。

② 古圣祖是指圣经中阿伯拉罕、以撒、雅各和他们的祖先。——译者

色彩的美丽来满足我们的视觉，并且一般和诗歌比起来是更与主题的意义无关的。就造型艺术来说，想象的兴趣主要在形式上；就诗歌来说是在内容上。诚实的巴蒂斯塔·曼托万诺在他的节日历[①]中试用了另外一种办法。他不是让神和半神半人的人物为圣史的目的服务，而是像教父之所为，使他们处于和圣史相反对的地位。当天使加百列在拿撒勒地方向圣母马利亚问安时，信使神从加麦尔山峰飞在他的后边并在门外偷听。然后他把他偷听的结果向聚集起来的诸神宣布，并因而鼓动他们做出冒险的决议。不错，在他的其他著作里，[②]泰底斯、塞利斯、阿奥路斯和其他异教诸神都情愿向圣母马利亚的光荣致敬。

桑纳札罗的声誉、模仿他的人数的众多、最伟大的人物——为他写墓志铭的本波，为他画肖像的蒂先——对他的热烈的致敬，所有这一切都说明他对于他那个时代是何等可贵和不可缺少。在宗教改革的初期，他为教会解决了一个诗人是不是有可能既是基督徒又是一个古典作家的问题；列奥和克莱门都为他的成就而十分感谢他。

264 最后，当代史这时也是用六音步的诗句或对句来写的，有时候是故事体，有时候是颂词体，但最普通的是对于某些君主或君主家族表示敬意的著作。所以我们就看到一部《斯福查记》，[③]一部《博

---

① 《节日历》（De sacris diebus）。

② 例如在他的牧歌第 8 篇里。

③ 有两部未完成和未经出版的《斯福查记》是由费莱佛父子分别编著的。关于小费莱佛，见法夫尔《文学史札记》第 1 卷，第 150 页；关于老费莱佛，见罗斯密尼，《费莱佛》第 2 卷，第 157—175 页。据说该诗长达一万二千八百行，其中有《太阳爱上了华安佳》这么一段。

尔索记》、一部《洛伦佐记》、一部《波几亚记》、一部《特流齐亚记》等类作品。所寻求的目的自然没有达到；因为那些成了名的而这时成为不朽的作家与其说是由于这一类的诗不如说是由于任何其他原因；这一类的诗，即使偶尔也有由优秀的作家写成的，人们对于它也总是有一种去不掉的厌恶之感。描写有名人物生活的比较短的、简单的和不加虚饰的作品，如阿德里安·达·科尔内多所写的关于列奥十世的《巴洛狩猎》[①]或《优里乌斯二世的旅行》的美丽的小诗，却产生了一种完全不同的效果。关于猎队的壮丽的描写可以在埃科尔·斯特罗齐和上边所提到的阿德里安以及其他人的作品中找到。现代读者由于这些作品无疑地充满了恭维的语句而不禁发怒或拒而不读是一件可惜的事情。许多这类美妙诗歌的熟练的处理手法及其具有的相当的历史价值，保证它们能够比我们自己这个时代的许多流行作品所可能达到的寿命更长一些。

一般说来，这些诗篇的感情成分和一般的成分运用得愈适当有节愈好。有些较短的叙事诗，即使是由公认的名家执笔，但由于引用神话因素的不适时而无意地产生了一种难以形容的可笑的印象。例如埃科尔·斯特罗齐[②]对于凯撒·波几亚的哀悼就是这样。在这诗里我们听到了罗马的悲叹，她把她的一切希望寄托在西班牙的教皇卡利克塔斯三世和亚历山大六世身上，并且认为凯

① 罗斯科：《列奥十世》，菩西版，第 8 章，第 184 页。一首同样风格的诗见第 12 章，第 130 页。安吉尔柏关于查理大帝宫廷的这首诗令人奇异地联想到文艺复兴时期的诗词。参见柏兹，《德意志史料集成》第 2 卷。

② 斯特罗齐：《诗集》，第 31 页以下。
《悼凯撒·波几亚公歌》。

265 撒·波几亚是她期待的救主。斯特罗齐的历史一直叙述到1503年的灾祸。[1] 然后这个诗人问缪斯女神，当时诸神对于这件事是怎么商量的，[2]于是厄拉多[3]讲：在奥林帕斯山峰上，帕拉斯替西班牙人讲话，维纳斯为意大利人求情，她们两个当时抱住丘比特的膝盖，丘比特就吻她们，安慰她们并向她们解释，他对于巴尔希所织成的命运无能为力，但是那些神圣的愿望将实现在伊斯特、波几亚两个家族所生的那个孩子身上。[4] 在叙述了这两个家族的传说中的起源之后，他宣称，尽管人们提出种种恳求，但他对于凯撒·波几亚也像他一度对于绵农[5]和阿奇里斯一样，不能使他永远不死；并在最后安慰她们说，凯撒·波几亚在他自己死亡之前将于战争中杀死很多人。于是战神赶赴那不勒斯挑起战争和混乱，同时帕拉斯去到纳比，并在那里以亚历山大六世的姿态出现在将死的凯撒·波几亚面前。在劝告他屈服于命运，并满足于自己的令名之后，这位假装是教皇的女神“像一只鸟”一样地消失了。

但是，假使我们把古典神话在其中扮演多少还适当的角色的一切东西都丢在一边，我们就不必要地剥夺掉我们自己的欣赏的机会，有时是很大的一种欣赏机会。这里，像在绘画和雕刻上一

---

① 指亚历山大六世误服毒药而死的事情，见前文第一编第十章。——译者

② “以赎罪的火焰消除了教皇全身的污点，
丘比特将他列入了群仙。”

③ 厄拉多是缪斯女神之一。——译者

④ 这个孩子是费拉拉的埃科尔二世，生于1508年4月4日，大概恰值这篇诗写成的前后不久。在诗即将终篇的时候写道：“降生吧，伟大的孩子，父母都在期待着你！”

⑤ 绵农是希腊传说中的埃塞俄比亚国王，在特洛伊战争中为阿奇里斯杀死。——译者

样,艺术手法常常能够提高本来完全是平常的东西。谐模诗文(见第167页以下)的爱好者也可以在例如“混淆体狂诗”中找到这种文学的起源——乔万尼·贝利尼画的喜剧性的《诸神的宴会》是一幅较早的和它近似的作品。

还有,许多六音步的叙事诗不过是散文历史的运用和改编,这种改编只要读者能看到,就会喜欢它们的。最后,每一件事情——每一个争论和每一个礼节——都被写成了诗,甚至宗教改革时期的德意志人文主义者也这样做。[①] 不过,要说写诗仅仅是由于无 266
事可做,或者是由于排列成诗句特别容易那是不公平的。总之,在意大利,像用“三音步诗”写的大批当代传说、历史乃至小册子所进一步证明的那样,毋宁是由于对诗歌体裁有丰富的常识。正如尼科洛·达·乌扎诺发表他的新政体计划,马基雅维里发表了他对于他自己那个时代的历史的看法,第三个人写了萨沃那罗拉的传记,第四个人写了大阿尔方索[②]对彼奥姆比诺的包围一样,他们为了产生一种更强烈的效果,以这种极困难的韵律形式来写作,所以许多其他的人为了赢得他们特定读者的赞许,而感到有写六音步诗的必要。这种形式的诗歌哪些是人们当时所默许、所要求的,从那时的教导诗上可以得到最好的说明。它在十五世纪的风行程

① 参看沙尔狄乌斯、费勒厄等人所编的《史家集》,并参看上文第142页。

② 关于乌札诺,见《意大利历史文献》第4卷第1章,第296页。马基雅维里的《十年间》。由费拉·本尼德多著的书名为《黎巴嫩的柏树》的萨沃那罗拉的传记。《彼奥姆比诺之围》载木拉托里,《意大利史料集成》第25卷;和这相呼应的,我们可以引述“Teuerdank”和其他北方的诗作。哈尔托斯所著的新版本,1836年,圭得林堡和来比锡版。在十五和十六世纪大量问世的日耳曼人的通俗史诗,可以同这些意大利诗词比美。

度是有些惊人的。最有名的人文主义者动辄以拉丁文的六音步诗来歌颂最平凡最可笑或最使人作呕的主题，诸如炼金术、棋赛、养蚕术、占星术和花柳病（性病）等，更不用说同类的许多意大利文的长诗了。今天这一类的诗是被斥为不值一读的，事实上，它们究竟有什么阅读价值我们也很难说。[①] 有一件事情是肯定的，在审美观念上远远高出于我们自己的那个时代——文艺复兴和希腊－罗马的时代——也未能免掉这种形式的诗歌。有的人或者不能不答复说：并不是由于审美观念的缺乏，而是由于更大的严肃性和改变了的科学处理方法，才使得这种诗歌形式成为不合适的，在这一点上，我们没有必要来深加论述。

这些道德说教的作品之一近年来曾经不时地得到重新印行，[②]那就是在费拉拉的一个秘密的新教信徒，马尔切路斯·帕林吉努斯（彼埃尔·安哲罗·曼佐利）于1528年左右所写的《生活的黄道带》。作者把实际生活中的许多问题同关于上帝、道德和永生等最崇高的思索联系起来讨论，并由于这个原因而成为伦理学史上一位比较重要的权威。但是，整个说来，他的这篇作品必须被看作是属于文艺复兴的范围以外的，有一个事实进一步证明这一点，那就是与这篇诗的严肃的说教目的相调和，它倾向于用譬喻

① 我们不妨一提阿拉曼尼用意大利文"无韵诗"体所写的《耕作》，其中凡真正具有诗意和可供欣赏的段落都是直接或间接剽窃古人的作品而来的（1540年，巴黎旧版本；阿拉曼尼作品的新版本，共二卷，1867年，佛罗伦萨版）。

② 例如威斯的重刊本，1832年，来比锡版。原作共分十二卷，以十二星座命名，是献给费拉拉的赫克里斯二世的。献词中有这样值得注意的句子："热爱文艺、理解献给他的诗歌或知道正确评价的其他保护人，我能找到谁呢？"帕林吉努斯不加区别地使用"丘比特"和"上帝"两词。

代替神话。

但是，这些诗人学者在抒情诗上，尤其是在挽歌上才是最接近于古代的，其次是在讽刺诗上。

加图路斯[①]的比较轻松的体裁曾在意大利人中风靡一时。许多优美的拉丁文牧歌，许多短小的讽刺诗和意在取笑的书信体诗文都不过是他的作品的改写；对于鹦鹉和小狗的死亡的哀悼完全用的 267
是《莱斯比亚的麻雀》那篇诗的语调和体裁，即使没有字句上的模仿。这一类的短诗，如缺乏证明它们是十五世纪和十六世纪的作品的肯定的证据，就是一个鉴定家也不能确定它们的写作年代。[②]

另一方面，我们可以看到几乎没有一篇以莎弗式和阿尔修斯[③]式的韵律写成的颂歌不明显地显露出它是出自近代的。这大多是表现在斯达提乌斯时代以前的古代所少见的冗长的修辞上，和特别缺少这种体裁的诗歌所必需的浓厚的抒情上。一篇颂歌的个别段落，有时候两三节合在一起，看来好像是古代诗歌的片段，但是较长的一段就很少能始终保持这种特征。即使能够保持，例如在安德烈·纳瓦吉罗所写的对于维纳斯的美好的颂歌里，也使
人很容易看出来那是古代杰作的简单意译。[④] 有一些颂歌的作者 268
以圣徒作为他们的题材，并很风雅地模仿贺拉西和加图路斯的类似的颂歌典型，写出了向这些圣徒祈求的诗句。纳瓦吉罗在他的

① 加图路斯（Catullus，约公元前84—前54年）是罗马抒情诗人。——译者

② 阿尔伯蒂的第一首滑稽诗被人认为出自雷比达手笔，这首诗长期以来号称是一篇古典作品。

③ 阿尔修斯（Alcaeus，死于公元前580年）是古希腊抒情诗人，创有阿尔修斯音节。他的诗特别为贺拉西所推重。——译者

④ 例如（见下文第268页）卢克莱修的序诗和贺拉西的情歌。

对于大天使加百列的颂歌里就是这样，特别是桑纳札罗，他更进一步地吸收了异教的感情。他特别歌颂他的保护圣徒，[①]在伯希利波的海岸上他的可爱的别墅里附设有这位圣徒的小教堂，"那里海涛吞没着岩壁流出的溪流，冲刷着小教堂的墙壁。"他最喜欢的是一年一度的圣纳札罗地方的节日，这一天悬挂在小教堂里的花枝和花环在他看来就是祭献的礼品。他满怀悲哀，流浪远方，在卢瓦尔河之滨的圣纳泽尔地方，和阿拉戈纳王朝被流放的菲德利哥一起，在这同一的节日里，他把黄杨树和橡树叶子的花圈献给他的圣徒，缅怀着往昔伯希利波的所有青年人都照例坐着挂满了鲜花的船只出来向他致敬，并为期望他能再度回到故乡而祈祷。[②]

大概最使人误认为和古典风格相近的是那种哀挽诗和六音步的诗篇，这些诗篇的主题包括从最严格意义上的挽歌一直到讽刺诗。因为人文主义者能够最自由地看到罗马哀挽诗人的原作，所以他们认为自己最擅长于模仿他们。纳瓦吉罗的挽夜歌，像同时代的其他这一类诗篇一样，有许多地方使我们想到它的范本；但是，它却有着最美好的古代格调。的确，纳瓦吉罗[③]总是以选择一

---

① 祈求保护圣徒，本来是异教的行事。关于更重大节日的祈祷，参见桑纳札罗的挽歌：《在殉道者圣纳札罗的节日上》。桑纳札罗《挽歌集》，1535 年版，第 166 页以下。

② 风风雨雨，
命运的威胁，人世的诡谲：
饱尝足矣！
圣父呀，故乡屋顶的炊烟，
希惠允目击。

③ 安德烈·纳瓦吉罗的《演说两篇，诗歌数首》，1530 年，威尼斯版，其中少数诗歌可以部分地或全部地见于《意大利诗人抒情诗集》。关于纳瓦吉罗本人和他的逝世，见彼埃利奥·瓦雷里亚诺，《论学者的不幸》，门肯版，第 326 页以下。

个真正富有诗意的主题开始，但接着他不是以奴性的模仿而是自由地以熟练的技巧，以希腊诗歌选集，奥维德、加图路斯或维吉尔的牧歌的风格来加以处理。他很少采用神话，只是例如为了引进一段田园生活的素描，他才在对塞利斯谷神和其他农村诸神的祈祷中才采用。他出使西班牙归来所写的一篇致祖国的诗，虽然没写完，但如果其余的部分能够和它的开头一样，它是可以和文森佐·蒙第[①]的《美丽的意大利，我衷心地爱你》放在一起而无愧色的。这篇诗的开头是这样写的：

诸神的所爱世间尤其幸福的地方，祝你无恙，
　　美丽的维纳斯的甜蜜之乡，愿你纳祥；
惟望我于心神俱极疲劳之余，
　　心情愉快地瞻望你，游览你，
惟望我邀你之惠，自我胸怀，扫尽忧虑！[②]

一切较高尚的感情，无论是最崇高的爱国热诚（参阅本书第136 页对于优里乌斯二世的挽歌），或者是对于统治家族的尽情的 269
歌颂，[③]以及像提伯路斯[④]的作品那样的淡淡的哀愁，都在哀挽诗或六音步诗的形式里得到表现。弗兰切斯科·马利奥·莫尔扎在

① 文森佐·蒙第（Vincenzo Monti，1754—1828 年）是意大利诗人和戏剧家。——译者

② 参阅佩脱拉克早在一个多世纪以前（1353 年）所写的对意大利的祝词（见《佩脱拉克短诗集》罗塞提版，第 2 卷，第 266 页以下）。

③ 欲知列奥十世能够受到何等礼赞，可参看遗腹儿吉多·昔尔维斯德对基督、圣母马利亚和其他诸圣所作的祷词，祷词说明，他们愿意让这一"神人"长久留在人间，因为天堂里这样的人已经够多了。载罗斯科：《列奥十世》，菩西版，第 5 章，第 237 页。

④ 提伯路斯（Tibullus，公元前 54—前 18 年）是有名的罗马哀挽诗人。——译者

对克莱门七世和法尔尼斯家族的阿谀奉承上可以和斯达提乌斯和马夏尔[①]相匹敌;他在病床上所写的给他“战友”的挽诗,给了我们一些在任何古代诗人作品中都可以找到,并确实是古已有之的把死亡看作是美丽的思想,而这并没有从他们那里抄袭任何值得提到的东西。[②] 桑纳扎罗最能了解和再现罗马哀挽诗的精神和变化,在他那个时代,没有其他作家能像他一样,以这种体裁为我们写下如此丰富多彩的一些精美的好诗。我们将有机会在与这些挽诗有关的问题上随时谈到其中的某些作品。

写拉丁讽刺诗终于在那个时代里成了一件很重要的事,因为少数几行警句被刻在纪念碑上,或者被引用在社会的笑谈中就能够为一个学者的声誉奠定下基础。在意大利很早就可以看到这种倾向。当人们知道圭多·德拉·伯伦达想要在但丁的坟上建立一个纪念碑时,墓志诗从四面八方雪片似地飞来,[③]“写的人或者是为了**表现自己**,或者是为了向已逝的诗人致敬,或者是为了取得伯伦达的欢心。”在米兰大教堂里,大主教乔万尼·维斯康提(死于1354年)的坟上的三十六首六音步诗下边有:“法学博士,加布利乌斯·迪·扎莫利斯大师之作。”随着时间的推移,主要在马夏尔,部分在加图路斯的影响下,广泛地形成了这一类的文学。当一首警句诗被误认为是从某一个旧墓碑上真正抄写来的,[④]或者是

① 马夏尔(Martial,公元一世纪)是罗马的讽刺诗作者。——译者

② 莫尔杋的《俗语诗与拉丁文》,贝加莫,1747年,比埃朗托尼奥·塞拉西编。

③ 薄伽丘:《但丁传》,第36页。

④ 桑纳杋罗曾嘲笑一位拿这一类的伪造作品来麻烦他的人说:“这些东西对其他人虽系古董,对我却常是新鲜的。”(致卢弗斯书,《全集》,1535年版,第41页a)

像本波的某些作品一样，写得如此动人甚至全意大利都背诵它，那就被认为是一切胜利中最大的胜利。当威尼斯政府为了三个对句的颂词[①]而以六百金币付给桑纳札罗时，没有人认为那是一种过于大方的浪费行为。警句诗之所以可贵，实在说，是在于它对于当时的一切有教养的阶层所具有的意义，即荣誉的精髓。另一方面，当时也没有任何人能够很有力量不受讽刺诗的影响；就是最有势力的人，为了每一个有目共睹的铭刻，也需要谨慎、渊博的学者的帮助，以免由于某些疏忽或其他原因把它收入到一堆可笑的题词之内。[②] 碑铭和警句诗是同一种文学的两个分支，前者的仿制全靠对于古代纪念碑的勤勉不懈的研究。

罗马尤其是一个警句诗和铭刻的城市。在这个没有世袭荣誉的国家里，每个人都必须设法使他自己名传后世，同时还发现警句诗是反对竞争者的一种有效的武器。庇护二世满意地计算着诗句 270
的数目，这是他的主要诗人康帕纳斯对他的政府的任何一件能够写成诗篇的事情所写成的诗句。在以后的各教皇时代，讽刺诗一时成为风尚，而在反对亚历山大六世和他的家族上达到了挑衅谩骂的最高峰。桑纳札罗确是在比较安全的地方写他的诗篇的，但

① 《奇妙的威尼斯城》(《全集》第 38 页 b)：
“海神看见威尼斯城屹立在亚得里亚海中，
并对大海发号施令：
既然丘比特神令将加比托尔神殿交给我，
而将战神之城交你手中，
如果你爱台伯河胜于海洋，请对两城并重，
令彼城配备人力，而此城配备神明。”

② 《王侯书简》第 1 卷，第 88、98 页。

其他人却在紧邻教廷的地方冒险做大胆的攻击(见边码 129 页)。有一次,当发现八副威胁性的对句钉在图书馆的门上时,[①]亚历山大把他的护卫加强到八百人;我们可以设想,如果他抓到那个诗人,他将怎样惩治他。在列奥十世时代,拉丁警句诗就像家常便饭一样。为了褒贬教皇,为了惩罚明指或不明指的敌人和目标,为了现实或幻想的嘲讽、戏弄、悲哀或者沉思的主题,人们认为没有一种形式比这再合适的了。在安德烈·桑索维诺为圣奥古斯丁教堂所雕刻的有名的圣母马利亚与圣妇安娜和耶稣圣婴的群像上,有不下于一百二十人题了诗,诚然,出于宗教虔诚的不如出于重视发起这件工作的赞助人的为多。[②] 这个人是教皇的传旨官,卢森堡的约翰·哥利兹;他不仅在圣妇安娜的节日上举行了宗教仪式,并且在加比托尔山坡上他的花园里举行了盛大的文学餐会。有一篇长诗,《都市的诗人》对整个一群在列奥的宫廷上追求名利的诗人做一次检阅,这在当时是很有意义的。这是弗兰切斯库斯·阿尔希路斯作的,[③]他是一个既不需要教皇也不需要君主保护的人,并

---

① 马利皮埃罗,《威尼斯年代史》,载《历史文献》第 7 卷,第 1 章,第 508 页。关于作为波儿亚家族纹章的牡牛,我们在这首诗的最后读到:

台伯河呀,愿你作为报复者,将那些凶猛的小牡牛沉于河底。

愿那头大牡牛堕入地狱,成为丘比特神的大贽。

② 关于整个事件,见罗斯科:《列奥十世》,菩西版,第 7 章,第 211 页;第 8 章,第 214 页以下。1524 年印行的《科利西乌斯诗曲集》现在很少见,其中仅载有拉丁文诗。瓦萨利看到过奥古斯丁会士所拥有的另一种本子,其中载有十四行诗。当时在像上题诗的风气很流行,因而不得不用围栏来保护群像,甚至将它完全隐蔽起来。把哥利兹变成"科利西乌斯老人"是由于维吉尔"田园诗"第 4 卷,127 页的启发。关于此人在罗马遭劫时的悲惨结局,见彼埃利奥·瓦雷里亚诺:《论学者的不幸》,门肯版,第 369 页。

③ 这一作品首先见于《科利西乌斯诗曲集》中,有西尔万那斯和科利西乌斯本人所作的序文,又重印于罗斯科的《列奥十世》的附录(菩西版)和《抒情诗集》中。参看保

且即使对于他的同事也敢直言不讳。警句诗流传到教皇保罗三世时代以后只剩几声稀疏的回响，而铭刻则继续盛行到十七世纪，最后由于过分夸大而消失。

在威尼斯，这种形式的诗歌也有它自己的历史，我们能够靠弗兰切斯科·桑索维诺的《威尼斯史》来对它做一番追溯。警句诗作者的一件经常的工作是为悬挂在公爵宫廷大厅里的各总督画像写一些题句——用两首或四首六音步诗把每一个总督最可称道的治绩表达出来。[①]此外，十四世纪各总督的坟墓都有以散文写成的单单记录事迹的简短的碑文，并附以夸张的六音步诗或列奥式的 271
诗句。在十五世纪，人们更多地注意风格；在十六世纪，这种诗达到了全盛时代；在那以后不久就产生了索然无味的排偶、声调的模拟、虚伪的感情和抽象品质的歌颂，总而言之，是矫揉造作和过分夸张。其中可以发现许多讽刺的痕迹，在对死者的表面赞扬中隐含着对生者的批评。在以后很晚的一个时期里，我们看到了一些例子，是对于这种旧的简单体裁有意识的恢复。

建筑物和装饰物的建筑一般都为铭刻留有余地，这些铭刻常常是一再地重复；北方哥特式的建筑则很少并且也很难为这些铭

罗·乔维奥：《语录》阿尔希路斯条。关于大多数的警句诗作者，见吉拉尔德上述引文中。马堪托尼奥·卡萨诺瓦是一位笔下最尖刻的作家；在比较不知名的人物中，值得一提的有托马斯·莫斯卡尼乌斯（见《抒情诗集》）关于卡萨诺瓦，见彼埃利奥·瓦雷里亚诺：《论学者的不幸》，门肯版，第375页以下，和保罗·乔维奥：《语录》，第142页以下。《语录》关于他这样写道："生活的诚朴、无邪，无人可及"。阿尔希路斯（上引书）曾谈到过他的"气度雍容"。他的少数几篇诗见于《科利西乌斯诗曲集》中。J. 3a以下，L. 1a，L. 4b。

① 马利诺·萨努多在《威尼斯诸公列传》（载木拉托里，《意大利史料集成》第12卷中）一书中正式地引用过它们。

刻提供适当的地方，例如墓碑只能在最显露的部分——边缘上，留有地位。

我们在此以前所谈到的一切或者没能对读者说明这种意大利人的拉丁诗歌的典型价值。我们的任务毋宁是指出它在文化史上的地位和必要性。在那种诗流行的时代出现了一种讽刺它的作品[①]——所谓混淆体的狂诗。这种体裁的杰作，《混淆体狂诗集》是由梅利努斯·科卡优斯（曼图亚的泰费洛·弗伦哥）写的。我们以后随时有机会提到这种诗篇的内容。关于它的形式——由拉丁文字和意大利文字组成并以拉丁文字为结尾的六音步诗和其他诗句——它的滑稽效果主要在于这些混合字听起来像舌头的许多滑音，或者一个过于仓促的拉丁“即席诗人”的诗文。德语的仿作一点也不给人以这种效果的感觉。

272 # 第十一章　十六世纪人文主义者的衰落

自十四世纪开始以来，诗人学者的陆续辈出、先后辉映，使得意大利和整个世界充满了对于古代的崇拜，决定了教育和文化的形式，始终在政治事务上处于领导地位并在不小的程度上再造了古代文学；但终于在十六世纪里，在他们的理论和学术不能再掌握群众心理以前，这整个阶层就已普遍而深深地遭到贬黜。虽然他

---

① 斯卡尔第奥尼乌斯在《帕多瓦古都记》（格累哥罗维乌斯：《宝典》第 4 卷，第 11 章，第 270 栏）中曾举出一位大约生活在十五世纪中叶名叫奥达西乌斯的帕多瓦人，认为他是这种诗体的创始人。拉丁文和地方语的混淆诗体在欧洲的许多地方出现得更早。

们仍然是诗人、历史家和讲演家的模范，但就个人来说，则谁也不同意自己被认为是他们当中的一员。指责他们的主要两点，一是敌视一切的自高自大，一是惹人憎恶的放荡不羁，此外，还有第三条，那就是新兴的反宗教改革的势力大肆喧嚷给他们加上的轻视宗教的罪名。

或许有人问，这些责难正确与否且不管，但为什么早没有听到呢？事实上，在很早的一个时期以前，就已经听到了，不过它们所产生的影响不是那么显著而已。一个明显的理由就是人们非常依赖那些学者来获得他们的古代知识——那些学者本身就是古代文化的拥有者和传播者。但是，古代经典著作的印刷本①和巨大的编纂得很好的参考书和字典的流传，大大减少了人们和人文主义者交往的必要性：一旦人们感到哪怕只是部分地没有他们也行，人们的感情立刻就有了明显的变化。这是一种使优者和劣者都同样蒙受损害的变化。

首先进行这些攻击的自然是人文主义者自己。在所有形成一个阶层的人们当中，他们是最没有共同利益感，并且也是最不尊重关于共同利益感的一切的。如果他们之中的一个人看到了有一个取代另外一个人的机会，采取一切手段就都被认为是合法的。他们从文学问题的讨论可以突然使人惊讶地转为最凶恶的和最没有理由的谩骂。他们不甘于遭人家反驳，于是就想要消灭对方。所以如此的某些原因必须归之于他们所处的地位和环境；我们已经看到，那个时代是怎样为热衷于光荣、热衷于讽刺的激情所支配，

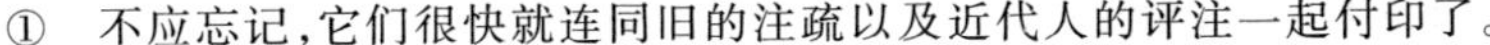

① 不应忘记，它们很快就连同旧的注疏以及近代人的评注一起付印了。

而他们是那个时代最响亮的代言人。他们在实际生活中的地位也是他们不能不为之继续进行斗争的一项。他们就是以这样的心情来写文章、说话和彼此互相形容的。单是波吉奥的作品里就含有
273 足以使人们对于全体人文主义者抱成见的脏东西——而这些“波吉奥的作品”却正是那些在阿尔卑斯山南北两边都同样最常刊行的著作。当我们在这些人中间遇到一个样子看来是纯洁的人时，我们必须小心不要高兴得过早；进一步的探究经常有遇到某种肮脏的指责的危险，即使它是不可置信的，但仍然会使那幅图画为之减色。大批在流传中的拉丁猥亵诗，以及在庞达诺的对话体作品《安多尼乌斯》中关于他自己家族的下流话那样的一些东西，使人文主义者这一阶层丢尽了脸。十六世纪不仅很熟悉这一切丑恶的现象，并且也对人文主义者这一类型人物越来越厌倦。这些人不能不为他们所犯的罪恶和前此落在他们头上的过分的荣誉而付出代价。他们的厄运要求那个国家的最伟大的诗人以一种冷静的和极度轻蔑的声调来描绘他们。①

在所有凑起来引起偌大怨恨的谴责当中，有许多是十二分有理由的。尽管如此，但许多有学问之士在宗教和道德问题上仍然存在一种明显而无误的要求严格的趋向，如果对整个阶层都予以谴责，那只证明人们对于那个时期知之不多。不过有很多人，其中包括最有声名的代表人物仍然是有罪的。

能够说明并或许能减轻他们的罪恶的有三个事实：红运当头的时候他们受到了过分的宠爱和得到了过分的幸运；前途难料，未

---

① 阿里奥斯托：《讽刺诗》第 7 卷，写于 1531 年。

来的苦乐是以保护人的喜爱或敌人的憎恶为转移的；最后，是引人误入迷途的古代文化的影响。这最后一项破坏了他们的道德，但又没有给他们建立自己的道德作为代替；在宗教问题上，因为他们从来不考虑接受对于古代诸神的积极信仰，所以它只是在否定和怀疑的一面对他们发生影响。正是因为他们教条地去理解古典——也就是把它看作一切思想、行动的典范——它在这一点上的影响就是有害的。但是，那样一个极度热情崇拜古代世界及其作品的时代，其存在并不是一些个人的过错。它是历史天命的产物，它所继承的以前各个时代的文化以及未来各时代的文化就奠基于它是这样的情况，奠基于当时一切人生目的除此而外都被有意地撇在一边的这个事实上。

人文主义者的生涯照例是属于这一类的，那就是只有最坚强的性格才能度过一生而不受伤害。在有些情况下，第一个危险系来自父母，他们想要把一个早熟的孩子变成为一个神童，[①]以便在当时的最高阶层中取得他将来的地位。但是，天才儿童很少能够超出某种水平；或者，即使他们能超过，他们也将被迫以经受最严
酷的考验的代价来取得他们更大的前进和发展。对于一个野心勃 274

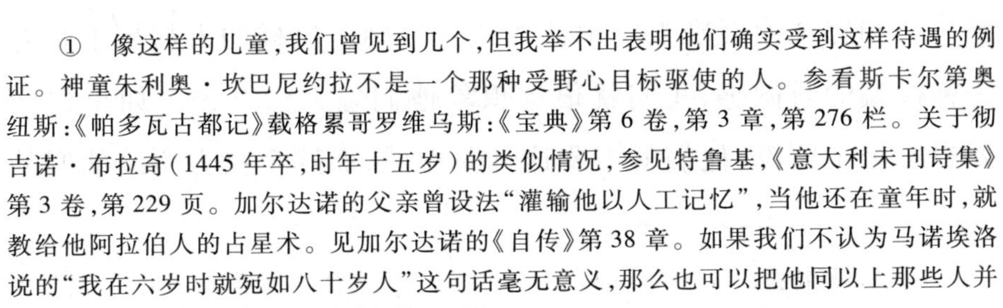

① 像这样的儿童，我们曾见到几个，但我举不出表明他们确实受到这样待遇的例证。神童朱利奥·坎巴尼约拉不是一个那种受野心目标驱使的人。参看斯卡尔第奥纽斯：《帕多瓦古都记》载格累哥罗维乌斯：《宝典》第6卷，第3章，第276栏。关于彻吉诺·布拉奇（1445年卒，时年十五岁）的类似情况，参见特鲁基，《意大利未刊诗集》第3卷，第229页。加尔达诺的父亲曾设法“灌输他以人工记忆”，当他还在童年时，就教给他阿拉伯人的占星术。见加尔达诺的《自传》第38章。如果我们不认为马诺埃洛说的“我在六岁时就宛如八十岁人”这句话毫无意义，那么也可以把他同以上那些人并列。参见《东方文献》，1843年版，第21页。

勃的青年来说，人文主义者的声誉和卓越的地位是一种危险的诱惑；在他看来似乎他也“由于生来的自豪所以不能再留心于那些生活当中的卑微而平凡的事情”。因而就被引入一种激动兴奋、盛衰浮沉的生活当中去，从勤苦的攻读起，教徒授业、出仕为官、执掌密印、主持讲席、据宫廷中的高位、树死敌于多方，荣华变落泊，历尽沧桑，升降无常，宠辱交乘；在这样的生活当中，最有价值的真才实学常为厚颜无耻的浮夸虚饰所代替。最糟的是：人文主义者的地位和固定的居处不能相容，因为他不是为了生活不得不流离四方，就是个人的心情受影响永远不能再长期安居一地。他对人们发生厌倦，而不能在他所引起的敌意当中过平静的生活；而人民方面却要求某些新的东西（参阅边码 219 页）。许多这样的生活使我们想起了如费洛斯特拉图斯[①]所描写的罗马帝国的希腊诡辩学家，不过那些诡辩学家所处的地位较好一些。他们常常是有钱的，即使没钱也能比人文主义者过得容易些，并且他们作为修辞学的职业教师，反而比作为学者的生活还更自由和更简单些。但是，文艺复兴时代的学者则不能不既要有渊博的学识又要有善于抵御职业和处境常常变迁靡定的力量。此外，还有极端的放荡不羁的感觉不到的后果——因为不管他做什么，人们总是朝最坏的上边想——和完全漠视别人所承认的道德准则。这样的人如果不是有一种极端的骄傲感，我们就很难想象他们怎么活下去。如果他们要想不至于覆没，他们就需要这种骄傲感，而这个世界所给他们的

① 费洛斯特拉图斯（Philostratus，公元三世纪）是希腊诡辩学家，写有《诡辩学家的生活》一书。——译者

时而是称赞时而是憎恨的待遇，也使他们坚信应该骄傲。他们是一种极端主观主义的最鲜明的例子和牺牲者。

如我们所说过的，对于人文主义者的攻击和讽刺的描绘在早期就已经开始。对于一切极端突出的个性，对于每一种特征都能找到一种符合于全国口味的嘲笑的纠正方法。在这种情形下，人文主义者自己就提供了充足而惊人的材料，讽刺家不过把它们拿来加以利用而已。在十五世纪里，巴蒂斯塔·曼托万诺在谈到七种怪物时，[1]把人文主义者和许多其他的人一起，列在“傲慢鬼”项下。他描写他们怎样自认为了不起，是阿波罗的子孙，以一种矫揉造作的严肃姿态和绷着一副阴郁难看的脸子走路，有时顾影自怜，有时在盘算着他们所追求的哗众取宠，像仙鹤在觅食一样。但是，到了十六世纪，这种攻击就全面地展开了。除阿里奥斯托之外，他们自己的历史家吉拉尔德[2]就提供了这种证据。他在列奥十世时期的著作可能在1540年左右经过了修订。我们看到古今学者的道德堕落和卑劣无行的生活的触目惊心的例子之多令人震惊，同时还有正式对他们提出的许多最严重的指责。指责他们的内容包括愤怒、虚荣、固执、自我欣赏、放荡的私生活、各种各样的不道德行为，以及异端和无神论；此外还有：信口开河的习惯、对国家的不 275
良影响、卖弄学问的演说、对于师长的忘恩负义，以及对于初则使之受宠若惊继则使之忍饥挨饿的大人物的卑鄙的谄媚。这篇描述

① 巴蒂斯塔·曼托万诺：《论时代的灾难》，第1卷。

② 吉拉尔德：《对文学及文学家的教训》，《全集》，1580年巴塞尔版，第2卷，第422—445页。献词是1540—1541年；文章本身是献给乔维奥·弗兰切斯科·皮科的，所以完成当在1533年以前。

最后以提到过去的黄金时代来结束，在那时世上根本就没有学问这一类东西存在。在这些攻击当中，异端一项不久就成为最危险的行为，而吉拉尔德自己，当他重新发表一篇完全无害的青年时期的作品时，[①]也被迫在费拉拉大公赫克里斯二世[②]的庇护下避难，因为那些认为与其在神话研究上浪费时间不如用之于读基督教著作的人们这时占了上风。他为他自己辩解的理由是：他认为正相反，因为神话研究所涉及的完全是中立性质的题目，所以在这样的一个时代里几乎是惟一无害的研究项目。

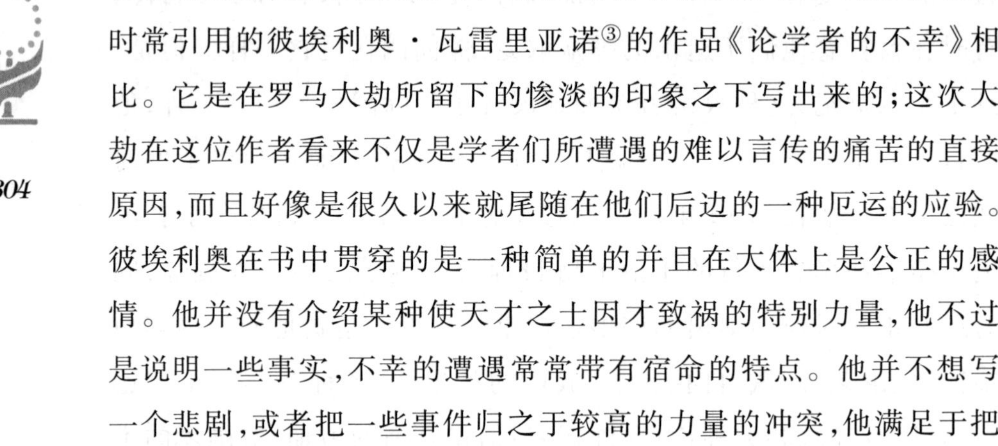

如果一个历史家的责任是寻求人类同情能够使道德裁判趋于缓和的证据，他将看到没有一种权威的著作能够在价值上和我们时常引用的彼埃利奥·瓦雷里亚诺[③]的作品《论学者的不幸》相比。它是在罗马大劫所留下的惨淡的印象之下写出来的；这次大劫在这位作者看来不仅是学者们所遭遇的难以言传的痛苦的直接原因，而且好像是很久以来就尾随在他们后边的一种厄运的应验。彼埃利奥在书中贯穿的是一种简单的并且在大体上是公正的感情。他并没有介绍某种使天才之士因才致祸的特别力量，他不过是说明一些事实，不幸的遭遇常常带有宿命的特点。他并不想写一个悲剧，或者把一些事件归之于较高的力量的冲突，他满足于把日常生活中的景象摆在我们眼前。我们看到了一些人在困难的时

① 吉拉尔德：《赫克里斯》这篇献词是关于宗教裁判所初期的威胁活动的一个显著的证据。

② 如我们所看到的，他被认为是学者们的最不适当的保护人。

③ 《论学者的不幸》。关于这本书的各种版本，见本书106页注。彼埃利奥·瓦雷里亚诺离开罗马以后，在帕多瓦住了很长时间，担任了优越的教授职位。他在他的作品末尾表示希望查理五世和克莱门七世会给学者们带来比较好过的日子。

候，首先失去了他们的收入，其次失掉了他们的地位；看到了另外一些人试图要身兼两职，结果一无所得；看到了一些不爱交际的守财奴，把金钱缝在他们的衣服里带在身边，一旦被人抢走就疯癫而死；看到了另外一些人获得了高官厚禄，却因为渴望他们已失去了的自由而抑郁寡欢。我们也读到了有些人由于瘟疫或热病而青年早亡，他们殚精竭虑写成的作品和他们的衣裳衾枕一起被焚化；另外一些人生活在同僚谋杀威胁的恐怖中；一个人为一个贪婪的仆人所杀死，和另外一个人在旅行中为盗贼所绑架，因为不能缴纳赎金而在地牢中憔悴以殁。许多人由于遭到耻辱和被骗去了奖赏而死于难言的悲哀之中。书中还告诉我们，一个威尼斯人的逝世是因为他少年奇才的儿子的夭折；接着做母亲的和弟兄们也相继以殁，好像那个死了的孩子把他们都带走了一样。许多人，特别是佛罗伦萨人，以自杀结束他们的生命；[①]另外一些人死于暴君的秘密审判。究竟谁是快乐的呢？用什么方法可以得到快乐呢？是让对于这种苦难的所有的感觉都变得麻木不仁吗？在彼埃利奥发表他的论点的那篇对话文章里，一个发言者能够对这些问题给我们做 276
出回答——那个有名的加斯巴罗·康达利尼，一提到他的名字，我们就转而期待至少听到一些当时关于这一类问题的最真实而最深刻的想法。他提到了贝鲁诺的乌尔巴诺·瓦雷里亚诺修士作为快乐的学者的典型，[②]此人在威尼斯任希腊语教师多年，到过希腊和

① 参见但丁《地狱篇》，第 8 歌，第 58 行以下。特别参看第 93 行以下。彼得·德·维内伊斯在这里曾谈到他本人的自杀。

② 彼埃利奥·瓦雷里亚诺第 397 页以下，第 402 页。乌尔巴诺·瓦雷里亚诺修士是作者的叔父。

东方，晚年时游历全国，却从来没有骑过马。他始终一文不名，拒绝一切荣誉和殊遇，在度过了一个快乐的晚年以后，活到八十四岁才寿终；除去他曾从梯子上掉下过一次而外，他从来没患过一小时的病。这样一个人和人文主义者的区别究竟何在呢？后者有超过自己能够汲汲于寻求快乐的更多的自由和更多的主观性。这个从儿童时代起就住在修道院里的托钵僧人，寝食必循规蹈矩，因之不再感觉到这样的生活有所勉强。由于这种习惯的力量，在一切外部的艰苦生活中，过着一种内心平静的生活，这比他的说教更能感动他的听众的。听众看到他的形象，就能够相信：究竟能否克服不幸或者屈服于它就在于自己了。

> “在贫乏劳苦之中而仍不改其乐，因为这是他所欲求的，因为他没有染上恶习，所以他不任性使气，反复无常，或漫无节制，而永远满足于很少的东西或没有任何东西。”

如果我们听康达利尼自己所说的，则宗教动机无疑地在他的论点中会占有地位，但是，那个穿皮带鞋的实用哲学家却很清楚地说明了一切。他是一个性格相似，但处境不同的人物，是希波克拉蒂[①]的注释者，拉温那的法比奥·卡尔沃。[②] 他在罗马活到很老，而“像毕达哥拉斯[③]的信徒”一样，所吃的只是豆类，所住的小屋也比

---

① 希波克拉蒂（Hippocrates 公元前 460—前 359 年）是希腊的名医，被称为医学之父。——译者

② 盖利乌斯·卡尔卡尼尼《全集》，1544 年巴塞尔版，第 101 页。《书信集》的第七卷第 27 函致雅各·齐格勒书。参看彼埃利奥·瓦雷里亚诺《论学者的不幸》，门肯版，第 369 页以下。

③ 毕达哥拉斯（Pythagoras，公元前 582—前 507 年）是希腊的哲学家，他的信徒主张禁欲主义。——译者

狄奥金尼斯[1]所住的桶强不了多少。教皇利奥所给他的年金，他只花一点足以勉强维持生活而已，把其余的都放弃了。他不像乌尔巴诺修士是一个健康的人，也不见得像他那样含着微笑而死去。他在九十岁的时候，在罗马大劫中，被希望得到一笔赎金的西班牙人掳走，饿死在一个医院中。但是，他的名字已在不朽者之列，因为拉斐尔爱这个老人像个父亲，尊敬他像个老师，并且诸事必向他请教。他们所谈的也许主要是关于重建古代罗马城的计划问题（参阅第 192 页），也许是更加高深的问题。谁能说出法比奥在“雅典学派”那幅名画的构思上和在这位大师的其他伟大作品上起有多么大的作用呢？

我们将很高兴地以某一个可喜可爱的人物的描绘来结束我们本书的这一部分。我们将简单地谈一谈彭波尼乌斯·拉图斯。我们主要是通过他的学生萨伯利科的一封信来了解他的，[2]那封信有意地给他的性格涂上了一层古代的色彩。但他的许多特征还是 277
清晰可见的。他是萨勒尔诺君主的那不勒斯的桑斯维里诺家族的私生子，但他却永远不肯承认他们；在回答他们邀请他和他们住在一起时，他写了那封有名的信：“彭波尼乌斯·拉图斯祝诸位亲戚故旧安好，你们所要求的那件事情不能实现，再见。”他个子矮小，生着一对小而敏锐的眼睛，穿着古怪的服装，在十五世纪的最后几

---

① 狄奥金尼斯（Diogenes，公元前 412—前 323 年）是希腊哲学家，据说他住在桶中，白昼点灯用来寻找正人君子。——译者

② 萨伯利科《全集》书信，第 11 卷，第 56 页。又见保罗·乔维奥《语录》中的传记第 76 页以下。前者以萨伯利科的《彭波尼乌斯·拉图斯传》为书名，于 1510 年单独发行于斯特拉斯堡。

十年中,他作为罗马大学的教授,或者是住在埃斯圭林山上的一个花园里的他的农舍里,或者是住在圭利那尔山上的葡萄园里。他在其中的一个地方养有鸭子和野禽,另一个地方根据加图、瓦罗和科隆梅拉①的最严格的指示来从事耕种。他在康帕尼亚以网鱼捕鸟,或者在多阴的泉水旁边或台伯河岸上以举行野宴来消磨他的假日。他轻视财富、厌弃豪华。他自己不嫉妒,不讲无情的话,也不能容忍别人这样做。只是在反对教士政治上,他才肆言无忌,并且直到晚年,他才被认为完全是一个宗教的嘲讽者。他也受到教皇保罗二世发动的对于人文主义者的迫害,并被威尼斯人送到教皇处;但是没有方法能够从他的嘴里逼出可耻的口供来。他在后来受到教皇、主教们的照顾和支持;当他的家在西克塔斯四世时代的骚动里被劫时,为他收集的东西比他所失掉的还多。没有一个教师比他更为正大光明。天未拂晓,人们就看到他打着灯笼从埃斯圭林山上下来,而在他到达他的课堂时,发现里边已经挤满了学生,他们为了获得一个座位半夜里就已经跑来了。一种口吃病使他说话时不能不注意;但是他的发言是平稳而有力的。他的少数作品证明他写作时是很用心的。没有一个学者比他更严肃认真地和更正确地对待古代作家的原作。他为他周围的罗马古迹感动得如此之深,竟致站在它们的前边好像失了神,或者在看到它们的时候突然为之泪下。他为了帮助别人随时可以把他自己的研究工作放到一边,所以他受到很大的敬爱并且有许多朋友;在他逝世时,

① 加图、瓦罗和科隆梅拉三个人都是古代罗马写过关于农业的著作的人。——译者

甚至亚历山大六世都派遣廷臣前来送葬，由他的最有名的学生抬着他的尸体。四十个主教和全体外国使节参加了他在阿拉塞利的葬礼。

介绍和指导古代戏剧，主要是普劳图斯的戏剧，在罗马演出的是拉图斯(见第 258 页)。他每年都用一个庆典来祝贺创建罗马城的周年纪念；他的朋友和学生在那个庆典上发表演说和举行诗歌朗诵。这就是取得和长期保持“罗马学会”这个名义的那种集会的起源，它仅仅是个人的一种自由结合，并且与任何固定的机构都没有联系。除在上述的节日上集会以外，它也在一个赞助者的约请下，或者在纪念像普拉提那那样的一个已故的成员时举行集会。[1] 在这样的时候，将首先由一个属于学会的主教举行弥撒；然后由彭波尼乌斯登上教坛发表一篇演说；随后由另一人接着朗诵挽歌。这种庆典，无论是欢乐的或是严肃的，照例以带有演说和朗
诵的宴会结束，而学会的会员，特别是普拉提那本人，很早就取得 278
了贪吃者的名誉。[2] 在平常的时候，客人们演出古老的亚特拉风格的闹剧。作为一个拥有各种不同成员的自由组织，这个学会以它的原有形式继续到罗马大劫时，它的客人中包括有安吉路斯·科洛奇乌斯、约翰·科里奇乌斯等人。作为人们精神生活当中的一个因素，它的真正价值和同类的任何其他社会组织的价值一样，是难以估计的；但像萨多莱托[3]那样的一个人还把它列入在他的

① 吉亚科莫·伏尔泰拉：《罗马日记》载木拉托里，《意大利史料集成》，第 23 卷，第 161、171、185 栏。《学界逸话》，第 2 章，第 168 页以下。

② 保罗·乔维奥：《罗马鱼》，第 17、34 章。

③ 萨多莱托第 106 函，写于 1529 年。

青年时代的最宝贵的记忆之中。很多的其他学会在许多意大利城市里出现和消失，这是以它们中间的人文主义者的人数和重要性以及大人物和富豪们给予它们的赞助为转移的。这些学会中我们不妨一提那不勒斯的学会，它以维诺·庞达诺为中心，并且曾派出一部分人去到莱切地方组成分会。[①] 还有波尔登讷的学会，它组成了佣兵队长阿尔维亚诺的宫廷。鲁德维科·摩尔的集团和它对于那个君主的特别重要性已经在前文里说过了（见边码 58 页）。

约在十六世纪中叶，这些学会似乎经过了一个全面的变化。人文主义者从他们指挥一切的地位被赶入其他领域，遭到了反宗教改革的人们的侧目而视，失去了对于这些学会的控制，而在这里，像在别的地方一样，拉丁文诗歌已为意大利文诗歌所代替。不久，最不重要的城市也有了它的学会，起有稀奇古怪的名字[②]并且有它自己的财产和捐款。除了诗歌朗诵外，这些新的组织从他们以前的学会继承了按时举行宴会和上演戏剧的习惯。这些戏剧有时由会员本人，有时在他们指导之下由青年业余爱好者上演，有时也由雇来的演员上演。意大利戏剧和以后的歌剧的命运很长一个时期被掌握在这些学会的手里。

---

① 安托尼奥·加拉提奥第 10 和第 12 函，载马伊：《罗马集粹》第 8 卷。

② 这是该世纪中叶以前就有的情况。参看吉拉尔德：《论我们时代的诗人》，第 2 卷，第 91 页。

第四篇　世界的发现和人的发现 279

第一章　意大利人的旅行

意大利人已经摆脱了在欧洲其他地方阻碍发展的许多束缚，达到了高度的个人发展，并且受到了古代文化的熏陶，于是他们的思想就转向于外部世界的发现，并表达之于语言和形式中。

关于意大利人到世界远方的旅行，我们在这里只能做很少的一些一般性的叙述。十字军东征给欧洲人思想打开了远方未知的世界，并且唤起了一切人的旅行和冒险的热情。要准确指出在哪一点上这种热情和对于知识的渴求有联系，或者是为知识的渴求服务，可能是困难的；但是，在意大利它首先是并完全是属于这样一种情况的。即使在十字军东征中，意大利人的兴趣也比其他民族的兴趣更为广泛，因为他们当时已经是一个海上强国，并和东方有着商业关系。从远古的时代起，地中海就已经给了住在它的沿岸的各民族以一种异于支配北方人民的精神动力；而意大利人，由于他们本身的性格，是永远不能成为条顿人所理解的冒险家的。在他们一度熟悉了地中海的所有东方口岸以后，他们之中最富有进取精神的人被诱使参加伊斯兰教徒以这里为门户的广泛的世界活动是很自然的。世界的另一半就好像新发现的一样，展现在他们眼前。或者,像威尼斯的马可波罗一样,他们被卷入了蒙古人的洪流中,被带到大可汗的朝廷上去。在早期,我们看到意大利人参加了在大西洋中各地的发现;在十三世纪,热那亚人找到了加那利群岛。[①] 在同一年,即 1291 年,当基督教东方最后一个残余的城市普托利迈斯失掉了的时候,又是热那亚人做了我们所知道的第
280 一次的著名尝试,来寻找一条通往东印度的海路。[②] 哥伦布本人不过是为西方国家服务,航行到远洋的许多意大利人当中最伟大的一个。不管怎样,真正的发现者不是那个第一次偶然碰到任何东西的人,而是那个找到了他所寻找的那个东西的人。只有这样的人才和他的前人的思想和兴趣有着一致的联系,而这种联系也将决定他对他探索的地方所作的报告。由于这一理由,虽然意大利人认为他们是最先来到这个或那个海岸之说可能被驳斥,但他们将仍然保持其为整个中世纪后半期卓越发现家的民族的这种称号。比较充分地证明此说则属于专门的发现史的范围。[③] 不过迄今,我们还是时常以赞赏的心情瞻仰那位伟大的热那亚人的威严的形象,是他要求、探索并发现了大西洋彼岸的新大陆;他第一个可以说:"世界是渺小的"——世界并不像人们所想象得那样大。在西班牙把亚历山大六世送给了意大利人的时候,意大利把哥伦

① 卢吉·菩西:《哥伦布传》。书中对于早期意大利的旅行和发现有概括的记述。

② 关于这个问题参看柏兹写的一篇论文,《为发现通往东印度的海路所作的最早的尝试》。在伊尼亚斯·希尔维优斯:《弗里德利希三世统治下的欧洲状况》,第 44 章中可以见到一篇不完全的记载。(见弗勒厄:《史家集》一书,1624 年版,第 2 卷,第 87 页)关于伊尼亚斯·希尔维优斯,见培舍尔,上引书第 217 页以下。

③ 参见培舍尔:《发现史》第二版。出版人:索福斯·露格,慕尼黑,1877 年,第 209 页以下,又散见各处。

布给了西班牙人。仅在那位教皇去世前数星期(1503 年 7 月 7 日),哥伦布自牙买加写给当时不知感恩的奉教诸王的可贵的信件,使后世人读之不能不为之深深感动。在他署有 1506 年 5 月 4 281
日,发自巴利阿多里德的遗嘱附录里,他把"教皇亚历山大赐给他的那本祈祷书遗赠给他可爱的故乡,热那亚共和国;这本祈祷书对于他无论在监狱中,在斗争中或在各种患难中都曾是一种最大的安慰"。看来好像是这些话给那使人憎恶的波儿亚的名字投下了一道最后的恩惠和慈爱的闪光。

意大利人中间关于地理学和有关科学的发展,正如他们的航海史一样,我们只能很简单地谈一点。把他们的成就和其他国家的成就做一个粗浅的比较,就显出在他们那一方面在早期具有的明显的优越性。十五世纪中叶,除在意大利外,能从哪里找到像在伊尼亚斯·希尔维优斯的著作里边那种地理学、统计学和历史学知识的综合的呢?不仅在他的伟大地理著作中,而且在他的书信和评述文章中,只要他用得上自己的观察或人家的见闻时,他写风景、写城市、写风俗习惯、商业和物产、政治情况和政治制度等都同样出色。他从书中取得的材料自然是次要的。甚至对于弗里德利希三世在那里给他有俸圣职的地方——提罗尔地区的阿尔卑斯山——的溪谷的短短的素描,[①]尤其关于苏格兰的描写,也都没有

① 《庇护二世回忆录》第 1 卷,第 14 页。他的观察未必正确,他的描绘往往凭个人想象。例如他对巴塞尔的描写就很清楚地表现出这种情况,但整个说来,他的功绩仍然是巨大的。关于对巴塞尔的描写,见瓦格特:《伊尼亚斯·希尔维优斯》,第 1 卷,第 228 页。关于作为地理学家的伊尼亚斯·希尔维优斯,见第二卷,第 302—309 页。参见第 1 卷,第 91 页以下。

漏掉任何关于人们生活的叙述，并且表现了一种不偏不倚的观察比较的能力和方法，而这是除了哥伦布的受过古人熏陶的同乡外，
282 任何人都不能做到的。千万人都看到过并且部分地知道他所看到和知道的那些东西，但是他们内心里却没感到有对它做一番描写的必要，而且也没有意识到世人希望有这种描写。

在地理学上[①]和在其他学科上一样，要想分清有多少应该归功于古人的研究，有多少应该归功于意大利人的特殊天才是徒劳的。甚至于在他们熟悉古代著作以前，他们就已经从一个客观的观点来观察和对待这个世界上的事物；这一部分是因为他们自己是半古代的人民，一部分是因为他们的政治环境使他们容易有这种倾向。但是，如果不是旧日的地理学家给他们指出了道路，他们也不会这样快地达到如此完美的程度。现存的意大利地理书对于旅行家和发现者的精神和倾向的影响也是不可估计的。即使他不过是一门科学的“外行”——要是在现在，我们就要把伊尼亚斯·希尔维优斯划入很低的一级水平——但他也适足以在这一门学问

① 在十六世纪里，当时发现者本人几乎无例外地属于大西洋沿岸诸国，但意大利仍一直不失为地理学著作的故乡。意大利本国的地理学著作在十六世纪中叶有里昂德罗·阿尔伯蒂伟大名著：《全意大利志》，1582 年。十六世纪上半叶，意大利在地图方面走在其他国家的前面。见维塞尔：《西班牙王子菲力普二世港湾志》，载《维也纳文艺学会语言、历史学组议事报告》第 82 卷（1876 年），第 541 页以下。关于各色各样的意大利地图和探险航行，见奥斯卡·培舍尔的杰作《地理与人种学论文》（1878 年，来比锡版），又见柏尔舍：《1452 年乔万尼·里昂德罗的地球平面图，据原图大小复制》，威尼斯，1879 年。参见瓦格特，第 2 卷，第 516 页；和德·罗西《十六世纪前的罗马植物图谱》1879 年，罗马出版。关于佩脱拉克想绘制一张意大利地图的尝试，参见弗拉维奥·毕安多：《意大利地图》（巴塞尔版），第 352 页以下；又参见《佩脱拉克书信集别本》，61（夫拉卡塞提版）第 3 卷，第 476 页。在安茹的查理四世的纪念章正面印铸欧、亚、非三洲地图，这一值得令人注意的尝试是在 1462 年由弗兰西切科·达·劳拉那完成的。

上引起一种一般的兴趣，这种兴趣恰好为新的先驱者准备了对于这一门学问容易发生爱好的不可缺少的群众心理基础。任何一门科学的真正发现者都深知他们应该怎样感激这种媒介。

第二章　意大利的自然科学 283

读者欲知意大利人在自然科学领域中的地位，必须参看有关这一题目的一些专论，其中惟一为我们所熟知的是李伯利那部肤浅的价值不大的著作。[1] 关于某些特殊发现是谁领先的争论和我们没有多大关系，因为我们认为在任何时候，在任何文明民族中间，都可以出现这样的人，他开始时虽然基础很薄，但被一种不可抗拒的冲动所驱使走上了科学研究的道路，并由于他的天赋才能获得了非常惊人的成功。兰斯的格伯特[2]和罗杰·培根[3]就是这样的人。他们所以精通当时那几个部门科学的全部知识，是他们热心从事的精神的一种自然结果。当幻觉的纱幕一经扯碎，当对于自然的恐惧和对于书籍和传说的盲信一经克服时，就有无数的问题摆在他们面前等待解决。当别的民族对自然仍淡然漠视的时候，这整个民族却喜好研究自然和考察自然，也就是说，当一个发

① 李伯利：《意大利数学史》，共 4 卷，1838 年，巴黎版（李伯利原是意大利的数学家和藏书家，后入法国籍，为法国科学院院士。——译者）。

② 兰斯的格伯特（Gerbert of Rheims，死于 1003 年）是一个法国人，曾在西班牙求学，精通数学，成为当时基督教界的有名学者。991 年被选为兰斯地方的大主教，999 年在意大利被选为教皇。他写有关于神学、数学和自然科学的著作。——译者

③ 罗杰·培根（Roger Baeon，约 1214—1294 年）是英国的哲学家和科学家。——译者

现者既没有受到威胁也不是完全受忽视,而是能够指望从志趣相投的人那里得到亲切支持的时候,那就是另外一回事了。没有疑问,在意大利就是这种情形。[①] 意大利研究自然科学的人自豪地在《神曲》中探索出但丁对于自然科学感兴趣[②]的暗示和证明。关于他是否在某些发现或论证上占先的问题,我们必须留待科学家来判断;但是,单是他在描写和对比中所表现的对于外部世界的丰富的知识,每一个外行的人看了也都不能不为之感动。他是从自然界的现实取得知识,或是从人类生活的现实取得知识,然后运用这些知识,绝不是仅仅用来做点缀,而是要使读者对他的意义有最充分和最恰切的理解。在这方面他比任何近代诗人都做得更多。他主要是在天文学上以学者专家的面貌出现,但我们必须不要忘记:他的伟大诗篇中有许多天文学上的引喻,我们现在看来虽显得学究气,但在当时对于一般读者一定是可以理解的。除专门学识

284 外,但丁还谈到关于天空的通俗知识;由于那时的意大利人是一个航海的民族这一个事实,所以他们在这方面的知识无异于古人。历法和钟表已经使星座升降的知识对于现代世界来说成为多余的了,而人们一度对于天文学所感到的任何兴趣也都随之而消逝。现在,我们有学校和教本,每一个儿童都知道——也是但丁所不知道的——地球围着太阳旋转;但是,过去一度对于这一门学问本身所

① 要在这方面下一确切的论断,数学之外,收集观察的风气的发展亦须加以详述。但这不是本书的任务。

② 李伯利上引作品第二卷,第 174 页以下。又见但丁论文《论水陆》;又什密特:《但丁在宇宙志学史中的地位》,格拉兹,1876 年。引自布鲁纳多·拉蒂尼:《宝典》的有关地理和自然科学的章节均单独印行,如《布鲁纳多·拉蒂尼的天体论》,巴尔多托洛缪·索利奥编,1858 年,米兰出版。索利奥还把拉蒂尼的历史年表也加了进去。

感到的兴趣,除天文学专家外,已经完完全全地淡薄下来了。

和星象也发生关系的假科学并不能证明那个时代的意大利人缺少推理的精神;只不过这种精神为一种要洞察未来的热烈愿望所妨碍甚或为它所压倒而已。在我们谈到意大利人民的道德的和宗教的特征时,我们将回过来讲占星学这一个题目。

教会对待这一门和其他各门假科学几乎总是采取宽容的态度;而对真科学,只要有人告发它是异端或搞巫术时,却显出真正的敌视态度——而这种情况的确是屡见不鲜的。引起人们有兴趣
来做出判断的一点是:意大利多密尼克会(圣芳济会也一样)的异 285
端裁判所法官是否知道并在什么情形下知道指控是诬告,但或者由于答应了狱囚的敌人的要求,或者由于对自然科学,特别是对于试验的憎恨,而仍然对被告判罪。后一种情形无疑地发生过,但却不容易加以证实。有助于在北方国家里造成这种迫害的,即为人们所公认并得到官方赞许的烦琐哲学的自然观体系支持者对于革新者的冲突,在意大利是不太重要或者根本没有什么重要性的。在十四世纪初,大家都知道,阿尔巴诺的彼埃特罗是由于另一个医学家的嫉妒,在异端裁判所被控以异端和幻术罪而受害;①同样的事情也曾发生在与他同时代的一个帕多瓦人,乔万尼诺·桑圭纳奇身上,因为桑圭纳奇是一个有名的医术革新者。但他却以被流

① 斯卡尔第奥尼乌斯:《帕多瓦古都记》(见格雷维乌斯的《古代意大利宝典》第6卷,第3篇,第227栏)。阿尔巴诺于1312年在审讯中死去,他的塑像被焚毁。关于乔万尼诺·桑圭纳奇,见同书,第228栏以下。关于阿尔巴诺,参看法布利西乌斯:《拉丁丛书》,彼埃特罗·得·阿尔巴诺条下。斯普林革,载《埃盛巴克与格鲁贝尔》第1章,第33页。他在1292—1293年翻译了阿伯拉罕·伊本·埃斯拉的天文学著作,1506年印行。

放而幸免于难。我们也别忘记:多密尼克会士在意大利行使宗教审判的权力不像在北方国家里那样一律无变化。在十四世纪,暴君和自由城邦有时以极其轻蔑的态度对待教会人士,因而对自然科学上许多极端违反宗教的问题置之不问。[①] 到了十五世纪,当
286 古代研究成为在意大利的主要力量时,世俗科学的每一个部门都利用了它在旧制度上所造成的缺口。不过,人文主义把这个国家最优秀的人才都吸收到了它那方面去,因此,无疑地影响了自然科学的推理的研究。[②] 而宗教审判突然又在各处盛行起来,并把医生们当作亵渎神明的人或幻术家来惩罚或烧死。在这种情形下,很难发现什么是这种判罪后面的真正动机。不管怎样,在十五世纪末,意大利因为有保罗·托斯卡内利、卢卡·巴乔洛和列奥那多·达·芬奇诸人,所以在数学上和自然科学上是据有无可比拟的最崇高的地位的,而每一个国家的学者,就连雷吉奥蒙达努斯[③]和哥白尼也都承认他们自己是意大利的学生。[④]

在早期对于收集动植物和加以比较研究所表现的热情,是意大利人对于博物学具有广泛兴趣的重要证明。意大利自认为是植物园的最早的创建者,虽然这些植物园可能主要是为了实用的目

① 见本书第 4 篇第 2 章。

② 见李伯利的夸大其词的慨叹,前引书第 2 卷,第 258 页以下。以如此富有天才的人民而没有更多地致力于自然科学,虽属憾事。但我们相信,他们曾追求更加重大的目的,并部分地达到了这些目的。

③ 雷吉奥蒙达努斯(Regiomontanus,1436—1476 年)是德国的天文学家和数学家。——译者

④ 关于哥伯尼在意大利的游学,参见马拉果拉在其论述科德路斯·乌尔塞斯作品中的透辟考究(1878 年,波洛尼亚出版)第 7 章,第 360—366 页。

的，而这种最早的说法本身是可以商榷的。[①] 特别重要的是：君主们和富翁们在设计他们游玩的花园时，自然一定会尽可能最多地收集各种各样的不同种类的植物。因此在十五世纪，美第奇家的加里吉别墅的壮丽庭园，从我们所有的关于它的描写看来，几乎是 287
一个有无数不同的花草树木的标本的植物园。[②] 十六世纪初，在通往蒂沃利的罗马·康帕尼亚地方的特流齐奥枢机主教的花园也是属于同一类的；[③]它有由不同种类的玫瑰花圈成的篱笆，有各种不同的树木——果树种类之多尤为惊人——有二十种不同种类的葡萄树和一个大菜园。这显然与在西欧任何宫城或修道院里所能找到的二十种或四十种常见的药用植物是很不同的。和细心培植供食用的果树一起，我们也看到了对于一种其本身仅足以供观赏用的植物的兴趣。我们从艺术史中知道，这种收集植物的热情的消失和让位于所谓具有生动如画的风格的造园法已经是在很晚的一个时期了。

外国动物的收集同样不仅为满足好奇心，而且也是为了较高的观察目的。从地中海南部和东部口岸运输的方便，和意大利气候的温和，使意大利常能购买南方的最大的动物，或从苏丹们那里接受它们作为礼物。[④] 那些城市国家和君主们特别渴望养有活狮

① 意大利人也在外国设立植物园，例如佛罗伦萨的安吉洛（佩脱拉克同时代的人）在布拉格。见弗利仲：《查理四世》第 311 页，注④。

② 亚历山大·布拉奇著：《洛伦佐·美第奇家庭园志》刊在罗斯科：《洛伦佐传》的第 58 号附录中。又见于法布罗尼《洛伦佐》一书的补遗中。

③ 《蒙达那罗庄园》刊在《近代著名诗人名诗选》内。

④ 关于亨利六世时代巴勒莫的动物园，见 1194 年鄂多·德·布拉西奥的作品。英格兰王亨利一世在伍德斯托克公园的动物园里有着狮子、豹、骆驼和一只豪猪，都是外国君主赠送的。

288 子，即使狮子并不像在佛罗伦萨那样，是国家的标志。① 狮子洞一般是像在佩鲁贾和佛罗伦萨那样设在政府的宫城里边或附近；在罗马它是在加比托尔山坡上。这些野兽有时被用来作为政治判决的刽子手，②而无疑地，除了这个目的之外，它还在人民心中保持着某种恐怖。它们的健康情况也被认为是吉祥或厄运的预兆。特别是它们的多产被认为是一种普遍繁荣的象征，就是乔万尼·维

290 兰尼也认为他参观一个母狮的分娩是值得记载的。③ 小狮子常常被送给盟邦和君主们，或者送给雇佣兵队长作为对他们的勇敢的一种奖赏。④ 除狮子外，佛罗伦萨人很早就开始委派专门的饲养

① 不论画在石头上或刻在石头上的狮子标志都被称为“马尔佐哥”。在比萨，人们饲养过鹰，见但丁《地狱篇》第 33 歌，第 22 行上的各家注解。薄伽丘的作品《十日谈》第五天，第 9 篇也谈到鹰。关于整个问题，见《关于养鸟与鸟病的两篇论文》1864 年，罗马版。这些都是十四世纪的作品，可能是从波斯文翻译过来的。

② 维特尔波著作节录，载巴本科尔特《中世纪罗马市史》第 367 页注，关于 1328 年事件的一段记载。野兽间的互相搏斗或与群犬搏斗是在大的节日上供人民取乐的。1459 年在佛罗伦萨欢迎庇护二世和加利佐·马利亚·斯福查的时候，在市政厅前面用围墙围起的广场内把牡牛、马、猪、狗、狮子和长颈鹿一齐放出来，但狮子却卧在地上，拒不攻击其他动物。《意大利史料》第 2 卷，第 741 栏，“佛罗伦萨市记录”。《庇护二世传》内，有一段不同的记载，见木拉托里，第 3 卷，第 2 章，第 977 栏。第二只长颈鹿是由埃及马穆卢克苏丹开特别伊赠给“豪华者”洛伦佐的。参见保罗·乔维奥：《列奥十世传》第 1 卷。洛伦佐的动物园中有一头美丽的狮子，特别有名。这头狮子被其他狮子咬死，被认为是洛伦佐崩殂的前兆。

③ 乔万尼·维兰尼，第 10 章，第 185 页；第 11 章，第 66 页。马提奥·维兰尼，第 3 章，第 90 页；第 5 章，第 68 页。如果狮子互相争斗，是一个不祥的预兆；如果互相残杀，尤其不祥。见瓦尔奇：《佛罗伦萨史》，第 3 章，第 143 页。马提奥·维兰尼用上面所引的两章的前一章极力来证实：一、狮子产在意大利，二、它们一生下来就活蹦乱跳。

④ 《佩鲁贾年代记》，载《历史文献》第 17 卷，第 2 章，第 77 页，1497 年条。有一回，一对狮子曾从佩鲁贾跑了出来。同书，第 16 卷，第 1 章，第 382 页，1434 年条。例如佛罗伦萨曾在 1406 年 5 月将一对狮子赠给波兰王弗拉季斯拉夫，“为使你雌雄都有，以便繁殖小狮”。送礼时附带的一个文件在外交文献中是非常有趣的：“佛罗伦萨

员来养豹子。[①]费拉拉的博尔索常常使他的狮子和牛、熊以及野猪争斗。[②]

但是，到了十五世纪末，许多君主都保有真正的动物园，它们当时被认为是宫廷的应有设施的一部分。马达拉佐说[③]："养马、养狗、养骡子、养鹰和其他鸟类以及蓄有宫廷弄臣、歌手和外国动物是适合于大人物的身份的。"在费兰特等人执政的时代，那不勒斯的动物园里有一只长颈鹿和一匹斑马，好像是巴格达的君主赠送的。[④]菲利波·马利亚·维斯康提不仅拥有价值五百金币或一千金币的马和贵重的英国狗，而且还有从东方各地弄来的一些豹；他为他从北欧国家收集来的猎鸟所付出的每个月的开支达到三千

的狮子性情可望驯良，因为它们放弃了它们生来的残暴，它们生在这种动物繁殖的盖都利人和印度人居住的地方，如像受到天然的限制，因为狮子性畏寒冷，体质敏锐，适于生长在极热的地方，所以，我们认为，陛下欲保持这种动物的生命并使其繁殖，要给它们提供它们在热带地方生活饲养的条件。狮子和国王的尊严相称，因为希腊、拉丁文称狮子为国王，有如国王在尊严，能力，宽宏大度方面超出万众，同样，狮子的气量和大无畏的精力也高于众兽之上。又狮子和国王一样，对弱小怯懦者表示非常的宽大，而对狂妄不羁者则严惩不贷。"(《当代书简集》，载《中世纪历史集成，波兰大事记》，克拉科夫，1876 年，第 25 页。)

① 盖耶《通信集》第 1 卷，第 422 页，1291 年条。维斯康提家族的君主们利用驯养的豹子，追捕由小猎犬惊起了的野兔。见科培尔，《猎苑志》，第 247 页，书内举过后来用豹子打猎的实例。

② 《斯特罗齐诗集》，第 146 页，记博尔索公爵的狮子。狮子学习(诗人这样说)他的主人，饶了野兔和小狗。参见第 188 页所记"并将野兽关闭起来，设以围墙"，和 193 页上的十四行短诗"走进最大不过的兔园"。关于打猎场，见同书。

③ 《佩鲁贾编年史》，上引书，第 16 卷，第 2 章，第 199 页。在佩脱拉克《论处祸福之道》中，可以看到同样的东西，但叙述得不那么明确。书中，"快乐"在同"理智"的对话中，吹嘘他有猴子和"供戏耍的动物"。

④ 乔维诺·庞达诺：《论壮观》1464 年在阿尔巴诺，阿奎莱雅镇枢机主教的动物园里有过孔雀、印度鸡，长耳朵的叙利亚山羊。《庇护二世回忆录》第 11 卷，第 562 页以下。

个金币。[1] 我们从布鲁纳托·拉蒂尼的著作中读到:“克雷莫纳人说,皇帝弗里德利希二世把普雷斯特·约翰[2]从印度送给他的一只大象弄到他们的城内”;佩脱拉克记载过大象在意大利的日趋消亡。[3] 当葡萄牙的伊曼纽尔大王送给列奥十世一只大象和一条犀牛时,[4]他很知道他是在做些什么活动。当时科学的动植物学的基础就是在这些情况下建立起来的。

这些动物学研究的一个实际成果就是育马场的建立,而在弗兰切斯科·贡查加时代的曼图亚的育马场被认为是欧洲最早的一
291 个。[5] 对于不同的马的品种的兴趣和关于它的知识无疑地和骑术本身是同样古老的,而欧洲种和亚洲种的杂交一定是从十字军东征时代起就成为平常的事情了。在意大利这个半岛上各大城镇所举行的有奖赛马对于改良马种是一个特别的诱因。在曼图亚的马厩中,我们能够找到在这些比赛中必然获胜的良马和最好的战马,以及最适合于作为礼品送给大人物的雄伟的骏马。贡查加保有从

---

① 《德琴布里奥》载木拉托里,《意大利史料集成》第 20 卷,第 1012 栏。

② 普雷斯特·约翰是从十二世纪以来传说中的亚洲的基督教君主。——译者

③ 布鲁纳托·拉蒂尼:《宝典》(1863 年,巴黎,沙巴伊版),第 1 卷。在佩脱拉克时代,意大利没有象。“所以据传在先人时代,意大利只罗马皇帝弗里德利希有一只,而现在只埃及暴君有一只。”《论处祸福之道》第 1 章,第 60 页。

④ 最好笑的一些细节见保罗·乔维奥的《语录》中,特利斯坦·阿古尼乌斯条。关于在斯特罗齐广场饲养的豪猪和鸵鸟,见拉伯雷的《庞大固律埃》第 4 卷,第 11 章。“豪华者”洛伦佐通过一些商人得到一只埃及的长颈鹿。见巴律兹《杂纂》第 4 章,第 416 页。赠送给列奥的一只大象死时,人们哀痛万分,给它画了像,小贝罗阿尔都斯还为它写了挽诗。

⑤ 参见保罗·乔维奥《语录》,第 234 页,弗兰西斯科·贡查加条。关于米兰在这方面的豪奢,见邦德罗第二篇,故事第 3 和第 8。在叙事诗中我们也往往听到过识马的行家的见解。参看普尔奇《摩尔根特》,第 15 章,第 105 页以下。

西班牙、爱尔兰、阿非利加、色雷斯和西里西亚各地方来的种马和母马，为了从西里西亚获得马匹，他曾和土耳其苏丹缔交。为了培育最好的良马，在这里进行了一切可能的试验。

甚至也不乏人类的动物园。有名的枢机主教伊波利托·美第奇[1]，是奈穆尔大公朱利亚诺的私生子，他在他的奇怪的宫廷里养有一队野蛮人，他们说二十多种不同的语言，而且都是他们那些种族的典型的标本。其中有具有北非摩尔人最优良血统的举世无双的走钢丝的人，有鞑靼人的射手，有黑人摔跤家，有印度潜水者和土耳其人，他们一般都陪伴着那位枢机主教出外打猎。当他于1535年早逝时，这个穿着杂色衣服的队伍肩舁着他的遗体从伊特利走到罗马，以他们混杂的语言和强烈的手势和大家一起对这个 292
慷慨的枢机主教表示哀悼。[2]

① 保罗·乔维奥：《语录》，伊波利托·美第奇条，第307页以下。

② 利用这个机会来对意大利文艺复兴时期的奴隶制度作一些介绍，不会是不适当的。在乔维诺·庞达诺的《论服从》一书，第3卷，第1章中有一段简短而重要的话："人既然生来就是自由的，是否应该服从主人呢？"在北意大利没有奴隶。在其他地方，人们从土耳其人手里甚至买来基督教徒和塞加西亚人、保加利亚人，并使他们服役直到他们挣够赎金为止。反之，黑人却一生为奴。但至少是在那不勒斯王国，禁止对他们阉割。"摩尔"一词系指任何肤色黝黑的人。黑人被称为"黑摩尔人"——法布罗尼：《柯西莫》附注110，载有关于鬻卖塞加西亚女奴隶的文件（1427年）；附注141载有柯西莫家族的女奴名单——南提波托（载木拉托里，《意大利史料集成》，第3卷，第2章，第1106栏）记：英诺森八世接受奉教王斐迪南赠送的一百名摩尔人，并将他们赠给枢机主教和其他大人物（1488年）。马苏奇奥：《故事集》第14篇：奴隶的贩卖；同书第24及25篇：黑奴也做"看门人"的工作（为他们主人的利益？），并赢得妇女们的爱情；同书第48篇：卡塔兰人从突尼斯抓到摩尔人并把他们卖到比萨去，盖伊：《通信集》，第1章，第360页：在一个佛罗伦萨人的遗嘱中（1490年），记有给一个黑奴的解放和奖赏。参看保罗·乔维奥：《语录》，弗兰西切科，斯福查条；波尔齐奥：《阴谋》，第3章，第195页；又科米斯：《查理八世》，第18章：黑人作那不勒斯阿拉戈纳家族的狱卒和刽子手。保罗·乔

这些关于意大利人和自然科学的关系，以及他们对丰富多彩的自然产物的兴趣的零散介绍，仅仅是一个伟大主题的片段。作者比任何人都深知自己关于这一方面知识的不足。很多关于这一主题有充分研究的专著，作者甚至连其书名也知道得不多。

293 第三章　自然美的发现

但是，在科学研究的领域之外，还另有一条接近大自然的道

维奥：《语录》，加利佐条：黑人被用为王侯游幸时的跟班。伊尼亚斯·希尔维优斯：《全集》，第456页：一个黑奴当乐师。保罗·乔维奥：《论鱼类》第3章：在热那亚，一个（自由的？）黑人当潜水夫和游泳师。亚历山大·本尼迪特：《论查理八世》（见埃卡尔：《史家集》，第2卷，第1608栏）：一个黑人（埃塞俄比亚人）在威尼斯任高级将校。根据这一记述，我们有理由认为奥塞罗是一个黑人。邦德罗，第三编，故事第21篇：当一个奴隶在热那亚应受惩处时，他就被卖到巴利阿利群岛中的伊维萨小岛去，从事运盐的苦役。

以上这些记事虽不足以言完备，但由于它们选材很精，又因为它们在有关这个问题的很多作品里面没得到充分的介绍，所以它们就得以照旧出现在新的版本里。关于在意大利的贩卖奴隶一事，后来有许多著作。菲利普·萨姆波尼的一本很稀有的书：《埃兹利尼，但丁与奴隶，或罗马与家庭奴隶》，附未刊文件，第二次增订版（维也纳，1870年）书中所载虽未达到书名的要求，但在第241页以下关于奴隶贩卖有很有价值的资料；在第270页上有关于女奴隶的买卖的值得注意的文件；在第282页上有一个一览表记载着十三世纪和以后三个世纪的各式各样的奴隶（包括这些奴隶被买卖的地点，他们的籍贯，年龄和价格）。瓦顿巴克写的一篇文章：《中世纪的奴隶买卖》（《德国古代知识通讯》，1874年版37—40页）只部分谈到意大利的情况；克莱门五世在1309年决定应该使威尼斯的囚徒都为奴。1501年，加普亚沦陷后，许多加普亚妇女都在罗马低价出售。在《南斯拉夫人史料集成》（马库塞奥编，第1卷，华沙，1874年）第199页上可以读到这样一个决定（安科纳，1458年），即“希腊人、土耳其人、鞑靼人、萨拉森人、波希尼亚人、保加利亚人或阿尔巴尼亚人”应该是，并将永远是奴隶，除非他们的主人用一纸法定的证件解放了他们。厄格那其乌斯：《名人典范》第246页，赞扬威尼斯，因为威尼斯人从来不曾使用过一个奴隶。但反之可参看萨姆波尼，第223页，特别是拉萨利的《中世纪时期威尼斯的奴隶买卖和奴隶的处境》，载《意大利历史杂志》，都灵，1862年，第1卷，第463—501页。

路。意大利人是现代人中最早看到和感到外部世界有美丽之处的。[①]

这种欣赏自然美的能力通常是一个长期而复杂的发展的结果，而它的起源是不容易被察觉的，因为在它表现在诗歌和绘画中并因此使人意识到以前可能早就有这种模糊的感觉存在。例如，在古代人中间，艺术和诗歌在尽情描写人类关系的各个方面之后，才转向于表现大自然，而就是在表现大自然时，也总是处于局限的和从属的地位。不过，从荷马时代以来，自然给予人们的强烈印象还是被表现在无数的诗句和即景生情的词句中。立国于罗马帝国废墟之上的日耳曼各族，是完全和特别适合于欣赏自然风景的美丽的；虽然基督教有一个时期强迫他们把他们一向尊敬的山、泉、湖沼、树林、森林看成为恶魔所造，可是这种过渡性的概念不久就被放弃了。到1200年，在中世纪全盛时期，对于外部世界又重新有了真正的，衷心的领略，并且在各民族的行吟诗人的歌唱中得到了生动的表现。[②] 这些诗歌证明对于自然界的一切简单现象——春花灿烂、绿野、树木都有一种深深的感受。但是，这些描绘都是眼前的景色而没有远景展望。即使是走过很远路程和看到过很多地方的十字军战士，也像这些诗篇一样显出不熟识。那种把盔甲和服装描写得非常细致的叙事诗，对于外界的自然景色不过是略作描述；甚至伟大的沃尔夫拉姆·冯·埃申巴赫[③]对于他的主角

① 洪堡的《宇宙论》中关于这个问题的有名的几章，几乎没有必要在此向读者介绍。

② 关于这种问题，见前引书中洪堡所引用威廉·格利姆的一些记述。

③ 沃尔夫拉姆·冯·埃申巴赫(Wolfram Von Eschenbach,1170—1220年)是德意志的叙事诗人，曾浪游各地。他的最有名的叙事诗是《西巴弗尔》。——译者

活动的场景也没有在任何地方给我们做过充分的描绘。从这些诗篇中，人们绝对猜想不到，诗篇的各国的高贵的作者住过或者到过高大的城堡，眺望过远方的景色。就是在流浪教士的拉丁诗里边（见边码 180 页），我们也看不到远景——所谓纯风景——的描写，但有时对于眼前景物的美轮美奂的描绘却是任何骑士诗人所不能超越的。有什么样的描绘能够和我们认为它是十二世纪的意
294 大利诗人所写的那一幅“爱的丛林”的图画相比呢？

住在那儿的人，
　　长生不老；
　　那儿的树木，
　　无不以自己的果实自豪；
　　条条道路上，
　　没药、肉桂和豆蔻的芳香缭绕——
　　主人不出门
　　可以猜想到，……①

总之，在意大利人心目中，大自然这时已洗刷掉罪恶的污染，摆脱了一切恶魔势力的羁绊。阿西西的圣弗兰切斯在他的《太阳颂》里边，率直赞美上帝对于天体和四行②的创造。

但是，准确无误地证明自然对于人类精神有深刻影响的还是开始于但丁。他不仅用一些有力的诗句唤醒我们对于清晨的新鲜空气和远洋上颤动着的光辉，或者暴风雨袭击下的森林的壮观有

---

① 《布拉那诗集》第 162 页《菲立特和弗萝拉》，第 66 节。

② 四行指地、水、火、风。——译者

所感受，而且他可能只是为了远眺景色而攀登高峰[①]——自古以来，他或许是第一个这样做的人。关于薄伽丘，我们只能说乡村风景对他怎样发生过影响；[②]可是，从他的浪漫的田园诗中还是可以看到他的想象中充满了这一方面的景物。但是，充分而明确地表明自然对于一个能感受的人的重要意义的是佩脱拉克——一个最早的真正现代人。那位纯洁的亚历山大·冯·洪堡[③]——他首先从各国文学著作中收集了关于自然美的感受的起源和发展的材料，并且他自己在他的《自然的面貌》中完成了描写风景方面最有 295
名的杰作——对于佩脱拉克并没有做最公平的评价；追随在这位伟大的收集者之后，我们仍然可以希望拾取到一些有趣和有价值的东西。

佩脱拉克不仅是一个有名的地理学家——意大利的第一张地图据说是在他的指导之下画出来的[④]——和一个古代箴言的仿作

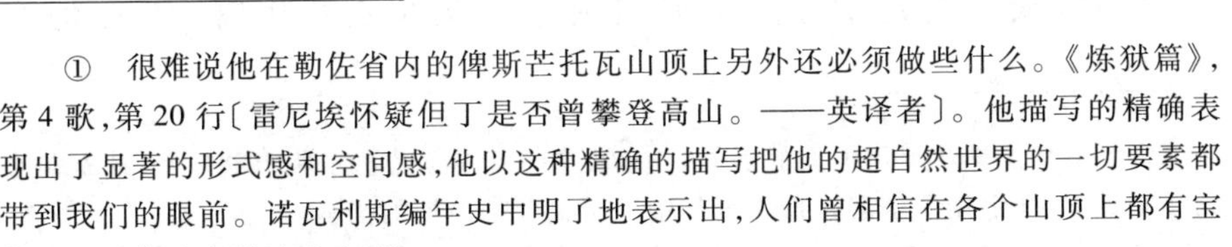

① 很难说他在勒佐省内的俾斯芒托瓦山顶上另外还必须做些什么。《炼狱篇》，第4歌，第20行〔雷尼埃怀疑但丁是否曾攀登高山。——英译者〕。他描写的精确表现出了显著的形式感和空间感，他以这种精确的描写把他的超自然世界的一切要素都带到我们的眼前。诺瓦利斯编年史中明了地表示出，人们曾相信在各个山顶上都有宝藏以及迷信地害怕这种山顶。

② 《论诸神世系》中的一段话（第25章，第11页），除《费亚梅塔》中对于巴耶的描写，《爱弥多》中对于丛林的描写等外，是很重要的。这段话中列举了很多乡村美景——丛林、牧场、溪流、牛羊群、农舍等……并附带说明，这些事物陶冶性情，有使人"壹志凝神"之效。

③ 亚历山大·冯·洪堡（Alexander Von Humboldt，1769—1859年）是德国的自然科学家和探险家，曾到中美、南美和古巴等地作考查和研究旅行。——译者

④ 弗拉维奥·毕安多：《绘图意大利志》（巴塞尔版）第352页以下。参看《瓦尔奇书信集》，夫拉卡塞提版（拉丁文）第3卷，476页。关于佩脱拉克准备写作一部地理巨著的计划，见阿提利奥·荷尔提斯在《薄伽丘著作中对自然科学的暗示》，的里雅斯特，1877年，第45页以下所提供的证据。李伯利：《数学史》，第2卷，第249页。

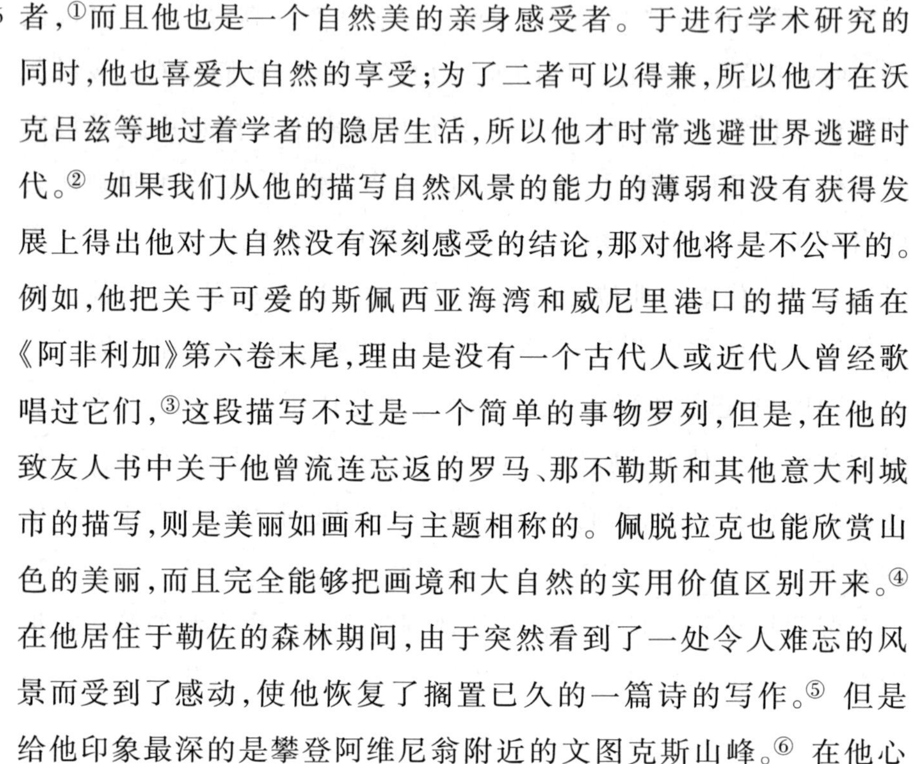

296 者，[1]而且他也是一个自然美的亲身感受者。于进行学术研究的同时，他也喜爱大自然的享受；为了二者可以得兼，所以他才在沃克吕兹等地过着学者的隐居生活，所以他才时常逃避世界逃避时代。[2] 如果我们从他的描写自然风景的能力的薄弱和没有获得发展上得出他对大自然没有深刻感受的结论，那对他将是不公平的。例如，他把关于可爱的斯佩西亚海湾和威尼里港口的描写插在《阿非利加》第六卷末尾，理由是没有一个古代人或近代人曾经歌唱过它们，[3]这段描写不过是一个简单的事物罗列，但是，在他的致友人书中关于他曾流连忘返的罗马、那不勒斯和其他意大利城市的描写，则是美丽如画和与主题相称的。佩脱拉克也能欣赏山色的美丽，而且完全能够把画境和大自然的实用价值区别开来。[4]在他居住于勒佐的森林期间，由于突然看到了一处令人难忘的风景而受到了感动，使他恢复了搁置已久的一篇诗的写作。[5] 但是给他印象最深的是攀登阿维尼翁附近的文图克斯山峰。[6] 在他心

① 虽然他喜欢引用他们的话如《论隐居》（《全集》巴塞尔版，1581 年）特别是在第 241 页上，他引用了圣奥古斯丁著作中关于葡萄架凉棚的描写。

② 《书信集》第 7 卷，第 4 书："现在唯愿你能知道，我是多么快乐地在山林间，在河流泉水间，在书籍和最伟大人物的才华间，孤独自由地呼吸着，我又怎样和大使徒一样地委身于目前的所在，设法忘却过去，闭眼不看当前。"参看前引书第 6 卷第 3 书，第 316 页以下，尤其第 334 页以下。并见盖格尔：《佩脱拉克》第 75 页，注 5 和第 269 页。

③ "它遭世弃置，无人歌咏"，参看《叙利亚游记》，《全集》第 558 页。

④ 在《叙利亚游记》第 357 页上，他表现了东方海岸"以嵯峨秀美，肥沃惊人著称的山陵"的特色。关于加埃塔港口，见他的《论处祸福之道》第 1 章，第 54 页。

⑤ 《致后人书》："猝然为当地景色所打动。"对伟大自然界事变的描写：那不勒斯的风暴，1343 年，《书信集》第 1 卷，第 263 页以下；巴塞尔地震，1355 年，《晚年书简》第 10 卷，第 2 章和《论处祸福之道》第 2 卷，第 91 页。

⑥ 《书信集》，夫拉卡塞提版，第 1 卷，第 193 页以下。

里，一种难以形容的登高远眺的渴望一天比一天强烈起来，一直到最后他偶然看到了李维著作中的一段描写罗马的敌人，菲力普国王攀登哈姆斯山的文章使得他下了决心。他想：一个白头的君主可以登高山而不受谴责，一个青年以私人身份登高山自然更可以为此而得到**原谅**。为登山而登山是没听说过的，因之不能希望有朋友或相识作伴侣。佩脱拉克只是带着他的弟弟和他最后居留地点的两名乡人同行。在山脚下，一个年老的牧人劝他往回走，并且说，五十年以前，他自己曾经试图攀登，而带回家来的却只有悔恨、摔伤了的身体和撕烂了的衣服，而在那以前和以后没有任何人冒险做过同样的事情。尽管如此，他们还是努力向前，攀援而上，直至白云出现在他们的脚下而最后到达顶峰。想从峰顶上来描写周围的景色是徒然的，并不是因为诗人对它没有感受，而相反地是因为它给人的印象使人感动得无法形容。他过去整个的一生连同他的一切痴想都浮上了他的心头；他记起了十年前自己离开波洛尼亚的那一天还是一个青年，于是以一种渴望的眼光投向了他的故土；他打开了一本当时经常带在身边的书，《圣奥古斯丁忏悔录》，目光落在第 10 章的一段上，“人们到外边，欣赏高山、大海、汹涌的河流和广阔的重洋，以及日月星辰的运行，这时他们会忘掉了自己。”他对他的弟弟读了这些话而他的弟弟不能了解为什么他合 297
上了书，没有再说什么话。

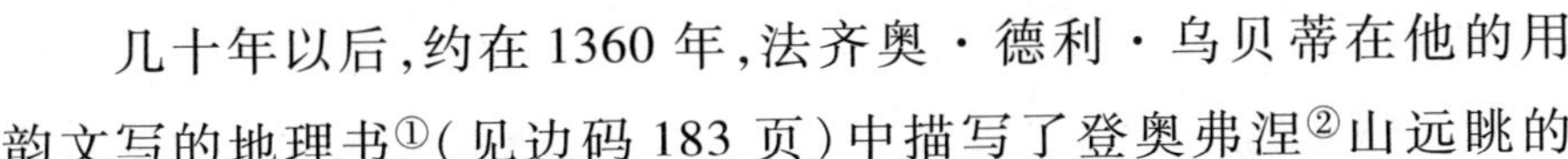

几十年以后，约在 1360 年，法齐奥 · 德利 · 乌贝蒂在他的用韵文写的地理书[①]（见边码 183 页）中描写了登奥弗涅[②]山远眺的

① 《狄达蒙多》第 3 卷，第 9 章。

② 奥弗涅是法国中部的山脉。——译者

广阔的全景，诚然，他的兴趣只在地理和考古上，但仍然清楚地表明他亲自看到了这些景色。不管怎样，他一定攀登过更加高得多的山峰，因为他熟悉只有在海拔一万英尺或以上的地方才能发生的那些事情，如高山病及其并发现象等等。他的虚构的同伴苏利努斯试图以浸有香精的海绵给他治疗。他所说的攀登巴尔那苏斯山和奥林帕斯山[①]也许仅仅是虚构的。

298 在十五世纪中，佛兰德斯画派的大师，胡伯特和约翰·范·艾克突然揭开了大自然的帷幕，他们的风景画不仅是力图用艺术来反映真实的世界，而且虽然使用的是传统的表现手法，却具有某种诗意——简单说来，具有一种性灵。他们对于整个西方艺术的影响是无可否认的，并且扩大及于意大利人的风景画，但是并没有妨碍意大利人观察自然的特有的兴趣，以找到他自己的表现方式。

在这一点上，像在对于自然的科学叙述上一样，伊尼亚斯·希尔维优斯仍是他那个时代的最重要的作家之一。即使我们认为对于他的性格的一切非难都是公平的，我们还是必须承认：很少有其他的人曾经这样充分地反映过那个时代的生活图景以及它的文化，而且很少有人更接近于早期文艺复兴时代的典型的人。此外，我们还可以附带提到：就是关于他的道德品质，如果我们只是听信德意志教会的牢骚，说由于他的反复无常而阻碍了它所热烈盼望

---

① 《狄达蒙多》第 3 卷，第 21 章；第 4 卷，第 4 章。巴本科尔特在《罗马市史》一书中提到国王查理四世对于美丽风景有着强烈的爱好，并在这一点上引用了贝尔塞《查理四世》第 456 页的记述。（他所引用的其他两段所谈不一）皇帝的此种雅兴可能是从与人文主义学者们的交往中得来的。（见本书第 154 页）关于查理对自然科学的爱好，见弗利仲前引书，第 224 页注①。

的宗教会议的召开，[1]我们对他就不能做出公平的判断。

这里，他引起我们注意的是：他不仅是第一个领略了意大利风景的雄伟壮丽的人，而且也是第一个热情地对它描写入微的人。他对于这个教会国家和托斯卡纳南部地区——他的家乡——知道得非常详细。他在做了教皇以后，在美好的季节里，主要是以到乡间去旅行来消磨他的闲暇时间。最后，这个患痛风病的人变得相当富裕，足以使人用肩舆抬着他登山玩水；当我们把他的享受和他以后的教皇们的享受做比较时，则这位庇护教皇看来几乎是一个圣者，因为他的爱好主要是在领略自然之美、访求古迹和欣赏朴素而宏伟的建筑上。在以优美而流畅的拉丁文所写的《回忆录》中，他坦率地谈到他的乐趣。[2]

他似乎有可以和任何一个现代游览者媲美的敏锐而熟练的观察力。他以狂喜的心情从阿尔本山[3]的最高峰上——从卡弗山上——眺望周围壮丽的景色，从那里他能够看到特腊契纳港和契尔切奥海岬那边圣彼得湾的海岸，远及于阿尔金达罗山峰和周围的广阔的田野；那里有古代城市的废墟和对面的中部意大利的山

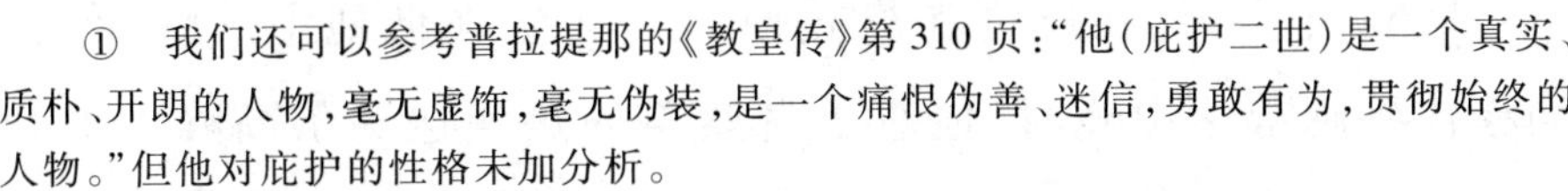

① 我们还可以参考普拉提那的《教皇传》第 310 页："他（庇护二世）是一个真实、质朴、开朗的人物，毫无虚饰，毫无伪装，是一个痛恨伪善、迷信，勇敢有为，贯彻始终的人物。"但他对庇护的性格未加分析。

② 其中最重要的几段如下：（见《庇护二世回忆录》）第 4 卷，第 183 页：故乡之春；第 5 卷，第 251 页：蒂沃利的夏居；第 6 卷，第 306 页：维科瓦渥泉水旁的进餐；第 8 卷，第 378 页：维特尔波的近郊；第 387 页：圣马丁的山寺；第 388 页：博尔塞纳湖水；第 9 卷，第 396 页：阿绵达山的壮丽的描绘。第 10 卷，第 483 页：奥里维托山的形势；第 497 页：托第的眺望；第 11 卷，第 554 页：奥斯提亚和波托；第 562 页：阿尔本群山的描述；第 12 卷，第 609 页：弗拉斯卡提和格罗塔费拉塔；参见第 568—571 页。

③ 阿尔本山是罗马东南的群山。——译者

脉。然后，他的目光转向于在它们下边洼地上的苍翠的森林和在树林中间的清澈的湖水。他觉得托第山峰姿势很美丽，它高踞在布满了葡萄园和橄榄树的山坡上边，俯瞰远处的森林和台伯河的
299 溪谷，那里在弯弯曲曲的河流的两旁建立起许多市镇和城堡。锡耶纳附近可爱的山峦，高高低低地到处点缀着别墅和修道院，那是他自己的家乡；他以一种特殊的感情作了描写。单一的美丽如画的风景，像伸展到博尔塞纳湖①里边的蒙特岬小山嘴，对他也有同样的魔力；我们读过这样的描写："由葡萄藤浓阴覆盖着的岩石蹬道向下通到水边，那里在峭壁悬崖间生长着橡树，画眉鸟的歌唱使它充满生机。"在讷密湖的周围的小路上，在栗子树和果树的下边，他感到就在这个地方，在狄亚娜神的隐居处，一个诗人的灵魂一定是觉醒的。他常常在巨大古老的栗子树下或者在淙淙泉水旁边的绿草地上的橄榄树下召开枢机主教公会或接见使节。一条狭窄的溪谷上边飞架着一座拱桥，像这样的景色也会立刻引起他的美的感受，就是极细微的地方也能通过它的一些美丽的、完好或独特之处给予他一种喜悦——如波涛起伏的亚麻地，漫山遍野的金雀花，甚至于荒林丛草，孤树流泉，在他看来都是自然的奇观。

1462 年夏天，在瘟疫和暑热使人们无法在低地上居住，他因而移住到阿绵达山峰时，他对于自然美的热爱达到了高峰。他和他的廷臣们决定住在半山腰古老的圣萨尔瓦多尔的伦巴第修道院里。从那里，从长在陡坡上边的栗子树中间，可以放眼看到整个南部的托斯卡纳和远处的锡耶纳的群塔。他让他的同伴们和威尼斯

---

① 博尔塞纳湖是意大利中部的一个大湖。——译者

使节一起登上最高峰；他们在峰顶上发现了两块大石头互相重叠
——或者是史前时代的人们的祭坛——并幻想他们在远处看见了 300
科西嘉岛和撒丁岛[①]浮现于海上。在山上的清凉的空气里，在古
老的橡树和栗子树中间，在碧绿的草地上，既没有刺伤足踝的荆 301
棘，也没有害人、扰人的毒蛇和虫豸，这位教皇就在那里度过他的
逍遥自在、无忧无虑的日子。为了一周中间的某些天里所进行的
公文签署，他每一次都选择某一个新的浓阴覆盖的隐蔽处，[②]“当
时他正发现深山穷谷间使人选择为难的新的泉水和新的树阴处”，
在这样的时候，猎狗也许把一只公鹿从它的巢穴中惊起，而那鹿在
用蹄子和叉角抵抗一阵之后，最后一定会逃到山上去。在夜晚，这
位教皇惯常坐在修道院前一个能够看到整个帕格利亚山谷的地
方，和枢机主教们进行愉快的谈话。廷臣们在出外打猎时，冒险从
高处走到山下，发现下边的暑热使人难以忍受，那烧焦了似的大地
像一个地狱，而修道院则树阴笼罩，凉气袭人，真像一个洞天福地。

所有这些都是真正的近代享受而不是一种古代生活的回味。
尽管古代人自己一定也有同样的感受，但庇护所知道的那些作家
们的贫乏的描写也是一定不足以唤起他的这种热情的。[③] 302

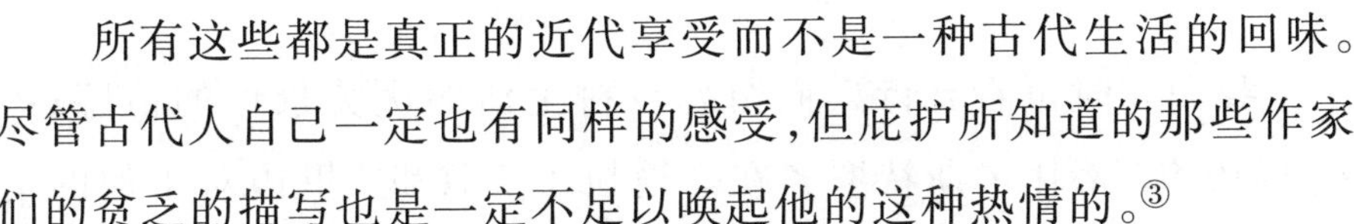

在十五世纪末和十六世纪初那时到来的意大利诗歌的第二个

① 原文作《西西里》，大概是撒丁岛的误写。

② 他暗指他的名字，自称为“森林爱好者和嗜好观赏各种事物者”。

③ 关于里昂·巴蒂斯塔·阿尔伯蒂对风景的感受，见前第149页以后。阿尔伯蒂是伊尼亚斯·希尔维优斯的同时代人，但年岁较轻(《齐家论》，第90页)每当他置身于有着“长满灌木的群山”，“美丽的原野和奔腾的流水”的乡间时，就心旷神怡。在此可顺便一提本波所写的名叫《埃特那火山》的一本小书(1495年初版于威尼斯，后屡经再版)其中在许多冗繁的漫话里有着值得令人注意的地理方面的描述和景色的介绍。

伟大时代，和同时期的拉丁诗歌一样，充分显示了自然对于人类心灵的巨大影响。首先看看那个时代的抒情诗人就足以使我们相信这一点。诚然，对于自然风景做精心的描绘是很少的，理由是在那个精神饱满的时代里，小说和抒情诗或叙事诗另有它们所要处理的事情。博亚尔多和阿里奥斯托有力地描绘了自然，但尽可能地求其简短；他们并没有想用他们的描写来唤起读者的感情，[①]而只求用他们的故事和人物来达到这一目的。事实上，书信作家和哲学对话作家比诗人们更好地证明了人们对于自然的日益增长的热爱。例如，小说家邦德罗严格遵守他那一个文学工作的法则；他在他的小说中对于他的故事在其中展开的自然风景，[②]除了必要的以外，一个字也不多写，但在小说前边常见的献词里，我们看到了关于自然的吸引人的描绘，以作为他的对话和社会生活图画的背景。在书信作家当中，不幸地必须提出阿雷提诺[③]为第一个曾经用语言来充分描绘出意大利黄昏时分晦明交错的壮丽景色的人。

我们有时也看到诗人们留恋乡村生活的优美景色的情感；约在 1480 年，蒂托·斯特罗齐在一篇拉丁文挽歌[④]里边对于他的情妇的居处做了描绘。我们看到了一所古老的布满了常春藤的房子，半隐在树丛中，点缀着已受到风雨侵蚀的圣徒故事的壁画，在

① 在阿里奥斯托的作品中有这种最为精心的描写；其第 6 篇只不过是前景。

② 他各异其趣地处理了他的建筑结构，即使现代的装饰艺术也可以在这方面从他那儿学到一些东西。

③ 《画家书信集》第 3 卷，第 36 页致蒂先书，写于 1544 年 5 月。

④ 《斯特罗齐诗集》，《恋爱诗》第 4 卷，第 183 页；诗中有："他敦促自己快快走到情人那里"之句。

它的附近有一个小教堂，大部分已经为流过它旁边的波河的汹涌奔腾的河流所冲毁；在不远的地方，那个教士在用借来的耕牛耕种他的几路得[①]的贫瘠的土地。这并不是对于罗马挽歌作者的追怀，而是真正的近代情感；在本书的这一部分的结尾处，我们将看到另一篇朴实无华地描写一般乡村生活的同样的作品。

也许有人会反驳说：德国的画家，在十六世纪初，例如阿尔布雷希特·杜雷尔[②]就在他的"浪子"那幅版画里，以完美的技巧成功地表现了这些乡村生活的景色。[③] 但是，一个在现实主义学派的影响下成长起来的画家，如果取材于这些景物，那是一回事，而一个习惯于一种理想的或者神话式的体裁的诗人，如果由于内心的冲动而走上了现实主义的道路，那就完全是另外一回事了。除了这一点外，在时间上的领先，像在乡村生活的描写上一样，意大利诗人也是兼有的。

第四章　人的发现。诗歌中对于人的内心的描写 303

文艺复兴于发现外部世界之外，由于它首先认识和揭示了丰满的完整的人性而取得了一项尤为伟大的成就。[④]

① 路得（Rood）是英国土地面积的名称，合一英亩的四分之一。——译者

② 阿尔布雷希特·杜雷尔（Albrecht Dürer，1471—1528 年）是德国的画家和雕刻家。——译者

③ 参见陶森：《杜雷尔》，来比锡，1876 年版，166 页。

④ 这些恰切的说明，引自密什莱的《法兰西史》第 7 卷引言。

如我们所已经看到的，这个时期首先给了个性以最高度的发展，其次并引导个人以一切形式和在一切条件下对自己做最热诚的和最彻底的研究。的确，人格的发展主要在于对一个人自己的和别人的人格的承认上。本书曾谈到古代文学对这两大过程的影响，因为对于个人和一般人性的理解和表现的方法是受到这种影响感染和得到刻画的。但是这种理解和表现的能力仍是那个时代和那个人民所具有的。

本文将加以引证的事实不多。在这个讨论的过程中，如果说作者感到他在什么地方是立足在危险的猜想的基础之上的，那就是在这个问题上。在他看来是十四世纪和十五世纪的精神运动中间的一个明显的（即使是微妙的和渐进的）过渡，而在别人看来也许不是那么同样地清楚。一个民族的精神的逐渐觉醒这一现象对于每一个旁观者产生的印象可以因人而异。时间将判断哪一个印象是最可靠的。

幸而关于人性的精神方面的研究不是从研究理论心理学出发——为了这个目的，研究亚里士多德就足够了——而是从努力观察和叙述去着手的。这种心理学的不可缺少的理论基础是限于当时流行的、常常和迷信星宿的力量相结合的四种气质的学说。这些概念可能在个人的心理上是难于根除的，但并不妨碍时代一般的进步。当人性的最深奥的本质及其一切典型的表现不仅由于准确的观察已为我们所知，而且被不朽的诗歌和艺术作品所表现的时候，如果我们还能碰到这些概念，那自然会给我们留下独特的印象的。听来可笑，有一个本来应是有能力的观察者认为克莱门七世具有一种忧郁的性格，但由于医生们认为这个教皇具有一种多血质和胆汁质的天性[①]，他就屈服于医生的诊断。[②] 还有，同一个加斯敦·德·弗瓦[③]，这位拉文纳的胜利者，乔治昂给他画过像，本巴亚给他雕过像，而一切历史家也都描写过他，当我们读到 304
他是一个具有沉淀质的人时，[④]也会觉得是可笑的。无疑地，那些使用这些名词的人是有他们的一定含意的；但是他们用来表明他们的意思的那些术语在十六世纪的意大利已是非常陈腐的了。

我们将首先谈谈十四世纪的伟大诗人的诗作，他们是无拘束地描写人类精神的范例。

如果我们从前两个世纪期间的所有西方国家的宫廷诗和骑士 305
诗里边收集精华，我们将得到大批对于内心生活有奇妙观测和独到描绘的作品；这些作品初看起来似乎是可以与意大利人的诗歌相匹敌的。姑置抒情诗不谈，斯特拉斯堡的哥德弗雷[⑤]在他的《特利斯特拉姆和伊索尔特》[⑥]中表现了人类的激情，所具有的某些特色是不朽的。但是这类作品有如沧海遗珠，散处在矫揉造作的老生常谈的作品中间，而它们完全是与描写人类内心及其丰富的精

① 意指具有快活和急躁的天性。——译者

② 托马索·加尔《罗马宫廷报道》第1章，第278和279页。1533年索利亚诺的报告中。

③ 加斯敦·德·弗瓦（Gaston de Foix，1489—1512年）是法国的将军，路易十二的侄子。他曾于1512年指挥法国的军队在意大利作战，以突袭战术著名。——译者

④ 普拉托《历史文献》第3章，第295页以下。“Saturnico”一词指“不幸的”以及“带来不幸”的意思。关于星宿对人的一般性格的影响，见阿格里巴：《论秘密哲学》，第52章。

⑤ 斯特拉斯堡的哥德弗雷（Godfrey of Strasburg）是十三世纪的德国叙事诗人。《特利斯特拉姆和伊索尔特》是他的著名叙事诗。——译者

⑥ 特利斯特拉姆是中世纪的有名的浪漫故事中的主角，他是一个英国爵士，和女主角伊索尔特一同情死。——译者

神面貌的纯客观的描写很不相同的一些东西。

在十三世纪里，意大利也通过“抒情诗人”[①]而在宫廷诗和骑士诗中占有它的一份。主要由于这些抒情诗而产生了“短歌”，这种短歌的构造和任何北方抒情诗人的歌曲构造一样的费力和不自然。无论那个诗人是平民或是学者，它们的主题和思想内容都不外是表达宫廷中歌功颂德的俗套。

但是最后出现了两条新的道路，沿着这两条道路，意大利诗歌能够走向另一个具有特征的将来。它们并不因为只是涉及诗歌艺术的形式和外部方面而就不大重要。

但丁的老师布鲁纳托·拉蒂尼在他的“短歌”里边采取了“抒情诗人”的惯常写法；第一首著名的“无韵诗”，或者说十一音节的无韵诗[②]是他写的，这种诗虽显然不注重形式，但却于无意中表现了一种真实的情感。我们可以在以后一些年代里的壁画中看到，并可以在更晚一些年代里的各种绘画中看到，同样的由于对内心构思力量有信心而有意识地放弃外部的效果。这些绘画开始不再依靠色彩来产生效果，而只是采用一种较淡的或较浓的阴影。对于一个非常重视诗歌的人为的形式的时代来说，布鲁纳托的这些诗标志着一个新纪元的开始。[③]

约在同时，或甚至在十三世纪的前半期，当时在欧洲大量出现

---

① 这里指的是十一世纪至十三世纪风靡于法国南部和意大利北部等的浪漫的抒情诗人。——译者

② 见特鲁基，《意大利未刊诗集》第 1 卷，第 165 页以下。

③ 无韵诗后来变成戏曲文体的普通形式。特利西诺在将其作品《苏芳尼斯巴》献呈列奥十世的题词中表示希望教皇承认他所用的这种文体，承认它比表面看起来的为更好，更可贵和不那么容易。见罗斯科《列奥十世》，菩西版，第 8 章，第 174 页。

的，许多严格对称的韵律形式之一的十四行诗，在意大利成了一种标准的和为人所承认的诗律。诗韵的押法，乃至诗行的数目在整个一世纪中都是有变化的，[①]一直到佩脱拉克才把它们永久固定下来。一切较高的抒情或冥想的主题，以及较晚时期的各种各样描述的主题都是以这种形式来处理的，而那些情歌、六重唱以至"短歌"都被降到了从属的地位。以后的意大利作家半诙谐半愤慨地抱怨这个必须使用的诗型，这个削足适履的普罗克鲁斯特斯的床，因为他们被迫使他们的思想感情适应这种形式。其他的人则无论过去和现在都对于这种特殊的诗歌形式非常满意，他们自由地运用它来表现任何个人对于往事的追怀，或写些没有必要性或严肃目的的无聊的拙劣诗歌。因此，在十四行诗中，拙劣而没有价值的诗比好诗为多。

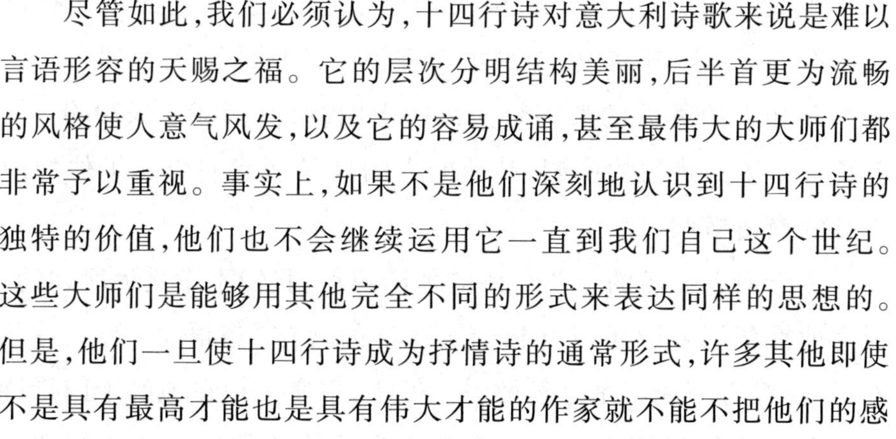

尽管如此，我们必须认为，十四行诗对意大利诗歌来说是难以 306
言语形容的天赐之福。它的层次分明结构美丽，后半首更为流畅的风格使人意气风发，以及它的容易成诵，甚至最伟大的大师们都非常予以重视。事实上，如果不是他们深刻地认识到十四行诗的独特的价值，他们也不会继续运用它一直到我们自己这个世纪。这些大师们是能够用其他完全不同的形式来表达同样的思想的。但是，他们一旦使十四行诗成为抒情诗的通常形式，许多其他即使不是具有最高才能也是具有伟大才能的作家就不能不把他们的感情集中到这种形式里边来，以免迷失于散漫无羁的汪洋大海之中。

① 参见例如但丁所采用的明显的形式，《新生》维泰版。第13页以下，第16页以下。每诗各有二十行长短不齐的句子。在第一篇中，一个韵脚曾出现过八次。

对于意大利文学，十四行诗成了一种思想感情的集中表现形式，这是任何其他近代民族诗歌中所不具有的。

307 因此，意大利的感情世界以一系列清晰、扼要和最简洁有力的描绘呈现在我们面前。如果其他民族也具有这种同样的表现形式，我们对于他们的内部精神生活也许会了解得多些；我们可能有很多描写人们内部生活和外部生活——反映民族特征和民族气质——的作品而不必再依赖十四世纪和十五世纪的所谓抒情诗人来取得这些知识，这些诗人的作品是从来不会使人以认真的欣赏的心情来阅读的。在意大利，我们能够从十四行诗开始存在的时候起看到一种确实无疑的发展。在十三世纪的后半期，如他们最近所称的"过渡时期的抒情诗人"[①]标志着从抒情诗人向诗人——亦即向在古代文学影响下写作的诗人——的过渡。他们的质朴、充沛的感情、活泼有力的叙述，准确的表达，以及他们的十四行诗和其他诗篇的圆满纯熟，都预报着像但丁这样的诗人的到来。圭尔夫派和吉伯林派的某些政治性的十四行诗（1260—1270 年）就已具有但丁的热情的格调，其他的人的作品使我们想起了他的最美妙的抒情格调。

关于但丁自己的十四行诗的理论观点，我们不幸是无所知的，因为他准备用来论述短歌和十四行诗的著作《俗语论》的最后几卷，不是没有写成就是已经散失。但是，事实上他在他的十四行诗和"短歌"里给我们留下了一个内心生活体验的宝库。他把它们组织得多么好呀！他在《新生》一书中用来说明每一篇诗的缘起

① 特鲁基，前引书，第 1 卷，第 181 页以下。

的散文的美妙不亚于那些诗本身，并且和那些诗形成了一个热情 308
洋溢的统一的整体。他以大胆的坦率和真诚来流露他的种种欢乐和悲哀，并毅然把它们熔铸在最严格的艺术形式里。仔细地读这些十四行诗和“短歌”，以及他那散在它们中间的青年时代的日记的那些美好的片段，我们就会想到：整个中世纪，诗人们都是在有意识地避开自己，而他是第一个探索自己的灵魂的人。在他那个时代以前，我们看到了许多艺术诗篇，但他是第一个真正的艺术家——第一个有意识地把不朽的内容放在不朽的形式里。主观的感受在这里有其充分客观的真实和伟大，而它的大部分都是这样表达出来的，因而可以使一切时代和一切人民把它看作为是他们自己的东西。[①] 当他用一种纯客观的精神来写作，并让人们只是从某些外部事实来猜测他的感情的力量时，像在他的辉煌的十四行诗《多么可爱》等篇和《仔细地看吧！》等篇里那样，他似乎就感觉到有请求原谅的必要。[②] 这些诗篇中最美丽的《且行且沉思的巡礼者们》一篇实际就是属于这一类的。

即使没有《神曲》，但丁也会以这些青年时代的诗篇划出中古精神和近代精神的界限。人类精神在向意识到它自己的内在生活方面迈进了一大步。

包含在《神曲》内容里的关于这方面的一些启示简直是数不胜数的。为了从这一观点上来对它做出正确的估价，我们就需要一篇接着一篇地来检阅全诗。幸而我们不需要这样做，因为《神

① 这些就是每一个铁匠和赶驴人吟诵和谐模的“小调”和短歌，这使得但丁非常气愤。（参见弗朗哥·萨克蒂，《故事》第114，115篇。）这些诗歌很快地就流传到民间。

② 《新生》，维泰版，第81、82页以下。《巡礼者哟！》同书，第116页。

曲》很久以来就是一切西方国家每天的精神食粮了。它的布局和它的立意是属于中世纪的，并且只能在历史方面引起我们的兴趣；但是，由于它对于人性的每一种类型和表现都做了有力而丰富的描写，所以它仍不失为是一切近代诗歌的滥觞。[①]

从这个时代以来，诗歌大概经历了各种不同的命运，可能约有半个世纪之久呈现了一种所谓退步的现象。但是，它的更高的和更重要的原则却永远被保全下来了。在十四、十五世纪和十六世纪初，无论什么时候，一个有创造力的作家，只要他忠实于这个原则，他和意大利以外的任何诗人（假设他们首先有同等的天赋才能）——这自然未必容易得到满意的解决——相比，就代表着一个更为进步的阶段。

在这方面，文学——诗歌是属于其中的一种——像在意大利的其他事物中一样，是走在造型艺术前边的，而且事实上给它们以主要的刺激。过了一百多年，绘画和雕刻的精神要素才在任何方
310 面得到了可以和《神曲》相比的表现力量。这一条规律对于其他国家的艺术发展适合到什么程度，[②]和这一整个问题有什么重要性，这与本书无关。对于意大利文明来说，它却有决定性的重要意义。

在这一方面应该给予佩脱拉克以什么样的地位，必须由这位诗人的许多读者来决定。有的人以检察官的精神来研究他，并汲汲于发现他作为“诗人”和作为“人”之间的冲突，以及他对于爱情

---

① 说到但丁的心理，《炼狱篇》第四歌的开始部分是最重要的一段。又见《宴会》和这问题有关的部分。

② 范·艾克派的肖像画证明北方恰恰相反。这些画在长时期内远远胜过一切语言的描绘。

的不忠实，和他的性格的其他一些弱点。这样全力以赴之后，结局可能对他的诗歌完全失去了兴趣。那么，我们可以取得一些关于这个人的“整体”的了解来替代艺术欣赏了。可惜的是佩脱拉克从阿维尼翁写的书信里很少有可以被我们抓住的闲话，而他的熟人和他的熟人的朋友们的书信也不是已经散失就是从来就没有过。当我们不是被迫去追问一个诗人怎样和通过什么样的斗争，从他自己的可怜的生活和命运中挽救了一些不朽的东西时，有的人却不是为此去感谢上帝，而是从这些所谓的“遗稿”中为佩脱拉克组织成一篇读起来像起诉书一样的传记。但是，诗人可以自慰。如果要像在英国和德国已经开始做的那样，把名人书信的印刷和编纂再延长半个世纪，他将有许多有名的同伴和他一起坐在忏悔席上。

虽然我们在他的诗歌中看到一些勉强的、不自然的东西，这仅仅是作者在有意地重复自己的格调和按照老调来歌唱，但我们仍不能不叹赏那些灵魂深处的许多美妙的图画——刹那之间的欢乐和悲哀的描写。这些一定都完全是他自己的，因为在他以前，没有一个人作过任何这种描写，而他对于他的国家和全世界的重要意义就在于此。他的诗并不是在所有的地方都同样地浅显易懂；伴随着他的最美丽的思想，有时也出现一些牵强的比喻或者逻辑学上一些诡辩的把戏，这些都是不合于我们现在的口味的。但是比较起来，这些诗歌还是优点居多。 311

薄伽丘在他的不大为人所知的十四行诗里，[1]有时也成功地

① 刊印在他的《俗语著作集》第16卷中，见兰道的《薄伽丘》（斯图加特，1877年版）第36—40页。他特别强调了薄伽丘对但丁和佩脱拉克的信赖。

对他的感受做了最有力的和最有效果的描绘。“回到被爱净化了的地方”（第二十二首）、“春的忧郁”（第三十三首）、“诗人老去的悲哀”（第六十五首），他都写得很好。在《爱弥多》[①]里，他描写了爱情使人性趋于高贵和纯净的力量，那种风格几乎使人想不到它
312 是出自《十日谈》作者的手笔。[②] 在《费亚梅塔》[③]中，我们看到了另外一幅充满了最敏锐的观察力的关于人类灵魂的伟大而细致的描写，虽然它美中不足，由于缺少一致性，和有些部分因为爱用响亮动听的词句，以及不幸地把神话比喻和经典引文混杂在一起而受到了损害。如果我们没有看错的话，则《费亚梅塔》可以说是但丁的《新生》的一种姊妹作，或者无论如何，它是导源于《新生》的。

毫无疑问，古代诗人，特别是挽歌作者和维吉尔在他的《艾尼伊德》第 4 卷里，对于这一世代和下一世代的意大利人并不是没有影响的；[④]但是意大利人内心的感情的源泉是强有力和独特的。如果我们在这一方面把他们和其他国家的同时代人相比，我们将发现他们本身是最早充分表达近代欧洲感情的。不要忘记：问题不是要知道其他民族的优秀人物是不是和他们有同样深刻而崇高的感受，而是谁首先以作品证明他们具有人类心灵活动的最广泛

---

① 《爱弥多》是薄伽丘所写的以农村爱情故事为题材的诗篇。——译者

② 见于维纳斯节日后，牧羊人提奥加伯的歌唱中。《全集》蒙提埃版，第 15 卷，第 2 章，第 67 页以下。参见兰道，第 58—64 页；关于《费亚梅塔》见兰道，第 96—105 页。

③ 《费亚梅塔》是薄伽丘所写的自叙体的爱情小说。——译者

④ 十五世纪初人文主义学者的领袖，著名的列奥那多·阿雷提诺承认：“古希腊人在人情方面，在心地可爱方面远比我们意大利人为优。”但这番话是他在一篇叙述病弱的王子安底奥科及其继母的感伤小说的开头说的，这是一个意义含混和半亚洲性质的文件。（作为附录刊在《古代故事百篇》的后面）

的知识。

为什么文艺复兴时期的意大利人在悲剧上没能够超过第二流的地位呢？那是一个表现人类的性格、思想和感情的成长、斗争和衰落的种种不同的形式的园地。换句话说，为什么意大利没有产生莎士比亚呢？十六世纪和十七世纪的意大利人没有理由害怕和英国以外的其他北方国家的戏剧相比；但他们却不能和西班牙人的戏剧争衡，因为意大利早已失去了宗教狂热的一切痕迹，把可尊敬的骑士道德仅仅看作是一种形式，并且他们非常聪明，非常骄傲，不愿意在它暴虐的不合法的主人们面前屈膝。① 所以我们只能考虑到繁荣时期不长的英国戏剧了。

一个明显的回答是：全欧洲只产生了一个莎士比亚，而这样的人是不世出的天赋奇才。更可能的是：当意大利戏剧正要完成一些伟大的事业时，反宗教改革运动爆发了，再加上西班牙对那不勒斯和米兰的统治并间接地对整个半岛的统治之助，使得意大利精神的最美丽的花朵濒于枯萎。很难想象，在西班牙总督的统治下，或者在罗马宗教裁判所的旁边，或者甚至在几十年以后莎士比亚自己的国家里，在英国革命时期，能产生一个莎士比亚。达到完美地步的戏剧是每一个文明的晚期产物，它必须等待它自己的时代和命运的到来。

但是，在离开这个题目之前，我们还必须提到阻碍或推迟了意大利戏剧高度发展的一些情况，直到这些情况已成为过去时为止。

作为这些原因中最重要的一个，我们必须肯定地提到，这个民

① 毫无疑问，宫廷和君主都受到他们的应景诗人和剧作家足够的阿谀奉承。

族的舞台兴趣被引向了另一方面，主要是被引向了奇迹剧和宗教
313 游行仪式的方面。在全欧洲，有关宗教的历史和传说的戏剧演出形成了世俗戏剧的滥觞；但是，意大利（我们在后文中还要详加叙述）在奇迹剧的布景点缀上极为豪华富丽，因而不能不有害于戏剧要素。从所有这些数不尽的奢侈的表演当中，甚至像卡尔德隆[①]的《圣餐神秘剧》和其他西班牙诗人那一派的诗剧都产生不了，更不用说对于正规的戏剧提供任何有利条件或基础了。[②]

当正规的戏剧最后出现时，它立刻就专注意到辉煌壮丽的舞台布景效果方面，因为奇迹剧已经在极大程度上使公众趣味习惯于这种布景了。当时北方各国认为最简单地指明故事发生的地点已经够了，我们惊异地了解到在意大利的布景是多么富丽堂皇。如果不是观众的注意力一部分被华丽的服装，一部分而且是主要地被异想天开的插曲（幕间插曲）所吸引，而不注意戏剧的诗的构想的话，单是这一点或许对于戏剧不至于有如此不利的影响。

普劳图斯和德兰斯以及古代的悲剧作家的作品，在许多地方，特别是在罗马和费拉拉，是以拉丁语或意大利语上演的（见边码246、257页），我们已经说过的那些学会（见边码第309页）以此作为它们的主要目的之一，文艺复兴时期的诗人们过分拘泥地模仿这些范例，所有这些对于我们所说的这个时期的意大利戏剧都是不利的条件。可是我认为这些还是次要的。如果不是反宗教改革和外国人的统治干预，这些非常不利的条件可能转变成为有用的

---

① 卡尔德隆（Calderon，1600—1681年）是西班牙的戏剧诗人。——译者

② 参见格累哥罗维乌斯所持的相反见解。《罗马史》第7卷，第619页。

过渡手段。无论如何,到了 1520 年,引起人文主义者极大憎恶的本国语言在悲剧和喜剧上的胜利是肯定了的。[①] 当时,在这一方 314
面,在欧洲这个最发展的民族的道路上,并没有什么障碍阻止他们以戏剧的卓越形式来把戏剧提高成为人类的生活和命运的一种真实的反映。正是异端裁判所的法官和西班牙人使意大利精神遭到了威胁,使他们不可能表现最伟大和最崇高的主题,尤其是当这些主题联系到追怀故国爱国热情的时候。同时,分散注意力的幕间插曲无疑地给了戏剧以严重的损害。我们现在必须对它们做进一步的考察。

在庆祝费拉拉的阿尔方索和露克瑞佳·波几亚的婚礼时,赫克里斯大公亲自对他的上宾们展示了供上演普劳图斯的五部喜剧时穿用的一百一十套服装;为的是使大家都看到它们之中没有一件被穿用过两次。[②] 但是,所有这些丝绸羽纱服装的展览和作为普劳图斯戏剧的幕间插曲的舞剧和哑剧比起来简直不算什么。和一个像伊莎贝拉·贡查加那样的年轻活泼的女郎相比,普劳图斯本人也成为十分愚蠢呆滞的了,而当我们想到那些以光辉灿烂的画面出现在舞台上的幕间插曲时,我们就会感到在戏剧进行当中每个人都盼望着看幕间插曲是完全可以理解的。在幕间插曲中还可以看到罗马武士的战斗,他们随着音乐的节奏挥舞着他们的兵

① 保罗·乔维奥:《著名学者对话集》,见提拉菩斯基,第 7 卷,第 4 章。吉拉尔德:《论我们时代的诗人》。

② 伊莎贝拉·贡查加写给丈夫的书信(写于 1502 年 2 月 3 日),见《历史文献》附录 2,第 306 页以下。参见格累哥罗维乌斯:《露克瑞佳·波几亚》第 1 卷,第 255—266 页,第 3 版。在法兰西宗教剧演出时,演员们首先排队在观众面前走过,称为"亮相"。

器，还有摩尔人所表演的火炬舞，这是一种野蛮人的舞蹈，他们拿
315 着许多号角，号角里边冒出流动着的火光——所有这些都是一个哑剧的舞蹈，这个哑剧是演从一个恶龙的利爪下救出一个女郎的故事。其次还有一种扮成潘趣[①]的小丑的跳舞，用猪尿脬和更多的这一类的东西互相厮打。在费拉拉的宫廷里边，从来没有一个喜剧的上演不伴以它的舞蹈（化装舞）的。[②] 不能肯定普劳图斯的《安菲特鲁奥》[③]是以什么形式上演的（1491 年，在阿尔方索第一次的婚礼，即与安娜·斯福查结婚的典礼上）。可能它不是以正剧而是以音乐伴奏的哑剧形式上演的。[④] 总之，那些附属的东西比戏的本身更为可观。有一种身披常春藤的青年合唱舞，随着乐队伴奏的音乐交错地回旋移动；然后出现了阿波罗，用琴拨拨动着

① 潘趣（Punch）是英国傀儡喜剧的主人公中的一个，背驼，鼻长而钩，引人发笑。——译者

② 《费拉拉日记》，载木拉托里，《意大利史料集成》第 24 卷，第 404 栏。从有关该城舞台记录的第 278、279、282—285、361、380、381、393、397 等章节里可以看出，普劳图斯在这些庆典中是最受民众欢迎的剧作家，他的剧本的演出有时延长到凌晨三点，甚至是在露天进行。舞剧则没有任何意义，和当时在场的人们以及所庆祝的内容也没有任何联系。当时伊莎贝拉·贡查加确实在渴想她的丈夫和孩子并且不满意她兄弟和露克瑞佳的结合。她曾经谈到她对这次婚姻和为这次婚姻所举行的庆典的“冷若冰霜”。

③ 《安菲特鲁奥》是普劳图斯根据希腊传说中的人物安菲特鲁奥所写的一部滑稽剧。——译者

④ 《斯特罗齐诗集》，第 232 页。诗句如下：

“君不见讽刺剧突出了它的主题，
并对观众使用了流畅的语言，
姿态、音容都像米纳呵米喜剧，
形式优美，使人喜闻乐见。”

米纳呵米喜剧 1486 年也曾在费拉拉演出，靡费一千多个金币。木拉托里，第 24 卷，第 278 栏。

竖琴,唱着颂歌来赞扬伊斯特家族;接着,作为插曲中的插曲,表演一种乡村的笑剧;在这以后,舞台上又出现了表演爱神、酒神及其从者的古代神话剧,和表演巴利斯[①]裁判的一种哑剧。这以后才演《安菲特鲁奥》传说的后一半,明显地谈到伊斯特家族的一个赫克里斯的未来诞生。同一个戏剧的在宫廷庭院里上一次上演时(1487 年),"装有星光和其他轮转烟火的天堂"一直在燃烧着,它的用意或者是在用烟火来照明,但是,无疑地,它吸引了观众的大部分的注意力。如果这些表演像在其他宫廷上的那样分开来进行,它肯定会好一些。在我们将来谈到一般的节日庆典时,我们将说一说枢机主教彼埃特罗·利阿里奥、波洛尼亚的本蒂伏利奥和其他的人所举行的游艺活动。

这种当时很普遍的舞台上的富丽堂皇的布景对于意大利悲剧产生了一种有害的影响。费兰切斯科·桑索维诺写道[②]:

> "以前在威尼斯,除了喜剧外,古代和现代作家所写的悲剧以辉煌的形式在舞台上演出。有名的场面布景吸引来了远近的观众。当时,戏剧由私人在他们的私邸上演;而以喜剧和其他愉快的游艺来度过狂欢节早已成为固定的习俗。"

换句话说,舞台上的布景炫耀促成了悲剧的消灭。

那些近代悲剧作家的许多努力或尝试(其中最有名的是特利 316
西诺的《苏芳尼斯巴》)是文学史上的东西。对于模仿普劳图斯和德兰斯的文雅的喜剧也可以这样说。就是阿里奥斯托在这种体裁

① 巴利斯是希腊神话中的特洛伊王子,因夺取斯巴达王的妃子海伦而引起特洛伊战争。此处所说的是指巴利斯为三女神裁判分金苹果的故事。——译者

② 弗兰切斯科·桑索维诺:《威尼斯》,第 169 页。这段文字不十分清楚。

上也没有产生第一流的作品。另一方面,像马基雅维里、贝比埃那和阿雷提诺所写的通俗的散文喜剧如果不是它的内容判定了它的毁灭的话,可能有它的前途。这种作品一方面极端不规则,另一方面,它的目的是在于讽刺社会上的某些阶级,这些阶级在十六世纪中叶以后已经没有理由再受到公众攻击了。如果说在《苏芳尼斯巴》里边,性格的描绘已经让位给漂亮的演说,在喜剧里边,这种演说和它的异母姊妹即关于人物性格的并不逼肖的滑稽描写也是被用得太随便了。尽管如此,这些意大利喜剧,如果我们并没有错的话,仍是首先以散文写成和取材于现实生活的作品;而为了这个理由,它们在欧洲文学史里仍是值得一提的。

悲剧和喜剧的写作,古代和近代戏剧的上演并没有中断过;但是,它们不过是作为节日的表演项目而已。这个民族的天才转向其他方面来取得生活的兴趣。当歌剧和田园故事出现时,这些努力最后完全被放弃了。

只有一种喜剧形式是,并且始终是属于这个民族的,即没有剧本和即席表演的"假面戏"。它在刻画人物性格上不起多大作用,因为所用的面具数目不多,并且对于每一个人都是熟悉的;但是,这个民族的才艺之士对于这种戏剧形式爱好很深,甚至,往往在表演有剧本的喜剧中间,演员们也要求助于他们自己的妙想来演出,[①]因而在某些地方产生了一种新的混合形式的喜剧。布尔奇埃洛在威尼斯演出的和以后由亚尔莫尼奥、朱加托、多尔切等人的

---

① 桑索维诺在《威尼斯》,第 168 页嗟叹"朗诵者""以其杜撰或过于可笑的人物"搞垮了喜剧。其意可能指此。

戏班演出的戏或者就是属于这一类的。[1] 我们清楚地知道，布尔奇埃洛常常把希腊语和斯拉夫语与威尼斯方言混合在一起来增加喜剧的效果。一个完全的或者十分接近于完全的“假面戏”是由人们把他叫作“鲁赞特”二世的安吉洛·贝奥科（1502—1542 年）演出的。他享有一个诗人和一个演员的最高声誉，作为一个诗人，人们把他和普劳图斯相比，作为一个演员，则把他和罗修斯[2]相比；他和他的几个朋友组织了一个戏班，他们以米那多、维佐、比洛拉等等名字作为帕多瓦的农民出现在他的剧作里。当他在他的保护人卢吉·科尔纳罗（亚罗希乌斯·科尔内利乌斯）的科德维科地方的别墅里度过夏天时，[3]他学习了农民的语言。逐渐地一切有名的地方假面戏都出现了，流传下来的如庞达龙医生、布利格拉、普奇涅拉、阿尔莱奇诺等等剧目仍是我们这个时代的意大利人民所喜闻乐见的。其中大多是很古老的，并且可能在历史上和古代罗马闹剧中的假面角色有联系；但是，直到十六世纪，才把它们中的几个合在一起构成一出戏。现在这种情形已经不常见了；但是每一个大城市仍然固守着它自己的地方假面戏——那不勒斯是普奇涅拉、佛罗伦萨是斯登托雷洛尔、米兰是它常常认为非常美妙

① 见前引桑索维诺作品〔然而，如盖格尔所证实，他并没有谈到戏班在哪个人领导下。——英译者〕。

② 罗修斯（Roscius，公元前 126—前 62 年）是最有名的罗马演员。他曾受到罗马执政官苏拉的特殊奖励，享有空前的盛名。——译者

③ 斯卡尔狄奥尼乌斯《帕多瓦古都记》（收入格雷维乌斯的《宝典》，第 6 卷第 3 章第 288 栏以下）一般说来，它是方言文学中重要的一节。其中有一段如下：“此后，唱喜剧的戏友、同道和竞争者都是帕多瓦的青年贵族，如马尔库斯·奥列里乌斯·阿尔瓦劳图斯，在他的喜剧里常叫他做美那图斯；又，希罗尼姆斯·扎乃图斯常叫他做维扎；又，卡斯特尼约拉往往叫他做彼萝拉，以及其他善于学习农民语言，超出别人的一些人。”

的米纳吉诺[1]。

意大利人民或者比任何其他民族更有能力在戏剧的镜子当中反映出和默察出它自己的卓越的才能。对于这样一个民族来说，这种假面戏确实可以成为一种小小的补偿。但是，这种能力注定要在几世纪里遭到敌对势力的破坏，而这种敌对势力的居于统治地位，意大利人只能负一部分责任。普遍的戏剧表现才能是不能真正被灭绝的，并且在音乐上意大利很久以来就在欧洲保持着优越的地位。在这音乐领域里能够看到对于戏剧——它的一切前途已经遭到否定——有所补偿的人，无论如何得到了不小的安慰。

318 或者我们能在叙事诗里看到舞台上所不能给我们的东西。可是，对意大利英雄史诗的主要责难恰恰就在于它的人物表现得不突出和不完整。

这种英雄史诗除了我们所承认的优点之外，还有一值得一提之处，那就是它得到实际阅读和经常重印达三个世纪之久，同时其他民族的叙事诗却几乎全部成了不过是文学上或者历史上的一副古董。这是不是或者由于读者的口味关系，他们所要求的和北方公众感到满足的东西有所不同呢？当然，没有深入理解意大利感情到某种程度的能力，是不可能欣赏这些诗篇的特有的优点的，而许多著名的人物宣称他们对这些诗篇全无了解。真的，如果我们只是着眼于作品的思想内容来批评普尔奇、博亚尔多、阿里奥斯托

---

① 后者早于十五世纪时就已经存在了，可从《费拉拉日记》1501 年 2 月 2 日条看出来："埃科尔公爵照例举行一个米纳吉诺节。"木拉托里，第 24 卷，第 393 栏，但不能同普劳图斯的米纳呵米混淆起来，因为米纳呵米一词并无笔误。前引书，第 278 栏。见上文，第 315 页。

和贝尔尼，我们就不免对他们失之于不公平。他们是为一个特殊的杰出的艺术民族而写作的一种特殊的艺术家。

在骑士诗逐渐濒于衰歇之后，中世纪的传说故事一部分以改写的诗和诗集的形式，一部分以散文小说的形式被保存下来。在十四世纪期间，在意大利就是后一种情况；但是，新觉醒的对于古代的追忆很快地成了一种庞大的势力，并且不久就使中世纪的一 319
切幻想的产物暗淡无光。例如，薄伽丘在他的《爱的梦想》[①]里边，在他的迷人的宫殿里的主角中间提出了特利斯特拉姆、阿瑟[②]、加利多和其他名字，但是提得很简单，好像他羞于提到他们似的。以后的作家们或者根本不提到他们，或者仅仅是为了取笑的目的而提到他们。但是人民却把他们保持在记忆里，并且从人民那里又把他们传到十五世纪的诗人们的手中。这些诗人们当时是能够以一种完全新的方式来想象和表现他们的主题的。但是他们做得更多。他们加入了很多新的成分，并且事实上从头到尾地改编了它。我们不能期待他们以人们一度对于这种主题的尊敬态度来处理它们。所有其他国家一定羡慕他们有这样的有利条件，即人民对于这些主题感到兴趣因而使他们的作品受到欢迎；但是他们却不能以尊敬的态度毫无伪善地来对待这些虚构的故事。[③]

① 《爱的梦想》是薄伽丘的一部诗集，写他自己在梦中被一个女人引导去看古代和中世纪的许多英雄和伟大的忠实于爱情的人物。——译者

② 阿瑟(Arthur)是阿瑟传说中的主人公。据传他因为从铁砧里拔出了一把刀而成为英国的王。有许多关于他的勇武冒险的英雄故事。——译者

③ 普尔奇恶意地为其巨人马尔固特的故事杜撰了一本若有其事的世界古代传说。(《摩尔根特巨人》第3歌，第153节以下)利莫尔诺·比多科的批判性序文尤为可笑(《小奥兰多》第1章，第12—22节)。

他们不是这样做，而是在诗歌已经获得的新天地中自由自在地活动。他们的主要目的似乎是：在他们的诗歌被朗诵时应该产生最悦耳动听的和最使人兴奋的效果。这些作品在读的时候的确很受欢迎，但不是作为一个整体而是片段，并且在声调和姿势上给人一种轻微的喜剧的感觉。如对性格作更深刻的和更细致的描绘很少能增加这种效果；虽然读者可能要求这样，但那个看到吟诵者站在他面前、并且每次只听到一段的听者却根本没有想到它。诗人对于他所看到的一些现成的人物形象有两种感情：他的人文主义的教养反对他们的中世纪的性格，而他们的战斗，作为诗人自己时代的战争和武士马上比武的相应部分，要求他用他的全部知识和艺术力量来描写，而同时也要求朗诵者使出浑身解数。因此，即使在普尔奇的著作中，[①]严格说起来，我们也看不到骑士精神的谐模诗文，尽管他的武士们的粗鲁脾气有时和骑士精神很相近。在这些武士们旁边，还有一个好斗的典型——那个逗笑的快活的摩尔根特——他用钟铎统治着整个军队，而在和奇形怪状的最有趣的怪物马尔固特相比时，他自己却感到犹堪自慰。但是，普尔奇并没有特别着重描写这两个粗鲁有力的人物，而他的故事，在他们已经从那里边消失了很久之后，还是以其独特的方式保持下去。博亚尔多[②]以同样的技巧处理他的人物，随意地把他们使用于严肃的或者可笑的目的；他甚至于在超自然的神灵身上开玩笑，有时故

① 《摩尔根特》一书写于1460年及1460年以后的几年，并于1481年首先在威尼斯出版。最后一版由塞尔摩尼在佛罗伦萨印行。关于比武，见第5卷，第1章。关于下文，见朗克的《意大利诗词史》（1837年柏林版）。

② 《迷人的奥兰多》，全本初版于1494年；前面的三分之二早在1487年就出版了。

意地把他们描写成为乡下佬。但是,有一个艺术目的是他和普尔
奇都同样热诚地追求的,那就是:对于一切出现的东西都做生动而
准确的描写。普尔奇在他的著作一部接着一部写完时,就在“豪
华者”洛伦佐的社交界面前朗读他的诗篇,同样地,博亚尔多也在
费拉拉的赫克里斯的宫廷上朗读他的诗。可以想象得到,这样的 320
听众要求什么样的好诗,而诗人对于人物的深刻的描写又很少会
赢得感谢。在这种情形之下,这些诗篇自然不会形成一个完全的
整体,并且也可以是像现在那样长短的一倍或一半的。他们的作
品不是一部伟大的历史图画,而是一条交织着许多美丽图形的浮
雕带或某些鲜艳的雕饰,恰好像在一条浮雕带上的图形或者花纹
上,我们看不到个别形象的细致刻画或远近配景,以及不同的平面
一样,我们从这些诗篇里也不能期待看到多少这些东西。

不断使我们感到惊奇的是:丰富多彩的新的诗歌形式,特别是博亚尔多的作品,使我们对于史诗的要素所下的学院式的定义遭到了揶揄。对于那个时代来说,这种文学形式最适合于脱离开考古研究,而且也确实是重新建立一种独立的叙事诗的惟一可能的手段。因为把古代历史写成诗歌只能引向重蹈佩脱拉克和特利西诺的覆辙,佩脱拉克以拉丁文写了六音步诗《阿非利加》,一百五十年后,特利西诺以“无韵诗”写成了《从哥特人手里救出来的意大利》,是一部冗长的以无可指责的语言和格律写成的诗篇,它使我们怀疑这种不幸的结合是不是最有害于历史或者诗歌。[①]

但丁的《神曲》在哪些地方对于那些模仿他的人有诱惑力呢?

① 《从哥特人手里救出来的意大利》,1547 年,罗马版。

佩脱拉克写的幻想的《凯旋》[①]，是在这种影响下写成的最后一部使我们感到满意的作品。薄伽丘的《爱的梦想》实际上不过是按照比喻的形式来罗列历史的或者传说中的人物。[②] 其他的人以对
321 于但丁《神曲》的第一篇的奇怪的模仿作为他们的作品的序言，并为他们自己准备下某种相似的类比来替代维吉尔。例如，乌贝蒂在他的地理诗《狄达蒙多》——中选定了索利努斯，而乔万尼·桑蒂则在对于乌尔比诺的菲德利哥的颂词中选定了普鲁塔克。[③] 使这个时代摆脱这种错误倾向惟一的补救途径就是普尔奇和博亚尔多所代表的新的叙事诗。对于这些诗篇所表示的赞许和惊奇，以及叙事诗或者将永远不会再得到同样的幸运的情况，就是人们如
322 何非常需要它的一个有力的证明。如果要问在这些作品里是不是体现了我们自己这个时代从荷马和《尼伯龙根之歌》[④]所形成的关于史诗的理想，那是无聊的；它们自然是他们自己那个时代的理想。如我们已经说过的，由于对战斗做没完没了的描述（对于我们这是这些诗篇的最惹人厌倦的部分），它们满足了一种实际的兴趣，而我们对于这种兴趣是难以正确理解的[⑤]——的确，正如对他们当时给予这些作品的重视，认为它们生动而真实地反映了正

① 《凯旋》是佩脱拉克很多篇诗篇的总称，其中包括有《爱的凯旋》、《死的凯旋》等等。——译者

② 见上文和兰道的《薄伽丘》64—69 页。但必须指出，这里所提到的薄伽丘的作品写于 1344 年以前，而佩脱拉克的著作则是在劳拉死后即在 1348 年后写成的。

③ 瓦萨利，第 8 卷，第 71 页，《拉斐尔传》注释中。

④ 《尼伯龙根之歌》（Nibelungenlied）是德国中世纪无名诗人所写的叙事诗，其中包括北方人民的许多原始的英雄故事，这些诗篇特别长于对人物性格的刻画。——译者

⑤ 在《伊里亚特》中，有很多这类的描写，都是我们现代的兴趣所不需要的。

在过去的那个时代,我们也是同样难于正确理解一样。

以阿里奥斯托所著《狂怒的奥兰多》①表现人物性格的程度作为对著者的检验标准是最不恰当的。的确,那里边有人物,并且经过作者深情的细致的刻画;但是,这篇诗不是靠这些来取得它的效果,而且如果描写得再多一些,它将是一个失败而不是一个成功。对于这些描写的要求是一种更广泛的和更一般的愿望的一部分,阿里奥斯托没有像我们今天盼望得到满足那样地来满足这种愿望。从这样一个有名的和具有如此卓越的才能的诗人,我们一定会乐于得到比奥兰多的冒险经历更好的一些东西。我们可能希望从他那里得到一部表现人类内心最深刻的冲突,表现他那个时代关于人神两界的最高超的思想——总而言之,像《神曲》或《浮士德》那样的一种高度综合的作品。但是他没有这样作:他像他自己那个时代的造型艺术家一样,不注意我们所说的独创性,仅仅是仿造一群熟悉的人物,而且甚至在适合他的目的时,利用他的前人给他留下的那些细节描写。话虽如此,但他仍然能够达到的优美程度对于那些生来没有艺术感受能力的人来说,他们越在其他方面渊博精通,就将越难于理解。阿里奥斯托的艺术目的是把辉煌灿烂、生动活泼的情节平均分布在他的全部伟大诗篇中。为了这个目的,他不仅需要人们原谅他没有对于人物作较深刻的表现,而且也需要人们原谅他没有在他的故事当中保持任何紧密联系。必须允许他随时随地拾起已经失掉了的和忘记了的线索;他的主角

① 1516 年初版《狂怒的奥兰多》(*Orlando Furioso*)是阿里奥斯托所写的关于骑士浪漫生活的一篇叙事诗,其中充满了基督教武士的冒险与恋爱的故事,主角是奥兰多和他的爱人安吉莉佳,奥兰多曾因失恋而发狂。——译者

们必须来来去去，不是由于他们的性格，而是因为故事有这种要求。可是就在这种显然是不合理的和任意的作品体裁当中，他仍然表现了一种和谐的美，始终未在描写中迷失方向，而只是在不阻碍故事的顺利进行的情形下对于场面和人物做一种素描。他更没有沉迷在对话和独白中，[①]而是以把一切变化为生动活泼的故事来保持真正的原始叙事诗的崇高的殊荣。在字句中间，甚至在有名的描写罗兰的疯狂的第二十三篇和以下各篇里，都看不出他的哀愁。[②] 这个英雄的诗篇里的恋爱故事没有一切抒情诗的温柔必须视作是一个优点，虽然从一个道德观点上来看它们不一定能得到人们的赞同。尽管围绕在恋爱故事周围的有一切变幻的和虚构
323 的事迹，但故事有时是如此的真实，使得我们可能认为它们是这个诗人自己的身边私事。在他完全意识到他自己的天才的情形下，他没有顾忌地把他自己那个时代的事件交织在他的诗篇中，并且在幻想和预言中来赞颂伊斯特家族的盛名。他的美妙而流利的八行诗带动全诗平稳而尊严地向前发展。

有了泰费洛·费伦哥，或如他自称的利墨尔诺·比多科，对整个骑士制度的讽刺作品达到了它久已希求的目的。但是在这里，喜剧必然会以它的现实主义精神要求对性格作更细致的刻画。在一个罗马乡镇苏特立那里受半野蛮的流浪儿童的陋习熏染的小奥兰多[③]，在我们眼前长成为一个英雄，一个仇恨教士者和一个辩论

① 插入的谈话本身就是些故事。

② 如普尔奇的《摩尔根特》，第 19 歌，第 20 节以下。

③ 见《小奥兰多》1526 年初版。（弗伦哥所写的一篇有名的关于骑士生活的滑稽叙事诗《小奥兰多》和《狂怒的奥兰多》一样，也是以奥兰多为主人公。下文所述都是这篇叙事诗中的情节。——译者）

家。自普尔奇时代以来就得到承认的并被用作为这篇叙事诗的背景的传统社会在这里崩溃了。武士们的出身和地位，像在第二卷驴赛会里那样被公开地加以嘲笑，在那里，骑士们是以最可笑的武装出现的。诗人以讽刺的口吻对于似乎是植根于美因兹的加诺家族中的无法解释的不讲信义行为、费力地获取都伦达诺宝剑事件等等表示遗憾。事实上，传说只是被他用来作为插曲、可笑的幻想、对时事的讽刺（其中有一些如在第六章结尾写得非常好）和猥亵的戏谑的基础而已。其中还杂有对于阿里奥斯托的某种明显的嘲笑。《小奥兰多》和它的路德邪说不久被异端裁判所禁止，这对于《狂怒的奥兰多》来说实在是幸运的。这篇诗里谈到贡查加家族起源于武士圭都（第五章，第二十八首），它的讽刺是很明显的，因为科伦纳家族认为奥兰多，奥尔西尼家族认为利纳多，而伊斯特家族则——依照阿里奥斯托的说法——认为鲁吉洛是它的祖先。[①] 诗人的保护者，费兰德·贡查加或者也曾经参加了对于伊斯特家族的这种讽刺。

在托尔夸托·塔索的《耶路撒冷得救》[②]中，诗人的一个主要任务就是对人物的刻画。这只是证明了他的思想方式和半世纪以前风靡一时的思想方式有多大的不同。他这部优秀的著作是当时业已完成的反宗教改革运动以及那个运动的精神和趋向的真正纪念碑。

---

① 贡查加家族和科伦纳家族均与伊斯特家族有世仇。《小奥兰多》的作者弗伦哥是受贡查加家族保护的，所以他在诗中对于伊斯特家族有所讽刺和嘲笑。圭都、鲁吉洛都是这篇诗中提到的人物。——译者

② 《耶路撒冷得救》是叙述骑士故事、记载十字军东征事迹的叙事诗。——译者

第五章　传记

在诗歌的领域之外，对历史人物按照他的内部的和外部的特征加以准确的描写，意大利人在这方面也是一切欧洲民族中最先表现出有一切卓越的才能和爱好的一个民族。

诚然，在中世纪里，人们在这方面是做过相当努力的。教会的圣徒故事，作为一种经常的传记工作，一定在某种程度上使这种描写的兴趣和才能传了下来。我们在修道院和大教堂的年鉴中，可以看到许多圣职人员，如帕德博恩的美因渥克、基尔德希姆的高德哈德等人的生动的形象；并且还有以含有美妙的特写的仿古代作家——特别是苏多尼乌斯——的作品对几个德意志皇帝的描写，它们和其他世俗"传记"确实是恰好不断地与神圣的圣徒故事相配合。不过，无论是爱因哈德或拉德维库斯[①]的作品都不能和儒安维尔[②]对于圣王路易[③]的描写相比，这部传记无疑地几乎是对近代欧洲性格独一无二的第一部完整的精神描绘。像圣王路易那样的性格无论什么时候都是少有的，而他的性格所遭逢的难得的幸运是：一个真诚朴素的旁观者抓住了他一生当中的一切事件和活

① 拉德维库斯：《弗里德利希皇帝事迹》，特别参考第 2 章，第 76 页。美妙的《亨利四世传》只有少许人物描绘，维波所著《康拉德皇帝传》也有同样情况。

② 儒安维尔（Joinville，约 1224—1317 年）是法国的编年史家，十三世纪历史家的代表人物。他曾随圣路易参加十字军东征，并写有《圣路易传》。——译者

③ 圣路易（Saint Louis，1214—1270 年）是法兰西的国王，也就是路易九世。他曾经两次参加十字军东征，当时被某些人认为是一个"虔诚、苦行、慈爱、公正"的人并被列入圣徒之列。——译者

动的精神，并卓越地表现出来。要想知道弗里德利希二世或美男子菲利普[①]的内在性格，我们就只有从很少的材料上去猜测。直到中世纪末，许多被认为是传记的作品，真正说来不过是当代的历史，对于传记文学中的所谓个性没有任何认识。

与此相反，在意大利人中间，探索非凡人物的典型特征是一种普遍的趋向。这一点就是他们与其他西方民族的不同之处，在这些民族中间也有同样的事情，但很少而且都是例外。这种对于个性的敏锐的观察力，只能为那些从这个民族的半觉醒的生活中冒出来、并且自己已具有个性的人们所有。

在流行的声誉概念的影响之下（见边码151页以下），产生了
一种比较传记的写作艺术。这种艺术不再认为有必要像阿纳斯塔 325
修斯[②]和阿涅卢斯[③]以及他们的继承者那样，或者像那些威尼斯总督的传记作者那样，坚守王朝体系或教士的传承。这类写作可以自由地描写一个人，如果这个人不同一般或是因为这个人很出众就可以写。它采取苏多尼乌斯、纳波斯（名人传）和普鲁塔克（就他的已为人所知和已经翻译过来的作品来说）等人的作品作为模范。至于文学史上的小传则似乎以我们所知道的苏多尼乌斯的作

① 美男子菲利普（Philip the Fair，1268—1314年）是法兰西的国王，也就是菲利普四世。他因向教士征税与教皇博尼法斯八世发生冲突，在他的支持之下克莱门七世就任教皇，并把教廷从罗马迁到阿维尼翁。——译者

② 这里指的是藏书家阿纳塔西乌斯（九世纪中叶）。以前把历任教皇的传记全书（《教皇传》）说成是他作的，但这是错误的。参见瓦顿巴克：《德国史料集》第3版，第1卷，第223页以下。

③ 阿涅卢斯大约生当阿纳塔西乌斯的同时；他是拉文纳主教区历史的作者。见瓦顿巴克，同书，第229页。

品“附录”中的文法学家、修辞学家和诗人们的传记,[1]以及人们广泛阅读的多那图斯[2]的维吉尔传记作为典型。

我们已经说过:传记作品——写男女名流一生的作品——开始出现在十四世纪里(见边码158页)。那时他们不写同时代人,自然就要依靠较早的故事。第一部伟大独创的著作就是薄伽丘所写的《但丁的生平》。尽管这部作品写得轻松,词藻美丽,以及事
326 实上充满了主观的臆测,但它还是使人对于但丁性格的突出的特征有了强烈的感受。[3] 其次,在十四世纪末,有菲利波·维兰尼所写的佛罗伦萨的名人《列传》。他们是从事于各种职业的人:诗人、法学家、医生、学者、艺术家、政治家和军人,其中有一些人当时尚在世。佛罗伦萨在书中被看作是一个有才能的家族,其中每一个成员都受到了注意,而这个家族的精神就在这些成员身上有力地表现了出来。这些描写是简短的,但对于典型的东西表现出了一种卓越的观察力,而值得注意的是,在同一篇描写里边包括了内部的和外部的特征。[4] 从那时以后,[5]托斯卡纳人就一直认为描写

① 费洛斯特莱图斯从多么早的时候同样被用为写作的模范,我们未能断言。苏多尼乌斯无疑在更早的时候就被视为典范。除爱因哈德所写《查理大帝传》之外,还有马尔美斯伯里的威廉在对征服者威廉一世(第452页以下,第466页以下)、威廉二世(第494,504页)和亨利一世(640页)的描写中所提供的十二世纪的范例。

② 多那图斯是四世纪的罗马文法学家,写有维吉尔的传记。——译者

③ 见兰道:《薄伽丘》一书中(第180—182页)的美妙的评论。

④ 见上文,第145页。原文(拉丁文)在1847年为加雷提第一次出版于佛罗伦萨,书名是《菲利普·维兰尼著佛罗伦萨市著名市民记》。此书的一种古老的意大利文译本自1747年以来即屡被重印,最后一版于1858年印于的里雅斯特。其中论述佛罗伦萨和罗马最早期历史的第一卷迄未出版。维兰尼书中论“半诗人”(即那些既写诗又写散文或业余写诗的人)一章,写得特别有趣。

⑤ 这里请读者参考阿尔伯蒂的传记,本书前已有它的撮要。并请参考收入木拉

人物是他们所特别擅长的，今天我们之所以有十五世纪和十六世纪意大利人最有价值的肖像也应归功他们。乔万尼·卡瓦尔康提在他于1450年以前写成的《佛罗伦萨史》[①]的附录中，收集了所有表现在佛罗伦萨人身上的德行昭著和克己牺牲的范例、政见高迈和武勇过人的范例。庇护二世在他的《杂录》中给了我们提供一些他的有名的同时代人的珍贵的肖像；不久以前，还重印了他早年的一部单行本的著作，[②]似乎是这些肖像的初稿，但都描写得非常富有特色。在西克塔斯四世时代，伏尔泰拉的亚科伯对于教廷人员做了尖刻的刻画。[③]我们曾经常常提到维斯帕西雅诺·菲奥兰提诺，作为历史权威，应该给予他很高的地位；但在描写人物性格的才能上他却不能和马基雅维里、尼科洛·瓦洛利、圭奇阿尔狄尼·瓦尔奇、弗兰切斯科·维托利等人相比，在这方面欧洲历史受到他们的影响大致和受自古人的影响相同。必须不要忘记：这些作家的有些作品不久就由于译成拉丁文而流传到北方国家里。要是没有阿利佐的乔治奥·瓦萨利和他的非常重要的著作，[④]或许我们到今天还完全没有北方艺术史或近代欧洲艺术史。[⑤]

托里书中，收入《历史文献》等书的许多佛罗伦萨人的传记。阿尔伯蒂的传记大概是自传，见第149页。

① 《佛罗伦萨史》，佛罗伦萨，1838年版。出版者：波利多利。

② 见收入《斯图加特文学协会丛书》中第1号的《名人传》，斯图加特。1839年。参见瓦格特，第2卷，第324页。六十五篇传记中有二十一篇已经散失。

③ 见他1472年到1484年的《罗马日记》（收入木拉托里，第13卷，第80—202栏）。

④ 瓦萨利写有《绘画、雕塑、建筑大师列传》，曾经被译成为各国文字。——译者

⑤ 《佛罗伦萨诗人维利努斯集》（维利努斯是洛伦佐的同时代人，兰第的弟子〔第13页〕，彼得·克利尼图斯的老师〔第14页〕），《佛罗伦萨市记三卷集》（1583年巴黎版），尤其是第2卷值得一提。它在论述和评价但丁、佩脱拉克、薄伽丘时，没有一句贬词。关于几位妇女的介绍，见同书第11页。

在十五世纪北意大利的传记作家中，斯佩西亚的巴尔托洛缪·法奇奥占有很高的地位（见边码 159 页）。生在克雷莫纳地方的普拉提那在他的《保罗二世的生平》（见边码 236 页）中给我们提供了漫画式传记的范例。比埃坎第多·德琴布里奥对于维斯
327 康提家族末主的描写[①]——苏多尼乌斯作品的扩大模仿——是特别重要的。西斯蒙第对于它的小题大做表示遗憾，然而这位作家如要处理更大的人物就有不能胜任之感，但他却完全有能力来描写菲利波·马利亚的复杂性格，并在这种性格里和通过这种性格准确地表现出了这种特殊的暴君专政的情况、形式和后果。如果没有这部惟一无二的、描写特性细腻入微的传记，十五世纪的图画会是不完全的。米兰以后出了一位卓越的人物描写者即史学家柯利奥，在他以后有科摩的保罗·乔维奥，他的长篇的传记和短篇的“颂词”获得了全世界的声誉，并且成为各国未来作家的典范。看了他的著作的很多章节，我们很容易证实他是何等肤浅乃至何等不诚实；我们也不能从像他那样一个人的身上期待有任何崇高而
328 严肃的目的。但他的书中充满了那个时代的呼吸，他的列奥，他的阿尔方索，他的庞培·科伦纳完全生动真实地活动在我们的眼前，似乎已经使得我们进入了他们的灵魂深处。

在那不勒斯的作家当中，就我们所能判定的来说，特利斯坦·卡拉奇奥洛无可争辩地在这方面占首位，虽然他的目的并不是专写传记。在他摆在我们眼前的那些人物身上，罪恶和命运奇怪地

① 《比埃坎第多·德琴布里奥著〈菲利波·马利亚·维斯康提传〉》，载木拉托里，第 20 卷。参见上文，第 53 页。

交织在一起。他是一种不自觉的悲剧作家,这种当时在舞台上找不到地位的真正悲剧在宫廷里,在街道上,在广场上风靡一时。安托尼奥·帕诺尔密达的《大阿尔方索言行录》[①]是在这个国王的生前写成的,因而表现了更多的阿谀气息,而不符合于历史的真实,但作为一部最早的奇闻轶事和妙语箴言的总集来说,它却是非凡的。

欧洲的其余地方在这方面模仿意大利的榜样,但很迟缓,[②]虽然伟大的政治运动和宗教运动已打破了许多束缚,并唤醒了千千万万的人去认识新的精神生活。意大利人,无论是学者或是外交家,整个说来,仍不失为关于全欧洲重要人物的性格的最可靠的见闻提供者。大家都知道,十六和十七世纪的威尼斯驻外使节的报告,近来怎样被迅速一致地承认为是关于个人描述的第一流的权威著作。[③] 即使是自传,在意大利各处也表现了一种大胆而有力的飞跃,把人们的内心生活和外部世界的复杂事件一起明显地揭示在我们面前。在其他国家中间,即使是在宗教改革时期的德意志,也只是涉及外部生活,而其内在精神则要我们从它的叙述语调上来加以猜测。[④] 看来好像是但丁的《新生》以它的贯穿全书的不

① 见本书第 231 页。

② 关于科米斯,见本书第 114 页。科米斯,如在该注中所指出的,他的客观批评的能力,一部分应归功于他和意大利人,日耳曼人文主义者以及和政客们的交往。他们之中有些人虽久居意大利并对古典世界勤奋地研究过,往往很有成效,但他们在写作传记或分析人物性格方面天才不高,甚或完全缺乏天才。十五世纪时甚至往往在十六世纪早期时,德意志人文主义者所写的旅行记,人物传记和历史纪要大都是些枯燥无味的条目,要不就是一些空洞的,堆砌辞藻的举述。

③ 见边码 114 页。

④ 我们随处发现例外。胡顿的书信集(其中包括他本人的自传和萨斯特劳的编年史的片断以及凯斯来的《安息日》的片断)使我们知道了作者们的内心矛盾,他们大都带有宗教改革时期的特别虔诚的气质。

可动摇的真实感给意大利人民指出了道路。

自传的起源可以追溯到十四世纪和十五世纪的家族历史;这些家族史据说在佛罗伦萨图书馆的手抄本中是常见的。它们是为个人或其家族而写的真实的历史,如博纳科尔索·彼蒂家史就是如此。

在庇护二世所写的《回忆录》中找不到深刻的自我分析。我们这里对他作为一个人所了解的,初看起来似乎主要限于他对于一生经历的不同阶段所做的叙述。但是,进一步的反复考虑将使
330 我们得出关于这部优秀著作的不同的结论。有些人生来就是他们周围事物的一面镜子。不停地追问他们的信念、他们的内心斗争、他们的内心战果和成就是不恰当的。伊尼亚斯·希尔维优斯完全生活在对切身事物的兴趣上,不以生命问题和它的矛盾来自扰。他的正统天主教的信仰给了他所需要的一切帮助。无论如何,在他参加了每一种使他那个时代感兴趣的文化运动,并显著地推动了其中一些运动以后,他还保持他的性格,在他的尘世生活将告结束时足以发动一次反土耳其人的十字军运动,并在它终归失败时抑郁至死。

本文努托·切利尼[①]的自传在内省方面并不比庇护二世的自传为多。但它却以惊人的真实和详尽的手法描写了整个的人——虽未必出于自愿。本文努托的最重要的雕刻作品都在半完成的情况下毁掉了,作为一个艺术家,他只是在一些特制的装饰品上达到

① 本文努托·切利尼(Benvenuto Cellini,1500—1571 年)是意大利的雕刻家、金匠和作家。他一生过着逃亡、流放和监禁的生活,但还是留下了不少优秀的艺术品。他的有名的自传透露了艺术史上的许多动人的事迹。——译者

了完美的地步，但在其他方面，根据他的流传下来的作品来判断，他的同时代的许多更伟大的艺术家都超过了他；而作为一个人，他能永远引起人们的兴趣，这实在不是一件简单的事情。当读者时常发现他在自夸或者说谎时，那也并不破坏他给人的印象；那坚强有力的得到充分发展的性格的特征依然保存着。和他相比，我们北方的自传作家们，虽然有更高的旨趣和道德品质，但看来却不像是完整的人。他是一个能够做和敢于做一切事情的人，他有他自己的衡量标准。[①] 无论我们喜欢他或不喜欢他，他依然如故地作为一个近代精神的重要典型而活下去。

关于自传，还另有一个值得简单一提的人——一个像本文努托一样不能作为诚实的模范的人，即米兰的吉洛拉谟·卡尔达诺[②]。他的一本小书《个人小传》[③]将使他名垂久远，并盖过了他在哲学和自然科学方面的声誉，正像本文努托的传记使他的作品减色一样，虽然它的价值是属于另外的一种。卡尔达诺是一个感觉到自己脉搏的医生，并能对他自己身体上、精神上和智力上的特质以及赖以发展的一切条件一起加以叙述，而这种叙述，他是真诚地忠实地以最大的努力来做的。他明言他用作范例的作品是马尔库斯·奥雷里乌斯[④]的《忏悔录》，但因为他不受禁欲主义的障碍，所

① 我们或许能从北方人的自传中选出描写人的个性栩栩如生的阿格里巴·德·奥比涅的自传（虽然他属于后一世纪）以为比较。

② 吉洛拉谟·卡尔达诺（Girolamo Cardano，1500—1576 年）是意大利的医学家、数学家和星象学家。——译者

③ 写于他的晚年，1576 年左右。关于研究兼发现家卡尔达诺，见李伯利：《数学史》，第 3 章，第 167 页以下。

④ 马尔库斯·奥雷里乌斯（Marcus Aurelius，121—180 年）是罗马的皇帝，也是一个“禁欲主义者”，曾经迫害过基督教徒。——译者

以他在这一点上能够超越它。他既不想宽纵自己也不想宽纵别
人,他以他的母亲曾试图堕胎而未果的事情来开始他一生的叙述。
值得注意的是:他把他一生的事情和他的智力才能只是归因于照
临他出生的那些星象,而不是归因于他的道德品质;他坦白承认说
(第10章):按照星象的预兆他不能活到四十岁或五十岁,这种说
法对于他的青年时代为害甚大。这里没有必要从这部人们如此熟
悉和容易得到的一本书里引用原文;无论谁打开它不读完都不会
释手。卡尔达诺承认他在游戏中欺骗过人、承认他复仇心强、不知
悔恨、他出言故意刻毒。他坦白承认这些并不觉得厚颜无耻,也没
331 有虚假的悔恨,甚至并没有希望自己成为一个被人注意的人物;他
是以指导他做科学研究的那种重视事实的纯朴真诚的精神来承认
这些的。尤其使我们感到最难理解的是:这个老人在有过可怕的
经历[①]和对于他的同胞失去了一切信任之后,到头来还会感到相
当快乐和幸福。他仍然保有一个孙子和丰富的学识、出名的著作,
以及金钱、地位、信用、声势显赫的朋友和对于许多隐私的了解,而
最可贵的是对于上帝的信仰。之后,他还数了数他口里的牙齿并
发现他还有十五个。

当卡尔达诺写这本自传时,宗教裁判所的法官和西班牙人已
经在意大利忙于阻止这类性质作品的产生,或者当它们出现时,用
332 种种方法来加以销毁。这部书和阿尔菲埃利[②]的自传之间是有一
个很大距离的。

① 例如他的长子曾经因为毒死自己不贞的妻子而被判处死刑。

② 阿尔菲埃利(Alfieri,1749—1803年)是意大利的悲剧诗人,他写有一篇内容生动、丰富的自传。——译者

如果结束对这一系列的自传作家的介绍而不听一听一个道德高尚生活幸福的人说些什么那将是不公平的。这个人就是那知名的处世哲学家,卢吉·科尔纳罗。他在帕多瓦的住宅既是一所古典建筑,同时也是所有诗人之家。他在他的有名的论文《有节制的生活》①里叙述他青年时代体弱多病,以后由于严格实行养生法,因而能够健康地活到当时已经八十三岁的高龄。他接着回答那些在六十五岁以后就厌弃人生认为自己虽生犹死的人,向他们表明他自己的生活就完全不是那样没有生气。

> “让他们来看一看,并对我的健康感到惊讶,看看我不用人扶就可以上马,我跑上楼和上山,我是多么快活、高兴和知足,无忧无虑。我永远是安静快乐的……我的朋友都是些聪明、有学问和地位优越的著名人物,当他们不和我在一起时,我就读书写作,力图用这些像用一切其他方法一样为别人服务。我做每一件事情都有定时,并且是从容不迫地在我的住宅里边做的;这所住宅是美丽的,位在帕多瓦最好的地方,有一切夏季和冬季的建筑设备,还在流水旁边修有一所花园。在春天和秋天,我暂时住在优根尼山最美丽地方的小山上,那里我有泉水和花园,还有一处舒适的住所;我在那里以适合于我的年龄的轻松愉快的打猎为消遣。平常时候,我到平原上的别墅去住;②那里一切道路都通向一个露天广场;广场中间矗立着一所美丽的礼拜堂;布伦塔河的一条支流流过大农场中间——那里过去曾是适合于毒蛇盘踞而不适合于人们居住的空气污浊的沼泽区,而现在已经成为物产丰饶、开发得很好的和住满了居民的土地。当时是我排除了地里的水;于是空气变得洁净,人们定居在那里并繁殖起来,而土地也像现在这样得到了开垦,所以我可以正确地说:‘在这个地方,我献给了上帝一个祭坛,一所礼拜堂和一些崇拜他的人

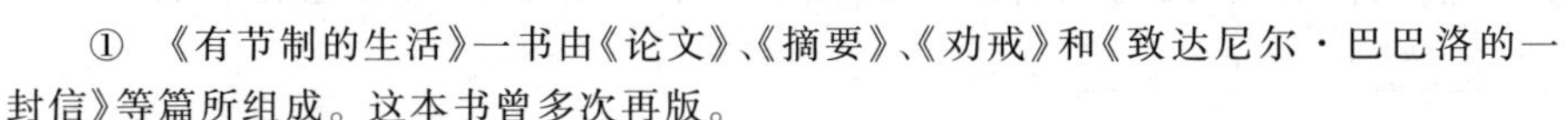

① 《有节制的生活》一书由《论文》、《摘要》、《劝戒》和《致达尼尔·巴巴洛的一封信》等篇所组成。这本书曾多次再版。

② 这或者就是前面第316页所提到的科德维科别墅。

民。’无论什么时候我来到这里，这都使我感到安慰和幸福。在春天和秋天，我也访问邻近的城镇，看望我的朋友们并和他们谈话，通过他们我认识了其他有名的人物，建筑家、画家、雕刻家、音乐家和土地开垦者。我看看他们做了些什么新的事情，重新看看我已经学会的东西，并学习很多对我有用的东西。我参观宫殿、花园、古迹、公共场所、礼拜堂和堡垒。但是，在我旅行时，最使我感到喜悦的是那些乡村和城市之美，它们有的在平地上，有的在山坡上，或者在河流溪水的两旁，周围环绕着花园和别墅。这些享受并没有由于我眼花耳聋而减少；我的一切官能（感谢上帝！），包括味觉在内都很健康；因为我从现在所用的简单的有节制的饮食里所得到的享受，比我从在生活没有规律时所吃的美味里所得到的为更多。”

在提到他为共和国所做的排干沼泽的工作和他经常主张的保存礁湖的计划以后，他这样结束：

333 “这些是一个老翁的真正的消遣，上帝惠允其健康，而他又摆脱了那许多青年人和许多老病的人受折磨的身心痛苦。如果允许我于正经大事以外再说一件好玩的小事情，那我可以说：我的有节制的生活的结果是在我八十三岁的时候写了一部最有趣的充满了无可非难的机智的喜剧。写这类作品一般说来是青年人的事情，就像写悲剧是老年人的事情一样。如果那个有名的希腊人①在七十三岁的时候写出了一部悲剧来足以称誉，那么，我比他大十岁而能写出部喜剧来不是比他更快活更健康么？为了使我这万事皆足的晚年不缺少一种安慰，我在眼前我的儿孙们身上看到了身躯的永存不灭。在我回到家里时，我眼前所看到的不是一个或两个，而是十一个孙子、孙女，从两岁到十八岁，都是同一父母所生，都很健康，并且就现在已经能够看出的来说，都具有获得高深学问和美好生活的天赋才能和倾向。较小的一个，我把他当作玩耍的小伙伴，因为从三岁到五岁的孩子们天生来顽皮好闹；较大的孩子们我把他们当作朋友，因为他们都有美妙的歌喉，所以我喜欢听他们歌唱并演奏

① 这里可能指的是希腊伟大悲剧作家优里庇底斯。——译者

> 不同的乐器。我自己也歌唱，并发现我的声音比从前更好听、更清晰和更响亮。这些就是我晚年的快乐。所以我的生活是生气勃勃的而不是死气沉沉的；我是不愿意以我的老年来换取那种恣情纵欲的青春的。"

卡尔达诺在很久以后，在他九十五岁时所写的《告诫书》里边，把他的论文得到了很多的信徒这件事算作他的快乐因素中的一项。他于1565年死于帕多瓦，享寿在百岁以上。

第六章　民族和城市国家的描写 334

然而，这种民族才能并没有局限于对个人的批判和描写上，而是具备处理全民的品质和特征的能力的。在整个中世纪期间，全欧洲的城市、家族和国家都习惯于以侮辱和嘲笑来互相攻击；这些攻击里边尽管有很多的夸张，但通常也含有一种真实的核心。不过意大利人从一开始就在迅速了解各城市和居民中间的精神差别上超过了所有其他民族。他们爱乡土的观念大概比任何其他中世纪人民都更为强烈，这种观念不久就表现在文学中并和流行的"声誉"概念结合在一起。地志学变成与传记极相似的著作（见边码157页）；同时所有比较重要的城市都开始以散文和诗歌来自我赞颂，①也出现了某些作家，他们把主要的城市和地区一部分作

① 其中有些是很早的情况；早在十二世纪，伦巴第人的城市就是如此。参见大兰都尔弗斯的《利科巴尔都斯》和十四世纪无名氏名著《帕维亚颂》（收入木拉托里，第10卷），并见《米兰形胜记》（收入木拉托里，第1卷），洛伦佐，《中古十三世纪时的德意志史料》中（1877年柏林版）关于意大利地方志的一些说明；但作者对于这一问题的原始论述故意避而未谈。

为严肃的对比描写的主题，一部分作为讽刺文学的主题，有时也作为评论的主题，在这些评论中不容易分辨出作者是出于真诚还是在开玩笑。首先必须提到的是布鲁纳托·拉蒂尼。他除了了解他自己的国家之外，由于在法兰西住了七年而对它也有所了解，并对于法兰西人和意大利人之间在服装上和生活方式上的不同特点做了长篇的叙述，也注意到了法兰西君主政体和意大利城市国家的共和政体之间的差别。[①] 在这以后，次于《神曲》中有名的几段就是乌贝蒂的《狄达蒙多》（1360 年左右）。照例，这里只提到了突出的惹人注目的事实和特征：拉文纳的圣亚波利那礼拜堂里的乌鸦宴、特雷维索的泉水、维琴察附近的大地窖、曼图亚的高额关税、卢卡的塔林。此外还有各种各样的赞颂的和讽刺的批判掺杂其间。阿利佐以它的公民的狡诈性格著称，热那亚的女人以描黑眼染黑齿（？），波洛尼亚以奢侈，贝尔加莫以方言鄙俗和民性顽固而
335 著称。[②] 在十五世纪里，各城市间打击别人抬高自己，习以为常。米凯尔·萨沃那罗拉认为：和他的故乡帕多瓦相比，只有罗马和威尼斯更美丽一些，佛罗伦萨或者更快活一些[③]——自然我们的知
336 识并没有因而增加多少。在这一世纪末，乔维诺·庞达诺在他的

① 《宝典》，沙巴伊版，巴黎，1863 年。第 179—180 页。参见同书第 577 页（第 3 卷，第 2 章，第 1 页）。

② 巴黎这个地方对于中世纪的意大利人远比对于一百年后的意大利人更为重要。关于它，可参考《狄达蒙多》第 4 卷，第 18 章。佩脱拉克在《斥某法国人》一书中曾强调法国和意大利的显著差异。

③ 见萨沃那罗拉，载木拉托里，第 24 卷，第 1186 栏，关于威尼斯，见上文第 82 页以下。西尼约里利（抄本）对罗马最早的记述，写于 1417 年教皇马丁五世时，见格累哥罗维乌斯，第七卷，第 569 页；德意志人对罗马的记述，最早的要推穆菲尔的著作（十五世纪中叶）瓦格特编，杜平根，1876 年。

《安多尼乌斯》中所写的，一次在全意大利的幻想的旅行，仅仅是作为发表他的恶意评论的手段。但是，在十六世纪里，我们看到了一系列的对于民族特征的正确而深刻的描绘，这些是当时其他民族所不能匹敌的。[①] 马基雅维里在他的一些重要的论文中，对德意志人和法兰西人的性格和政治状况论述得很好，使生在北方熟悉本国历史的北方人也不能不为这位佛罗伦萨思想家的深刻透辟的见解而悦服。佛罗伦萨人也开始喜欢描写他们自己（见边码99页以下）；[②]沐浴在他们正当取得的高度文化的荣光里，当他们不是由于任何特别的天赋才能，而是靠辛勤的劳动才在意大利人中间取得托斯卡纳的优越的艺术地位时，他们的骄傲似乎达到了极点。[③] 意大利其他地方的有名人物曾经对他们表示敬意——阿里奥斯托的第十六首“加比托洛”诗是其中的一个光辉的范例——他们把这些当作是因他们的优越成就应得的颂赞来接受。

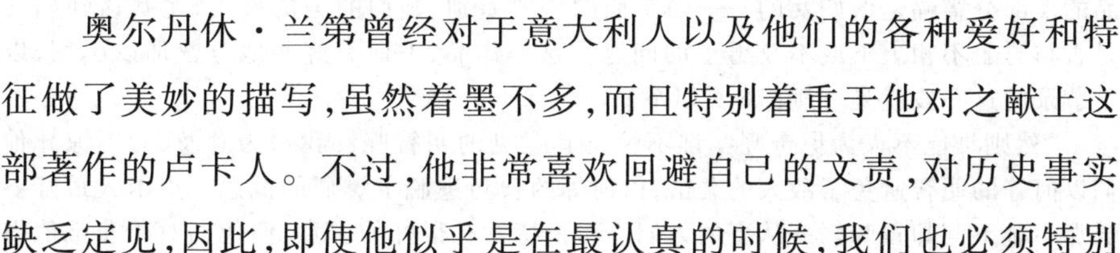

奥尔丹休·兰第曾经对于意大利人以及他们的各种爱好和特征做了美妙的描写，虽然着墨不多，而且特别着重于他对之献上这部著作的卢卡人。不过，他非常喜欢回避自己的文责，对历史事实缺乏定见，因此，即使他似乎是在最认真的时候，我们也必须特别

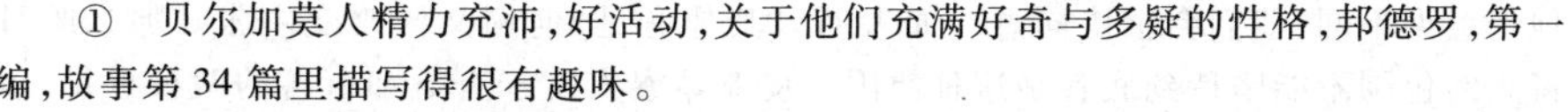

① 贝尔加莫人精力充沛，好活动，关于他们充满好奇与多疑的性格，邦德罗，第一编，故事第34篇里描写得很有趣味。

② 瓦尔奇，载《佛罗伦萨史》的第9卷，第56页以下。

③ 瓦萨利，第12卷，第158页《米开朗琪罗传》开头部分。平时，天然禀赋受到极口称赞，就像在阿尔方索·巴吉对非托斯卡纳人汉尼拔·卡罗所写的十四行诗中那样（载特鲁基，前引书，第3章，第187页）：

“瓦尔奇呀，你固可悲，而我们尤其不幸，
唯愿以我们的天禀，
再加上你那偶然的才能。”

337 谨慎，并且只能在缜密考查之后才能接受。[①] 约在十年以后这个兰第还发表了一篇匿名的《评论》，[②]在许多荒唐的议论中间含有

① 《福尔奇浴池问答集》介绍了意大利人的各种才能和许多其他须知事项，波利多堡人非拉累特作。其中有"摩里士·斯开瓦之歌"：

"意大利各地，男子们有什么种种不同的作风和心情
　妇女们有什么感情和武勇，
在这本美丽的小书内，
　读者都可以看到"

1536年，马丁·德·拉古西亚作于那不勒斯。这部曾被兰克引用过的小著作(《教皇史》第1卷，第385页)，虽然作品本身没有提到作者是谁，人们却认为它出自兰第的手笔(参看提拉菩什基，第7卷，第800—812页)。这一书名，可由以下情况得到解释，即书中所报道的对话是一大群男男女女在卢卡附近的福尔奇浴池进行的，谈话资料是关于在人类中何以出现这样大的差别的问题。问题没有得到答案，却提到了在当时的意大利人中所存在的许多差别——在学问、贸易、战术(兰克所引用的一点)、兵器制造、生活方式等方面的差异；在服装、语言、知识、爱憎，赢取好感的方法，接待宾客的方式和饮食方面所存在的差异。末尾还有一些有关哲学体系上的差异的思考问题。作品的大部分篇幅是谈妇女的——妇女们的一般差别，她们的美的魅力，尤其谈到妇女是否与男子不相上下或不及男子的问题。这一作品，下面有好些地方曾加以引用，以下节录的这一段就是一例(76页以下)：

"然则谁能不大为惊奇呢？谁不惊讶其意见的明智呢？我每为念及，无不惊异他们以何等的明智避免了敌人的袭击，以何等的智巧逃脱了燃眉的危急。卢卡人最好要笑那不耻下问却冒昧轻率从事的人们。布卢特人有很好的主意，但他们对于非常值得考虑的事情，说来却令人惊异的愚蠢，以致产生麻烦或带来危害。佛尔西人具有完全同样的天赋。他们稍偏于杀戮和掠夺。比萨人有好意见，但坚持性较差。如果有人和他们意见不同，他们会很快同意。如果劝以其他意见，他们又要改变主张。那么旷日持久的包围不能坚持到底就是这种原因。皮亚琴察人富于有益和有害的两种意见，但不易从他们得到有害于人的意见。你也不能从勒佐人那里讨到很多意见。如果你听从摩德纳人的意见，少有不幸的结果，因为他们的意见明智，居心善良。佛罗伦萨人有先见之明(如果你分别地接受他们的意见)，但如果他们结合在一起，我看就不大可嘉了；听了塞那人的意见结果很好，佩鲁贾人的意见来得突然；费拉拉人的意见没有裨益，维罗纳人的意见诚实无欺，帕多瓦人在出谋划策和接受人家意见时常表现犹豫，贝尔加莫人有顽强的决心。那不勒斯人拒绝一切人的意见。波洛尼亚人最善于深思熟虑。"

② 《阿拉密阿语意大利等地异事奇闻录意文译本，附最近饮食烹调法发明家简

不少有价值的暗示,使人们了解到意大利在这个世纪的中叶的不幸的衰落情况。[①]里昂德罗·阿尔伯蒂[②]没有像我们对他所期待的那样对各不同城市国家的特征做很多的描写。

这种对于民族的和地方的特征的比较研究,通过意大利的人文主义,曾经影响欧洲其余地方到什么程度,我们是不能断言的。无论如何,在这方面像对于一般世界的描述一样,意大利是走在前头的。

第七章　人的外貌的描写 338

关于人的发现并不局限于个人的和民族的精神特征;在

目》(1553年威尼斯版)根据兰第1543年至1544年周游意大利的一次旅行写成的,初版时间是1548年。这篇纪事的作者实际是兰第,这可从尼古拉·摩拉的这一句结语(第46页a)清楚地看得出来:“本记录是M.O.L的绞尽脑汁之作”,又从整个的署名(70页a):“SVISNETROH SVDNAL ROTUATSE”(字母全部颠倒过来为:Hortensius Landus autor est,意即:作者是奥尔丹休·兰第)。从一位神秘的,鬓发斑白的哲人嘴里发出一项关于意大利的声明之后,就描述了从西西里经过意大利去东方的这一段旅行。所有意大利的城市,都详略不等地谈到了。根据作者的想法,可以理解,卢卡应该受到特殊的赞扬。他对他自称曾同彼埃特罗·阿雷提诺长时期在一起居留的威尼斯(第170页)以及米兰,都有详细的描述。结合对米兰的描述,还讲了一些最荒唐的故事(第25页以下)。在别处也描写了类似的怪事:——一年四季都开放着的玫瑰花,在中午发光的繁星,变成人的鸟,肩上长着牛头的人,人鱼和口中吐火的人。在所有这些叙述中也往往掺杂着片断真实的报道,其中有些将在适当的地方加以引用。关于路德教徒,只简短地提到(第32页a,第38页a),而对意大利的悲惨时局和不幸情况经常发出嗟叹。其中(第22页a)我们读到:“是不是意大利人曾在一次战功中杀掉了二十万法兰西人呢?最后是不是他们曾占有过全世界呢?可惜(我看),现在他们是多么衰落了,可惜,我觉得他们现在是多么不像他们那表现出武勇与服从军纪的古代祖先了。”关于附加的食用品目录,见后。

① 《全意大利志》。

② 对城市爱说的一些挖苦话后来常常出现,如混淆体诗集中《狂想曲》第2卷。就法兰西来说,熟悉混淆体诗的拉伯雷的作品是这种对地方取笑和恶意中伤的主要来源。

意大利，人的外貌成为迥不同于北方人民所表现的兴趣的主题。①

伟大的意大利医学家们对于生理学的发展所持的论点，我们不能冒昧加以评论；而对于人的形象的艺术研究也不属于像现在这样的一本书的范围，而是属于艺术史范围之内的。但是，这里必须谈一谈对于审美眼光的普遍训练，这种训练使得意大利人能够对于人体的美丑做出正确无误的判断。

注意阅读这个时代的意大利作家的作品，我们不能不惊讶于他们抓住外部特征的敏锐性和准确性，以及描述个人一般外貌的全面。② 即使是今天，意大利人，特别是罗马人，仍然保有一种用简单的一两句话勾画出一个人的形象的艺术。这种对于具有特征的东西的迅速的领悟是发现和表现美丽事物的一个基本条件。诚然在诗歌里边，过于细致的描写可能是一个缺点而不是一个优点，因为从强烈的感情和深入的洞察所提出来的突出的特点，常常能促使读者对于所描写的人物有一种更深刻得多的印象。但丁并没有在任何地方给我们一种关于他的比阿特丽斯的更美丽的概念，他只是描写她在她周围的人们身上所发生的影响。但是，这里我们并不必特别来谈诗歌，它遵循着它自己的法则和追求它自己的目的，而是论述用语言来描绘真实的或想象的人物外貌的一般能力。

在这方面，薄伽丘是一个能手——但不是在《十日谈》里，那

① 许多日渐衰落的文学作品的确充满着令人生厌的琐碎描写。例如在西多尼阿斯·阿波利内利斯的作品里，对于一个西哥特国王的描写（《书信集》，第 1 卷，第 2 页），对于一个私仇的描写（《书信集》第 3 卷，第 13 页），以及在他的诗篇里对于各色各样的日耳曼部落的典型的描写。

② 例如菲利波·维兰尼，见前文，第 326 页。

些故事的性质不容许他做冗长的描写，而是在他任意从容写作的爱情故事里。在他的《爱弥多》[1]里，他描写了一个白面、金发、碧眼的女人和一个皮肤、头发、眼睛都带浅黑色的女人，很像一百年以后一个画家所描绘的那样——因为在这方面，文学也是远远走在艺术前面的。在对那个浅黑色女人——或者严格地说，这两个人当中的比较不白的那一个——的描写里边，有着应该被称为古
典式的笔触。在"宽广开阔的前额"这些个字里边，含有一种超过 339
优雅漂亮的庄严仪表的感觉；他所写的眉毛不是如拜占廷人的理想那样，像双弓，而是一条波状的线，鼻子微带钩形；[2]宽大饱满的前胸，长短适度的两臂，放在紫色披风上的美丽的动人的手——所有这些既预示了未来时代的对于美的理解，也不自觉地接近了古典主义的美的概念。在其他描写里，薄伽丘提到平直的（不是中
世纪那种弧形的）眉毛、细长的热情的棕色的眼睛、圆的没有颈窝 340
的脖颈以及——用一种很近代的说法——一个黑头发的少女的"纤小的双足"和"两只淘气的眼睛"。[3]

十五世纪是否留下了关于它的美的理想的书面记载，我说不上来。画家和雕刻家的作品并不能使这种记载像初看来那样地成为不必要的，因为或者和他们的现实主义相反，这些作家们可能喜

① 《剧坛》，1829年，来比锡版，引言部分第7页。

② 这段语句显然是错误不可靠的。原文如下（《爱弥多》，威尼斯，1856年，第54页）：

"Del mezo de' quali non camuso naso in linea diretta discende, quanto ad aquilineo non essere dimanda il dovere."

③ "冉冉流动的迷人的双眼。"

全书这样的描绘很多。

欢并保存了一种更理想的典型。[①] 在十六世纪，费伦佐拉以他的论女性美的卓越的著作出现。[②] 我们必须从书中清楚地分别出他已经从旧日的作家或艺术家们学到的那些东西（如按照头部的长短来确定比例等）和某些抽象的理论。剩下的是他自己的以普拉托市的妇女和姑娘们为例做了说明的真正见解。因为他这部小书是在这个城市的妇女们面前——也就是说在非常严格的批评家们面前——发表的一种演讲，所以他必须力求真实贴切。他明言他的原理是属于朱克西斯[③]和卢西安的——把一些局部的美综合在一起成为一种理想的美。他说明了头发和皮肤的各种颜色的细微的区别，并认为"金黄"色是头发的最美丽的一种颜色，[④]这种颜色是指一种近于棕色的淡黄色。他要求头发必须密而长和有卷曲；前额清秀，宽为高的一倍；皮肤白皙洁净（candida），但不惨白（bianchezza）；眉毛黑而有光泽，中部最浓，接近耳鼻的两端逐渐淡下来；白眼珠略带蓝色，眼球的虹彩必须不要正黑，虽然所有的诗人都称赞"黑眼珠"，认为它是爱神的赐予，尽管女神们也以天蓝色的眼睛见称，而那柔和、快活、棕色的眼睛也是每一个人所赞羡的。

① 鸠斯托·德伊·孔提所著优美动人的诗歌集《美丽的手》（1715年，佛罗伦萨所出版本最好）对他恋人的名手的描绘并不如薄伽丘在《爱弥多》的若干段中对仙女们的手所描绘的那样细腻入微。

② 《论妇女的美丽》，载《费伦佐拉全集》第1卷中（1802年，米兰版）。关于他认为肉体美是精神美的标志这一见解，见附加在他的小说集第2卷第48—52页的"序言"。在许多抱有这种主张的作品中（部分作品用古人的体裁写的）我们可以举出加斯蒂利昂的《廷臣论》，第4卷176页。

③ 朱克西斯（Zeuxis）是公元前四世纪后期的希腊画家，作品多不传，据古书记载，他所画的多为女人像。——译者

④ 这不仅是画家们的专有见解，而是一个普遍的见解。见下文。

眼睛本身必须大而圆，不太深陷；眼睑白净，带有几乎看不出来的细微的红丝；睫毛既不太长，也不太多太黑。眼窝必须和面部是同一个颜色。[①] 耳朵不太大也不太小，生得整齐洁净，弯曲部分应该 342
比平坦部分的颜色略深，耳轮应该带有透明的石榴红色。鬓角必须白净平滑，对于最美的人来说，它不宜太窄。[②] 脸型越圆红晕越深。鼻子主要决定轮廓的价值，所以鼻梁应该和缓匀称地向两侧低落，鼻端应该微微隆起，但不是特别突出以至形成钩鼻，这在女人是不美观的；鼻的下部必须比耳朵的颜色略浅，但不是没有血色的白，嘴唇上边人中部分略带红色。我们的作家对于嘴宁取其小，既不是太向前突出，也不是十分平板，嘴唇不太薄并很整齐地合在一起；偶然微张时，也就是说，当这个女人不说不笑的时候，露出来

① 这里不妨提一下，费拉拉宫廷诗人埃科尔·斯特罗齐对偶句中关于露克瑞佳·波几亚的眼睛的描绘（《斯特罗齐诗集》第85—88页）他以只能在一个艺术家的时代里才能为人所理解，而在现代则不能容许的方式描写了她的一瞥的魔力。她这一瞥使目睹者有时变作火，有时变作石头。久看太阳的人会盲目，看见美图莎的人会化为石，但看见了露克瑞佳的芳容的人。

"一看盲双目，再看化为石。"

据说，就连躺卧在她大厅中的丘比特爱神的大理石像也由于她的注视变成了一堆石头。

"波几亚一瞥，爱神化顽石。"

所谓爱神究竟是指普拉克西泰利斯的作品呢或者指米开朗琪罗的作品呢，批评家们不妨争辩一下，因为两人的作品，她都有。并且另一位诗人马尔切洛·菲洛西诺的作品中也描写了同样的眼色，只是这种眼色是温柔有威的。（罗斯科，《列奥十世》菩西版，第7章，第306页）

同书第30页上载有和古代的理想风姿所作的一些对比。我们在《小奥兰多》（第2卷，第47节）看到对一个十岁的男孩的描绘："他有罗马人的头。"

② 关于梳发的样式能使一个人的鬓角全部改观这一事实，费伦佐拉曾经对头发上插满花朵戏加抨击说，这些花朵使得这人的脑袋"看来像个花瓶或者像个烤肉钗上的山羊头。"大概，他是很会讽刺的。

的上牙必须不多于六个。作为美丽的细节，他还提到了上唇的酒窝、下唇的丰满和在嘴的左角上的一种诱人的微笑——等等。牙齿不应该太小、要整齐、一个一个地分得很清楚和带有象牙色；牙龈的颜色必须不是太深或者甚至像红色的天鹅绒。下颚应该是圆的，既不太尖也不太向外突出，隆起部分变得略红；它的美观在酒窝上。颈部应该白而圆润，宁长勿短，颈窝和喉头不太显露；皮肤在每一个动作上都应该表现出美观的线条。肩膀欲其宽，宽是胸部美的首要条件。在胸部必须看不见任何骨头，它的一起一伏必须柔和缓慢，肤色必须“十分洁白”。腿部宜长，小腿不宜太硬，但胫骨仍然不是没有肉而且还必须有白净丰满的腿肚。他喜欢小脚，但不是瘦骨嶙峋，脚面（似乎是）要高，颜色白如雪花石膏。双臂要白，上部带有微红；肌肉软硬适度，但仍然像帕拉斯女神在伊达山峰上站在牧羊人面前时的双臂那样柔软——一句话，丰满、鲜嫩而坚实。手应该是白的，特别是接近腕部的地方，但必须大而丰满，软如丝绵，玫瑰色的手掌上带有一些清晰而不杂乱的掌纹；隆起的部分应该不太高，大指和食指中间颜色光洁没有皱纹，手指长而柔嫩，到指尖的地方稍微瘦细一点，指甲洁净平滑，不太尖也不太方，修剪得有小刀背那样宽的一道白边。

一般性质的审美原则对于这些细节要求来说，占有一个很不重要的地位。费伦佐拉坦率地承认：用来对美丽做出最后判断的那些终极的美的原则对于他是一个秘密；他给“漂亮”“妩媚”“美丽”“迷人”“优美”“庄严”所下的定义，如上所述，一部分是空洞的文学用语，一部分是想要说明不能说明的东西的徒劳的尝试。
343 他很巧妙地把笑解释为性灵的闪光，这大概是仿自古代作家的。

在中世纪的末期，所有国家的文学作品都在奠定美的理论原则上做了无比的努力；[①]但是没有一部作品能够和费伦佐拉的相比。足有半个世纪以后出现的布兰托姆和他相比是一个拙劣的鉴赏家，因为支配他的是淫欲而不是美感。

第八章　生活动态的描写 344

在关于人的所做的新的发现当中，我们最后必须把对于人类日常生活的描写的兴趣计算在内。

中世纪的滑稽和讽刺文学不能离开日常生活的描写。但是，当文艺复兴时代的意大利人为描写——为了它的固有的兴趣——而描写时那就是另外一回事了。这既是因为它构成了这个世界上的伟大而普遍的生活的一部分，也因为他们感到他们周围到处都是这种生活的神秘的呼吸。讽刺喜剧在家庭、村庄和街道上出现，在教士、农民和市民身上寻找它们的取笑材料；现在，替代这种喜剧和同这种喜剧在一起，我们在文学里看到一种真正的世态描写的开始，这种世态描写很久以后才在绘画中得到任何表现。我们常常看到世态描写和讽刺是结合在一起的，但这不妨碍它们是完全不同的两种东西。

在但丁能够使我们亲眼看到在他的精神世界里所发生的一切以前，[②]他应该已经以极大的兴趣全神贯注地观察了多少人情世

① 关于“恋爱诗人”的美的理想，见法尔克：《德意志风俗史》第 1 卷，第 85 页以下。

② 关于他对外形感觉的精确，见第 290 页。

态啊。在威尼斯修船厂里的忙忙碌碌的活动，教堂门前肩并肩互相依靠的瞎子[①]等这种有名的和与之相似的画面绝不是这种描写的仅有的例子：因为如果没有对于人生的细密的和不断的观察，就不能有用外部姿态来表现灵魂深处的艺术；而但丁正是这种艺术的大师。

在他以后的那些诗人在这一方面很少能够接近他，而小说家们又为他们的文学体裁的第一条法则所限制，不能停留在细节描写上。他们的序言和故事可以随意地拖长，但我们所理解的世态描写却不在他们的范围之内。直到古代文化的复兴以前，对于这一类描写的爱好并没有受到充分启发。

这里，我们又遇到了那个对于每一件事情都热心的人——伊尼亚斯·希尔维优斯。不仅自然美，不仅是那些具有一种古代的或地理兴趣的东西，而且是任何日常生活的生动场面都在他的描写里找到了。[②] 他的回忆录里边有许多段关于场面的描写，他的同时代作家几乎没有一个认为值得浪费笔墨，我们这里将只提到

① 《地狱篇》第 21 歌，第 7 行；《炼狱篇》，第 13 歌，第 61 行。（关于这段的描写。译文是："于是我张大我的眼睛向前看，果然望见许多灵魂披着斗篷，斗篷的颜色和岩石一般。……当我走近这些灵魂的时候，我看清了他们的形状，一阵心酸，竟使我落泪。一块粗毛布裹着他们；他们肩头和肩头互相靠着，背部都靠着山壁。如同一无所有的瞎子在赦罪的日子，在教堂大门前求乞，每个人都把头倾在他邻人的肩上，因此激发别人的怜悯心，不仅用语句打动别人，就是他们一副姿态也绝不是无力的。又如同瞎子不能感觉阳光，这些忏悔的灵魂也是拒绝阳光的。因为每个人的眼皮都用铁丝缝合着；有时捕着的野兽不肯安静，人便把它的眼皮缝合起来，这两件事有些类似。"〔但丁：《神曲》第二部，第 83 页。作家出版社，1954 年版〕。——译者）

② 如果我们在普拉提那的《教皇传》中（第 310 页）看到教皇在他的宫廷里蓄有一个小丑之类的佛罗伦萨人格利高，"这人能在听众的大笑声中准确地、轻而易举地表达出任何人的作风、习性和语言。"那么，我们也不必对这件事情过于认真。

其中关于在博尔塞纳湖上赛船的一段。[①] 我们发现不出究竟他从 346
哪些古代书信作家或小说家得到了这种启发,使他描绘出如此生动活泼的画面。的确,古典文化和文艺复兴之间的整个神交是非常微妙和神秘的。

我们已经谈过的那些拉丁文的描写诗篇(见边码 264 页)——关于出猎的场面、旅行、仪式等等都是属于这一类的。在意大利文的作品里我们也看到了同一类的东西,例如波利齐亚诺和卢加·普尔奇关于美第奇大比武的描写。[②] 真正的叙事诗人,卢吉·普尔奇、博亚尔多和阿里奥斯托,都以流畅的叙述使故事迅速发展下去,但是我们必须承认,他们的美妙准确的描写笔触是他们成功的主要因素。弗朗哥·萨克蒂以一群被阵雨阻遏在林中的漂亮的妇女们[③]的简短的谈话来自娱。

在军事历史家的著作中(见边码 118 页)可以找到其他生活动态的描写。在一篇较早时期写成的长诗里[④],我们看到了十四

① 《庇护二世回忆录》第 8 卷,第 391 页。

② 应该将洛伦佐在 1468 年举行的比武会和朱利亚诺在 1475 年举行的比武会加以区别(第三个比武会在 1481 年?),见拉蒙特:《洛伦佐·美第奇》,第 1 卷,第 264 页以下,267 页,注 1,361 页;第 2 卷,第 55,67 页以及其中所引用的澄清了有关这方面的旧有的争辩的著作。第一次比武会曾由卢吉·普尔奇在他的诗篇里记述过,“佛罗伦萨贵族卢吉·普尔奇的赛马和‘豪华者’洛伦佐·美第奇的比武会”,佛罗伦萨,1572 年,第 75,91 页。第二次比武会由波利齐亚诺在一篇未完成的诗篇里记述过,该诗篇以卡杜契版本为最好:书名《波利提安的诗节,音调与音韵》,佛罗伦萨,1863 年。波利齐亚诺的描写讲到朱利亚诺动身赴比武时突然中止。普尔奇对格斗人和格斗的方式有详细的说明。对洛伦佐的描写特别好(第 82 页)。

③ 这种所谓“Caccia”(狩猎)的诗刊印在根据一个罗马手抄本复印的卡斯蒂利昂的《牧歌》注释中。见《卡斯蒂利昂伯爵书信集》(1771 年,帕多瓦,比埃朗托尼奥·塞拉西版)第 2 卷,第 269 页。

④ 见佛罗伦萨的吉安诺佐的《塞文太斯体诗集》(载特鲁基《意大利未刊诗集》,

世纪里雇佣兵作战的一幅逼真的描绘，主要写的是战斗序列、战争时的呐喊和有关的对话。

但是这一类的最值得注意的作品是关于乡村生活的现实主义的描写；在“豪华者”洛伦佐和他周围的诗人那里能够看到很多这一类的作品。

自佩脱拉克时代以来，[①]就流行着一种不真实的传统的田园诗风格，这些诗，无论是以拉丁文或是以意大利文写成的，基本上都是抄袭维吉尔的。和这种诗并行，我们看到了薄伽丘的农村故事（见本书第 261 页）和其他这一类的作品，直到桑纳札罗的《亚加狄亚》和更晚一些时候的塔索和盖利诺的农村喜剧。这些作品
348 的风格无论是诗歌或散文，都是卓绝、优美的，但是在这些作品里边，田园生活不过是给一种属于完全不同的文化领域里的感情披上一件理想的外衣而已。[②]

但是，除了这些作品之外，到十五世纪末，在意大利的诗歌里

第 2 卷，第 99 页）其中有好些字眼颇为费解。这些字眼显然是或实际上是模仿外国雇佣兵的话。马基雅维里对于 1527 年疫病流行之际的佛罗伦萨的描写就在某种程度上属于这类作品。它是一系列关于一次可怕灾难的生动而逼真的描写。

① 根据薄伽丘（《但丁传》，第 77 页）所述，但丁写过两篇牧歌，大概是用拉丁文写的。这两篇牧歌是写给约翰·德·维吉利斯的。参见弗拉提彻利，《但丁小作品集》第 1 卷，第 417 页。又见《佩脱拉克短诗集》（罗塞提版，第 1 卷）中的牧歌并参考盖格尔《佩脱拉克》，第 120—122 页和 270 页，注 6，特别参看阿·荷尔提斯，《佩脱拉克未刊著作集》，的里雅斯特，1874 年。

② 薄伽丘在他的《爱弥多》里面（见原书第 338 页）写了一种神话式的十日谈，但往往很可笑地未能坚持对其中人物的这种神话式描写，如他作品里的仙女里面有一个仙女是很好的天主教徒，罗马的高级僧侣都用好色的目光偷看她。他作品里的另一个仙女结了婚。在《费苏兰的宁芙》中载有仙女曼苏拉发现自己妊娠了，向一位“年高有识的仙女”去请教。

边出现了一种对乡村生活做更现实主义的处理的征象。这在意大利以外的地方是不可能的；因为只有这里的农民，无论雇农或自耕农，才拥有人的尊严、个人的自由和定居的权利，尽管在其他方面他们的命运往往是困苦的。[①] 城镇和乡村之间的差别远不像北方国家那样明显。住在许多较小的城镇里边的几乎完全是农民，他们在黄昏时分干完活回到家里就变成了城市居民。科摩的共济会会员几乎足迹遍于全意大利；乔托[②]在儿童时代可以自由地离开他的羊群到佛罗伦萨参加一个行会；到处都是从乡村流入城市的人的洪流，而山区居民似乎生来就是这个人流的来源。[③] 诚然，骄傲和地域性的妄自尊大为诗人和小说家们提供了很多的拿“乡下佬”开玩笑的主题，[④]而他们所没做的又有那些喜剧的即席表演家（见边码316页以下）们来负责完成。但是，在这些作品里，我们没有发现有那种反对“贱民”的残忍的、充满了轻蔑的阶级仇恨的痕迹；而这正是曾经引使普罗旺斯的贵族诗人，往往还有法兰西的

① 一般说来，当时意大利农民的幸运超过欧洲其他任何地方的农民。参看萨克蒂，故事第88、222篇。见普尔奇在《狄加曼诺的贝卡》中的记述（维拉利：《马基雅维里》，第1卷，第198页，注2）。

② 乔托（Giotto，1266—1337年）是文艺复兴初期的意大利派画家和建筑家。——译者

③ 巴蒂斯塔·曼托万诺（《牧歌》第8）在谈到巴尔多山和卡西那山谷的什么工作都会做的居民们说：

“没人比他们，

更适于城市。”

大家知道，有些乡民甚至在今天还享有大城市中某些职业的优先权。

④ 其中最甚的句子恐怕是《小奥兰多》，第5章，第54—58节。性格冷静而不学无术的维斯帕西雅诺·比斯提奇曾经说过（《曼内蒂传》注解，第56页）：“有两种人由于愚昧无知最难容忍，一种是奴仆，一种是乡下佬。”

历史家们写作的动机。相反地，[①]意大利的各类作家们却很高兴地承认和强调农民生活中的伟大或非凡的东西。乔维诺·庞达诺以赞美的口气提到阿布鲁齐的野蛮居民的不屈不挠的例子。[②] 在传记丛书和在小说家的作品里，我们看到了那英勇的农民女儿的形象，[③]她冒着生命的危险来保卫她的家族和她的荣誉。[④]

349 这种情况使人们有可能写作关于乡村生活的诗。我们将要提到的第一个例子是巴蒂斯塔·曼托万诺，他的一度被广泛阅读的和现在仍值得阅读的牧歌，在1480年左右出现在他的最早的著作里。它们是现实的和传统的农村生活的混合描写，而前者是占优势的。它们代表着一个好心的带有某种自由思想倾向的乡村教士的思想方式。作为一个托钵僧，作者可能有过和农民们自由生活

① 十六世纪初在伦巴第，贵族们并不害怕和农民在一起跳舞、角力、跳高和赛跑。《廷臣论》，第1卷、第2章，第54页。《齐家论》，第86页中的潘多尔菲尼（阿尔伯蒂）就是一个地主的实际例子，这个地主以他的佃农贪婪和欺诈来自我安慰，因为他想这一来他就可以从中学习如何容忍并对付这些家伙们。

② 乔维诺·庞达诺《论英勇》，第2卷。

③ 我们从亚科伯·柏格曼和波尔切利乌斯的作品中（载木拉托里第25卷，第43栏）认识到瓦尔泰利那的一位著名农妇波那·伦巴达，她是佣兵队长彼得罗·布鲁诺罗的妻子。

④ 关于意大利一般农民的处境，特别是在某些省份这种处境的详情，我们不能更充分地加以叙述。自由土地所有制和租种土地所有制之间的比率，以及二者所承担的义务同现今所承担的义务之间的比较，都一定要从专门著作中去搜集，对此我们还没有机会去加以考虑。例如，波尔曼的《佛罗伦萨文艺复兴时代的经济政策和往来自由的原则》（来比锡，1878年）；还有索贝洛，《农村公社》（波洛尼亚，1910年）。虽然没有发生任何一般的农民战争形式的事态，但在那动乱的时代里，农民容易采取野蛮行动（《历史文献》第16卷，第1章，第451页以下，1440年条；柯利奥，第259页；《弗洛利年代记》载木拉托里，第22卷，第227栏）。1462年皮亚琴察附近的农民起义有着某些重要意义和引起人们兴趣之处。参见柯利奥：《米兰史》，第409页；《皮亚琴察年代记》，（载木拉托里，第20卷，第907栏）西斯蒙第，第10章，第138页。见本书第六篇第一章。

在一起的机会。①

“豪华者”洛伦佐自己能够进入农民的世界，说明他具有一种完全不同的力量。他的《巴比利诺的南茜娅》②读起来像一堆真正从佛罗伦萨乡间的民歌里抽取出来的作品，被融合在一连串的八行组诗里。作者是如此客观，以至使我们怀疑究竟哪个陈述的人——向南茜娅表示爱情的青年农民瓦勒拉——所唤起的是他的同情还是他的嘲笑。无疑他是故意和传统的田园诗写得不同。洛 350
伦佐虽然有意识地沉迷在简单纯朴的乡村生活的现实主义写作里，可是他的作品却给了我们一种真正诗歌的印象。

卢吉·普尔奇的《狄科曼诺的贝卡》③是人所公认的洛伦佐的《南茜娅》的翻版。但是却缺少那种较深刻的写作目的。《贝卡》的写作与其说是由于从内心里想要描写人民的生活，不如说是由 351
于希望借一篇成功的诗来得到佛罗伦萨知识界的赞许。因此就更多地和更有意地写了许多粗俗的场面，也写了许多下流的笑话。

① 《巴蒂斯塔·曼托万诺牧歌或青春诗歌十首》，常常印行。例如1504年的斯特拉斯堡版的写于1498年的序言中指出了文章写作日期，从中也可看出第九和第十首牧歌是后来加进去的。在第十首牧歌的开头有“入教之后”等语，在第七首开头则有“作者已经向往宗教”之句。这些牧歌绝不是专谈农民生活的，事实上只有两首除外即第六首：《农民和市民的论争》。作者在诗中是站在农民一边的；还有第八首《农民的宗教信仰》。其他牧歌谈的尽是爱情，诗人和富人之间的关系，皈依宗教以及罗马宫廷的礼仪等等。

② 《“豪华者”洛伦佐诗集》，第1章，第37页以下。这种值得注意的诗篇是属于署名为奈特哈特·冯·勒恩塔尔的德意志“恋爱诗歌唱者”时代的作品。这位骑士作者只是在他想写写农民生活以取乐的时候才描写了它。农民们在他们自己的歌谣里对勒恩塔尔的嘲笑作了回击。参见查理·什勒德：《德国中世纪宫廷中的田园诗》，载哥什：《文学史年鉴》第1卷，第45—98页，特别是75页以下（1875年）。

③ 《“豪华者”洛伦佐诗集》第2章，第149页。

尽管如此，一个乡村恋爱者的观点还是被奇妙地保持了下来。

这一群诗人里边的第三个是以拉丁文六音步诗写成《乡下人》[①]的安吉洛·波利齐亚诺。为了避免对于维吉尔的《农事诗》的一切模仿，他描写了托斯卡纳农民的一年，从深秋开始，当时那个农民准备好了他的新犁和冬天所用的种子。春天草原上的画面是丰满而美丽的，“夏天”也有几段很美的描写；而秋天的葡萄节的描写是近代拉丁诗歌中的珍宝。波利齐亚诺既用意大利文写诗也用拉丁文写诗，从这上边我们可以推想：在洛伦佐那一群人里，对于下层阶级的感情生活做现实主义的描绘是可能的。他的吉卜赛人的情歌[②]是那种以诗的意识置身于另一阶级中的纯属近代倾向的最早作品之一。为了讽刺的目的而写作，[③]或许很多世代已经这样尝试过，而在佛罗伦萨每一个狂欢节日假面戏演员的歌唱也为它提供了机会。但是，对于另外一个阶级的感情予以同情的理解却是新的；有了这一点，《南茜娅》和这一篇《吉卜赛之歌》就标志了诗歌史上的一个新起点。

这里，我们也必须简单指出，文学怎样为艺术的发展开辟了道路。从《南茜娅》的时代到亚科波·巴莎诺[④]和他那一派的农村风俗画，中间经过了八十年。

---

① 见《意大利抒情诗集》和波利齐亚诺的作品集。1493 年，佛罗伦萨出版第一个单行本。露切莱的教训诗《蜂》1519 年初版，阿拉曼尼的《耕作》1546 年巴黎出版。内容有类似之处。

② 《“豪华者”洛伦佐诗集》，第 2 章，第 75 页。

③ 模仿各地方言和各地的风俗习惯就起源于这一倾向。参见 164 页。

④ 亚科波·巴莎诺（Jacopo Bassano，1510—1592 年）是威尼斯画家，欧洲风俗画的创始人。——译者

在本书的下一部分我们将说明，出身的不同怎样在意大利失去了它们的重要意义。这种现象的大部分无疑是由于人们和个人在这里第一次得到了彻底而深刻的了解。文艺复兴单是这一结果就足以使我们永志铭感。人性的伦理观念由来已久——但在这里，这个观念变成了事实。

皮科·米朗多拉在他的论人的尊严的演说里说明了对于这个问题的最崇高的见解；①这篇演说可以公平地被称为那个伟大时 352

① 《皮科论人的尊严的讲演》。其中的一段如下：

"最后大造决定每一种受造所私有的不论什么东西都公之于人，人是不能被赋予以任何固有的东西的。所以大造把人作为一个没有区别的肖像作品来对待，并把他放在宇宙的中间这样对他说：亚当呀，我们不给你固定的地位，固有的面貌和任何一个特殊的职守，以便你按照你的志愿，按照你的意见，取得和占有完全出于你自愿的那种地位，那种面貌和那些职守。其他受造物，我们将它们的天性限制在我们已经确定了的法则中，而我们却给了你自由，不受任何限制，你可以为你自己决定你的天性。我把你放在世界的中间，为的是使你能够很方便地注视和看到那里的一切。我把你造成为一个既不是天上的也不是地上的，既不是与草木同腐的，也不是永远不朽的生物，为的是使你能够自由地发展你自己和战胜你自己。你可以堕落成为野兽，也可以再生如神明。哦，天父无上的豪爽，和人的无上的惊人幸运呀！人被赋予了他所希望得到的东西，他所愿意取得的为人。如卢西利乌斯所说的，野兽终生带着它们自母体承受的东西。较高的鬼神从一开始或在开始后不久才变成为他们那永久的状态的。人生下来天父就给他布下了产生各种东西的种子和各种各类的生命的根芽；这些种子和根芽，谁悉心培育它们，它们就在他身上生长，并开花结果，如果它们是植物性的，就变为草木；如果它们是动物性的，就埋没灵性；如果它们是理性的，就成为天上的生灵；如果它们是精神的，就成为天使和天之骄子，如果他们不艳羡任何受造物的命运而心不外骛，则成为在天父的孤独缥缈中与上帝为伍，超乎万有，迈逾群生的一个神灵。"

这篇讲演首先出现在皮科的《静思录》中，没带特别的标题；《论人的尊严》的标题是后加的。这个标题不完全恰当，因为讲演的大部分是专门为皮科的独特的哲学作辩护和赞扬犹太人卡巴拉的。（关于皮科，见本书第三篇第三章末和第六篇第 4 章）二百多年前，布鲁纳多·拉蒂尼（《宝典》第 1 卷，第 13 章，沙巴伊版第 20 页）说："上天下地万事万物都是为人造的，而人是为人本身造的。"这些话在一个当时的人看来，似乎是过于夸扬了人类，因而他加上一句说："并为了热爱和奉事上帝，为了获得永久的欢乐。"

代的最高贵的遗产之一。他告诉我们,上帝在创世之余创造了人,使人懂得大自然的规律,爱它的美丽,赞赏它的伟大。上帝不把人限制在固定的地方,不规定劳动形式,不用铁的必然的法则来加以束缚,而给他以意志和行动的自由。造物主向亚当说:"我把你放在世界的中间,为的是使你能够很方便地注视和看到那里的一切。我把你造成为一个既不是天上的也不是地上的、既不是与草木同腐的也不是永远不朽的生物,为的是使你能够自由地发展你自己和战胜你自己。你可以堕落成为野兽,也可以再生如神明。野兽终生带着它们自母体承受的东西,较高的鬼神是从一开始或在开始后不久才变成为他们那永久的状态的。[①] 只有你能够靠着你自己的自由意志来生长和发展。你身上带有一个宇宙生命的萌芽。"

① 暗指琉西弗及追随他的群神的坠狱。

第五篇　社交与节日庆典 353

第一章　阶级的平等化

形成一个完整一致的整体的各个文明时期不仅在政治生活上，在宗教、艺术和科学上表现出来，而且也在社交生活上留下它特有的印记。因此，中世纪既有在欧洲各国之间区别不大的宫廷的和贵族的礼貌和仪节，也有中等阶级的特殊生活方式。

意大利在文艺复兴时期的风俗习惯在这些方面同中世纪形成最鲜明的对比。它们立足的基础也完全不同。当时最高级最完美的社交形式不问一切等级差别，并且只是建立在一个具有现代意义的受教育的阶级存在这个基础之上的。家世和出身不再发生影响，除非它们和有闲及有继承来的财产联系在一起。不过也不要在绝对的和无条件的意义上来了解这种说法，因为只要把中世纪的阶级差别作为同欧洲不太进步国家的装腔作势的贵族维持平等关系的手段，那么这种差别就有时仍然是在或大或小的程度上使人感觉出来。但是，这个时代的主流还是稳步走向在近代意义上的阶级融合的。

无疑地，从十二世纪以来，贵族和市民就在许多城市里杂居这一个事实是非常重要的。[①] 两个阶级的兴趣和爱好因此得到了统一,而封建主也学会了从另外一个而不是从他的山上城堡的观点来看社会。在意大利,教会也从来没有像在北方国家里那样,甘心作为为贵族家庭长子以外的子弟提供生计的手段。虽然常常以最不足道的理由而授予某些人主教、修道院长、大教堂住持等职位,但还不是按照候补人的门第来任命的。虽然意大利的主教更多、更穷和照例没有任何主权,但他们还是住在有他们的教堂的城市里,并且和他们的全体僧侣一起,形成当地有教养的社会中的一个重要因素。在继之而起的暴君专制的时代里,大部分城市里的贵族们都有理由和有时间来过一种摆脱政治危险的和充满了优雅快
354 乐的享受的私人生活,但是同时它也就和富有的市民的生活没有什么区别了。在但丁的时代以后,当时新的诗歌和文学著作已为全意大利所有,[②]于此之外还有古典文化的复兴和对于人作为人的一种新的兴趣,成功的雇佣兵队长变成君主,而不仅是高贵的世系,连合法的世系也不再是继承君位的不可缺少的条件(见边码40页),我们似乎已看到:平等的时代已经到来,而对于贵族的信仰永远消失了。

从理论的观点来看,如果要从古代典籍找根据,只就亚里士多德一个人来说,贵族的观念就既可以被认为是正当的也可以被认

① 皮埃蒙特贵族在他们乡间城堡居住的习惯在其他意大利人看来觉得是异常的。邦德罗,第2卷,故事第7篇。

② 这是印刷术未兴前好久的情况。有许多手抄本,其中且有最好的本子,为佛罗伦萨工匠所有,如果不被萨沃那罗拉的巨大祝火所烧掉,其中会有更多的本子遗留下来。

为是不正当的。例如，但丁[1]把亚里士多德的定义，“贵族之为贵族在于美德及其所继承的财富。”改为他自己的说法，“贵族之为贵族在于个人或祖先的美德。”但在另外的地方，他不以这个结论为满足。他谴责他自己，[2]因为甚至在“天堂”里，当他和他的始祖卡却圭达谈话，提到了他的血统的高贵时，他认为那不过是一件外套，时间不断剪掉它的一些东西，除非我们自己每天增加一些新的和它相称的东西上去。他在《宴会》[3]中把“贵族”和“贵族身份”同门第条件分开，并把这个概念和道德方面和智力方面的卓越情况等同起来，特别强调高度文化教养，因而把“贵族身份”称为“哲学”的姊妹。

随着时间的推移，人文主义对于意大利的思想影响越大，那种认为门第无关于一个人的好坏的信念就越牢固和越普遍。在十五世纪中，这是盛行一时的看法。波吉奥在他的《论贵族》的对话
中，[4]同意他的对话人——尼科洛·尼科利和洛伦佐·美第奇，355
（大柯西莫的兄弟）的意见，认为除了个人美德之外别无其他高贵身份。他的最尖锐的嘲笑是针对着世俗成见认为贵族生活不可缺少的那些东西。

① 但丁：《君主论》，第 2 卷，第 3 章。

② 《天堂篇》第 16 歌，开头处。

③ 但丁《宴会》，《论丛》第 4 章的将近全部及其他等处。布鲁纳托·拉蒂尼说（《宝典》第 1 卷，第 2 编，第 50 章，沙巴伊版，第 343 页）：“贵族之所以成为贵族，首先由于此（德）而非由于祖先。”并警告人们（第 2 卷，第 2 编，第 196 章，第 440 页），行为不正会使他们失去真正的高贵。同样，佩脱拉克在《论处祸福之道》，第 1 卷对话 17 中说：“真正的贵族并非天生，而是自为的。”

④ 波吉奥《全集》，《对话篇，贵族论》。亚里士多德的观点受到普拉提那的《真正贵族论》的公开反驳。

> "一个人的祖先从事于强盗职业的时间越长，他也就离开真正的贵族身份越远。对于飞鹰走犬的嗜好不见得比铺满了松香的鸟巢兽穴更有贵族的味道。古代人的躬耕陇亩将比现在这种无意义的出没于深山密林更高贵一些，这种游荡使他们自己更像野兽而不是像有理性的动物。作为一种临时的消遣，它是很有益的，但不能把它当作一生的事业。"

据他看来，英国和法国的骑士在乡间或者在密林中的城寨里的生活是十分不体面的，尤其坏的是德意志的那些强盗骑士的行为。洛伦佐在这里开始袒护贵族，但不是——这是一个特点——由于对贵族的天生有任何好感，而是因为亚里士多德在《政治学》的第五卷里承认贵族的存在，并把贵族之为贵族解释为在于美德和继承的财富。对于这一点，尼科利提出反驳，认为亚里士多德这样解释不是出于他自己的信念，而是出自于一般人的印象；在真正能够代表他的思想的《伦理学》里，他把那追求真正美好的人叫作贵族。洛伦佐徒然强调高贵的身份这个字在希腊文的意思是高贵的家世；尼科利认为罗马的"高贵族身份"(nobilis)(即卓越者)这个字比较好，因为它使一个人成为贵族主要依据他的行为。[①] 和这些议论一起，我们还看到了一种对意大利各地贵族生活情况的描写。在那不勒斯，他们不肯工作，既不肯经管他们自己的财产也
356 不肯从事工商业，他们认为做这些事情是丢脸的；他们不是在家里鬼混就是骑马闲荡。[②] 罗马的贵族也轻视工商业，但却种他们自

① 这种对于贵族门阀的蔑视，在人文主义学者里面是很普通的。见伊尼亚斯·希尔维优斯《全集》，第84页(《波希米亚史》第2章)和640页上的几段讽刺的话(露克瑞佳和优里亚路斯的故事)。

② 这是那不勒斯首都本地的情况。见邦德罗，第2编，故事第7篇；乔维诺·庞达诺，《安托尼奥》，其中记述贵族权力的衰落始于阿拉戈纳王朝的建立。

己的田地;这种土地的耕种甚至于还得到了一种称号;[①]“那是一种可尊敬的但却是乡下的贵族。”在伦巴第,贵族们依靠他们继承来的产业的租金生活;高贵的出身和不从事任何正规的职业就构成了贵族身份。[②] 在威尼斯,“贵族”,即那个统治阶级,都是商人。同样地在热那亚,贵族和非贵族都是商人和水手,只是他们的家世不同;的确有少数贵族仍然作为强盗潜伏在他们的山上城堡里边。在佛罗伦萨,一部分旧贵族已经投身于贸易;另外一些,自然是非常小的一部分,满意地享受着他们的权利,或者无所事事,或者在鹰犬追逐中消磨掉他们的时间。[③]

一个明确的事实是:几乎在意大利各地,甚至那些动辄以家世自豪的人也不能凭借这种理由来抵抗教育和金钱的力量,而他们

① 当时在全意大利,大地主一般都和贵族站在平等地位。康帕纳斯对庇护二世的叙述(《回忆录》,第 1 页)附带说明他小的时候曾帮助贫苦的父母参加他们的田间劳动,不过是一种阿谀而已。进一步的主张说明,他这样做只是为了消遣,并说明这是当时青年贵族的习惯(瓦格特,第 2 卷,第 339 页)。

② 邦德罗对北意大利贵族的评价以及他对同低身份者通婚的一再非难不失为一项重要的资料。(第 1 编,故事第 4 和 26 篇;第 3 编,故事第 60 篇,还有第 4 编,故事第 8 篇)米兰贵族同时又是商人的是个别的例外(第 3 编,故事第 37 篇),关于贵族参加农民的娱乐活动,见前。

③ 马基雅维里对于贵族的严峻抨击。《史论集》第 1 卷,第 55 页所涉及的仅仅是那些仍然保留着封建权利和那些怠惰无为,政治上胡作非为的贵族。内提斯海姆的阿格里巴之所以有最卓越的见解,主要是由于他在意大利的生活。他有专论贵族和王侯的一章(《论知识的不确和虚妄》第 80 章)它的辛辣程度超过群书,这是由于当时蔓延在北方诸国的社会动乱的缘故。在第 213 页上有如下的一段文字:“如果我们追求贵族的根源,我们将发现它是从罪恶的背信弃义和残暴产生的;如果我们看一看它的演进,我们将发现它是从雇佣兵和掠夺发展起来的。实际上贵族无非是极端的无耻,和无非是由罪恶得来的地位以及任何穷凶极恶的人们的恩赐和遗产”。在叙述贵族的历史时,他附带地提到意大利(第 227 页)。

在政治上和在宫廷上所享受的那一类特权是不足以激起任何强烈的封建等级感情的。威尼斯只不过是这一条规律的一个明显的例外,因为在那里,“贵族们”和他们的同胞过着同样的生活,所不同的不过是有少数名誉上的特权而已。在那不勒斯,情形自然是不同的,贵族们的严格隔离开的生活和炫耀浮华是把他们排除在文艺复兴的精神运动以外的一个最主要原因。中世纪的伦巴第和诺曼底的传统,以及继之而来的法兰西的贵族影响,都有这种趋向;十五世纪中叶建立起来的阿拉戈纳政权完成了这一工作,并在那不勒斯实现了一百年以后在意大利其余各地所发生的事情——按照西班牙的理想改变社会,这些理想的主要特点就是轻视劳动和热衷于高贵的头衔。在1500年以前,这种新的影响所产生的效果甚至于在较小的城镇里边都是显著的。我们从拉卡瓦那里听到了不满的声音:这个地方的富庶曾是人所共知的,那时那里到处都有泥瓦匠和纺织工;而现在,替代了纺织机和泥瓦刀的,除了马刺、马镫和镀金腰带外就没有别的,因为每一个人都想成为法律博士或医学博士、公证人、官员或骑士,所以到处都是最难忍受的贫穷。[①]

357 在佛罗伦萨,在第一个大公柯西莫的时代,似乎发生了同样的变化;他对于选定那些轻视工商业的青年人作为获有他的圣斯蒂芬勋章的武士一事负有责任。[②] 这是直接违反佛罗伦萨的良好的老

① 马苏奇奥,故事第19篇(塞丹布利尼版,那不勒斯,1874年,第220页)故事集的第一版出于1476年。

② 亚科波·彼蒂上柯西莫一世书,《历史文献》,第4卷,第2章,第99页。西班牙人在北意大利的统治引起了同样的结果。邦德罗,第2编,故事第40篇就从这个时代开始。

习惯的，[①]按照那个习惯，父亲遗给儿女财产的条件是：他们必须有某一种职业（见本书第100页）。但是，一种追求爵位的奇怪而可笑的狂热，特别是在佛罗伦萨人中间，有时竟超过和阻碍了和它不相上下的文学和艺术的影响。这就是对于骑士身份的热衷；在一个尊严本身已经失去了一切微小的意义的时代，这实在是当时的一件最荒唐的事情。

将近十四世纪末，弗朗哥·萨克蒂写道：[②]

> “几年前，每一个人都看到：所有劳动人民直到面包师傅，所有梳羊毛工人、高利贷者、银钱兑换商和各种各样的恶棍怎样变成了骑士。当一个官员去管理一个地方的小市镇时，他为什么需要一种骑士身份呢？这个头衔和任何一般混饭吃的职业有什么关系呢？不幸的尊严你何其衰颓啊！那长长的一系列的骑士职责，我们的这些骑士们尽到了哪一项呢？我之所以要说这些事情为的是使读者看到：骑士身份已经死了。[③]如果竟至于把荣誉赠给死人，那么为什么不赠给木石，不赠给一条牛呢？”

萨克蒂用例证来说明的那些故事讲得非常清楚。在那里我们读到：贝尔那波·维斯康提给在一场喝醉了酒的吵架中获得胜利的人以骑士的称号，和后来又嘲笑地以同样的称号给了那个失败者；德意志的骑士们及其头盔和器械受到了嘲笑，以及更多的这一类的故事。后来，波吉奥[④]嘲笑过他那个时代的许多没有马的和

① 在十五世纪时，维斯帕西雅诺·菲奥兰提诺（第518、632页）暗示富人不应该设法增加他们所继承下来的财富，而应该花掉他们全年的收入。这话出自一个佛罗伦萨人之口，只能指那般大地主而言。

② 佛朗哥·萨克蒂，故事第153篇，参见故事第82和150篇。

③ 意大利文作“Che la cavalleria è morta”，义同。

④ 波吉奥：《贵族论》，第27页，伊尼亚斯·希尔维优斯：《弗里德利希三世传》（科拉版，第294页）对弗里德利希欣然在意大利授封骑士头衔进行非难。

没经过战斗训练的骑士。那些想要维护他们的骑士勋位的特权，持着长枪佩戴徽章骑马出现于佛罗伦萨的人将发现：他们可能遇到政府的干涉和许多嘲笑者。①

更仔细地研究这个问题，我们将看到：这种过了时的、同贵族家世没有关系的骑士制度，虽然一部分是疯狂地追求头衔的结果，但仍有它较好的另一面。比武的习惯还没有废除，不是骑士就不能参加。比武场中的决斗，特别是困难而危险的长枪刺戮提供了一个表现力气、技巧和胆量的良好机会；这些在一个如此重视个人长处的时代里是谁也不愿意忽视的，无论他是什么出身。②

358 从佩脱拉克时代以来，比武就被抨击为是一件危险而荒唐的事情，但这是没有用的。没有人因为这个诗人的感伤呼吁而相信他的话："在哪本书上我们看到过这样的记载，说西庇阿和凯撒是马上比枪的能手呢？"③这种习惯在佛罗伦萨越来越普遍了。每一

① 瓦萨利，第3卷，第49页及注，《德罗传》。佛罗伦萨市要求有授封骑士地位的权利。关于在1378年和1389年举行的这种仪式，见拉蒙特：《洛伦佐》第2卷，第444页以下。

② 塞那利加：《热那亚事历》，载木拉托里，《意大利史料集成》，第24卷，第525栏。在阿都奴斯同莉奥诺拉的婚礼上，"在萨尔扎诺举行了骑马赛……对胜利者规定并颁发了奖赏。宫廷里表演各种文娱节目。人民热心这些事情，好像热心新事物一样，整日整日地观赏不忍离去。"波利齐亚诺关于他弟子们的骑马演习，给皮科写信说：(《波利齐亚诺书信集》，第12卷，第6书)"你认为我只培养诗人和演说家，但我也教出了不少战士。"奥尔丹休·兰第在《杂录》(第180页)中告诉我们在科雷焦有两个士兵决斗，结果很不幸。那是旧日剑斗的一种残余。作者的想象力一般是活跃的，他在这里给人以真实的印象。上面引用的几段文字，说明骑士地位对于这些公开比武并不是绝对必要的。

③ 佩脱拉克：《晚年书简》，第11卷，13，《致伊斯特家的乌哥书》。另有一段见《书信集》第5卷，第6书(1343年，12月1日)描写他在那不勒斯竞技会中看到一个骑士之死所感到的遗憾。关于那不勒斯竞技会的明文规定，见夫拉卡塞提的《佩脱拉克书信集》，意大利文本，佛罗伦萨，1864年，第2卷，第34页。阿尔伯蒂也曾指出竞技会的危险、无益和浪费。《齐家论》，《俗语著作集》第2卷，第229页。

个正派的公民都把他的比武——无疑地，这时不像以前那样危险了——看作是一种时髦的游戏。弗朗哥·萨克蒂[1]给我们留下了一个这样的节日骑士——一个七十岁的公证人——的一幅可笑的图画。他骑在一匹从一个染匠那里赁来的瘦马的背上，到佩雷托拉参加那里廉价的比武。某一个爱开玩笑的人把一根荆棘绑在这匹战马的尾巴下边，马一受惊，就跑开了，把这个戴着头盔的骑手一直带回城里，弄得他遍体伤痕，饱尝惊恐。这个故事的不可避免的结果是，妻子对于她丈夫的这种极端荒唐的冒险大为震怒，把他严厉训斥了一番。[2]

在结束时还可以提到：美第奇家族对于这种比赛也感到极大的兴趣，好像是要表明——虽然他们是平民，血管里边没有贵族的血液——围绕在他们周围的社会在任何方面都不逊于一个宫廷。[3] 即使在柯西莫的时代（1459 年）和以后的大彼埃特罗的时 360

① 故事第 64 篇。关于这种风气，《小奥兰多》（第 2 章，第 7 节）中在谈到查理大帝时的一个竞技会，很清楚地说："在这里角斗的不是厨师和厨师的下手而是那般王公诸侯之流。"

② 这是对竞技会的最早的谐模作品之一。过了六十年，查理七世时代的一位市民阶级出身的财政大臣雅克·科尔在布尔日他的庭院里举办了一个骡马竞赛会（1450 年前后）。所有这些谐模作品中的最上乘作品——刚才所引的《小奥兰多》的第二歌直到 1526 年才发表。

③ 参看上引波利齐亚诺和卢吉·普尔奇（第 346 页）的诗歌，更参照保罗·乔维奥：《列奥十世传》，第 1 卷。马基雅维里：《佛罗伦萨》，第 7 卷。保罗·乔维奥：《语录》，彼埃特罗·美第奇条。彼埃特罗为了这些娱乐活动而荒废公务。又博博尼乌斯条，博博尼乌斯竟在这些娱乐活动里丧了命。瓦萨利，第 9 卷，第 219 页，《格拉那奇传》。普尔奇在洛伦佐眼前写的《摩尔根特》中，骑士们的言行是滑稽可笑的，但他们的格斗是顽强而巧妙的。博亚尔多也为熟知竞技和战斗艺术的人们写了诗。在早期的佛罗伦萨史中，我们读到为向法兰西国王表示敬意，于 1380 年前后举办的竞技会。列奥那多·阿雷提诺：《佛罗伦萨史》，第11卷，第222页。费拉拉1464年的竞技会在

代，在佛罗伦萨都举行过辉煌的比武。小彼埃特罗为了这种消遣而忽视了政务，并且不穿上甲胄不肯让人给他画像。同样的习惯也盛行在亚历山大六世的宫廷里；当枢机主教阿斯卡尼奥·斯福查问土耳其的王子迪姆（见边码126、132页），是不是喜欢这种场面，那个蛮族人很慎重地回答说：在他的国家里边，这种战斗只是在奴隶中间举行，因为这样，如遇意外，也就不在乎了。这个东方人在指责中世纪的这种习俗上，无意间和古代罗马人相合了。

除了骑士道的特殊的支持者以外，我们在意大利各处，例如在费拉拉，还可以看到宫廷服务团（见边码66页以下），它的成员是有权利获得这个头衔的。

但是，尽管贵族和骑士们的个人抱负与虚荣心很大，可是意大利贵族在社交生活的中心占有一席地位但不是非常高的地位，仍是一个事实。我们看到它惯于和其他阶级在一个完全平等的基础上交往并在文化和学术上寻求它的天然的同盟者。诚然，对于一个廷臣，某种贵族身份还是需要的，① 但是人们明确宣称，这种要求是由于公众心目中的根深蒂固的成见——“由于一种普遍的意

《费拉拉日记》中有所记述，见木拉托里，第24卷，第208栏；威尼斯的竞技会见桑索维诺的《威尼斯》153页以下。1470年和那年以后在波洛尼亚的竞技会，见布尔塞利斯：《波洛尼亚年代记》。木拉托里，第23卷，第898、903、906、908、911栏。书中指出人们对于举行罗马凯旋式的热情和竞技会的奇特的混合一事，颇为新奇，在其中一个地方，我们看到有“为使罗马的古代文化看来又复兴了”之句。乌尔比诺的菲德利哥在比武会上“由于枪的一击”而右眼失明。关于当时在北方各国举办的竞技会，见奥利维埃·马什的《回忆录》各处。尤见第8、9、14、16、18、19、21等章。

① 卡斯提利昂：《廷臣论》，第1卷，第18页。

见”——形成的；它从来没有被认为含有这样的看法，一个人如没有贵族血统，他的个人价值就会有任何程度的降低，也从来不能从这一条规定就推论说，君主所交往的只限于贵族。它仅仅意味着一个完人——真正的廷臣——应该不缺少任何设想得到的有利条件，所以也就不能缺少这一项。在一切生活关系中，他之所以必须特别维持一种尊严的有节制的风度，理由并不在于他血管里流着的血液，而在于要求他做到的一种完美的风度。我们在这里已看到一种基于文化和财产的现代尊荣概念；基于财产只是因为它能够使人们致力于文化生活和有效地促进它的利益和进步。

第二章　生活的外表的美化

随着出身显贵愈来愈不再给人以任何特权，个人就愈不得不尽量发挥自己的优点，而社会也就愈不得不力求表现其本身的优点和具有吸引力。个人风度和一切较高形式的社交成了人们有意识和抱有风雅目的来追求的目标。

即使在男女外貌和日常生活习惯上，他们也比欧洲其他民族更为完善优美和高雅。上层阶级的住宅毋宁是属于艺术史的范围；但是我们仍然可以看到意大利的宫城和城市宅第如何在舒适、整洁和谐调上远远超过了北方贵族的住所。服装的式样不断地发生变化，因而不可能和其他国家的式样作完全的对比，尤其是因为十五世纪末以来模仿其他国家样式之事，屡见不鲜。那时的装束，如意大利画家们所表现的，是当时在欧洲所能看到的最舒适方便和最悦目的服装；但是我们不能肯定它们是不是代表流行的式样，或者是不是被艺术家忠实地表现出来了。但是无可怀疑的是:没有一个地方像意大利这样重视服装。意大利人民过去是,现在也是爱虚荣的;甚至他们之中的严肃认真的人也把漂亮适体的服装看作个人完美的一项因素。的确,在佛罗伦萨,有一个短短的时期,服装成了纯粹个人的事情,每个人都为自己设计式样,一直到十六世纪很久,还有些特别的人仍旧有勇气这样做;[①]而多数人无论如何也表现出了他们能够按照他们个人的体裁来改变服装式样。乔万尼·德拉·卡萨,警告他的读者不要显得奇特或者离开现行的式样,那是一个衰落的征兆。[②] 我们自己这个时代,无论如何在男人们的服装上,把统一看作为最高的原则,因之它实际放弃的远比它意识到要放弃的多得多,但是它却为自己节省了很多的时间,而这一点,按照我们的事务观念来衡量,是远超过一切不利之点的。

362 威尼斯[③]和佛罗伦萨,在文艺复兴时期有规定男人服装和限制女人奢侈的规章和条款。在服装式样不太自由的地方,像在那不勒斯,那些道学家们遗憾地承认:在贵族和市民之间看不出区别

① 保罗·乔维奥,《语录》:"彼得罗·格拉维那","亚历山大·阿奇里努斯","巴尔托洛缪·卡斯提里奥"等条。138 页以下,112 页以下,143 页以下。布鲁尼使长达脚踝的红裙出了名。

② 卡萨,《加拉提奥》(礼范)第 78 页。

③ 关于这方面,见威尼斯时装丛书,又桑索维诺的《威尼斯》,第 150 页以下。订婚时新娘的服装——白衣衫,头发自然下垂于双肩——是蒂先的名画《弗萝拉》的新娘服装。"华装事务处"于 1514 年在威尼斯成立。阿曼·巴舍的《出使记》(1857 年巴黎出版)有关于他们的决议的节录。以往就连面包师的老婆们都能穿的绣有金边的服装,1481 年在威尼斯受到禁止。这时他们只能以"宝石珍珠"来作装饰,因而"最朴素的服装"也值四千金币。见安托尼奥·萨伯利科:《书信集》,第 3 卷(致安托尼奥·巴巴瓦洛书)。

来。[①] 他们进一步哀叹式样的迅速改变和——如果我们正确理解 363
他们所说的那些话——对于从法兰西来的无论什么东西都盲目崇拜,虽然在许多情形下从法兰西接受回来的服装式样原来都是意大利的。我们不预备更多地去谈论,这些时常发生的变化和对法兰西和西班牙的式样的采用[②]究竟对于这个民族喜爱外露的感情起多少作用。但是我们在它们身上看到了在1500年前后几十年里,意大利的生活情况迅速变动的另外的例证。意大利各地的被外国人占领不仅使当地的居民们采用外国式样,而且也往往使他们放弃一切服装上的奢侈。兰第曾记载了米兰的这样一种公众感情的变化。但是,他告诉我们装束上的区别继续存在,那不勒斯以华美著名,而佛罗伦萨在作者看来则以荒唐可笑著称。[③]

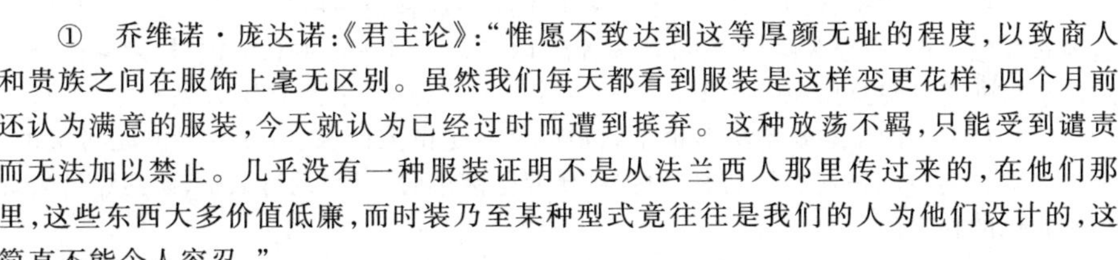

① 乔维诺·庞达诺:《君主论》:“惟愿不致达到这等厚颜无耻的程度,以致商人和贵族之间在服饰上毫无区别。虽然我们每天都看到服装是这样变更花样,四个月前还认为满意的服装,今天就认为已经过时而遭到摈弃。这种放荡不羁,只能受到谴责而无法加以禁止。几乎没有一种服装证明不是从法兰西人那里传过来的,在他们那里,这些东西大多价值低廉,而时装乃至某种型式竟往往是我们的人为他们设计的,这简直不能令人容忍。”

② 例如,参见《费拉拉日记》(木拉托里,第24卷,第297,320,376栏以下)。日记中曾谈及德国服装的最新流行式样。编年纪作者说:“他们看来好像使役般的丑角一样。”

③ 这里不妨引述一段有趣味的文字,它是从一本很少见的书中摘录的(见本书第336页)。所涉及的历史事件是1522年,查理五世的大将安托尼奥·雷瓦对米兰的征服。“米兰人一向穿着很华美。但自查理皇帝将那凶恶可怕的‘野兽’放进那个城市去以后,他们是这样的民穷财竭,竟致非常痛恨一切服装的华美。正像在十分艰苦的安托尼奥时代以前,人们终日无所事事,只想更换衣服一样,这时他们都另有所思,另有所考虑了。然而雷瓦的那些暴徒的纵情抢掠,并没有使他们失掉财产和把他们抢个精光。因而,他们仍然可以按照他们认为合适的那样来安排家庭事务和讲求穿着,而且我认为除掉安托尼奥·雷瓦的所好找到了一些特殊的模仿者之外,他们在穿戴上不次于任何人。那不勒斯人在服装上极尽奢华之能事。热那亚人的衣服我认为很美观,

我们可以特别注意一下女人们用一切化妆所能提供的方法来改变她们的姿容的努力。自罗马帝国灭亡以来,欧洲没有一个国家像这时候的意大利一样,如此不厌其烦地来修饰面貌、肤色和改变头发的生长情况。[①]所有的人都不惜以最显著和最明白的虚饰手段来追求流行的式样。一般的服装在十四世纪时[②]颜色上有高
364 度的变化并且带有很多的装饰品,而在以后的一个时期,采取了一种更谐调的富丽的性质。抛开这个不谈,我们这里特别谈一谈比较狭义的化妆。

装饰品中使用最多的是假发。它往往是用白色的或黄色的蚕丝做成的。[③]斥责和禁止它的法律是无效的,直到某一个劝人忏悔

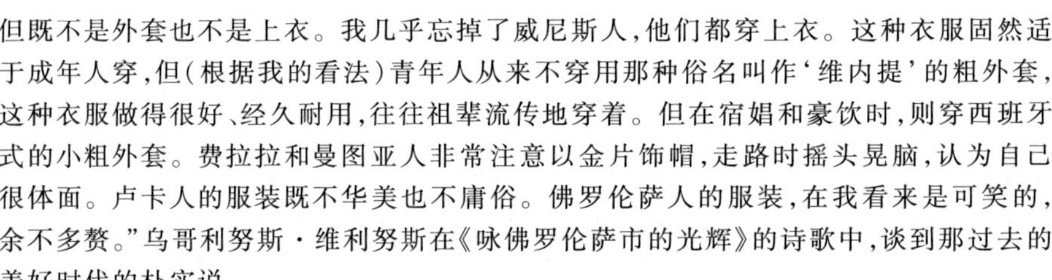

但既不是外套也不是上衣。我几乎忘掉了威尼斯人,他们都穿上衣。这种衣服固然适于成年人穿,但(根据我的看法)青年人从来不穿用那种俗名叫作'维内提'的粗外套,这种衣服做得很好、经久耐用,往往祖辈流传地穿着。但在宿娼和豪饮时,则穿西班牙式的小粗外套。费拉拉和曼图亚人非常注意以金片饰帽,走路时摇头晃脑,认为自己很体面。卢卡人的服装既不华美也不庸俗。佛罗伦萨人的服装,在我看来是可笑的,余不多赘。"乌哥利努斯·维利努斯在《咏佛罗伦萨市的光辉》的诗歌中,谈到那过去的美好时代的朴实说:

"大不列颠舶来的毛织品不值钱,
珠宝鲜服没有用"。

① 关于同样问题,参见法尔克,《德国服装与时髦界》来比锡,1858 年。

② 关于佛罗伦萨妇女,见乔维奥·维兰尼,第 10 章,第 10 页和 150 页(关于服装及其废除的规定)所引用的主要材料,见马提奥·维兰尼,第 1 章,第 4 节(由于疫病而引起的奢侈生活)。1330 年关于时装的著名法令中,只许妇女服装可以有彩绣,而经过涂染的不在此例。这些装饰的特征是什么,似乎还有疑问。当时妇女沿用的化妆术,薄伽丘在《论名人的不幸》,第 1 卷,第 18 章"妇女"条中有所列举。

③ 那用真发做成的叫作"死发"。如吉安诺佐·曼内蒂的《维斯帕西雅诺·比斯提奇注释》,第 130 页中所述,男人也戴假发,所以无论如何我们也得解释这个有些含糊不清的地方。关于某位意大利高级僧侣只是为了发言清楚带用象牙制假牙的例子,见安瑟伦,《伯尔尼编年记》第 4 卷,第 30 页(1508 年)。象牙制假牙在上引薄伽丘作品中也有记述:"修复偶然掉落的牙齿,用象牙、化妆品和宝石使变黑了的牙齿恢复原来的洁白。"

的讲道者感化了戴假发的人们的浮世思想,情况才有所改变。那时,人们在广场的中心可以看到一个很高的柴堆上,除了琵琶、骰子盒、面具、妖符、歌本和其他浮华的东西以外,还堆积有大批的假发,①这些在一把净火之下立即就化为灰烬。人们所要求的理想的头发的颜色,不论天然的和人工的都是金黄色。因为人们认为太阳光能把头发变成这种颜色,②所以许多女人们在阳光灿烂的日子里,都会整天在露天中度过。③ 染料和其他混合药品也随便用来达到同样的目的。除了这一切,我们还看到名目繁多的涂抹面部每一个部分——甚至涂抹牙齿和眼睑——的美颜水、油膏和脂粉,而这些在我们这个时代是无法想象的。诗人的嘲笑、④说教者的愤斥和这些化妆品对于皮肤发生有害影响的经验,都没有力量阻止妇女们把她们的脸涂抹成一种不自然的形状和颜色。有几百人勾脸和戴面具登台的壮丽的奇迹剧的不断上演,⑤可能助长 365

① 茵菲苏拉,载埃卡尔《史家集》,第 2 卷,1874 栏——阿来格雷托,载木拉托里,第 23 卷,第 823 栏。至于作家们关于萨沃那罗拉的论述,见下文。

② 桑索维诺《威尼斯》,第 152 页:“由于太阳的光照而形成的极为艳丽的金黄头发”,参见第 89 页和伊利雅泰所引的稀见作品《一个威尼斯贵族的生平》(1874 年),第 56 页。

③ 在德国也是这种情况。《讽刺诗集》,第 119 页(米兰,1808 年)。我们可以从吉安布拉利的讽刺作品《为了娶妻》(第 107—126 页)中得到关于化妆品化学的一种概念,大都是根据迷信和巫术而来的。

④ 诗人们不遗余力地说明涂脂抹粉的丑陋、危险和荒谬可笑。参见阿里奥斯托《讽刺诗集》,第 3 卷,第 202 页以下;阿雷提诺:《马医生》第 2 幕第 5 场和《论评》中的几段;吉安布拉利,前引书,老贝罗阿尔都斯的《加尔米那歌谣集》,又费莱佛的《讽刺集》(威尼斯,1502 年,第 4 章,第 2—5 页)。

⑤ 琴尼诺·琴尼尼在《绘画论》,第 161 章里提供了一个画脸的处方,显然是为了神秘剧和假面剧用的,他从而在 162 章里郑重地警告读者不要普遍使用化妆品等类的东西。据他说,化妆品在托斯卡纳地方是很普通的东西。

了这种日常生活的弊习。可以肯定,它是流行得很广泛的,而乡间妇女也在这方面和城市姊妹们争妍。[①] 劝戒她们说这种装饰是高等妓女的标志是没有用的;最可尊敬的主妇们终年不施脂粉,但在假日当她们出现在公共场合时还是照样地用它。[②] 但是,无论我们把这种坏习惯看成是和生番文身一样的野蛮的残余,或者是如艺术和复杂的化妆术引导我们所想的那样,把它看成是在面貌上
366 和肤色上希望达到一种圆满的青春美的结果——随便哪一种看法都少不了男人方面的多方鼓励。

香水的使用也超过了一切合理的限度。它们被使用在每一件和人类接触的东西上。在节日,甚至骡子也被涂以香水和油膏,[③] 皮埃特罗·阿雷提诺曾为收到一卷洒了香水的钱而感谢柯西莫一世。[④]

当时意大利人相信他们比其他民族更为清洁。事实上,人们有一般理由来支持而不是反对他们的这种看法。对于我们现代的完美的社交观念来说,清洁是不可忽视的,而这在意大利比其他地方都发展得较早。意大利人在当时所有民族中最为富裕,是另外一个对他们有利的假定。赞成或者反对这些主张的证据当然绝不
367 会是现成的;如果问题是在对清洁作出决定上谁先谁后的话,那么

---

① 参见《巴比利诺的南茜娅》第 20 和 40 节。恋人许下给情人从城里带来化妆品(参看洛伦佐·美第奇的这首诗,见上文第 349 页)。

② 阿尼约洛·潘多尔菲尼:《齐家论》第 118 页。他非常有力地谴责了这种风气。

③ 见特利斯坦·卡拉希奥罗,载木拉托里,《意大利史料集成》第 22 卷,第 87 栏。邦德罗,第 2 编,故事第 47 篇。

④ 《加比托洛》(一)致柯西莫有“日前您使人赐给我的那新的芳香的一百块金币”之句。有些当时留下的物品到现在还没有失去它的芳芬气味。

中世纪的骑士诗或者比意大利所能提出来的任何东西都在前。不过,文艺复兴的某些代表人物的格外的整齐清洁,尤其是在他们用餐时的举止上,受到特别的注意,[①]而"日耳曼人"在意大利则成了一切肮脏东西的同义语。[②] 乔维奥记载了马西米利亚诺·斯福查 368
在德意志受教育过程中所染上的不洁习惯,和他回到意大利后这些习惯所引起的注意。[③] 同时很奇怪的是:至少在十五世纪,旅馆

① 维斯帕西雅诺·菲奥兰提诺,第 453 页,见德那多·阿西亚约利传,又 625 页,见尼古莱传。

② 《故事百篇》开篇故事第六篇。这里稍谈一些关于意大利的日耳曼人或许不是不适当的。关于对日耳曼人的侵入的恐惧,见本书第 138 页;有关日耳曼人作抄写员和印刷商的事,见本书第 201 页以下;关于对阿德里安六世作为一个日耳曼人的嘲笑,见第 169 页。意大利人一般都对日耳曼人怀有敌意,并用嘲笑把它表示出来。薄伽丘《十日谈》第八日,故事(一)中曾说:"一个日耳曼雇佣军人对于雇主十分忠心,这在日耳曼人中是十分少见的。"故事讲的是日耳曼人狡猾的实例。意大利的人文主义者对日耳曼野蛮人大肆攻击,尤以到过德意志的,如波吉奥等人为甚。参看瓦格特:《复兴》,第 374 页以下;盖格尔《德意志和意大利人文主义时期的关系》见《德意志文化史杂志》,1875 年,第 104—124 页。又见雅孙:《德国人民史》,第 1 卷,第 262 页。康帕纳斯是日耳曼人的一个主要对头。见他的著作中的一篇讲演:《论康帕纳斯对日耳曼人的仇恨》。阿德里安六世的行为加深了人们对日耳曼人的仇恨,而德意志军队在劫掠罗马时的所作所为更进一步地加深了这种仇恨(格累哥罗维乌斯,第 8 卷,第 548 页注)。邦德罗第 3 编,故事第 30 篇中将日耳曼人列为脏人和蠢人的典型。

每当一个意大利人想要赞扬日耳曼人的时候,如彼得罗·阿尔塞俄尼在把他的《论流放》对话献给尼古拉·肖恩柏克的献词中说的:"你虽出生于德意志最有名的省份密斯尼的显贵人家,但你要在意大利的光芒照耀下知名于世。"在马利乌斯时代,例如,对德意志妇女无条件地加以赞美是少见的。见《廷臣论》第 3 卷,第33 章。

必须附加说明的是:文艺复兴时期的意大利人和古代希腊人一样,对所有无教养的人都十分反感。薄伽丘《名妇传》中的一篇题名为《卡曼塔》的文章里谈到德意志的不开化,法兰西的野蛮,英吉利的诡计和西班牙的粗鄙。

③ 保罗·乔维奥《语录》,第 289 页,但他并没有提到德意志的教育。就连那些有名的妇女也未能使马西米利亚诺换掉他的内衣。

和饭店都主要由日耳曼人来经营，[①]但是，他们大概主要是从旅行到罗马参拜圣地的人们身上赚钱。不过这方面所谈的可能多少指的是乡间地区。因为人所共知的是：在大城市里边，意大利饭店占
369 首要地位。[②] 在乡间缺少清洁的旅馆也可以用生活和财产的一般不安全来解释。

生于佛罗伦萨的乔万尼·卡萨，发表的一本叫做《加拉提奥》的社交礼节手册，是十六世纪前半期的著作。书中以道学家们辨识最高道德真理的那种可靠的机智规定了严格意义的清洁，而且也规定了应丢弃的一切我们认为不合适的恶癖和坏习惯。在其他国家的著作里边，使人生厌的描写的间接影响给了人们以同样的教训，虽然不是那样有系统。[③]

在其他方面，《加拉提奥》也是关于礼貌的一个优美而聪明的指导——关于机智圆通和审慎的一种训练。即使现在各阶层的人们阅读它也还是受益匪浅，而欧洲各民族的礼貌观念也不见得会

① 伊尼亚斯·希尔维优斯：《教皇传》，（见木拉托里，《意大利史料集成》第 3 卷，第 2 章，第 880 栏）在谈到巴卡诺时说："客店少，很多德意志人经营这种买卖；这种人几乎经营着整个意大利的旅店业；不遇到他们的地方，不要找旅店。"

② 弗朗哥·萨克蒂，故事第 21 篇。帕多瓦在 1450 年前后曾以有宫殿般大的旅栈——"公牛"——而自豪，其中有可容二百匹马的马厩。米凯尔·萨沃那罗拉，载木拉托里，《意大利史料集成》第 24 卷，第 175 栏内。在佛罗伦萨的圣加罗门外，有闻名于当时的最大最漂亮的旅馆，但据说只作为市民的娱乐场所。瓦尔奇，《佛罗伦萨史》，第 3 章，第 86 页。在亚历山大六世时代，罗马最好的旅馆是由德意志人开设的。见引自布尔卡尔都斯的手抄本中的值得注意的一些材料（格累哥罗维乌斯第 7 卷，第 316 页，注 2；参见同书，第 93 页，注 2 和注 3）。

③ 参看例如塞巴斯提安·布兰特的《呆船》中，伊拉斯玛斯的《会话》中以及格罗比亚诺的拉丁诗中的一些地方，并参考温普费林论述食事礼法的诗篇，其中，除了对坏习惯的描写之外，并提供了关于好的举止的准绳。关于这些准绳中的一条，可参见韦勒《德意志数世纪以来的诗歌集》（杜平根，1875 年）。

超过它的格言的范围。就机智圆通是一种心灵方面的事情来说，某些人从文明的黎明期就有这种天赋，另外一些人是用意志力来取得的；但是意大利人首先承认它是一个普遍的社会义务和一种有教养和受教育的标志。意大利本身在两世纪的进程中有很多的变化。在这两个世纪末我们感觉到，朋友和相识者之间的实际玩笑的时代——“开玩笑和恶作剧”的时代（见边码163页以下）在
上流社会中间已经成为过去，[1]意大利人民已经脱出了城市的城 370
墙，学会了一种世界性的礼貌和尊敬。我们以后将在较狭窄的意义上来谈一谈社会交际。

的确，在十五世纪和十六世纪早期，外表生活的美化和提高是世界其他民族中间所没有的。由许多大大小小的事情合在一起构成那种我们所谓的舒适，是首先在意大利出现的。在意大利城市中间的平坦的道路上驱车而过是普遍的，[2]而在欧洲其他地方，习惯上是步行或者骑马，并且无论如何也没有人以驱车为消遣。我们还在小说家的著作中读到柔软而有弹力的床、名贵的地毯和卧房家具，这些都是我们在其他国家里边没听说过的。[3] 我们还常听到亚麻布制品的丰富和美丽。这些东西很多都被纳入艺术领域里。我们看到了艺术使生活更为豪华的许许多多的方式，不胜赞

① 这种“嘲笑”缓和下来的事例可从《廷臣论》中明显地看到（第2卷，第96页）。佛罗伦萨的嘲笑风气一直不衰。1550年在佛罗伦萨发表的拉斯卡的小说可为例证。（拉斯卡·弗兰切斯科·格拉吉诺，1503年生，1582年卒）

② 关于米兰，见邦德罗，第一编，故事第9篇。当时有六十多辆套四匹马的马车，和无数套两匹马的马车，其中有很多马车都经过镂刻、镀金并有丝织的车盖。参见同书故事第4篇，阿里奥斯托《讽刺诗集》第3卷，第127页。

③ 邦德罗，第一编，故事第3篇；第三编，故事第42篇；第四编，故事第25篇。

羡；它不仅以名贵的花瓶来装饰巨大的餐具架和轻巧的灯架，以华丽动人的挂毡来装饰墙壁，并在梳妆台上摆满了无数优美的小摆设，而且把各个部门的工匠——特别是木工——都吸收到了它的领域里。在中世纪末，整个西欧，只要它的财力许可它这样做，它就立刻向这同一个方向努力。但是这种努力不是产生了一些幼稚的异想天开的不实用的东西，就是受着狭隘的纯哥特式艺术枷锁的束缚，而文艺复兴却在自由地发展着，它深入到它所从事的每一种事业的精神里，它得到了远比北方艺术家更多的保护人和赞赏者。十六世纪意大利的装饰艺术所以能迅速超过北方，一部分就是由于这个事实，虽然一部分也是由于更广泛的和更一般的原因。

371 第三章　语言是社交的基础

作为一种艺术工作——作为一种有意识的产物和民族生活最高产物之一——呈现在我们面前的高级形式的社交，其最重要的基础和条件莫过于语言。

在中世纪的最繁荣时期，西欧的贵族曾设法为社交和诗歌建立一种“宫廷的”语言。在十三世纪里，我们在方言互异的意大利也发现一种宫廷和诗人们通常使用的所谓“宫廷语”。认真地和有意识地试图使这种语言变为一种文学的和社交的语言，对于意大利来说是极端重要的。在1300年以前写成现在这种形式的《古代故事百篇》的序言公开地承认具有这一目的。语言在这里被认为是和诗歌的用语脱离的；它的最大的功用是以简短的语句、警句和回答来做清楚、简单明了的说明。除了在希腊人和阿拉伯人中间外，这种功用在任何地方也没有像在意大利这样受到赞赏："有多少人在漫长的一生中几乎没有说过一句'漂亮话'！"

但是由于人们从各个不同方面来考虑这一问题，因之就使它更不易解决。但丁的著作把我们带到了纷争的中心。他的作品《论意大利的语言》[①]不仅对于这个问题本身非常重要，而且也是有关任何近代语言上的第一部完整的著作。他的方法和结论是属于语言学史范围的，而在那里它们将永远占有一个崇高的地位。我们只想在这里指出：早在这部书出现以前，这个问题一定曾经是一个每天遇到的迫切的重要问题；意大利的各种方言很久以来就是热烈研究和争论的目标；而那一种典范的语言的诞生并不是没有经过许多痛苦而就达成了的。[②]

自然，没有别的作品像但丁的伟大诗篇那样对于这一目的做 372
了如此多的贡献。托斯卡纳方言成了新的民族语言的基础。[③] 如

① 《俗语论》科尔比内利版，巴黎，1577 年。据薄伽丘《但丁传》第 77 页所述，这一作品写于他去世前不久。他在《宴会》中提到他在世时间，意大利语言中所发生的迅速和显著的变化。

② 关于这一方面，见列奥那多·阿雷提诺：《书信集》（美羽斯版，第 2 卷 62 页以下；第 6 卷，第 10 章）和波吉奥《三个席间辩论的故事》（见全集第 14 页以下）中所作的调查研究：早期学者用语和民间用语是否相同。列奥那多持否定的意见；波吉奥则明显地和前人不同，持肯定的意见。关于意大利语对社交的必要性，见阿尔伯蒂《齐家论》第 3 卷序文中的详细的论证。

③ 这种方言在文学和社交方面所取得的逐步进展，可由当地学者很容易地列举出来。可以看出，在十四、十五世纪中，各种不同的方言在通讯、公文、历史写作和一般文学作品中全部或部分地占有着何等地位。这些方言和公文上用的多少有些不纯正的拉丁语之间的关系也要加以讨论。意大利各个不同城市的说话方式和发音，兰第在《福尔斯浴池问答集》第 7 页中曾有叙述。关于前者，他说："伊特拉斯康人虽优于其他人，但仍不能避免他们本身的可笑或起码的互相非难。"关于发音方面，锡耶纳人，卢卡人和佛罗伦萨人的发音特别受人称赞。但关于佛罗伦萨人的发音，他说："如果他们不拖长声音，或不那样将舌头和上颚贴紧，那就更动听了。"

果这种说法在某些人看来认为太过分了，作为外国人，在一个存在有很多不同意见的问题上服从这个一般人都相信的说法是可以得到谅解的。

由于在意大利很久就盛行着有争论的修辞癖，损害了许多有才能的作家的语言的清新有力，文学和诗歌的损失大概多于它们的收获。再有，另外一些人认为自己是这个光辉的语言的大师，于是就想脱离它所要表现的思想内容，而专依赖语言的谐和与流畅。一支很不足道的曲调，一经用这样一种乐器来演奏，就能产生一种很大的效果。但是，尽管如此，肯定地说，从社交的观点来看，这种语言还是有很大价值的。它好像是一种高贵而尊严的行为的最高权威，迫使那有身份的人在他的日常举止和在特殊的场合下遵守外部的社交惯例。无疑地，这件古典的外衣，像亚狄加社会的语言一样，被用来掩盖了许多肮脏邪恶的东西，但是，它也恰当地表现出了一切最高尚和最优美的东西。从政治观点上和从民族观点上看，在这四分五裂的半岛上的所有国家里，这种语言作为受教育阶级的理想归趋，是非常重要的。[①] 它也并不是贵族们或者任何一个阶级的私有财产，就是最贫穷和最低微的人只要愿学也都能学会它。意大利的某些地方照例流行着最不易懂的方言，但就在这些地方，一个外邦人，即使现在——或者比过去任何时候都更多地——也常常从农民或者工人的嘴里听到纯粹而漂亮的意大利语，因而感到很惊讶。他在法兰西或者在德意志是找不到任何类似的情形的，在那里就是受教育的阶级也保有地方话的口音。自

① 但丁所感觉的就是这样，见《俗语论》第一卷，第 17 章和 18 章。

然，在意大利能够读书的人，他们的数目比我们根据这个国家的许 373
多地方——例如教皇国——其他方面的情况所能期待的为更多；但是更重要的是人们普遍无须争辩地把纯正的语言和发音当作宝贵而神圣的东西来尊重。这个国家一个地方接着一个地方地正式采用了这种典范语言。威尼斯、米兰和那不勒斯的采用它是在意大利文学的全盛时期，而且部分地是由于文学的影响。直到十九世纪，皮埃蒙特由于分享人民的这一项主要财富——纯洁的语言，才根据自己的自由意志，而成为意大利的一个真正的省。[①] 那些方言从十六世纪初就被有意识地留下来处理某一类严肃的和滑稽的主题，[②]而这样发展起来的风格证明它是能够完成它的一切任务的。在其他民族中间，这种有意识的划分直到很晚一个时期才出现。

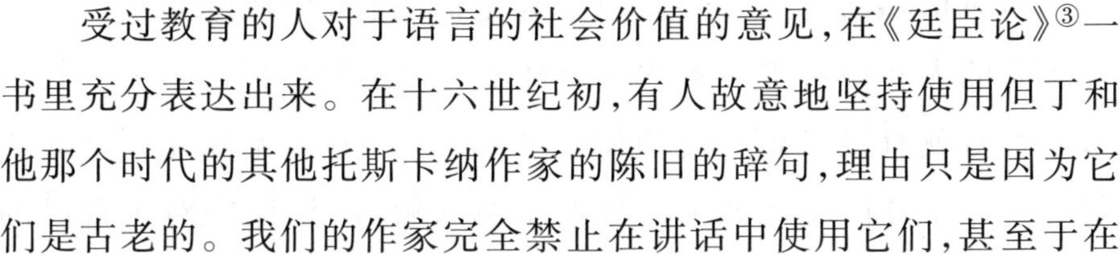

受过教育的人对于语言的社会价值的意见，在《廷臣论》[③]一书里充分表达出来。在十六世纪初，有人故意地坚持使用但丁和他那个时代的其他托斯卡纳作家的陈旧的辞句，理由只是因为它们是古老的。我们的作家完全禁止在讲话中使用它们，甚至于在

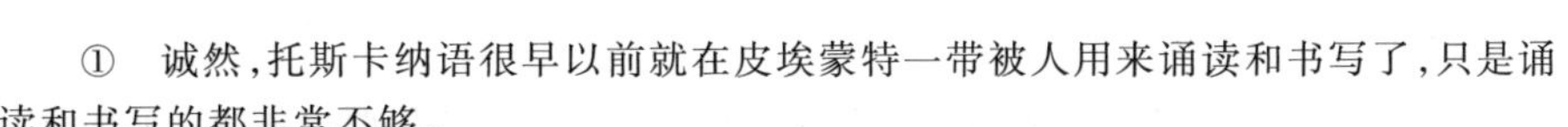

① 诚然，托斯卡纳语很早以前就在皮埃蒙特一带被人用来诵读和书写了，只是诵读和书写的都非常不够。

② 方言在日常生活方面的使用范围，人们也有明确的认识。乔维诺·庞达诺敢于特别告诫那不勒斯的君主不要使用方言。（乔维诺·庞达诺：《君主论》）波旁家族的最后一代在这方面显然不那么注意。有一位米兰籍的枢机主教想在罗马说他自己的家乡话，因而见笑于人的这件事，见邦德罗，第二编，故事第 31 篇。

③ 卡斯蒂利昂《廷臣论》第 1 卷，第 27 页以下。通过整个对话，我们可以推测出作者个人的意见。对佩脱拉克和薄伽丘的反对意见是十分令人奇怪的（一次也没有提到但丁）。我们从作品中得知，波利齐亚诺，洛伦佐·美第奇等人也都是托斯卡纳人，并且也像他们那样"大抵学问见识都不小"而值得人们仿效。

写作中容许它们存在也非出于情愿,因为他把写作看成是讲话的一种形式。因此就得出结论:最好的语言风格应该和好的文章最相像。我们能够清楚地看出作家的心情:人们有任何重要的话要
374 说,必须形成他们自己的语言,语言是一种变通如意的表达手段,因为它是一种活的表达手段。任何辞句,虽然是华丽的,只要人民用过它,我们就可以使用;即使是非托斯卡纳词汇,或法兰西和西班牙的词汇,只要在习惯上曾经一度把它们用于一定的用途上,也不禁止。[①] 因此,细心和智慧可以产生一种语言,这种语言即使不是纯粹古老的托斯卡纳语,然而仍是意大利语,它恰像一个管理得很好的花园,开出美丽的花朵,结成丰硕的果实。这是一个完美的"廷臣"所不可少的,他的机智,他的优美的风度和他的诗篇,必须披上这种完美的服装。

当风格和语言一旦成为一个有生命的社会的财产时,一切有修辞癖的人和拟古主义者的努力都不会再达到他们的目的。托斯卡纳本身就有很多第一流的作家和健谈者,他们无视并嘲笑这些努力。一个外国学者如果向托斯卡纳人解释,说他们对于自己的语言懂得多么少,是会遇到很多嘲笑的。[②] 像马基雅维里那样一

① 但关于这点有一个界限。讽刺作家在作品中插进几句西班牙语。而弗伦哥(在他的《小奥兰多》中,笔名为利莫尔诺·皮多科)则插进法语,不过只是为了取笑而已。破例的一件事就是米兰的一条街在法兰西统治时期(1500—1512 年,1515—1522 年)叫做 Rue Belle (美街),现在叫做 Rugabella。西班牙的长期统治几乎没留下语言上的痕迹,仅有极少数的街道和公共建筑还以某些西班牙统治者的名字命名。直到十八世纪,许多法语词汇和成语才随着法兰西的思想方法侵入了意大利。现代的粹语学正致力于清除这些外来语。

② 费伦佐拉《全集》第 1 卷,在论女性美的序言中,以及第 2 卷,写在故事前面的《论说》中。

个作家的生活和影响就足以扫除所有这些陈腐之论。他的活泼有力的思想，他的明确而简洁的表达方式，使他所使用的语言具有除“十四世纪意大利作家”的优点而外的任何优点。另一方面，有非常多的北部意大利人、罗马人和那不勒斯人认为，如果在文学和谈话上对于风格纯洁要求得不太严格，他们是很高兴的。他们确曾抛弃了他们方言中的特有形式和惯用的语法；邦德罗以一种外国人可能疑为是虚伪的自谦的态度，不厌其烦地宣称：“我没有任何风格；我不是像一个佛罗伦萨人那样地来写作，而是像一个蛮族人那样地来写作；我并没有要给我的语言增添一些新的优美辞句的野心；我是一个伦巴第人，而且是从利古里亚的边境来的。”[①]但是
和有修辞癖的那些人们的主张抗衡而获得成功的是：明确宣布放 375
弃高雅风格和采用一种生动有力的民众的语言以为代替。很少人能够希望和彼埃特罗·本波相比，他虽然出生在威尼斯，但却写出对他说来是一种外国语言的最纯正的托斯卡纳语，或者和那不勒斯人桑纳札罗相比，他也有同样的能力。但是，根本问题是：无论是口头的或书写的语言，都被认为是一种尊敬的对象。只要这种感情占优势，有修辞癖的那些人们的狂热——他们的语言会议[②]及其他等等——是不会为害很大的。直到很久之后，人们才感到
它们的不良影响，这时，意大利文学的独创力量已经衰微，并受到 376

① 邦德罗，第一编“序言”，故事第1、2篇。另有一位伦巴第人即上述的泰奥费洛·弗伦哥，他在他的《小奥兰多》中，用笑谑处理了整个题材。

② 这样一个会议好像是以本波为主席在1531年底在波洛尼亚召开的。见克劳底安·托罗美的信（收于费伦佐拉《全集》第2卷，附录第231页以下）。但会议与其说是纯洁语言的问题，倒不如说是处理伦巴第人和托斯卡纳人之间的由来已久的争执问题。

其他的以及更坏得多的影响。最后，克鲁斯加文学会竟能把意大利语作为一种死的语言来看待。但是这个学会竟变得如此之无用，它甚至不能阻止法国语风在十八世纪里的入侵。

这种为人们所热爱、关注并被熟练地应用于每一种场合的语言，当时已经被用来作为社交的基础。在北方国家里，贵族和君主们或者在寂寞独处中，或者在出猎、战斗、酗酒等一类事情上度过他们的闲暇时间；市民们则在游戏和身体锻炼以及一些不时的宴游作乐中度过时光。在意大利，有一个不偏不倚的场所，那里，各种出身的人，只要有必要的才能和教养，就可以在谈话、诙谐和真挚的美妙的酬酢中来消磨时光。因为吃吃喝喝不过构成这种酬酢的一小部分，[①]所以就不难对那些为了吃吃喝喝而寻求交往的人们敬而远之。如果我们真正领会对话篇作家的作品，那我们就知道有头脑的人的谈话中并不排除人生最高深的问题，而崇高的思想也并不像在北方那样，是从寂寞独处中产生的，而是从互相交往中产生的。但是我们在这里必须把我们所谈的限制在社交中不十分严肃的那一面——限于只是为了娱乐而才存在的那一面。

377 第四章　社交的高级形式

这种社交无论如何在十六世纪初不失为一种艺术。它有默认的或者明文的明智和适当的规则，并且是建立在这些规则的基础

① 卢吉·科尔纳罗约于1550年在他的《有节制的生活》的一开始就抱怨说，近来西班牙人的礼仪，路德教派和贪爱口腹之风已在意大利流行起来了。随着待客的有节制，社交上的自由随便也就渐渐看不见了。

之上的，与一切纯礼节的东西恰恰相反。在不是十分高雅的范围里，社交采取一种永久性社团的形式，我们看到一套的正式规章和规定的入会方式，那一群放纵的佛罗伦萨的艺术家们就是这种情况。关于他们，瓦萨利告诉我们说：他们能够表演当时最好的喜
剧。[①] 在较轻松的社交集会中，往往选择一位著名的贵妇人作主 378
席，这一晚上她的话就是法律。每个人都知道薄伽丘的《十日谈》的前言，并把芭比尼亚的担任主席看作美妙的虚构故事。在这种特殊情形下，它自然是一种虚构；但这种虚构仍是以在现实生活当中时常看到的习惯为根据的。费伦佐拉在将近两世纪以后（1523年），以同样的方式（明确地引证了薄伽丘），在他的故事集前边写了一篇序言。这篇序言无疑是更接近于真实的。会上女主席发表了一篇正式演说，说明以什么方式来度过那一群人准备在乡村居留期间的时光。早晨起来在山中漫步，谈一些哲学问题；然后进早餐，[②]听音乐和歌曲；在那以后，在某一个清凉的浓阴覆盖的地方举行一篇新诗的朗诵，题目是前一天晚上规定好了的；到晚上，全体走到一个泉水旁边，大家坐下来，并由每一个人讲一个故事；最
后用晚餐和进行生动活泼的谈话。"这种谈话，女人听了可以不 379
感到羞耻，男人也不像喝醉了酒以后讲的。"邦德罗在个别小说的序言或献词中确是没给我们像这样的开场白，因为听故事的那些

① 瓦萨利第12卷，第9页和11页《拉斯底库斯传》，关于贫苦艺术家的诽谤学派，见第11卷、第216页以下《亚里士多德传》。关于一群寻乐者，马基雅维里的《且乐歌》（《短篇集》，第407页）是这些社交规章的可笑的漫画。本文努托·切利尼，第1卷，第30章关于罗马艺术家们的晚会的著名描写是一篇无可比拟的作品。

② 一定是10点或11点左右吃的早餐。见邦德罗，第二编，故事第10篇。

团体是作为已经组成的团体出现的；但是，他用其他方法使我们了解到集会的情况一定是非常丰富多彩和富有吸引力的。某些读者可能有这样的意见：从一个肯于以这样不道德的文学故事来自娱的集团是不能得到什么好处的。可是，这些团体，尽管有这些故事，但仍然能够遵守秩序和礼貌规矩，并且知道怎样以严肃而健康的讨论使这种消遣富于变化；对于这种集会基础的稳固感到惊奇也是比较公正的。人们感到对高贵的社交方式的需要比对一切其他方式更甚。要确信这一点，我们并不必须以卡斯蒂利昂所描写的在乌尔比诺圭多巴尔都宫廷上的和彼埃特罗·本波所描写的在阿索洛宫城里的那种理想的集会为标准。卡斯蒂利昂把它描写成为讨论人类生活中最崇高的感情和目标的集会。邦德罗所描写的
380 集会，尽管有会受指责的种种轻浮举动，但仍然可以使我们对于表现这些集团的特点形成一种良好的观念，这些特点就是潇洒高雅的尊严、文质彬彬的和蔼态度、思想学术上的自由、敏慧的才思以及优美的文学艺术的爱好。对于这一类团体的评价的一个最重要的证明在于这样一个事实，那就是作为它们的中心的妇女们，她们的名誉不受任何损害就可以成为名誉卓绝的人物。例如，在邦德罗的女保护人当中，（伊斯特家族出生的）伊莎贝拉·贡查加曾遭物议，但不是由于她自己的过错，而是由于充斥其宫廷的青年贵妇们过于放荡的生活。[①] 朱利亚·贡查加·科伦纳嫁给本蒂伏利奥的伊波丽塔·斯福查、比安卡·兰戈尼、切奇利亚·格列丽娜、加

① 普拉托，《历史文献》第3卷，第309页上，把这些夫人称为“威尼斯的几个女使臣”。

米拉·斯加兰芭和其他妇女等，她们不是完全无可指责，就是她们在社交界的盛名遮掩了她们可能做错的任何事情。意大利最有名的妇女，卡斯蒂利昂和米开朗琪罗的朋友，维托利亚·科伦纳[①]（1490—1547 年）享有圣女的声名。要想描画出这些社交团体在城市，在浴疗场或在乡村间的无拘无束的交游，以确实地证明意大利在这方面优于欧洲其余各地是困难的。但是，让我们读一读邦德罗的作品，[②]并问一问我们自己，比如说法国，在这种社交被像 381
他那样的人介绍到那里以前，同样的事情在当时是否可能。无疑地，当时人类精神事业方面的最高成就并不是靠着会客室的帮助才产生的；但是，社交帮助形成了对于艺术作品的广泛兴趣和一个能理解和能批判的公众舆论，这是其他国家所没有的，即使从这一个理由来看，对于社交在艺术和诗歌上的影响估计过低也是不公平的。除此之外，我们所描写过的这种社交本身就是生活和文明的自然的精华，这种生活和文明在当时纯粹是意大利的，从那时以后才扩展到欧洲其余各地。

在佛罗伦萨，社交受着文学和政治的强烈影响。“豪华者”洛伦佐在他那一圈人里的至高无上地位并不是像我们会认为的那样，是由于他身为君主，而更多地是由于他在给予他周围的许许多

---

① 见她的传记性报道和一部分信件，收入在拉蒙特：《意大利圣徒书信集》中，第 22 页以下（弗赖堡，1877 年）。〔维多利亚·科伦纳（Vittoria Colonna 1490—1547 年）是柏斯加拉侯爵的未亡人，意大利的女诗人。她的诗多为悼念她丈夫的作品，有的也采用了宗教上的主题。米开朗琪罗对她极为崇拜，并给她写过十四行诗。——译者〕

② 重要的几段如下：第一编，故事 1、3、21、30、44；第二编，故事 10、34、55；第三编，故事 17 等。

多形形色色的人物以行动的完全自由上表现了可惊的圆通老练。[①] 我们看到他是多么和蔼地对待他的有名的老师波利齐亚诺，美第奇家族地位的即将来到的变化和洛伦佐对于妻子的敏感的考虑形成了保留、冷淡的气氛，我们看到这个声势煊赫的诗人兼学者安然接受这种不可避免的冷淡气氛（虽然不是没有困难的）。为了酬答他所受到的待遇，波利齐亚诺成了美第奇光荣的使者和活的象征。按着真正的美第奇家族的方式，洛伦佐是喜欢对他的社交娱乐做表露在外的艺术表现的。在他的辉煌的即兴之作《鹰猎大会》里，他给了我们关于他的同伴们的滑稽描写，而在《宴会》里又写了一篇关于他们的滑稽诗；但在这两种情形下，我们都可以从他的写作中明显地感到他是能够进行更严肃的交往的。[②] 他的书信和他在文学哲学方面的谈话记录都提供了充分的证明。某些后来在佛罗伦萨组成的社交团体，其中一部分虽然也具有文学和哲学的性质，却是政治俱乐部。所说的“柏拉图学会”就是属于这一类的，它于洛伦佐死后曾经在露西莱的花园里聚会。[③]

在君主宫廷里的社交自然是以统治者的性格为转移的。在十六世纪开始以后，它们的数目很少了，并且这少数的几个不久也就

---

① 参看《豪华者洛伦佐·美第奇诗集》第 204 页《宴会》；第 291 页《鹰猎大会》；罗斯科《洛伦佐传》第 3 章，第 140 页和附录第 17—19 页。

② 《宴会》一名是不精确的，应该叫做《收葡萄归来》。洛伦佐楷模但丁的《地狱》篇对他在法恩扎路同他所有从乡间归来、多少都有些醉醺醺的好朋友们的会见作了有趣味的叙述。在第 8 章内对彼奥瓦诺·阿尔洛托有一段极为滑稽的描写，描写他带着干粮、青鱼、奶饼块、腊肠和四条沙丁鱼动身去寻找失去的干渴，“而大家都蒸蒸汗出”。

③ 关于在十六世纪初这个团体的中心人物柯西莫·露西莱，见马基雅维里《战争的艺术》第 1 卷。（露西莱是意大利诗人教皇列奥十世的表兄弟。——译者）

失去了它们的重要性。但是，在罗马仅有的列奥十世的宫廷里却拥有一个世界史上无可匹敌的社交团体。

第五章　完美的社交家 382

卡斯蒂利昂为我们所描绘的“廷臣”就是为了这种社交——或者不如说为了他自己——而在培养他自己。他是理想的社交人物，并且被那个时代的文明看作是它的精华；与其说他是为了宫廷而存在，不如说宫廷是为他而存在。的确，这样的一个人是任何宫廷上都容纳不下的，因为他自己就具有一个老练君主的一切才能和风度，并且也因为他在一切事情上，不论是外界的还是内心的都泰然自若，出类拔萃，说明他是一个具有非常独立不羁的性格的人。鼓舞他的内心动机（虽然作家卡斯蒂利昂不承认这个事实）不是为了给君主服务，而是为了他自己的完美化。举一个例子就可以说明这一点。[1] 在战争时期，廷臣甚至可对有益而危险的任务加以拒绝，假如这些任务本身不是美好而尊严的，例如像去抢夺一群牛那样的任务。促使他参加战争的不是责任感而是“荣誉”。他和君主在道义上的关系，如该书第四卷所陈述的，是特别自由而不受拘束的。第三卷里所提出来的高雅的恋爱理论充满了细致的心理观察，这些放在一篇论一般人性的著作里或者更合适些；而在第四卷结尾出现的对于理想爱的伟大赞颂，则达到了抒情诗感情

① 《廷臣论》第 2 卷，第 53 页。

的高度，但却与这部著作的特定目的没有任何关系。不过在这里，像在本波的《阿苏拉尼》里一样，当时的文学显示在用来表现和分析这种感情的微妙细致上。诚然，这些作家们的作品不是在所有情形下都完全可以解释的，但是无可怀疑的是：他们所提出来的议论在上流社会中确系常见的，而且我们在下面将看到，它并不是矫揉造作，而是以这种形式出现的真正的感情。

在外在的才艺方面，要求廷臣有十二分完美的所谓骑士锻炼，此外，还要求很多只能存在于组织很严密的宫廷中和基于个人竞争上的东西，这在意大利以外的地方是找不到的。其他各点显然是建立在个人完美的抽象观念之上的。廷臣必须精通各种高贵的游戏，其中包括赛跑、跳高、游泳和摔跤；他尤其必须是一个好的舞蹈家，自然也必须是一个熟练的骑手。他必须精通几国的语言，无

422 383 论如何必须懂得拉丁语和意大利语；必须谙熟文学和有某些关于美术的知识。在音乐上必须有某种实际技巧，但是他必须尽量地保密。除了与使用武器有关者外，所有这些不要看得太认真。这些才能和技艺互相发生作用，结果就产生了各种秉性平均发展的完美的人。

可以肯定：十六世纪时，在一切高尚的体育锻炼和上流社会的习俗上，意大利人无论在理论方面和在实际方面都是整个欧洲的老师。他们在骑术、剑术和跳舞方面的指导书和附有插图的书籍被其他国家用来作为范本。体育作为一种艺术既和军事训练有别也不同于单纯的娱乐；它大概最早是由维多利诺·达·费尔特雷传授的（见本书第220页），并且从他那个时代以后成了一种全面

教育所不可缺少的课程。[1] 一个重要的事实是：这些项目是系统 384
教授的，虽然我们不能说出哪些锻炼最受欢迎，和这些锻炼是不是与今天的相似。但是，我们不仅可以从人民的一般性格上，而且也可以从留给我们的正面材料上得出结论：不仅体力和技巧，而且姿势的优美也是当时身体锻炼的主要目的之一。我们只要提醒读者，乌尔比诺的大菲德利哥（见第 63 页）曾经指导交给他照看的青年人们做晚间游戏就足以说明了。

一般人民的游戏和比赛基本上和欧洲别的地方所流行的没有
差别。在沿海的城市里边，赛船是其中项目之一，威尼斯的快艇比 385
赛在早期就是有名的。[2] 意大利的古典游戏过去是现在仍然是球类；这或许就是在文艺复兴时期人们以比别处更高的热情和更好的技术来从事的游戏。但是在这个问题上没有现成的证据。

① 盖利乌斯·卡尔卡尼努斯《全集》，第 514 页。在对安托尼奥·科斯塔比利所致悼词中叙述过 1506 年前后对一位有地位的意大利青年的教育，悼词中指出首先是“自由艺术和高尚的学问，其次，青年时代在为军事准备身心的训练中度过，然后专心致志于做体育教师，角力、赛跑、游泳、骑马、打猎、捉鸟、投标击中或闪躲、且刺且砍以杀敌。挥枪舞刀，不分寒暑地披坚执锐，轻枪突进，努力模仿真正的、共同的战神的英姿。”加尔达诺《自传》第 7 章说到在他的体育锻炼中，有跳木马这一项目。关于一般的教育，参看拉伯雷的《卡冈都亚》第 1 章，第 23、24 页。关于体育技巧，参看 35 页。甚至语言学家马尔西利奥·费奇诺（《书信集》，第 4 卷，第 171 页致加利多）也要求作体育锻炼。又，马菲欧·维吉奥要求男孩子也进行体育锻炼（《论儿童教育》第 3 卷，第 5 章）。

② 见桑索维诺《威尼斯》，第 172 页以下。据说，这些游艺发端于划船至利多海滩举行射箭演习一事。在圣保罗节日上所举行的盛大赛船会自 1315 年以来就被明文规定下来。在早期，当威尼斯街道还没有铺石，平直的木桥还没有变成石拱桥以前，骑马很流行。佩脱拉克（《晚年书简》第 4 卷，第 4 页）描写过 1364 年在圣马可广场举行的壮丽的骑马竞技会。总督斯泰诺在 1400 年前后和意大利任何一个王公一样有一座漂亮的马厩。但自 1291 年后，一般禁止在广场附近骑马。稍后一个时期，威尼斯人自然而然地得到了拙劣的骑手的名目，见阿里奥斯托：《讽刺诗集》第 5 卷，第 208 页。

在我们的著作的这一部分里略谈一谈音乐将是适宜的。① 音乐作曲直到1500年主要是在佛兰德派的手里边。他们的独创性和艺术技巧极受赞赏。但是和这一派并驾齐驱的有一个意大利派，而它或者更接近于我们现在的趣味。半世纪以后出现了巴莱

① 关于这一点，见《文艺复兴对音乐发展的影响》（伯恩哈特·卢斯著，巴塞尔，1875年）。但这部作品对于这一时期的音乐谈得也没有比本书多。关于但丁对音乐的态度，以及他给佩脱拉克和薄伽丘的诗篇谱曲的问题，见特鲁基《意大利未刊诗集》第2卷，第139页；又见《安托尼奥·卡佩利编各种古抄本中的十四、十五和十六世纪乐府集》（波洛尼亚，1868年）关于十四世纪的音乐理论家，见菲利波·维兰尼：《列传》第46页和斯卡尔第奥尼乌斯《帕多瓦古都记》，载格雷维乌斯《宝典》第6卷，第3章，第297栏。关于乌尔比诺的菲德利哥宫廷音乐的详细记载，见维斯帕西雅诺·菲奥兰提诺第122页。关于赫克里斯一世宫廷中的儿童合唱团（有六至八岁的儿童十名在弗里德利希家中受教育和学唱歌），见《费拉拉日记》（载木拉托里，《意大利史料集成》第24卷，第359栏）。在意大利以外，重要人物充当乐师还几乎是不能容许的。在年轻的查理五世的佛兰德宫廷里曾发生过一次关于这个问题的严肃争辩。见休柏特《弗里德利希二世传，宫廷篇》第3卷。英格兰的亨利八世和爱好音乐及其他一切艺术的德意志皇帝马克西米利安则是例外。约翰·卡斯皮尼安在为皇帝作的传记中称他是“特殊的音乐爱好者”，并且说：“从此可以非常明显地看出来，在他的宫廷里，精通各种音乐，各种乐器的名家一时并起，就像在肥沃的园地里一样，如果不是我怕工程太大，我肯定要写一本音乐家们的名册。”正由于这个原因，维也纳大学很讲求音乐这一门课程。米兰爱好音乐的青年公爵弗兰切斯科·斯福查的参加学习促成了这一结果。见阿什巴赫《维也纳大学校史》第2卷，第79页以下。（1877年）

在《混淆体诗集》狂想曲第20首中，出乎意料地有关于音乐方面内容丰富的值得注意的片段。那是一篇关于四部合奏曲的喜剧般的描写，我们从这个描写中了解到人们常唱西班牙和法兰西歌曲，了解到音乐早已经有了它的敌人（1520年），了解到列奥十世的合唱团和较此更早的作曲家若斯康；我们曾经提到过他的主要作品是那时乐坛上最受欢迎的主要之作。同一作者弗伦哥在他以笔名利莫尔诺·皮多科出版的《小奥兰多》中展现了一种完全近代的音乐狂热。

巴尔托洛缪·法奇奥在《名人传》第12页赞扬列奥那多·米士丁是一位作曲家。列奥那多在青年时代写了一些情歌，在晚年则作了一些宗教剧。康帕纳斯（《书信集》第1卷，第4书，门肯版）赞扬泰拉摩的音乐家萨加鲁斯，说“人们把他的创作当预言”。“教皇的乐师”，弗尔利的托马斯，见《布尔卡尔都斯日记》第62页以下。

斯特利纳[①]，他的天才今天仍在我们中间起着有力的作用。我们从很多事实中知道他是一个伟大的革新者；但究竟是他或者是别人在形成近代世界的音乐语言上起了决定性的作用，却不是外行的评论家所能判断的。把音乐作曲的历史放在一边，我们将专就音乐在当时的社交生活中所占的地位来谈一谈。

一个最能表示文艺复兴和意大利的特点的事实是乐队的专门化。新乐器和新调式的探索以及与这种趋向密切相关的一班“音乐名家”的形成。这些“名家”把他们的全部注意力放在特殊的乐器或特殊的音乐分支上。

在很早一个时期就已经完善和传播得很广泛的更复杂的乐器 386
当中，我们不仅看到了风琴，而且还有一种与之相应的弦乐器，“格拉维参巴罗”或“克拉维参巴罗”。这些乐器的碎片，从十四世纪初起传留到我们这个时代，上边还装饰有出自最有名的艺术大师之手的绘画。在其他乐器当中，小提琴占首要地位，它甚至在当时就使成功的演奏家获得巨大的声誉。列奥十世在做枢机主教时，家里边就充满了歌手和音乐家，他自己也享有一个鉴赏家和演奏家的声誉。他的宫廷里边的最有名的人物当中有犹太人乔凡·马利亚和亚科波·桑斯康多。列奥给前者以伯爵爵位并给他一个小城镇作为封地；[②]而后者曾经被认为是拉斐尔作品“巴尔那苏斯

① 巴莱斯特利纳（Palestrina，1514？—1594 年）是意大利作曲家，以“教会音乐的救主”知名。他的名字是他出生地方的名字。——译者

② 见匿名氏著《列奥传》，载罗斯科，菩西版。他不会是沙拉宫的小提琴师吗？在《小奥兰多》，第 3 章，第 27 页中（米兰，1584 年）赞扬了一个叫乔万尼·马利亚·科尔那多的人。

山”中的阿波罗。在十六世纪当中，音乐的每一个部门中都出现了很多有名的人物；洛马佐[①]（约在1580年）列举了当时最有名的
387 歌唱家和风琴、琵琶、七弦琴、膝琴、竖琴、号角、喇叭等演奏能手并且希望在这些乐器上边画上他们的肖像。[②] 这种多方面的比较评论除了意大利外在任何地方都是不可能的，虽然同样的乐器在其他国家里也有。

当时人们由于好奇心对于这些乐器做了收集，从这些收集可以看到它们的数目之多和品种之繁。威尼斯是意大利的最爱好音乐的城市之一，[③]在那里就有几处珍藏着这些乐器，一当当地有足够数目的演奏者时，立刻就可以临时举行一个音乐会。在一个这样的博物馆里，有很多按照古代图画和描写制成的乐器，但我们不知道，是不是有任何人会演奏它们和这些乐器发什么声音。别忘了这些乐器往往装潢美观，并且陈列得使人感到非常悦目。因此我们常在其他珍奇物品和艺术品的收藏中看到它们。

388 音乐演奏者，除职业演奏家外，还有单人的业余演奏家，或由

① 洛马佐（Lomazzo，1538—1600年）是意大利的艺术史家和画家。——译者

② 洛马佐《绘画艺术论》，第347页。但，原文证实不了这最后一句话的正确，这最后一句话或许是误解下面这一个句子造成的：“同时可以把校舍等类的装饰优美地画在那上边，因为画家们通过阅读诗词、历史可以多有创获，并因为资质敏慧、有创造才能，也可以自行构思。”七弦琴方面，他提到达·芬奇和费拉拉的阿尔方索（大公？）。在他的作品里包括所有的当代名人，其中还有几个犹太人。在拉伯雷的作品第4卷的《新序言》中可以见到一个最完备的，分为早晚两期的十六世纪著名音乐家的名单。一位音乐名家——佛罗伦萨的盲者弗兰切斯科（死于1390年），在威尼斯由塞浦路斯国王以桂冠为之加冕。

③ 桑索维诺，《威尼斯》第138页。自然，也是这个民族收集了音乐书籍。桑索维诺有以下这句话：“的确，音乐在这个城市里有它自己的支店。”

业余的演奏家组成的全乐队，他们组织成为一个协会。[①] 许多其他方面的艺术家也精通音乐，并往往是这一门艺术的能手。许多有地位的人不喜欢吹奏乐器，同亚尔西比亚德和帕拉斯·雅典娜不喜欢它们的理由无二致。[②] 在上流社会中，歌唱，不论有无提琴伴奏，都是常见的；但是，弦乐四重奏也很普遍，[③]而"克拉维参巴罗"则由于音效多样而为人所喜爱。在歌唱中只准独唱，"因为单音听得最清楚、最易于欣赏和做出评判来。"换句话说，尽管歌唱时有一切照例的谦虚，但它仍不失为社交中的一种个人表现的机会，因之每一个人单独出场来表演就更好一些。大家都公认在女性的听众身上产生的温柔的情调是当然的事，所以年长的人虽擅长此道，最好不从事这种形式的艺术。人们认为以目睹的印象来加强歌声的效果是很重要的。不过，在音乐界中，把作曲看作是独立的艺术分支的看法我们还毫无所闻。另一方面，有时也碰到：歌曲的内容正是歌唱者本人所遭遇到的某一件可怕的事情。[④]

① 瓦萨利在其著作第 11 章，第 133 页，桑米凯尔的传记中曾提到维罗纳的"音乐协会"。"豪华者"洛伦佐在 1480 年已经成为一所音乐流派的中心人物。这一流派有十五个成员，其中有著名的风琴家和风琴缔造者斯夸奇亚卢比。见得雷克律斯《佛罗伦萨及其变迁》第 2 卷，第 256 页，和拉蒙特：《洛伦佐·美第奇》第 1 卷，第 177 页以下；第 2 卷，第 471—473 页。马尔西利奥·费奇诺参加了这些练习，并在他的书信里（《书信集》，第 1 卷，第 73 书；第 3 卷，第 52 书；第 5 卷，第 15 书）提供了关于音乐的著名法则。洛伦佐似乎将自己对音乐的热情爱好遗传给了他的儿子列奥十世。他的长子彼得罗也是一个音乐爱好者。

② 《廷臣论》，第 56 页，参见第 41 页。

③ 意文作"Quatro viole da arco"。这对于业余爱好者说来是一项很高的并且是除意大利外的稀有的成就。

④ 邦德罗，第一编，故事第 26 篇。安托尼奥·博洛尼亚在伊波利塔·本蒂伏利奥家的歌唱，参看第三编，故事第26篇。在这些敏感的日子里，可能把这个称为对最神

这种遍及中层阶级和上层阶级的业余艺术的爱好，和任何其他欧洲国家比起来，意大利不仅是传播得更广泛而且也更具有真正的艺术性。无论什么时候我们看到关于社交的描写，总是明确地提到音乐和歌唱。数以百计的肖像画使我们看到了一些男女往往几个人在一起在演奏或手持某种乐器，而在宗教画里所表现的天使音乐会也证明了画家们对于音乐的生动印象是多么熟悉。我们也读到过帕多瓦的琵琶演奏者，安托尼奥·罗达（死于1549年）的故事，他由于教琵琶而致富，并且印行了一本关于练习琵琶的手册。[①]

在一个还没有歌剧来集中和垄断音乐才能的时代，这一门艺术的一般培养一定是非常多种多样，见识广博和有独创性的。至于这种形式的音乐如果现在能够重新为我们演奏的话，究竟能使我们感到有多大的满意，那是另外一个问题。

389

第六章　妇女的地位

要了解这一时期的高级形式的社交，我们必须先记住这样一个事实，即妇女和男子处于完全平等的地位。[②]我们必须不为那些诡辩的和有恶意的关于女性是低劣的说法所迷惑，这是我们时常

圣的情感的亵渎。（参看布利坦尼卡的最后一歌，塔西陀《编年史》第13卷，第15页。）在遗留给我们的记述里，用琵琶或大提琴伴奏的吟诵同严格意义的所谓歌唱不易分辨。

① 斯卡尔第昂尼乌斯，前引书。

② 关于妇女们的传记，见上文第158页。参看阿提利奥·荷尔提斯的杰作《薄伽丘所描写的诸名妇》，的里雅斯特，1877年。

在这一个时代的对话体文章中遇到的；[①]也不可以被像阿里奥斯托的第三篇讽刺文[②]那样的文章所迷惑，他把女人看作为是一个危险的已成熟了的孩子，一个男人必须学会怎样驾驭她，尽管他们中间有很大的隔阂。他所说的这些话里也确有一定的真理。正因为受过教育的妇女和男子的水平相等，所以在这一时期的婚姻中，从互相依赖和互相补充的认识上所产生的情投意合，就不能像以后在北方的文明社会里那样得到发展。

在上层阶级中间，对于妇女所进行的教育和对于男人所进行的教育基本上是相同的。在文艺复兴时期，意大利人毫不迟疑地使儿子和女儿都受到同样的文学乃至语言学的教育（见第 229 页）。的确，意大利人把这种古代文化看作是生活中最珍贵的事物，他是愿意他的女儿们也分得一份的。我们已经看到王室的女

① 例如在卡斯蒂利昂的《廷臣论》中。弗兰切斯科·巴巴罗以相同的笔调著有《婚姻论》，而波吉奥则著有《老人应否娶妻》一书；在这本书里，他说了妇女们的许多坏话；科德路斯·乌尔塞斯的嘲笑，尤其是他那篇非凡的演说《应否娶妻》（《全集》，1506 年，第 28—31 页），以及许多讽刺短诗作者的冷嘲热讽。马尔西路斯·宝林吉努斯（第 1 卷，第 304 页）在他的著作的若干章节里推崇独身生活，（第 4 卷，第 275 页以下；第 5 卷，第 466—585 页）他向结过婚的人们介绍驯服悍妇的方法道：

“硬杖击其背，
再加以皮鞭。”

替妇女说话的意大利作家有本尼德多·切泽纳，著有《妇女的光荣》（威尼斯，1500 年），有达尔达诺，著有《保卫妇女》（威尼斯，1554 年）和《拥护罗马妇女》（曼弗雷底版，波洛尼亚，1575 年）。犹太人也曾部分用意大利文，部分用希腊文，以历来声名极好或极坏的妇女为例，撰文为妇女辩护或攻击她们，又和十三世纪以降犹太人的一种早期作品有关的作家，我们可举阿伯拉罕·萨尔提诺和伊利亚·哲那扎诺。后者保卫前者不受阿比格多尔的攻击。关于他们 1500 年左右的诗篇抄本，参看斯泰恩什奈德的《希伯来文书目》第 6 卷，第 48 页。

② 致汉尼拔·马来古奇奥，有时列为第 5 或第 6 篇。

儿们在拉丁文的说和写上达到了如何完美的高度（见边码241页）。[①] 其他很多妇女，至少也必须能够阅读古代作品。才能领悟
390 当时的谈话，其中大部分是关于古典作品的问题。许多人对于意大利文诗歌非常热衷；从威尼斯的卡桑德拉·菲德尔时代以来（约在十五世纪末），多数的意大利妇女在这种诗歌（无论是有准备的或是即席之作）上成了名。[②] 其中有一个叫维托利亚·科伦纳的的确可以说是不朽的。如果上边所说的话需要任何证明，那是可以在她的诗篇的近乎男性的雄壮的音调上找得到的。即使是写爱情的十四行诗和宗教诗篇，它们的特征也是如此地准确而肯定，完全摆脱了软弱无力的感情，没有在女人诗篇中常见的外行情趣，使我们毫不犹豫地认为它们是男作家的作品，如果没有明确的外部形迹证明它恰好是相反的话。

由于教育的作用，上层阶级的妇女，在个性上是和男子一样地得到了发展的。直到宗教改革时期，在意大利以外的妇女的人格，即使是地位最高的，也很少有突出的表现。有几个例外，像巴伐利亚的伊莎贝拉、安茹朝的玛格丽特、卡斯提尔的伊莎贝拉等是由非常的环境所逼造成的。在意大利，在整个十五世纪里，统治者的妻子，尤其是佣兵队长的妻子，几乎都有一种鲜明可识的个性，并且取得了她们应得的一份丑名或光荣。于这些人之外，又逐渐增加

① 当那不勒斯公主，匈牙利王后比阿特丽斯1485年来到维也纳时，向她致词用的是拉丁文，而“王后静静谛听，频频倾耳微笑。”阿什巴赫前引书第2卷，注10。

② 妇女们在造型艺术方面所占的分量是微不足道的。博学的伊索塔·诺加罗拉值得一提。关于她同瓜利诺的交往，见罗斯密尼，第2卷，第67页以下；同庇护二世的交往，见瓦格特，第3卷，第515页以下。

了一群彼此很不相同的最有名的妇女（见边码 158 页）；其中有的所以出名，是由于她们的美丽、气质、教育、美德和虔诚加在一起使她们成为圆满无缺的和谐人物。[①] 不存在“妇女权利”或妇女解放问题，只是因为这件事情本身是理所当然的。受过教育的妇女自 391
然要和男人一样地追求富有特色的、完整的个性。她们要求使男人趋于完美化的那种智力的和感情的发展来使妇女趋于完美化。尽管如此，但人们并不期待她们积极从事于文学活动，即使她们是诗人，所要求于她们的也只是某种强烈的感情的流露，而不是小说故事或日记中的私事。这些妇女是不大考虑社会上的事；[②]她们的作用是对男子中的有名人物施加影响和节制男性的冲动与任性。

当时能够给予伟大的意大利妇女的最高赞颂是：她们有男人

① 我们必须从这一观点出发去衡量维斯帕西雅诺·菲奥兰提诺著作中的亚历山大拉·得·巴尔第的传记，这里顺便指出作者是一位伟大的“过去时代的歌颂者”。但不应该忘记在他所谓的大好旧时代的约一百年前，薄伽丘写了《十日谈》一书。关于意大利妇女那时的文化教育，参看格累哥罗维乌斯所著《露克瑞佳·波儿亚》一书所引用的许多事实。露克瑞佳在 1502 年和 1503 年拥有的书籍有一本目录（见格累哥罗维乌斯，第 3 版，第 1 卷，第 310 页，第 2 卷，第 167 页）这可认为是当时意大利妇女的典型事例。在这个书目里，我们发现有一本日课，一本印有七首诗篇和一些祈祷文的小书，一本带有金色精细画的叫做《西班牙妇女宝鉴》的羊皮书，印本的意大利文使徒书信和福音经，一本西班牙文宗教修养用书，一本附有多密尼克·罗佩斯格言的西班牙文抄本抒情诗集，一本名叫《飞鹰》的印本书，意文版的《信德之镜》，一本名叫《编年史补遗》的意文版书，一部带有注解的印本但丁《神曲》，一本意大利文哲学书，意大利文圣徒轶事，一本名叫《运命论》的古书，一部德那多的作品，一本西班牙文的《基督传》，一本十二开羊皮纸的佩脱拉克作品的抄本。1516 年的第二本书目中没有任何一本世俗方面的书。

② 安托尼奥·加利多《书信集》致波兰的西吉斯蒙多的未婚妻博娜·斯福查的第二封信写道：“你应该开始对男人有所了解，因为你生来就是向男人们发号施令的，所以你要使智者满意，使智者和要人钦佩你而你要轻视愚夫愚妇的爱好和论断……”在其他方面看来也是一封值得注意的信，载马伊《罗马集粹》第 8 卷，第 532 页。

的精神和勇气。我们只须看一看英雄诗篇里的，特别是博亚尔多和阿里奥斯托的作品里的大多数妇女的十足的大丈夫气概，我们就会确信，摆在我们眼前的是那个时代的理想。在今天“女丈夫”
392 的称号有褒有贬，语义双关，但在当时却只含有赞美的意思。吉罗拉谟·利阿里奥的妻子和后来成为他的未亡人的卡特丽娜·斯福查具有这个称号的一切光荣；她勇敢地先在利阿里奥的谋杀者面前，后在凯撒·波几亚面前保卫了她丈夫的世袭领地弗尔利。虽然最后失败了，但她却赢得了国人的赞赏和“意大利第一位妇女”的
393 称号。[①] 我们能够在文艺复兴时代的许多妇女们身上发现这种英雄气概，虽然没有人有同样的机会把她们的英雄行为显示于世界。在伊莎贝拉·贡查加身上就可以清楚地辨认出这种气概，而在美第奇家族的克拉莉斯，菲利波·斯特罗齐的妻子的身上也不逊色。[②]

这一类型的妇女能够听像邦德罗所写的那样的故事而无害于她们的社交。当时社交的主要风气不是像现在这样女人气，或者说是对于某些猜想、神秘感和敏感的尊重，而是一种对于力量、美和充满了冒险与投机的社会状态的意识。由于这个理由，所以我们看到：和最标准最高雅的社会形式一起，存在着我们这个时代所谓猥亵的事情，[③]忘记了易遭猥亵侮辱的妇女们的坚强的品格会

---

① 在《威尼斯编年史》里面就是这样称呼她的，载木拉托里《意大利史料集成》第24卷，第121栏以下。在对她那英勇御敌的记述中（同书，第121栏），她被称为女豪杰。参看茵菲苏拉，载埃卡尔，《史家集》，第2卷，第1981栏及《历史文献》附录2，第250页以及格累哥罗维乌斯，第7卷，第437页，注1。

② 当代的历史学家们谈到她时称赞她的超乎女性智慧和辩才。参看兰克的《菲利波·斯特罗齐》，载《历史传记研究》，第371页，注2。

③ 事实往往如此。我们从《廷臣论》第3卷，第107页中得知，当讲述这样的故事

使这种猥亵受到谴责和抵消。

因此,在所有一切对话体作品和论文中,我们找不到关于这些问题的绝对证据,这只是很自然的事,虽然对恋爱的性质、妇女们的地位和身份都曾经自由地加以讨论过。

在这种社交中一直不露面的似乎是年轻的姑娘们;[①]她们即 394
使不是在修道院里教养大的,也仍然被很谨慎地与这种社交隔开。我们很难说,究竟谈话太随便是因为她们不在场,还是因为谈话太随便而才把她们挪开的。

即使是和妓女们的交往似乎也采取了一种更为高雅的性质,这使我们想起了古代雅典的妓女的地位。有名的罗马妓女恩佩利亚是一个有才华有文化的女人,曾经从一个叫多密尼克·康帕纳的人学习写十四行诗的艺术并且还有音乐的才能。[②]美女伊莎贝拉·露娜出身于西班牙,人缘颇好,她似乎是一个菩萨心肠和恶鬼口舌的奇特的混合物,她的嘴以后有时给她带来麻烦。[③]在米兰,

时,夫人们的举止应该如何。第2卷,第100页上的有力的一段话说明,夫人们在听他的对话时,必须懂得遇必要时的举止行动。关于和廷臣相对的“宫妇”,没有明确说明她既不应该避开轻浮的交际,也不应该口出有失体统的词语,因为她是王后的佣人,远比廷臣是君王的佣人的成分为更多。见邦德罗,第一编,故事第44篇。伊斯特家族的毕安佳叙述了她祖先费拉拉的尼科洛和巴利西娜之间的可怕的恋爱故事。在《十日谈》中借妇女们的嘴所传述的故事也可以作这类粗野行为的实例。关于邦德罗,见前;又见兰道《意大利小说史论丛》第102页,注32。(维也纳,1875年。)

① 桑索维诺《威尼斯》,第152页以下。意大利旅行家何等珍视同英国和荷兰女子的较为自由的交往,在邦德罗,第二编,故事第44篇和第四编,故事第27篇中有说明,关于威尼斯和意大利的一般妇女,见伊利雅特著作第50页以下。

② 保罗·乔维奥:《论罗马鱼类》第5章;邦德罗,第三编,故事第42篇。阿雷提诺在《佐比诺的论说》,第327页上讲到一个高等妓女说:“她能背诵佩脱拉克和薄伽丘的全部作品,又能背诵维吉尔、霍拉西、奥维德的许多美丽诗句以及其他千百作家的作品。”

③ 邦德罗,第二编,故事第51篇;第四编,故事第16篇。

邦德罗认识一个雍容不俗的名叫卡特丽娜·第·圣切尔索的姑娘[①]，她擅长演奏乐器、歌唱和朗诵诗篇。从我们所读到的关于这一问题的一切记载，很清楚：访问这些妇女并有时和她们住在一起的那些有名人物要求她们具有一定程度的才华和教育，而对那些有名的妓女，人们也不会怠慢和不予重视。即使和她们的关系已断，人们总还希望获得她们的好感，[②]这就表明逝去的温情已经留下了不可磨灭的痕迹。但是，整个说来，这种文字之交和人们公认的社交生活形式所认可的交往比起来仍是不值一提的，而它在诗歌和文学上所留下的痕迹也大部分是属于丑恶性质的。令人非常惊讶的是：在1490年[③]——即梅毒出现以前——在罗马所看到的

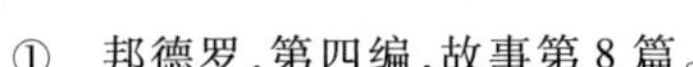

① 邦德罗，第四编，故事第8篇。

② 关于这方面的一个典型例子，见吉拉尔第《故事百篇》第6编，故事第7篇。

③ 茵菲苏拉，载埃卡尔：《史家集》第2卷，第1997栏。所指的仅仅是娼妓而不是侍妾。这个数字和罗马人口总数比较起来，无疑是庞大的，可能是由笔误所致。根据吉拉尔德（第六编，故事第7篇）所述，威尼斯格外富于“所谓佞妇的那种妇女”，又见巴斯奇的诸讽刺诗（格累哥罗维乌斯第8卷，第279页注2）。但罗马并不次于威尼斯（吉拉尔德，序言，故事第2篇）。另有一则关于罗马“妓女”（1480年）的报道，说她们在一所教堂里相遇，她们的珠宝和首饰都被人抢劫一空（木拉托里，《意大利史料集成》，第22卷，第342栏以下）；这件事在《布克哈特日记》（莱布尼兹，第75—77页）里也有记载。兰第（《异事奇闻录》，第76页）把罗马、那不勒斯和威尼斯列为“佞妇”的主要所在地，又在同书286页说对贾文那的妇女们的名誉必须从反面去理解。这位作家的另一著作《福尔斯浴池问答集》（第9页）关于爱情和爱情的快乐，以及不同城市的意大利妇女们的品格和地位，提供了最有趣的报道。反之，厄格那其乌斯在《名人典范》（威尼斯；第212页b以下）中却赞扬威尼斯妇女的贞操，并说，娼妓每年都来自德意志。《论学问的空虚》，第63章，（《全集》第2卷，158页）说“近来我看到并读到了一本书，书名《娼妇》意大利文版，威尼斯印行，是一本论淫术的对话集，是最无耻，最应该和作者一起烧掉的。”阿姆布洛吉乌斯，特拉维尔萨利乌斯（《书信集》，第8卷，第2页以下）称尼科洛·尼科利的爱人为“最忠实的妇女”。在《王侯书简》，第1卷，第108页（尼格罗的报告书，1522年，9月1日）。“希腊妇女”被描写为“各种亲切和各种温柔可爱的源

六千八百名这一类的人中间，几乎没有一个女人曾经以任何较高的才艺出名。上面提到的这些人全都是属于1490年以后不久的 395
那一个时期的。吉拉尔第在构成他的《故事百篇》的序言的那些小说中最好地说明了娼妓的生活方式、道德和哲学，以及其中的某些人在晚年时代表现出来的伪善和魔鬼般的恶念，她们虽有肉欲和贪心，但未必不能有深情厚爱。皮埃特罗·阿雷提诺在他的《论述》里所给我们的与其说是这帮不幸妇女的真实生活的描绘，不如说是他自己的堕落的品格的写照。

君主的情妇们，如上所述（见边码72页），是为诗人们所歌颂和为艺术家们所描绘的，因此她们就为当代和后代所熟悉。我们仅仅知道阿丽斯·帕雷尔斯和胜利者弗里德利希的情妇克拉拉·德亭的名字，而关于阿尼丝·索雷尔[①]我们只有一个半传说的故事。但文艺复兴时代的君主——弗朗索瓦一世和亨利二世，情况就与此不同了。

第七章　家政 396

在论述了社交以后，我们可以对这一时期的家庭生活做片刻的考察。我们通常倾向于把这一时期的意大利人家庭生活看作是受到了民族道德堕落的难以救药的破坏的；关于这一方面的问题，

泉”。一本最有价值的史料，特别是对锡耶纳来说，是帕诺尔密达的《两性人》。对佛罗伦萨的“鸨母与娼妇”的统计几乎是没有什么虚构的地方；里面有这么一行诗：

“而如果安娜唱着‘德国’歌来欢迎你”。

① 阿尼丝·索雷尔是法王查理七世的情妇。——译者

我们将在后文做更详细的讨论。刻下我们只能指出：夫妇之间的不忠实对于家庭生活的有害影响，在意大利绝不是像在北方那样地严重，至少在还没有越过某种限度时是如此。

中世纪的家庭生活是一种民间道德的产物，或者如果我们愿意换一种说法，是民族生活的自然倾向因受到各种不同环境的影响而有所改变的结果。骑士制度在它的显赫时代并没有影响到家
397 政。骑士从一个宫廷游荡到另一个宫廷，从一个战场游荡到另一个战场。他依次地向他自己妻子以外的某一个女人表示敬意，至于在城堡中家里的事情则听其自然。[①] 文艺复兴的精神第一次把秩序带到家庭生活里，把它看作是一种特意设计的产物。见识深远的经济观点和合理的家庭建筑风格帮助达到了这一目的。但是这个变化的主要原因是细心地去研究一切与社交、教育、家庭事务和家庭组织有关的问题。

在这个题目上的最宝贵的证明材料是阿尼约洛·潘多尔菲尼所写的（实际是里昂·巴蒂斯塔·阿尔伯蒂所写的）关于家庭管理的著作。[②] 他扮作一个父亲向他的已经成年的儿子们讲话，把他的管理家庭的方法传授给他们。我们被引进到一个庞大而富有的家庭里，这个家庭如果持家有度和管理得法是有希望给未来世代以幸福和繁荣的。既有大地产，其产品足以供全家食用并且是家庭财产的基础，又有一些像纺织羊毛或丝绸等的实业。住房是

---

① 这些漫游的骑士们真正结过婚吗？

② 《齐家论》（见本书 145 页注 2）。潘多尔菲尼死于 1446 年，而这部作品的真正作者阿伯尔蒂死于 1472 年。

坚固的，食物是良好的。一切与房屋有关的设计和布置是宏伟、经久耐用和华贵的，但是在房子里边的日常生活却是尽可能地简单。其他一切费用，从关系着这个家族的荣誉的最大开支到孩子们的 398
零用钱，都有一个合理的而不是一个照例的分配。教育被看作是最重要的；家长不仅对儿童们并且对全家进行教育。他首先使他的妻子从一个生长深闺、腼腆娇羞的少女发展成为一个真正的家庭主妇，具有指挥和领导婢仆的能力。对于儿子们的教养并没有过分的严厉，①只是对他们作细心的监督和训诲，用权威而不是用压制来管教。最后，挑选和对待仆人的原则是，他们要高兴地和忠实地由这个家族来掌握。

必须提到这部著作的一个特点，它绝不是这部书所特有的，但这部书却以特有的热情作了论述；那就是有教养的意大利人对于

① 以某种心理学的手段论述在日耳曼民族和拉丁民族中关于"鞭打"的全面的历史，可能和几卷公文书和议定书有同等价值。利克顿堡的《杂文》第 5 卷，第 226—283 页做了一个谨慎的滥觞。什么时候和由于什么影响，"鞭打"在日耳曼家族里竟成为家常便饭？在窝尔忒歌唱：

"教养儿童们，
谁也得用鞭打。"

以前是没有的。鞭打在意大利早就停止了。马菲欧·维吉奥（卒于 1458 年）在《教育子女论》，第 1 卷，第 19 章里劝人责打要有节制，但他进一步说："宁可把子女杀死，也别用最有危害性的甜言蜜语取悦他们。"再往后，七岁的孩子就不再挨打了。小罗兰（《小奥兰多》，第 7 章，第 42 节）记下了这么一条原则：

"只有那些驴，可以挨棒打；
我要是这样的畜生，也得忍受它。"

文艺复兴时期的德意志人文主义者例如鲁多尔弗·阿格里科拉和伊拉斯玛斯坚决反对鞭打。一般年长的教师却把鞭打奉为不可缺少的教育手段。十五世纪末叶，在法楞顿·舒勒的传记中（见普拉特《传记》腓赫忒版，巴塞尔，1840 年；布兹巴赫，《游记》，培赫版，累根斯堡，1869 年）有当时体罚的粗野实例。

399 乡村生活的爱好。[①] 在北方国家，贵族们住在他们乡间的城堡里，高级僧侣们住在保卫严密的修道院里，而最有钱的市民们则终年住在城市里。但是，在意大利，总之就某些城市的近郊而言，[②]生命和财产是很安全的，人们非常喜欢居住乡间，甚至甘冒在战争时受损失的危险。因此就兴起了别墅，也即富裕市民的乡间住宅。只要人民的财富和文化发展到相当程度，这种古代罗马社会的宝贵传统就这样立刻得到了恢复。

一位作家在他的别墅里感到很安宁和幸福，为了解这一情况，读者必须听一听他自己说的话：

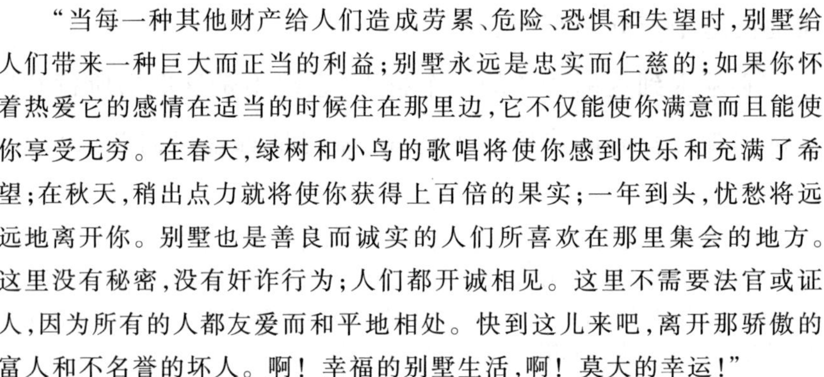

“当每一种其他财产给人们造成劳累、危险、恐惧和失望时，别墅给人们带来一种巨大而正当的利益；别墅永远是忠实而仁慈的；如果你怀着热爱它的感情在适当的时候住在那里边，它不仅能使你满意而且能使你享受无穷。在春天，绿树和小鸟的歌唱将使你感到快乐和充满了希望；在秋天，稍出点力就将使你获得上百倍的果实；一年到头，忧愁将远
400 远地离开你。别墅也是善良而诚实的人们所喜欢在那里集会的地方。这里没有秘密，没有奸诈行为；人们都开诚相见。这里不需要法官或证人，因为所有的人都友爱而和平地相处。快到这儿来吧，离开那骄傲的富人和不名誉的坏人。啊！幸福的别墅生活，啊！莫大的幸运！”

这件事情的经济方面是：如果可能的话，同一项产业必定包括种种东西——谷物、葡萄酒、油类、牧场和森林，要是这样，对于这

---

① 但这种爱好并不是普遍的。康帕纳斯在《书信集》第4卷，第4书中激烈地抨击乡下生活。他承认：“如果不是我生来就是乡下人，我就易于被这种快乐所打动”，但由于他生来就是乡下人，所以他说“对你是快乐，对我却是厌烦”。

② 乔万尼·维兰尼，第11章第93页是十四世纪中叶以前关于别墅建筑的主要史料。别墅比城市住房更为美丽。佛罗伦萨人曾费很大力气将别墅建成这样，“可谓已经入迷了”。

项产业人们是乐于出高价的，因为以后就再不需要从市场上取得什么东西了。而从别墅所能得到的高度享受，引言里的几句话就说明了：

> “佛罗伦萨周围，在澄澈的空气里，在使人心旷神怡的风景中间，别墅林立；展开一幅美丽的图画。很少有雾，也没有狂风；一切都是良好的，而湖水也洁净卫生。无数的建筑物中间有很多像宫殿，有很多像城堡，看起来既华贵而又美丽。”

他是在谈那些最好的别墅，其中大多数于1529年在佛罗伦萨人保卫他们的城市之战中，被他们自己白白地破坏掉了。[①]

在这些别墅里边，像在布伦塔河岸上，在伦巴第山上，在波希利波地方和沃米洛山上的别墅里一样，社交生活和在城市里的宫廷比起来带有一种更自由的和更乡村化的性质。我们看到一些关于客人来往，出围打猎和一切野外活动与消遣娱乐的吸引人的描写。[②] 而诗歌杰作和最崇高的思想也往往被认为是从这一时期的这些乡村的和平景色中取得的。

① 《齐家论》第84、88页（都灵，1829年）。

② 见前第四篇第二章。人们称佩脱拉克为“山林野人”，因为他厌弃城市，喜爱农村。《书信集》（夫拉卡塞提版，第2卷，第87页以下）。盖利诺给吉安巴蒂斯塔·康德拉塔写的描绘一座别墅的文章，见罗斯密尼，第2卷，第13页以下，第157页以下。波吉奥在写给法奇奥的一封信里（《名人传》，第106页）这样写道：“我因年迈，比起从前，更热衷于农事。”亦见波吉奥，《全集》（1513年）第112页以下，和舍费德－托内利，第1卷，第255页和261页。同样参看马菲欧·维吉奥所著《教育子女论》（第6章第4页），和普拉提那的对话篇《真正高贵论》的开篇。波利齐亚诺对美第奇家族的乡间住宅的描写，见拉蒙特《洛伦佐》第2章，第73、87页。关于法尼西那别墅，见格累哥罗维乌斯第8卷，第114页。

401

第八章　节日庆典

在讨论这一时期的社交生活当中，我们转向研究构成民间节日庆典一部分的游行和演出情况，并不是由我们任意决定的。[①]文艺复兴时期的意大利人在这种场合所表现出来的艺术能力[②]，只有通过那种形成意大利社会基础的一切阶级的自由交往才能达到。在北欧，修道院、宫廷和市民像在意大利一样有他们的特殊庆典和演出；但是，北欧的情形是：这些表演的形式和内容随着参加表演的阶级的各异而有所不同，而意大利的情形则是：一种全民族共有的艺术和文化赋予这些表演以一种更高的和更普遍的特点。为这些节日庆典服务的装饰艺术本身值得在艺术史中辟一专章来论述，虽然我们的想象只能从留给我们的描写上来构成一幅关于它的图画。这里，我们特别要多谈的是意大利人民生活当中的较高级的节日庆典，在这种庆典上，它的宗教的、道德的和诗意的理想都采取了具体可见的形式。意大利节日庆典以它们的最优美的形式标志着从现实生活向艺术世界过渡的起点。

节日表演的两种主要形式，最初在这里像在西方其他各处一样，一是奇迹剧，或者说是宗教历史和传说的戏剧化，一是游行，其动机和性质也纯属宗教的。

意大利的奇迹剧的表演从一开始就比其他各处更常见和更壮

---

① 参看布克哈特：《意大利文艺复兴史》（斯图加特，1868 年）第 320—332 页。

② 参考本书第四篇第四章。说明节日装饰的豪华曾经是戏剧向更高度发展的障碍。

观,而且受到诗歌和其他艺术的发展的极大的影响。经过一定时间,不仅像在欧洲其他国家一样,从奇迹剧中分化出闹剧和普通话剧,而且也分化出了伴有歌舞并依靠场面的富丽堂皇来产生效果的哑剧。

在意大利城市的宽广、平坦、整齐的街道[1]上举行的游行,不久就发展成为“凯旋式”,或者说,步行和乘车的化装人物的行列,它的宗教性质逐渐为世俗性质所代替。狂欢节和基督圣体节的游行[2]是以同样的盛大规模和壮丽场面来举行的,它们给以后王家或君主的巡行留下了可供模仿的榜样。其他民族遇此机会也不惜 402
花费大量的金钱,但是我们只能在意大利看到富有艺术性的处理方法,把这种游行队伍安排成为一个和谐而有意义的整体。

这些节日所留下来的只不过是一度存在过的那些东西的可怜的残余。这种宗教的和世俗的表演都放弃了戏剧成分——戏装——部分是由于怕遭嘲笑,部分是因为以前把全副精力放在这些事情上的有教养的各阶级,由于一些理由已失去了兴趣。即使在狂欢节日,伟大的化装游行也成为过时的了。仍然存在的,像模仿某些宗教团体所采用的服装,乃至像在巴勒莫那样壮丽的圣罗莎利亚节,都清楚地表明:这个国家的高级文化人的兴趣是如何远远地离开了这一类的表演。

直到近代精神在十五世纪获得决定性的胜利以后,节日演出

[1] 和北方各城市对比而言。

[2] 直到1407年,在威尼斯才规定了耶稣圣体节日的游行。见切该蒂《威尼斯与罗马宫廷》第1卷,第108页。

才会得到它们的充分发展，[①]除了佛罗伦萨，它在这方面大半也像在其他事情上一样，走在意大利其余各地的前边。在早期，佛罗伦萨的各市区曾经为这种演出而组织在一起；这是需要一种很大的艺术方面的努力的。1304 年 5 月 1 日在一个大戏台和阿尔诺河里的船上所举行的关于地狱的表演就属于这一类。当时加拉亚桥曾在观众的重压下倒塌。[②] 在以后一个时期，佛罗伦萨人常常作为庆典的指导者旅行全意大利，说明这种艺术在佛罗伦萨国内很早就达到了完美的地步。[③]

在说明意大利的节日演出优于其他国家的主要各点时，首先必须提到具有个人特征的意识的发展，换句话说，就是发明一个特定的面具，并以戏剧的技巧予以表演的能力。画家和雕刻家不仅参加节日庆典会场的装饰工作，并且帮助打扮角色、设计服装、准备化妆品和其他装饰用品。其次要指出的是：人民对于这种演出所根据的诗剧的普遍熟悉。的确，全欧洲对于奇迹剧都同样非常了解，因为圣经故事和圣徒传说是基督教世界的共有财产；但是，在其他各方面，意大利有其有利条件。关于朗诵，无论是属于宗教的或属于世俗英雄的，它拥有如此丰富而和谐的抒情诗篇，使人人

① 维斯康提家族成为米兰公爵的那一年，即 1395 年（柯利奥，第 274 页）所举行的庆祝虽备极豪华，但仍带有一些中世纪的粗俗气，并完全缺乏戏剧的要素。也要注意到十四世纪期间在帕维亚游行仪式相对看来不足取，无名氏著《帕维亚颂》，载木拉托里：《意大利史料集成》第 11 卷，第 34 栏以下。

② 乔万尼·维兰尼，第 8 卷，第 70 页。

③ 例如，见茵菲苏拉，收入埃卡尔：《史家集》第 2 卷，第 1896 栏。柯利奥，第 417、421 页。

都着迷。[1] 大多数观众也——至少在城市里边——都了解神话人物的意义,并不难猜测出那些取材于广大意大利人民所熟悉的来 403
源的寓言人物和历史人物。

这一问题是需要更详细地加以讨论的。中世纪基本上是寓言讽喻的世纪。神学和哲学把它们的范畴看作是独立存在的范畴,[2]诗歌和艺术为了使它们具有个性也对它们增添得很少。在这一点上,所有西方国家都处在同一水平之上。这个观念世界在类型和形象上异常丰富,但当这些观念以具体的形体出现时,它们的服装和表征很可能是群众所难于理解和不合于他们的口味的。即使在意大利,这也是常有的情形,不仅在文艺复兴的整个期间,而且一直到更晚的一个时期也是如此。如果寓言人物的一个属性被用一个错误的表征来加以表明,那就足以造成混乱。即使是但丁也未能完全免于这种错误,[3]而且他也确是以他的一般讽喻的 404
隐晦来自豪的。[4] 佩脱拉克在他的《凯旋》中试图无论如何要对爱情、贞操、死亡和名誉的形象做虽简短而明了的描绘。其他的人也

① 奇迹剧的对话主要用八行诗,而独白则用三行诗进行。关于奇迹剧,见克莱恩的《意大利戏剧史》,第1章,第153页以下。

② 我们没有必要为了证明这事而去翻阅烦琐哲学家的实在论。970年前后,坎布雷的主教韦伯德用一种以五十六组纸牌表示五十六个抽象名字的宗教牌戏来代替骰子,得到了他的神职人员的欢心。《卡美拉森主教大事记》载《德意志史料集成》第7卷,第433页。

③ 例如当他根据隐喻来状景时。在炼狱门口,中间那块破碎的台阶象征内心的忏悔。(《炼狱篇》,第9歌,第97行)虽然那块石板,由于破碎,已经失去作为一级台阶价值(?)。还有,(《炼狱篇》第18歌,第94行)今世的懒人要在另一个世界用奔跑来表示忏悔,虽然跑可能是逃跑的象征。

④ 《地狱篇》第9歌,第91行;《炼狱篇》第8歌,第19行。

在他们的寓言里用了很多不恰当的表征。例如在芬奇圭拉的讽刺诗里,[①]"嫉妒"被描写成为铁齿砏砏的形象,"贪食"被描写为咬着自己的嘴唇并带有一头乱发的形象,后者或者是在表明他除酒肉之外对什么都是不关心的。我们不能在这里讨论这些误解对于造型艺术的不良影响。如果比喻能用一个神话中的形象——古代文化已使人们不再认为是可笑的形象——来表现,如果马尔斯能够代表战争,狄亚娜[②]能够代表对于狩猎的爱好的话,造型艺术会像诗歌一样为本身庆幸。

尽管如此,艺术和诗歌还是能提供比这些更好的比喻来,并且我们可以认为:关于这一种出现在意大利节日庆典上的形象,公众是要求它们具有鲜明而生动的特征的,因为以前所受的教育使他们适合于做一个有资格的评判者。其他地方,特别是在勃艮第的宫廷上,最没有表现力的形象,甚至于仅仅是一种象征,也能得到通过,因为理解这些或者好像是理解这些是贵族教育的一部分。在1453年,[③]在有名的《雉鸟的誓言》演出的时候,以"快乐女王"姿态出现的美丽的年轻女骑手是惟一可喜的一种譬喻。巨大的盘子,里边装有自动机械乃至活生生的人物,不是纯粹的一种逗引好奇之举,就是意欲给人一种笨拙的道德教训。一个裸体的女人雕像守卫着一只活狮子被认为是代表君士坦丁堡和它的未来的救

① 《讽刺诗集》,第70页以下,(米兰版)。始于十四世纪末。

② 例如后者见于阿德里安·达·科尔内多枢机主教的《狩猎》中。(斯特拉斯堡,1512年。曾屡次出版)该书认为阿斯卡尼奥·斯福查用狩猎的快乐来求取对他的家族的没落的慰藉。见上文,第264页。

③ 1454年更妥当。见奥利维尔·德拉·马什《回忆录》第29章。

主，勃良第大公。其余的除了一个哑剧——科尔奇斯的杰森[1]——之外，不是深奥难懂，就是根本没有意义。奥利维尔曾经描写过这种场面，他本人化装成“教会”，出现在一只大象背上驮着的塔里边，唱着一篇长长的关于异教徒胜利的挽歌。[2]

虽然在意大利的诗歌、艺术和庆典里的寓言譬喻成分在趣味的高雅上和在概念的统一上都优于我们在其他国家里所能看到的，但它的最具有特征和最卓越的地方并不在这些特性上。它的明确的优点[3]不如说是在于这样的一个事实：除了抽象品质的人格化外，还采用了大量的历史人物来表现这些品质——无论是诗歌或造型艺术，都习惯于表现有名的男女人物。《神曲》、佩脱拉克的《凯旋》、薄伽丘的《爱的梦想》全都是在这个原则上写成的作品，而在古代文化的影响下发生的文化的广泛传播，使这个民族熟悉这种历史因素。这些形象这时出现在节日庆典，或者作为一定的假面人而个性化了，或者成群地，作为某一个主要的譬喻形象的典型的附庸者。当在其他国家里边的最辉煌的演出是由难懂的象征表现或没有意义的儿戏来构成的时候，在意大利就这样学会了

① 科尔奇斯是黑海东岸高加索地方的古国名，在希腊神话中为公主美狄亚的家乡。美狄亚曾与杰森恋爱并背其父随杰森逃走。这部哑剧大概就是表演这一段和以后的许多故事。——译者

② 关于其他法兰西的节日庆祝，例如见《朱维那尔·德·厄辛》（巴黎，1614年）。1389年（伊莎贝拉入城式）条；《约翰·多罗意》（屡经出版），1461年（路易十一入城式）。这里还有活人像，腾空装置等，但这些东西的全貌很混乱，彼此不相联系，其寓意极难理解。1452年在皇帝弗里德利希三世的新妇伊利俄诺拉启程的时候，在里斯本庆祝典礼延续了好几天，豪华异常。见弗勒厄-斯特卢维，《德意志史家集》第2卷，第51页，劳克曼的报告。

③ 这对那些知道如何利用它的诗人和艺术家们大大有利。

分类和组成的艺术。

让我们从那种或许是一切节日演出中最古老的奇迹剧开始吧。[①] 它们在它们的主要特点上和欧洲其余地方所演出的是相类似的。在广场上，在教堂里，在修道院里搭起了宽大的戏台，上层用来作为天堂，可以随意启闭，最下层通常作为地狱，而在这两层中间是那个真正的舞台，代表着戏中一切世俗事件发生的场所。在意大利像在其他地方一样，圣经的或者传说中的故事的演出常
406 常以使徒们、先知者、女预言家、力天使和教父之间的对话作为引子开始，有时以一种舞蹈结束。当然，由次要角色演出的半喜剧式的“幕间插曲”在意大利也并不是没有的，不过这一特点并不像在北方国家那样受到广泛的注意。[②] 用人工的方法使人物升起并在空中浮游——这些表演中最为人们所喜欢的一项——或者在意大利比在其他地方更为人们所熟悉。十四世纪时在佛罗伦萨，这些表演中的“中断”成为了常见的取笑的题目。[③] 不久以后，布鲁内莱斯科为在圣弗利斯广场出演的天使报喜节目，发明了一套奇妙的装置，包括一个由两圈天使围绕着的天体，天使加百列从一个状

① 参看巴尔托洛缪·甘比亚《菲欧·伯尔卡利戏剧概论》(米兰，1808 年)特别参看《菲欧·伯尔卡利的戏剧的上演和他的其他诗歌》(佛罗伦萨，1833 年)一书的引论。同样材料见藏书家亚科伯为他的巴特兰版本(巴黎，1859 年)所作的引言。参阅丹科那《意大利戏剧的起源》，第 1、2 卷(都灵，1891 年)。

② 在锡耶纳确曾演出过以群婴殉难为主题的奇迹剧，最后一场时，母亲们相互抓着头发、伤痛欲绝。德拉·瓦勒：《锡耶纳文集》第 3 卷，第 53 页。要使奇迹剧从这些怪诞不经的内容解脱出来是上述菲欧·伯尔卡利(1484 年卒)的主要目的之一。

③ 弗朗哥·萨克蒂，故事第 72 篇。

如扁桃的机器中飞下。切卡也为这些炫耀的演出设计过机械装置。[①] 那些负责并参加这些戏剧的演出的宗教团体或各市区，是不怕（无论如何在较大的城市里）麻烦和花钱来使它尽善尽美的。当奇迹剧、哑剧和普通戏剧在盛大的宫廷节日出演时，无疑地也是同样的情形。彼埃得罗·利阿里奥宫廷（见边码124页）和费拉拉的宫廷肯定地说是毫不缺少人们所能发明出来的那些东西的。[②] 演员们的戏剧才能和他们的华丽服装、按照那个时代的建筑风格所设计出来的舞台场面、悬挂着的花彩和挂毡、以意大利广场上的辉煌的建筑或某一个宽大庭院或修道院的细长的柱廊作为背景，当我们在描绘出这些场面时，我们所得到的确是一个最壮丽的印象。但是，正像普通戏剧由于这种对机关布景的热衷而受到了损害一样，奇迹剧的更高的诗的发展也由于这同样的原因而受到了阻碍。在留传下来的剧本当中，我们看到许多戏剧结构拙劣的作品，由于时常出现美丽的抒情诗和辞句优美的段落而使人感到轻松愉快，但是却看不到使卡尔德隆的“圣餐神秘剧”出名的那种巨大的象征性的热情的痕迹。

在没有多少舞台演出的较小的城镇里边，这些宗教剧对于观

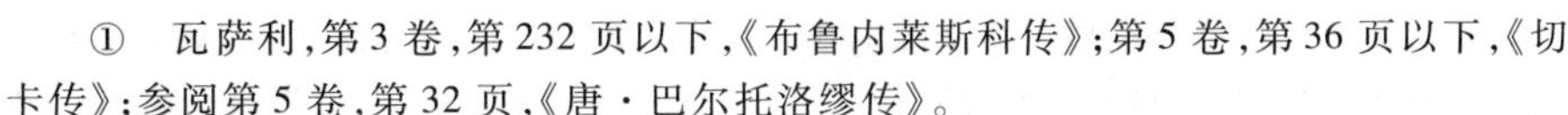

① 瓦萨利，第3卷，第232页以下，《布鲁内莱斯科传》；第5卷，第36页以下，《切卡传》；参阅第5卷，第32页，《唐·巴尔托洛缪传》。

② 《历史文献》补遗第2卷，第310页。在阿尔方索结婚典礼上，在费拉拉所演出的天使报喜奇迹剧中有烟火和飞升装置。在枢机主教利阿里奥府中演出《苏桑那》，《施洗者约翰》和一个圣徒传记的记述，见柯利奥，第417页。关于1484年狂欢节在教皇宫里演出的“君士坦丁大帝”的奇迹剧，见伏尔泰拉（载木拉托里《意大利史料集成》第23卷，第194栏）。主角是一个生于君士坦丁堡并在该处受过教育的热那亚人。

众性格的影响可能是较大的。我们读到过[①]这样的记载：一个伟大的劝人忏悔的讲道师罗伯特·达·莱切（关于他我们以后还要多谈），于1448年瘟疫病流行期间，在佩鲁贾，以耶稣受难故事的表演来结束他的四旬斋讲道。这故事是完全按照新约所写演出的。演员没有几个，但全体观众都哭出声来了。诚然，在这种场合
407 下是采用了从最粗糙的现实主义借来的刺激感情的方法。当我们读到那个扮演耶稣的演员带着满身的鞭痕，血汗昭然，甚至从肋旁的伤处往外流着血水出现时，我们想起了锡耶纳的马提奥的绘画或圭多·马佐尼所作的泥塑的群像。[②]

除了教会的大庆典、君主的婚礼等场合以外，演出这些奇迹剧的特殊机会是多种多样的。例如，当锡耶纳的圣伯尔纳丁被教皇列为圣徒时（1450年），大概在他出生的城市的广场上，曾经举行过模拟这个仪式的演出，并为所有参加者大张筵席两天。[③] 我们还知道一个渊博的僧侣曾经以演出本城的保护圣徒的逸事来庆祝他的升授神学博士学位。[④] 查理八世一进入意大利就立即在都灵

---

① 格拉吉亚诺《佩鲁贾编年史》，载《历史文献》，第4卷，第1章，第598页。当演基督被钉时，用事先准备好的一个偶人来代替演员。

② 关于这一点，见格拉吉亚诺前引书，和《庇护二世回忆录》第8卷，第383、386页。十五世纪的诗有时表现出同样的粗鄙。安德烈·达·巴索的一首短歌对一个铁石心肠的美人尸体的腐烂做了详细的描写。在十二世纪的一出寺院剧里，赫洛王在舞台上出现的时候，很多蛆虫在咬他。《布拉那诗集》（80页以下）十七世纪的很多德意志戏剧也提供类似的例子。

③ 阿来格雷托《锡耶纳日记》，载木拉托里：《意大利史料集成》第22卷，第767栏。

④ 马达瑞佐《历史文献》第16卷，第2章，第36页。这个僧侣因为要对这位圣徒的节日作必要的研究，曾在事先去过罗马。

受到了萨瓦的寡居的公爵夫人毕安卡的欢迎；当时演出了一种半宗教性的哑剧，①在这个哑剧里先是一种农村场面象征着自然法 408
则，然后是古圣祖的游行仪式，象征着天恩的法则。在这以后是圆桌骑士兰斯洛特的故事和“雅典的”故事。这位国王一到了奇埃利就受到了人们演出另一个哑剧的欢迎，剧中表演了一群有名的来客围绕着一个产妇的场面。

要说有哪个教会节日得到一致公认，需要人们做特殊的庆祝，那就是基督圣体节，它在西班牙产生一种特殊的诗歌。1482 年庇护二世在维特尔波庆祝了这个节日；②关于这次庆祝的方式我们看到了一段极好的描写。从圣弗兰切斯科教堂前边的一个巨大而漂亮的帐篷出发并沿着通向大礼拜堂的主要道路前进的游行本身，不过是这个仪式最小的一部分。枢机主教们和富有的高级教士们把整个路程分成许多段，他们各自主持一段，并用帐幕、挂毡和花彩把它们装饰起来。③ 他们各自建立起一个舞台，当游行队伍通过时，在舞台上边表演简短的历史剧和寓言剧。从记载中不能清楚地知道，究竟所有那些角色是活人或者仅仅是包扎起来的形象，④它的开支一定是很庞大的。那里有在歌唱着的天使中间的受难的基督、最后的晚餐和一个圣托马斯·阿奎那的形象、大天

① 节录《荣誉的园囿》，载罗斯科《列奥十世》，菩西版，第 1 卷，第 20 页及第 3 卷，第 263 页。

② 《庇护二世回忆录》第 8 卷，第 382 页以下。布尔塞利斯在《波洛尼亚年代记》（载木拉托里：《意大利史料集成》，第 23 卷，第 911 栏，1492 年条）中提到过另外一次耶稣圣体节日的大庆祝。有根据新旧约演出的戏剧。

③ 在这样的场合里，我们读到有“连一堵墙壁都看不见”的句子。

④ 许多这样的描写有适用于同一情况。

使米凯尔和魔鬼们的战斗、葡萄酒的喷泉和天使们的乐队、基督的坟墓和一切复活的场景,而最后,在礼拜堂前边的广场上有圣母的坟墓。在大弥撒和圣体祝福之后,坟墓开了;上帝的母亲歌唱着向天堂升起,在那里被她的儿子加冕并被引进到永生圣父的面前。

在这些街头演出中,枢机主教,副掌玺官罗德利哥·波儿亚,即后来的教皇亚历山大六世主持的演出以辉煌壮丽和隐晦的象征性表演而显得突出。[①] 这种演出对于波儿亚家族的特别喜欢礼炮齐鸣[②]提供了一个最早的例证。

同一年在罗马,当圣安德烈的头盖骨从希腊运到时,曾经举行过游行仪式;庇护二世关于这个仪式的记载比较简单。在那里,罗德利哥·波儿亚也是以他的豪华著名的;但是这一次的庆典比其他庆典更具有世俗的性质,因为除了照例的天使歌唱队外,还演出了其他假面戏,还有"勇士们",他们似乎表演了各种技艺和武功。

409 这种完全或主要属于世俗性质的演出的安排,特别是在比较重要的君主的宫廷上,大抵以产生辉煌壮丽而动人的舞台效果为主要目的。主题是神话的或寓意的,而解释也是表面化的。过高

① 带着一队武装随员的五个国王和一个同狮子搏斗的山林野人。山林野人可能影射教皇的名字——希尔维优斯。(Sylvius 有山林野人之意。)

② 关于西克塔斯四世做教皇时的事例,见伏尔泰拉,载木拉托里:《意大利史料集成》,第 23 卷,第 135 栏("鞭炮齐鸣"),139 栏。亚历山大六世任教皇时,礼炮齐鸣。意大利的美好发明——焰火,和一般的节日装饰一样,不是本书而是艺术史的内容。我们所读到的很多节目的辉煌夺目的灯火以及猎获物装饰和食桌装饰也是这样。(优里乌斯二世登教皇位时,在威尼斯用连续三天的灯火辉煌来庆祝。布罗什《优里乌斯二世》第 325 页,注 17。)

夸张之处并不是没有的——例如从一些巨大的动物身体里边突然冒出一群化装的人物，像1465年在锡耶纳，[①]在一个公开的欢迎会上，就有十二个人组成的舞蹈团从一只金狼中跑出来；以活人来装饰餐桌虽不常见，却表现了类似勃艮第宫廷的粗俗的夸张——如此等等。其中大多数表现了某种艺术的或诗的情调。在讨论到诗歌时，我们已经提到过在费拉拉宫廷上的哑剧和话剧的混合（见边码315页）。1473年，当阿拉戈纳的莉奥诺拉，作为费拉拉的王子赫克里斯的新娘，经过罗马时，枢机主教彼埃得罗·利阿里奥在这个城市里边所举行的招待会上的节目，是名闻于意大利以外各地的[②]戏剧所表演的是关于宗教主题的奇迹剧，而哑剧则以 410

① 阿来格雷托，载木拉托里：《意大利史料集成》，第23卷，第772栏。此外参看770栏关于1459年对庇护二世的欢迎会。在他面前出现了一个极乐世界，或者说出现了一支由天使组成的歌咏队，一位天使从队中走出向教皇歌唱，“唱得教皇由于那样甜蜜动人的词句而感动落泪”。

② 见法夫尔《文学史札记》，第1卷，第138页所引用的史料；又柯利奥，第147页以下。菜单几乎密密地印满了两页。“菜肴中端上了一座山，山里走出一个活人，这人发现自己置身于这个华美的盛筵中显出了惊愕的样子；他背诵了几首诗，然后就不见了……”（格累哥罗维乌斯，第7卷，第241页）；茵菲苏拉，载埃卡尔《史家集》，第2卷，1896栏；《斯特罗齐诗集》，193页以下。关于吃、喝方面，不妨在此附带说几句。列奥纳多·阿雷提诺在他的《书信集》，第3卷，第18书中埋怨说，他为自己的结婚盛宴和礼服等必须花费巨款，以致在同一天里，他结完了婚也浪费掉一笔继承的财产。伊尔莫劳·巴巴洛在一封致彼得罗·卡拉的信中曾描述过在特利乌尔齐的婚宴上的菜单（见安格罗·波利提安《书信集》，第3卷。）附在兰第的《异事奇闻录》的补遗中的酒肉菜单是特别有趣的。兰第谈到他在从五百名作家的作品中汇集成这样一张菜单时所遇到的极大困难。惟因篇幅过长，不能在这里全部录出。（其中我们见到：“嗜食人肉的是那些吃人肉的头目们。”）波吉奥（《全集》，1513年版，14页以下）曾探讨过这一问题：“在一次铺张的盛宴中，究竟应该谁向谁致谢呢？是设宴的人或是被邀赴宴的人呢？”普拉提那写了一本《论烹调术》的书，据说，再版过好几次，并被人以不同的书名引证过。可是这本书，据他自己说，内容偏重于劝人不要饮食过度，对烹调术的介绍反而没有那么多。

神话故事为主题。哑剧里出现了和野兽在一起的奥尔菲斯[①]、伯尔修斯和安德洛米达[②]，坐在龙车上的赛丽斯[③]、由豹拉着车的巴考斯和阿丽亚德娜[④]，最后是阿奇里斯[⑤]受教养的故事。接着演出的是古代有名的爱人们的舞蹈，有一队仙女因受到了食肉的半人半马的怪物的攻击而被阻，这些怪物又被赫克里斯击败而被赶跑。作为这个时代的爱好的一个特征，可以在这里一提的是一件本身并不重要的事实：出现在所有这些演出里的人们，扮作雕像坐在壁龛里或站在台柱和凯旋的拱门上，到后来都以歌唱或说话来表示他们自己是活人；这些人们都带有天然的脸色穿着本来的衣服，因此不使人有不调和的感觉。同时在利阿里奥的家里还摆着一个活的儿童，从头到脚都涂以金饰并从一个喷泉围绕着他洒水。[⑥]

同样华美的哑剧也在波洛尼亚，在安尼巴尔·本蒂伏利奥和

① 奥尔菲斯是希腊神话中的阿波罗与一个文艺女神所生的儿子，有音乐与诗歌的天才。他的歌声能感动一切。他因为失去了他的爱人优丽狄斯而悲痛，独自在林中演奏悲悼之歌，有许多野兽来听他奏乐。——译者

② 伯尔修斯和安德洛米达是希腊神话中的故事。伯尔修斯是宙斯大神的儿子，以杀死蛇发女怪和从一个海怪那里救出他日后的妻子安德洛米达而出名。——译者

③ 赛丽斯是希腊神话中宙斯大神的姊妹，是司农业与文化的女神，曾与宙斯结婚而生司草木的女神卜赛芳。——译者

④ 巴考斯和阿丽亚德娜是希腊神话中的故事。巴考斯是宙斯大神的儿子，是酒神。他时常坐在野兽拖着的车上漫游世界。阿丽亚德娜是一个被丈夫遗弃了的年轻而美丽的妻子，巴考斯救了她并和她结了婚。——译者

⑤ 阿奇里斯是希腊传说中的最有名的参加特洛伊战争的英雄。传说他是被一个半人半马的怪物教养大的。——译者

⑥ 瓦萨利，第 9 卷，第 37 页。《蓬特尔摩传》告诉我们，一个孩子在 1513 年佛罗伦萨的一次这样的庆典中由于筋疲力尽致死——或者我们是否应该说，是由于涂金致死呢？这可怜的孩子是需要演出“黄金时代”的角色的。

伊斯特家族的露克瑞佳的婚礼上演出过。[1] 当狄亚娜的仙女群中最美丽的仙女飞向婚姻女神朱诺[2]，和当维纳斯在一队野人中间和一个狮子——在这种情形下是由一个人假装的——走在一起时，代替音乐的是合唱的歌曲。舞台装置是一个真实的森林布景。411
1491 年在威尼斯，在公爵的宫廷里演出，曾经用一只半人半牛形的船来迎接和欢迎伊斯特家族的公主们，[3]并用赛船和一个叫作“美利哥罗”[4]的哑剧来招待她们。在米兰，列奥那多·达·芬奇[5]指导了公爵和某些权门的节日演出。他的一件足以和布鲁内莱斯科的发明媲美的机械装置在大规模地表现天体和它们的一切运转。每当一个星象接近那个青年大公的新娘伊莎贝拉时，具有这个星象的名字的那个神癯就从天体中跨步而出[6]并歌唱宫廷诗人柏林希奥尼(1489 年)[7]所写的一些诗篇。在另外一次节日演出

① 贝罗阿尔都斯:《本蒂伏利奥家族的婚礼》，载《贝罗阿尔都斯演说集》第 3 章以下，巴黎，1492 年。关于这次婚礼上其他庆祝活动的描写是非常值得人们注意的。

② 朱诺是罗马神话中的天神，一般视为即希腊神话中的希拉女神，她是宙斯大神的姊妹，也是宙斯的妻子，是天空的王后，是司婚姻的女神。——译者

③ 安托尼奥·萨伯利科，《书信集》第 3 卷，第 17 页。比亚特丽斯在给她丈夫的信中描写了这一盛典。

④ 美利哥罗是希腊传说中的英雄。生时有人预言在某一根木头被焚时，他将死亡。他的母亲收藏起这根木头；后来他杀死了他母亲的两个兄弟，她母亲把木头投于火内，他于是死去。——译者

⑤ 阿摩来提，《达·芬奇回忆录及其他》，第 38 页以下。

⑥ 甚至这一世纪的节日庆典也受到星相学的影响，其影响到达何等程度，可见之于费拉拉所举行的欢迎公爵新娘会上采用星相表演一事(描述得不够清楚)，见《费拉拉日记》，载木拉托里:《意大利史料集成》第 24 卷，第 248 栏，1473 年条，第 282 栏，1491 年条。在曼图亚也有同样情况。《历史文献》附录 2，第 233 页。

⑦ 〔布克哈特把年代定为 1489 年，但索尔米(《伦巴第历史文献》第 37、76 页)定为 1490 年 1 月 13 日。——盖格尔〕

上(1493 年)弗兰切斯科·斯福查的骑马塑像的模型和其他物件
出现在宫城前边广场上的一个凯旋门下边。我们在瓦萨利的著作
中可读到列奥那多为欢迎法兰西国王们作为米兰的主人而发明的
巧妙的自动装置。即使是较小的城市在这种场合下也往往极力铺
412 张。当博尔索公爵于 1453 年来到勒佐,[①]接受这个城市的敬意
时,在城门那里,他遇到一个巨大的机械装置,装置上边,这个城市
的保护圣徒,圣普罗斯佩罗凌空出现,天使们持着伞盖遮在他的头
上;同时在他下边是一个旋转着的大转盘,带有八个歌唱着的小天
使;其中两个从圣徒那里接受过来这个城市的芦杖和钥匙然后把
它们交给公爵,同时圣徒和天使们都对他致颂词。一辆被隐蔽起
来的马拉着的凯旋车赶到前边来,上边是一个空着的宝座。宝座
后边站着一个由守护神陪伴着的正义的女神的形象。在凯旋车的
四角坐着四个头发灰白的立法者,由一群持着旗帜的天使们围绕
着;在礼车的旁边是骑着马的全副甲胄的旗手。不必说,那个女神
和那个守护神是不会毫无表示就让那个公爵过去的。由一个独角
兽拉着的第二辆车上,有一个"仁爱之神",持着一个燃烧着的火
把;在这两辆车中间有一个古典式样的船形车,它是由隐蔽着的人
们在车身里推动着的。这时整个队伍在公爵前边行进。在圣彼得
罗教堂前边再次停下来。圣徒由两位天使陪伴着,在一个光轮中
从正面走下,并把一顶花冠放在大公的头上,然后飘然回到原来的
413 位置。[②] 教士们准备了另外一种纯宗教性的寓意表演。"偶像崇

① 《伊斯特年代记》载木拉托里,第 20 卷,第 468 栏以下。叙述不明了,并且是根据一个不正确的抄本刊印的。

② 我们阅悉,为此目的而使用的这个机械的绳索是模仿花环的样子做成的。

拜"和"真正的信仰"站在两个高柱子上边，在由一个美丽的女郎扮演的"真正的信仰"致完了欢迎词之后，另一个柱子和站在上边的偶像一起倒地粉碎。再下边就是凯撒和他用来欢迎博尔索大公的七美妇，她们代表基本七德[①]呈献给他，并勉励他加以实行。最后到达了大教堂；但是在仪式之后，那位公爵又重新坐上了崇高的金碧辉煌的宝座，并第二次接受已经说过的某些化装人物的致敬。结束这一切时，有三个天使从一个旁边的建筑物上飞下，在欢欣的歌声中把棕榈枝交给他作为和平的象征。

现在让我们看一看那些以游行本身为主要特征的节日庆典。

无疑地，从中世纪的早期起，宗教的游行仪式就引起了化装表演的采用。小天使们伴随着圣体或圣像和圣物在街道上行进；或者演出耶稣受难时的人物——如背负着十字架的基督、强盗和兵士或信女等——以对群众进行教育。但是教会的盛大节日从很早的时候起就伴随以市民的游行，而中世纪的纯朴看不出它所含有
的许多世俗成分有什么不合适。我们可以特别提到从异教时代传 414
留下来的海船车[②]。如前所引例证表明，它在很多种节日演出里边都被采用，并且特别在其中的一个节日上永远留下了它的名字——狂欢节。这种船装饰得十分华丽，观众们觉得它非常悦目，但早已忘掉了它的原来意义。当英格兰的伊莎贝拉在和她的新

① 基本七德包括三种神学上的或基督教的美德，即信仰、希望、慈爱和四种自然美德，即谨慎、正义、勇敢、节制。——译者

② 严格地说，是爱西斯的船，它在三月五日下水，象征航运再开。关于德意志宗教中的类似例子，见格利姆《德意志神话集》。

郎，皇帝弗里德利希二世在科隆会面时，由一些这种海船式的凯旋车来迎接她，这些车被隐蔽着的马拖着，上边坐满了一群教士，用音乐和歌唱来对她表示欢迎。

415 但是，宗教游行不仅和各种世俗的附带表演混合在一起，而且还常常为教士们的化装游行所代替。它们的起源或者是由于一群演员，在城市中绕道而行，走向他们将要上演奇迹剧的地方；但可能的是：在早期，这种教士的游行就已经自成一格。但丁[①]描写比阿特丽斯的“凯旋式”，有启示录中的二十四名长老，有四个神怪的活物[②]，有基督教三德和四“基德”，有圣路加、圣保罗和其他使徒。这种描写方法几乎使我们不能不认为在他那个时代以前确实
416 举行过这种游行。我们主要是从比阿特丽斯所坐的凯旋车上得出这种结论；在那梦境的神奇的树林中间，这种车子是不必要的或者不如说是不适当的。但另一方面可能是但丁把这种凯旋车看作是胜利和凯旋的象征，而他的诗篇促成了那些游行仪式的兴起；其形式是模仿罗马皇帝的凯旋式。尽管是这种情形，但诗歌和神学却继续随便地采用了这种象征。萨沃那罗拉[③]在他的《十字架的胜利》里描写基督坐在一辆凯旋车上，头上是三位一体的光圈，左手拿着十字架，右手拿着新旧约；在他下边是圣母马利亚；两侧是教

---

① 《炼狱篇》第 29 歌。从 43 行到末尾。又第 30 歌的开头处。根据第 5 歌，第 115 行所述，这辆车比西庇阿、奥古斯都、甚至比太阳神的凯旋车还要富丽堂皇。

② 圣经启示录第四章载：“宝座周围有四个活物。第一个活物像狮子，第二个像牛犊，第三个脸面像人，第四个像飞鹰。”人、狮、牛、鹰的脸代表马太、马可、路加、约翰四福音。——译者

③ 兰克：《罗马及日耳曼民族史》，第 2 版，第 95 页；维拉利：《萨沃那罗拉》第 2 卷，第 463 页以下。

会的殉道者和手执打开了的书本的圣师；后边是所有得救了的群众；远处是一大堆他的数不清的被击败了的敌人——皇帝、君主、哲学家、异教徒，他们的偶像已被粉碎，他们的书籍已被焚毁。蒂先的一幅以木刻著名的伟大的图画和这一段描写有很多相似之处。萨伯利科关于天主母的十三篇挽歌的第九篇和第十篇，对于她的胜利做了细致的描写，里边有很丰富的寓意象征，而特别使人感到兴趣的是那种也为十五世纪的现实主义绘画所特有的实际精神。

不过，世俗的“凯旋式”和宗教的“凯旋式”比起来更常见得多。它们以从古老的浮雕和古代作家的著作中获悉的罗马大将军的凯旋式为典范。[①] 和这些仪式有着密切关系的当时在意大利流行的历史概念，上面已经讨论过了（见边码 151 页）。

我们时常读到一个胜利的将军的真实的凯旋式。它是尽可能地按照古代的形式组织的，甚至有时违反那位英雄的本人的意愿。弗兰切斯科·斯福查有勇气（1450 年）拒绝给他预备好了的回到米兰的凯旋车，理由是：这些东西是君主们的虚妄的迷信。[②] 大阿 417
尔方索在他进入那不勒斯时（1443 年）拒绝了桂冠，[③]而这是拿破仑在巴黎圣母院加冕时所乐于戴在头上的。至于阿尔方索的从城

① 法齐奥·德利·乌贝蒂：《狄达蒙多》（第 2 卷，第 3 章）特别讲到了凯旋式。

② 柯利奥，第 401 页说：“这样的事是国王的迷信。”参看卡诺拉《历史文献》第 3 卷，第 127 页，他说，这位公爵因为谦让而谢绝。

③ 见本书第 231 页以下；参见第 31 页注。《阿尔方索的凯旋式》载帕诺尔密达的《阿尔方索言行录》的补遗中（第 129—139 页，256 页以下，1538 年版）。豪侠的康乃尼对这些庆典中的过分铺张曾表示过厌恶。参看星那姆斯《康乃尼武功要录》第 1 章，第 5 页；第 6 章，第 1 页。

墙缺口进入城内直到礼拜堂的仪仗队的其余部分是一个古代的、寓意的和纯粹是喜剧的成分的奇怪的混合物。他坐的车子，是用四匹白马拖着的，高大而涂以金饰，由二十名贵族打着绣金的伞遮盖在他的头上。当时住在那不勒斯的佛罗伦萨人曾经担任这个仪仗队的一部分，这部分是由漂亮、年轻的巧妙地挥舞着他们的长枪的骑士、一辆坐着司命运的女神的凯旋车和骑在马上的象征七美德的人组成的。按照那时的画家们也不得不遵守的关于寓意表演的不可动摇的理论，这位女神①只是在她的头的前部有头发，在后部是秃的，而坐在车的下层的，象征命运的不稳定的性格的守护神则把他的双足浸在（？）一盆水内。接着是由同样的佛罗伦萨人装备起来的一队骑兵，穿着各民族的服装，扮成外国的君主和贵族，其次是一个戴着桂冠，站在一个旋转着的圆球之上的优里乌斯·凯撒，②他用意大利的诗句向那个国王解释这些寓意表演的意义，然后回到队伍中去。六十名佛罗伦萨人，穿着紫红色的服装走在他们本国所能达到的壮丽的演出的最后。接着是一队步行前进的卡达兰人，把假马拴在他们的前边和后边，和一群土耳其人做模拟战斗，好像是在嘲笑佛罗伦萨人的多情善感。最后来到的是一个巨大的高塔，塔门由一个执剑的天使守卫着；塔上站着象征四"基

---

① 给命运女神指定的地位正是文艺复兴时期"天真"的特征。在马克西米利安·斯福查1512年进入米兰的入城式上，她作为凯旋门的主要人物高居于由活人所扮演的"荣誉"、"希望"、"勇敢"和"忏悔"等女神之上。参看普拉托《历史文献》第3卷，第305页。

② 上面所描写的伊斯特家族的布尔索进入勒佐的入城式表现出阿尔方索的凯旋式给整个意大利所留下的印象。关于凯撒·波儿亚在1500年进入罗马的入城式，见格累哥罗维乌斯，第7卷，第439页。

德”的人，每一个都用一支歌曲向国王致意。演出的其余部分就没有什么能够表明它的特征的了。

在1507年，路易十二进入米兰的时候，[①]我们所看到的，除了不可缺少的载有“基德”形象的凯旋车外，还有一群活人代表丘比特、马尔斯和一个被捕在网里的象征意大利的角色。在这之后是一辆装满了战利品的车等等。

当事实上没有什么胜利可以庆祝的时候，诗人们也能为他们自己和他们的保护人找到一种相应的方式来弥补。佩脱拉克和薄伽丘曾经把各种美名表现为每一个寓意的人物（见边码405页） 418
的从者而加以描写；而过去时代的有名人物这时也成了君主的随从。女诗人古比奥的克莱奥菲·加布列莉曾经向费拉拉的博尔索以此方式致敬。[②] 她给了他七个女王——七种学艺——作为他的婢女，他和她们一起坐在一辆凯旋车上；还有一群英雄人物，从他们前额上写的名字可以认出他们来；其次是所有著名的诗人；在他们后边是坐在车上的诸神。事实上在这个时代，神话的和寓意的凯旋式确是说不完的，而博尔索时代的一件最重要的艺术品——斯基法诺亚宫廷里边的壁画——使我们看到了一整幅充满了这些主题的画面。[③] 当拉斐尔受命去绘教皇的签字大厅的壁画时，他

① 普拉托：《历史文献》第3卷，第260页以下。作者特地说明：“罗马凯旋式中什么样的东西从前惯常使用。”

② 她的用三行诗写的《加比托洛》，见《学界逸话》，第4卷，第461页以下。

③ 描绘类似场面的古画绝不少见。它们描绘的无疑往往是实际举行的假面跳舞会。有钱阶级不久就习惯于在每次盛会上乘坐四轮马车了。我们曾读到过波洛尼亚统治者的长子安尼巴尔·本蒂伏利奥以演习裁判身份主持正规的军事演习之后，“以罗马式的凯旋”返回了宫廷。见布尔塞利斯，前引书，第909栏，1490年条。

发现这种艺术构思的方式已经完全庸俗化和枯竭了。他对于这方面的新的和最后的贡献将永远是一切时代的珍品。

严格说来,胜利归来的将军们的凯旋仪式是不多见的。但是,一切节日游行,无论它们是为了庆祝一个特殊的事件或者是仅仅为了游行而游行,都或多或少地带有“凯旋式”的性质,而且几乎总是采用“凯旋式”这个名字。奇怪的是:葬礼并没有以同样的方式来处理。①

那时的习惯是在狂欢节和在其他场合表演古代罗马指挥官的凯旋,如在“豪华者”洛伦佐时代在佛罗伦萨所表演的保鲁斯·埃
419 米里乌斯②的凯旋和在列奥十世访问时所表演的卡米路斯③的凯旋。两次都是由画家弗兰切斯科·格拉纳奇指导的。④ 在罗马,第一次展开这种大规模的游行是保罗二世时代关于奥古斯都战胜克利奥巴特拉⑤以后的凯旋式的表演,在这次游行队伍中,除了事

① 1437年在波洛尼亚被毒死的马拉泰斯达·巴利奥的有名葬礼(格拉齐亚诺,《历史文献》第16卷,第1章,第413页)使我们想起伊特拉斯康葬礼的豪华情况。穿孝服的骑士们以及葬礼的其他特色都和全欧洲贵族们的习惯相符合。例如见1389年柏特隆·丢·格斯克兰的葬仪,见朱维那尔·德·厄辛,1389年条,又见格拉齐亚诺,前引书,第360页。

② 保鲁斯·埃米里乌斯(Paulus Aemilius,公元前229—160年)是罗马的统帅,在征服西班牙和利古里亚战争中出名。168年在巴尔干半岛上获得大胜,结束了马其顿战争。——译者

③ 卡米路斯(Camillus,死于公元前365年)是罗马当时的英雄人物,曾战胜高卢人和沃尔斯奇人等。——译者

④ 瓦萨利,第9卷,第218页,《格拉纳奇传》。关于佛罗伦萨的凯旋式和游行,见拉蒙特:《洛伦佐·美第奇》第二卷,第433页。

⑤ 米歇尔·卡尼西乌斯《保罗二世传》载木拉托里,《意大利史料集成》第3卷,第2章,第118栏以下。

实上为古代凯旋所不可缺少的喜剧的和神话的化装表演外，可以看到一切其他必要的项目——身披枷锁的各国国王，写有元老院和人民的敕令的告示牌子，穿着古代服装的元老们、执政官、营造官、会计官，四辆载满了化装演员的凯旋车，无疑地，还有装满了战利品的车子。其他的游行一般多用以表现古代罗马帝国的大一统；而为了抵制从土耳其人那方面来的威胁欧洲的真正危险，一个载有化装为奥斯曼俘虏的假面人物的骆驼队出现在人民面前。以后，在1500年的狂欢节上，凯撒·波几亚大胆地把他自己比喻作朱里乌斯·凯撒，用十一辆辉煌的凯旋车组成的游行队伍来庆祝后者的胜利，[①]无疑地这引起了前来参加佳节的参拜者们的物议。在列奥十世当选为教皇时，[②]在佛罗伦萨由两个互相比赛的团体组织了两个以趣味和华丽出名的"凯旋式"。其中的一个表演了人类的三个时代，另一个表演了世界的四个时代，[③]四个时代是以罗马历史的五个场面和农神的黄金时代和它的最后的重返的两个寓言来巧妙地表现的。当佛罗伦萨的伟大的艺术家们担任这个工作时，表现在凯旋车的装饰上的想象力使那个场面如此的动人，以至于这种表演后来成为了群众生活中的永久的因素。在此以前，

① 托马索：《凯撒·波几亚传》第251页。格累哥罗维乌斯，第7卷，第441页。

② 瓦萨利，第9卷，第34页以下，《蓬特尔摩传》记述这种事情的最重要的一段。

③ 据西方古代神话，人类历史按顺序分成黄金时代、白银时代、黄铜时代、英雄时代和黑铁时代。黄金时代是农神（Saturn）统治的时代，人们无忧无虑，快乐幸福；白银时代是宙斯大神统治的时代，人们流于奢侈骄傲；黄铜时代是人们用战争来毁灭自己的时代；英雄时代是特洛伊战争时代；黑铁时代是人们陷于自私自利和繁重的苦役的时代。这里所说的人类的三个时代和世界的四个时代或与此有关。——译者

420 隶属的城市每年在向佛罗伦萨致敬时只是贡献象征性的礼物——贵重品和蜡烛。这时，商人行会建造了十辆凯旋车（以后又增加了一些），目的与其说是为了载运贡品不如说是更多地为了象征贡品，其中有几辆无疑地由安德烈·德尔·萨尔托作了精心的描绘。[①] 这些车子，不管是不是一向装载礼物或是战利品，这时构成了所有这一切庆祝典礼的一部分，即使遇到没有很多钱花在庆典上的时候也是这样。锡耶纳人在1477年宣布有他们自己参加的菲兰特和西克塔斯四世的联盟时，曾经驾着一辆凯旋车周游城内，车上站立着"一个扮作和平女神的人身披锁子甲和其他武器"。[②]

威尼斯的节日游行，不是在陆地上而是在水上举行，是非常绮丽豪华美妙动人的。在1491年，驾驶着半人半牛形的大船迎接费
421 拉拉的公主的情景（见边码411页）使人感到如处仙境。[③] 无数的船只扎着花彩，满载着这个城市里边的服装华丽的青年在前边引导；许多带有标志、象征着各种神灵的仙人挂在机械装置上边在空中浮游；下边另有分组站立的半人半鱼形的海神和仙女；乐声在空中飘荡，香气氤氲、锦旗迎风招展。大船的后边紧跟着成群的各种各样的船只，使人们在方圆一英里（八个斯达底亚）之内看不见水面。关于其余的节日演出，除了上边提到过的哑剧外，我们还可以

① 瓦萨利，第8卷，246页《安德烈·萨尔托传》。〔安德烈·德尔·萨尔托（Andrea del Sarto，1486—1531年）是佛罗伦萨大画家，以壁画和大型画著名。他的作品采用的多系宗教上的主题。——译者〕

② 阿来格雷托，载木拉托里：《意大利史料集成》第33卷，第783栏。一个车轮断了，被看作是不祥之兆。

③ 安东尼奥·萨伯利科：《书信集》第3卷，致安东尼奥·巴尔巴瓦洛书。他说："在上宾到来的时候，给那只船披黄挂紫是这个城市的旧风气。"

看到一种新节目，一种由五十个健壮的少女组成的划船比赛。在十六世纪，贵族们为了这种节日演出的目的分成许多团体，[①]它们的最值得注意的一件特制品是装在船上的一种特殊的机械。所以，例如在1541年的“永生节”庆典上，一个圆形的“大宇宙”沿着大运河飘游，并在那里边举行了一次辉煌的跳舞会。这个城市的狂欢节也以它的各种舞蹈、游行和表演著名。圣马可广场不但有足够的地方可以举行比武，并且可以举行类乎大陆上常见的“凯 422
旋式”。在一次因签订和约而举行的庆祝会上，[②]那些虔诚的兄弟会各自参加了游行。在插着红色蜡烛的金烛台中间，在大群的乐师和拿着许多金碗和丰饶角杯的带着翅膀的儿童中间，可以看到一辆车子，诺亚和大卫一起坐在车上的宝座上；其次是阿比该[③]拉着一条骆驼，上面驮着许多珍品，还有载着政治群像的第二辆车子——“意大利”坐在“威尼斯”和“利古里亚”中间，后二者持着他们的盾徽，前者带有一只象征统一的鹳鸟，——高层上有三个象征性的女子，持着各联盟君主的武器。在这后边是一个巨大的天球，好像有星宿围绕着它。君主本人，或者不如说他们本人的代表，和他们的仆从以及他们的盾徽出现在其他凯旋车上（如果我们没有把作者的记录理解错的话）。[④] 在这些和其他一切同类的

① 桑索维诺：《威尼斯》，第151页以下。这些团体的名称如下：孔雀、焰火、永恒、王者、永世。文艺协会大约就是起源于这些团体。

② 大约1495年4月12日是教皇与皇帝缔和的庆典。参看安东尼奥·萨伯利科：《书信集》第5卷，第28页；致安东尼奥·巴尔巴瓦洛的最后一信。

③ 阿比该（Abigail）是恶人拿八的妻子。旧约撒母耳记上第二十五章载：拿八得罪大卫，阿比该带着礼物珍品向大卫求恕。拿八死后阿比该嫁给大卫为妻。——译者

④ “周围饰有盟国星宿的天球”以及“盟国君主各有自己肖像及其仆从，和雕刻很精巧的金属盾徽的五个装置”。

游行中也有音乐。

姑置这些大规模的胜利游行不谈，在十五世纪里，真正的狂欢节或者没有一个地方像在罗马这样具有丰富多彩的性质。[①] 有赛马、赛驴、赛水牛，老年人、青年人、犹太人的赛跑等等各种赛跑。保罗二世在他所住的威尼斯宫前招待过群众。纳沃纳广场上的竞赛会节目，可能从古典时代以来就没有完全停止过，它们是以辉煌的尚武场面著名的。我们从书上得知有骑兵战斗演习和对全体武装公民的检阅。关于面具的使用有最大的自由，往往被允许继续好几个月。[②] 西克塔斯四世在城内人烟最稠密的地方——在坎波费奥里和班奇附近——冒险在大群的化装演员中间通过，虽然他拒绝在梵蒂冈把他们当作客人来接见。在英诺森八世时代，已经出现在枢机主教中间的歪风邪气达到了高潮。在 1491 年的狂欢节上，他们互送载满了华丽的化装演员、歌手和小丑的凯旋车，他们吟诵着一些可耻的诗句，由骑在马上的人伴送。[③] 除狂欢节外，罗马人似乎是首先发现盛大的火炬游行的风趣的。当庇护二世在 1459 年参加曼图亚宗教会议归来的时候，[④]人们以一队持着火炬

① 茵菲苏拉，载埃卡尔，《史家集》第 2 卷，第 1093、2000 栏。米歇尔·卡尼西乌斯《保罗二世传》，载木拉托里：《意大利史料集成》第 3 卷，第 2 章，第 1012 栏；普拉提那《教皇传》第 318 页。伏尔泰拉，载木拉托里，第 13 卷，第 163、194 栏；保罗·乔维奥：《语录》，优里亚诺·盖萨利诺条下。其他地方也有女子赛跑，《费拉拉日记》，载木拉托里，第 24 卷，第 384 栏；参看格累哥罗维乌斯，第 6 卷，第 690 页以下；第 7 卷，第 219、616 页以下。

② 在亚历山大六世做教皇时，有一次从十月持续到第二年封斋期。关于露克瑞佳·波几亚的婚礼，见托塔马索，前引书，322 页。

③ 巴律斯：《杂纂》第 4 卷，第 517 页；参看格累哥罗维乌斯，第 7 卷，288 页以下。

④ 《庇护二世回忆录》，第 4 卷，第 211 页。

的骑兵对他前呼后拥，并在他的宫城前像火龙般地绕场游行。但西克塔斯四世在人民提议手执火炬和橄榄枝来晋谒时，他却认为最好是拒绝人民的夜间拜访。[1]

但佛罗伦萨的狂欢节在某些游行仪式上是胜过罗马的；它们 424
甚至在文学作品上留下了印记。[2] 在一大群步行的和骑马的化装人物中间，出现了一辆巨大的奇异的凯旋车，车上有一个含有寓意的人物或一组带有自己的附属品的群像；如一个头上长着四幅惊人的面孔的妒忌之神；四种“气质”和属于它们的星宿；三个命运之神[3]；智虑之神高居在宝座上，“希望”和“恐惧”被缚在她的脚下；还有四行之神、时代之神、风神和季节之神等等；还有载着那打开不久的棺材的有名的死神之车，有时也有古典神话上的美丽的场面，巴考斯和阿丽亚德娜、巴利斯和海伦以及其他神话中的人物等等。或者另外有构成单独一种或一类的合唱队的人物形象，如乞丐、猎人和仙女、生前是硬心肠的女人的亡灵、隐士、星象家、流浪者、魔鬼、出卖各种货物的商人乃至在歌声中竞相诽谤的“人民”。现在仍然留传下来并被收集起来的这些歌曲，有时用一种感伤的，有时用一种滑稽的，有时用一种极端下流的口吻来解释那 425

① 南提波托，载木拉托里，第 3 卷，第 2 章，第 1080 栏。因为他缔结了一项和约，他们想去感谢他，但发现宫廷的门全都关闭着，而所有空地都布满了军队。

② “一切行列、车辆都化装吧，狂欢节之歌呀。”（《世界之都》，1750 年）马基雅维里：《短篇集》，第 505 页；瓦萨利，第 7 卷，115 页以下；《柯西莫传》。这些庆祝活动的发展，主要起作用的是他。参看卢斯第 12 页以下及拉蒙特：《洛伦佐》第 2 卷，第 443 页以下。其中收集了一些说明狂欢节不久就被取缔了的史料，见同书第 2 章，第 24 页。

③ 按照希腊神话，有三个命运女神：一个纺着人们的生命之线；一个决定这根线的长短；一个剪断这根线。罗马人把这些女神总称为巴尔加，分别称为诺纳、狄可玛和莫尔达。——译者

个化装表演。这一方面的最坏的歌曲被认为是“豪华者”洛伦佐所作,大概是因为真正的作者不敢大胆地宣布他的名字。尽管如此,我们还是必须把为巴考斯和阿丽亚德娜的假面戏伴奏的美丽歌曲归之于这位作者,这个歌曲的叠词从十五世纪以来就一直在我们的耳边回响,像在惋惜文艺复兴本身的匆匆逝去,繁华衰歇:

青春是多么美丽啊,
但是,留不住这逝水年华!
得欢乐时且欢乐吧,
谁知明天有没有这闲暇。

第六篇　道德与宗教 426

第一章　道德

关于世界上各民族如何对待人生的最高目的、上帝、美德以及永生不朽的问题，人们可以研究到某种程度，但绝不能对它们作绝对的严密和准确的比较。我们在这些问题上的证明似乎显得越清楚，我们就必须越发谨慎，以免做出不适当的假定和草率的判断。

当涉及我们对于道德问题的判断时，这句话更是特别正确的。要指出在不同的民族中间的许多对比和细微的差别或许是可能的，但要想对它们做一个整体的比较而定出孰优孰劣，我们人类还没有这种洞察力。关于一个民族的性格、道德心和罪恶的最后的真实情况永远是一个秘密；只要是谈到一个民族除了缺点还有另外一面，作为特点甚至作为美德而重现这一理由就是如此。对于那些喜欢对整个民族做全面谴责的人们我们可以不管。欧洲各民族能够互相虐待，但幸而没有互相审判。一个以它的文明，它的成就和它的命运与现代世界的整个生活交织在一起的伟大民族，是能够把它的拥护者和它的攻击者置之不理的。有没有理论家的赞同它也能照样生存下去。

因此，这下边所谈的不是判断，而是若干年来研究意大利文艺复兴心得的一系列旁注。它们的价值却更受到限制,因为大部分涉及的是上层阶级的生活,关于这种生活我们在意大利远比在那个时代的欧洲任何其他国家所知道的都更为详细。但是,荣名和丑行虽然在这里比在别处都更为突出,我们却并不能因此而对于意大利人民做出恰当的道德鉴定。

什么样的眼光能够看穿决定民族性格和命运的奥秘呢?能够看穿先天的才能和后天的经验交相构成一个新的整体和一个生机活泼的天性的奥秘呢?能够看穿即使是初看来会认为是最新颖的那些聪明才智,事实上却发展得晚而缓慢的奥秘呢?谁能说出,十三世纪以前的意大利人是不是在他的整个存在中具有后来为他所特有的那种变通如意的活动性和确实性——那种能够用语言或形
427 式来体现他所处理的任何东西的能力呢?如果对于这些问题找不到答案,我们怎么有可能判断那些无数的和无限曲折的道路呢?通过这些道路,性格和智慧是不断地互相发生着影响的。我们每个人都有一个法庭,它的声音就是我们的道德心;但是对于民族来说,还是让我们收起这些概括性的论断吧。一个看来已经病入膏肓的民族也许一治即愈,而一个看来很健康的民族,也许在它的内部带有已经成熟了的死亡病菌,只要危险时刻一到,它们就会从隐藏的地方冒出来。

在十六世纪初,当文艺复兴时期的文化已经达到了最高峰,而同时这个民族的政治上的衰败看来已经不可避免的时候,有些严肃认真的思想家已经看到了这种衰败和流行的道德堕落之间的关系。一个循规蹈矩的道德家在每一个时代里都认为自己有责任来

反对当时的邪恶行为；但并不是这样一个道德家，而是马基雅维里，在他的一部考虑最周密的著作里[①]公开地说：“我们意大利人较之其他国家的人更不信奉宗教，更腐败。”另外一个人大概曾经这样说过：“我们在个性上已经得到了高度的发展；我们已经突破了我们在未发展的情况下看来很自然的道德的和宗教的限制；我们轻视外部法律，因为我们的统治者不是正统合法的，而他们的法官和官吏都是坏人。”马基雅维里补充说：“因为教会和它的代表们给我们树立了最坏的榜样。”

我们是不是也要补充说：“因为古代文化在这方面所发生的影响是不利的”呢？这种说法只能很有保留地被接受。对于人文主义者来说，它可能是正确的（见边码 272 页以下），特别是牵涉到他们生活的放纵方面。对于其余的人来说，它或者可以说有些接近于正确，那就是在他们熟悉了古代文化之后，他们以对于历史上伟大人物的崇拜代替了圣洁——基督教的生活理想（第二篇第三章）。所以我们能够理解：这很容易诱使他们把那些过错和恶行看作是无足重轻的事情，他们的英雄人物尽管有这些过错和恶行但仍是伟大的。他们自己或者没有意识到这一点，因为如果要求我们来引证任何关于这个问题的原则性的主张，我们仍不能不求助于像保罗·乔维奥那样的人文主义者。他原谅吉安加利佐·维斯康提的伪证罪，而吉安加利佐是通过这个伪证罪才能按照尤里乌斯·凯撒的榜样来建立一个帝国的。[②] 伟大的佛罗伦萨历史

① 《史论集》第 1 卷，第 12 章。又第 55 章：意大利较其他所有国家更堕落，其次是法兰西人和西班牙人。

② 保罗·乔维奥《名人传》，乔万尼·加利佐·维斯康提条。参见第 31 页以下。

家和政治家从来没有卑屈地援引旧例，而他们的行事和判断之所以看来具有古风，那是因为他们的政治生活的性质必然在他们身上培养起一种和古代文化有某种相似之点的思想方式。

尽管如此，但不能否认的是：意大利在十六世纪初已经发现它自己处于一种严重的道德危机中间就是最好的人也逃脱不掉的。

428 我们可以先简单地谈一谈在当时成为反对邪恶的坚强的堡垒的那种道德力量。那时有高度才能的人想要从荣誉感里找到它。这是一种道德心和利己主义的莫明其妙的混合物；它常常在一个无论是否由于自己的过错而失去了信仰、爱情和希望的近代人身上残存着。这种荣誉感和很多的自私自利和很大的邪恶不相矛盾，并且可能是可惊的幻想的牺牲者；尽管如此，但是，品性遭到破坏后所留下来的一切高贵成分可能还在它周围存在，并且从这个源泉还可以汲取新的力量。它已经在一个远比通常所认为的更为广泛的意义上，成了我们自己这个时代有教养的欧洲人心目中的一个对于行为的检验标准；许多仍然坚持宗教和道德的人们，在他们做出他们生命中最严重的决定时，是不自觉地为这种感情所支配着的。①

要说明古代的人怎样也以一种特殊的方式体验着这种感情，和以后在中世纪里，一种特殊的荣誉感怎样成为一个特殊阶级的标志，这不在本书的范围以内。我们也不能在这里和那些认为动力是道德心而不是荣誉的人们争论。如果真正是道德心，那的确

① 关于现代世界的荣誉感所起的作用，见普累沃斯特·巴拉多尔，《新法兰西》，第3卷，第2章。

是更好和更可贵的；但是，因为我们必须承认：即使我们的比较高尚的决心也是从“或多或少由于私欲而变得黯淡了的道德心”产生的，所以最好是用恰当的名字来称呼这个混合物。[①] 在论述这个时代的意大利人时，自然不一定能够很容易地把这种荣誉感和对于名誉的渴求区别开来，前者固然是易于转变成为后者的。但是这两种感情基本上还是不同的。

在这个问题上是并不缺少证人的。这里可以引用一个说话坦率的人的话以代表其余的人的意见。我们在最近出版的圭奇阿尔狄尼的《箴言》[②]里读到：

> “一个极端重视荣誉的人，在他所从事的一切事情上都能成功，因为他既不怕困难、危险，也不怕损失；我在我自己的身上发现是这样的，并且可以把它说出来和写出来，空虚而没有生气是那些没有荣誉感作为他们的动机的人们的事。”

有必要在这里附带说明的是：从我们所知道的关于这位作家的生活来看，他这里所说的只能是荣誉而不是名誉。关于这个问题，拉伯雷或者比任何意大利人都说得更清楚。我们的确并不是愿意在这里引用他的话。这个伟大的奇怪的法国人所给我们的关于文艺复兴的图画是既没有生气也是不美的，[③]但是他对于在德廉美修

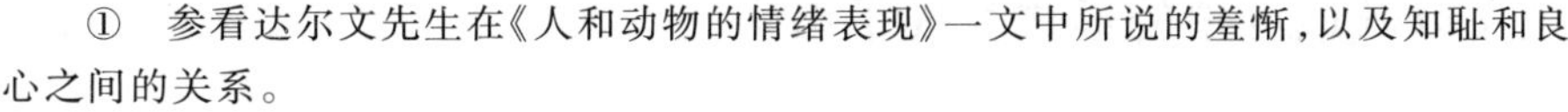

① 参看达尔文先生在《人和动物的情绪表现》一文中所说的羞惭，以及知耻和良心之间的关系。

② 圭奇阿尔狄尼：《政治民事回忆录》，第 118 号（《未刊文集》，第 1 卷）。

③ 和他最近似的作品是梅利努斯·科卡伊乌斯（泰费洛·弗伦哥）的著作。拉伯雷无疑熟悉他的《混淆体诗集》，他不止一次地引用过它（《庞大固律埃》，第 2 卷，第 1 和 7 章末尾）。可能是由于梅利努斯·科卡伊乌斯的推动，结果才产生了《庞大固律埃和卡冈都亚》这部作品。

道院里的一种理想情境的描写作为历史证据却是明确的。在谈到他的自由意志修道会的男女会员时,[①]他告诉我们下边这些话:

429 “他们的规则只有一条:你想做什么便做什么。因为自由的人们出身清白,[②]受过良好教育,惯于和良朋益友交谈,他们自有一种天生的本性,推动他趋向德行而远避邪恶,这种本性他们称为荣誉。”

正是对于人性善这同一的信仰,鼓舞了十八世纪后半期的人们,并有助于为法国大革命铺平了道路。在意大利人中间,每个人也都求助于他的内心的这种高贵的本能,虽然关于整个民族的——主要是由于民族灾难的结果——流行着一种更悲观的看法,但对于这种荣誉感的重要性仍必须予以高度的估计。如果比个人意志更强的个性的无限发展是历史的命定的产物,那么当时在意大利出现的那个相反的力量也不见得不是这样的。我们说不出来,它究竟战胜了多少次和战胜了什么样的自私自利的感情的冲动,所以没有一种人类的判断力能够准确地估计出这个民族的绝对道德价值。

在判断这个时代的更高地发展了的意大利人的道德时,想象力是一种我们必须经常考虑在内的力量。它给他们的美德和恶行涂上了一层特殊的色彩,并在它的影响下,他们的没有拘束的利己主义以其最可怕的形式表现了出来。

---

① 《卡冈都亚》,第 1 卷,第 57 章。

② 指此字的更高意义,出身清白而言,因为奇农的旅馆老板的儿子拉伯雷没有理由在这里赋予贵族以优先的地位。修道院院门前碑文上所述对于福音的说教和院中人生活的某些方面不相调和,应该从反面去理解为含有向罗马教皇挑战的意思。

例如，他们的想象力说明了他们是近代第一批大规模的赌博者这样一个事实。未来的富裕和享受的图景以如此逼真的色彩出现在他们的眼前，使得他们准备冒一切危险去获得它们。如果不是古兰经从一开始就把禁止赌博定为公共道德的一项主要保障，并把它的信徒的想象力导向于寻求埋藏着的珍宝。穆斯林民族无疑地将在这方面走在他的前边。在意大利，赌博的欲念达到了一种常常威胁或完全破坏一个赌徒的生存的强烈程度。在十四世纪末，佛罗伦萨已经有了它的卡萨诺瓦式人物①——一个叫布纳科尔索·彼蒂的，②他在他作为商人、政治代表、外交家和职业赌徒的接连不断旅行当中，输赢的数目是如此之大，除了像布拉班特、巴伐利亚和萨瓦公爵那样的君主外，没有人能够和他对抗。那个被称为“罗马宫廷”的大摇彩银行使人民习惯于需要一种刺激，而这是可以从一次欺诈与另一次欺诈的间歇中间的冒险的赌博上得到满足的。例如，我们读到弗兰切斯克托·奇博怎样在和枢机主教拉斐尔·利阿里奥的两次大赌博中输掉了不下于一万四千个金币之多，和他以后怎样向教皇诉苦，说他的对手欺骗了他。③ 意大利从那时起就是摇彩的发源地。

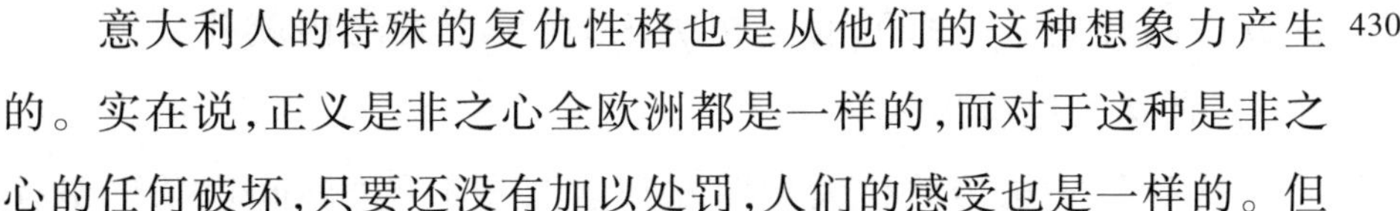

意大利人的特殊的复仇性格也是从他们的这种想象力产生 430
的。实在说，正义是非之心全欧洲都是一样的，而对于这种是非之心的任何破坏，只要还没有加以处罚，人们的感受也是一样的。但

① 卡萨诺瓦是十八世纪威尼斯的冒险家。——译者

② 见他的日记摘录，载德雷克律斯：《佛罗伦萨及其变迁》一书第2卷中。

③ 见茵菲苏拉，载埃卡尔：《史家集》第2卷，第1992栏。关于弗兰切斯克托·奇博，见本书第126页。

是,其他民族虽然对于这一点不容易加以原谅,却也容易忘记;而意大利人的想象力则把受伤害、侮辱的情景记得一清二楚。[①] 按照一般的道德,血的复仇是一种责任——常常用一种使我们感到战栗的方法来完成的责任——这一事实给这种感情提供了一个特殊的和更为坚固的基础。政府和法庭承认它的存在,并证明是正当的,而只是试图把它保持在某种限度内。即使在农民中间,我们也读到过人肉宴和关于最大规模的互相暗杀的记载。让我们看一个例子[②]:

在阿夸本登特地区,三个男孩子在放牛,其中的一个说:"让我们看一看人是怎么被绞死的。"于是第一个孩子坐在另一个孩子的肩上,第三个把绳子系在第一个孩子的脖子上,然后把那一端绑在了一棵橡树上,这时一只狼来了,那两个手脚自由的孩子跑开了,留下另外一个吊在树上。后来他们发现他死了,就把他埋掉了。到礼拜天,死者的父亲给他送面包来,两个孩子中的一个供认了所发生的事情,并把坟指点给他看。这个老人当即用一把刀子把这个孩子杀了,把他剖开,取走他的肝脏,并在家里用它来招待这个孩子的父亲。餐后,他告诉他那是谁的肝脏。于是在这两个家族中间开始了一系列的互相仇杀,在一个月之内就死了三十六个人,有女人也有男人。

这种父子相传并扩大到朋友和远亲身上的"族间仇杀",并不

① 斯汤达的这一论断(《帕尔马修道院》,得拉海伊版,335 页)在我看来,是根据深刻的心理观察而来的。

② 格拉齐亚诺:《佩鲁贾编年史》,1473 年条(载《历史文献》,第 16 卷,第 1 章,第 415 页)。

限于下层阶级，而且也遍及最上层阶级。这个时期的历史记载和小说故事中充满了这种例子，特别是关于因污辱了女人所引起的复仇。以这些仇杀闻名的地方是罗马尼阿，在那里“族间仇杀”是和种种能够想象得到的阴谋和党派之争交织在一起的。民间传说描绘出了这个勇敢而精力充沛的人民陷于野蛮状态的可怕的图景。例如：据说拉文纳的一个贵族把他所有的敌人都关在一个塔楼里，也许会把他们烧死；但是他不这样做而把他们放出来了，拥抱他们并盛宴招待他们；羞辱使他们发狂，因而阴谋反抗他。[①] 虔诚圣洁的修士们不断地劝人和解，但是他们所能做的只不过是把已发生的仇恨限制在某种程度之内；他们的影响很难阻止新的仇恨的发生。小说家们有时向我们描写宗教的效果——仁爱和宽恕的感情怎样突然被唤醒，可是接着一种一不做二不休的力量又使之归于无效了。教皇本人作为一个和事老也未必总是有效的。 431

> “教皇保罗二世希望安托尼奥·卡法尔雷洛和阿尔伯利诺家族之间的纷争停息，并命令乔万尼·阿尔伯利诺和安托尼奥·卡法尔雷洛来到他的面前，互相接吻，向他们约定，如果再起纷争就罚款二千金币；可是两天以后，安托尼奥就被乔万尼的儿子吉亚科莫·阿尔伯利诺刺杀，这个同一的吉亚科莫以前就曾一度伤害过他。教皇对此极为愤怒，没收了阿尔伯利诺的财产，毁掉了他的房子，并把父子二人从罗马驱逐出去。”[②]

和解了的敌人用来防止他们自己再度复仇的誓言和仪式有时是十分可怕的。当“新党”和“人民党”于 1494 年圣诞节晚上在锡耶纳

---

① 吉拉尔德：《故事百篇》，第一编，故事第 7 篇。

② 茵菲苏拉，载埃卡尔：《史家集》第 2 卷，1892 栏，1464 年条下。

的教堂里，[①]两个两个地见面互相接吻时，宣读了一项誓言，将来谁要是违犯了这个约定就不能及时得救，并永生不能得救——“一个前所未闻的惊人而可怕的誓言”。谁要是破坏了约定，死时宗教上的最后安慰对于他就成了诅咒。不过很显然，这种仪式与其说是提供任何真正的和平保障，不如说是代表着调停者的失望心情，因为真正的和解正是那种最不需要这种誓言的和解。

有教养的和地位高的意大利人所感到的这种个人复仇的必要，是建立在一个相类似的民间习惯的坚实基础之上的；如同在小说家们的作品中所反映的，[②]它自然会以无数的不同的面貌来表现出来，并得到舆论无条件的赞同。大家一致公认的是：当意大利的法律对于某些伤害和侮辱不能予以纠正，尤其当人类还没有适当规定的法律来对付这种伤害和侮辱的时候，每一个人就可以自由掌握法律。只不过是复仇必须有一种艺术，而赎偿必须包括给犯罪者以物质损害和精神侮辱。一般舆论不满足于仅仅是一种残暴的笨拙的武力上的胜利。整个的人包括他的名誉感和对侮辱的认识都必须是胜利的，不仅仅是他的拳头上的胜利。

诚然，那个时代的意大利人为了达到他们的目的是不怕弄虚作假的，但是在原则问题上，他们却不肯假冒伪善。在这些问题上，他们既不想欺骗自己也不想欺骗别人。因此，复仇被充分坦率地宣布为人性的需要。头脑冷静的人宣称：最值得称赞的是那种

---

① 阿来格雷托：《锡耶纳日记》，收入木拉托里，第23卷，第837栏。宣誓时，阿来格雷托亲自在场，他毫不怀疑誓言的效力。

② 将复仇委托给上帝的人们受到普尔奇的嘲笑。见《摩尔根特》，第21首，第83节以下，第104页以下。

不受感情支配而只根据有利与否来行动，“以使别人懂得不要伤害我们”的那种复仇。[①] 但是，这种情形和那些感情用事的复仇比起来一定是仅占一个很小的少数。这种复仇显然不同于我们已经说过的那种血的复仇；后者或多或少地限制在报复——“同态报复权”——的范围之内，前者必然要越出这个范围，不仅要求正义 432
感的支持，而且渴望得到称赞，甚至努力做到使自己能反笑对方。

这就是为什么人们愿意为了复仇而长久等待的理由。一个“漂亮的仇杀”照例是要求机缘巧合的，因此就有必要来耐心地等待。小说家们以衷心的喜悦来描写这种时机的逐渐成熟。

在原告和法官是同一个人的情形下是没有必要来讨论行为的道德和不道德的问题的。如果这种意大利的复仇的渴望终于可以得到辩解的话，那就必须证明有一种和它相应的民族美德即感恩心情的存在。同样的想象力既能够把过去所受的伤害保存在心中并加以夸大，也会把所受到的恩惠保持在记忆里而永不忘记。[②] 但是，就整个民族来说，我们不能证实这一点，虽然在今天的意大利性格中我们可以看到它的痕迹。下层阶级对于宽厚的待遇所表示的感激，和上层阶级总想起社交生活中的温文有礼就是这种例证。

这种意大利人的想象力和道德品质之间的关系是不断地重复出现的。不过，如果我们看到：遇到北方人更多地受着冲动支配的那些情况意大利人却能更冷静予以考虑，其原因是个人发展在意大利不仅更突出和在时间上较早，而且也是更常见得多的。如果

---

① 圭奇阿尔狄尼：《政治民事回忆录》，第 74 号。

② 加尔达诺就这样把自己描绘成一心想报复而又“真诚不欺，重恩嗜义的人”。（《自传》第 13 章）

其他国家也是这种情形,其结果也必相类似。例如:我们看到,青年人很早就从家庭和父亲的权威中解放出来这种情形,在北美和在意大利都是一样的。以后,在更为宽容大度的人们身上,父母子女之间产生了一种较为自由的慈爱的关系。

事实上,要想在性格和感情的领域里对其他民族做出公平的判断,那是一件极端困难的事情。在这些方面,一个民族可能已经高度发展,但是它的发展方式却是如此地陌生,以至于一个外国人对它完全不能理解。一切西方民族在这一点上或许是同样赞成的。

但是,想象力对于道德曾经发生最有力的和最强烈的影响的地方是在两性的私通上。人们都知道,在梅毒出现以前,娼妓在中世纪是一种自由的职业。不过,关于这些问题的讨论并不属于我们本书的范围。看来这个时期的意大利的一个特点的是:在这里婚姻和它的权利比任何其他地方都更常常地和更有意识地遭到践踏。上层阶级的女孩子们是被谨慎地隔离开的,关于她们我们不谈。一切激情都被用在已婚妇女的身上。

在这些情况下,值得注意的是:就我们所知道的而言,结婚成家的数目并没有减少,而家庭生活也并没有经历北方那种在同样的情况下必将产生的解体。男人希望生活随便,但绝不是放弃家庭,甚至当他们不能肯定家庭是不是全都属于他们自己所有时也
433 不例外。这个种族无论在体质上或者在精神上也并没有因此而堕落;至于那在十六世纪中叶左右出现的智力上明显的衰退自然是可以用政治上的和宗教上的理由来解释的,即使我们不认为文艺

复兴可能达到的那些成就已经圆满完成。意大利人，尽管他们过的是一种放纵的生活，仍然在体格上和在精神上是欧洲的一个最健康的和最有天赋的民族，[1]并且一直以进步的道德保持着这种地位到我们自己这个时代。

当我们更仔细地去研究文艺复兴时期的恋爱道德的时候，我们不能不为一个鲜明的对比而吃惊。小说家们和喜剧诗人们使我们了解到爱情只是在于肉欲的享受，而为了得到这个，一切手段，悲剧的或喜剧的，不仅是被允许的，而且是越厚颜无耻和越肆无忌惮地使人感兴趣。但是，如果我们转向于那些最好的抒情诗人和对话体作家，我们在他们的作品上又看到了一种最高贵的深挚纯洁的感情，它的最后的和最高的表现是人灵原来与神合一的这一古代信念的复活。两种感情都是真实的并且能够并存在同一个人

的身上。它不完全是一种光荣，但它是一个事实：在近代的一个有 434
教养的人身上，这种感情不仅能够不自觉地表现在它的最高的和最低的阶段，而且可以因此公开地乃至以艺术的手法表现出来。近代的人像古代的人一样，在这方面就是一个小天地，而中世纪的人则不是而且也不可能是这样。

先说一说小说家们所涉及的道德问题。他们主要是（如我们已经说过的）以已婚的妇女为对象，结果就谈到了男女私通的问题。

上文所提到的关于两性平等的意见（见第 389 页），对于这个

① 的确，当西班牙统治完全建立起来的时候，人口曾发生某种程度的减少，如果将这件事归之于人民道德败坏的结果，那么这种现象很早就应该产生。

问题是有重大关系的。那高度发展和有高度教养的妇女以一种北方国家所没听说过的自由来支配自己，而她的不忠实，只要不产生外部的后果，是并不以同样可怕的方式来破坏她的生活的。丈夫要求妻子忠实的权利并没有稳固的基础；这种基础在北方是通过爱情诗和求婚的热情和订婚来取得的。在和她的未来的丈夫认识了一个极短时期之后，这个年轻的妻子离开了修道院或者她父母的家庭，进入一个她的性格在那里开始迅速发展的世界。为了这个理由，丈夫的权利是有条件的，就是一个按照"回复权"的观点来看这些权利的人，也只是想到这个婚姻契约的表面条件而想不到爱情。一个老年人的年轻貌美的妻子，由于坚决保持她的荣誉，退回了一个青年爱人的礼物和书信。"但是，因为他是一个非常优秀的人物，所以她为这个青年人的爱情而高兴；她领会到：一个高贵的女人是可以爱一个优秀的男子而不失掉她的荣誉。"[①]但是从这种高贵的表现到完全屈服，中间的距离是很短的。

当丈夫那方面有不忠实的情形时，上述的完全屈服就不但是合适的而且也是有理由的。一个意识到自己的尊严的妇女，不仅感到这是一种痛苦，而且也是一种屈辱和欺骗，她常常以一种胸有成竹的十分冷静、清醒的态度，来着手于计划给她的丈夫以应得的报复。至于惩罚到什么程度才适合某一具体情况是由她的机敏来决定的。例如，最大的伤害，只要能够保住秘密，也可能为一个和解和以后的平和的生活铺平道路。当这种报复很巧妙地适合某一

① 吉拉尔德：《故事百篇》第三编，故事第 2 篇。同样笔调的记事，见《廷臣论》，第 3 卷，第 57 章。

具体情况，事实上，也就是成了一种艺术杰作，那些小说家们，或者是由于自己有这种经验或者是按照那个时代的精神虚构出来的，都得到了人们的赞美。当然，做丈夫的从来也没有真正承认这种报复的权利，他们只是由于畏惧或者谨慎才屈服。如果没有这些原因，如果妻子的不忠实使他们或者可能使他们遭到外人的耻笑时，事情就变成悲剧了，并且常常以凶杀或者其他暴烈的复仇做结束。不仅丈夫们，而且女方的父兄①也认为他们自己不仅有理由 435
并且有责任来复仇，这是产生这些事情的真正动机的特点。所以，嫉妒和这件事情并没有关系，道德的谴责关系也不大；真正的理由是要破坏别人的胜利。邦德罗说：②

> “今天，我们看到一个女人为了满足她的淫欲而毒死她的丈夫，以为做一个寡妇就可以为所欲为。另一个女人怕她的私情被发现，叫她的情人杀死她的丈夫。虽然做父兄和丈夫的都起来以毒药、刀剑和一切其他手段来消灭这种耻辱，但是妇女们却仍然继续听任她们的情欲的支配而不顾她们的荣誉和生命。”

另一次，他以较温和的口气感叹说：

> “惟愿我们不是每天被迫听到这样一些事情！一个男人因为怀疑他妻子的不贞而谋杀了她；另一个由于女儿秘密结婚而把她杀死；第三个因为他的姊妹不肯按照他的意旨结婚而使她遭到杀害。我们主张有权利来做我们列举的这些事情，但却不能容许女人们同样那么做，那是

① 1455年在佩鲁贾兄妹间所进行的一次骇人听闻的复仇事件，见于格拉齐亚诺的编年史中（《历史文献》，第16章，第629页）。兄强使情夫挖掉妹妹的眼睛，然后将他痛打驱逐。诚然，这个家庭是奥地家族的一支，而那情夫只不过是一个皮鞋匠。

② 邦德罗，第一编，故事第9和第26篇。听妻子忏悔的神父往往受丈夫的贿赂而泄露奸情。

非常残酷的。只要她们做出任何我们所不喜欢的事情，我们就立刻以绳子、刀子和毒药来对待。男人们认为他们自己和他们的家族的荣誉完全系于一个女人的欲念，该有多么愚蠢啊！”

这种事情的通常的悲剧结果是人所共知的，所以一个小说家把那个处在危险中的情郎看作为是一个死人，虽然他还活着并快乐地到处走动。那个医生兼琵琶演奏者，安托尼奥·博洛尼亚[①]曾经和阿拉戈纳家族的一个寡居的阿玛菲公爵夫人举行秘密结婚。不久以后，公爵夫人的弟兄把她和她的孩子们抓起来，并在一个城堡里把他们杀死。安托尼奥不知道他们的命运，仍然抱着和他们会见的希望。他住在米兰，受到了雇佣的刺客的严密监视。有一天，他在伊波丽塔·斯福查的交际宴会上，弹着他的琵琶唱着他的不幸的遭遇。斯福查家族的一个朋友，德利奥，“把上边的故事讲给斯奇庇安·阿特拉诺听，并说，他将把它当作一个小说的主题，因为他认定了安托尼奥必将被刺杀”。这次凶杀几乎是在德利奥和阿特拉诺的亲眼目睹之下发生的；邦德罗对于凶杀情况做了使人战栗的描写（参阅第一编故事第26篇）。

尽管如此，小说家们惯常对于可能和私通一起发生的一切巧妙的、滑稽的和有趣的情节表示一种同情。他们以一种喜爱的心情来描写一个情人怎样把他自己藏在房子里，以及一切用来和他的情妇通消息的手段和方法，那些使他能够藏身并脱险的铺着锦垫和装着点心的箱子。那个被欺骗了的丈夫有时被描写成为一个可笑的傻子，有时被描写成为一个顾全自己荣誉的杀人的复仇者；

① 见边码388页注④。

除了把那个女人描写成为一个邪恶残暴的人，而那个丈夫或情人则是一个无辜的牺牲者而外，没有第三种情况。但是，我们可以说这后一种故事严格说来并不是小说，而是从现实生活中取来的值得警惕的例子。①

当意大利生活在十六世纪里越来越多地受到西班牙的影响 436
时，由于妒忌而采取的手段也许比以前更为暴烈了。但是，这种新的情况必须和以前存在的、根据文艺复兴精神本身的对于不忠实的惩罚区别开。随着西班牙影响的衰退，这些极端的妒忌精神也减退了，直到十七世纪末前后完全绝迹，并为一种漠不关心的精神所代替，"小白脸"被看作是每一个贵族家庭的不可缺少的人物，对于一两个额外的情人，人们并不生气。

但是，谁能把所有这些事实中所包含的大量的不道德成分和其他国家所发生的事情作一个比较呢？例如，在十五世纪期间，婚姻关系在法国是不是真正比在意大利更为神圣呢？那些"韵文故事"和笑剧使我们对它怀疑，而且不如说使我们更易于认为不忠实是同样常见的事；虽然它的悲剧的后果比较不常见，但这是因为和意大利比起来，个人不是那样地得到发展，而他的权利也不是那样被自觉地认识到的。然而，有更多的对于日耳曼民族有利的证明在于，女孩子们和妇人们在他们中间享有社交自由的这一个事实；这种自由在英吉利和在荷兰给了意大利旅行者以一种非常愉快的印象（见第 394 页注）。不过，我们也不能过分重视这个事实。不忠实的事情无疑地是屡见不鲜的并且在某种情形下导致了

① 邦德罗，第一编，故事第 4 篇，有一个实例。

血腥的复仇。我们只要想起，那个时代的北方君主们在最初怀疑他们的妻子不贞时是怎样对付她们的就够了。

但是，犯了那个时代的意大利人难说出口的问题的不仅是肉欲，不仅是平常人的庸俗的色欲，而且也有最优秀的最高贵的人们的情欲；这不仅是因为没有结婚的女孩子们不在社交中出现，而且也是因为男子随着他自己的个性的全面发展，而感到自己被一个由于结婚而成熟了的妇女最强烈地吸引着。这些就是在抒情诗里弹着最高贵的调子的人，就是试图在他们的论文和对话里把他们的贪婪的情欲——“神圣的爱情”——塑成为一个理想的形象的人。当他们为爱神的残忍而诉苦时，他们不仅想到了那心爱的人的娇羞或冷酷，而且也想到了这种情欲本身的非法。他们企图以从柏拉图的精神学说里找到支持的那种精神恋爱来使他们自己超脱这种痛苦的意识，彼埃特罗·本波就是这种精神恋爱的最有名的代表。他自己在《阿苏拉尼》第三卷中提出了关于这个问题的看法，而卡斯蒂利昂借他的口发表了一篇漂亮的讲演词作为《廷臣论》第四卷的结束，因而也间接地提出了他的思想。这两位作家中哪一个在行为上也不是禁欲者，但是在那个时代，则多少可以说明：他既是一个名人又是一个好人，而这种称誉必定是和他们两个人相称的。他们的同时代人把他们所说的当作他们的感情的真实的表现，我们没有权利认为是矫揉造作而加以轻视。那些肯花工夫来研究《廷臣论》中那篇演讲的人将发现，只凭摘句则所能提出来的就只是多么可怜的一种印象。当时在意大利有几个著名的
437 妇女，她们的出名主要就是由于这一类的故事，如朱利亚·贡查加、维罗尼卡·科雷焦，尤其是维托利亚·科伦纳更是如此。荡子

和轻薄鬼的国土都尊敬这些女人和这种爱情——还能说出什么更多的有利于她们的话来呢？我们说不出来究竟虚荣和这件事有多大关系，以及维托利亚听到她周围那些意大利最有名的人物由于爱情的绝望而发为美妙动听的言辞，是如何的高兴。即使这样的事情在各处是流行的，但它对于维托利亚仍然是一个极大的赞颂，因为至少是她从来也没有落伍，并且在她的晚年还给人以最深刻的印象。很久以后其他国家才出现同样的事情。

这个民族的每一种激情的趋势都是强烈的，而用来满足这种激情的手段则常常是犯罪的，其所以如此的一般理由是，这个民族受想象力支配较任何其他民族为多。有强烈的情绪而无法控制是因为它是产生自性格软弱；但是在意大利我们所看到的却是由于强有力的性格的堕落。有时这种堕落采取一种非常庞大的形式，而犯罪看来到处存在。

人们所感觉得到的限制是很少的。甚至在最下层人民中间的每一个人都从内心里认为他自己已从国家及其警察力量的控制下解放了出来，国家本身要求受到尊敬的权利就是非法的，它自己就是建立在暴力的基础上的；而且没有人再相信法律的正义性。当发生了一件凶杀案时，在案情没有大白以前，人民的同情本能地是在凶手的那一边。[①] 一种在执行死刑以前和当时所表现的高傲英勇的姿态引起了人们如此的称赞，以至说故事的人竟忘记了告诉

① 吉拉尔德（第 3 编，故事第 10 篇）记：当妇女们听说这一罪行可能使凶犯被杀头时就说：惟愿他不被人发现。

我们这个罪犯是犯了什么罪而被处死的。[1] 在这种从内心里轻视法律和无数的怨愤与仇恨要求报复的情况之外，还有在政治动乱期间犯罪的免于处罚的情况；我们对于这个国家和社会的没有完全解体只有感到奇怪。这种危机发生在统治权从阿拉戈纳人向法兰西和西班牙人过渡时期的那不勒斯，和斯福查家族屡次被逐与复辟时期的米兰；在这种时期，那些在心里从来没有承认过法律和社会的拘束力的人就冒出来，并恣意地进行凶杀和掠夺。让我们看一看下层社会的情况以见一斑。

当米兰公国在 1480 年左右，继吉安加利佐·斯福查之死陷于
438 混乱之中时，各省城都失去了一切安全。帕尔马也同样是这种情况，[2]那里，米兰总督遭到了暗杀的威胁，在悬赏捕拿犯罪者无效之后，他答应打开监狱大门把最遭唾弃的罪犯释放出来。盗窃、破坏家宅、无耻的败德丧行、公开的行刺和凶杀，特别是凶杀犹太人，是每天发生的事情。最初，干这些事情的人还是偷偷摸摸地单独地和化装来搞，不久就成群结伙明火执仗地、每天夜里明目张胆地来做。恐吓信、讽刺诗和诽谤的戏谑到处传播；一首嘲笑政府的十四行诗似乎比这个城市的可怕情况引起了人们更大的愤怒。在许多教堂里边，圣爵连同圣体一起被窃走，这一事实说明了促成这些暴行的愤怒。很难断定：在世界上任何其他国家，如果政府和警察

① 例如乔维诺·庞达诺（《论勇敢》第 2 卷）就是这种情况，他作品里的英雄的阿斯科利人临刑前夜还载歌载舞，犯人的母亲（阿布鲁齐人），在儿子赴刑场途中还加以鼓励等等。这大概是绿林中人的事件，但作者忘了这一点，没有提到。

② 《帕尔马日记》，见木拉托里，第 22 卷，第 330 至 349 栏各处；十四行诗，第 340 栏。

已经不发生作用，但还以它们的存在来妨碍一个临时权威的建立时，将会发生什么样的事情，但当时在意大利所发生的事情却由于私人怨恨和复仇占很大成分而带有它自己的性质。的确，这一时期的意大利所给我们的印象是：即使是在平静时期，重大的犯罪也是比其他国家更为常见的。不错，我们也可能由这样的一个事实而产生误解；那就是关于这些事情，我们所知道的这个地方的详情比其他地方的多得多，给真正的犯罪以一种特殊的性质的那种想象力，虚构了许多其实是从来没有发生过的事情。其他地方的暴行事件或者不下于意大利。强大而富庶的德意志有它的强盗骑士、敲诈的乞丐和訑悍的马贼；我们难于肯定地说，在那里，在1500年，人们是不是更安全一些，生命是不是总得到了更好的保障。但是有一件事是肯定的：由职业的和雇佣的第三者来进行的预谋犯罪，在意大利则是骇人听闻地频频发生的事情。

就抢劫来说，意大利，特别是在像托斯卡纳那样一些较幸运的省份里，肯定并不比北方国家受到更多的骚扰（也许受到的更少一些）。但是我们所遇到的那些人物却是这个国家所特有的。例如：我们在其他地方很难遇到这样的例子，一个教士，他逐渐被情欲驱使到做尽坏事，直到最后成为一群土匪头目。这是那个时代所给我们的许多例子当中的一个。[①] 1495年8月12日，费加罗洛的唐·尼科洛·佩莱加蒂教士被关进费拉拉的圣朱利阿诺钟楼外边的一个铁笼里。他曾经举行过两次开台弥撒，在举行第一次开

① 《费拉拉日记》，（载木拉托里，第24卷，第312栏）使我们想起了以一名教士为首的一帮匪徒在1837年前的一段时候曾蹂躏伦巴第四部地区。

台弥撒的当天他就犯了杀人罪，但以后在罗马得到了赦免；后来他又杀了四个人，并娶了两个妻子，和她们旅行各地。他以后参加了
439 许多次行刺，强奸妇女，把其他妇女抢走，大规模地抢劫和率领一队武装党徒横行费拉拉地区，用种种暴力打家劫舍。当我们想到这一切所包含的意思时，我们不能不感到这个人的滔天罪恶是有些骇人听闻的。教士和僧侣们有许多特权，很少受到监督，在他们中间无疑地有许多杀人犯和坏人——但是很难有第二个佩莱加蒂。毁了一生的人物，为了逃避法网，隐身于教士中间，像马苏奇奥在那不勒斯的一个修道院所认识的那个海盗一样，[①]那是另外一回事，虽然并不可信。关于教皇约翰二十三在这方面的真实情况我们还不能确知。[②]

有名的强盗领袖的时代一直到后来在十七世纪里，当圭尔夫派和吉伯林派以及法兰西人和西班牙人的政治斗争不再搅乱这个国家时才开始。这时强盗取代了党派。

在意大利的某些文化落后的地区，乡村人民会谋杀任何一个落在他们手里的外邦人。特别是在那不勒斯王国较偏远的部分更是如此；在那里，这种野蛮风俗大概起源于罗马的“大庄园”时代，当时是真正把外邦人和敌人（外来客和外敌）看作为是同样的人

① 马苏奇奥，故事第 29 篇。当然，这个人在“一些男女关系”方面也是侥幸成功的。

② 如果他曾作为海盗出现在安茹两个家系间争夺那不勒斯的战斗中，那他可能是作为一个政治党派人士这样做过。这件事在当时看来，并不含有什么耻辱。热那亚的保罗·弗雷哥索大主教在十五世纪后半期大概擅自做了同样多甚或更多的这类事情。当时和以后的作家们如阿雷提诺和波吉奥曾记载过约翰的许多更坏的事。格累哥罗维乌斯，第 6 卷，第 600 页。

的。这些人远不是不信宗教。一个牧人有一次在忏悔室里表现了极大的痛苦,承认在四旬斋期间做干酪时有几滴牛奶进入他的口中。那个听忏悔的神父深知这个地方的习惯,所以在他的追问过程中发现这个忏悔者和他的朋友常常抢劫和谋杀旅客,但是由于习惯的力量,这种风俗并不使他们感到良心的苛责。[1] 我们已经提到过(见第 348 页注),在政治混乱时期,其他地方的农民能够堕落到什么样的野蛮程度。

那个时代在道德上比抢劫更坏的一种现象是频频发生雇人行刺的事件。在这方面,一般认为那不勒斯居于意大利各城市的首位。庞达诺说[2]:"在这里没有比人命更不值钱的了。"但是,在其他地方也能看到一系列这种可怕的犯罪。自然,我们是很难按照促使他们这样做的动机来对这些事件加以分类的,因为政治目的、私人恨怨、党派纷争、恐惧、复仇,都互相交织在一起。在佛罗伦萨人这个意大利的最高度发展了的人民中间,这种犯罪和任何其他地方比起来都发生得较少[3],这对他们来说是一个不小的荣誉。这或许是因为对于合法的控诉有一种大家公认的现成的法律,或者是因为个人的高度文化使他对于人们有没有权利干涉注定了的命运持一种不同的见解。只有在佛罗伦萨,人们才能够认识到流 440

① 波吉奥《滑稽集》,第 164 页。今天凡熟悉那不勒斯的人可能都听说过同样可笑的事,虽然它们是些关于人生另外一方面的事情。

② 乔维诺·庞达诺著《安托尼奥》:"在那不勒斯没有比人命更不值钱的了。"诚然,他认为安茹王朝时并不是这样。"我们从他们(阿拉戈纳家族)那里接受了刀剑",1534 年前后的事态,本文努托·切利尼,第 1 卷,第 70 页,曾加以记述。

③ 这件事的绝对证据无从提供,但只有少数谋杀事件是有史可稽的。佛罗伦萨全盛时代的作家们的想象力并没有充满对这类事件的怀疑。

血行为的难以估量的后果，理解到一件所谓有利的犯罪其真正和最后所得对犯罪者是如何不可靠，在佛罗伦萨的自由丧失以后，行刺，特别是雇人行刺，似乎是很快地增加了起来，并且一直继续到柯西莫一世，政府势力强大到足以使警察最后能够镇压它的时候。①

在意大利的其他地方，雇佣犯罪的是否常见大概是以有势力而出得起钱的雇主的数目的多寡为转移的。虽然不可能对它们的次数做出任何统计的估计，但只要公众所传由于暴力而造成的死亡中有一小部分是真正的谋杀，那么这种犯罪一定已经是惊人地常见的了。君主们和政府树立了最坏榜样，他们毫无顾忌地把谋杀当作维持他们政权的一种手段。而这还是不属于凯撒·波几亚那一类型的。斯福查家族的人们、阿拉戈纳的君主们、威尼斯共和国②和后来查理五世的代理人们，无论什么时候只要谋杀适合他们的目的，他们就采用这种手段。人民的想象力最后对于这类事实是已很习以为常，以至于很少或者从来不认为任何大人物的死亡是由于自然的原因。③ 关于各种毒药的效力自然流行着一种可笑的观念。关于波几亚父子所用的在一定时期以后就发生效力的那种可怕的白色粉末的故事（见第 132 页），可能有一些真实的地

① 关于这一点，见菲德利的报告，载阿尔伯蒂《报告集》第 2 辑，第 1 卷，第 353 页以下。

② 布罗什（《历史杂志》，第 27 卷，第 295 页以下）从威尼斯的档案中收集了议会通过的毒杀苏丹（1471—1504 年）的五项建议，并收集了关于计划谋杀查理八世（1495 年）的证据材料，以及指示在法恩扎的地方官将凯撒·波几亚处死的那道命令（1504 年）。

③ 〔盖格尔博士对这个问题加上了几项猜测性的说明和考证。可以说，我认为现在一般都以为没有什么根据的毒害嫌疑，当时在意大利的某些地方往往是指不能立即说明致死原因的那种毙命而言的。——英译者〕

方，而萨勒尔诺的君主交给阿拉戈纳的枢机主教的也可能真是一种“缓效性的毒药”。他在交付时说：“几天以内你就要死了，因为你的父亲菲兰特国王想要蹂躏我们所有的人。”[1]但是，卡特丽娜·利阿里奥送给教皇亚历山大六世的涂毒药的信[2]即使他曾经读了它也不会使他死亡的；而当大阿尔方索的医生们警告他不要读柯西莫·美第奇赠送给他的那部李维的著作时，他很公正地告诉他们不要说傻话。[3] 皮奇尼诺的秘书想要涂抹在教皇庇护二世的肩舆上的那种毒药[4]除了引起心理上不安以外，并没有影响到任何器官。矿物质和植物质的毒药究竟彼此是个什么比例是不能准确肯定的。画家卢索·费奥兰提诺用来自杀的毒药（1541 年） 441
显然是一种烈性的酸类，[5]它是不可能用在另一个人身上而不被

① 茵菲苏拉，载埃卡尔：《史家集》，第 2 卷，第 1956 栏。

② 《威尼斯编年史》，载木拉托里，第 24 卷，第 131 栏。关于意大利的毒药术，人们认为在北方各国有一些更加惊人的东西。关于都拉索国王查理雇佣的毒杀者的刺针，谁要是目不转睛地望着它谁就会死去，见朱维那尔·德·厄辛，1382 年条。（彪盛版，336 页）

③ 彼得罗·克利尼图斯：《论正道》，第 18 卷，第 9 章。

④ 《庇护二世回忆录》，第 11 卷，第 562 页。康帕纳斯：《庇护二世传》，载木拉托里，第 3 卷，第 2 章，第 988 栏。

⑤ 瓦萨利，第 9 章，第 82 页，《卢索传》。至于不幸的婚姻是否有过更多实际的或可以想象的毒害事例，那是很难说的。参见邦德罗，第二编，故事第 5 篇和第 54 篇；第二编，第 40 篇，情况比较严重。在伦巴第西部的同一城市里（城名不详），有两个毒杀者。一个丈夫想要查明妻子的绝望是否真实，使她喝了她以为是毒药，实际是带色的水，于是他们就和好了。单在加尔达诺的家庭里，就发生过四起毒杀事件（《自传》，第 30 章，第 50 页）。甚至在教皇加冕的宴会中，每个枢机主教都要随身带着自己的侍者和自家的酒，“大约是因为他们从经验中得知，如果不这样做，就会有被毒死的危险”。这种风气在罗马很普遍，客人这样做“并不伤害主人的面子”。奥尔提《阿德里安六世游记》，载巴律斯《杂纂》，菩西版，第 1 卷，第 380 页。

察觉的。有势力的人秘密使用武器，特别是使用匕首，在米兰、那不勒斯和其他城市是常见的。大人物为了个人的安全有必要豢养成群的武装门客，这些人每天无所事事，所以时常爆发杀人的狂热是很自然的。如果不是主人懂得他只须向他的这一个或那一个从者略一示意即可杀人，许多恐怖事件一定永远不会发生。

在那些用来秘密毁灭别人的手段当中，——即就有这种打算而言——我们看到了一种妖术①，虽然使用它的并不多。当我们说到"巫术"、"卜术"等等时，它们毋宁说是被看作为在某一个可恨的敌人头上增加更多的恐怖的一种手段。在十四世纪和十五世纪的法兰西和英格兰的宫廷里，想要致敌人于死命而使用的妖术，和在意大利比起来，占有远为重要的地位。

最后，在这个每一种个性都达到高度发展的国家里边，我们看到了那种标准的绝对的不道德的例子，喜欢为犯罪而犯罪，而不是把犯罪作为达到一个目的的手段，或者无论如何把它作为达到我们所想不到的那些目的的手段。

在这些可怕的人物当中，我们可以首先注意某几个"雇佣兵队长"，②如布拉乔·达蒙托纳、提伯尔托·布兰德利诺和那个维尔纳·冯·乌尔斯林根。乌尔斯林根的银铠甲上刻着这样的字：

---

① 对费拉拉的列奥那洛所使用的妖术，见《费拉拉日记》，载木拉托里，第24卷，第194栏，1445年条。当广场上对一个在许多方面都是品质恶劣的名叫伯纳托的罪犯宣判的时候，空中响起了一阵喧嚣，地也震动了，许多人逃跑或跌在地上，这件事的发生是由于伯纳托的"念咒求魔"。圭奇阿尔狄尼（第1卷）所谈到的鲁德维科·摩尔对他侄子吉安加利佐施行的邪法，是由他自己负责的。关于妖术见下面第四章。

② 如果埃兹利诺·罗曼诺的行事不是受到求名的动机和星相术的妄想的支配，那么可能把他放在第一位。

"上帝、怜悯和慈悲的敌人。"这一类人物给我们提供了某些有意识地拒绝种种道德约束的罪犯的最早例证。但是,他们的罪行的最恶劣部分——按照记载这些罪行的人们的估计——在于无视精神威胁和惩罚,而由于这个事实人们就觉得他们周围有一种恐怖的气氛,当我们记起这一点时,我们在对他们的判断上将采取一种更为保留的态度。具体到布拉乔,他对于教会的仇恨是如此之深,以至于一看见僧侣们唱赞美诗就发怒,并且曾经从一个钟楼顶上
把他们扔下来;[1]但是同时,"他却忠实于他的士兵并且是一个伟 442
大的将军。"照例,雇佣兵队长的犯罪都是为了某种一定的利益,并且必定是由于使人们必然道德败坏的处境。甚至他们显然没有代价的残忍一般也都有一个目的,即使它仅仅是为了引起恐怖。阿拉戈纳家族的野蛮,如我们所已经看到的,主要是由于畏惧和复仇的欲望。西班牙人凯撒·波几亚的例子最清楚地说明了为嗜好杀人流血而杀人流血和穷凶极恶地喜欢破坏的情况,他的残暴和他所抱的目的比起来自然是不成比例的(见边码第132页以下)。在里米尼的暴君,西吉斯蒙多·马拉泰斯达的身上(见第50、235页),我们也可以发现同样的没有目的的喜欢作恶。不仅是罗马的法庭,[2]而且是历史的判决,就宣布他不是一次而是常常地犯凶杀、强奸、通奸、乱伦、亵渎神物、伪证和叛逆等罪。他违反天性地

① 《那不勒斯日记》,见木拉托里,第21卷,1092栏,1435年条下。根据记述,这种罪行似乎由于纯粹以残忍为乐而犯下的。的确,布拉乔既不信仰上帝,也不信仰圣徒。他对教会的规章礼仪一概加以藐视和置之度外。

② 《庇护二世回忆录》,第7卷,第338页。

企图杀害他自己的儿子罗伯托，但因为他儿子拔刀反抗而遭到挫败，[①]这一最使人毛骨悚然的罪行可能不仅是道德堕落的结果，而且或许也是对某种妖术和占星学迷信的结果。教皇保罗三世的儿子，帕尔马的彼埃路吉·法尔纳斯曾经以同样的猜想来说明法诺主教的强奸罪。[②]

要是我们现在试图概括一下那个时代的意大利性格的主要特点，如我们从研究上层阶级的生活中所知道的，我们将得到如下的一些结果。这种性格的根本缺陷同时也就是构成它的伟大的一种条件，那就是极端个人主义。个人首先从内心里摆脱了一个国家的权威，这种权威事实上是专制的和非法的，而他所想的和所做的，不论是正确的还是错误的，在今天是称为叛逆罪。看到别人利己主义的胜利，驱使他用他自己的手来保卫他自己的权利。当他想要恢复他的内心的平衡时，由于他所进行的复仇，他坠入了魔鬼的手中。他的爱情大部分是为了满足欲望，转向于另外一个同样发展了的个性，就是说转向于他的邻人的妻子。在一切客观的事实、法律和无论哪一类约束面前，他保留着由他自己做主的感情，而在每一个个别事件上，则要看荣誉或利益、激情或算计、复仇或自制哪一个在他自己的心里占上风而独立地做出他的决定。

所以，如果说广义的和狭义的利己主义都同样是一切恶行的根源，那么更高度发展了的意大利人由于这个理由比起那个时代的其他民族的成员来是更趋向于不道德的。

① 乔维诺·庞达诺：《论残暴不仁》，第 17 章中记述马拉泰斯达如何使自己的亲生女儿妊娠等等。

② 瓦尔奇：《佛罗伦萨史》末尾。（在像米兰版那样未加删削的版本中）

但是，这种个人的发展并不是由于他自己的过错而发生在他 443
的身上，而是更多地由于一种历史的必然。这种发展并不是只发生在意大利人的身上，而且也发生在欧洲的其他民族身上，这主要由于意大利的文明的影响所使然，并且从那时起已经成了他们所呼吸的比较浓的空气。它本身无所谓好坏而只是一种必要的东西；在它的内部产生了善和恶的近代标准——一种道德上的责任感——这种标准和中世纪所熟知的根本不同。

但是，文艺复兴时期的意大利人必需经受一个新时代的第一次巨大的浪潮的冲击。由于他们的天赋才能和热情，他们成了他们那个时代一切高度和一切深度的最典型的代表。和极端的堕落一起出现了具有最崇高的谐和的人类个性和一种艺术光辉，这种光辉给人类生活罩上了一层光彩，而这种光彩是古代文化或中世纪精神所不能或不愿赐予的。

第二章　日常生活中的宗教 444

一个民族的道德是和它对于上帝的认识有着最密切的关系，也就是说，和它对于神统治世界的信仰是否坚定有着最密切的关系，无论这种信仰把这个世界看作为是注定幸福的或者是注定悲惨的和迅速消灭的。① 当时在意大利流行的不信宗教的风气是人所共知的，无论谁要是不惮其烦地去寻找证据，他会成百成百地找

① 在这一点上，感情是随着地区和民族的各异而有所不同的。文艺复兴盛行在倾向于尽情地享受生活的时期和城市里。十六世纪外国人称霸以后，开始出现那种深思的人们的普遍阴暗的心情。

到。我们现在在这里的任务，像在其他方面一样，是来区分和识别，避免做绝对的和最后的判断。

早期对于上帝的信仰是从基督教和基督教的外部象征，即教会，得到它的来源和主要支持的。当教会已经变得腐败时，人们应该划清界限，并无论如何保持住他们的宗教。但这说起来容易做起来却难。不是每一个民族都是十分冷静，或者十分迟钝来容忍原则和它的外部表现之间存在着一种持久的矛盾的。但是从历史的记载上看，腐败的教会担负着最重大的责任。它用最强暴的手段建立了一种学说（它已经歪曲了这个学说以为它自己的权利地位的扩张服务）作为绝对的真理。它认为自己是神圣不可侵犯的，所以是安全的，于是沉湎于最无耻的放纵，并且为了能在这种状态中维持住，予民族的道德心和智力以致命的打击，驱使无数它已经在精神上与之疏远的最高贵的人物走向不信和绝望。

这里我们遇到了一个问题：为什么意大利在才智方面如此伟大，竟没有更有力地来反对教士统治呢？为什么她没有完成和更早地完成一个像在德意志发生的那样的宗教改革呢？

对于这个问题曾经给过一个巧妙的回答。人们告诉我们说：意大利人的思想从来没有越过否认教士统治的范围，而德意志宗教改革的起源和力量是来自它的积极的教义，特别是来自信仰可以释罪而善功不能赎罪的教义。

肯定地说，这些教义只是通过德意志才在意大利起作用的，而且在它们起作用的时候，西班牙已经有足够的强大力量，把它们很
445 容易地根除掉，这一部分靠它自己，一部分靠教皇政府和它的工

具。[1] 尽管如此，在意大利的早期宗教运动中，从十三世纪的神秘主义者到萨沃那罗拉，还是有大量的积极宗教教义的。像胡格诺教徒的非常明确的基督教一样，这些学说没有获得成功只是因为当时的情况对他们是不利的。像宗教改革那样的重大事件，关于它们的细节，它们的发生和它们的发展是哲学家们所推论不出来的，虽然作为一个整体可以很清楚地证明它们是必要的。人类的精神活动，它的突然的闪光，它的扩张和它的停息，在我们看来将永远是神秘的，因为我们只能知道这个或那个力量在它的内部起作用，而不了解它们集中在一起的力量。

在文艺复兴达到高潮时期，意大利上层和中层阶级对于教会的感情里混合有：极端蔑视的反感、对于日常生活中的表面的宗教习惯的默认和一种信赖圣礼[2]和圣典的意识。宗教布道者的个人伟大影响也可以作为意大利所特有的一项事实加上去。

从但丁的时代以来，特别表现在意大利文学和历史里边的对于教会统治的敌视，已经由几个作家详细地论述过。我们也已经谈过（见第 229 页）一些关于舆论对于教皇政权所持的态度。那些想要得到最有权威的人士提供的最有力的证据的人，可以在马基雅维里的《史论集》里有名的几段和圭奇阿尔狄尼的完整的全

① 被人称为反宗教改革的精神是在宗教改革本身发生前不久在西班牙发展起来的，这种发展主要是在斐迪南和伊莎贝拉统治时期，通过对教会的严格监督和部分改组表现出来。关于这方面的重要资料是哥美兹的《枢机主教西密尼斯传》，见罗伯特·俾拉斯：《西班牙史家集》（3 卷本，1581 年）。

② 基督教旧教圣礼指洗礼、坚信、圣餐、忏悔、临终涂油、圣职、结婚等七圣典，统称秘迹。——译者

集里边找到它。在罗马教廷以外,似乎对于主教中最好的人和许多教区的教士还有一些尊敬。① 另一方面,仅仅是领受圣俸的人们、住持和修道士们几乎是普遍受到怀疑的,并且常常是最可耻的诽谤的对象,这种诽谤波及于他们的修道会的全体。

有的说:修道士被当作了全体教士们的替罪羊,因为只有他们可以加以嘲笑而不发生什么危险。② 但是,这种说法肯定是不正确的。他们之所以常常被写入小说和喜剧里,是因为这些文学形式需要固定的和人所共知的典型,以使读者的想象能够很容易地勾画出一个轮廓。除此之外,小说家们事实上也并没有饶了那些教区教士。③ 第三,我们在其余的意大利文学作品里有许多证明:人们是能够十分大胆地来议论教皇政府和罗马宫廷的。在虚构的
446 作品里,我们不能期待找到这一类的批评。第四,修道士们一受到攻击,有时是能够进行可怕的报复的。

① 必须注意,小说家和讽刺家们很少以主教们为题材,虽然他们或许用改名换姓的办法像攻击其他人一样地来攻击过主教们。即使他们这样做过,例如在邦德罗的著作第二编,故事第45篇中,然而在第二编,故事第40篇中,他却描写了一位有德行的主教。乔维诺·庞达诺在《渡神》中用"鸭子走路的姿态"描写了一个奢侈的主教的幽灵。

② 福斯科洛:《论〈十日谈〉原文》:"但对于高级教士,任何人都不敢冒险非议,所以一切修道僧就成了以色列人的替罪羊。"提摩西阿斯·马菲欧曾经把一本攻击修道僧的书献给教皇尼古拉五世;法奇奥《名人传》,第24页。上述宝林吉努斯的作品里(第4卷,第289页,第5卷,第184页以下,586页以下)有特别强烈反对修道僧和圣职人员的篇章。

③ 邦德罗在第二编,故事第1篇的开始声称,贪婪的罪恶对于教士的可耻甚于对其他任何阶层的人们,因为教士没有家室之累。根据这一理由,他为两个士兵或强盗受一个青年绅士的指使,袭击一个贵人,同时偷走了吝啬又患有痛风症的老教士的一只绵羊的无赖行为作辩护。单是这样的一个故事就比世上的一切论说更能说明当时人们是根据什么样的思想来生活和行动的。

不过，修道士们也确是一个最不受欢迎的阶层，按照人们所愿意得出来的正确的或错误的结论，他们被认为是修道院生活、整个教会组织、整个教义体系和整个宗教没有价值的活的证明。我们也可以假定：意大利对于两大托钵僧团的起源比其他国家保持着一种更清楚的记忆，并且没有忘记他们在反对所谓十三世纪的异端[①]，也就是说，反对近代意大利精神的早期的朝气蓬勃的运动的反动中是主要代理人，多密尼克会派僧侣长期担任精神警察，自然除了引起暗中仇恨和蔑视之外，不会引起任何其他感情。

读了《十日谈》和弗朗哥·萨克蒂的小说之后，我们也许会想到：糟蹋修士和修女的词汇已经被完全用尽。但是，到宗教改革时期左右，这种辱骂更厉害了。阿雷提诺可以不谈，他在他的《论述》里边仅仅是用修道院的生活作为随便发挥他的有害的天性的借口；我们可以引用作家马苏奇奥的五十篇故事的前十篇以作为其余作家的代表。故事是以极端愤怒的语调写出来的，目的是使所有的人都感到愤怒；这些故事被献给了像那不勒斯的费兰特国王和阿尔方索王子那样的有最高地位的人。许多故事都是旧的，其中有一些是薄伽丘的读者们所熟悉的。但是，另外一些以可怕的现实主义手法反映了在那不勒斯的真实情况。教士们用假造的奇迹来愚弄和掠夺人民的方式，加上他们自己的荒淫无耻的生活，足以使任何一个有思想的旁观者感到绝望。我们读到了关于圣芳济会僧侣旅行到各处募捐的记载：“他们欺骗、偷盗和私通，而当他们用尽了一切手段之后，他们装成圣徒假造奇迹，这一个拿出了圣

① 乔万尼·维兰尼，第3卷，第29页，一个世纪以后，清楚地记述了这件事情。

维桑的袈裟，另一个拿出了圣伯尔纳丁的手迹，[①]第三个拿出了圣卡比斯特朗诺的驴缰绳。”其他的人“带着他们的同党，假装瞎子或假装受着致命的疾病的折磨，当着群众面前，在触摸到僧人的袈裟的边缘或者他所带的圣物之后，就治好了病。于是所有的人都高呼‘上帝慈悲’，钟声响了，而这个奇迹就被记入了庄严的记录里边。”或者是一个正在布道的僧侣，受到另外一个站在下边群众中间的僧侣攻击他是一个说谎者；这个攻击者立刻为魔鬼所迷住，后来又为讲道者所治愈。整个事情是一个事前安排好了的喜剧，
447 但是在这里边，主谋者和他的助手可以弄到很多的钱，足以从一个枢机主教那里购买一个主教职务，而这两个共谋者就可以靠着它过一辈子的舒服生活。马苏奇奥对于圣芳济会僧侣和多密尼克僧侣并不做多大的区别，因为他发现他们是一丘之貉。“但是愚人们还被卷入到他们的仇恨和分裂之中，并且在公共场所展开关于两个会派的争论，[②]自称属‘圣芳济会派’或‘多密尼克会派’”。那些修女们是修士们的专有财产。那些和俗人发生任何关系的修女们是要受到控告并被投入监狱的，而另外一些修女们和修士们以正式举行结婚，伴以弥撒和一份婚约，并大吃大喝一顿。作者说：“我不是一次而是好几次在场，一切都是我亲眼所见。那些修女们以后生出了漂亮的小修士，或者用其他方法防止产生这种结果。如果任何人斥责我说谎，那就请他好好地去搜索一下修女院，

① 意大利文作 L'ordine，大约指上面写有“耶稣、人类的救主”等字样的木板。

② 他附加一句：“并在塞吉中”即在那不勒斯贵族们分别所属的结社中，两个会派的对抗常常引起人们的嘲笑。例如邦德罗，第三编，故事第 14 篇。

他将在那里找到和在希律王时代的伯利恒[①]一样多的小尸体。”[②]诸如此类的事情就是僧侣生活的秘密。这些修士们在忏悔室里彼此之间并没有严格的要求，但在他们要拒绝给一个俗人一切赦免的情形下，他们就硬给来一段“在天我等父者”的经文，好像那个人是一个邪教徒一样。“所以惟愿大地裂开，把这些坏东西和保护他们的一切生吞了下去！”在另外一个地方，马苏奇奥谈到僧侣们的影响主要是靠人们对于另外一个世界的恐惧这一个事实时，表明了下边一种值得注意的愿望：“对于他们最好的惩罚是上帝把炼狱取消；然后他们就再得不到捐款而不能不回去种地。”

在费兰特的时代，如果人们能够以这种语调来自由地写文章并且是写给他，理由或许在于这个国王自己曾被人们给他假造的奇迹激怒过。[③] 僧侣们曾经试图鼓动他对犹太人进行迫害，像在西班牙实行的和为教皇们所仿效的那样；[④]他们制造了一个上边刻有圣加达德的名字的石碣，说它曾经被埋在塔伦图地方，后来又被发掘了出来。在他发现这是个欺骗行为的时候，僧侣们对他公

① 伯利恒是耶稣降生的地方。当时的希律王（Herod）因为听说生下来的耶稣要做犹太人之王而感到不安，就派人把伯利恒城里和四境所有的男孩，凡两岁以下的都杀尽了。这故事见《新约》，《马太福音》第二章。——译者

② 故事第6篇，塞丹布里尼版，第83页，其中记载，在1564年的书目中曾列有一本叫《教士与修女的婚姻》的书。

③ 关于下面的事，见乔维诺·庞达诺：《讲演论》，第2卷，第17章；又邦德罗，第一编，故事第32篇。企图以圣加达德的显圣而影响国王的圣芳济会会士，他对自己失败的愤怒是如此之大，又闹得如此地满城风雨，“以致，几乎整个意大利，尤其罗马教皇对这块石碣的发现感到挂怀和焦虑”。

④ 亚历山大六世和优里乌斯二世的残酷措施在威尼斯使节朱斯提尼安和索德利尼看来不过是强征民财的手段而已。参看布罗什《历史杂志》，第37卷。

然反抗。他还像他父亲阿尔方索以前所做的那样,[①]设法发现和揭露了一个假装斋戒绝食的例子。那不勒斯宫廷肯定是不会共谋支持这些盲目的迷信的。[②]

448 我们一直是在引用一个认真写作的作家,而他的判断绝不是孤立的一家之言。所有那个时代的意大利文学作品里都充满了对于托钵僧侣的嘲笑和谩骂。[③] 无疑地,要不是有德意志的宗教改革运动和它所激起的反宗教改革运动,文艺复兴不久就会毁掉这两个僧团。他们的圣徒和受欢迎的传教师们几乎不能挽救他们。所需要的只是在一个有利的时机和一个像轻视托钵僧团的列奥十世那样的教皇达成谅解。如果时代精神发现它们是可笑的或者是讨厌的,他们对于教会就只不过是一种障碍。如果不是宗教改革运动挽救了教皇政府,谁能说出落到教皇政府本身的将是一个什么样的命运。

在十五世纪的后半期,一个多密尼克会修道院的异端裁判所法官往往能够在这个修道院所在的城市里发生一些影响;这种影响之大正足以妨碍和激怒有教养的人民,但却没有强到足以强要人们保持任何持久的畏惧或服从的程度。[④] 不再像过去一度实行

① 帕诺尔密达:《阿尔方索言行录》,第 2 卷,伊尼亚斯 · 希尔维优斯在给此书所作的注释中(《全集》,1651 年版,第 79 页)谈到揭露了一个据说四年来没有吃过一点东西的伪守斋者。

② 因此,这些迷信在宫廷的周围能受到公开的排斥。见乔维诺 · 庞达诺:《安托尼奥》和《渡神》。其中有一篇故事和马苏奇奥故事第二篇中的一样。

③ 例如《混淆体诗集》,第 8 歌。

④ 瓦萨利书中(第 5 卷,第 120 页)的故事《桑德罗 · 菩提彻利传》说明异端裁判所往往受到人们的嘲弄。无疑,这里提到的"代理人"可能不是宗教裁判官的代理人而是大主教的代理人。

过的那样，能够以思想罪对人们加以惩罚了（见边码 284 页以下），而那些竟胆敢反对教士们的人们能够很容易地摆脱相信异端的罪名。除了当某一个强有力的党派别有用心，像对待萨沃那罗拉的那种情况，或者当时有使用妖术的问题在内，像在北部意大利所时常发生的那种情形外，我们很少读到有人在这一时期被处火刑的记载。异端裁判所的法官们在某些情况下也同意以最浅薄理由提出的撤销控诉，而在另外的情况下，甚至于发生牺牲者在走向刑场的途中被人从他们手中救走的事。在波洛尼亚（1452 年），维罗纳的尼科洛教士曾经在圣多密尼克礼拜堂前边的木制高台上，作为一个魔术士和亵渎圣礼的人而被公开宣布撤职，并且将要被带走处以火刑，而就在这时，他被一个著名的邪教朋友和修女的强奸者，阿奇里·马尔维齐派来的一伙武装党徒解救了。教皇的使节，枢机主教贝萨利昂只能抓到这一群人中的一个人处以绞刑；马尔维齐平安无事地活下去。①

应该注意的是：高级修道僧团——本尼迪特会僧侣和他们的许多支会——虽然非常富有和过着舒服的生活，但和托钵僧侣们比起来却远不是那样为人所厌恶。在以“僧侣”为题材的十篇小说里边几乎找不到一篇是以一个“修道僧侣”为主题和攻击目标的。这个僧团的一个相当有利的条件是它建立得比较早，不是作为一个警察的工具并且不干扰私生活。它包括一些有学问的、机

① 布尔塞利斯：《波洛尼亚年代记》，载木拉托里，第 23 卷，第 886 栏，参见 896 栏。马尔维齐死于 1468 年，他的“采邑”传给了他的侄子。

智的和虔诚的人。但是，它的一个成员，费伦佐拉[1]曾经对它那里边的一般人做过描写。他说：

449 “这些吃得饱饱的穿着宽大僧袍的先生们，既不去赤足旅行也不去讲道，而只是穿着优美的拖鞋把两手交叉在肚子上，坐在可爱的镶着丝柏木墙板的小房子里。当他们不能不离开这个房子时，他们很舒服地骑着骡子或有光泽的驯顺的马匹，好像是去消遣。他们不去读很多的书以免心情过分紧张，以免知识使琉西斐的骄傲[2]代替了出家人的纯朴。”

那些熟悉这个时期的文学作品的人们将看到：我们只是提出了为理解这一问题所绝对必需的那些材料。[3] 僧侣们和教区教士们的名声一定已经打破了广大群众对于一切神圣的东西的信仰，这一点自然是很明显的。

我们所读到的批评意见有一些是很厉害的；我们将在结尾的地方引用一种只是最近才发表的和很少为人们所知的意见。多年为出身于美第奇家族的教皇服务的历史家圭奇阿尔狄尼在他的《格言集》[4]里说（1529年）：

“没有人比我再憎恶那些教士们的野心、贪婪和放纵生活的了。这不仅是因为每一种恶行本身是可恨的，而是因为每一种恶行和所有的恶

① 见本书第340页以下。他是瓦洛姆布罗萨的修道院院长。我们在这里意译的一段话见《全集》，第2卷，第209页，故事第10篇。见《意大利记事》，第32页以下，关于卡尔萨西安会教士舒适生活的引人入胜的叙述。

② 据《旧约》《以赛亚书》第14章载，琉西斐是早晨之星，明亮之子，因为骄傲而从天上坠落。——译者

③ 庇护二世原则上赞成废除教士的独身制度，他的得意隽句之一是“禁止教士婚姻看来有大理由，恢复他们的婚姻则似乎有更大理由”。载普拉提那：《教皇传》，第311页。〔但不完全可信。——盖格尔〕

④ 《回忆录》第28号，《未刊作品集》，第1卷中。

行在那些宣称自己是和上帝有特殊关系的人们的身上是最不合适的，并且也因为它们是如此互不相容的恶行，只有在非常奇特的人物身上才能同时存在。尽管如此，我在几个教皇的宫廷上的地位还是使我不能不为我自己的利益而希望他们是伟大的。要不是为了这个，我将热爱马丁·路德和我自己一样，不是为了使我自己从基督教（为一般人所理解的和所解释的）所加在我们身上的那些法律中解放出来，而是为了要看到这一群无赖们（“这一群混蛋们”）被放回到适合他们的地方上去，以使他们可以被迫去过一种不再犯罪或者无权的生活。”①

这位圭奇阿尔狄尼的意见是：关于一切超自然的东西我们还是无知；哲学家们和神学家们所告诉我们的关于它的一切都是胡说；每一种宗教都有奇迹，但并不特别证明任何真理，而所有这些奇迹都可以当作未知的自然现象来解释。圭奇阿尔狄尼提到当时在萨沃那罗拉的信徒中间普遍存在的感动金石的信仰时，认为那是一件稀奇的事情但并没有对它做激烈的攻击。

尽管有这种敌视的舆论，但教士们和僧侣们还是有很大的有利条件，那就是人民对他们习惯了，他们的存在和所有的人的日常生活交织在一起。这是每一种旧的和有力量的制度所具有的一种有利条件。每个人都有一个穿僧衣的亲戚，每个人都有从教会的财产中得到某种补助或未来的利益的希望；而在意大利的中心还有罗马宫廷，人们在那里有时一转眼之间就成为富翁。但是，必须永远不要忘记：所有这些并没有阻碍了人民自由写作和讲话。抨击最甚的讽刺诗文作家们本身大多数是僧侣或领圣俸的教士。写

① 《回忆录》第1号，第123、125页。

450《滑稽故事》的波吉奥是一个教士；讽刺作家弗兰切斯科·贝尔尼担任大教堂住持的职务；《小奥兰多》的作者，泰费洛·弗伦哥是一个本尼迪特会教士，当然绝不是一个虔诚的教士；嘲笑他自己那个僧团的马提奥·邦德罗是一个多密尼克会僧侣，这个僧团的一个团长的侄子。是不是他们感到没有危险才敢于写作的呢？是不是他们从内心里感到有必要把他们本人与他们那个僧团的不名誉分开呢？是不是受了以"我们这个时代算完了"作为它的箴言的那种自私的悲观主义的影响呢？也许所有这些动机都或多或少地起着作用。具体到弗伦哥，必须加上路德主义对于他的明显的影响。[①]

我们在谈到教皇政权时已经涉及的对仪式和圣礼的信赖意识存在于那一部分仍然相信教会的人民中间是不足为怪的。在那些比较不受习俗拘束的人们中间，这种信仰就证明幼年时代的印象深刻和传统信条的神奇力量。将死的人普遍希望得到教士的赦罪，证明即使像维特洛佐[②]那样的人，对于地狱的恐惧的残余意识也并没有完全消灭掉。要想找到一个比这个更有教训意义的例子几乎是不可能的。教会所教导的，不管教士的人格如何，教士职务的"不可泯灭的神印"[③]的学说到当时为止产生了很大效果；因而人们有可能讨厌教士个人但仍然希望从他那里得到神恩。尽管如

---

① 见《小奥兰多》，第6章，第40节以下；第7章，第57节；第8章，第3节以下；特别见第75节。

② 维特洛佐（Vitellozzo？——1502年）是意大利的佣兵队长，曾经为佛罗伦萨和法兰西人服过务，最后服务于凯撒·波儿亚时因谋叛被诱擒处死。——译者

③ 不可泯灭的神印，指教士职务已经被上帝盖印承认，不论教士个人人格如何，他的赦罪的权限永远存在。——译者

此，还是有像米朗多拉的加莱奥托那样的蔑视教会的人物，[1]他过 451
了十六年被逐出教会的生活之后，于1499年未经赦罪而死去。整个这段时期，米朗多拉这个城市由于他而处在被逐出教的情况下，因而没有举行过弥撒也没有举行过基督教葬礼。

和这一切形成鲜明的对比的是，伟大的宣讲忏悔的讲道者对于这个民族所产生的影响。欧洲其他国家也时时为圣洁的僧侣们的话所感动，但和意大利的道德心的时时发生变动比起来，它只是表面的。在十五世纪期间，那个惟一在德意志产生同样影响的人事实上是一个意大利人，他生在阿布鲁齐，名字叫作乔万尼·卡比斯特朗诺。[2] 当时在北方国家里，那些在他们的内部具有这种宗教才能和这种博得人心的真诚的人们，带有一种直觉的和神秘的样子。在南方，他们是重视实际和胸襟开阔的，并且也具有这个民族的语言才能和演说的技巧。在北方产生了一部“遵主圣范”，它默默无言地在起作用，最初只是在修道院墙之内，但它的作用却累世不绝；在南方产生了一些人，他们给当世以一种伟大的但却是转瞬即逝的印象。

这种印象主要是从唤起道德心上产生的。他们的讲道是道德 452
上的劝告，没有抽象的概念，都是实际有用的东西，由于讲道者的道德崇高的和禁欲主义的品性，以及由于人们以充满热情的想象（甚至违反他的意志）而加在他身上的许多奇迹更使人受到感

① 《费拉拉日记》，见木拉托里，第24卷，第362栏。

② 他随身带着一个德语和一个斯拉夫语的翻译。圣伯尔纳丁在莱因地区讲道时，曾不得不使用同样的办法。

动。[①] 他所用的最有力量的论证不是地狱和炼狱的威胁，而毋宁是"诅咒"的当前的效果，由于人们对于恶行的诅咒而在个人身上造成的现世灾害。基督和圣徒的悲伤是会在现世生活中造成后果的。只有这样，坠入情欲和罪恶的深渊里的人们才能忏悔改过——这是这些讲道的主要目的。

在这些讲道者里边，有锡耶纳的伯尔纳丁和他的两个学生阿尔伯托·达·萨尔提诺和亚科波·德拉·马尔加，有乔万尼·卡比斯特朗诺、罗伯特·达·莱切，最后还有吉洛拉谟·萨沃那罗拉。当时反对托钵僧侣的成见最为强烈，但他们克服了这种成见。他们受到了傲慢的人文主义的批评和嘲笑，[②]但当他们提高了声音的时候，没有人再注意人文主义者了。这并不是新鲜的事情，好嘲笑人的佛罗伦萨人在十四世纪已经学会了一遇到讲台上出现讲道者，就把讲道滑稽化。[③] 但是萨沃那罗拉一出来立刻就胜利地取得了人民的拥护，不久就使他们所爱的一切艺术和文化都溶化

---

① 例如卡比斯特朗诺喜欢在数以千计被带到他跟前的病人头上画十字并以圣三和他的大师伯尔纳丁的名义向他们祝福，其中有些人在祝福后就自然而然地痊愈了。布雷西亚编年史是这样记载这件事情的："他做出了绝妙的奇迹，但并没有人们所说的那么多。"（木拉托里，第21卷）

② 诸如此类的有波吉奥的《吝啬论》，见《全集》，第2页。他说，他们做这件事是轻而易举的，因为他们在每个城市里所说的都一样，而老百姓从他们那里被打发走时比来时更加糊涂。波吉奥在另一处（《书信集》，托内利版，第1卷，第281页）谈到阿尔伯托·萨尔提诺是"学者"，又是"很善良的人"。费莱佛维护锡耶纳的伯尔纳丁和某个叫做尼古拉的人，与其说是由于对传教师的喜爱，毋宁说大致是出于对波吉奥的反对。费莱佛和阿尔伯托·萨尔提诺有书信往还。他在有些方面也赞赏罗伯特·莱切，可是指责他没有使用适当的手势和表情用得不恰当；应该表现活泼愉快时，他却表现出一副可怜相，哭泣得过多，以致听来感到刺耳和无味。见费莱佛《书信集》，威尼斯，1502年，第96页b。

③ 弗朗哥·萨克蒂，故事第73篇，失败的讲道师经常成为一切小说嘲笑的主题。

在他所点燃起来的熔炉之中。就是那些结伙在听众中伪造神效的伪善的僧侣们所加给这个事业的最大亵渎，也不能使这种讲道本身声名狼藉。人们继续嘲笑普通教士的讲道和他们假造的奇迹和圣物，[①]但并没有停止尊敬那些伟大的真正的先知者。这些是十 453
五世纪的真正的意大利特点。

僧团——一般是圣芳济会僧团，特别是所谓的严修会修道士——依照人们的需要而派出讲道者来。一般的情形是在一个城市里有了某种重大的公众的或私人的争端，或者某种可怕的暴动、道德堕落或疾病流行的时候。当一个传教师出了名之后，即使没有什么特殊情况，各城市也都渴望听他讲道。他到他的上级派遣他的任何地方去。这种工作的一个特殊形式是号召人们组织反对土耳其的十字军的讲道；[②]但是，这里我们必须特别谈一谈劝人忏悔的讲道。

在系统地进行这些讲道时，他们似乎是按照惯例列举那些可怕的罪恶的次序来进行。但是，时机越是紧迫，讲道者也就越直接地接触到他讲道的主题。他也许在这个僧团的一个大教堂里或礼拜堂里开始。不久，大群的人从四面八方拥来听他讲道以至最大的广场都嫌太小，而他自己几乎都要冒生命的危险才能移动。[③]

---

① 参看《十日谈》，第 6 天，第 10 篇的那篇著名的故事。

② 在这种情况下，讲道带有特殊色彩。见马利皮埃罗《威尼斯年代记》，载《历史文献》，第 7 卷，第 1 章，第 18 页；《威尼斯编年史》，载木拉托里，第 24 卷，第 114 栏；《布雷西亚史》，载木拉托里，第 21 卷，第 898 栏。对参加十字军或为十字军捐款的人们，就被随随便便地答应给他们赦罪。

③ 《布雷西亚史》，见木拉托里，第 23 卷，第 865 栏以下。头一天有一万人在场，其中有两千名外国人。

讲道之后，一般是继之以游行仪式；但是这个城市的地方长官们虽然把他围在他们中间，也几乎不能从妇女们手里把他救出来，她们拥挤着吻他的手和脚并从他的僧袍上割下一些碎片来。[①]

这个讲道者的对于高利贷、奢侈和可耻的趋尚时好的斥责所产生的最直接的后果是打开监狱的门——意思无非是把很贫苦的债务人释放出来——和焚烧各种奢侈的和娱乐的用具，不管它们是有害的或无害的。在这些东西里边有骰子、纸牌、各种游戏用具、写出来的咒语、[②]面具、乐器、歌本子、假发等等。然后把所有这些东西都很优美地陈列在一个木架子上，在顶上拴上一个魔鬼的图像，最后全部付之一炬（见边码 364 页）。

其次就要谈一谈那些心肠比较硬的人们了。那些长期以来从
454 未靠近忏悔室的人们现在承认了他们的罪。退回了非法所得的东西，取消了可能造成流血事件的对人的侮辱。像锡耶纳的伯尔纳丁[③]那样的讲演家，是孜孜不倦地来考察人们日常生活的一切详细情况和它所牵涉到的道德法则的。今天的神学家们很少有人愿

① 阿来格雷托：《锡耶纳日记》，收入木拉托里，第 23 卷，第 819 栏以下。（1446 年 7 月 13 日至 18 日）；讲道者是圣芳济会的严修会修道士彼埃特罗。

② 茵菲苏拉（载埃卡尔：《史家集》第 2 卷，第 1874 栏）记："歌、咒文、占卜。"第一类东西可能是曾被萨沃那罗拉所焚毁的歌谣集等。但格拉齐亚诺（《佩鲁贾编年史》，载《历史文献》第 16 卷，第 1 章，第 314 页）谈到同样的场合，说是"咒文占卜"，无疑，我们应该读作"咒文与占卜"，在茵菲苏拉的著作中，也许同样有更正的必要。茵菲苏拉的著作中所说的占卜是指一种迷信的工具，大概是算命的一副纸牌。同样，在印刷术输入以后，凡可能到手的战神马尔斯像的一切印刷品都被收集起来付之一炬。见邦德罗，第三编，第 10 篇。

③ 见维斯帕西雅诺·菲奥兰提诺，第 244 页以下和伊尼亚斯·希尔维优斯的《名人传》（第 24 页）中的著名传记。我们在后者的传记中看到："他也将耶稣的名字画在小木牌上，出示众人，众人朝拜，并极力劝人将这个名字画在家门上。"

意像他一度在佛罗伦萨的大教堂里所宣讲的那样,"在契约、赔偿损失、公债('monte')和女儿分得一部分财产"这些问题上做晨间讲道。冒失的讲演者很容易陷于这样的错误,那就是他们以全力来攻击特殊阶级、特殊行业或任特殊职位的人,以至于被激怒了的听众采取暴力来反对为这个讲道者所斥责的那些人。[①] 伯尔纳丁在罗马所做过的一次讲道(1424 年),除了在加比托尔山上焚烧那些无价值的东西之外,[②]还有另外一个后果:"在这之后,女巫菲尼切拉被烧死了,因为她用她的魔术害死了许多儿童,和迷惑了许多其他的人;整个罗马都来看这个场面。"这是我们读到的记载。

但是,如已经说过的,讲道者的最重要的目的是使敌人们和解并劝说他们放弃复仇的思想。这个目标大概很少达到,直到在一系列的讲道将近结束的时候,才可能达到;那时全城进入了忏悔的高潮,到处都可以听到[③]全城人民在高呼"上帝慈悲"。接着是庄严地互相拥抱和订立和约,就是在这以前的双方流血也不能阻碍其订立。放逐出去的人们被召回城内参加这些神圣的和解。即使在促成这些"和约"的心情已经成为过去之后,总的看来这些"和约"也是被忠实地遵守着的;以后人们对于这个僧侣的恩德就世

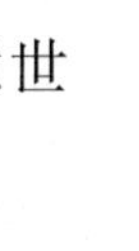

① 阿来格雷托,前引书,第 823 栏。有一位讲道者煽动民众起来反抗法官〔如果我们不把原文"giudici"(法官)读作"giudei"(犹太人)的话〕。为了这件事,他们险些被烧死在自己的屋子里,对方则威胁讲道者的生命,以为报复。

② 茵菲苏拉,前引书。在女巫死的日期上似乎有笔误。圣伯尔纳丁怎样叫人砍伐了阿利佐附近臭名昭著的树林,在瓦萨利,第 3 卷,第 148 页《巴利·斯彼内罗传》里面有所记述。当然,听众的忏悔热往往没有超出这样的外部牺牲。

③ 我们在某处读到过"似乎空间也裂开了"。

世代代永志不忘。但是，有时也有像罗马的德拉·瓦勒和克罗切家族之间的那种可怕的激变(1482 年)，在那种情形下，就是伟大的罗伯特·莱切的讲道也是无效的。[①] 在复活节前周以前不久，他曾经在米纳尔娃教堂前边的广场上对巨大的人群讲道。但是，在洗足木曜日[②]的前夜，在格都附近的德拉·瓦勒的宫殿前边发生了可怕的战斗。到了早晨，教皇西克塔斯下令毁了这个宫殿，接着照常进行这一天的仪式。在耶稣受难日，罗伯特手里拿着十字架重新讲道；但是他和他的听众却只有哭泣而已。

性格暴烈、陷于自我矛盾的人物常常在这些讲道者的感化之
455 下，决心入修道院。在这样的人们中间不仅有各种土匪和罪犯，而且有失业军人。[③] 这种决心是为他们对于神圣人物的敬仰和至少想模仿他的表面态度的愿望所激起的。

最后的一次讲道是一个普遍的祝福，用这样一句话来结束："祝你们平安!"大群的听众陪伴着这个讲道者到下一个城市，在那里再一次听整套的讲道。

---

① 伏尔泰拉，载木拉托里，第 23 卷，第 166 栏以下。没有明白说出，他曾干预这次争执。但几乎不能怀疑他这样做了。有一次(1445 年)，当亚科伯·德拉·马尔卡取得了一次非凡的成功之后，刚一离开佩鲁贾时，一桩可怕的复仇惨剧就在拉尼耶利家族中发生了。参见格拉齐亚诺，前引书，第 565 页以下。在这里我们可以指出，这些讲道者们异乎寻常地常常访问佩鲁贾这个地方。参看该书第 597、626、631、637、647 页。

② 洗足木曜日是耶稣受难日的前一天。从前天主教国家的高僧和帝王曾经在这一天替贫民洗脚，所以叫作洗足木曜日。——译者

③ 卡比斯特朗诺在一次讲道后曾收录过五十名兵士入会，《布雷西亚史》，前引处，格拉齐亚诺，前引书，第 565 页以下。伊尼亚斯·希尔维优斯(《名人传》第 25 页)，在年轻时，有一回听了圣伯尔纳丁的讲道，感动得差点没有参加伯尔纳丁修道会。我们在格拉齐亚诺的著作中看到有一个退出修道会的变节者结了婚，"成了一个迥非昔比的坏人"。

意像他一度在佛罗伦萨的大教堂里所宣讲的那样，“在契约、赔偿损失、公债（‘monte’）和女儿分得一部分财产”这些问题上做晨间讲道。冒失的讲演者很容易陷于这样的错误，那就是他们以全力来攻击特殊阶级、特殊行业或任特殊职位的人，以至于被激怒了的听众采取暴力来反对为这个讲道者所斥责的那些人。[1] 伯尔纳丁在罗马所做过的一次讲道（1424 年），除了在加比托尔山上焚烧那些无价值的东西之外，[2]还有另外一个后果：“在这之后，女巫菲尼切拉被烧死了，因为她用她的魔术害死了许多儿童，和迷惑了许多其他的人；整个罗马都来看这个场面。”这是我们读到的记载。

但是，如已经说过的，讲道者的最重要的目的是使敌人们和解并劝说他们放弃复仇的思想。这个目标大概很少达到，直到在一系列的讲道将近结束的时候，才可能达到；那时全城进入了忏悔的高潮，到处都可以听到[3]全城人民在高呼“上帝慈悲”。接着是庄严地互相拥抱和订立和约，就是在这以前的双方流血也不能阻碍其订立。放逐出去的人们被召回城内参加这些神圣的和解。即使在促成这些“和约”的心情已经成为过去之后，总的看来这些“和约”也是被忠实地遵守着的；以后人们对于这个僧侣的恩德就世

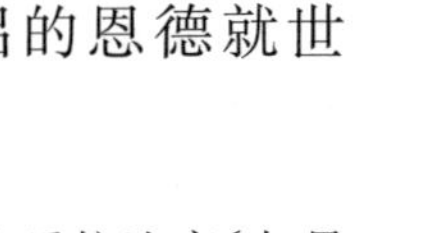

① 阿来格雷托，前引书，第 823 栏。有一位讲道者煽动民众起来反抗法官〔如果我们不把原文“giudici”（法官）读作“giudei”（犹太人）的话〕。为了这件事，他们险些被烧死在自己的屋子里，对方则威胁讲道者的生命，以为报复。

② 茵菲苏拉，前引书。在女巫死的日期上似乎有笔误。圣伯尔纳丁怎样叫人砍伐了阿利佐附近臭名昭著的树林，在瓦萨利，第 3 卷，第 148 页《巴利·斯彼内罗传》里面有所记述。当然，听众的忏悔热往往没有超出这样的外部牺牲。

③ 我们在某处读到过“似乎空间也裂开了”。

世代代永志不忘。但是,有时也有像罗马的德拉·瓦勒和克罗切家族之间的那种可怕的激变(1482年),在那种情形下,就是伟大的罗伯特·莱切的讲道也是无效的。[①] 在复活节前周以前不久,他曾经在米纳尔娃教堂前边的广场上对巨大的人群讲道。但是,在洗足木曜日[②]的前夜,在格都附近的德拉·瓦勒的宫殿前边发生了可怕的战斗。到了早晨,教皇西克塔斯下令毁了这个宫殿,接着照常进行这一天的仪式。在耶稣受难日,罗伯特手里拿着十字架重新讲道;但是他和他的听众却只有哭泣而已。

性格暴烈、陷于自我矛盾的人物常常在这些讲道者的感化之
455 下,决心入修道院。在这样的人们中间不仅有各种土匪和罪犯,而且有失业军人。[③] 这种决心是为他们对于神圣人物的敬仰和至少想模仿他的表面态度的愿望所激起的。

最后的一次讲道是一个普遍的祝福,用这样一句话来结束:"祝你们平安!"大群的听众陪伴着这个讲道者到下一个城市,在那里再一次听整套的讲道。

---

① 伏尔泰拉,载木拉托里,第23卷,第166栏以下。没有明白说出,他曾干预这次争执。但几乎不能怀疑他这样做了。有一次(1445年),当亚科伯·德拉·马尔卡取得了一次非凡的成功之后,刚一离开佩鲁贾时,一桩可怕的复仇惨剧就在拉尼耶利家族中发生了。参见格拉齐亚诺,前引书,第565页以下。在这里我们可以指出,这些讲道者们异乎寻常地常常访问佩鲁贾这个地方。参看该书第597、626、631、637、647页。

② 洗足木曜日是耶稣受难日的前一天。从前天主教国家的高僧和帝王曾经在这一天替贫民洗脚,所以叫作洗足木曜日。——译者

③ 卡比斯特朗诺在一次讲道后曾收录过五十名兵士入会,《布雷西亚史》,前引处,格拉齐亚诺,前引书,第565页以下。伊尼亚斯·希尔维优斯(《名人传》第25页),在年轻时,有一回听了圣伯尔纳丁的讲道,感动得差点没有参加伯尔纳丁修道会。我们在格拉齐亚诺的著作中看到有一个退出修道会的变节者结了婚,"成了一个迥非昔比的坏人"。

这些讲道者所发生的巨大影响使教士们和政府感到这是很重要的影响，至少不要把他们当作敌人。达到这个目的的一种手段是只允许僧侣们[①]或者无论如何被授过低级圣职的教士们登上教坛，这样，他们所属的僧团或者团体就可在某种程度上替他们负责。但是要绝对遵守这个规则也不是容易的，因为教会和教坛很久就被用来作为许多事情的宣传工具，如司法的、教育的和其他等等，同时也因为就是讲道，有时也是由人文主义者和其他俗人来进行的（见第 239 页以下）。在意大利也存在有一种身份不明的人，[②]他们既不是僧侣也不是教士，但他们却抛弃了这个世界——也就是说，那些人数很多的隐士阶级，他们时时自动地出现在教坛上并且常常受到人民的拥护。米兰在 1516 年第二次被法国征服之后，发生过这样的一个例子，不消说，这正值公共秩序非常混乱的时代。一个托斯卡纳隐士，锡耶纳的哲罗姆，可能是萨沃那罗拉

① 在著名的严修会讲道者及其敌派多密尼克会教士之间不乏争执这一点，可由关于据称是基督的圣血曾从十字架上滴落地上的争论一事表现出来（1462 年）。见瓦格特：《伊尼亚斯·希尔维优斯》，第 3 卷，第 591 页以下。不愿屈服于多密尼克会异端裁判所的弗拉·亚科伯·马尔卡，曾由教皇庇护二世在他详细的记述中以巧妙的讽刺口吻加以批评（《回忆录》，第 11 卷，第 511 页）："有些人能为基督的圣名忍受穷困、饥、渴、肉体的折磨以至死亡，而不肯放弃或削弱他们的名誉，好像自己的名誉一丧失，上帝的荣誉也随之同归于尽似的。"

② 他们的声誉甚至在当时就已摆动于两个极端之间。应该把他们同隐修僧区别开来。在这方面，界线未必能划得很清楚。周游各地演出奇迹的斯波雷托会士奉圣安东尼和圣保罗为他们的保护圣徒。所以奉后者为保护圣徒是由于他们随身携带着蛇的缘故（新约使徒行传中有圣保罗免遭蛇毒的故事。——译者）。我们看到在书上，甚至十三世纪时，他们就用一种写成的咒文骗取农民的钱。他们的马被训练成一听到圣安东尼的名字就跪倒在地。他们借口为建立救贫院进行募捐（马苏奇奥，故事第 18 篇。邦德罗第三编，故事第 17 篇）。费伦佐拉在其所著《金驴》一书中，使他们扮演阿浦利亚托钵僧的角色。

派，在教堂的教坛上讲演一共有好几个月，猛烈地攻击教士统治，
令人在教堂里建立一个新的烛台和新的祭坛，显示了奇迹，而只是
在一个长时期的激烈斗争之后，才放弃了这个场所。[①] 在决定意
大利命运的那几十年内，预言的风气特别流行，而且在任何一个流
行这种风气的地方，都不是局限于任何一个阶级身上的。我们知
道在罗马遭劫（见第 138 页）以前，隐士们曾经以什么样的一种预
言性的挑战口吻出现。因为他们自己缺少雄辩的才能，这些人就
利用一些带有某种象征事物的使者。像锡耶纳附近的一个禁欲者
那样（1429 年），他曾派一个“小隐士”也就是一个徒弟，带着用一
456 根竿子挑着的骷髅进入那个被吓坏了的城市，并且在那个骷髅上
边拴上一张纸，上边写着从圣经上引来的使人感到威胁的经文。[②]

僧侣方面也毫不迟疑地攻击君主们、统治者们、教士们乃至他们自己的僧团。像亚科波·布索拉罗在十四世纪里在帕维亚所做的那样，[③]直接鼓动推翻一个暴君的家族，在以后的时代几乎没再发生过；但并不缺少甚至在教皇自己的小教堂里对他提出来的大胆的责备（见边码 244 页注），和在统治者面前提出来的戆直的政治上的忠告，虽然这些统治者绝不认为他们自己需要这种忠

① 普拉托，《历史文献》，第 3 卷，第 357 页。布利哥佐，同书，第 431 页以下。

② 阿来格雷托，载木拉托里，第 23 卷，第 856 栏以下。引文是：“请看，我就迅速飞快地来到。你们做好准备吧！”

③ 马提奥·维兰尼，第 8 卷，第 2 章以下。他首先布道反对一般的苛政，继而，当贝卡利亚的统治家族企图令人谋杀他的时候，他就开始宣传改变政府和政体，并迫使贝卡利亚家族从帕维亚逃走（1357 年）。见佩脱拉克《书信集》，第 29 卷，第 18 页和荷尔提斯《弗兰西斯科·佩脱拉克未刊著作集》，第 174—181 页。

告。[①] 在米兰的卡斯泰洛广场上，从因科洛那塔岛来的一个盲讲道者——因而是一个奥古斯丁会僧侣——在1494年冒险在教坛上劝诫鲁德维科·摩尔说："殿下要谨防给法国人以进路，否则后悔不及。"[②]另外还有一些预言的僧侣，他们不一定做政治性的讲道，但对于未来描绘出如此可怕的图景，使人听了几乎要发疯。1513年，在列奥十世当选为教皇之后，一个包括十二个圣芳济会僧侣的整个组织，走遍意大利的各个地区，每一个地区划归一个讲道师来负责讲道。出现在佛罗伦萨的那个弗兰切斯科·蒙特普尔齐亚诺修士[③]引起了全体人民的恐怖。那些住得很远不能听他讲道的人听到了关于他的预言的夸大宣传也同样地感到非常惊恐。在他的一次讲道之后，他突然因"胸部疼痛"而死去。无数的人们拥挤着要吻这个尸体的双足，以至不得不在夜间秘密地把它埋葬掉。但是，那甚至影响到妇女和农民的新唤起的预言风气要加以控制是很困难的。

为了恢复人们快活的心情，美第奇家的人——列奥的兄弟朱利亚诺和洛伦佐——于1514年在圣约翰节举行盛大的节日庆典、比武、游行和打猎，许多有名的人物从罗马来参加，其中枢机主教就不下六人，虽然他们都化了装。

① 统治家族本身有时在紧急关头利用僧侣们的讲道劝说百姓对王室效忠。在费拉拉就有这样一种事例，见萨努多（载木拉托里，第22卷，第1218栏）有一位来自波洛尼亚的讲道师使百姓记起他们从伊斯特家族所得到的恩惠，并使百姓想到等候着他们的在胜利者威尼斯人统治下的命运。

② 普拉托，《历史文献》，第3卷，第251页。布利哥佐提到过在法兰西人被逐后出现的另外一些狂热的反法兰西的讲道师。同书第443、449、485页，1523、1526、1529年条。

③ 彼蒂：《佛罗伦萨史》，第2卷，第112页。

但是,最伟大的预言家和传道者——费拉拉的吉洛拉谟·萨沃那罗拉修士已于1498年在佛罗伦萨被烧死了,关于他我们必须说几句话。①

457 他用来改变和支配佛罗伦萨这个城市(1494—1498年)的手段是他的雄辩才能。关于这一点,留给我们的大部分是当场记录下来的那一点贫乏的报告,我们得到的显然是一个极不完全的概念。并不是他具有任何动人的外在优点,因为声音、语调和修辞技巧恰好是他最软弱的一面;那些要求一个讲道者应是个琢磨文体的人,
458 都到他的敌手马利亚诺·达·吉纳扎诺修士那里去听讲道去了。萨沃那罗拉的雄辩才能在于他具有崇高威严的人格的措辞,像这样的人格是路德时代以前所没有再见到过的。他自己认为他的影响是神的启示的结果,所以不必自夸就能够给讲道师的职务以一个非常崇高的地位,讲道师的地位在伟大的天使辈中仅次于守护神。

这个性格看来火热的人做出了另外一个比他的任何讲道上的成功都更伟大的奇迹。他自己的圣马可多密尼克修道院,接着是所有托斯卡纳的多密尼克修道院都和他抱有同样的思想并自愿地从事于内部改革工作。当我们想到当时的修道院是什么情况,和关于僧侣的微小的变动都会带来极大的困难时,我们更不能不加倍地对于这样的一个全面的变化感到惊异。当改革正在进行期

① 培兰斯:《吉洛拉谟·萨沃那罗拉》两卷集。这大概是关于这个主题的许多著作中最有系统和最严谨的一本书。维拉利:《吉洛拉谟·萨沃那罗拉传》(共两卷,八开本,佛罗伦萨,勒摩尼埃版)后一作者所持的见解,和原书中所持见解迥然不同。也可参考兰克在《历史传记研究》(来比锡,1878年,181—358页)中的记述。关于吉纳扎诺,见维兰尼,第一卷,第57页以下;第2卷,第343页以下。拉蒙特《洛伦佐》,第2卷,第522—526页,533页以下。

间，许多萨沃那罗拉的信徒加入了僧团，因此大大有利于他的改革计划。佛罗伦萨的首要家族的子弟们作为见习修道士进入了圣马可修道院。

这种在一个特定地区的僧团改革是改革全国教会的第一步；如果这个改革者本人再多活几年，它必然会达到这种结果的。萨沃那罗拉确实是希望整个教会革新的，并在他一生的将近结束时向有权势的大人物发出恳切的劝告，敦促他们召开一个宗教会议。但是，只有托斯卡纳他的僧团和党派是接受他的精神——世上的盐——的团体，至于邻近地区则仍然保持着他们原来的状态。幻
想和禁欲主义越来越多地在他身上促成产生一种意境，认为佛罗 459
伦萨是在尘世的上帝的国度的所在地。

一贯活跃的意大利想象力借预言来抓住对最有见识的和最谨慎的人物的控制；这种预言的部分实现，使人们认为萨沃那罗拉有一种神奇的力量。最初，圣芳济严修会僧侣信赖锡耶纳的圣伯尔纳丁给他们留下的声誉，幻想他们能和这个伟大的多密尼克僧侣竞争。他们使他们自己的一个人登上大教堂的讲坛，并用对于将来的更可怕的警告来超过萨沃那罗拉对于将来的灾难的预言，一直到当时仍在统治着佛罗伦萨的彼埃特罗·美第奇强迫他们双方不再作声为止。不久以后，查理八世来到意大利，美第奇家族被赶走，就如萨沃那罗拉所明确预言的那样，于是就只有他一个人受人信仰了。

必须坦白承认的是：他从来没有像鉴定别人那样地来批判地 460
鉴定自己的预感和幻象。他在对皮科·米朗多拉的追悼演说中，对死去的朋友有些粗暴。因为皮科尽管有来自上帝的内心声音的

召唤却不肯进入僧团,他自己曾经祷告上帝对他的不顺从加以惩罚。他自然并没有希望他死,并且他的施舍和祷告已经得到了皮科的灵魂得救的恩惠。关于皮科在病床上所得到的一个安慰的幻象(在这个幻象中圣母马利亚出现并答应他可以不死),萨沃那罗拉承认他很久以来就把它看作是魔鬼的欺骗,一直到他受到启示,知道圣母说的死的意思是指第二次的永久的死。[①] 如果说这些以及类似的事情是他傲慢的证明,那么我们必须承认:这个伟大的人物无论如何已经为他的错误而受到了严酷的惩罚。在他的最后的日子里,萨沃那罗拉似乎认识到了他的幻想和预言的空虚无益,但他的内心里仍有足够的平静,使他能够像一个基督徒那样地迎接他的死亡。他的党人坚持他的学说和预示达三十年之久。

他从事于改组国家的惟一理由是:如果不这样做,他的敌人将把政府抓在他们自己的手里。根据 1495 年初的半民主性的宪法(见第 104 页注)来对他做判断是不公平的。它虽不比其他佛罗伦萨宪法好,但也不比其他宪法坏。[②]

他实际上是最不适合于做这种工作的人。他的理想是一个神权国,在那里边所有的人都以神圣的谦卑服从于不可见的上帝,而一切情欲的冲突甚至于根本就不会发生。他的整个精神都写在"市政厅大厦"上边的那个铭刻里边,铭文的实质就是他早在 1495 年所提出和他的党徒在1527年所庄严地再次倡导的那个箴

① 哈该讲道集,第 6 篇讲道的末尾。(这里指的是人死后入地狱说,基督教把人看作是永生的,只有入地狱才是永久的死亡。——译者)

② 萨沃那罗拉或许是惟一能使这些附庸城市获得自由并仍旧维持托斯卡纳统一的人,可是,好像他从来没想过这样做。他憎恶比萨像一个道地的佛罗伦萨人一样。

言[1]:“耶稣基督按照元老院和人民的决定被选为佛罗伦萨人民的君主。”他和世俗事务及其实际情况的关系并不多于任何其他修道院中人。据他看来,一个人只能从事于直接使自己得救的事情。

这种气质可以从他对于古代著作的见解上清楚地看出来:

> “我们从柏拉图和亚里士多德那里得到的惟一的一件好事情,就是他们提出了我们能够用来反对异端的许多论据。但是,他们和其他哲学家们现在都在地狱里。关于‘信仰’,一个老妪所知道的比柏拉图多。如果把许多看来有用的书都毁掉,对于宗教会有好处。要是没有这许多书籍,这许多论据(‘自然推理’)和争论,宗教就会比以前更快地发展。”

他希望学校的经典教育限于荷马、维吉尔和西塞罗并以哲洛姆[2]和奥古斯丁[3]的著作来补充其余。不仅奥维德和加图路斯而且德兰斯和提伯路斯都应该取消。这可能只是一种道德上的神经过敏 461
的表现,但是,在另一部专著里,他认为整个科学都是有害的。他认为只有少数的人应该和进行研究,以使人类的知识传统不至于中断,特别是为了不至于缺少知识斗士来驳倒那些邪说家的诡辩。对于其余的人,文法、伦理学和宗教教义(“圣书”)就足够了。这样,文化和教育就将完全重由僧侣来掌管,因为据他的意见,“最有学问和最虔诚的人”将统治各个国家和帝国,这些统治者也将是僧侣。是不是他真正预见到了这种结果,我们不必去追问。

① 这和 1483 年锡纳人将他们的惶惑不安的城市隆重地献给圣母马利亚一事遥遥相对。见阿来格雷托著作,载木拉托里,第 23 卷,第 815 栏。

② 哲洛姆(Jerome,340—420 年)是基督教的学者之一,教会圣师和圣经拉丁文本的校订者。死后被追认为圣徒。——译者

③ 奥古斯丁(Augustine,354—430 年)是教会的圣师,他著有《忏悔录》和《上帝之城》,被认为是神学的奠基人,死后被追认为圣徒。——译者

我们不能想象有比这个更幼稚的推理方式。新生的古典文化和由它带来的人类思想和知识的无限扩大，对于一种能够适合于这种情况的宗教可能给予很好的确认；这一种简单的想法，似乎甚至于从来没有在这个好人的头脑里发生过。他要禁止他不能用任何其他方法来应付的东西。事实上，他就是不开明，例如，他曾经准备把占星家都送到他后来死在那上边的火刑台上去。[①]

和这种狭隘的思想并存的是一个多么伟大刚强的灵魂啊！像佛罗伦萨人那样充满了对于文化的热爱，在他能够约束他们并使之屈服于一个能够如此推理的人物以前，他的内心该是燃烧着一种什么样的热情啊！

究竟佛罗伦萨人准备为他而牺牲多少衷情和世欲，可以从那些有名的焚烧中看出来；和这些焚烧相比，锡耶纳的圣伯尔纳丁和其他人的一切“火刑台”肯定都算不了什么。

但是，所有这些，如果没有一个专制的警察机构是不能实现的。他毫不顾忌地对意大利所最宝贵的私生活的自由进行非常讨厌的干涉，使用仆人来侦查他们的主人作为实现他的道德改革的手段。铁腕的喀尔文靠着长期戒严状态的帮助，仅仅能够在日内瓦实现公众和私人生活的改革，这在佛罗伦萨必然被证明为是行
462 不通的，而这种尝试只能把萨沃那罗拉的敌人驱向于更难于和解的仇视。在他的最不受欢迎的措施当中可以提到那些组织起来的儿童团，他们强行进入家宅，用暴力夺取任何看来适合于焚烧的物件。因为发现他们有时是被人打回的，所以他们后来就由大人们

① 关于“不敬神的占星家”他说道：“同他们只有用火来争辩。”

来陪伴着作为警卫，借以保持一个虔诚的“新兴的一代”的假象。

1497 年狂欢节的最后一天和第二年的同一天，在市政厅广场上举行了大规模的“判决执行式”。在广场的中心竖立起一个像惯常焚烧罗马皇帝尸体的“火葬台”那样的巨大的金字塔形的一座阶梯建筑。在最下一层上摆着假须、假面具和狂欢节的化装服；上边一层是拉丁和意大利诗人的著作，其中有薄伽丘的作品，有普尔奇的《摩尔根特》（《巨人传》），有佩脱拉克的作品，一部分是用贵重的羊皮纸印刷的版本和装饰精美的手抄本；其次是妇女的装饰品和化妆品，香料、镜子、面纱和假发；再上一层是琵琶、竖琴、棋盘、纸牌；最后在最高的两层上摆的完全是绘画，特别是美人的画像，一部分是带有古典名字如露克瑞佳、克利奥巴特拉，或者芙斯蒂娜等的想象画，一部分是美女本琪娜、莉娜·莫瑞拉、毕娜和马利亚·兰吉等的肖像画；还有巴尔托洛缪·德拉·波达[①]自动送来的他的一切绘画；好像是还有一些女人的头像——古代雕刻家的杰作。一个偶然在场的威尼斯商人乘机向执政官提出愿意出两万两千个金币来购买这个金字塔上的物品；但是他所得到的惟一的回答是：他的肖像也被取来和这些东西一起烧掉了。当这个火葬堆被点着的时候，执政官出现在露台上，空中回响着歌声、喇叭声和谐和的钟声。然后人民退到圣马可广场，在那里他们团团地围着一个中心分成三圈来跳舞。最里边的一层是由那个修道院的僧侣们和打扮得像天使一样的男孩子们交错组成的；其次是青年僧俗人士；而

① 巴尔托洛缪·德拉·波达（Bartolommeo della Porta，1472？—1517 年）是意大利佛罗伦萨画家，曾一度放弃绘画入多密尼克修道院，四年后又恢复了他的画家生活。——译者

最外圈是老年人、市民和教士，教士们头戴着橄榄枝的花冠。[①]

战胜了萨沃那罗拉的敌人的一切嘲笑都不能损害人们对于他的追念，虽然这些胜利者确实不是没有嘲笑的理由和嘲笑的才能的。意大利的命运变得越悲惨，在幸存者的记忆中围绕着这个伟大的僧侣和预言家的形象的光轮就越明亮。虽然他的预言可能在细节上并没有被证实，但是他所预示的那个巨大的普遍的灾难却是以令人吃惊的真实实现了。

虽然所有这些讲道师都有巨大的影响，而萨沃那罗拉又光辉地证明了僧侣们有权利担任这个职务，[②]但是僧团整个说来仍不
463 能逃避人民的蔑视和谴责。意大利表明了她只能把她的热情给予个人。

如果我们抛开一切与教士僧侣有关的不谈，而要试图衡量古来信仰的力量，我们将看到它的大小是随着我们从什么观点来看它为转移的。我们已经谈到人们把圣礼当作不可缺少的东西那么感到需要。现在让我们对于信仰和礼拜在日常生活中的地位做片刻的考察。这二者都是部分决定于人民的习惯和部分决定于统治者的政策和榜样的。

一切与忏悔和以行善来达到得救有关系的事情，无论在农民或在城市的较贫苦的居民中间，很多都是和北欧处于同样的发展
464 或腐败的阶段。各处的有教养的阶级也受着同样动机的影响。民

① 见维拉利关于这一点的记述。

② 见培兰斯，第1卷，注30所引关于埃塞基尔的讲道第14篇中的一段。

间的天主教起源于古代异教的求神、酬神和祈神满意的方式的那些方面，已经在人民的意识中根深蒂固。我们已经在别处引用过的巴蒂斯塔·曼托万诺的第八篇牧歌里[①]包含有一个农民对圣母的祷告，在那里边，她是作为一切农村和农业利益的特殊保护人而受到呼求的。人民对于他们在天上的保护人都形成了些什么概念啊！那个佛罗伦萨女人[②]因为他的情人，一个僧侣，逐渐地喝干了一桶酒而没有被她不在家的丈夫发觉，就为了"还愿"在天使报喜节献了一桶蜜蜡，她心里是怎样想的呢！当时也像我们自己这个时代一样，人类生活不同部门都是由各自的保护人来统辖的。我们时常试图把天主教会的一些最平常的仪式解释成为异教礼仪的残余，而且没有人怀疑：许多和宗教节日有关系的地方的和民间的风俗习惯都是欧洲的基督教以前的被人们遗忘了的古老信仰的断片。在意大利，相反地我们看到了似乎是有意识地承认新的信仰与旧的信仰相结合的例子。例如：在圣彼得罗马建座节[③]的前四天，即2月18日，所以有给死者供食的习俗，就因为这是古代"鬼节"[④]的日子。[⑤] 许多这一类的其他习惯可能在那时是流行的和从

---

① 题名为《论农民的宗教信仰》，见本书第348页。

② 弗朗哥·萨克蒂，故事第109篇中有更多的这类例子。

③ 圣彼得罗马建座节是圣徒彼得在罗马建立圣座的节日，日期是2月22日。——译者

④ "鬼节"是古代纪念死者的节日，日期为每年2月18日。这一天可以扫墓并给死者供食。——译者

⑤ 巴蒂斯塔·曼托万诺在《节日论》第2卷中大叫道：

这种迷信导源于冥狱，
愿它从基督徒的圣教中消失，
飨生者以酒筵，

那时起就消灭了的。如果我们说意大利的民间信仰愈有异教性质就愈有坚固基础,恐怕只能是一种非常明显的似是而非之论。

这种形式的信仰在上层阶级中间流行的程度是多少可以详加说明的。如我们在谈到教士们的影响时已经说过的,这种信仰有习惯势力和早期的印象的支持。人们对于盛大的和夸耀的宗教仪式的喜爱也有助于巩固它,而且有时会出现一种流行性的信仰复兴运动,对于这种运动就是嘲笑宗教者和怀疑论者也很少有人能够加以抵制。

但是,在一类问题上,急于得出绝对的结论是危险的。例如:我们可能想象:有教养的人们对于圣徒遗物的感情将是一把钥匙,可用来启开并窥知他们的某些宗教意识。事实上某些程度上的不同也许可以得到说明,虽然绝不是像我们所希望的那样清楚。威

465 尼斯政府在十五世纪似乎曾经完全卷入了风靡全欧其余部分的对于圣徒遗体的崇拜中(见边码 95 页)。即使是居住在威尼斯的外邦人也发现他们很习惯于这种迷信了。① 如果我们能根据地志

给死者以祭祀。

早一个世纪,当约翰二十二世的军队进抵马什,打击吉伯林党人的时候,公然以"异端"和"偶像崇拜"为借口。雷卡那提城自愿投降却被付之一炬,"原因是在那儿崇拜过偶像",而实际上是替被该城居民所杀害的人们复仇。乔维奥·维兰尼,第 9 卷,第 139、141 页。庇护二世时,我们从书上得知有一个生在乌尔比诺的顽固的太阳崇拜者。伊尼亚斯·希尔维优斯《全集》289 页。《世界各国大事记》,第 12 章。尤其惊人的是列奥十世任教皇时(更确切地说是在阿德里安和列奥两位教皇中间空位的那段时间,即 1522 年 6 月,见格累哥罗维乌斯,第 8 卷,第 388 页)在罗马所发生的那件事情:为了防止瘟疫流行,曾以异教的礼仪,隆重地祭献了一头公牛。保罗·乔维奥:《历史》,第 21 卷,第 8 章。

① 见萨伯利科:《威尼斯形胜志》。他按照古典学者的方式列举了教会圣徒的名字,并未附加"神的"或"圣的"等字眼。但他常常谈到各种遗物,语调十分诚敬,甚至以曾吻过其中的一些来夸耀于人。

学者米凯尔·萨沃那罗拉(见边码157页)所提出的证据,来对他的故乡学究气的帕多瓦做出判断,我们就会看到那里的事情一定有很多和威尼斯无异。米凯尔以杂有自豪和虔诚的敬畏的心情告诉我们,在有重大危险的时候,怎样听到圣徒们夜间在这个城市的 466
街道上叹息,圣齐亚拉教堂里的一个圣洁修女的尸体,怎样一直继续生长着头发和指甲,以及这同一个尸体在任何灾祸将要到来的时候怎样发出声音和抬起臂膀。[①] 当他着手描写桑多的圣安东尼小教堂时,这位作者竟惘然若失地突然发出了喊声和坠入虚幻的梦境。在米兰,人们至少对于遗物表现了一种非常的狂热;1517年,有一次圣希姆普列齐亚诺修道院的僧侣们在某次改筑正祭坛时,不小心暴露了六具神圣的尸体,在这个事件之后,紧接着是倾盆大雨,于是人民[②]把这个天罚归之于这次的亵渎圣尸,因之无论什么时候他们在街上遇到这些僧侣时就给他们一顿痛打。在意大利的其他各地,甚至具体到教皇们本人,这种感情的真实性是非常可疑的,虽然在这方面要得出一个确实的结论也不可能。人们都熟知,庇护二世是在如何的普遍热情当中,把先从希腊以后又从圣女多莫拉教堂取来的使徒安德烈的头骨庄严地移置在圣彼得教堂里的(1462年);但是我们从他自己的叙述中知道他这样做只是由于面子问题,因为有很多的君主在争夺这个遗骸。一直到后来他才有那个理想,想使罗马成为那些从自己教堂里被驱逐出来的圣

① 《帕多瓦颂》,载木拉托里,第24卷,第1149到1151栏。

② 普拉托,《历史文献》,第3卷,第408页以下。虽然他绝不是一个自由思想家,但他仍然反对因果关系之说。

徒们的所有遗骸的庇护所。[①] 在西克塔斯四世时代，这个城市的人民对于这件事比教皇本人更为热心；地方长官对于西克塔斯把拉特兰大教堂中某些遗物送给了法兰西垂危的国王路易十一世非常不满。[②] 这时，在波洛尼亚发出了一个勇敢的声音，主张把圣多密尼克的头盖骨卖给西班牙国王，并用这笔钱从事于有益的公共事业。[③] 但是，那最不尊敬遗物的是佛罗伦萨人。从他们决定用一个新的石棺来供放他们的圣徒扎诺比到最后由吉贝尔实现这个计划，中间经过了十九年（1409—1428 年），并且这还是一件偶然的事情，因为那位雕刻大师曾经以很大的技巧完成了一个同样的较小的订货。[④]

佛罗伦萨人之所以开始对遗物感到讨厌，[⑤]或者是由于一个狡猾的那不勒斯女修道院长（1352 年）送给了他们一只用木头和石膏伪造的、大礼拜堂的保护者，圣女雷巴拉塔的臂膀。或许这样说更正确一些，那就是他们的审美观念使他们怀着憎恶离开那些
467 被肢解的尸体和发霉的衣服。或许他们的那种多少来自一种对于光荣的认识的感情，觉得但丁和佩脱拉克比所有十二使徒加在一

① 《庇护二世回忆录》，第 1 卷，第 8 章，第 352 页以下。“教皇深恐在礼敬这样伟大的使徒方面，使人看出做得不够。”

② 伏尔泰拉，载木拉托里，第 23 卷，第 187 栏。这位教皇以路易对教会的伟大功绩，并以模仿其他教皇例如圣格里高利的先例来为自己辩解。路易对遗物虽能表示热诚，但终于死去了。当时罗马墓窟虽被人们遗忘，但就连萨沃那罗拉（同书，第 1150 栏）也说罗马“宛如血田一样，是圣徒的所居”。

③ 布尔塞利斯：《波洛尼亚年代记》，载木拉托里，第 23 卷，第 905 栏。这是十六个贵族中的一人，巴尔托洛·德拉·沃尔塔死于 1485 年或 1486 年。

④ 瓦萨利，第 3 卷，第 111 页以下，注。《吉贝尔蒂传》。

⑤ 马提奥·维兰尼，第 3 卷，第 15 页和 16 页。

起都更值得有一个光辉的墓碑。除了威尼斯和情况特殊的罗马以外，大概全意大利对于遗物的崇拜早就已经为对于圣母的尊敬所代替了，[①]这种尊敬的程度也比欧洲其他地方更大；这个事实就是审美观念发展得很早的间接证据。

也许有人会怀疑：在北欧，几乎所有最宏大的教堂都献给了圣母，并且那里的拉丁文的和本地的诗歌有很大一部分是歌颂“天主之母”，是不是可能比意大利对于圣母更尊敬。不过，在意大利，关于圣母的奇迹画在数目上更多得多，而它们在日常生活中所占的地位也更重要得多。每一个城市无论大小都有很多这样的绘画，从古代的或者伪造是古代的由圣路加画的画一直到同时代人的作品，而这些同时代人常常亲自看到他们自己的手制品所造成的奇迹。在这些情形下，艺术作品并不是像巴蒂斯塔·曼托万诺 468
所想的那样无害；[②]有时候，它会突然具有一种魔术的效力。人民对于奇迹的渴求，特别是妇女们的强烈的愿望，可能从这些绘画上

① 我们应该将意大利人对于近代历史上圣徒遗体的崇拜同北欧风行的对于神圣的古代遗骨遗物等的搜集加以进一步的区别。这类遗物在拉特兰宫收藏极为丰富，为此它受到参拜圣地者特别的重视。但在圣多密尼克和帕多瓦的圣安东尼的坟茔上不但笼罩着圣德的荣光，而且也辉映着历史的美名。

② 他的晚年作品《节日论》中的著名论断曾涉及宗教的和世俗的两方面的艺术（第1卷）。他说，在犹太人中，有正当理由来禁止一切偶像，否则他们会再犯他们四周那些民族的偶像崇拜和恶魔崇拜的错误：

“现在，恶魔的本性业经洞悉，
并被人遗弃，无复旧日的威仪；
偶像没有给我们带来任何危险，
画像对我们也无计可施；
立像对我们已无害，
只不过是标志各种美德的大理石纪念像，
永垂不朽的荣誉的装饰。”

得到了完全的满足，而由于这个理由，对于遗物就不是那么重视了。我们不能肯定地说：由于小说家们对于假造的遗物的嘲笑，究竟对于真正遗物的尊敬受到了多大损害。[①]

受过教育的阶级对于“圣母崇拜”的态度较之对于偶像崇拜的态度可以更清楚地看出来。人们不能不惊讶于这样的一个事实：即在意大利文学中，但丁的《天堂篇》[②]是最后一篇向圣母致敬的诗，而在人民中间却继续不断地产生歌颂她的诗歌一直到我们这个时代。桑纳札罗和萨伯利科[③]和其他拉丁诗篇的作者的名字毫不能做相反的证明，因为他们写作的目的主要是为了文学。在十五世纪[④]和十六世纪初所写的具有真挚宗教感情的意大利文诗篇，如“豪华者”洛伦佐所写的赞美诗、维托利亚·科伦纳和米开朗琪罗的十四行诗，就好像新教徒写的一样。除了用抒情的诗句来表现对于上帝的信仰外，我们在它们里边所主要看到的是对于罪恶的认识、由于基督的死而获得拯救的意识和对于一个更美好的世界的渴望。天主之母的代祷只是被顺便提到的[⑤]。在路易十

① 巴蒂斯塔·曼托万诺抱怨那批不愿相信曼图亚圣血真实性的无赖们。对“君士坦丁的赠与”抱怀疑的那种批判精神，虽说是间接的，也是反对信仰遗物的表示。

② 尤其是圣伯尔纳丁的那篇著名的祈祷文。《天堂篇》，第33歌，第1行，“童贞圣母，尔子之女。”

③ 或许我们可以加上庇护二世，他所作的致童贞圣母的哀歌刊在他的《全集》，第964页。他自幼年就相信自己处在童贞圣母的特别保护下。帕比彦斯：《记庇护之死》，载《全集》，第656页。

④ 这是当教皇西克塔斯四世十分热衷于圣母纯洁受胎说时的作品。《一般指令集别辑》，第3卷，第12款。他也建立了圣母献堂节和圣妇安娜及圣约瑟节。见特利塞姆，《希尔骚年代记》，第2卷，第518页。

⑤ 维托利亚歌颂圣母的几首索然无味的十四行诗是这方面最足以说明问题的作品。（85号以下。维斯康提版，罗马，1840年）

四时代的法国古典文学作品中也再现过同样的现象。一直到反宗教改革时期,“圣母崇拜”才在较高雅的意大利诗歌中重新出现。同时,造型艺术自然是尽了它们的最大力量给圣母以光荣。可以附带一提的是:在受过教育的阶级中对于圣徒的崇拜常常采取一种主要是异教的形式(见本书第262页)。

我们可以这样批判地考察这一时期意大利天主教的各个方面,并这样以某种程度的可能性来确定一些受过教育的阶级对于民间信仰的态度。但是仍不能达到一个绝对肯定的结论。我们看到的矛盾现象是难于解释的。在建筑家、画家和雕刻家以不倦的 469
活动在教堂里工作和为教堂而工作的同时,我们在十六世纪初听到了对于轻视公众礼拜和这些教堂本身的最激烈的控诉:

“教堂倾圮,祭坛到处被玷污;
宗教仪式渐消逝。”①

人们都知道路德是怎样由于对罗马教士举行弥撒的那种不敬 470
罪而受到诽谤的。同时,教会的节日庆祝,其爱好程度和豪华场面也是北方国家所不能设想的。看来好像这个最富于想象力的民族很容易轻视日常事务,同样也很容易为任何不平等的东西所俘虏。

我们必须把这种流行性的宗教信仰复兴归之于这种极端的想象力,关于宗教信仰复兴我们将再说几句话。必须把这种复兴同伟大的传教士们所唤起的激动情绪分别开来。这毋宁说是从一般

① 见巴蒂斯塔·曼托万诺:《节日论》,第5卷,尤见小皮科拟在拉特兰宗教会议上所发表的演说。载罗斯科:《列奥十世传》,菩西版,第8卷,第115页。参看本书第137页注。

的人民的灾难，或者说从对于这种灾难的恐惧中产生的。

在中世纪，整个欧洲都不时受到这些巨大浪潮的冲击，全体人民都被卷入浪涛中。十字军和自笞派教徒[①]的复兴就是例子。这两种运动意大利都参加了。紧接着埃兹利诺和他的家族灭亡之后，如上所述（见第 454 页注），最早的巨大的自笞派教徒团体出现在那同一个佩鲁贾[②]的邻近地区，成为复兴派传教师的大本营。底下接着是 1310 年和 1334 年的自笞派运动，[③]然后是柯利奥所记载的 1399 年的没有鞭笞的圣地参拜。[④] 在宗教的振奋时期，全体居民都着迷于爱好流浪的有害的激情；"大赦年"的设立的部分原因可能就是为了对于这种爱好加以调节并使之无害。意大利的大圣堂，如洛雷托和其他圣堂等同时也都出了名，这无疑地转移了这种狂热的一部分。[⑤]

① 自笞派教徒是欧洲十三、十四世纪相信自行鞭打可以赎罪的信徒。——译者

② 《帕多瓦年代记》，第 3 卷开头处，载木拉托里，第 24 卷。关于这种复兴有如下的记述："它最初冲击了佩鲁贾人，其次罗马人，最后几乎是意大利的全体人民。"文都拉（见《阿斯塔史略》，载《国家史料集成》，第 3 卷，第 701 栏。）把自笞派的参拜圣地称为"伦巴第人的惊人的感情冲动"；隐修者从他们的斗室里走了出来，劝告各城市市民忏悔。

③ 乔维奥・维兰尼，第 8 卷，第 122 页；第 11 卷，第 23 页前者受拒于佛罗伦萨，后者则大受欢迎。

④ 柯利奥，第 281 页。列奥那多・阿雷提诺在《佛罗伦萨史》第 12 卷开头处曾提到过为"白装人"从阿尔卑斯到卢卡，到佛罗伦萨，甚至到更远处的圣地参拜所唤起的一次突然的宗教复兴。

⑤ 到远方参拜圣地的事已经很少见了。伊斯特家族的王公们到耶路撒冷，圣雅哥和维也纳的参拜，在木拉托里，第 24 卷，第 182、187、190、279 栏中曾有举数。关于利那尔多・阿尔比齐的参拜圣地，见马基雅维里《佛罗伦萨史》，第 5 卷。在这里，求名之心有时也是参拜的动机之一。编年史家卡瓦尔康提（《佛罗伦萨史》，第 2 卷，第 478 页，波利多利，1838 年版）在谈到想同一个伙伴一起到圣墓去的列奥那多・菲斯科巴第时说："他们认为自己将永远在后人心内流芳。"

但是，在以后很晚的一个时期，可怕的激变仍然有力量来唤起中世纪的忏悔热情；受到良心谴责的人们常常仍然为天象和怪异现象所吓倒，他们试图用哀泣和鞭笞，用绝食、游行和制定道德法规来感动上天怜悯他们。当 1457 年瘟疫病来到时，[1]在波洛尼亚是如此，在 1496 年锡耶纳发生内部纷争时也是如此，[2]这里所说的不过是无数例子当中的两个而已。我们不能想象到有比我们所读到的 1529 年在米兰发生的景象更动人的了；当时的饥馑、瘟疫和战争与西班牙人的横征暴敛合在一起使这个城市陷于绝望的深 471
渊。[3] 恰巧那个人们愿意听他讲话的僧侣，托马索·尼托本人是一个西班牙人。一群赤足的老年人和青年人中间以一种新奇的方式扛抬着圣体。它被放在一个装饰好了的棺材架上，由四名穿着亚麻布外衣的教士抬在肩上——这是仿效过去以色列人抬着约柜[4]绕行耶利哥城外的行动。米兰的为苦难所折磨的人民就这样做，使他们古老的上帝记起他和人们所定的古老的盟约；而当这个游行的队伍再度进入大教堂时，那个巨大的建筑物看来好像要随着“上帝慈悲”的苦闷的呼声而倒塌。许多站在那里的人都可能

---

① 布尔塞利斯：《波洛尼亚年代记》，载木拉托里，第 23 卷，第 890 栏。

② 阿来格雷托著作，收入木拉托里，第 23 卷，第 855 栏以下。传言在门外下血雨。大家都拥出去看，但“有识之士不相信它”。

③ 布利哥佐，《历史文献》，第 3 卷，第 486 页。关于当时遍及伦巴第的灾难，加利佐·卡培洛《记最近在意大利发生的事件》是最好的史料。米兰的受灾几乎不亚于 1527 年罗马的遭劫。

④ 它又被称为“缔约之柜”。它当初是怎样“以伟大的奇迹制造的”，人们曾有传说。（《旧约》的《约书亚记》载：以色列人围攻耶利哥城，耶和华晓谕他们抬着约柜绕城而行，一日围绕一次，到第七日绕城七次，大声呼喊，城墙就必塌陷。他们照着耶和华的话办了，耶利哥城果然倾圮。——译者）

相信全能的主真的会推翻自然和历史的法则而给他们一个神奇的拯救。

当时在意大利有一个政府即费拉拉的公爵埃科尔一世的政府,[①]它对公众感情进行指导,并迫使民间的复兴运动循正规的途径发展。当萨沃那罗拉在佛罗伦萨得势,和由他开创的那个运动在中部意大利的人民中间广泛开展时,费拉拉人民自愿地开始了一个普遍的绝食(在1496年初)。一个味增爵修士会的修士从礼拜堂的教坛上宣布,一个世界从来没有见到过的战争和饥荒的时期将要到来;但是圣母已经向某些虔诚的人们保证,[②]这些灾祸可
472 以用斋戒绝食来避免。在这种情形下,宫廷本身除绝食外也别无其他办法,但是它却把公众信仰的指导抓在自己手中。在复活节日,4月3日,公布了一个关于道德和宗教的告示,禁止渎神,严禁游乐、鸡奸、蓄妾、将房屋租赁给妓女和娼家,禁止除面包房和蔬菜商之外的一切店铺在节日营业。在费拉拉避开西班牙人的劫难的犹太人和摩尔人,现在又被迫在胸前佩戴黄色的"0"字。违犯者不仅遭受到法律已经规定了的惩罚,而且也要受到"公爵所认为应该施加的那种更严厉的处罚"。如果是一种罚款,四分之一归公爵所有,另外的四分之三归某一个公共机构。在这之后,那位公爵和他的廷臣们接连几天在教堂里听讲道;4月10日,在费拉拉的所有犹太人都被迫去听讲了。[③] 5月3日,警察总监即前已提及

---

① 《费拉拉日记》,见木拉托里,第24卷,第317、322、323、326、386、401等栏。

② 编年史上说:"向一位圣人或一位圣女。"禁止已婚的男人蓄妾。

③ 这篇讲道特别是给他们听的。讲道后,一个犹太人受了洗。编年史家附加一句说:"但不是那些听讲道里面的一个人。"

的那个扎邦特(见边码70—71页),派遣传唤吏宣布:凡为免被告发为渎神者而曾向警官行贿的人,如果他们提出来都可以取回他们的钱和外加的一笔赔偿费。他说:这些可恶的警官们曾经以告发无辜相威胁,而向他们勒索到两个或三个金币之多。这些人当时也互相告密,所以结果都入了狱。不过,他们所付出的钱恰好是为了免和扎邦特打交道,所以为他的布告所引诱而出来领款的人为数不多。当1500年,鲁德维科·摩尔覆灭之后,同样的群众情绪爆发的时候,埃科尔[①]命令组织了连续九次的游行,在这些游行中有四千个身穿白衣服手持耶稣圣像的旗帜的儿童参加。他自己因为走路困难骑在马上。事后发布了一个和1496年同样性质的布告。人们都知道这个统治者建筑了多少教堂和修道院。他甚至在他的儿子阿尔方索和露克瑞佳·波几亚即将结婚(1502年)之前,派人去迎接活圣女,科伦芭姆姆。[②] 一个特使[③]偕同另外十五名修女到维特尔波去迎接请她;在她到达费拉拉时,大公亲自把她送到为欢迎她而准备好了的修道院里。如果我们把所有这些措施大部分归之于政治上的考虑,或许不算是对他不公平。如我们在前文所指出的(见第66页),根据伊斯特家族对于统治所抱的观念,这种利用宗教来达到政治上的目的的做法乃是一种逻辑上的

① 编年史家说:“为了极力使他闻名于世,并因为和上帝交好,总不失为好事。”史家在描述了这些希望之后,勉强附加一句说:“不管事情是为什么做的,和为什么要做,只要一切好事不失为好事就够了。”

② 这不会是科伦芭姆姆,她已于1501年5月20日去世。这可能是露茜亚·达·纳米。——盖格尔

③ 他被称为“公爵宰臣的使者”。显而易见,是企图让整个事情看作只是宫廷的工作而并非出自任何教会当局。

必然。

473 第三章　宗教和文艺复兴的精神

但是，为了对于这个时代的人们的宗教意识得出一个明确的结论，我们必须采取一种不同的方法。从他们的一般的精神面貌上，我们可以推断出他们与神的观念的关系和与他们那个时代存在的宗教的关系。

这些近代人，意大利文化的代表者，是生来就具有和其他中世纪欧洲人一样的宗教本能的。但是他们的强有力的个性使他们在宗教上完全流于主观，像在其他事情上一样，而内部世界和外部世界的发现在他们身上发生的那种巨大魔力使他们特别趋向于世俗化。在欧洲其余各地，一直到很晚一个时期，宗教始终是一种从外部授予的东西，而在实际生活当中，利己主义和肉欲是和信仰与忏悔交替着出现的。后者没有像在意大利那样的精神上的竞争者，即使有也是在比较小得多的范围内。

还有，意大利时常和拜占廷以及穆斯林人民发生的密切关系产生了一种冷静的容忍态度，这种容忍态度削弱了在人种学方面基督教界特殊的观念。而当古典文化以及它的人和制度成为生活的理想和最伟大的历史记忆时，意大利人的思想在很多情况下就十分崇尚古代人的推想和怀疑主义。

再有，因为意大利人是欧洲的第一个大胆地对自由和必然做出推想的近代民族，又因为他们是在暴力和没有法制的政治情况下这样做的（在这种情况下罪恶似乎常常能得到辉煌的和永久的胜利),所以他们对于上帝的信仰就开始动摇,而对于这个世界的统治的看法也就成为宿命论的了。当他们中那些有热情的性格的人拒绝停留在世事无常的认识当中时,他们就转向于古代的东方的或者中世纪的迷信,以为他们自己求得一个出路。他们开始喜欢占星术和魔术。

最后,这些知识上的巨人,这些文艺复兴的代表人物,在宗教问题上就表现出一种在青年人身上常见的性格。他们能够很敏锐地分清善与恶,可是他们并不认为自己有罪。内在的和谐每一次遭破坏,他们都认为可以靠他们自己天性的随机应变的智谋而得到弥补,所以他们并不感到悔恨。因此就越来越感到没有得救的必要,同时对于现世的野心和智力活动不是完全排除了各种关于
未来世界的想法,就是使它采取一种诗的形式来替代教义的形式。474

当我们把所有这些看作是为具有无限力量的意大利想象力所渗透了的和常常败坏了的,我们就得到了那个时代的一幅图画,它比起含混地斥责现代的相信异教自然是更合于真实的。进一步的考察常常使我们看到:在这个表面现象的下边,仍能有许多真正的宗教继续存在下去。

关于这些问题的更详细的讨论必须限制在少数最根本的说明上。

当教会在教义上变得错误百出和在实践上变得专制的时候,宗教不可避免地应该重新成为个人的和与个人自己的感情有关的事情,并且也是欧洲精神仍然存在着的一个证明。诚然,这是以许多不同的方式表现出来的。当北欧的神秘的禁欲的教派急于为他

们的新的思想感情的方式创造新的形态时，在意大利每一个人都在走自己的路，并且有成千上万的人在生活的海洋中漂荡而没有任何宗教指引。我们因此必须更加赞赏那些获得并坚持一己的宗教的人。他们不能因为没能参加当时那个旧教会或分担它的命运而受到责备；而期待他们所有的人都能经过德意志宗教改革者所经历过的那个巨大的精神劳动也是不合理的。我们将在这部书的结尾说明在优秀人物思想中所表现的这种个人信仰的形式和目的。

使文艺复兴时期同中世纪看来成为一个鲜明对比的那种世俗性，首先渊源于那些改变了中世纪对自然和人的观念的新思想、新意志和新观点的浪潮。这种精神本身对于宗教并不比当时取代宗教的"文化"更怀有敌意，可是这种文化对于发现新的伟大世界所唤起的普遍的激昂之情却只能给我们一个微弱的概念。这种世俗性的态度并不是轻薄的，而是认真的，并为艺术和诗歌所提高了的。这种态度一采取就永远不会再失去，一种不可抗拒的动力迫使我们去研究人和事物，而我们也必须把这种研究当作我们的正当的目的和工作，这正是一种近代精神的崇高的必然趋势。[①] 什么时候和通过什么道路这种研究把我们领回到上帝那里去，以及在什么方式下个人的宗教气质将受到它的影响，是不能用任何一般的回答来解决的。不肯在归纳推理和自由探索上费力气的中世纪，在这样一个极端重要的问题上是没有权利把它们的教条主义的判断强加于我们的。

① 见前文引用皮科《论人的尊严》中的话。（本书第 351、352 页）

意大利对人的研究，是它以一种容忍和漠然的态度来对待穆罕默德的宗教的许多原因之一。从十字军时代起，特别是在蒙古人为患以前，意大利对于伊斯兰教人民所达到的高度文明就特别了解和赞赏。某些意大利君主的半穆罕默德式的统治，对于现存 475
教会的不满和甚至鄙视，以及和东地中海与南地中海各口岸的经常商业来往培养了这种感情。[①] 我们能够看到：在十三世纪，意大利人已认识伊斯兰教关于高贵、尊严和骄傲的理想，并且乐于把这些和一个苏丹本人联系起来。[②] 这一般都是指马穆鲁克苏丹说的，如果提到任何一个人名时，那必然是萨拉丁。[③] 如我们在前文所表明的（见边码 110 页以下），甚至不掩饰其破坏意图的奥斯曼帝国的土耳其人，给予意大利人的也只有一半是恐惧，而和他们和平共处被认为并不是不可能的。但是和这种容忍一起出现了对伊斯兰教的宗教上的激烈反对；费莱佛说：教会人士应该出来反对它，因为它在世界大部分地区盛行，对于基督教来说它比犹太教更危险。[④] 在那种准备与土耳其人和解的愿望之外，也出现了一种用战争来反对他们的热烈愿望；庇护二世在整个教皇任期内都为

① 不用说，在阿拉伯人自己中间类似的容忍或漠然的态度并不少见。

② 《十日谈》中就是如此。无名的苏丹们见马苏奇奥故事第 46、48、49 篇；一个叫做“菲斯的国王”，一个叫做“突尼斯国王”。薄伽丘在《但丁传》第 1 卷，第 293 页中称赞萨拉丁，在《狄达蒙多》，第 2 卷，第 25 章，我们看到有“好人苏丹”一语。关于 1202 年威尼斯同埃及苏丹的联盟，见《历史杂志》，第 4 卷（1877 年），第 74—102 页上，罕诺托的文章，其中对伊斯兰教自然也有许多攻击之处。关于一个土耳其妇女先在威尼斯，以后又在罗马接受洗礼，见切该蒂，第 1 卷，第 487 页。

③ 萨拉丁（1137—1193 年）1174—1193 年为埃及和叙利亚的苏丹。他率领伊斯兰教徒和十字军作战，屡获胜利，并于 1187 年占领了耶路撒冷。——译者

④ 《费莱佛书信集》，第 90 页 b 以下（威尼斯，1502 年）。

这种感情所支配,而许多人文主义者也在大声叫嚷要和土耳其人作战。

无区别地对待宗教的最真实、最典型的表现是那个有名的“三个指环”的故事。[①] 几世纪以前,《古代故事百篇》(第72或73个故事)就曾经叙述过这个故事,虽然多少有一些保留,而薄伽丘则叙述得更为大胆。[②] 以后莱辛[③]又借他的纳桑的口来重说了这个故事。我们永远不能知道这个故事最初是用什么语言和在地中

① 薄伽丘在《十日谈》里叙述过这个故事。萨拉丁苏丹因为需要一笔钱想要取得一个富有的犹太人的帮助。但是这个犹太人极端吝啬,而萨拉丁又不愿意强迫他,所以就对他提出了一个难于回答的问题以便有理由处罚他。问题是:“犹太教、回教和基督教究竟哪一个是真教?”那个犹太人看穿了萨拉丁的圈套,就讲一个故事作为回答:一个富人有一个最美丽的和最贵重的指环。他希望这个指环能够在子孙手里永远传留下去,就在遗嘱中规定,把这个指环给哪个儿子,哪个儿子就是他的继承人。得到这个指环的儿子也立下了同样的一条法律。这样世代相传一直到一个人有三个儿子都是同样地有德行和孝顺。这个人爱他的每一个儿子,不知道把指环给谁好,于是就找了一个工匠做了两个同样美丽和贵重的指环。他在临死时秘密地给了每个儿子一个。三个儿子在他死后都说自己的指环是真的,但是没有人能做出最后的判断。那个犹太人讲完了这故事之后说:三个民族的三种宗教都得到了上帝的法律,都遵守他的训诫,都相信自己是真的,但究竟谁说得对是和三个指环一样地难于解决的。——译者

② 《十日谈》,第一天,故事第3篇。薄伽丘是提出基督教这一名称的第一人。其他人没有提到这个名称。关于十三世纪的一个古老的法兰西史料,可参阅托布勒的“Li di dou Vrai Aniel”(来比锡,1871年。)关于阿伯拉罕·阿布拉菲亚(1241年生于西班牙,1290年前后来到意大利,想劝教皇皈依犹太教)的希伯来故事中讲两个仆人都要求让自己掌握为公子埋下的那颗珍宝,可参阅斯泰恩什奈德的《对阿拉伯语的学术论辩》第319页和360页。根据以上这些以及其他一些材料可以断定,这个故事在起初并不是像现在我们所知道的这样明确(如在阿布拉菲亚中,它是被用来攻击基督教徒的),而三个教派彼此平等之说是后人追加的。参看罗伊特:《中世纪宗教文明史》(柏林,1877年)第3卷,第302页以下,390页。

③ 莱辛(Lessing,1729—1781年)是德国的戏剧作家和评论家。他写有剧本《聪明的纳桑》,用意在于提出他的宗教思想自由的主张。剧中人纳桑曾经讲三个指环的故事。——译者

海的哪一个角落里讲的；可能最初的故事比两个意大利的改编故事说得更露骨。它所根据的宗教假定，即“自然神教”，我们以后将在它对于这一时期的更广泛的意义上来加以讨论。那个有名的谚语，“曾欺骗了这个世界的三个人，是摩西、基督和穆罕默德”，[①]重新阐述了这个思想，虽然说得并不漂亮。如果皇帝弗里德利希二世（据说这句谚语是他最先说的）真是这样想，他大概会更加机智地表达出他的心意。在伊斯兰教中间同样的思想也流行着。

在文艺复兴的高潮时期，约在十五世纪末，卢吉·普尔奇在 476
《摩尔根特》（《巨人传》）中给我们提供了一个同样想法的例子。他的故事里所谈到的那个想象中的世界，像在一切传奇的英雄诗里一样，是被分成为基督教阵营和伊斯兰教阵营的。按照中世纪的精神，基督徒的胜利，以及交战双方的最后和解，是伴随以战败了的伊斯兰教徒的受洗的；在普尔奇以前处理这些主题的那些即兴诗人们一定已经随便地利用过这个老套子。普尔奇的目的是嘲笑他以前的作者，特别是其中最坏的作者；他在每一篇开首以所写的对于上帝、基督和圣母的恳求而做到了这一点；而更清楚的是那种突然的改变信仰和受洗的说法，这使每一个读者和听者都感到毫无意义。这种嘲笑使他进一步地坦白承认他是相信一切宗教的相对的优点的，[②]而这种信仰本质上是建立在有神论的基础之上

① 《三个骗子》，书名。人们把这一作品从许多人中归之于弗里德利希二世，但书的内容和这一名称丝毫不相符合。最近的一版由韦勒校订，海尔布隆，1876 年。对于作者的国籍和写作的日期都有争论。见罗伊特，前引书，第 2 卷，第 273—302 页。

② 然而出自恶魔阿斯塔罗提之口。第 25 歌，第 231 节以下。参看 141 节以下。

的，虽然他所表白的信仰是正教。[①] 在另外一点上他也远远地离开了中世纪的概念。在过去一些世纪里，可采取的主题是：或者写基督徒，或者写异教徒和伊斯兰教徒；写正教的信奉者或者是邪教徒。普尔奇却描绘了一个巨人马尔固特的形象，[②]他漠视一切宗教，快活地承认他有种种恶行和肉欲，但却保留了一个从来不背信弃义的优点。或者，这个诗人想要使这个诚实的怪物——在他的优点上——有所表现，可能由摩尔根特把他领到善良的道路上去，但是作者不久就讨厌了他自己的创造，而在下一章里对这个形象做了喜剧的结束。[③] 马尔固特曾经被提出来作为普尔奇的轻薄的证明；但是在完成十五世纪诗歌的全貌上，还是需要他的。书中就必然在某些地方不成比例地出现一个不受抑制的利己主义的形象，对于一切清规戒律毫不理会，但还留有一种可尊敬的感情的残余。在其他诗篇里，也有时借巨人、恶魔、异教徒和伊斯兰教徒之口来发表一些感想，而这些是任何一个基督教骑士所不敢冒险讲出的。

古典文化比之伊斯兰教还发生另一种影响，这并不是由于它有和这个时代的天主教非常相似的宗教，而是由于它的哲学。当时被尊为无可比拟的古代著作里边充满了哲学对于宗教传说的胜

① 第 28 歌，第 38 节以下。

② 第 18 歌，第 112 节到末尾。

③ 普尔奇虽然仓促地但还是在他的人物国王基亚利斯汤提身上简单地论述了相同的概念。（第 21 歌，101 节以下，121 节以下，145 节以下，163 节以下。）这位国王什么也不相信，而使人崇拜他自己和他的妻子。这不禁使我们想起西吉斯蒙多·马拉泰斯达来。（边码 235 页）

利。无数的理论和理论的片段，不是作为新奇的学说或甚至作为邪说，而是作为俨然是权威性的教训，突然出现在意大利人的面前；对于这些理论当时必须与之调和而不是加以歧视。在几乎所有这些不同的见解和学说当中都含有某种对于上帝的信仰；但总起来说，它们却和基督教相信神在统治世界的信仰形成了一个鲜明的对比。这里有一个中心问题，它是中世纪神学试图解决而没 477
有成功的，也是现在迫切要求从古代人的智慧当中得到一个解答的问题，那就是：神和人类意志的自由或必然的关系的问题。要把十四世纪以来关于这个问题的历史即使很肤浅地写出来，也会需要一整部书。这里只能略作提示。

如果我们把但丁和他的同时代人作为证据，我们将看到：古代哲学是以一种和基督教成为最鲜明的对比的形式，即享乐主义，来首先和意大利生活发生接触的。伊壁鸠鲁的著作没有被保存下来，甚至在古典时代的末期就对于他的哲学或多或少地形成了片面的了解。但是，能够在卢克莱修[①]，特别是在西塞罗的著作中读到的那一种享乐主义已经很足以使人们熟悉一个无神的世界。究竟他的学说被人们真正理解到什么程度，以及是不是这个可疑的希腊哲人的名字对于群众毋宁是一个口号，是很难说的。大概多密尼克会异端裁判所曾经用它来指控那些不能以更确切的罪名来予以处罚的人。对在时机成熟以前产生的那些怀疑论者，还很难以肯定的异端邪说罪来处罚，但他们过的普通程度的奢侈生活就

① 他的著作是由波吉奥传开的。

足以引起对他们的控诉。当乔万尼·维兰尼[①]把佛罗伦萨的1115年和1117年的大火解释为神对异端的惩罚,尤其“对于那些奢侈的贪吃的伊壁鸠鲁派的惩罚”时,他就是在这个传统的意义上使用这个名词的。同一个作家谈到曼弗雷时说:“他过的是伊壁鸠鲁的生活,因为他既不相信上帝,也不相信圣徒,而只是相信肉体的享乐。”

但丁在《地狱篇》的第九歌和第十歌里说得更清楚。那个可怕的烧着火的原野,到处都是半开着的坟墓,从那里边发出绝望的痛苦的哭泣之声。里面充斥着教会在十三世纪击败或放逐的两大类人。一类是故意散布谬论来反对教会的异端者,另一类是享乐主义者,他们反对教会的罪过是在于他们的一般意向,总起来说就是认为灵魂与肉体同死。[②] 教会深知:这种学说如果得势,一定比摩尼教徒[③]及巴达派[④]的主张对于它的权威更为有害,因为摩尼教

① 乔万尼·维兰尼,第4章,第29页;第6章,第46页。这个名字早在1150年就出现在北方各国内,但仅指通常的意义。由马尔美斯伯里的威廉对它下了定义。(第3卷,第237页,1840年,伦敦出版):“伊壁鸠鲁派……他们认为解脱了肉体的灵魂,消失于大气中,流散在天空间。”

② 见卢克莱修第3卷中的论证。后来伊壁鸠鲁学派人士被用作自由思想家的同义语。洛伦佐·瓦拉对伊壁鸠鲁有如下的评述:“谁比他更为淡泊、知足和朴素呢?的确,我发现没有任何哲学家比他缺点更少,很多希腊罗马的高尚正直之士都是信奉伊壁鸠鲁学说的。”瓦拉是在向尤金四世替自己辩护,反对安东尼奥·比同托等人的攻击。

③ 摩尼教徒(Manichaeans)是三世纪一个波斯人摩尼的信徒。他的宗教主张是两元论,认为人的肉体是罪恶的产物,人的灵魂来自光明之域,肉体永远趋向堕落,灵魂继续不断地去挽救它。他认为历史上的耶稣和精神上的耶稣不同,前者是一个坏人,后者才是神圣的救主。——译者

④ 巴达派(Paterini)是摩尼教徒移居到米兰的一个支派,特别反对教士结婚。——译者

取消了它干涉人们死后事情的整个理由。至于它在斗争中所用的手段，正好把最有才能的人驱赶到不信宗教和绝望的道路上去这一点，自然是它自己所不肯承认的。

但丁对于伊壁鸠鲁或者他所认为的伊壁鸠鲁的学说的憎恶自 478
然是真诚的。一个咏唱未来生命的诗人不能不讨厌那个否认生命不朽的人；一个既不是由上帝所创造，也不是由上帝所统治的世界，无异于是这个学说所支持的尘世生活的庸俗事物，不能不是他那样的性格所极端嫌弃的。但是，如果我们更仔细地加以观察，我们就会看到：除非那确实是他自己的考虑、当时流行的意见的影响，或者对于似乎是在统治着世界的不公平现象的憎恶，使他放弃对于一个特别的神的信仰，否则古人的某些学说就是在他身上也产生一种影响，迫使圣经上的神在统治的学说退到后面去。[①] 他的上帝把统治世界的细致工作委托给一个代表，命运之神。命运之神的惟一工作就是一再改变一切尘世间的事情，并且不顾那些安富尊荣的人们的哀泣。但是，但丁并未片刻放松人们道德上的责任；他是相信自由意志的。

按通俗意义讲的自由意志的信仰，一直盛行于西方国家。无论什么时候，人们都被认为是要对他们的行为负责的，好像这种自由是理所当然的事情。但具体到煞费苦心要调和意志的本质和一般的宇宙法则的宗教学说和哲学学说，那就是另外一种情形了。这里，关系到多少的问题，对此每一种道德评价必须加以考虑。但丁并没有完全摆脱开那种欺骗了他那个时代的所有的人们的占星术

① 《地狱篇》，第 7 歌，第 67—96 行。

的迷信，但是它们并没有妨碍他得出关于人性的有价值的概念。他使他的马克·伦巴都说，[①]"星辰给了你的行为以最初动力"，但是

天也给了你一种辨别善恶的光，
还有自由意志；这种意志最初
也许在和星辰的影响相搏中感到疲惫
但如果得到很好的培养，
它在最后将战胜一切。

其他的人可能在星象以外探求另一种取消人类自由意志的力量的必然性，但因此它也就是一个公开的和不能回避的问题。就它是各种学派或者单独的思想家们所研究的问题来说，它是应该由研究哲学史的人来加以讨论的。但是，因为它已经为广泛的公众所意识到，所以我们就有必要说几句关于它的话。

十四世纪主要是受到了西塞罗的著作的激励的。他虽然事实上是一个折衷主义者，但是由于他习惯于提出各家的意见而不在它们之间做出一个决定，所以他就起了怀疑主义者的影响。其次比较重要的是塞尼加和亚里士多德的少数已经译成拉丁文的著
479 作。这些研究的直接效果，如果不是直接反对教会的权威，无论如何也是在不受教会影响的情形下取得了一种在重大问题上的思索能力。

在十五世纪当中，古典文化的著作被发现了而且得到了特别迅速的传播。我们现在所有的希腊哲学家的著作当时至少都译成

① 《炼狱篇》，第16歌，73行。参看"宴会"中星宿影响的学说。甚至普尔奇的《摩尔根特》，第25章，第150节中恶魔阿斯塔罗提也证明了人类意志自由和上帝的正义。

拉丁文而到了每个人的手中。一个奇怪的事实是：这个新文化的某些最热心的提倡者是最虔诚地敬上帝的人乃至是禁欲主义者(见边码273页)。安布罗吉奥·加马多莱斯修士，作为一个宗教上的高僧，主要从事教会事务，作为一个文人，他翻译过教会的希腊教父的著作，但是抑制不住人文主义的冲动，在柯西莫·美第奇的请求下，着手把狄奥吉尼斯·拉尔修斯[1]的著作译成拉丁文。[2]他的同时代人，尼科洛·尼科利、吉安诺佐·曼内蒂、德那多·阿奇亚佐利和教皇尼古拉五世[3]把高深的圣经学识和极端的宗教虔诚与多才多艺的人文主义结合在一起了。在维托利诺·达·费尔特雷的身上我们已经看到了同样的倾向(见边码220页以下)。给《艾尼伊德》续作了第十三卷的同一个马菲欧·维吉奥热心于纪念圣奥古斯丁和他的母亲莫妮加，如果不是他们对他有深刻的影响，它是不会这样的。所有这些倾向的结果就是：佛罗伦萨的柏拉图学院有意识地以调和古代精神和基督教精神作为它的目标。这是那个时代的人文主义中一个引人注目的绿洲。[4]

① 狄奥吉尼斯·拉尔修斯(Diogenes Laertius)是三世纪的希腊传记作家。他写的哲学家传记包括古希腊的和意大利的两大类，并特别详于伊壁鸠鲁的生平。——译者

② 参见瓦格特：《复兴》，第165—170页。

③ 维斯帕西雅诺·菲奥兰提诺。第26、320、435、626、651页，载木拉托里，第20卷，第532栏。

④ 在普拉提那所作的《基督传》序言中，对文艺复兴时代的宗教影响作了奇妙的例示。(《教皇传》开头处)他说：基督按其"出身的高贵"来说，充分达到了四倍于柏拉图的"高贵"，"因为异教人中有谁在光荣和声誉上理应并足以和所罗门王大卫媲美，智慧和道学上理应并足以和基督本人并称呢?"犹太教像古典的古代文化一样，也被按基督教的假设来解释。皮科和彼得罗·加拉提诺都力图证明基督教的教义早就预示在犹太法典和犹太的著述中了。

这种人文主义事实上是异教的，并且随着它的范围在十五世纪的扩大而越来越成为异教的。他们的代表人物，我们已经把他们作为一种不受约束的个人主义的先锋加以叙述，照例表现了这样一种性格，那就是甚至他们表白得很明确的宗教信仰，看来也成为无所谓的了。如果他们对于宗教表现得漠不关心，并随便发言反对教会，他们很容易得到无神论者的称号；但是他们之中没有一个人曾经承认或者敢于承认是一个正式的哲学上的无神论者。[①]如果说他们寻求任何指导原则，那一定是一种浅薄的理性主义——从他们所从事研究的许多古代的互相矛盾的见解中，和从教会及其教义堕入的不名誉中所得出来的草率的结论。这就是几乎把加莱奥图斯·马尔提乌[②]送到火刑台上去的那种理由，要不
480 是他以前的学生，教皇西克塔斯四世（大概是在洛伦佐·美第奇的请求之下）从异端裁判所的手里把他救了出来的话。加莱奥图斯曾经冒险地写道：一个人正直地生活，按照他内心产生的自然法则行事，无论他属于什么民族，他都能进入天国。

让我们以很多人当中的一个较小的人物的宗教态度作为例子。科德路斯·乌尔塞斯[③]先是奥德拉福家族的最后一代、弗尔利君主的家庭教师，以后在波洛尼亚任教授多年。他和别人一样地对教会和僧侣加以辱骂，口气一般是最肆无忌惮的；并且他经常

① 关于庞波纳佐，见专门著作，特别是利忒的《哲学史》第9卷。

② 保罗·乔维奥：《学者语录》，第90页。可是加莱奥图斯·马尔提乌迫不得已公开地撤销前言。他于1478年5月17日写给洛伦佐的信中，请他在教皇前代为求情，“因为我已经遭受足够的惩罚了”。这封信曾由马拉果拉《科德路斯·乌尔塞斯》发表。

③ 《科德路斯·乌尔塞斯全集》附巴尔托洛缪·比安基尼为他写的传记。又见他的语言学讲演集，第65、151、278等页。

了解当地的一切故事和闲言碎语。但是他知道怎样对待真正的神人耶稣基督的教训，并写信给一个圣洁的教士希望他为他很好地祈祷。[①] 有一次，他在历数异教的荒谬之后，接着说："我们的神学家也有关于'纯洁受胎'、'反对基督'、'圣礼'、'预定说'和其他问题的'无价值'的争论，这些问题最好是不去公开地谈论。"又有一次，当他不在家的时候，他的房子和手稿等都被烧毁了。当他听到这消息时，他站在街上的一幅圣母像面前向它喊道："你听着我向你说的话，我并没有疯，我说的话都是经过考虑的。如果我在临死的时候想起你来，你不要听我的话或者把我算作你自己当中的一个人。我将永远和魔鬼在一起。"在讲了这一番话之后，他感到有必要在一个樵夫的家里躲藏六个月。除了这些之外，他还非常地迷信，对异象和预兆不断地怀着恐惧，使他不相信能得到灵魂的不死。当听他讲课的有人问到他这个问题时，他的回答是：没有人知道一个人死后他的灵魂或他的肉体会变成什么样子，关于另外一个世界的谈论只能拿来恐吓一个老妪而已。但是当他要死的时候，他在他的遗嘱中把他的灵魂或者他的精神[②]托付给全能的上帝，劝诫他的哀泣的学生们要敬畏主，要特别相信灵魂不死和未来的果报，并且以极大的热诚接受了圣礼。我们不能保证那些和他同道的更有名的人不论他们的意见多么重要，在实际生活当中比

① 有一次他曾在《基督颂》里面说："其他人追随阿波罗神、预言者、诗人和丘比特神，而对我来说，基督才是真正的称号。"他也攻击（第10页b）波希米亚人。波吉奥在写给阿雷提诺的著名信件中，为胡斯和布拉格的哲罗姆进行辩护，并把他们和穆克优斯·斯加维拉和苏格拉底等同看待。

② "我的精神或灵魂"是语言学家当时用以使神学复杂难解的一个区别。

他更言行一致。大概他们多数人内心里都动摇于怀疑与他们从幼年时代就接受了的信仰的残余之间，而表面上则由于慎重的理由仍然不离开教会。

由于理性主义和新产生的史学研究的结合，到处都可能有一
481 些胆怯的批判圣经的尝试。人们所记关于庇护二世的一句话[①]，似乎就是要给这种批判开辟道路。他说："基督教如果未被奇迹所证实，也应该以其正道而被接受。"当洛伦佐·瓦拉把摩西和福音书作者叫作历史家时，他并没想减少他们的尊严和荣誉；但是，他意识到：这些话肯定和教会所持的观点有抵触，如同否认使徒信条是使徒们的集体创作，或者否认亚伯加路斯[②]给基督的信是真的一样。[③] 教会的传说，包含有多少任意编造的圣经事迹，就受到了多少任意的嘲笑[④]，而这是反映在人民的宗教意识上边的。在提到犹太教的异端时，我们必须首先了解那些否认基督是神的人。乔治奥·达·诺瓦拉大概就是因为这一罪行于1500年左右在波洛尼

① 普拉提那：《教皇传》，第311页："基督教如果未被奇迹所证实，也应该以其正道而被接受。"普拉提那认为这一切都是这位教皇的言论，事实上是否都有根据，可能还成问题。

② 根据圣诗伪本，埃德萨的国王亚伯加路斯曾经写信给基督，请求基督到他那里去居住，基督回信派一个使徒去。——译者

③ 《斐迪南一世传》序言（载《历史杂志》，第33卷，第61页）和波吉奥：《全集》，第256页以下。庞达诺在《讲演论》第1章，第18页上说：瓦拉毫不迟疑地"说明并公然承认自己也反对基督"，但庞达诺却同瓦拉在那不勒斯的仇人为友。

④ 特别是当修道僧在讲道坛上临时杜撰奇迹的时候。但是旧的和已为人们所公认的奇迹也未尝不受到攻击。费伦佐拉（《全集》，第2卷，第208页，故事第10篇）嘲笑了诺瓦拉的圣芳济会修道僧，后者想用榨取来的金钱为他们的教堂加建一间小教堂，"于是就描述了当圣芳济在旷野里对鸟类讲道并进圣餐的时候，天使加百列给他送来木屐这一美妙的故事。"

亚被烧死的。[①] 但是，在 1497 年，仍然是在波洛尼亚，那个多密尼克异端裁判所法官却被迫释放了加布列·达·萨洛医生。因为他有强有力的保护人，所以只做了一个简单的忏悔就逃脱了刑罚，[②] 虽然他习惯于说：基督不是神，是约瑟夫和马利亚的儿子，并且是和一般人一样受胎的；由于基督的狡诈，使这个世界被他欺骗到陷于毁灭地步。他死在十字架上可能是由于他所犯的罪行；他的宗教不久就会消灭；他的肉体并不是真的在圣餐面包中；他不是由任何神力来完成奇迹，而是靠着天体星象的力量。这后一句话最能代表那个时代，“信仰”已经没有了，但魔术仍然占有它的地位。[③]

几年以前（1459 年），一个贝尔加莫的住持，札尼诺·德·索尔西亚的遭遇就坏得多。他曾经说：基督并没有因爱世人而受难，而是由于星象的力量；他还提出了其他奇怪的科学的和道德的观念。他被迫放弃了他的谬论，并因为这些谬论而被监禁终身。[④]

关于这个世界的精神统治，人文主义者很少能超越对于流行的暴力和苛政采取一种冷静的和顺从的看法。许多《论命运》和带有其他标题的著作都是在这种心情下写成的。他们谈到命运之神的轮子在转动，和一切尘世的，特别是属于政治方面的事物的不

① 曼托万诺《论忍耐》一书，第 3 卷，第 13 章有关于他的一些事实。

② 布尔塞利斯：《波洛尼亚年代记》，载木拉托里，第 22 卷，第 915 栏。

③ 这些冒渎神明的词语往往达到什么程度，吉塞勒曾在《教会史》，第 2 卷，第 4 章，第 154 节中举了几个显明的例子来说明。

④ 瓦格特：《伊尼亚斯·希尔维优斯》，第 3 卷，第 581 页。阿兰达的彼得罗主教（1500 年）不承认基督的神性，同时否认有地狱和炼狱，并将赦罪券斥为教皇们为了私利而发明的一种手段，他的结局如何，不得而知，关于他可见《布克哈特日记》，莱布尼茨版，第 63 页以下。

482 稳定。他们有时也提到上帝，这只是因为这些作者们仍然以露骨的宿命论，以公开承认他们的无知或做无益的抱怨为羞耻。乔维诺·庞达诺[①]用一百件大多数属于他自己的经验的事情来巧妙地说明那个人们叫作命运的某种神秘的东西。伊尼亚斯·希尔维优斯以一种梦中看到的幻象的形式来更幽默地讨论了这一问题。[②]另一方面，波吉奥在他的晚年所写的一部著作[③]的目的是要把这个世界表现为涕泣之谷，并认为各种人的快乐是很少的。这种调子在以后流行起来。一些名人把他们生活中的幸与不幸做成一张借贷表，而一般是发现后者超过了前者。特利斯达诺·卡拉奇奥洛庄严地、并以一种几乎是挽歌的悲哀，描述了在1510年所能看到的意大利和意大利人的命运[④]。彼埃利奥·瓦雷里亚诺以后把这种感情的基调用在人文主义者自己的身上，写成了他的有名的著作（见第275—276页）。某些这一类的主题，如列奥的命运，是最富于启示性的。所有关于他在政治上好的一面已经由弗兰切斯科·维托利所简单而美妙地总结过了；保罗·乔维奥和匿名氏所写的传记[⑤]描绘出了列奥的快乐生活的图画；同一个彼埃利奥·瓦雷里亚诺以冷酷的真实写出了他的繁荣昌盛所带来的暗影。

另一方面，有的人有时在一些公共铭文中夸耀他们的幸运，我

---

① 乔维诺·庞达诺：《论命运》，《全集》，第1卷，第792—921页。参见《全集》第2卷，第286页。

② 伊尼亚斯·希尔维优斯《全集》，第611页。

③ 波吉奥：《论人生的悲惨》。

④ 卡拉奇奥洛：《论命运的多变》（载木拉托里，第22卷）是富于这种作品的那一时期的最有价值的著作之一。关于游行中司命运的女神，见边码417页。

⑤ 《无名氏著列奥十世传》，见罗斯科，菩西版，第12章，第153页。

们读了不能不为之感到敬畏。波洛尼亚的统治者，乔万尼·本蒂伏利奥二世胆敢在他的宫城旁边新建的塔楼的石头上刻着：他的功业和他的盛运使他富有一切，所愿皆遂[①]——而这竟是他在被放逐的前几年的事。当古人以这种口气说话时是感到要遭神妒的。在意大利，大概是雇佣兵队长们首先敢于这样明目张胆地来夸耀他们的幸运。

但是，复兴了的古典文化并不是通过任何学说或哲学理论，而是通过它所培育出来的一般倾向来强有力地影响着宗教。古代的人和某些方面的古代制度是被认为优于中世纪的人和制度的；而在热烈模仿他们（它们）和使他们（它们）再现的企图中就没有人再注意到宗教。一切都被吸引到对于历史的伟大的赞赏中去了（参看第二编，第三章及以上各处）。于此之外，搞学问的人还加上了他们自己的许多特别的痴想，因此他们就成了一般人注意的 483
目标。究竟保罗二世有多少理由来要求他的秘书官们和他们的朋友们对异端负责，自然是一件非常可疑的事情，因为他的传记作者和主要牺牲者普拉提那（见第 236、326 页）在说明他在其他方面的复仇性格上，特别在使他扮演一个可笑的人物形象上，曾经表现出高度的技巧。直到叛逆罪的控诉破产以后，才向被告提出了不

① 布尔塞利斯：《波洛尼亚年代记》，载木拉托里，第 23 卷，第 909 栏。“这个纪念碑系祖国的统治者，举凡所能希望的一切财富、武功和幸运都丰富地拥有者，乔万尼·本蒂伏利奥二世所建。”这个纪念碑是在外边，每个人都能看见，还是如上面另一个人所说的那样，被掩藏在一块基石上面，还没有确定。如果是后者的话，那么就牵涉到一种新的想法，即可能是利用或者惟有年代记作者才知道有的这个秘密碑铭行使巫术，把司命运的女神束缚在这个建筑上。〔根据年代记所述，碑铭不能矗立在新建的塔的围墙上。确切的地点不能断定。——盖格尔注〕

信上帝、异端[1]、否认灵魂不灭等等罪名。如果我们所知道的关于保罗二世的情况是正确的，他的确不是一个能在理智问题上做出判断的人。他懂的拉丁文很少，在宗教法庭上和在外交谈判上他都说意大利语。劝告罗马人除了读和写之外，不要教给他们的孩子们以任何东西的就是他。他的教士的狭隘观点使我们想起了萨沃那罗拉，所不同的是我们可以很公平地告诉他：如果文化使人们对于宗教怀有敌意，那么他以及和他一样的人是应该负大部分的责任的。然而，无疑地，他对于他周围的异端倾向也感到一种真正的忧虑。实际上，在那放纵的异端者，西吉斯蒙多·马拉泰斯达的宫廷上，人文主义者有什么事情做不出来呢？这些大部分缺少固定原则的人究竟发展到什么程度，无疑地是要由他们所受的是什么影响来决定的。他们也不见得不能使基督教异端化（见第三篇，第十章）。例如我们看到乔维诺·庞达诺把这种混乱发展到什么程度，就不能不感到奇怪。他不仅把圣徒说成是“神明的”，而且把他说成是“神”；他认为天使和古代的神仙是一样的；[2]他的关于灵魂不灭的观念使我们想起了古代的阴曹地府。这种精神有

① “因为我们是异教主义的异常爱好者。”异教主义起码在表面上必然很盛行。后来在罗马墓窟发现的碑刻表明文学社的成员都把自己描绘成“司祭”，并称庞波尼乌斯·拉图斯为“最高司祭”；而庞波尼乌斯·拉图斯曾将普拉提那誉为“至圣圣父”。格累哥罗维乌斯，第7卷，第578页。

② 当时造型艺术对天使和“有翅童子”无论如何是加以区别的。前者用于一切严肃的目的。在《伊斯特年代记》（见木拉托里，第22卷，第468栏）中，“恋爱之神”被朴素地称为“丘比特爱神般的天使”，参见在列奥十世（1521）的御前演说，其中有以下这段话：“所以不是丘比特，而是你，上帝之母，丘比特神殿的童女，在防守着这个城市和其他山陵，保卫着罗马和丘比特的神殿。”格累哥罗维乌斯，第8卷，第294页。

时以极端放肆的形式出现。1526年，当锡耶纳受到一伙被放逐的人的攻击时，[1]那个可尊敬的住持提吉奥（他自己告诉我们这个故事）在7月22日从床上起来，想起了马克罗比乌斯[2]的著作第三卷里所写的事情来，就举行弥撒，然后用他从书里读到的诅咒的话来咒骂敌人，只是把“大地之母和丘比特神，我恳求你”改成“大地之母和基督主我恳求你”。在他这样做了三天之后，敌人撤退了。一方面，这些事情使我们注意到它不过是当时流行的一种形式；另一方面，它也是宗教堕落的一种征兆。

第四章 古代和近代迷信的混合物 484

但是，古代文化在另一方面教条式地对人发生着可怕的影响。它把它自己的迷信方式传给了文艺复兴。这种迷信的某些残余曾经在整个中世纪期间在意大利存留下来，因此就使全部迷信的复活格外来得容易。我们不需要在这里详述想象力在发展过程中所起的作用。单是这种想象力就足以使意大利人的批判精神受到抑制。

由于世间很多不公平的和悲惨的现象，使得很多人的心里关于上帝在统治世界的信仰遭到破坏。另外一些人如但丁，则无论

---

① 德拉·瓦勒《锡耶纳文集》，第3卷，第18页。

② 马克罗比乌斯《农神节》，第3章，第9页。无疑，这个住持并没有略去所规定的动作。参见格累哥罗维乌斯，第8卷，第294页，本波条。关于异教在罗马这么盛行，也可参见兰克：《教皇史》，第1卷，第73页以下。并参考格累哥罗维乌斯，第8卷，第268页。（马克洛比乌斯是四世纪的拉丁作家，写有散文和《农神节》以及关于西塞罗的著作，《西庇阿之梦》的评论。——译者）

如何是把现世生活交给命运来摆布的，如果他们仍然保持一种坚定的信仰，那是因为他们认为人们更高尚的命运是要在来世里实现的。但是，在灵魂不死的信仰开始动摇时，宿命论就占了上风，或者往往是先有了宿命论而以迷信灵魂说的动摇作为它的结果。

这样打开的一个缺口首先是用古代的占星术，乃至是用阿拉伯人的占星术填补起来的。从星辰彼此间和对于黄道带十二宫的关系上来推论出未来事件和整个生命的进程，从而做出最重大的决定。在许多情形下，这样由于星辰的启示而采取的行动方针可能不比用其他方式所采取的更不道德。但是，这种决定往往必须靠牺牲荣誉和良心作出来。看看文化和知识在反对这种迷信上是如何地无力，对于我们是非常有益的；因为后者有人民热情的想象，有要求洞悉和决定未来的热烈愿望作它的后盾。古代文化也是支持占星术的。

在十三世纪初，这种迷信突然出现在意大利生活的前列。皇帝弗里德利希二世经常带着他的占星家提奥多路斯旅行各地；而埃兹利诺·达·罗曼诺[①]所带的则是一大群这种待遇很高的人，其中有大名鼎鼎的圭多·博纳托和那个长胡子的萨拉森人，巴格

① 《帕多瓦僧侣》，第2卷（收入乌尔斯提西乌斯：《史家集》，第1卷，第598、599、602、607页）。维斯康提家族的末主也有一批这样的人为他们服务（参见德琴布里奥，载木拉托里，第20卷，第1017栏）：没有这些人的意见，他什么事都办不了。其中有一个名叫海利亚斯的犹太人。加斯巴利诺·巴尔齐齐有一次对他说："命运借星宿的伟大力量支配着你的事情。"见加斯巴利诺·巴尔齐齐《全集》，弗利托版，第38页。

达的保罗。在一切重要事情上,他们给他规定日子和时间,而他所犯的一切重大罪行大概一部分就是从他们的预言中实际得出来的结论。不久,对于占星就没有任何顾忌了。不仅君主们,而且自由 485
城市[①]也都有了它们的正式占星家,并且在大学里边[②],从十四世纪到十六世纪,任命了这一门假科学的教授,他们和天文学家们肩并肩地一起讲课。人们都知道:奥古斯丁和其他教父曾经和占星术斗争,但是他们的陈旧的理论很容易地遭到轻蔑的驳斥。[③] 教皇们[④]一般不掩饰他们的观星,虽然庇护二世是一个可尊敬的例外;[⑤]他对于魔法、预兆和圆梦也是轻视的。另一方面,优里乌斯二世加冕的日子和从波洛尼亚回罗马的日子都是由占星家为他推算出来的。[⑥] 就是列奥十世似乎也认为占星术的盛行是他任教皇

① 例如波纳多曾在那里长期担任此职的佛罗伦萨,又见马提奥·维兰尼,第 11 卷,第 3 页,那里所说的显然是指城市占星家。

② 李布利:《数学史》,第 2 卷,第 52 章,193 页。据说 1125 年在波洛尼亚就有过这种讲座。参见柯利奥,第 290 页,帕维亚大学教授的名单。关于列奥十世做教皇时,大学中的这种讲座,见罗斯科《列奥十世传》,菩西版,第 5 卷,第 283 页。下列城市是占星学中心:米兰及其设在帕维亚的大学、波洛尼亚、曼图亚。

③ 康帕纳斯着重说明了占星学的价值和重要性,并以以下这些话作结束:“奥古斯丁固极贤圣极渊博,但或者由于他比较倾向于信仰和宗教,所以否认任何祸福吉凶同星宿的必然性有关。”

④ 1260 年左右,教皇亚历山大四世逼令一位枢机主教(也是一位发怯的占星家)比安科说出一些政治性的预言。奥维兰尼,第 4 卷,第 81 页。

⑤ 《阿尔方索言行录》,《全集》,第 493 页。他把这看作是“美丽胜于有用”,普拉提那:《教皇传》,第 310 页。关于西克塔斯四世,参看伏尔泰拉,载木拉托里,第 23 卷,第 173、186 栏。他让“占星家”给他安排谒见、接待宾客等类事情的时间。庇护二世在《欧洲》一书第 49 章里谈到有一个来自克雷莫纳名叫巴蒂斯塔·布拉西乌斯的占星家曾预言法斯卡罗的种种灾难,“就如同他早已看见了似的”。

⑥ 布罗什:《优里乌斯二世》(哥塔,1878 年)第 97 页和 323 页。

时期的一种光荣,[①]而保罗三世在占星家没有定出时间以前是从来不召开枢机主教公会的。[②]

我们完全可以认为:人格高尚的人并没有让星辰超过一定限度地来决定他们的行动,而且道德心和宗教把它们限制在一定范围之内。事实上,虔诚优秀的人物不仅也有这种迷妄的思想,而且他们是真正站出来公开承认它的。佛罗伦萨的麦斯特罗·帕哥洛就是其中的一个。[③] 我们可以看到他和罗马后期的费尔米库斯·马特努斯[④]都有一种使占星术有利于道德的同样的愿望。他所过的是一种圣徒的苦行的生活。他几乎不吃什么东西,蔑视一切世俗的财货,而只是收藏书籍。他是一个技术高明的医生,只是在他的朋友中间看病,并且规定他给他们看病的一个条件是他们必须坦白承认他们的罪恶。他经常和在安吉利修道院里聚会的安布罗吉奥·加马多莱斯修士(见第479页)周围的那个虽小而有名的集团来往。他也常常和老柯西莫见面,特别是在他晚年的时候;因为柯西莫也接受和使用占星术,虽然可能仅仅是为了次要的目的。不过,帕哥洛照例只是向他的最亲信的朋友们解释星象。但是,即

① 彼埃利奥·瓦拉利亚诺:《论学者的不幸》(第318—324页)谈到写过关于列奥出世时的星位问题的夫利乌利和下面一段话:“他曾对教皇讲解了过去年代极端隐秘的或只有他一个人知道的事情,并几乎每天正确无误地,事后得到事实验证地预言任何潜伏的、任何未来的事情。”

② 兰克:《教皇史》,第1卷,第247页。

③ 维斯帕西雅诺·菲奥兰提诺,第660页(参见第341页)。同书第121页曾提到菲德利哥·蒙特费尔特罗宫殿里另外一个叫做帕哥洛的数学家兼占星家。很奇怪的是,他是一个日耳曼人。

④ 费尔米库斯·马特努斯:《占星术八卷集》,第2卷末尾。

使没有这种严格的道德，占星家们也会受到高度的尊敬并在各处出现的。他们在意大利也远比在欧洲其他国家为多，在其他国家 486
里他们只是出现在大的宫廷上，并且也不是常见的。当占星术盛极一时的时候，意大利的所有大户户主们都雇用着一个占星家，但必须附带说明的是：不一定能够保证他吃得上饭。[1] 由于这一门学问的书籍甚至在印刷术发明以前就已经广泛流传开，所以也产生了一种业余的占星家，他们尽可能地步那些占星专家们的后尘。最坏的一类占星家是那些借占星术来实行魔法或者把它当作魔法的外衣的人们。

但是，抛开后者不谈，占星术也是当时生活上一个可悲的特征。当这种要知道将来和决定将来的盲目的欲望取消了人们的坚定的意志和决心时，所有那些天赋甚高、多才多艺的、有创造力的人们所扮演的是一个什么样的角色啊！有时当星辰给他们送来一个太残酷的消息时，他们设法振作起精神，自己努力下去，并大胆地说："贤者支配星辰"[2]，然后又重新陷入以前的迷惘中去。

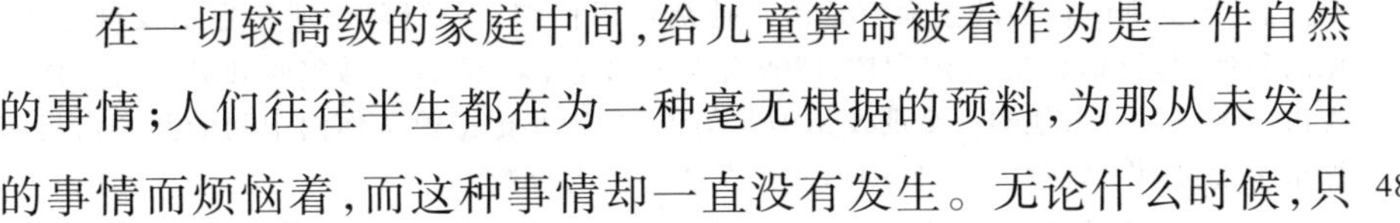

在一切较高级的家庭中间，给儿童算命被看作为是一件自然的事情；人们往往半生都在为一种毫无根据的预料，为那从未发生的事情而烦恼着，而这种事情却一直没有发生。无论什么时候，只 487

---

① 邦德罗，第三编，故事第60篇：米兰的亚历山大·本蒂伏利奥的占星家承认自己在所有同人跟前是一个穷鬼。

② 只是在有那样决心的时候，鲁德维科·摩尔才制造了有这种铭文的十字架。这个十字架现存库尔大教堂内。西克塔斯四世也曾说过，他要考验一下这个谚语是否真实。关于占星家托勒密所说的这话，法吉奥认为是维吉尔说的，见洛伦佐·瓦拉，《全集》，第461页。

要当一个大人物不能不做出任何一个重要决定时，就去问星辰[①]，甚至做任何一件事情何时着手的时间也要和星辰商量。君主出外旅行、接待外国使节、[②]公共建筑物的奠基都靠星辰的回答来决定。上边所说的圭多·博纳托由于他的个人活动和他的关于这个题目的巨大的系统的著作，[③]是应该被称为十三世纪的占星术的复兴者的。他的一生中有一个关于建筑方面的突出的例子。为了结束弗尔利的圭尔夫派和吉伯林派的斗争，他劝说居民们重建那个城的城墙，并在他自己指明的星座之下来开始动工。如果当时
488 两个人，一个党派一个，在同一时刻各在城基上放下一块石头，从此在弗尔利将永远不会再有党派之争。一个圭尔夫党员和一个吉

① 彼埃罗·卡波尼的父亲本人虽是一个占星家，却使儿子从事商业，以免他儿子的头脑受到曾威胁过他的那种危险创伤。《彼埃罗·卡波尼传》，《历史文献》，第4卷，第2章，第15页。关于加尔达诺传中的一例，见本书第330页。医师兼占星家斯波莱托的彼尔列奥尼认为自己会被淹死，因而他避开一切有水的地方，并拒绝接受在威尼斯和帕多瓦的显耀职位（保罗·乔维奥：《读书语录》，第67页以下）。最后，由于被控是杀害洛伦佐的同谋犯，在失望中投水自溺而死。有人告诉阿利奥图斯，六十二岁时要注意，因为那时候他的生命有危险。他活得很仔细，不要医生，那年也平安度过了。见阿利奥图斯《短篇集》（阿利佐，1769年），第2卷，第72页。马尔西利奥·费希诺轻视占星术，有一次，他的一个朋友给他写信说："又，我记得曾从你们中间的两个占星家那里听说过，你要使哲学家们的旧主张摆脱星座的位置。"

② 关于鲁德维科·摩尔传中的一些例子，见塞那利加（收入木拉托里，第24卷，第518、524栏），本尼迪特（收入埃卡尔，第2卷，第1623栏）。而他的父亲，大弗兰切斯科·斯福查却藐视占星术，祖父吉亚科莫无论如何也不听从占星术的警告。柯利奥，第321、413页。

③ 关于这里所引的一些事实，见《弗尔利年代记》（收入木拉托里，第22卷，第233页以下。参见150栏。）里昂·巴蒂斯塔·阿尔贝蒂力图给奠基仪式一种精神意义，《俗语著作集》，第4卷，第314页（或《建筑论》第1卷）。关于博纳托，见菲力普·维兰尼《列传》和《康巴尼十三世纪占星兼天文学家圭多·博纳托的生平和著作》。博纳托的巨著《天文学论》。共10卷，曾被多次印行。

伯林党人被选出来担任这个职务，那个庄严的时刻到来了，每个人把石头拿在手里，工人们拿着工具站在旁边等待着，博纳托发出了号令，那个吉伯林党人把石头投在了城基上。但是那个圭尔夫党人犹疑了，最后他根本拒绝做任何事情，理由是博纳托本人是一个吉伯林派，他可能是在计划着某种秘密的反对圭尔夫派的有害的勾当。于是那个占星家对他说："因为你怀有不相信人的恶念，上帝将惩罚你和圭尔夫派！在未来的五百年内，这个星座将不会在我们的城市上边出现。"事实上，不久以后，上帝果然毁灭了弗尔利城的圭尔夫派，但是，那位年代记作家在1480年左右写道：现在这两个党派已经完全和解了，人们再也听不见它们的名字了。[①]

在依靠占星术决定的许多事情当中，最重要的是战争时期靠它做出的决定。同一个博纳托为那个伟大的吉伯林派领袖圭多·蒙特费尔特罗取得了一系列的胜利，他所用的方法就是告诉他一个吉利的进军时刻。[②] 当蒙特费尔特罗再也没有他陪随时，[③]他就失去了维持他的专制统治的勇气，并入了圣芳济修道院；在那里当

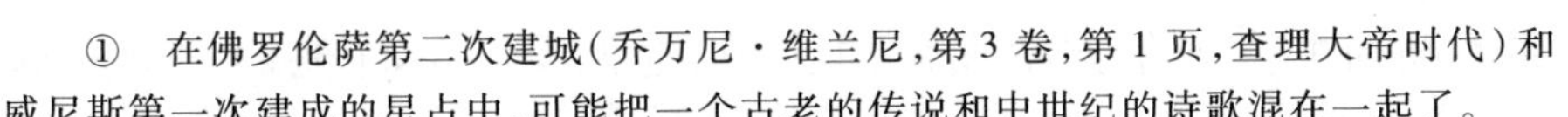

① 在佛罗伦萨第二次建城（乔万尼·维兰尼，第3卷，第1页，查理大帝时代）和威尼斯第一次建成的星占中，可能把一个古老的传说和中世纪的诗歌混在一起了。

② 关于这些捷战之一，可参阅斯泰恩什奈德作品中引自博纳托的有名的一段话，载《东方史文献杂志》，第25卷，第416页。关于博纳托，参看同书第18卷，第120页以下。

③ 《弗尔利年代记》，第235—238页。菲力普·维兰尼：《列传》。马基雅维里：《佛罗伦萨史》，第1卷。当预兆胜利的星座出现时，博纳托带着书和观察仪爬上大堡垒上面的圣麦尔古利亚利钟塔，准确的时刻一到，他就发出敲响巨钟的信号。然而，大家公认，他的预测往往不准。他既未预知自己的死期，对蒙特费尔特罗的命运也无先见之明。他在从巴黎和他曾经讲过学的意大利高等学府回到弗尔利的途中，离切泽纳不远的地方遭强盗杀害。这个天气预言家有一次被一个乡下人难倒了，并被嘲弄了一番。

了很多年僧侣，一直到他的去世。在1362年和比萨的战争中，佛罗伦萨人委托他们的占星家决定进军的时刻，[①]并且由于突然接到一个命令，要走一条迂回的道路通过这个城市而几乎误了时间。在以前的场合，他们曾经由圣保罗街出发，结果战争不利。显然有一些不吉利的预兆是和从这条街出去攻打比萨有关系的，因此军队现在是从罗萨门出去。但是，因为许多支在那里晒着的帐篷没有被取走，军旗不能不放倒——这又是一个不吉的预兆。几乎所有雇佣兵队长都相信占星术，这一个事实肯定了占星术在战争中的影响。亚科波·卡尔多拉患了很严重的病，却怡然自得，因为他知道他命中注定是要死在战场上，后来果然如此。[②] 巴尔托洛缪·阿尔维亚诺相信他头上的创伤和他的军队指挥权同样都是星辰的赐予。[③] 尼科洛·奥尔希尼·皮蒂利亚诺请求物理学家和占
489 星家阿利桑德罗·本尼迪特[④]，为他决定一个和威尼斯订立契约（1495年）的有利时刻。当佛罗伦萨人在1498年6月1日庄严地任命保罗·维特利为他们的新雇佣兵队长时，他们授予他的司令指挥棒是按照他自己的希望用星座图来装饰的。[⑤] 但是，也有像那不勒斯的大阿尔方索那样的将领，他们是不容许他们的进军时

① 马提奥·维兰尼，第11卷，第3页。

② 乔维诺·庞达诺：《论勇敢》，第1卷。参考本书第486页注，斯福查一世提供的是个可贵的例外。

③ 保罗·乔维奥：《语录》，李维亚努斯条下，第219页。

④ 这是他本人告诉我们的。见本尼迪特（收入埃卡尔，第2卷，第1617栏）。

⑤ 我们一定得在这种意义上来理解那迪著《安托尼奥·吉亚科米诺传》，第66页上所说的话。在衣服和家庭用具上的这类绘画也不少见。在费拉拉欢迎露克瑞佳·波几亚的时候，乌尔比诺公爵夫人的骡子即披有点缀着金星象的黑天鹅绒马饰。《历史文献》附录。

刻由预言家来决定的。[1]

有时，不容易指出在重要的政治事件上，究竟是事前去占星，还是仅仅由于事后的好奇心而去强迫那些占星家找出决定那个结果的星座。当吉安加利佐·维斯康提（见边码32页）以一种巧妙的计谋把他的叔父贝尔那波及其家属一起囚禁起来时，一个同时代人告诉我们：当时木星、土星和火星都在“双子星座”里，[2]但是我们说不出来究竟那件事情是不是因此而才决定的。又政治上的预测也往
往和星辰的运行同样地决定着占星家的意见也是可能的。[3] 490

整个中世纪的后半期，全欧洲都由于瘟疫、战争、洪水和地震的预言而战战兢兢，在这方面，意大利也绝不落后于其他国家。从此永远为外国人入侵敞开意大利大门的1494年，这一凶年曾有很多不幸的预言作过预报是无可否认的[4]——我们只是不能说像这样的预言是不是每一年都有。

这种思想方式十分坚实地扩展到了我们几乎没有想到会遇到它的领域里。如果个人的整个外部的和精神的生活决定于他出生时的情况，那么这同一法则也将支配成群的人和历史的产物——即，民族和宗教；而随着这些事物的星座的变化，这些事物本身也将发生变化。每种宗教都有它的诞生日的这种观念，首先和这些

① 伊尼亚斯·希尔维优斯，参见《全集》，第481页。

② 见阿查利奥，载柯利奥，第258页。

③ 这种考虑大概影响了土耳其的占星家们，他们在尼科波利斯的战役之后曾劝告苏丹巴加吉特一世同意赎回勃艮第的约翰，因为“为了他的原因，会流出大量的基督教徒的鲜血”。不难预测到法兰西内战的进一步趋势。《大比利时年代记》第358页。《朱维那尔·德·厄辛》，第1396年条。

④ 见本尼迪特（收入埃卡尔，第2卷，第1579栏），其中1493年关于国王费兰特曾说，他要失去他的王位“不是由于杀戮，而是由于恶名”，后来果真发生了这件事。

占星术的信仰结合在一起进入到意大利文化内，它主要是渊源于犹太和阿拉伯的。[1] 人们告诉我们[2]：木星和土星会合产生了以色列人的信仰；木星和火星会合产生了迦勒底人的信仰；和太阳会合产生了埃及人的信仰；和金星会合产生了伊斯兰教徒的信仰；和水星会合产生了基督徒的信仰；而木星和月亮的会合将有一天产生反基督的宗教。切科·德·阿斯科利曾经很亵渎地推算过基督的生辰并从这种推算得出他死在十字架上的结论。为了这事，他于1327 年在佛罗伦萨被烧死在火刑架上。[3] 这种学说的结果只能使人们对于精神事物的整个看法趋于阴暗。

值得我们特别注意的是当时清醒的意大利人为反对这种迷信大军而掀起的斗争。尽管有对于占星术的巨大的不朽的讴歌，如帕多瓦美术馆[4]和费拉拉的布尔索夏宫（斯基法诺亚）的壁画，尽管有甚至像老贝罗阿尔都斯[5]那样的人的无耻的赞颂，但也并不缺少有思想的和有独立见解的人们反对它。古人固然也为占星术开辟了道路，但是他们所说的一切却是根据他们自己的常识和观

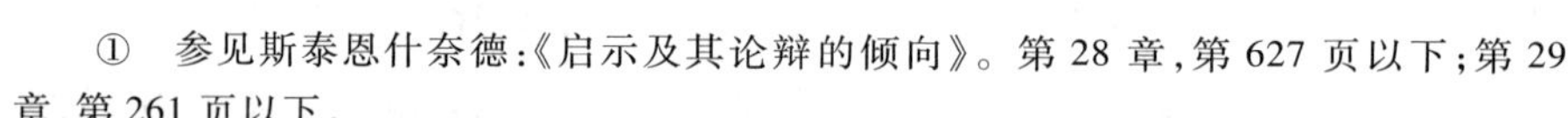

① 参见斯泰恩什奈德：《启示及其论辩的倾向》。第 28 章，第 627 页以下；第 29 章，第 261 页以下。

② 巴蒂斯塔·曼托万诺：《论忍耐》，第 3 卷，第 12 章。

③ 乔万尼·维兰尼，第 10 卷，第 39、40 页。也有其他原因，例如同僚的妒忌。博纳托也这样讲学，他把圣芳济身上"神爱"的奇迹解释为火星的影响。参见皮科：《驳占星家》，第 2 章，第 5 页。

④ 这些壁画是十五世纪初由米雷托画的。按照斯卡尔第奥尼乌斯的意见，它们的目的在于"表现出依照度数所生的人们的本性"。——是一种比目前我们所能想象出的更为通俗的教导方法。是"大众都能理解的"占星术。

⑤ 他论占星术说（《讲演集》第 35 页，"在米兰作的结婚贺词"）："它使人们看来和诸神无大异"。当时的另一个占星术狂信者是加尔佐尼乌斯。见他所著的《波洛尼亚城的崇高》（收入木拉托里，第 21 卷，第 1163 栏）。

察得来的。佩脱拉克对于私人交往所认识的那些占星家的态度是一种极端的轻蔑；[1]对于他们的那套谎言没有人比他看得再清楚 491
的了。小说，从它们开始出现的时候起，从《古代故事百篇》起，就几乎总是对于占星家怀有敌意的。[2] 一些佛罗伦萨的编年史作者却能勇敢地摆脱那些他们不得不把它作为历史传说的一部分记录下来的迷信。乔万尼·维兰尼不止一次地说[3]：“没有任何星座能够征服人的自由意志或上帝的意旨。”马提奥·维兰尼[4]宣称：占星术是佛罗伦萨人从他们的异教祖先罗马人那里，和别的迷信一起继承过来的一种恶习。但是这个问题并不只是文字上的讨论，而是由赞成和反对它的双方公开地展开了争论。在1333年的和1345年的再一次的可怕的洪水之后，占星家们和神学家们非常细致地讨论了星辰的影响，上帝的意旨和他的惩罚的是否公正。[5]这些斗争在整个文艺复兴时期从来没有停息过。[6] 我们可以断

① 佩脱拉克：《晚年书简》，第3卷，第1章，第765页和其他地方。这封信是写给薄伽丘的。关于薄伽丘反对占星家的论战，见盖格尔：《佩脱拉克》，第87—91页和267页注11。〔佩脱拉克虽然反对占星术，但却称梅诺·德·梅纳里为“伟大的占星家，是他的好朋友，并且他还为自己年轻时人们预言他将成大器而自豪。”——盖格尔〕

② 弗朗哥·萨克蒂（故事第151篇）嘲笑了他们的自作聪明。

③ 乔万尼·维兰尼，第3卷，第10章，第39页。他在另外一处好像是一位占星术的热诚信奉者。第10章，第120页；第12章，第40页。

④ 马提奥·维兰尼，第11章，第3页。

⑤ 乔万尼·维兰尼，第11章，第2页；第12章，第58页。

⑥ 《皮亚琴察年代记》的作者（木拉托里，第20卷，第931栏）即上面所述的利巴尔塔的阿伯尔托也参加了这次论战。那段文章在其他一些方面，是值得注意的，因为它包括有关于九颗著名的彗星以及它们的色彩、起源和意义的一般见解。参见乔万尼·维兰尼，第11章，第67页。他说彗星的出现预兆要发生大的事变，而且一般是预兆灾难性的事变。

言:那些反对占星术的人们是严肃认真的,因为他们赞成占星术比反对它更容易讨好大人物。

在“豪华者”洛伦佐那一群人里边,在他的最著名的柏拉图主义者当中,关于这个问题的意见是分歧的。如马尔西利奥·费奇诺赞成占星术,并推算出这个家族的儿童们的命运,预言小乔万
492 尼,以后的列奥十世,有一天必做教皇[①]等等,这件乔维奥要我们相信的事完全是一种捏造——但是,其他成员则是相信占星术的。另一方面,皮科·德拉·米朗多拉以他的有名的驳斥[②]在这个问题上开辟了一个新纪元。他发现这种信仰是一切不虔诚和不道德的根源。他认为:如果占星家有任何信仰的话,他一定信仰星辰而不是信仰上帝,因为他们认为星辰是一切善恶祸福的来源。一切其他迷信都把占星术当作一个现成的工具,它是给“地卜”[③]、“手相”和各种魔法服务的一个婢女。关于道德,有人认为天上的星辰是人们有没有道德的原因,他认为没有比这种意见再能产生罪恶的了,在这种情形下,对于永恒的幸福和惩罚的信仰也必然消失了。皮科甚至于不厌其烦地用归纳的方法来抵制占星家,并发现:在一个月当中,他们关于天气的预言有四分之三是错误的。不过他的主要成就是在这部书的第四卷里提出了一个关于自由意志和神在统治世界的积极的基督教学说,这种学说比所有信仰复兴运

① 在保罗·乔维奥的《列奥十世传》,第3卷中,似乎列奥本人至少是一个相信预兆等类事情的人。

② 皮科·德拉·米朗多拉:《驳占星家》,第12卷。

③ “地卜”(Geomancy)是把沙子撒在地上看它所成的形象以断吉凶的一种占卜方法。——译者

动的讲道师加在一起似乎对全意大利的受过教育的阶级产生了一种更巨大的影响。事实上,后者在这些人们身上常常是失败的。

他的著作的第一个效果是占星家们不再发表他们的学说,[①]而那些已经印行了这类书籍的人也或多或少地以之为耻。例如乔维诺·庞达诺在其所著《论命运》中曾经承认这门学问并曾在其巨著[②](其中的几篇是献给他非常尊重的朋友和与他有共同信仰的阿尔多·曼纽奇、彼埃特罗·本波和桑纳札罗的)中,仿照老费尔米库斯的文体详细阐述了它的整个学说,把每一种身体的和精神的特质的产生都归之于星辰。这时候在他的对话体《亚吉狄乌斯》中,即使不是放弃了占星术,也至少是放弃了某些占星家,并且大声歌颂使人们能够认识上帝的自由意志。[③]占星术或多或少地仍在流行,但看来不像以前那样地能够支配人们的生活了。曾经在十五世纪里大力来助长迷信的绘画艺术,这时也表现了不同的思想风格。拉斐尔在画齐吉礼拜堂的穹隆时[④],表现了各种星辰的神和星空但却为美丽的天使形象所看守和引导,并从天上的

① 根据保罗·乔维奥:《学者语录》,皮科条,他所取得的成就是“使得学识精湛的教授们看来不敢动笔”。

② 《天体论》,第 14 卷(《全集》,第 3 卷,第 1963—2591 页)。在献给保罗·科尔泰斯的第 12 卷中,他不容许后者对占星术进行批驳。《亚吉狄乌斯》,《全集》,第 2 卷,1455—1514 页。庞达诺将他的小作品《论月》(《全集》,第 3 卷,第 2592 页)献给那同一个隐士(维特尔波? 的)亚吉狄乌斯。

③ 关于后一段,见 1486 页。对话中的对话人之一,布第利库斯指出庞达诺和皮科之间的分歧如下:“据说,庞达诺不像皮科那样攻击那种骑马作战的教育,因为他把它看成是非常值得通晓和几乎是神圣的,但他对一些星相家则施以攻击,并嘲笑他们是轻率和绝顶无智之辈。”

④ 在罗马波波罗的圣马利亚教堂内,天使们使我们想起了但丁《宴会》开头处的说法。

永生的圣父那里接受赐福。当时还有另外一个原因开始在意大利起着反对占星术的作用。西班牙人对它不感觉兴趣，甚至将领们
493 也不例外，那些想要讨好他们的人[①]就公开地和这一门半异端和半伊斯兰教的学问宣战。圭奇阿尔狄尼[②]在 1529 年说的话是对的，他写道："占星家们是如何地幸运啊！如果他们在一百句谎言里边说了一句真话，人们就信仰他们；而其他的人在一百句真话里边说了一句谎言就失去了一切信任。"但是，这种对于占星术的轻视却不一定把人们引回到信仰上帝上。它能够同样容易地导向一种模糊的宿命论。

在这一方面像在其他方面一样，意大利没有能在文艺复兴的动乱时期中健全地向前发展，因为这时发生了外国侵略和反宗教改革运动。没有这些原因来干扰，它自己的力量一定会使它完全摆脱这些虚妄的谬想。那些认为外国人的屠杀和天主教的反动都是必然（对于这种必然意大利人民自己是惟一应该对之负责的）的人们将把他们所造成的精神破产看作是一种应有的报应。但
494 是，欧洲其余各地也间接地受到了偌大部分的惩罚却是一件可悲的事情。

相信预兆同占星术比起来似乎是一件没有什么很大害处的事情。中世纪到处都曾经大量继承了各种异教的这些东西，而意大利在这方面和其他国家也没有什么不同。意大利所特有的是人文

① 安托尼奥·加拉提奥就是这种情况，他在上奉教王斐迪南书（马伊《罗马集粹》，第 8 卷，第 226 页，1510 年条）中，激烈地排斥占星术，而在另一封致波坦萨伯爵书中（同书，第 539 页）却由星宿推断土耳其人将于同一年攻击罗兹。

② 《回忆录》，前引书，57 号。

主义对于人民迷信的支持。异教的遗产在这里得到了异教的文学发展的支援。

在意大利人中间流行的迷信大部分是建立在预兆和从不吉利的事件上得出来的结论上的，[①]很多魔术，大部分属于无害的一类的，都和这些预兆与结论有联系。不过，也并不缺少有学问的人文主义者大胆地嘲笑这些迷信。我们关于这些迷信的了解一部分就是从他们的攻击当中得来的。乔维诺·庞达诺，前面已经提到的那部占星术巨著的作者，在他的《渡神》里，同情地列举了一大串那不勒斯的迷信——如妇女们对于鸡或鹅患了舌病时所感到的悲哀；贵族们由于一只猎鹰没有回家或者一匹马扭伤了蹄子而感到忧虑；阿普利亚的农民在疯狗没有被逮住的时候，在三个礼拜六晚上所念诵的魔术咒语等等。像在古代一样，一般认为动物界在这方面是特别重要的，国家所豢养的狮子、豹和其他野兽的动作给人们以很多的思索材料，因为它们被看作是国家的活的象征。在1529年佛罗伦萨被包围期间，一只飞进城里的鹰被击中，执政官给了那个送信人四个金币，因为这是一个好兆头。[②] 某种时间和地点对于某种行动是有利或不利的乃至是具有某种决定性作用的。瓦尔奇告诉我们：佛罗伦萨人认为礼拜六是一个决定命运的日子，一切重大的事件，好的和坏的，一般都在这一天发生。他们

① 德琴布里奥曾举出很多关于维斯康提末主的这种迷信的例子（木拉托里，第22卷，第1016页以下）。奥达西乌斯在圭多巴尔都的葬礼演说中（《本波全集》，第1卷，第598页以下）说：诸神曾用霹雳、地震以及其他象征和异事预告他的死期已近。

② 瓦尔奇：《佛罗伦萨史》，第4卷（174页），当时佛罗伦萨和耶路撒冷被围时一样流行着很多预言和预告。参见同书第3章，第143、195页；第4章，第43、177页。

反对通过一个特别的街道出兵作战的成见我们已经提到过了。在
佩鲁贾的城门中，“象牙门”是被认为吉祥的，巴利奥家族的人们
总是从那里出去作战。[①] 中世纪时流星和天象在意大利像在其他
地方一样地有着重大的意义，而一般人的想象力能够把天空中异
常密聚的阴云看成为作战的大军，并能够从高空中听到火并的声
音。[②] 当这种迷信和宗教上的事物结合起来时，像圣母像哭泣或
者闪动她的眼睛时，[③]或者像某种被认为是不虔诚的行为将招来
495 普遍的灾难，因而人民要求赎罪，它就成为更严重的事情了。1478
年，当皮亚琴察遭遇到长期的暴雨时，人们说：在某一个曾于最近
埋葬在圣弗兰切斯科教堂里的高利贷者的尸首没有从圣地挪出去
以前，是不会有晴天的。因为主教不大愿意把那个尸首掘出来，这
个城市的青年人就强行把它挖出来并在街上拖来拖去，纷纷扰扰，
496 使它受到以前的债务人的凌辱，最后把它投掷到波河里去。[④] 甚
至波利齐亚诺在谈到1478年在佛罗伦萨的一个叛变领袖，吉亚科
莫·帕齐时（这个叛变是以他的名字命名的），也接受了这一个观
点。当他被处死的时候，他以吓人的话把他的灵魂交由撒旦来摆
布。这里也是接着下起雨来并且眼看着要毁坏庄稼；这里也有一
群人，大多数是牧民，挖掘出了他在教堂中的尸体，立刻云散天晴，

① 马达瑞佐：《历史文献》，第6卷，第2章，第208页。

② 普拉托：《历史文献》，第3卷，第324页，1514年条。

③ 关于米兰大教堂中的阿尔伯来圣母像和她在1515年做出的事，见普拉托，同书，327页。他并记述在发掘圣纳扎罗教堂附近的埋骨所时发现了一只马一样大的死龙。它的头被运送到特利乌尔齐的君侯的宫里去，埋骨所就是为这些君侯们建造的。

④ “令人惊异的是，雨立时就不下了。”《帕尔马日记》，木拉托里，第22卷，第280栏。作者分担了人民对高利贷者的仇恨。参看371栏。

出现了太阳,那个伟大的学者接着说[①]:"幸运给了人民的判断以如此仁慈的报答。"那个尸首先是扔在了一个污渎的大坑里,第二天又挖出来,经过一场可怕地游行全城之后,被扔进阿尔诺河里。

这些事情以及相类似的事情带有一种民间的性质,并且在十世纪和十六世纪都可以同样发生。但这时却有了古代文学的影响。我们肯定知道:人文主义者特别容易感受怪异和预兆,我们也已经引证过这种例子。如果需要进一步的证明,我们可以在波吉奥身上找得到。就是这个否认高贵出身的权利和人们的不平等(见边码 354 页以下)的激进的思想家,不仅相信中世纪的一切鬼怪故事(见波吉奥原著第 167、179 页),而且也相信那些拟古形式的怪异,像人们所说的曾经在尤金尼斯四世最后一次访问佛罗伦萨时发生的事[②]:

> "在科摩附近,有一天晚上人们曾经看到有四千条狗走向德意志,后边跟着一大群牛,再后边是大队的步兵和骑兵,有一些是没有脑袋的,有一些虽有脑袋但也几乎看不见,接着是一个巨大的骑士,在他后边跟着另外一群牛。"

波吉奥还相信喜鹊和乌鸦的战争(见波吉奥原著第 180 页)。他

① 《巴克齐亚同盟记录》,见罗斯科:《洛伦佐传》附录。波利齐亚诺一般是反对占星术的。圣徒们自然能够使雨停止。参看伊尼亚斯·希尔维优斯:《锡耶纳的伯尔纳丁传》(《名人传》,第 25 页),"他以耶稣的德能,命令乌云散开,因此云散雨收,晴朗如初。"

② 波吉奥《滑稽集》第 167、174、179、180 页。伊尼亚斯·希尔维优斯(《论欧洲》,第 53、54 章,《全集》,第 451、455 页)。提到可能真正发生过的一些怪事,诸如兽类在空中搏斗以及天空中的异象,虽则他把这种结果归因于星宿,但他主要是为了好奇而把它们记录下来的。同样,安托尼奥·费拉利在《爱阿彼基阿形胜志》第 121 页上解释说:"据我想,这些是远方事物的幻象,而绝不可能是从看到幻象的地方来的。"

甚至于讲过一个流传很久的（也许他自己没有注意到它）古代神话。在达尔马提亚的海边出现了一个半人半鱼的海神，长着胡子和犄角，下部有鳍和尾巴，是一个真正的海怪。他每天从岸上抢走女人和儿童，直到五个大胆的洗衣妇用棍子和石头把他打死。[1]在费拉拉展览的这个怪物的一个木制模型使波吉奥认为这一整个故事是可信的。虽然不再有神托和神占的可能，但随便地翻开维吉尔的著作，把所翻的一段当作一个预兆[2]（“维吉尔占卜”）又重新成为流行的事情了。在古代末朝流行的相信恶魔，对于文艺复兴也并不是没有影响的。可能有助于造成这种结果的扎姆布利科斯[3]或阿巴蒙的关于埃及人的秘术的著作，在十五世纪末印行了拉丁文译本。佛罗伦萨的柏拉图学院并没有摆脱这些以及其他罗
497 马衰亡时期的新柏拉图式的梦想。关于相信恶魔和与这种迷信有关的魔术我们必须在这里简单地说上几句。

在意大利，民间对于所谓鬼神世界的信仰和在欧洲其他地方几乎是一样的。[4] 在意大利和在其他地方一样也有鬼，也就是死人的重新出现；如果说对鬼的看法在任何方面和在北方国家里边所流行的有所不同，不同只表现在“阴魂”这一古代名称上。今

---

① 波吉奥：《滑稽集》，第 160 页，参见保塞尼亚斯，第 9 卷，第 20 页。

② 瓦尔奇，第3卷，第195页。两个有嫌疑的人决定在1529年逃跑，因为他们打开了维吉尔的《艾尼亚德》，第3卷，第44页处。参看拉伯雷：《庞大固律埃》第3章，第10页。

③ 扎姆布利科斯（Jamblichus，死于 330 年）是叙利亚的哲学家，新柏拉图主义的主要代表人。他认为人可以与神相通并预知未来。他的著作中含有神秘的甚至于是魔术的成分。——译者

④ 学者们的幻想，诸如加尔达诺的《怪光》和《精灵》以及他父亲的《家鬼》等都可能是姑妄记之，参看加尔达诺《自传》，第 4、38、47 等页。他本人是反对魔法的，见第 39 页。关于他所碰见的怪事和幽灵，见第 37、41 等页。关于维斯康提家族的末主对幽灵所感到的恐怖，见德琴布里奥（收入木拉托里，第 20 卷，第 1016 页）。

天，如果有这样的一个阴魂出现，就要做两台弥撒以求得它的安息。坏人的鬼魂相貌狰狞可怕是一件当然的事情，但和这一起还有一种观念，那就是死人变成的鬼普遍都是凶恶的。邦德罗故事 498
中的教士①说，死人杀害小儿。这好像是认为有某种和灵魂不同的阴魂，因为灵魂是在炼狱中受苦，而当它再出现时就只是哭泣和祷告。为了镇压鬼，曾经掘开坟墓，破坏尸体，烧化心脏并使它的灰随风飘散。② 在另一些时候，出现的不是一个人变成的鬼，而是一个事件——过去的一种事态的幻影。所以在米兰，在康加的圣乔万尼礼拜堂附近，维斯康提旧宫城旁边的邻人们讲出了在那里出现的凶恶的景象。因为在这里贝尔那波·维斯康提曾经使他的暴政之下的无数的牺牲者受到酷刑或被绞死。如果在这里看到一些异事，也就没有什么奇怪的了。③ 一天晚上，一群穷人手里拿着蜡烛出现在佩鲁贾的一个不正直的贫民救济委员面前并围着他跳舞；一个巨大的形象用一种威胁的声调代表他们说话——那是救济院的保护圣徒圣亚罗。④ 这一类的信仰都是很自然的，所以诗人们能把它们当作每一个读者都了解的事情来引用。卡斯蒂利昂曾经很巧妙地表现了被杀死的洛多维科·皮科出现在米朗多拉围

① “死者往往嗜食生物”，邦德罗，第二编，故事第 1 篇。我们在《加拉提奥》（礼范），第 177 页看到恶人的“灵魂”从坟墓里出来，显现给他们的朋友和相识，“骑着动物，吸吮小孩的血，将小孩杀死，然后回到坟墓里。”

② 《加拉提奥》（礼范），第119页上，我们还看到“法达·莫尔根拿”等类似的现象。

③ 邦德罗，第三编，故事第 20 篇。其实这个鬼怪不过是一个恋人。他企图吓唬这座宫殿的占有者，亦即那位情妇的丈夫。这个恋人和他的同谋者们装扮成魔鬼一样。其中一人能学各种动物的叫声，是从远处找来的。

④ 格拉齐亚诺：《历史文献》，第 16 卷，第 1 章，第 640 页，1467 年条，贫民救济委员被吓死了。

城下的形象。[①] 不错，就是诗人本身已经摆脱了这些观念，他还是很随便地在诗歌里采用这些故事。

意大利也和中世纪的其他民族一样地相信恶魔。人们相信：上帝往往容许各种魔鬼对世界的某些地方和人类生活的某些部分发挥一种破坏的作用。惟一的保留条件是被魔鬼诱惑的人能够使用他的自由意志来抵抗。[②] 在意大利，恶魔的力量，特别是表现在自然变异的事件上，很容易具有一种带有诗意的伟大的性质。在1333年阿尔诺河流域大水灾的前一夜，住在瓦洛姆布罗萨谿谷上边的一个虔诚的隐士在他的小屋里听到了一阵凶恶的吵闹声。他在胸口画着十字走向门前，看到一群黑色的凶猛可怕的武士穿着盔甲，驱马奔驰。当他们被恳求站住的时候，其中的一个说：“因
499 为佛罗伦萨有罪，我们去淹没那个城，如果上帝允许的话。”[③]可以和这个相比的是几乎同时代在威尼斯发生的一个幻象（1340年）。

① 《巴尔托洛缪·卡斯蒂里昂歌谣集》：“模拟洛多维科·皮科来其人。”

② 亚历山德罗的亚历山大：《守神节》，第6卷，（第1539栏）是关于这些问题的头等史料。因为作者是庞达诺的朋友，也是他的文学社的一个成员，他断言，他所记载的，有的是他亲身经历的事，有的是绝对可靠的证人提供给他的，所以更加是第一等的史料。第6卷，第19章载：两个坏人和一个僧侣受到魔鬼的攻击，他们认出了魔鬼的足迹，一方面用暴力，一方面用十字圣号才把魔鬼给赶跑。第6卷，第21章载：一个因为犯一点小错，被一个暴君关进了监牢的仆人向魔鬼呼救，就奇迹般地被带出狱并回到原处，在出狱和回到原处的时候，他参观了阴间世界，把他那被地狱之火灼伤的手给暴君看，并替一个死者的灵魂把暴君在死者生前告诉他的某些秘密讲给他听，劝他不要残暴。不久以后，他就给吓死了。第2卷，第19章；第3卷，第15章；第5卷，第23章谈到他的已故朋友们的幽灵，圣加达多的以及在罗马、阿利佐和那不勒斯的无名人士的幽灵。第2卷，第22章；第3卷，第8章载有雌雄人鱼在那不勒斯、西班牙和伯罗奔尼撒的出现。西奥多·加扎和特列比松的乔治曾保证后一情况的不虚。

③ 乔万尼·维兰尼，第11卷，第2页。他从瓦洛姆布罗萨的修道院院长处得知此事，而院长是由隐士那里获悉的。

威尼斯画派的一个伟大画家，大概是乔治昂，把这个幻象画成了一幅美妙的图画；画中，一只载满了恶魔的大帆船像鸟一般地飞驶在风雨交加的礁湖上，去毁灭那个充满了罪恶的岛城，直到三个圣者在没有人觉察时跨进了一个穷苦舟人的小船，驱除了这些恶魔，把他们连同大船一并送入水底。①

于这种迷信之外，当时还有一种幻想，那就是人们使用魔术可以和恶魔发生关系，并借他们的帮助来达到贪婪、野心和肉欲的目的。在许多人试图实行以前，大概有不少人已经告发犯有这种罪；但是当这种所谓魔术师和女巫开始被烧死时，有意识地采用这种邪术的事就更加频繁。随着被怀疑的受害者牺牲在火中时所冒起来的烟，散布了一种使许多堕落的人物沉迷在魔术中的毒烟；他们和许多有心术的骗子联合在一起了。

大概从罗马人的时代起，②以一种原始的和民间的形式一直不间断地流传下来的迷信就是女巫的妖术。女巫，只要她把自己仅限制在占卜上，③可能是没有什么害处的，如果她不是从预言很

① 哲密斯托斯·普莱托提供了对于魔鬼的另一种见解，他的哲学巨著《法学》目前仅存其片断（亚历山大版，巴黎 1858 年），十五世纪的意大利人，由于有很多抄本或口传的原因，可能对它知道得比较详细。它对当时哲学，政治和宗教等方面的研究上无疑地起了巨大影响。根据他的见解，原属群神第三等级的魔鬼不犯一切错误，并能步位在它们之上的群神的后尘。它们是给人们带来各种好处的神。"这些好处是宙斯大神依次通过其他诸神而下达的。它们使人保持清洁无罪，并加以监视。它们使人打起精神并振作起来。"参看弗利兹·舒而切：《文艺复兴时代哲学史》，耶那，1874 年。

② 但认为是女巫创造的奇迹遗下的很少。关于十一世纪列奥九世教皇时期大概是最后一次的人变成驴。可参阅马尔美斯伯里的威廉，第 2 卷，第 171 页。

③ 这或许就是那个着魔女人的情况，1513 年在费拉拉和其他地方，伦巴第显贵们曾向她咨询将来的大事。她的名字叫罗多吉娜。见拉伯雷，《庞大固律埃》，第 4 章，第 58 页。

容易地（虽然常常是不知不觉地）变成为关系重大的积极的协助行动这一致命的堕落步骤的话。在这种情形下，她不仅被认为具有引起男女间爱憎的力量，而且也被认为具有真正害人的恶毒的邪术，特别是能够使儿童们害病，虽然这种疾病显然是由于父母的疏忽和愚蠢而造成的。除了她对于她所使用的毒物和毒药的效力具有充分的知识外，究竟她能像人们所说的那样，单独靠着魔法和咒语或者靠着有意识地勾引魔鬼来作法到什么程度也是值得怀疑的。

我们在庞达诺的著作中读到了一个加埃塔地方的女巫的故事。[①] 这个例子讲的是一种比较无害的迷信方式，一个托钵僧敢于在这种方式上出来和她竞争。旅客萨巴提乌斯来到了一个女巫的家里，这时她正在接见一个姑娘和一个女仆，她们给她送来了一只黑母鸡、九个在星期五生出来的鸡蛋、一只鸭子和一些白线——因为这是新月以来的第三天。她们被打发走了，并告诉她们黄昏时候再来。大概除了占卜之外也没有什么更坏的事情。那个女仆的女主人和一个僧侣私通受了孕，那个姑娘的情人背弃了她进入
500 了修道院。那个女巫抱怨说："自从我丈夫死后，我就以此为生，收入不少，因为加埃塔地方的妇女都很相信我，但是那些僧侣们妨碍了我的收入。他们给人圆梦，替人平息圣徒的愤怒来敛钱，保证姑娘们有丈夫，受孕的女人生男孩子，不孕的女人能受孕，除了这些之外，他们还按照白天在礼拜堂里定的约会，于夜间去看那些丈夫们出外打鱼的妇女。"萨巴提乌斯警告她不要忌妒修道院，但是

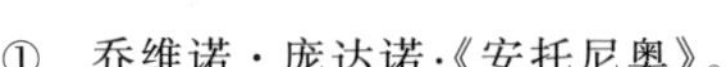

① 乔维诺·庞达诺：《安托尼奥》。

她不怕，因为修道院的监护人是她的老相识。[①]

但是，迷信产生了一种更坏的女巫，就是那些夺去人们的健康和生命的人。在这种情形下，当人们不能用她们的凶恶的眼光一类的东西来说明她们的危害时，就自然认为她们得到了有力量的魔鬼的帮助。如我们具体到菲尼切拉所看到的情形，对于这种危害的惩罚是火刑，但是，有时也和这种迷信实行妥协。例如：按照佩鲁贾法律，一个女巫能够交付四百镑罚款就可以了事。[②] 这种事情在当时并没有用后来那种一贯认真的严肃态度来处理。在教会地区，在亚平宁山脉的上段，圣本尼迪特的家乡，即诺西亚地方，有一个真正的女巫和术士的巢穴，并且是公开的。伊尼亚斯·希尔维优斯在他的早期的一封最引人注意的信里曾经谈到它。[③] 他写给他的兄弟说：

> “这个送信人来问我，我是不是知道意大利的维纳斯山峰，因为在那个地方有人传授魔术，而他的主人，萨克逊伟大的天文学家，[④]渴望能学到它。我告诉他我知道一个离卡拉拉不远的维娜波多山峰，它在利古里亚的海边的山上，我到巴塞尔去的时候曾在那里住过三夜；我还发现在西西里有一座叫作伊莱克斯的山，它是献给维纳斯的，至于那里是不

① 迷信女巫当时是何等普遍，从以下事实可以看出，即波利齐亚诺在 1483 年曾作过一篇关于亚里士多德的《名为女巫的分析论前篇》的“序讲”，（由以锡多·隆哥译成意文，佛罗伦萨，1864 年）。参看拉蒙特：《洛伦佐》，第 2 卷，第 75—77 页。据此，费埃苏来在某种意义上是女巫的巢穴。

② 格拉吉亚诺：《历史文献》，第 16 卷，第 1 章，第 565 页，1445 年条谈到诺西亚的一个女巫只捐献了半数款额，因而被焚。这个法律是针对那种“使用魔法、毒药或咒文以害人”的人。

③ 第 1 卷，第 46 书，《全集》，第 531 页以下。原文“Umbra”（暗影）应读“Umbria”（翁布里亚）（552 页），“Lacum”（湖）应读作“Locum”（地方）。

④ 以后，他称他为“萨克逊的公爵的侍医，一个既有钱又有势的人”。

> 是传授魔术我不知道。但是，当谈到这些事情的时候，我记起：在翁布里亚那个古老的公国（斯波立多），诺西亚城附近，陡峭的山岩下边有一个洞穴，那里边还流着水。我记得听人说过，那里有女巫〔妖妇〕、恶魔和夜里出现的幽灵，胆子大的人能够和鬼〔阴魂〕见面说话并学到魔术。[①]我并没有去看那个洞穴，也不想去看它。因为那些犯罪才能学到的东西最好是根本不去学它。”

但是，他却指出了那个告诉他的人的名字，并请求他的兄弟把这个持信人领到他那里，如果他还活着的话。伊尼亚斯在这里对于一
501 个有地位的人是非常有礼貌的，但是他本人则不仅比他的同时代人更不受迷信的影响（见边码 466、485 页），而且还在这个问题上经受过一次考验，这个考验不是我们这个时代的每一个受过教育的人所能经受得起的。在巴塞尔宗教会议时期，他在米兰患热病躺在床上七十五天，但却始终不肯听任魔术医师们给他医治，虽然被领到他床边的那个人在不久以前曾经在比奇尼诺的军营里神奇地医治好二千名患热病的兵士。伊尼亚斯病还没有好就骑马经过山路到巴塞尔去，并且在旅途中逐渐获得了痊愈。[②]

我们从一个想要使本文努托·切利尼受他控制的术士那里知道了更多的关于诺西亚附近的情况。他们要将一部新的魔法著作献给神，[③]举行这个仪式的最好的地方就是在这个地区的山里。这个术士的老师固然曾经在发尔法大寺院做过同样的供献，但是

① 十四世纪时，在托斯卡纳的安塞多尼亚附近有一种地狱穴口。它是一个洞穴，附近沙地上有人和动物的足迹，这些足迹无论什么时候被擦掉，第二天又重新出现。乌贝蒂：《狄达蒙多》，第 3 卷，第 9 章。

② 《庇护二世回忆录》，第 1 卷，第 10 页。

③ 本文努托·切利尼，第 1 卷，第 65 章。

在那里遇到了在诺西亚所遇不到的困难；加以诺西亚邻近的农民都是一些可靠的人，他们都对这件事情很熟悉，在必要的时候还能够提供一定的帮助。这个入山供献并没有举行，不然本文努托或者能告诉我们一些关于这个骗子的助手们的事情。当时诺西亚整个附近地区是尽人皆知的。阿雷提诺说到了某个地方的一口迷人的井，“在那里边住着诺西亚女巫的姊妹和法达·莫尔根娜[①]的姑母。”而约在同时，特利西诺还能在他的伟大的叙事诗[②]中以一切诗的美丽和譬喻的手法把这个地方当作一个可靠的预言的发源地来赞颂。

在英诺森八世的著名训谕（1484 年）[③]之后，妖术和对于女巫的迫害成了一种巨大的使人憎恶的制度。这种迫害制度的主要代表人物是德意志的多密尼克会僧侣；德意志和那些最靠近德意志的意大利各地区（真够奇怪的）是蒙受这种灾祸最甚的地方。例如，教皇们的训谕和禁令[④]提到了伦巴第的多密尼克会的地区、克雷莫纳、布雷西亚和贝尔加莫的主教管区。我们从斯普朗吉尔的

① 法达·莫尔根娜是欧洲中世纪传说中的妖精，亚瑟王的妹妹。——译者

② 《从哥特人手中解放了的意大利》，第 14 歌。特利西诺本人是否相信他所描写的情况发生的可能性，或者是不是他添枝加叶了，二者可能都有问题。对于他可能当作典型人物的卢康，也可以抱同样的怀疑（第 6 卷），卢康描述了帖撒利女巫当着西克塔斯·庞培的面用咒语招来了一具死尸。

③ 《第七谕令集》，第 5 卷，第 12 篇，它以“以最大的热诚希望……”等语开始。我不妨在此说明：充分考虑此事以后使我确信，这个时候没有相信异教残余的理由。我们如欲确实弄明白这种迷妄，要完全由托钵僧人的幻想来负责，只须研究一下《若克·克勒尔回忆录》中在 1459 年对阿拉斯的华尔多派异端派人的所谓审讯就够了。长达一世纪的一再指控和迫害将人民大众的想象带入这样一种状况，即认为巫术是当然的事情，并会自然而然地流传开来。

④ 指亚历山大六世、列奥十世、阿德里安六世的谕令。

理论和实践的指南，《女巫的铁槌》中知道：在训谕颁布的头一年有四十一个女巫在科莫被烧死；成群的意大利妇女在西吉斯蒙多大公的地区内避难，她们相信自己在那里还能得到安全。妖术最
502 后在阿尔卑斯山的几个不幸的谿谷，特别是卡莫尼卡谿谷里扎下了深固的根基。[①] 迫害的制度成功地使那些横竖都倾向于迷信的人们永远受迷信影响。当我们读到米兰或波洛尼亚的故事和小说时，[②]我们一定会想到这种基本上是德意志形式的妖术。它没有进一步在意大利发展，大概是因为在意大利其他地方已经存在着一种建立在一套不同的观念上的、高度发展了的"妖术"。意大利的女巫是一种营业，需要钱尤其需要常识。我们在她身上看不到北方女巫的那种病态的幻想，在空中的神奇的旅行和梦境中的神魂颠倒；"妖妇"的工作是为了使别的人高兴。如果一个意大利女巫被认为擅长变形术或者能够立刻遁身到远方，她也一定愿意接受这种声誉，因为借此可以增加她的影响：可是另一方面，当人们都对她的恶毒和复仇手段，特别是她的迷惑儿童、牲畜和庄稼的力量变得普遍怀有恐惧时，那对她也是很危险的。异端裁判所法官和地方长官如果把她烧死是完全符合于人民的要求的。

---

① 以女巫之国著称，例如《小奥兰多》，第 1 章，第 12 节。

② 例如邦德罗，第三编，故事第 29、52 篇。普拉托，《历史文献》，第三卷，第 409 页。布尔塞利斯：《波洛尼亚年代记》（见木拉托里，第 23 卷，第 897 栏）记述了 1468 年对开设幽灵妓院的一个方丈加以判罪："他使波洛尼亚的居民同作少女之姿的魔鬼性交。"他祭祀邪魔。类似情况见普罗科匹阿斯：《秘史》，第 12 章，章内记有一个魔鬼经常出入一个真正的妓院，这个魔鬼将其他嫖客赶出门去。《加拉提奥》（礼范）（见 116 页）证实存在着对巫师的信仰："他们跑遍很远的地方，沿着湖泽唱歌跳舞，同魔鬼来往，出入隐蔽的门户和洞穴。"

如已经说过的，“妖妇”的最重要的活动范围绝大部分是在恋爱一类的事情上，包括挑起爱情和仇恨、造成打胎、妄图以魔术来杀害不忠实的男人或女人，甚至制造毒药①。因为许多人都不愿意和这些妖妇们打交道，所以就产生一种偶尔使用妖术的人，他们秘密地从这些妖妇们学习到某种技术，然后用这种知识来达到他们自己的目的。例如，罗马的妓女就曾经以贺拉西诗中的加妮狄亚②的方式，用另外一种魔力来增加她们的个人吸引力。阿雷提诺③在这件事情上不仅知道而且说出了她们在这方面的真实情况。他列举了一系列在她们的箱子里找得到的使人作呕的乱七八糟的东西——头发、脑壳、肋骨、牙齿、死人的眼睛、人皮、儿童的肚脐眼、从坟墓里取出来的鞋底板和碎布。她们甚至自己跑到坟地去取一些腐烂的人肉，狡猾地给她们的情人吃下——还掺杂一些更坏的东西。她们用从教堂的长明灯里偷来的油来煎情人的头发和指甲。她们的魔术中最无害的一项是用烧红了的骨灰做成一个心，然后一边刺它一边唱： 503

在火焰还没有熄灭的时候，
愿你来到我门外；

① 关于女巫厨房令人作呕的贮藏品，见《混淆体诗集》，狂想曲，第16、21章。其中对整个制作的手续都有描述。

② 加妮狄亚是古罗马的一个妓女，罗马诗人贺拉西曾经斥责她是一个妖妇。——译者

③ 《佐比诺的论议》。他认为这些娼妇的技术是从某些掌握“魔法”的犹太妇女那里学来的。下面的一段话很值得注意。本波在圭多巴尔都的传记中(《全集》，第1卷，第614页)说：“圭多巴尔都或者身体和生理上有缺陷，或者如一般人所认为的，他虽完全精通魔术，但受到他叔父屋大维亚诺为了贪图王位而使用魔法的阻碍，毕生不能同任何女人性交，也绝不适于有妻室。”

我怎样刺了这颗心，

也望你同样刺激我的爱。

还有其他在月光下，在地上画图，和用蜡制或铜制的人像（这无疑是代表那个情人的）来施行的魔术，这是按照不同的情况来对待的。

这些事情是如此地常见，以至于一个虽然失去了青春和美丽，但仍能对男人有强烈的吸引力的女人很自然地被疑为有魔术。克莱门七世的秘书桑加的母亲[①]曾经毒死她儿子的情妇，这个情妇就是这一类的女人。不幸的是她的儿子和合座朋友都因为吃了那有毒的拌生菜一起死掉了。

其次就是作为女巫的竞争者而不是作为她的助手出现的魔术师或术士，他对于那些最可怕的魔术更熟悉。有时他也同样地是或者更多地是一个占星家，他大概常常以占星家的姿态出现，以免因做魔术师而遭到迫害，而为了给施行魔术找到一个适合的时刻，某种占星术也确是不可缺少的。[②] 但是因为有许多鬼神是善良的，[③]或者是不偏不倚的，所以魔术师有时也享有相当的声誉；西克塔斯四世在1474年就不能不对某些波洛尼亚的白袍僧明确地提出控诉，[④]因为他们在教坛上说从魔鬼那里获得消息是无害的。很多人都相信这种事情本身有可能，一个间接的证明就是：最虔诚

① 瓦尔奇：《佛罗伦萨史》，第2卷，第153页。

② 兰第在他的《异事奇闻录》，36页a和37页a中，提供了关于两个魔术师（一个西西里人，一个犹太人）的奇闻。我们在其中看到：魔术镜，死人头说话和鸟儿在飞翔中猛然停下。

③ 强调了这一条件。阿格利巴：《秘密哲学》，第39章。

④ 《第七谕令集》，同上。

的人都相信通过祷告能够看到善灵的幻影这一个事实。萨沃那罗拉的心里充满了这些东西；佛罗伦萨的柏拉图主义者在谈和上帝的神秘结合。马尔切路斯·帕林吉努斯使我们很明确地了解到他同净化的魂灵有来往。[①] 这同一个作家相信有一个完全被恶魔统治着的世界存在，这些恶魔就住在月亮的下边，并且永远等待着机会来为害自然和人们的生命。[②] 他甚至于谈到了他个人和某些恶魔的认识。因为本书的范围不容许我们对于当时流行的相信鬼神一事做系统的论述，所以帕林吉努斯的故事可以提出来作为许多例子中的一个。[③]

在索拉克特山上的圣西尔维斯特罗寺院里，他曾经从一个虔诚的隐士那里接受关于世事空虚和人生不足道的教导；天黑的时候他才动身回罗马。在路上，在皎洁的月光下，他遇到了三个同路 504
的人，其中的一个招呼他的名字并问他从哪儿来。帕林吉努斯回答说："从山上的哲人那里来。"这个陌生人回答说："啊，傻子，难道你真相信世上的任何人是聪明的么？只有神仙（神灵）才有智慧，我们三个就是这样的神仙，虽然我们具有人形。我的名字叫萨拉希尔，这两个叫作萨舍尔和雅纳。我们的国度在月亮附近，在那里住有无数的居间的神，管理着大地和海洋。"帕林吉努斯当时怀着内心的恐惧问他们，到罗马去做什么。回答是："我们的一个同伴阿蒙被一个从纳尔尼城来的年轻人，枢机主教奥尔西尼的从者，用魔术拘禁起来为他服务；啊，人们要注意，你们能把我们当中的

---

① 《生命的黄道带》，第 12 章，第 363—549 页。参见第 10 章，第 393 页以下。

② 同书，第 9 章，第 291 页以下。

③ 同书，第 9 章，第 770 页以下。

一个统制起来，那就证明你们自己的不朽；我自己曾经被关在晶球里边，一度被迫为一个德意志人服务一直到一个长胡子的僧侣释放了我。这次去罗马就是要去帮助我们的朋友并顺便把一两个著名的罗马人送到地狱里去。”在他说这些话的时候起了一阵微风，于是萨舍尔说：“听！我们的使者从罗马回来了，这阵风就告诉我们他到了。”接着另外一个精灵出现了；他们高兴地招呼他，并问他关于罗马的事情。他的话是强烈反对教皇的：克莱门七世又与西班牙人结成了联盟并且希望不是用辩论而是用西班牙人的宝剑来铲除路德的学说。这完全是对于恶魔有利的，因为就要到来的流血将使他们把千万人的灵魂送入地狱。这个谈话表明罗马由于它的一切罪恶已经完全受到了魔鬼的控制；在这个谈话结束后，这些幻影都消失了，剩下诗人自己独自悲伤地朝前赶路。[①]

尽管对于巫术实行惩罚，但还是有人公开承认和恶魔有关系。那些想要知道对于恶魔的相信达到了如何程度的人可以参考阿格利巴·内提斯海姆的那部被广泛阅读的著作《秘密的哲学》。似乎他在到意大利以前就已经写了这部书，[②]但是他在给特里特米乌斯[③]的献词中，特别提到了意大利的资料，即使仅仅是为了表示

---

① 在当时诗人的作品里面，神话式的魔术师典型人物是马拉吉吉，普尔奇在《摩尔根特》第 24 歌，第 106 页以下谈到马拉吉吉时，关于他的魔术范围或者他那神通广大的魔术力量提出了理论性的见解。但他认真到什么程度，则很难说。参看第 21 歌。

② 波利多拉斯·维吉尔，是意大利出生的，但他的作品《怪异论》却主要论述了他生活所在地英国的迷信。谈到魔鬼的预知能力时，他对 1527 年的罗马浩劫作了有趣的引证。

③ 特里特米乌斯（1462—1516 年）是德意志的历史家和神学者，曾写有一部反对巫术的著作。——译者

轻蔑。具体到阿格利巴这种模棱两可的人,或者其他可以分成恶棍和傻子的大多数人,他们所宣布的魔术理论,以及与这个理论有关的仪式、香火、油膏和其余的东西并不能使人感到多大的兴趣。[①] 但是这种理论里充满了来自古代迷信中的很多引证,它们对于意大利人的生活和感情有时发生最明显的和最有效的影响。我们也许会想:一个有远大抱负的人一定是在完全没落了之后才屈服于这种势力的;但是强烈的希望和欲求能引使甚至是各阶层 505
的坚强和有独创力的人物求助于术士,而相信这种事情完全是可能的,就在某种程度上削弱了人们的对于这个世界的道德秩序的信仰,即使是和它保持一定距离的人们也是如此。以很少的一点金钱和冒险,似乎就有可能泰然无事地向人类的普遍的理性和道德挑战,并且不必经过中间的步骤就可以直接达到他的合法的和不合法的目的。

这里我们可以暂时看一看一种比较古老的,这时已经衰落了的迷信形式。从中世纪的最黑暗时期起,甚至于从古代起,意大利的许多城市一直认为他们的命运和某些建筑物、雕像或其他具体的东西有联系。古代曾经留下关于祭僧或"避邪师"的记载,他们参加庄严的城市奠基典礼,并用建立某种碑碣或埋藏某种物件(镇物)的方法来神奇地保证这些城市的繁荣。这类故事比任何其他事情都更容易以民间口头传说的形式流传下来;但是经过几个世纪之后,这种僧侣就自然而然地变成了术士,因为他在宗教一面的

① 但谋杀很少是他们的目的,或许也绝不是手段。像日尔·德·累斯(约1440年)那样一个向魔鬼祭奠了一百多个小孩的穷凶极恶的怪物,在意大利的确没有第二个人。

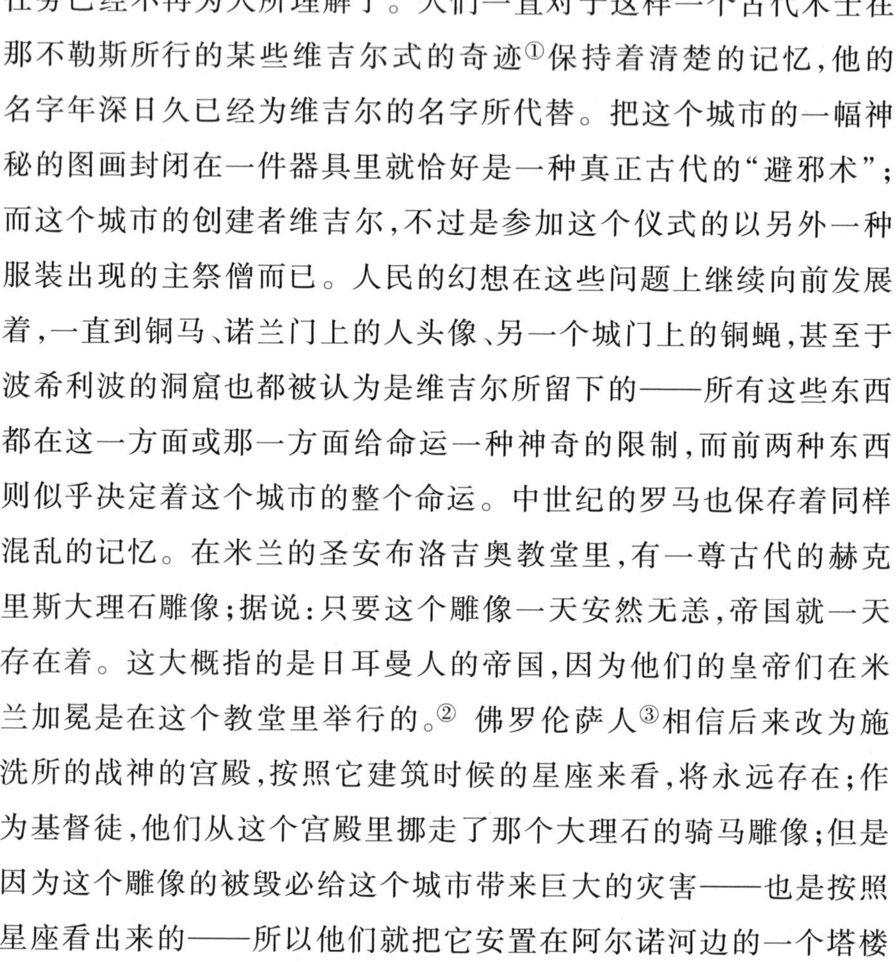

任务已经不再为人所理解了。人们一直对于这样一个古代术士在那不勒斯所行的某些维吉尔式的奇迹[①]保持着清楚的记忆，他的名字年深日久已经为维吉尔的名字所代替。把这个城市的一幅神秘的图画封闭在一件器具里就恰好是一种真正古代的“避邪术”；而这个城市的创建者维吉尔，不过是参加这个仪式的以另外一种服装出现的主祭僧而已。人民的幻想在这些问题上继续向前发展着，一直到铜马、诺兰门上的人头像、另一个城门上的铜蝇，甚至于波希利波的洞窟也都被认为是维吉尔所留下的——所有这些东西都在这一方面或那一方面给命运一种神奇的限制，而前两种东西则似乎决定着这个城市的整个命运。中世纪的罗马也保存着同样混乱的记忆。在米兰的圣安布洛吉奥教堂里，有一尊古代的赫克里斯大理石雕像；据说：只要这个雕像一天安然无恙，帝国就一天存在着。这大概指的是日耳曼人的帝国，因为他们的皇帝们在米兰加冕是在这个教堂里举行的。[②] 佛罗伦萨人[③]相信后来改为施洗所的战神的宫殿，按照它建筑时候的星座来看，将永远存在；作为基督徒，他们从这个宫殿里挪走了那个大理石的骑马雕像；但是因为这个雕像的被毁必给这个城市带来巨大的灾害——也是按照星座看出来的——所以他们就把它安置在阿尔诺河边的一个塔楼

---

① 见罗特的论文《关于术士维吉尔》（见普淮斐的《日耳曼尼亚》，第 4 卷和科姆巴累提的《中世纪的维吉尔》），维吉尔开始代替老泰来斯泰的地位，可由以下事实得到部分说明，即在帝国时代就有人常去拜谒他的坟墓，因而触动了人民的想象力。

② 乌贝蒂：《狄达蒙多》，第 3 卷，第 4 章。

③ 关于下文，见乔维奥·维兰尼，第 1 章，第 42、60 页；第 2 章，第 1 页；第 3 章，第 1 页；第 5 章，第 38 页；第 11 章，第 1 页。他本人并不相信这种邪恶的迷信。参看但丁：《地狱篇》，第 13 歌，第 145 行。

上。当托蒂拉[1]征服佛罗伦萨时，这个雕像被沉入水中，一直到查理大帝重建这个城市时，才重新捞起。它当时被安置在维其奥桥的桥头柱上，而奔德尔蒙特[2]就是于1215年在这个地点被杀死的。506
圭尔夫派和吉伯林派之间的巨大仇恨的起源就这样与这个可怕的偶像联系着。在1333年的大水期间，这个雕像永远消失了。[3]

但是在其他地方又出现了同样的“镇物”。已经提到的圭多·博纳托在重建弗尔利的城墙时，要求两党做某种象征性的和解举动但并没有成功(见边码488页)。于是他把他用占星术或魔术得到的一个铜的或石头的骑马雕像埋起来，[4]相信这样他已经保卫了这个城市，使它免于灭亡乃至被占领和掠夺的命运。六十年以后，当枢机主教阿尔沃诺斯任罗马尼阿的长官时，这个雕像碰巧被挖出来了；大概是由于枢机主教的命令，把这个雕像展示给人民看，使他们知道残暴的蒙特费尔特罗曾经以什么样的手段来保卫他自己和反对罗马教会。又半世纪以后，当一个奇袭弗尔利的企图没有获得成功时，人们又重新开始谈起这个大概被保全了

① 托蒂拉(Totila，死于552年)是东哥特人的国王，曾经打败罗马人，统治中部和南部意大利并于546年占领罗马，552年为罗马将军纳尔撒斯(Narses)所击败。——译者

② 奔德尔蒙特是佛罗伦萨的一个贵族，为了消灭贵族之间的纷争，曾经与另外一家贵族的女儿结婚。据说他的被杀是引起圭尔夫派和吉伯林派党争的一个原因。——译者

③ 根据巴律斯《杂纂》，第9卷，第119页所提供的片断材料，古时候，佩鲁贾人同拉文纳人发生过争执。“他们夺取了在拉文纳附近刚刚出土的大理石士兵像，并强行将它移到他们城市附近去。”这里提到的关于佛罗伦萨的传说，参见戴维德松，《佛罗伦萨史》等。

④ 关于地方上对这种事情的迷信，见《弗尔利年代记》，载木拉托里，第22卷，第207、238栏；在菲力普·维兰尼的《列传》第33页上有更充分的说明。

下来并被重新埋藏起来的雕像的功效。这是他们最后一次能够谈到这件事，因为一年以后，弗尔利真正地被占领了。在整个十五世纪期间，建筑物的奠基不仅与占星术有关而且也与巫术有关。人们曾经谈到教皇保罗二世在他的建筑物的基地里①埋藏的大批金银纪念牌，而普拉提那乐于把这件事情看作一种古老的异教的"镇邪术"。无论保罗或他的传记作者都根本没有意识到这样一种供献有中世纪的宗教意义。②

但是，这种在许多情形下都是得自传闻的公开的巫术和为了达到私人目的而使用的秘密法术比起来是并不重要的。阿里奥斯托在他的魔法师的喜剧里表现了这些法术在日常生活中所最常采取的形式。③ 他的主角是从西班牙逃出来的许多犹太人里面的一个，虽然他自称是希腊人、埃及人和非洲人，并经常在改换他的名字和服装。诡称他的咒文可以把白天变成黑夜，又把黑夜变成白天，可以移动大地，可以使自己隐形，可以把人变为野兽；但是这些自吹自擂都不过是一种宣传而已。他的真正目的是从不幸和苦恼的婚姻中取利，而他沿途留下的踪迹有如蜗牛的黏液或者往往像是一阵冰雹所造成的灾害。为了达到他的目的，他能够使人相信他那藏着情人的箱子里面满装着鬼魂，或者说他能够使死尸说话。诗人和小说家对于这种人加以嘲笑能够得到群众的赞扬无论如何

① 普拉提那：《教皇传》，第320页："在这件事情上与其模仿彼得、安那克利塔斯和来那斯，不如模仿古人。"

② 它是易于看得出来的，例如在苏哲利乌斯《论教会的祝圣》（杜歇纳：《史家集》，第4卷，第355页）和在《彼忒斯豪森年代记》第1章，第13和16页中。

③ 参见贝比埃那的《历法》。

是一个好现象。邦德罗不仅把一个伦巴第僧侣的巫术看作是一种卑鄙的和后果可怕的无赖行为，[①]而且他也用一种毫不掩饰的愤 507
怒[②]来描写轻信的愚人毕生受到的灾祸。

> “有一个人希望用所罗门的钥匙或者其他魔术用书来找出埋在地下的珍宝，来强迫他的太太服从他的意志，来窥知君主的秘密，和转瞬间从米兰来到罗马。他被欺骗的次数越多，他就越坚定地相信……加尔罗先生，你还记得那一次吧，我们的一个朋友为了得到他的所爱者的好感，在他的屋子里摆满了脑盖骨和尸骨，像一个墓地一样。”

这种秘密法术规定人们要做最恶心的事情——从一具死尸拔下三颗牙或者从它的手指上取下一个指甲等等；在念诵骗人的咒语中间，那些不幸的参加者往往已经被吓死了。

本文努托·切利尼在那次有名的在罗马大竞技场里举行的念咒文施法（1532 年）中间并没有被吓死，[③]虽然他和他的同伴们看见了很多非常可怕的事情。那个西西里的教士大概希望他是一个将来有用的合作者，在他们回家的路上夸奖他说，他从来没有看到过这样胆子大的人。每一个读者都会对于这些手法有他自己的看法。醉人的烟气和观者的想象易于接受一切的恐怖景象，这一个

① 邦德罗，第三编，故事第 52 篇。费莱佛（《书信集》，威尼斯，第 34 卷，第 240 页以下）极力攻击巫术。他相当地破除了迷信（《讽刺诗集》，第 4 卷，第 4 页），但他相信彗星的“灾难效果”（《书信集》第 246 页 b）。

② 邦德罗，第三编，故事第 29 篇。术士勒令以庄重的宣誓答应严守秘密，如当波洛尼亚的圣彼得罗尼奥圣堂内别无他人的时候，在它的正祭坛上的宣誓。《混淆体诗集》中有很多关于魔法的记述。《狂想曲》，第 18 章。

③ 本文努托·切利尼，第 1 卷，第 64 章。（这一段故事见于本文努托·切利尼的自传中。这次念咒施法是在本文努托的一个情妇被她的母亲带走之后举行的，所以下文中有魔鬼答应他和他的情妇重新会合的叙述。——译者）

事实是我们主要应该注意的，并且也说明了为什么他们那一群人里的一个孩子，这些东西对他印象最深，他比别的人看见的都多。但是我们也可以认为：它所要影响的是本文努托本人，因为念咒文开始时的险恶景象除了引起好奇心外不可能有其他的目的。因为本文努托在找到美丽的安琪莉佳以前不能不有所考虑，而那个术士事后也曾对他说：恋爱和寻找珍宝比起来是一件愚不可及的事情。此外，必须不要忘记的是：本文努托所以能够说："魔鬼们履行了他们的诺言，安琪莉佳果然如他们所答应的那样正好在一个月以后回到了我的身边"，是在满足他自己的虚荣心。即使我们认为本文努托逐渐地把自己也骗得相信了这整个的故事，但作为当时流行的思想情况的证明，它仍然是永远有价值的。

但是，一般地说来，意大利的艺术家们，即使是其中的"古怪的、任性的和反常的"人们，也很少和巫术发生关系。他们之中的一个人在研究解剖学当中曾经想要用一张死人皮来为自己剪成一件短外衣，但在他的听忏悔教士的劝告之下，他又把人皮放回到坟里去了。[①] 的确，经常研究解剖学大概比任何其他事情都更能打
508 破对于人体各部分有神奇力量的迷信，同时，对于人体的不断观察和描写，也使艺术家熟识了一种完全不同的不可思议的魔力。

虽然有已经引证过的那些例子，但总的说来，意大利的巫术在十六世纪初，那就是说，在它开始在意大利以外各地盛行的时候，似乎已经显然走向衰落。因此，看来意大利的术士和占星家们等

① 瓦萨利，第 8 卷，第 143 页，《安德烈·费埃苏来传》。希尔维奥·科西尼是那个"追求巫术咒语等类愚蠢事情的人。"

到他们的信誉在家乡受到彻底破坏之后，才开始了他们到北方的旅行。在十四世纪里，人们认为有必要严密地防守着斯卡利奥托附近的皮拉图山峰[①]上的湖水，以防止术士们在那里祭献他们的巫术著作。[②] 在十五世纪里，我们看到，例如，为了制造一场暴风雨以吓走一支包围的军队而举行过这种供献；甚至那时，这个被包围了的城市的指挥官——齐达·狄·加斯特罗城[③]的尼科洛·维特利——也能正确地把那些术士当作渎神之辈予以斥退。[④] 在十六世纪里，再也看不到这种正式使用巫术的例子了，虽然术士们在私生活中仍然是积极活动的。德意志的有名的术士，约翰·浮士德博士就是属于这一时期的人物；而意大利的典型人物，圭多·博纳托，则上溯到十三世纪。

但是，必须附带说明的是：随着对于巫术的迷信的减弱并不一定是对于道德秩序信仰的增加，而在许多情形下，像对于占星术的信仰的衰落一样，这种迷信所留下的无非是一种糊涂的宿命论而已。

在人们对于巫术和占星术的信仰渐次减弱的时候，这种迷信

① 皮拉图山峰在瑞士境内。——译者

② 乌贝蒂：《狄达蒙多》，第 3 卷，第 1 章。他在安科那境内访问了被认为是犹大诞生地的斯卡利奥托，并指出："我不应该越过皮拉图山和它的湖，这儿，整个夏天都有守卫者定期换防看守。因为通晓魔法的人来这里祝圣了他的书籍，于是，据当地人说，就在这座山上起了一场巨大的风暴。"〔祝圣书籍，如前所述，是一种不同于其他形式的特殊仪式。〕根据狄伯尔德·斯奈林的记载，十六世纪曾严禁攀登琉瑟恩附近的彼拉多山，人们相信，山上的湖里有一个鬼，这鬼就是彼拉多的灵魂。每当人们上山或投掷任何东西到湖中时，就马上爆发可怕的风暴。

③ 齐达·狄·加斯特罗（Citt No. di Castello）在意大利的佩鲁贾省境内。——译者

④ 《提菲尔诺之围》，1474 年。（《意大利大事记佛罗伦萨史家篇》，第 2 卷）

的一两种次要的形式，被人们认为有一点价值的火占术、手相术[①]等等在这里可以略去不谈；就是相术这一门假科学也并不能引起我们从它的名字上所能期待的那种兴趣。因为它并不是作为艺术和心理学的姊妹和同盟者，而是作为宿命论的迷信的一种新形式和——不管它在阿拉伯人中间可能是什么东西——作为占星术的竞争者出现的。一部相术书的作者，巴尔托洛缪·科克尔，自称是一个骨相学家；[②]按照乔维奥的看法，认为他的学问似乎和一门最可尊敬的自由艺术是一样的。他并不以他对于每天向他请教的许多聪明人所做的预言为满足，而且还很认真地写了“一张名单，列举那些有重大生命危险在等待着他们的人”。乔维奥虽然久经罗
509 马自由思想的熏染，但仍然认为其中所含的预言都是完全可信的。[③] 我们从同一的来源知道这些以及和这些相类似的预言所指出来的那些人怎样向这个预言家复仇。乔万尼·本蒂伏利奥把卢加斯·高利库斯用绳子吊在很高的螺旋楼梯上并来回摆动五次向墙上撞击，因为卢加斯曾经预言他要失去他的权势。[④] 埃尔米斯·本蒂伏利奥派一个刺客去行刺科克尔，因为这个不幸的骨相学家曾不得已预言他将在战争中成为亡命者而死去。那个凶手似乎曾经在这垂死的人的最后时刻嘲弄他说：预言家曾经预言他不久将要犯一个不名誉的杀人罪。手相术的复兴者，切泽纳的安蒂

---

① 1520年前后军队中广泛流传的这种迷信，利墨尔诺·比多科曾在《小奥兰多》，第5章，第60页中加以嘲笑。

② 保罗·乔维奥：《学者语录》，第106页，《科克尔》条下。

③ 这里指的是热心的肖像搜集家。

④ 这是根据星宿预言的，因为高利库斯不懂相术。关于他自己的命运，他只得求助于科克尔的预言，因为他父亲忘掉记下他的星位。

奥科·提伯尔托[①]在里米尼的潘多福·马拉泰斯达的手里遇到了一个同样可悲的结果，因为他曾经向他预言一个暴君所能想象到的最坏的遭遇，就是说死于亡命和最悲惨的贫困之中。提伯尔托是一个有见识的人；人们认为他所给的答案根据他对于人类的透彻了解比根据任何手相法为多。他的高度的文化教养使他赢得了看不起他的占卜术的学者们的尊敬。[②]

最后，在古代直到很晚的狄奥克莱齐安统治时期才被提到的炼金术，在文艺复兴的全盛时期只占一个非常不重要的地位。[③]意大利早就受过它的害，那是在十四世纪里，当佩脱拉克在反对炼金术的论辩中承认它是一个普遍的风尚的时候。[④] 从那以后，搞炼金术所需要的那种信念、热诚和处于与世隔绝状态在意大利越来越少见了，意大利和其他地方的炼金术者开始在北欧的高门大户中间获得厚利就正是这个时候。[⑤] 在列奥十世时代，少数从事炼金术的人被称为“天真的好奇者”。[⑥] 欧雷里奥·欧格雷利曾经向最轻视金钱的列奥十世进献关于炼金的说教诗，据说他所得的酬报是一个美丽的但却是一个空空如也的钱袋。除了黄金之外，

---

① 保罗·乔维奥，前引书，第 100 页以下，提伯尔托条下。

② 关于占卜的这些分支的最重要事实，阿格利巴在《秘密哲学》，第 57 章中有所记述。

③ 李伯利：《数学史》，第 2 章，第 122 页。

④ “我没有记述任何新鲜的东西，它不过是社会的风气”（《论处祸福之道》，第 93 页），是该书最生动的一段，那是在愤怒的情况下写成的。

⑤ 特利塞姆：《希尔骚年代记》中主要的一段，第 2 卷，第 286 页以下。

⑥ “因为这样的事也并不缺少”，保罗·乔维奥《学者语录》第 150 页，“高利库斯”条下。参见同书第 130 页，欧雷里奥·欧格雷利条下；《混淆体诗集》，《狂想曲》，第 12 章。

还寻求万能的点金石那一门神秘的学问，则是较晚的北方产物，它起源于帕拉舍尔苏斯[①]等人的理论。

510

第五章　信仰的普遍解体

灵魂不死的信仰的衰落和这些迷信以及一般的古代的思想方式，都有着最密切的联系。[②] 这个问题与现代精神的整个发展有最广泛的和最深刻的关系。

怀疑灵魂不死的说法的一个重大原因是人们从内心里不愿意对可恨的教会负担任何义务。我们已经看到：教会把有这种想法的人污蔑为享乐主义者(见边码 477 页)。许多人在临死的时候无疑地是要求接受圣礼的，但广大群众在他们的生活当中，特别是在他们的壮年时代，立身行事是根据相反的假设的。在这一个特殊问题上没有信仰本身往往必定导向于一般的怀疑主义，这是非常明显的，并且也是为许多历史事实所证明了的。这就是阿里奥斯托所说的“他们不相信屋顶以上的事”[③]的那些人。在意大利，

---

① 帕拉舍尔苏斯(Paracelsus，1493？—1541 年)是一个瑞士的医生，曾经旅行各地取得了关于化学、炼金术和冶金术的广泛知识。他应用鸦片、水银、硫黄、铁、砒素等给人治病。《点金石》是他的一篇带有神秘色彩的论文。——译者

② 在写一部意大利不信宗教的历史时，有必要涉及十四世纪中叶在意大利，尤其在威尼斯盛行一时的所谓“阿维洛斯主义”。薄伽丘和佩脱拉克在各种书信里，都反对这种主义，佩脱拉克在他的著作《论自己和其他人的无知》中也曾反对过它。虽然佩脱拉克的反对由于误解和夸张而有所加强，但他完全相信，阿维洛斯主义者曾嘲笑和否定基督教。

③ 阿里奥斯托：《十四行诗》，34。“不相信屋顶以上的事”。诗人采用的是一个官吏的话，这个官吏在财产问题上判决他无理。

特别是在佛罗伦萨，只要一个人避免与教会直接为敌，他是有可能作为一个公开的和尽人皆知的不信教者生活下去的。[①] 例如：一个被派去为一个政治犯送终的听忏悔的神父开始就问这个犯人是不是一个信仰上帝的人，“因为有一个假报告说他没有任何信仰。”[②]

这里所提到的这个不幸的犯人——即前面提到的（见边码 80 页）的那个彼埃特罗・保罗・巴斯卡利，他曾于 1513 年参加对新复位的美第奇家族的谋杀活动。他是反映当时流行的宗教上的混乱思想的一面忠实的镜子。开始时他是萨沃那罗拉的同党，后来充满了对于古代自由理想和一般的异教的热情；但是当他在狱里的时候，他的早期的朋友们重新控制了他的思想，使他获得了一个他们所认为的善终。他临终时的和蔼的证人和记述者是那个爱好艺术的德拉・罗比亚家族中的一员，渊博的学问家卢加。巴斯卡利叹息着说：“啊！把布鲁图斯从我的脑子里拿出去吧，好让我像

一个基督徒那样地死去。”卢加回答说：“如果你愿意，这是不难 511
的；因为你知道这些罗马人的事迹并不是照原样留传给我们的，而是把它们理想化了（做了艺术的夸大）。”那个忏悔者这时勉强他的理智去信仰，并为他未能自觉地相信而悲伤，只要他能够和一个虔诚的僧侣再多生活上一个月，他必将真正成为一个热心宗教的人。人们发现萨沃那罗拉的这些同党对于圣经知道得很不完全；

---

① 这里我们可以再次参考普利通的著作。普利通对基督教的轻视，对当时意大利人尤其佛罗伦萨人有重大的影响。

② 《历史文献》，第 1 卷，第 273 页以下《巴斯卡利事件报告》。其中现成的一句话是“没有信仰”；参见瓦萨利，第 7 卷，第 122 页，《彼得罗・柯西莫传》。

巴斯卡利只会念“我们在天之父”和“万福马利亚”两则经文，他诚恳地请求卢加劝告他的朋友们读圣书，因为一个人生前学到的东西死时才能为他所有。卢加接着按照马太福音对他诵读和讲解基督受难的故事；说也奇怪，那个可怜的听者竟很清楚地理解了基督的神性，但却对他的人性感到迷惑。他希望能紧紧地把握住它，“像基督从树林子里出来和他会面一样。”[①]于是他的朋友劝告他要谦卑，因为这不过是魔鬼给他送来的迷惑。不久以后，这个忏悔者想起来他幼年时代曾经发下一个参拜“音普鲁内达”的誓愿还没有偿还；他的朋友答应替他还这个愿。同时，那个听忏悔的神父——如巴斯卡利所希望的，是一个来自萨沃那罗拉的修道院的僧侣——来到了，在向他说明了前文所引的圣托马斯·阿奎那对于诛戮暴君的意见后，劝他勇敢地死去。巴斯卡利回答说：“神父，不要在这上边浪费时间；哲学家们已经早就把它教给我了；请帮助我为热爱基督而死去。”底下接着是悲惨的描写——圣餐式、告别式和行刑。有一点是应该特别提出来的。当巴斯卡利把他的头放在断头台上时，他请求那个刽子手暂缓落刀：

> “自从判决宣布以来，整个期间他都在努力寻求和上帝密切结合，但没能够如愿以偿，现在，在这最后的一刹那，他想做一次猛烈的挣扎以使他能够把自己完全交付给上帝。”

很清楚，萨沃那罗拉的某些被了解了一半的话在苦恼着他。

如果我们有更多的这种性质的忏悔，那么这个时代的精神面

---

① 这是引用圣彼得因受到迫害想要退出罗马，基督从树林子里出来和彼得会面阻止他的故事。——译者

貌会由于许多重要特征而更为鲜明，那是诗篇和论文所没有给我们保存下来的。我们将会更清楚地看到天赋的宗教本能是如何的强烈，个人与宗教的关系是如何地具有主观性和易变性，以及宗教有哪些强有力的敌人和竞争者。那些心理状态属于这种性质的人不是能够建立一个新的教会的人，这是很显然的；但是不去观察一下意大利人中间的那个动乱时代，西方的思想史将是不完全的，至于其他和思想的演进没有关系的民族则可以略去而不受什么损失。我们现在必须回到灵魂不死的问题上去。

如果说在那些有高度文化教养的人物中间不信仰灵魂不死论得到了如此的发展，它的理由一部分在于这样的一个事实，那就是发现这个世界并用语言和形式来表现它的这个巨大的世俗工作吸引了大部分有较高的聪明才智的人。我们已经谈到过（见边码473页）文艺复兴的不可避免的注重现世的精神。但是这种研究和这种艺术必然要伴以一种怀疑和探讨的精神。如果这种精神在 512
文学里边表现得很少，如果我们看到，例如，只有个别的开始批判圣经的例子，我们也不能因此就得出它并不存在的结论。它的声音仅仅是为各部门中的表现和创造的需要——那就是说为艺术的本能——所压下去了；无论什么时候，当它试图在理论上有所阐明时，它还进一步受到了已经存在的教会的专制势力的阻碍。这种怀疑精神一定（理由非常明显无须讨论）不可避免地和主要地研究了人在死后是一种什么情况的问题。

这里，古典文化就发生了影响并以双重形式在论争上起着作用。首先人们力求掌握古人的心理并且要从亚里士多德的词句中追问出一个肯定的答案。在这个时代的一篇卢西安[①]式的对话当中，[②]渡神告诉使神，[③]当亚里士多德坐船渡过斯蒂克斯河时，他怎样追问这个哲学家是不是相信灵魂不死；但是那个虽然肉体已死而精神长存的谨慎的哲人，拒绝以一个肯定的答复来做有害于自己声誉的事情——多少世纪以后怎样有可能利用他的著作中的解释呢？人们曾经格外热心地讨论他和其他的人关于灵魂的真正的性质、它的起源、它的先在、它和一切人的结合、它的绝对永生乃至它的转化等方面所持的意见；有人在教坛上谈论这个问题。[④] 这种争论甚至到十五世纪时还在热烈进行中；有些人论证亚里士多德曾经教人以灵魂不死的学说；[⑤]另外一些人埋怨有的人心地倔强，这些倔强的人根本不相信有灵魂，除非他们看到灵魂坐在他们面前的椅子上；[⑥]费莱佛在追悼弗兰切斯科·斯福查的演说中提出了一系列古代乃至阿拉伯哲学家们支持灵魂不死的意见。他用

① 卢西安(Lucian)是二世纪中有名的希腊散文作家。他的代表作品是许多对话体。这些对话体攻击的对象是古代的神话和同时代的哲学家并以对于日常生活的讽刺见称。——译者

② 乔维诺·庞达诺:《渡神》,载《全集》第2卷,第1128—1195页。

③ 使神是罗马神话中的诸神的使神,是雄辩家、商业、工匠、盗贼等的保护神。——译者

④ 《芙斯蒂努斯·泰尔多塞斯著愚昧的胜利》,第2卷。

⑤ 例如1460年左右的菩尔本·摩罗西尼;参见桑索维诺:《威尼斯》,第13卷,第243页。他写了"按照亚里士多德所主张的灵魂不死"。庞波尼乌斯·拉图斯曾经指出也曾经写过的一封谈灵魂不死的书信这一事实,借此以求释放出狱。见格累哥罗维乌斯,第7卷,第580页以下所载的他的著名的辩护词。另一方面见普尔奇在一首为加利多所引用的十四行诗中对这一信仰的嘲笑。(见《意大利历史文献》,第9卷,第49页以下)

⑥ 维斯帕西雅诺·菲奥兰提诺,第260页。

下面的话来结束这些占满对开本一页半的各家之言[1]:“除了所有这些之外,我们还有新旧约,这是最重要的真理。”其次还有佛罗伦萨的柏拉图主义者,他们相信他们老师的灵魂学说,有时像皮科那样以基督教的教义为补充。但是,在受过教育的人们中间流行着相反的意见。在十六世纪初,这种意见给教会造成极为严重的障碍,因而列奥十世在 1513 年的拉特兰宗教会议上提出了一项法令,[2]以保卫灵魂不死和灵魂个体存在的学说,后者是为了反对那些认为所有的人共有一个灵魂的说法的。数年以后出现了庞波纳佐[3]的著作,认为从哲学上证明灵魂不死是不可能的;于是不断地以答和辩展开论争,直到天主教的反动势力把争论压制下去时为止。多少是根据柏拉图的理念学说想象出来的灵魂先在上帝身上
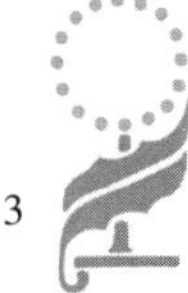
存在的学说,很久以来就是一个共同的信仰,甚至于也曾为诗人所 513
引用。[4] 对于它所产生的、关于人死后灵魂继续存在的方式的问题,人们并没有加以更细密的考虑。

古典文化发生影响的第二种方式主要是通过西塞罗的《共和国》第六卷的宝贵的残本来起作用的,人们称之谓《西庇阿之梦》。如果没有麦克洛比乌斯的注释,它或者像这部著作的第二篇的其

---

① 《费莱佛演讲集》,第 18 页。

② 《第七谕令集》,第 5 卷,第 3 篇,第 8 章。

③ 庞波纳佐(Pomponazzo,1462—1525 年)是意大利著名的亚里士多德派和经院派哲学家。他著有《论灵魂不死》一书,认为没有理由承认灵魂比肉体的寿命更长,并主张灵魂死亡说比来世因果说更有益于世道人心。——译者

④ 阿里奥斯托:《奥兰多》第 8 卷,第 61 页。在《小奥兰多》第 4 卷,第 67、68 页中,这一信仰受到嘲笑。那不勒斯的庞达诺学会会员卡利提奥利用灵魂先在说来颂扬阿拉戈纳家族。见罗斯科,《列奥十世传》,菩西版,第 2 卷,第 288 页。

余部分一样已经丧失。它当时以无数的手抄本流传开,[①]在发明了印刷术以后,以印本的形式流传于世,并且为不同的注释家所重新刊行。它是对于伟大人物的美好的来世的描写,渗透着天体的谐和。这个异教的天国,人们从古人著作中逐渐得到了关于它的很多证据,随着享有盛名和取得历史上伟大成就的理想逐渐使基督教生活的理想暗淡无光的程度加大,就一步一步地代替了基督教徒的天国;但它并没有因此而伤害了群众的感情,因为它是以人死后本身就消灭了的学说为根据的。就是佩脱拉克也把他的希望主要放在这个西庇阿之梦上,放在从西塞罗的其他著作中发现的主张上和柏拉图的《斐多篇》[②]上,而没有提到圣经一言。[③] 他在另外的地方问道:"为什么我作为一个天主教徒就不应该分享显然是异教徒所怀抱的希望呢?"不久以后,科留乔·萨留塔蒂写成了他的《赫克里斯的劳苦》(现在还存有手抄本),在这部著作的结尾证明:勇敢的人,在尘世生活中劳苦功高,是有资格住在星辰中间的。[④] 如果说但丁仍然坚定地认为:那些异教的大人物,虽然他很愿意在天国里欢迎他们,但是他们必须仍然不离开地狱入口处的候判所,[⑤]以后的诗歌则欣然接受了一个新的自由的未来生活的理想。老柯西莫(根据贝尔纳多·普尔奇在他死时所写的诗篇)

① 奥累利的《西塞罗国家论补遗》,第6卷,参见卢康:《法塞利亚》开头处。

② 《斐多篇》("Phaedo")是柏拉图所著的一篇对话体。它以苏格拉底的弟子希腊哲学家斐多为篇名,讲到了苏格拉底之死和关于灵魂不灭的许多议论。——译者

③ 佩脱拉克:《书信集》第4卷,第3页;第5卷,第6页。

④ 菲利普·维兰尼:《列传》,第15页。这个值得注意的句子如下:"这些最勇敢的人们克服了人世间可怕的艰难,星辰当然要给予他们。"

⑤ 《地狱篇》,第4歌,第24行以下。参见《炼狱篇》,第7歌,第28行;第22歌,第100行。

曾经在天上受到西塞罗的欢迎被称为“国父”，受到法比乌斯家族[①]的人们，和库利乌斯、法布利西乌斯[②]以及其他的人的欢迎；他将和他们一起为那个只有无可责难的人物才能在那里参加歌唱的合唱队增光。[③]

但是，古代作家的著作中也有另一种使人不太愉快的关于来世的描绘，如荷马和那些并没有把这个观念加以美化和使之具有人情味的作家们所描绘的阴暗的国度。这给某种气质的人们留下了深刻印象。乔维诺·庞达诺在某处把一个梦幻的故事归之于桑纳札罗之作。这是他一天清晨在半醒半睡的时候所看到的。[④] 他似乎看到了一个死去的朋友，费兰达斯·雅努阿里亚斯。他过去常常和这个朋友谈论灵魂不死的问题；这时他问他：地狱的痛苦是
不是真正可怕和永劫沉沦的。那个阴魂所给的回答很像阿奇里斯 514
给奥德赛斯的问题的回答：“我所能告诉你和向你断言的是：我们这些离开尘世生活的人是非常愿意再回到尘世去的。”他向他的朋友行礼之后就消失不见了。

我们不能不承认：这种对于人死以后的情况的看法，部分地包

① 法比乌斯家族是古代罗马的贵族。——译者

② 库利乌斯（Curius，死于公元前270年），法布利西乌斯（Fabricius，死于公元前250年）都是古罗马有名的将军。——译者

③ 这个异教徒的天国可在艺术家尼科洛·德尔·阿尔卡的墓志铭里反映出来：

“尼科洛呀，现在，
普拉克西泰利斯，菲狄亚斯，
波利克拉提斯都崇拜你，
并惊叹你的两手。”

见布尔塞利斯：《波洛尼亚年代记》，载木拉托里，第23卷，第912栏。

④ 在他的后期作品《阿克其乌斯》中。

含了并部分地促进了基督教最根本的教义的解体。有罪和得救的观念一定已经几乎完全烟消云散了。我们必须不被那劝人忏悔的伟大的讲道师们的影响或前面已提到的(第四篇,第二章)流行一时的宗教复兴运动引入迷途。因为即使承认一些个性得到发展的阶层曾经和其他阶层一样地加入这一运动,但他们参加的原因不如说还是一种感情激动的需要,热情的性格的反应,对于民族灾难的恐惧,向上天求援的呼声。良心觉醒的结果不一定是对于罪恶有认识和感到有得救的必要,而即使是一个表面看来非常严肃的悔罪,也不一定就必须包括忏悔这个字的任何基督教的意义。当文艺复兴时期的个性坚强的人物告诉我们说,他们的原则是对于任何事情也不做忏悔时,[①]他们心里所想的也许仅仅是那些与道德无关的事情,不合理的或者不谨慎的错误;但是这种对于忏悔的蔑视照道理讲一定要伸展到道德问题范围之内去的,因为它的根源、也即对个人力量的认识,对于人性的两方面是共同的。消极的和冥想内省形式的基督教,及其经常谈到的坟墓以外的一个更高的天国,不能再控制这些人。马基雅维里更大胆地前进了一步,认为基督教不能对国家和维护公共自由有帮助。[②]

尽管有这些情况,但残存在许多人身上的强烈的宗教本能所采取的形式仍是有神论或自然神论(我们可以这样随便地叫它)。后一个名字可以用在这样一种思想方式上,那就是它只是从宗教上抹掉基督教成分,而不去寻求或发现任何其他寄托感情的代替

---

① 加尔达诺:《自传》第13章:“我不懊悔自愿做过的任何事情,即使是那做得失败的事情亦然”;否则我将属于人类中最悲惨的人。

② 《史论集》,第2卷,第2章。

物。有神论可以被看作是那种中世纪所没有认识到的对于一个最高的神的肯定的高度的信仰。这种信仰方式并不排斥基督教;它或者与基督教关于犯罪救赎和灵魂不灭的学说结合起来,或者不需要这些而独自存在和繁荣发展下去。

有时候,这种信仰以一种儿童的天真和乃至以半异教的气氛表现出来,上帝被看作是人类愿望的万能实现者。阿尼约洛·潘多尔菲尼[1]告诉我们,在他结婚以后,他怎样和妻子关起门来,跪在设有圣母像的家庭祭坛前,但不是向圣母而是向上帝祈祷,希望他保佑他们正当地使用他们的财产,过一个终身快乐,彼此永不分 515
离的生活,并且多子多孙:"为我自己,我祈求钱财、荣誉和朋友,为妻子,我祈求她贤淑、忠诚和能够做一个能干的家庭主妇。"当措词具有一种强烈的古代风味时,它就很不容易使人分清哪些是异教方式,哪些是有神论的信仰。[2]

① 《齐家论》,第 114 页。

② 参见《科利其乌斯曲》(270 页)中安托尼奥·弗拉米尼奥的短歌:
"诸神呀,诗人为你们立起了如此美丽的雕像,
修建了如此美丽的庙堂;
如果虔诚者的一点称谢,
感动了你们的心肠。
祈将老人的嬉笑,
惠予永葆,
使其暮年青春不衰,
畅饮法来恩醇醪,直至醉倒。
而在终其天年的同时,
喜赴诸神的筵席,
以更美好的神露,
换去葡萄酒汁。"

这种心情往往在痛苦不幸中恳挚动人地表现出来。费伦佐拉晚年曾因患热病卧床数年，他留给我们的有他对上帝讲的一些话。在这些话里边，他虽然明确地宣称他自己是一个诚信的基督徒，但他所表现的宗教意识基本上是有神论的。[①] 他的痛苦在他看来既不是对于罪恶的惩罚，也不是为进入天国做的准备；它们仅仅是他和上帝之间的事情，是上帝在人和他的绝望之间安置了强烈的对于生的热爱。“我诅咒，但只是诅咒造化，因为你的伟大禁止我提你的名字……让我死了吧，主啊，我求你，现在就让我死吧！”

在诸如此类的话里是找不到自觉的一贯的有神论的；说话的人部分地相信他们自己仍然是基督徒，并且为了各种其他理由也尊重教会的现行学说。但是，在宗教改革时代，当人们被迫在这类问题上做出明确的结论时，人们就以更完整的意识接受了这种思想方式。很多意大利新教徒以反三位一体论者和索西奴斯教徒[②]的态度出现，甚至流放远国还不忘做重大的努力，来建立一个根据这些原则的新教会。从上边的说明我们清楚地看到：除了人文主义的理性主义外，其他精神也在这一领域内起了作用。

有神论的思想方式的一个主要中心是佛罗伦萨的柏拉图学院，特别是“豪华者”洛伦佐本人。他们的理论著作以至信件仅仅向我们说明了他们的性质的一半。诚然，洛伦佐从青年时代到逝

① 费伦佐拉：《全集》第 4 卷，第 147 页以下。

② 索西奴斯教徒是十六世纪意大利神学家索西奴斯的信仰者。他的教义否认三位一体、基督的神性、魔鬼的人格、人类的原罪等等。——译者

世,一直武断地说自己是一个基督徒,[①]而皮科也为萨沃那罗拉的 516
影响所支配,接受了僧侣的苦行观点。[②] 但是,在我们不能不认为是这个学派的最高精神产物的洛伦佐的赞美歌[③]里却提出了一种无保留的有神论——一种想要把这个世界看作是一个巨大的精神的和物质的宇宙谐和体的有神论。当中世纪的人们把这个世界看作是一个把教皇和皇帝安置在那里以防止基督之敌到来的涕泣之谷时,当文艺复兴时代的宿命论者们动摇于忽而精神奋发,忽而迷信异端,忽而愚蠢地顺从命运之间时,这里,在这一群优秀的人物中间[④]所主张的学说是:这个有形的世界是上帝以爱来创造的,是在上帝心中先有的一个模型的仿制,上帝将永远是它的推动者和恢复者。人能够由于承认上帝而把他吸引到自己灵魂的狭窄范围以内来,但也能由于热爱上帝而使自己的灵魂扩展到他的无限大之中——这就是在尘世上的幸福。

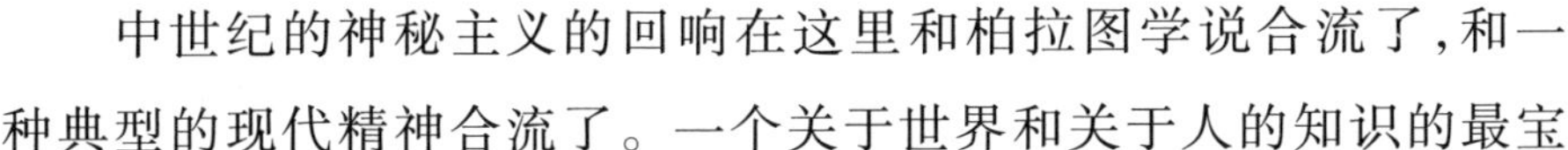

中世纪的神秘主义的回响在这里和柏拉图学说合流了,和一种典型的现代精神合流了。一个关于世界和关于人的知识的最宝

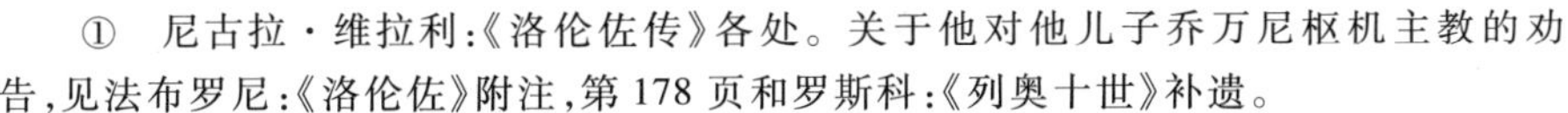

① 尼古拉·维拉利:《洛伦佐传》各处。关于他对他儿子乔万尼枢机主教的劝告,见法布罗尼:《洛伦佐》附注,第178页和罗斯科:《列奥十世》补遗。

② 弗兰切斯科·皮科著《皮科传》。关于他的"祈祷上帝",见《意大利抒情诗集》。

③ 《祷词》见罗斯科《列奥十世》,菩西版,第8卷,第120页("伟大的上帝啊,由于您的永久的法律……");赞歌("听呀,整个自然界唱起了这个圣歌");见法布罗尼,《洛伦佐》附注九;《论争》(《洛伦佐诗集》第1卷,第265页),这里所举出的其他诗篇引自同一诗集。

④ 如果说,普尔奇在他的作品《摩尔根特》中随处都认真对待宗教信仰的话,那么他在第16歌第6节里也是这样。异教美人安提娅的这个自然神论的说话也许最明白地道出了盛行于洛伦佐那一伙人中的思想方法。恶魔阿斯塔洛提说的话在某种意义上是它的一个补充。

贵的果实在这里已经成熟，只是由于这一点，意大利的文艺复兴就必须被称为是近代史的前驱。

索　　引

（条目后所注页码为原书页码，即本书边码。）

A

B

C

D

E

F

G

H

I

J

K

L

M

N

O

P

Q

R

S

T

U

V

W

Z

汉英译名表

（按汉语拼音次序排列）

A

阿奥路斯　Æolus
阿伯利哥　Alberigo
阿布拉菲亚，阿伯拉罕　Abulafia，Abr.
阿布拉那维尔，埃撒克　Abranavel，Isaac
阿布鲁齐　Abruzzi
阿德里安　Adrian
阿吉罗普洛斯，约翰　Argyropulos，Johannes
阿尔巴　Alba
阿尔巴的本佐　Benzo of Alba
阿尔巴哥，安德烈　Albago，Andrea
阿尔巴诺的彼埃特罗　Pietro of Albano
阿尔本　Alban
阿尔卑斯山　Alps
阿尔伯利诺　Alberino
阿尔伯利诺，乔万尼　Alberino，Giovanni
阿尔伯蒂，里昂·巴蒂斯塔　Alberti，Leon Battista
阿尔伯蒂，里昂德罗　Alberti，Leandro
阿尔伯图斯　Albertus
阿尔伯托修士　Alberto，Fra
阿尔比努姆　Arpinum
阿尔沃诺斯　Albornoz
阿尔菲埃利　Alfieri
阿尔卡，尼科洛·德尔　Arca，Niccolò dell
阿尔修斯　Alcaeus
阿尔金达罗　Argentaro
阿尔莫尼奥　Armonio
阿尔切利，菲利波　Arcelli，Filippo
阿尔瓦罗图斯，奥列里乌斯　Alvarotus，Aurelius
阿尔维亚诺，巴尔托洛缪　Alviano，Bartolommeo
阿格利巴　Agrippa
阿格里科拉　Agricola
阿涅卢斯　Agnellus
阿尼约洛　Agnolo
阿盖罗　Aguello
阿伽门农　Agamemnon
阿奎莱雅　Aquileia
阿亨诺巴尔布斯　Ahenobarbus
阿科尔蒂，本尼德多　Accolti，Benedetto
阿夸本登特　Acquapendente
阿拉戈纳　Aragon
阿拉曼尼　Alamanni
阿来格雷提　Allegretti
阿来格雷托　Allegretto
阿来西乌斯，阿提利乌斯　Alessius，Atti-

lius
阿莱尼亚,露克瑞佳·德　Alagna, Lucrezia d'
阿雷阿第,弗兰切斯科　Aleardi, Francesco
阿里那利　Alinari
阿里奥斯托　Ariosto
阿雷提诺,皮埃特罗　Aretino, Pietro
阿雷提诺,卡洛　Aretino, Carlo
阿雷提诺,列奥那多　Aretino, Leonardo
阿里斯托芬　Aristophanes
阿里维托　Oliveto
阿利桑德罗　Alessandro
阿利佐　Arezzo
阿玛菲　Amalfi
阿马那提尼,曼那托　Ammanatini, Manetto
阿米亚努斯,马尔切利努斯　Ammianus, Marcellinus
阿米尔卡尔　Amilcar
阿绵达　Amiata
阿摩累提　Amoretti
阿姆布阿斯　Amboise
阿姆布洛西乌斯　Ambrosius
阿纳斯塔修斯　Anastasius
阿皮安　Appian
阿波罗　Apollo
阿波罗尼亚　Apollonia
阿波诺,彼得罗·德　Apono Petrus de
阿奇亚佐利,德那多　Acciajuoli, Donato
阿奇里努斯,亚历山大　Achillinus, Alexander
阿奇里斯　Achilles
阿瑟　Arthur
阿斯得禄巴尔　Asdrubale
阿斯多利　Astorre
阿斯卡尼奥　Ascanio
阿斯康纽·培底亚努斯　Asconius Pedianus
阿斯塔洛提　Astarotte
阿斯提　Asti
《阿苏拉尼》　"Asolani"
阿西西　Assisi
阿塔凡泰　Attavante
阿塔兰达　Atalanta
阿特费尔德,亚科伯·冯　Artevelde, Jacob. van
阿特拉诺,斯奇庇安　Atellano, Scipione
阿蒂拉　Attila
阿维洛斯　Averroës
阿维尼翁　Avignon
阿维森那　Avicenna
埃尔　Ele
埃弗塞斯　Ephesus
埃古斯　Æcus
埃卡尔　Eccard
埃米里乌斯,保罗　Aemilius Paulus
埃斯吉林　Esguiline
埃斯拉,阿伯拉罕·伊本　Esra, Abraham Ibn
埃兹利诺　Ezzelino
爱阿彼基阿　Iapygia
《爱弥多》　"Ameto"
爱西斯　Isis
爱因哈德　Einhard
《艾尼伊德》　"Æneid"
艾申巴赫,沃尔夫拉姆·冯　Eschenbach, Wolfram von
艾克,约翰·范　Eyck, Johann Van
艾亚奇　G. Aiazzi
安德烈　Andrea
安德洛玛琪　Andromache
安德洛米达　Andromeda
安德逊　Anderson

B

巴莱斯特利纳　Palestrina
巴利　Bari
巴利奥,马拉泰斯达　Baglione, Malatesta
巴利奥,西蒙那多　Baglione, Simonetto
巴利斯　Paris
巴律斯　Baluz
巴涉诺,亚科波　Bassano, Jacopo
巴瑟　Bashet
巴塞尔　Basel
巴斯卡利,彼埃特罗·保罗　Boscoli, Pietro Paolo
巴斯奇诺　Pasquino
巴绰利,卢卡　Paccioli, Luca
巴索利尼　Pasolini
巴索,安德烈·达　Basso, Andrea da
巴奇格利亚　Barciglia
巴乔洛,卢卡修士　Pacciolo, Fra Luca
巴西利奥斯　Basilios
巴耶　Baiæ
巴兹巴赫　Batzbach
邦德罗,马提奥　Bandello, Matteo
保罗　Paul
柏尔舍　Berchet
柏恩哈特　W. Bernhardi
柏格曼,亚科伯　Bergomensis, Jacobus
柏拉图　Plato
柏提卡利　Perticari
柏兹　Pertz
勃艮第　Burgundy
贝奥科,安吉洛　Beolco, Angelo
贝比埃那　Bibbiena
贝卡德里　Beccadelli
贝加莫　Bergamo
贝尔尼,弗兰切斯科　Berni, Francesco
贝尔维德尔　Belvedere
贝利尼,乔万尼　Bellini, Giovanni
贝利尼,亚科波　Bellini, Jacopo
贝利尼,贞提尔　Bellini, Gentile
贝利撒留　Bilisarius
贝罗阿尔都斯　Beroaldus
贝鲁诺的安德烈·蒙加佐　Andrea Mongajo of Belluno
贝鲁诺的乌尔巴诺·瓦雷利亚诺修士　Fra Urbano Valeriano of Belluno
贝萨利昂　Bessarion
本纳维德斯,马可·曼托瓦　Benavides, Marco Mantova
本尼迪特会　Benedictine
本波,彼埃特罗　Bembo, Pietro
本蒂伏利奥,安尼巴尔　Bentivoglio, Annibale
本蒂伏利奥,乔万尼　Bentivoglio, Giovanni
本蒂伏利奥,埃尔米斯　Bentivoglio, Ermes
奔德尔蒙特　Buondelmonte
彼奥姆比诺　Piombino
彼埃特罗,萨诺·第　Pietro, Sano di
彼拉多　Pilatus
彼拉多,里昂吉奥　Pilato, Leonzio
彼拉多,庞提乌斯　Pilato, Pontius
彼萝拉　Billora
彼萨尼　Pisani
彼特利乌斯　Petreius
彼蒂,博纳科尔索　Pitti, Buonaccorso
彼蒂,亚科波　Pitti, Jacopo
比多科,利墨尔诺　Pitocco, Limerno
比洛拉　Billora
比尼　Pini
比萨　Pisa
比萨诺　Pisano
比斯提奇,维斯帕西雅诺　Bisticci, Vespasiano
比奇尼诺,吉亚科莫　Piccinino, Giacomo

比奇尼诺,亚科伯　Piccinino, Jacopo
毕安多,弗拉维俄　Biondo, Flavio
毕安佳　Bianca
毕达哥拉斯　Pythagoras
俾斯芒托瓦　Bismontova
伯尔纳丁　Bernardino
伯尔尼　Bern
伯尔修斯　Perseus
伯利恒　Bethleem
伯伦达,圭多·德拉　Polenta, Guido della
伯希利波　Posilippo
博亚尔多　Bojardo
博博尼乌斯　Borbonius
博卡利诺　Boccalino
博纳托,圭多　Bonatto, Guido
博尔塞德　Borseid
博尔索　Borso
博尔塞纳湖　Lake of Bolsena
博那文图拉　Buonaventura
博尼法斯　Boniface
博提彻利　Botticelli
博韦的维桑　Vicent of Beauvais
薄伽丘　Boccaccio
布尔奇埃洛　Burchiello
布尔日　Bourges
布尔塞利斯　Bursellis
布拉班特　Brabant
布拉马奇,米凯尔　Burlamacchi, Michele
布拉曼特　Bramante
布拉泰利乌斯　Bratellius
布拉西奥,鄂多·德　Blasio, Otto de
布拉卓,亚历山大　Braccius, Alexander
布兰达　Brenta
布兰德利诺,提伯尔托　Brandolino, Tiberto
布兰登堡的阿布雷赫特·阿奇利斯　Brandeburg, Albrecht Achilles of
布兰特,塞瓦斯提安　Brant, Sebastian
布兰托姆　Brantome
布朗比拉,久塞伯　Branbilla Giuseppe
布朗德斯　Blondus
布累纳　Brena
布雷西亚　Brescia
布利格拉　Brighella
布利哥佐　Burigozzo
布伦齐诺　Bronzino
布鲁尼　Bruni
布鲁内莱斯科,菲利波　Brunellesco, Filippo
布鲁诺罗,彼埃特罗　Brunoro, Pietro
布鲁萨索尔希　Brusasorci
布鲁图斯　Brutus
布匿　Punic
布索拉罗,亚科波　Bussolaro, Jacopo
布特立安西斯,安托尼奥　Butriensis, Antonio

C

查理　Charles
查理曼　Charlemagne
查特,奥斯特里安　Charter, Austrian
彻塔多　Certaldo
切尔托沙　Certosa
切尔撒斯　Celsus
切利尼,本文努托　Cellini, Benvenuto

D

大兰都尔弗斯　Landulfus Senior
大马士革　Damascus
"大卫"　"David"
达尔科　D'Arco
达丽斯　Daris

达那利　Denarii
达特来，亚科波　d'Hatry，Jacopo
但丁　Dante
德琴布里奥，比埃坎第多　Decembrio，Piercandido
道格拉斯，兰格吞　Douglas，Langton
德·金金　De Gingins
德拉·罗比亚，卢加　Della Robbia，Luca
德拉·罗维里　Della Rovere
德兰斯　Terence
德雷福斯　Dreyfus
德利奥　Delio
德露苏拉　Drusulla
德惹丹　Desjardins
德·索利斯　De Saulis
德乙，本尼迪托　Dei，Benedetto
德约达托姆　Deodatum
得雷克律斯　Delecluze
得若尼拉　Dejanira
狄奥金尼斯　Diogenes
狄奥克莱齐安　Diocletian
《狄达蒙多》　"Dittamondo"
狄加曼诺，贝佳·达　Dicomano，Beca da
狄摩西尼　Demosthenes
狄亚科尼，约翰　Diaconi，John
狄亚娜　Diana
迪利奇奥　Trizio
迪姆　Djem
丹达，比阿特丽斯·第　Tenda，Beatrice di
多尔切　Dolce
多尔奇本　Dolcibene
多利亚，安德烈　Doria，Andrea
多密尼克会士　Dominican
多米提安　Domitian
多那太洛　Donatello
多那图斯　Donatus
多西，多索　Dossi，Dosso
都灵　Turin
都伦达诺　Durindana
杜雷尔，阿尔布雷希特　Dürer，Albrecht
杜平根　Tübingen
德亭，克拉拉　Dettin，Clara
蒂先　Titian

E

厄格那其乌斯　Egnatius
厄哲利乌斯·阿尔非利乌斯　Ogerius Alpherius
恩佩利亚　Imperia
俄维埃托　Orvieto

F

法比乌斯　Fabius
法布累提　Fabretti
法布利亚诺　Fabriano
法布利西乌斯　Fabricius
法布罗尼　Fabroni
法恩扎　Faenza
法尔克　Falke
法尔纳斯家族　Farnesi
法尔纳斯，彼埃路吉　Farnese，Pierluigi
法尔纳斯，亚历山大　Farnese，Alexander
法来乌斯，本尼迪特　Faleus，Benedictus
法雷利　Falerii
法尼西那　Farnesina
法塞利亚　Pharsalia
法斯卡利　Foscari
法斯卡利，弗兰切斯科　Fascare，Francesco
法斯卡罗　Foscaro
法斯那赫特，托马斯　Fassnacht，Thomas

法奇奥,巴尔托洛缪　Facio, Bartolommeo
法奇诺　Facino
发顿巴克　Wattenbach
伐楞　Vahlen
范范尼　P. Fanfani
菲德尔,卡桑德拉　Fadele, Cassandra
菲德利哥　Federigo
菲狄亚斯　Phidias
菲罗西诺,马尔塞罗　Filosseno, Marcello
菲尼切拉　Finicella
菲奥兰提诺,维斯帕西雅诺　Fiorentino, Vespasiano
菲斯　Fes
菲斯科巴第,列奥那多　Fescobaldi, Lionardo
斐多　Phaedo
费埃苏来　Fiesole
费尔特雷,维多利诺·达　Feltre, Vittorino da
费奥兰提诺,罗索　Fiorentino, Rosso
费拉德尔法斯,托勒密　Philadelphus, Ptolemy
费拉拉　Ferrara
费雷里奥　Ferrerio
费莱佛　Filelfo
费兰特,乔万尼　Ferrante, Giovanni
费伦佐拉　Firenzuola
费洛斯特拉图斯　Philostratus
费斯　Faes, J.
费奇诺,马尔西利奥　Ficino, Marsilio
《费亚梅塔》　"Fiammetta"
费佐兰,宁芙　Fiesolano, Nifale
芬奇,列奥那多·达　Vinci, Leonardo da
丰多洛,加比诺　Fondolo, Gabino
丰坦那　Fontana
佛尔塔,巴尔托洛缪·德拉　Volta, Bartolommeo della

佛兰德　Flanders
弗尔利的布朗德斯　Blondus of Forli
弗拉斯卡提　Frascati
弗拉提彻利　Fraticelli
弗莱达　Folietta
弗拉库斯　Flaccus
弗拉米尼奥,乔万尼·安托尼奥　Flaminio, Giovan Antonio
费朗索瓦　Francis
弗隆提努斯　Frontinus
弗勒凯生　Fleckeisen
弗勒厄－斯特卢未　Freher－Struve
弗雷哥索,弗里德　Fregosus, Frid
弗利中　Friedjung
弗利亚尼,吉多利其奥　Fogliani, Guidoriccio
弗利托　Furietto
弗伦哥,泰费洛　Folengo, Teofilo
弗里德利希　Frederich
弗罗基俄　Verocchio
弗萝拉　Flora
弗隆兹堡　Frundsberg
弗瓦沙尔　Froissart
伏尔泰　Voltaire
伏尔泰拉,吉亚科莫·达　Voltera, Giacomo da
福尔泰该拉,尼科洛　Forteguerra, Niccolò
浮士德,约翰　Faust, Johann

G

该利,乔凡·巴蒂斯塔　Gelli, Giovan Battista
该米勒　Geymiiller
该蒂,鲁德维科　Ghetti, Ludovico
盖利诺　Guarino
盖伊　Gaye

干地亚　Candia
贡纳拉　Gonnella
哥伦布　Columbus
哥白尼　Copernicus
哥什　Gosche
哥塔　Gotha
哥特　Gothic
哥佐利，伯诺佐　Gozzoli, Benozzo
高利库斯，卢加斯　Gauricus, Lucas
格尔加诺　Gargano
格拉吉亚诺　Graziano
格拉纳奇　Granacci
格拉纳奇，弗兰切斯科　Granacci, Francesco
格拉梭，卢卡　Grasso, Luca
格拉兹　Graz
格莱维乌斯　Graevius
格累哥罗维乌斯　Gregorovius
格里丰　Grifone
格雷戈里　Gregory
格列丽娜，切奇利亚　Gallerina, Cecilia
格利马第，安萨多　Grimaldi, Ansaldo
格利马尼，安托尼奥　Grimani, Antonio
格利马尼，多密尼克　Grimani, Domenico
格利姆，威廉　Grimm, Wilhelm
格罗比亚诺　Grobianus
格罗特　Grote
格罗塔费拉塔　Grottaferrata
格鲁贝尔　Gruber
格鲁耶　Gruyer
格斯敦·德·弗瓦　Gaston de Foix
圭尔夫　Guelph
根特，约奥斯·范　Gent, Joos Van
贡提　Gondi
贡查加，弗兰切斯科　Gonzaga, Francesco
贡查加，费兰特　Gonzaga, Ferrante
贡查加，伊丽莎贝塔　Gonzaga, Elisabetta
贡查加，伊莎贝拉　Gonzaga, Isabella
贡查加，朱利亚　Gonzaga, Giulia
古比多　Cupido
瓜佐　Guazzo

H

哈布斯堡　Habsburg
哈尔托斯　Haltaus
哈尔孔季拉斯，德米特里奥斯　Chalcondylas, Demetrios
哈该瑙　Hagenau
哈姆斯　Haemus
哈斯得卢巴尔　Hadrusbal
哈特威格　Hartwig
海尔沃底亚，亨利·德　Hervordia, Heinr. de
海利亚斯　Helias
罕诺托　G. Hanotaux
汉尼拔　Hannibal
豪尔　Halle
贺拉西　Horace
贺诺留　Honorius
荷尔提斯，阿提利奥　Hortis, Attilio
荷拉维兹　Horawitz, A.
赫克里斯　Hercules
赫利奥多路斯　Heliodorus
赫利康　Helicon
黑姆培尔　Hempel
黑姆斯太特　Helmstädt
亨利　Henry
洪堡，亚历山大·冯　Humboldt, Alexander von
胡巴赤　Hubatsch, O.
胡斯　Huss
胡顿　Hutten
华尔多派　Waldenses

怀得纳 Widener
霍亨斯陶棻 Hohenstaufen
霍克伍德,约翰 Hawkwood,John

J

基尔霍夫 Kirchhof
基亚利斯汤提 Chiaristante
基兰达约 Ghirlandaio
吉安保罗 Gianpaolo
吉伯林 Ghibelline
吉贝尔蒂 Ghiberti
吉邦 Gibbon
吉拉尔第 Giraldi
吉拉尔丁,安托尼奥 Geraldinus,Antonio
吉拉尔第,利略·格雷戈里 Giraldi,Lilio Gregorio
吉利那尔 Quirinal
吉利乌斯,奥路斯 Gellius,Aulus
吉洛拉谟 Girolamo
吉纳扎诺,马利亚诺·达 Genazzano,Mariano da
吉卜赛 Gipsy
吉斯蒙多 Gismondo
圭奇阿尔狄尼 Guicciardini
加巴尼亚,多密尼克 Campagna,Domenico
加百列 Gabriel
加贝族 Capetian
加比托尔 Capitol
加布列莉,克莱奥菲 Gabrielli,Cleofe
加达美拉达 Gattamelata
加尔佐尼乌斯 Garzonius
加累提 Galetti
加莱奥托 Galeotto
加里吉 Careggi
加马多莱斯,安布洛吉奥 Camaldolese,Ambrogio
加马尼约拉 Carmagnola
加麦尔 Carmel
加米里诺 Camerino
加那利群岛 Canary
加尼狄亚 Canidia
加诺 Gano
加波尼,吉诺 Capponi,Gino
加斯巴利 Gaspary
加斯多尔 Castor
加斯太洛,吉洛拉谟·达 Gastello,Girolamo da
加斯太洛,齐达·狄 Castollo,Citta di
加斯特兰 Castellan
加图 Cato
加图路斯 Catullus
加依达 Gaeta
贾维斯特利 Chiavistelli
君士坦丁 Constantine
君士坦斯 Costance

K

卡巴拉 Cabbalah
卡巴绰 Carpaccio
卡比斯特朗诺,乔万尼 Capistrano Giovanni
卡伯尼,阿古斯丁诺 Capponi,Agostino
卡多尔 Cadore
卡尔德隆 Calderon
卡尔达诺,吉洛拉谟 Cardano,Girolamo
卡尔卡尼努斯,盖利乌斯 Calcaninus,Caelius
卡尔米内 Carmine
卡尔萨西安 Carthusians
卡法雷洛,安托尼奥 Caffarello,Antonio
卡法佐罗 Cafaggiuolo

卡弗 Cavo
卡冈都亚 Gargantua
卡拉布里亚 Calabria
卡拉拉 Carrara
卡拉奇奥洛，特利斯达诺 Caracciolo, Tristano
卡来俄比 Calliope
卡利克斯塔斯 Calixtus
卡利马库斯 Callimachus
卡利斯托斯，安德罗尼科斯 Kallistos, Andronikos
卡伦堡 Kalemberg
卡美拉森 Cameracens
卡米路斯 Camillus
卡摩利亚 Camollia
卡莫尼卡 Camonica
卡内斯特利尼 Canestrini
卡佩利，安托尼奥 Cappelli, Antonio
卡蓬特拉斯 Carpentras
卡波拉利 Caporali
卡却基达 Cacciaguida
卡萨，乔万尼·德拉 Casa, Giovanni della
卡萨诺瓦，马堪托尼奥 Casanova, Marcantonio
卡塞拉 Casella
卡桑德拉 Cassandra
卡斯达里安 Castalian
卡斯蒂利昂，巴达萨尔 Castiglione Baldassare
卡斯丁，菲力巴 Castinensis, Philippa
卡斯太尼约拉 Castegnola
卡斯提洛 Castello
卡斯特拉卡内 Castracane
卡斯提尔 Castille
卡塔罗尼阿 Catalonia
卡托，安哲罗 Catto, Angelo
卡西那 Cassina
卡西尼，布鲁诺 Casini Bruno
卡西乌斯 Cassius
卡瓦尔康提，乔万尼 Cavalcanti, Giovanni
卡扎，彼埃特罗 Caza, Pietro
卡扎，西奥多 Gaza, Theodore
喀尔文 Calvin
凯洛温 Kairowan
凯撒，尤里乌斯 Caesar, Julius
康达利尼，加斯巴罗 Contarini, Gasparo
凯斯莱 Keyssler
坎巴尼约拉，朱利奥 Campagnola, Giulio
坎波费奥里 Campofiore
坎姆布雷 Cambray
康巴尼，第诺 Campani, Dino
康波利 Campori
康德拉塔 Candrata
康拉德 Conradi
科伯拉，弗兰切斯科 Coppola, Francesco
科德维科 Codevico
科尔多瓦 Cordova
科尔雷俄尼 Colleoni
科尔内多，阿德里安·达 Corneto, Adriano da
科尔纳利 Cornelii
科尔纳罗，卢吉 Cornaro, Luigi
科尔奇斯 Colchis
科尔纳里乌斯，纳波斯 Cornelius, Nepos
科尔蒂斯，保罗 Cortese, Paolo
科克尔，巴尔托洛缪 Coclè, Bartolommeo
科雷焦，维罗尼卡·达 Correggio, Veronica da
科列奴奇奥 Collenuccio
科里奇乌斯，约翰 Corycius, John
科隆梅拉 Columella
科伦纳，拉维尼亚 Colonna, Lavinia

科伦纳,庞培 Colonna, Pompeo
科伦纳,维托利亚 Colonna, Vittoria
科伦纳,吉伯林 Colonna, Ghibelline
科洛奇乌斯,安吉路斯 Coloccius, Angelus
科米斯 Comines
科摩 Como
科姆巴累提 Comparetti
科斯塔 Costa
科西尼,希尔维奥 Cosini, Silvio
科西嘉 Corsica
柯利奥 Corio
柯西莫 Cosimo
克拉苏 Crassus
克拉苏斯,卢西乌斯 Crassus, Lucius
克来恩 Klein
克里索洛拉 Chrysoloras
克里索洛拉,曼纽尔 Chrysoloras, Manuel
克赖索高奴斯,阿德里安 Chrysogonus, Hadrianus
克赖索斯托姆 Chrysostom
克劳底安 Claudian
克劳底乌斯 Claudius
克勒,雅克·丢 Clerc, Jacques du
克雷西 Crecy
克雷莫纳 Cremona
克累提 Credi
《克利奥巴特拉》 "Cleopatra"
克利夫兰 Cleveland
克利尼图斯,彼得鲁斯 Crinitus, Petrus
克莱门 Clement
克鲁斯加 Crusca
昆提里安 Quintilian
孔得 Conde'
孔提,伯尔纳丁·德 Conti, Bernardino de'
孔提,鸠斯托·德伊 Conti, Giusto dei
孔文内沃尔 Convenevole
库利乌斯 Curius
库萨纳 Cusanus

L

拉伯雷 Rabelais
拉德维库斯 Radevicus
拉尔修斯,狄奥吉尼斯 Laertius, Diogenes
拉斐尔 Raphael
拉奥孔恩 Raocoön
拉蒙特 Reumont
拉穆西奥,希罗尼莫 Ramusio, Hieronimo
拉撒路 Lazarus
拉斯卡 Lasca
拉斯卡利斯,康士坦丁 Lascaris, Constantine
拉斯代,那塔来·德拉 Laste, Natale della
拉斯波利,弗兰切斯科 Ruspoli, Francesco
拉特刻赫 Leutkirch
拉特兰 Lateran
拉蒂尼,布鲁纳托 Latini, Brunetto
拉图斯,优里乌斯·彭波尼乌斯 Laetus, Julius Pomponius
拉文纳 Ravenna
拉文纳的法比奥·加尔维 Calvi, Fabio of Ravenna
腊古扎 Ragusa
来拉西,比埃朗托尼奥 Lerassi, Pierantonio
来那斯 Linus
莱斯比亚 Lesbia
来腾霍夫,凯尔文·德 Lettenhove
莱辛 Lessing

兰第,奥尔丹休　Landi, Ortensio
兰戈尼,比安卡　Rangoni, Bianca
兰吉,马利亚·德　Lenzi, Maria de'
兰波尼亚尼　Lampugnani
兰奇　Lanzi
兰斯的格伯特　Gerbert of Reims
兰斯洛特　Lancelot
兰克　Ranke
隆哥利乌斯　Longolius
劳拉　Loura
劳拉那,弗兰切斯科·达　Laurana, Francesco da
勒佐　Reggio
勒恩塔尔,奈特哈特·冯　Reuenthal, Neithard Von
勒摩尼埃　Lemonier
雷俄巴尔提　Leopardi
雷吉奥蒙达努斯　Regiomontanus
雷瓦,安托尼奥　Leiva, Antonio
累根斯堡　Regensburg
李比,菲力比诺　Lippi, Fillippino
李比,菲利波　Lippi Filippo
李布利　Libri
李维　Livy
里昂纳罗　Lèonello
里米尼　Rimini
里维埃拉　Riviera
利阿里奥,彼埃得罗　Riario, Pietro
利阿里奥,吉罗拉谟　Riario, Girolamo
利阿里奥,拉斐尔　Riario, Raffaello
利巴尔塔,阿尔伯特·达　Ripalta, Alberto da
利都弗　Ridolfo
利恩济,柯拉·第　Rienzi, Cola di
利科巴尔都斯　Ricobaldus
利塞,罗伯特·达　Lecce, Roberto da
利亚尔图　Rialto
莉奥诺拉　Lionora
列奥那多　Leonardo
洛瓦托　Lovato
琉瑟恩　Luzern
琉西斐　Lucifer
罗伯提,埃科尔·德　Roberti, Ercole de'
罗伯特　Robert
罗达,安托尼奥　Rota, Antonio
罗达利　Rodari
罗吉尔,诺曼　Roger, Norman
罗马尼阿　Romagna
罗马尼约尔　Romagnole
罗曼诺,埃兹利诺·达　Romano, Ezzelino da
罗慕路斯　Romulus
罗培斯　Lopez
罗塞里　Rosselli
罗塞里亚　Luceria
罗塞利诺,伯那多　Rosellino, Bernardo
罗斯科　Roscoe
罗斯密尼　Rosmini
罗森塔尔　Rosenthal
罗索,米凯尔　Rosso, Michele
罗莎利亚　Rosalia
罗修斯　Roscius
罗西,彼埃特罗·德　Rossi, Pietro de'
罗西,弗兰切斯科·德　Rosi, Francesco de
罗维里,弗兰切斯科·马利亚·德拉　Rovere, Francesco Maria della
罗维里,乔万尼·德拉　Rovere, Giovanni della
伦巴达,波那　Lombarda, Bona
伦巴第　Lombardy
伦巴都,马可　Lombardo, Marco
隆哥,以锡多·德尔　Lungo, Isidore del
隆吉努斯,加西乌斯　Longinus, Cassius

鲁吉洛　Ruggiero
鲁西弗　Lucifer
鲁赞特　Ruzzante
卢德　Rood
卢弗斯　Rufus
卢卡　Lucca
卢堪　Lucan
卢克莱修　Lucretius
卢斯，伯恩哈特　Loos, Bernhard
卢森堡的约翰·哥利兹　Johann Goritz, of Luxemburg
卢西安　Lucian
路德，马丁　Luther, Martin
路易　Louis
露娜，伊莎贝拉·德　Luna, Isabella de
露西莱　Rucellai
露西亚　Lucia
里埃蒂的科伦芭　Columba of Rieti
吕贝克　Lübeck
吕契林　Reuchlin

M

玛达丽娜　Maddalena
玛格丽特　Margaret
马达瑞佐　Matarazzo
马尔堡　Marburg
马尔固特　Margutte
马尔卡，亚科波·德拉　Marca, Jacopo della
马尔美斯伯里的威廉　William of Malmesbury
马尔斯　Mars
马尔苏比尼　Marzuppini
马尔提尼，西蒙内　Martini, Simone
马尔提乌，加利奥托　Martio, Galeotto
马尔维齐，阿奇里　Malvezzi, Achille
马尔希奥尼萨，伊莎贝拉　Marcheonissa, Isabella
马尔库斯·奥雷里乌斯　Marcus Aurelius
马菲欧罗　Maffiolo
马基雅维里　Machiavelli
马堪托尼奥　Marcantonio
马克罗比乌斯　Macrobius
马克西米利安　Maximilian
马克西姆斯，瓦勒里乌斯　Maximus, Valerius
马可波罗　Marco Polo
马来古其奥，安尼拔　Maleguccio, Annibale
马拉吉吉　Malagigi
马拉泰斯达，卡洛　Malatesta, Carlo
马拉泰斯达，罗伯托　Malatesta, Roberto
马拉泰斯达，西吉斯蒙多　Malatesta, Sigismondo
马拉泰斯达，潘多福　Malatesta, Pandolfo
马利皮埃罗　Malipiero
马里尼约利，柯吉奥　Marignolli, Curzio
马里尼亚诺　Marignano
马利尼约拉　Marignola
马利乌斯　Marius
马利亚，菲利波　Maria, Filippo
马利亚，加利佐　Maria, Galeazzo
马利亚，乔万尼　Maria, Giovanni
马穆卢克苏丹　Mameluke Sultan
马尼利乌斯　Manilius
马诺埃罗　Manoello
马普，夸尔特纳斯·德　Mapes, Qualternus de
马萨　Massa
马苏奇奥　Massuccio
马夏尔　Martial
马什，俄利维尔·德·拉　Marche, Olivier de la

马西路斯,马尔库斯·克劳底乌斯 Marcellus, Marcus Claudius
马西乌斯 Masius
马提奥 Matteo
马特努斯,费尔米库斯 Maternus, Firmicus
马伊那尔提,巴斯提安 Mainardi, Bastiano
马佐尼,圭多 Mazzoni, Guido
迈尔,马丁 Mayer, Martinus
麦叩利 Mercurius
曼弗雷 Manfred
曼内蒂,吉安诺佐 Manetti, Giannozzo
曼纽西,阿尔多 Manuzio, Aldo
曼苏拉 Mensola
曼托万诺,巴蒂斯塔 Mantovano, Battista
曼志尼,乔万尼 Manzini, Giovanni
曼佐利,彼埃尔·安哲罗 Manzolli, Pier Angelo
曼图亚 Mantua
芒西 Mansi
梅利努斯 Merlinus
梅森那斯 Mæcenas
美狄亚 Medea
美第奇,阿利桑德罗 Medici, Alessandro
美第奇,柯西莫·德 Medici, Cosimo de'
美第奇,洛伦佐 Medici, Lorenzo
美第奇,伊波利托 Medici, Ippolito
美第奇,朱利奥 Medici, Giulio
美第奇,朱利亚诺 Medici, Giuliano
美恩兹 Mainz
《美利哥罗》 "Meleager"
美罗索 Melozzo
美那图斯 Menatus
美泰拉,塞西里亚 Metella, Caecilia
美雅 Maia
美因渥克 Meinwerk
美羽斯 L. Mehus
墨西那 Messina
墨西那,安托内罗·达 Messina, Antonello da
门肯 Menken
米凯尔 Michael
米开朗琪罗 Michelangelo
米朗多拉,皮科·德拉 Mirandola, Pico della
米雷托 Miretto
米南德尔 Menander
米那多 Menato
米讷吉诺 Meneghino
米纳尔娃 Minerva
米诺诃米 Menoechmi
米松 Misson
密尔兹,查理 Miltz, Carolus
密开利诺 Michelino
密尼亚托 Miniato
明乔 Mincio
绵农 Memnon
蒙伯利特,菩宁 Mombrit, Bonin
蒙达多 Montalto
蒙达那 Montana
蒙第,文森佐 Monti Vicenzo
蒙加约 Mongajo
蒙塞立斯 Monselice
蒙泰尼,柯拉·德 Montani, Cola de'
蒙特布尔西亚诺,弗兰切斯科·达 Montepulciano, Francesco da
蒙特费尔特罗,圭多·达 Montefeltro, Guido da
蒙特费尔特罗,圭多巴尔多 Montefeltro, Guidobaldo
蒙特西科 Montesecco
蒙坦 Montaigne
蒙提埃 Montier

蒙托纳,布拉乔·达　Montone,Braccio da
摩德纳　Modena
摩尔,阿斯卡尼奥·斯福查　Moro,Ascanio Sforza
《摩尔根特》　"Morgante"
摩利松,阿尔弗累德　Morrison,Alfred
莫佩提乌斯　Maupertius
莫尔根娜,法达　Morgana,Fata
莫尔萨,马利乌斯　Molsa,Marius
莫尔妲　Morta
莫尔扎,弗兰切斯科·马利奥　Molza,Francesco Mario
莫妮加　Monica
莫萨洛斯,马科斯　Musuros,Marcos
莫莎图　Mussato
谟齐阿诺,吉洛拉谟　Muziano,Girolamo
穆罕默德　Mohammed
木菲尔　Muffel
木拉里　Murari
木拉托里　Muratori
慕索　Musso

N

拿撒勒　Nazareth
拿骚　Naso
那不勒斯　Naples
那迪,那杜斯　Naldi,Naldus
纳尔尼　Narni
纳尔撒斯　Nareses
纳莫尔斯　Nemours
纳瓦吉罗,安德烈　Navagero,Andrea
纳瓦拉,乔治奥　Novara,Giorgio
奈康德罗　Nicandro
内提斯海姆的阿格利巴　Nettesheim,Agrippa of
南妮娜　Nannina
《南茜娅,巴贝利诺·达》　Nencia da Barberino
南提波托　Nantiporto
尼奥比　Nieobe
尼伯龙根之歌　Nibelungenlied
尼布尔　Niebuhur
尼多,托马索　Nieto,Tommaso
尼格里　Negri
尼格罗,吉罗拉谟　Negro,Girolamo
尼科洛　Niccolo
尼科洛·达·乌扎诺　Niccolò da Uzzano
尼科利,尼科洛　Niccoli,Niccolò
尼科西亚　Nicosia
努兰　Ott,Nuland
努玛　Numa
诺加罗拉,伊索塔　Nogarola,Isotta
诺拉　Nola
诺兰　Nolan
诺曼底　Normandy
诺纳　Nona
诺塞拉　Nocera
诺西亚　Norcia
诺亚　Noah

O

欧格雷利,欧雷里奥　Augurelli,Aurelio
欧拉吉奥　Orazio
欧伊伦斯比格尔,蒂尔　Eulenspiegel,Till

P

帕比彦斯　Papiens
帕达维诺　Patavino
帕多瓦　Padua
帕多万诺　Padovano
帕哥洛,麦斯特罗　Pagolo,Maestro

帕尔马　Parma
帕尔米利,马提奥　Palmieri, Matteo
帕拉斯　Pallas
帕拉舍尔苏斯　Paracelsus
帕林吉努斯,马尔西路斯　Palingenius, Marcellus
帕诺尔密达,安托尼奥　Panormita, Antonio
帕维亚　Pavia
帕齐,彼埃罗·德　Pazzi, Piero de
帕齐,吉亚科莫　Pazzi, Giacomo
派波尔　Peiper
潘多尔菲尼,阿尼约洛　Pandolfini, Agnolo
潘多尔菲尼,比埃尔菲利波　Pandolfini Pierfilippo
潘多福　Pandulfus
潘多尼,吉安·安托尼奥·波尔塞洛·德乙 Pandoni, Gian Antonio Porcello dei
潘那,耶罗尼莫·德拉　Penna, Ieronimo della
潘趣　Punch
潘维尼奥,乌诺弗利奥　Panvinio, Onofrio
庞大固律埃　Pantagruel
庞达诺,乔维诺　Pontano, Gioviano
庞培　Pompey
庞波纳佐　Pomponazzo
培根,罗吉尔　Bacon, Roger
培兰斯　Perrens
培利卡努斯　Pellicanus
培舍尔,俄斯卡　Peschel, Oscar
佩卢基诺　Perugino
佩扎罗　Pesaro
佩莱加蒂,唐·尼科洛　Pelegati, Oon Niccoló
佩雷托拉　Peretola
佩罗托　Perotto
佩鲁贾　Perugia
佩夏　Pescia
佩特罗尼,彼埃特罗　Petroni, Pietro
佩特路奇　Petrucci
佩脱拉克　Petrarch
蓬康巴尼　Buoncompagni
蓬特尔摩　Puntormo
彭泰西利亚　Penthesileia
皮亚琴察　Piacenza
皮埃蒙特　Piedmont
皮津加,亚科伯　Pizingia, Jacobus
皮科,乔万尼·弗兰切斯科　Pico, Giovani Francesco
皮洛杰里　Pilorgerie
皮斯托亚　Pistoja
平达尔　Pindar
平松,塞瓦斯蒂安　Pinzon, Sebastian
波达,巴尔托洛缪·德拉　Porta, Bartolommeo della
波达卡达罗,鲁德维科　Podocataro, Ludovico
博尔德利诺　Boldrino
波尔吉尼　Borghini
波尔卡罗,斯蒂法诺　Porcaro, Stefano
波尔齐奥　Porzio
波尔塞利乌斯　Porcellius
波尔森那　Porsenna
波尔西亚　Portia
波吉奥　Poggio
波吉亚利　Poggiali
波儿亚,凯撒　Borgia, Cæsare
波儿亚,罗德利哥　Borgia, Roderigo
波儿亚,露克瑞佳　Borgia, Lucretia
波兰托内,西科　Polentone, Sicco
波利比乌斯　Polybius
波利多利　Polidori

波利齐阿诺,安吉洛　Poliziano, Angelo
波洛尼亚　Bologna
波旁　Bourbon
波坦萨　Potenza
波托　Porto
菩曼　Baumann
菩西　Bossi
普尔奇,卢吉　Pulci, Luigi
普拉克西泰利斯　Praxiteles
普拉提那　Platina
普拉提那,塞那利加　Platina, Senerega
普拉托　Prato
普来特,列奥尼・德尔　Prete, Leone del
普兰第拉加　Prendilacqua
普罗旺斯　Provence
普劳图斯　Plautus
普林尼　Pliny
普里亚姆　Priam
普列托,哲密斯托斯　Pletho, Gemisthos
普鲁塔克　Plutarch
普罗克利斯　Procris
普罗科彼阿斯　Procopius
普罗尼芭,约诺　Pronuba, Juno
普奇涅拉　Pulcinella

Q

齐格勒,雅各布　Ziegler, Jacob
齐吉　Chigi
乔托　Giotto
乔万内利　Giovanelli
乔维奥,保罗　Giovio, Paolo
乔维优斯　Jovius
乔治昂　Giorgione
切泽纳　Cesena
丘比特　Juppiter

R

热那亚　Genoa
日尔・德・累斯　Gilles de Retz

S

萨巴提乌斯　Suppatius
萨伯利科,安托尼奥　Sabellico, Antonio
萨多莱托,亚科波　Sadoleto, Jacopo
《萨尔加》　"Sarca"
萨尔提诺,阿伯拉罕　Sarteano, Abr.
萨尔提诺,阿尔伯特・达　Sarteano, Alberto da
萨尔图,安德烈・德尔　Sarto, Andrea del
萨尔瓦多尔　Salvatore
萨尔维亚提,马利亚　Salviati, Maria
萨瓦　Savoy
萨克蒂,弗朗哥　Sacchetti, Franco
萨拉丁　Saladin
萨拉哥莎　Saragossa
萨拉森人　Saracens
萨勒尔诺　Salerno
萨留塔蒂,科留乔　Salutati, Coluccio
萨罗,加百列・达　Salo, Gabriele da
萨努多,马利诺　Sanudo, Marino
萨努托　Sanuto
萨舍尔　Sathiel
萨维利,安托尼奥　Savelli, Antonio
萨沃那罗拉,吉洛拉谟　Savonarola, Girolamo
萨沃那罗拉,米凯尔　Savonarola, Michele
撒丁　Sardinia
撒迦利亚　Zacharias
撒路斯特　Sallust
撒母耳　Samuel

桑加罗,朱利亚诺　Sangallo,Giuliano
桑圭纳奇,乔万尼诺　Sanguinnacci,Giovannino
桑纳札罗　Sannazaro
桑塞尔梭,加特利纳·第　San Celso,Caterina di
桑斯康多,亚科波　Sansecondo,Jacopo
桑索维利诺　Sanseverino
桑索维诺,安德烈　Sansovino,Andrea
桑索维诺,弗兰切斯科　Sansovino,Francesco
桑提,乔万尼　Santi,Giovanni
塞丹布里尼　Settembrini
塞尼　Segni
塞拉西,比埃朗托尼奥　Sarassi Pierantonio
塞利俄　Serlio
塞利斯　Ceres
塞姆普洛尼阿　Sempronium
塞尼加　Seneca
塞提尼亚诺,德西得利俄·达　Settignano,Desiderio da
塞伏拉,穆修斯　Scaevola,Mucius
塞维鲁斯,塞普提姆斯　Severus,Septimus
塞文太斯　Serventese
色雷斯　Thrace
色诺芬　Xenophone
斯彼该尔,雅各　Spieger,Jacob
斯彼内罗,巴利　Spinelli,Parri
斯达提乌斯　Statius
斯费卢鲁斯　Sphaerulus
斯福查,阿斯卡尼奥　Sforza,Ascanio
斯福查,阿利桑德罗　Sforza,Alessandro
斯福查,安娜　Sforza,Anna
斯福查,弗兰切斯科　Sforza,Francesco
斯福查,加利佐·马利亚　Sforza,Galeazzo Maria
斯福查,卡特丽娜　Sforza,Caterina
斯福查,马西米利亚诺　Sforza,Massimiliano
斯福查,伊波丽塔　Sforza,Ipolita
斯福查,亚科波　Sforza,Jacopo
斯福查,洛多维科·伊尔·摩尔　Sforza,Lodovico il Moro
斯基阿佛尼　Schiavoni
斯基法诺亚　Schifanoia
斯加兰芭,加米拉　Scarampi,Camilla
斯卡拉　Scala
斯卡拉伯利　Scarabelli
斯卡拉姆比　Scarambi
斯卡利奥托　Scariotto
斯卡利吉尔　Scaliger
斯科塔斯　Scotus
斯夸其亚卢比　Squarcialupi
斯佩吉亚　Spezia
斯波雷托　Spoletaus
斯普朗吉尔　Sprenger
斯普林革　Springer
斯奇林,狄伯尔德　Schilling,Diebold
斯泰恩什奈德　Steinschneider
斯太因豪威尔　Steinhovel
斯特拉保　Strabo
斯特拉达,扎诺比·德拉　Strada,Zanobi della
斯特拉斯堡　Strasbury
斯特拉斯堡的哥德弗雷　Godfrey of Strasburg
斯特罗齐,埃科尔　Strozzi,Ercole
斯特罗齐,蒂托　Strozzi,Tito
斯特罗齐,帕拉　Strozzi,Palla
斯特罗齐,菲利波　Strozzi,Filippo
斯蒂芬　Stephani
苏丹巴加吉特　Sultan Bajazet
苏多尼乌斯　Suetonius

苏尔莫纳　Sulmona
苏芳尼斯巴　Sofonisba
苏黎世　Zürich
苏桑那　Susanna
索利努斯　Solinus
索雷儿,阿尼斯　Sorel,Agnes
索伦佐　Soranzo
索多马　Sodoma
索福克利斯　Sophocles
索尔西亚,扎尼诺·德　Solcia,Zanino de
索尔兹伯里　Salisbury
索拉克特　Soracte
索利奥,巴尔托洛缪　Sorio,Bartolommeo
索利亚诺　Soriano
索奇尼,巴尔托洛缪　Socini,Bartolommeo
索奇尼,马利亚诺　Socini,Mariano
索西奴斯教徒　Socinians
索雅维　Soave
所罗门　Solomon

Sh

沙巴伊　Chabaille
沙尔狄乌斯　Schardius
沙提云　Chatillon
舍费德-托内利　Shepherd-Tonelli
舍来尔　Scherer
圣艾科拉诺　St. Ercolano
圣安布洛吉奥　St. Ambrogio
圣安德烈　St. Andrew
圣安哲罗　St. Angelo
圣奥古斯丁　St. Augustine
圣包利努斯　St. Paulinus
圣伯尔纳丁　St. Bernardino
圣本尼迪特　St. Benedict
圣达米安　St. Damian
圣多密尼克　St. Dominic
圣芳济　St. Francis
圣弗利斯　San Felice
圣格达多　St. Gottardo
圣吉米尼亚诺,菲力普·达　San Gimignano,Filippo da
圣加比斯特安　St. Capistrano
圣加达德　St. Cataldus
圣柯斯马斯　St. Cosmas
圣兰伯尔特　St. Lambert
圣路易　St. Louis
圣马可　San Marco
圣米凯尔　St. Michael
圣莫拉　San Maura
圣纳扎罗　St. Nazzaro
圣尼古拉　St. Nicholas
圣普罗斯柏洛　St. Prospero
圣斯蒂芬　St. Stephen
圣托马斯·阿奎那　St. Thomas Aquinas
圣西尔维斯特罗　San Silvestro
圣希姆普利西亚诺　San Simpliciano
圣亚波利那　San Apollinare
圣雅哥　St. Jago
圣维桑　St. Vincent
圣约翰　St. John
圣扎诺比　St. Zanobi
什勒德,查理　Schroder,Karl
什密特　Schmidt
舒而切,弗利兹　Schultse,Fritz
舒勒,法楞顿　Schüler,Fahrenden

T

塔利亚卡波　Tagliacapo
塔伦特　Taranto
塔罗　Battle at Taro
塔斯库路姆　Tusculum
塔索,伯尔那多　Tasso,Bernardo

塔索,托尔夸托　Tasso,Torquato
塔西佗　Tacitus
台伯河　Tiber
泰底斯　Thetis
泰尔多塞斯,芙斯蒂努斯　Terdocens,Faustinus
泰尔人　Tyrian
泰格利默　Tegrimo
泰拉·努瓦　Terra Nuova
泰来斯泰　Telestae
泰修斯　Theseus
特拉斯特维尔　Trastevere
特劳伊洛　Troilo
特利斯特拉姆　Tristram
特利塞姆　Trithem
特利特米乌斯　Trithemius
特利西诺　Trissino
特列比松　Trebizond
特列比松(即特拉布松)的乔治　George of Trebizond
特鲁基　Trucchi
特洛伊　Troy
《特赛德》　"Teseide"
蒂沃利　Tivoli
提奥多路斯　Theodorus
提奥加伯　Teogape
提巴尔多内　Tibaldone
提比留　Tiberius
提伯尔托,安蒂奥科　Tiberto,Antioco
提伯吉奥　Tiburzio
提伯路斯　Tibullus
提德利希　Diederich
提德斯　Tydeus
提多　Didot
提尔多塞斯,浮士德　Terdosius,Faustinus
提古里　Tiguri
提拉普斯基　Tiraboschi (Tiraboschi)
提罗尔　Tyrolese
提诺　Teano
提瑞西亚斯　Tiresias
提托,桑提·第　Tito,Santi di
托第　Todi
托尔那菩尼,鲁德维卡　Tornabuoni,Lodo-vica
托尔托纳　Tortona
托尔托萨　Tortosa
托勒密　Ptolemus
托利,吉多·德拉　Torre,Guido della
托斯卡内拉,保罗　Toscanella,Paolo
托斯卡内拉,波佐　Toscanella,Pozzo
托斯卡纳　Tuscany
托蒂拉　Totila

W

瓦格特　Voigt
瓦尔布萨　Valbusa
瓦尔奇　Varchi
瓦尔泰利那　Valtellina
瓦尔忒　Walther
瓦克路斯　Vaucluse
瓦拉,洛伦佐　Valla,Lorenzo
瓦拉诺,伯尔那多　Varano,Bernardo
瓦雷里亚诺,彼埃利奥　Valeriano,Pierio
瓦勒,德拉　Valle,Della
瓦勒利乌斯　Valerius
瓦利斯,阿斯卡龙　Vallis,Ascalon
瓦洛利,巴尔托洛缪　Valori,Bartolommeo
瓦洛利,尼科洛　Valori,Niccolò
瓦洛姆布罗萨　Vallombrosa
瓦伦吉亚　Valentia
瓦伦廷尼安　Valentinian
瓦萨利,乔治奥　Vasari,Giorgio
维多费罗　Vidovero

维尔吉利奥,彼埃尔·保罗　Vergerio, Pier Paolo
维尔吉尼亚　Virginia
维格尔　Wegele
维吉尔　Virgil
维吉尔,波利多拉斯　Virgilius, Polydorus
维吉尔,约翰·德　Virgilis, John de
维吉奥,马菲欧　Vegio, Maffeo
维基埃塔　Vecchietta
维拉利,巴斯卡尔　Villari, Pasqualle
维拉利,巴斯奇诺　Villari, Pasquino
维兰　Verrine
维兰尼,马提奥　Villani, Matteo
维兰尼,乔万尼　Villani, Giovanni
维兰尼,菲利波　Villani, Filippo
维罗纳　Verona
维罗内塞,菩尼法绰　Veronese, Bonifacio
维罗内塞,保罗　Veronese, Paolo
维内伊斯,彼得鲁斯·德　Vineis, Petrus de
维纳托,保罗　Veneto, Paolo
维诺瓦　Venoit
维波　Wipo
维其奥,蓬泰　Vechio, Ponte
维琴察　Vicenza
维琴察,彼得鲁斯·歌德·德　Vicenza, Petrus Godes de
维塞尔　Wieser
维斯康提,贝尔那波　Visconti, Bernabo
维斯康提,菲利波·马利亚　Visconti, Filippo Maria
维斯康提,吉安加利佐　Visconti, Giangaleazzo
维斯帕西雅诺　Vespasiano
维斯普奇,亚美利哥　Vespucci, Amerigo
维特尔波的伊吉底奥修士　Viterbo, Fra Egidio of
维特利,尼科洛　Vitelli, Niccolò
维特洛佐　Vitellozzo
维特鲁维安　Vitruvian
维特鲁维乌斯　Vitruvius
维泰　Witte
维太利,保罗　Vittelli, Paolo
维托利,弗兰切斯科　Vettori, Francesco
维佐　Vezzo
维扎　Vezza
温德拉米尼　Vendramini
温克尔曼　C. Winckelman
温斯劳斯　Wenceslaus
文登穆斯　Wendunmuth
文都　Ventoux
乌奥沃　Uovo
乌贝蒂,法齐奥·德利　Uberti, Fazio degli
乌彻罗,保罗　Uccello, Paolo
乌尔比诺　Urbino
乌尔塞斯,科德路斯　Urceus, Codrus
乌尔斯提西乌斯　Urstisius
乌尔苏斯,罗伯特　Ursus, Robertus
乌菲齐　Uffizi
乌尔斯林根,维尔纳·冯　Urslingen, Werner von

X

奇阿波伦内　Ciarpollone
西奥多　Theodore
西奥菲罗斯　Theophilos
西俄夫拉斯塔斯　Theophrastus
西克塔斯　Sixtus
西里西亚　Cilicia
西里乌斯,意大利库斯　Silius Italicus
西马布埃　Cimobue
西曼　Seemann

西蒙那塔　Simonetta
西尼加格利亚　Sinigaglia
西培尔　H. Von Sybel
西波,弗兰西斯克多　Cibo,Franceschetto
西庇阿　Scipio
西塞罗　Cicero
西斯蒙第　Sismondi
西西里　Sicily
西尼约列利　Signorelli
希伯来　Hebrew
希尔斯曼　Hiersemann
希尔索　Hirsaug
希尔维斯德,吉多　Silvestri Guido
希尔维优斯,伊尼亚斯　Sylvius,Æneas
希律　Herod
希波克拉蒂　Hippocrates
希波利都斯　Hippolytus
希斯波利斯　Hesperis
喜尔马舍尔　Schirrmacher
锡耶纳　Siena
昔尔万那斯　Silvanus
小奥兰多　Orlandino
肖恩柏克,尼古拉　Schomberg,Nicolas
休柏特　Hubert

Y

牙买加　Jamaica
雅典娜,帕拉斯　Athene,Pallas
亚伯拉罕　Abraham
《亚吉狄乌斯》　"Ægidius"
《亚加狄亚》　"Arcadia"
亚里士多德　Aristotle
亚历山大　Alexander
伊壁鸠鲁　Epicurus
伊博利德　Ippolito
伊达　Ida
伊拉斯玛斯　Erasmus
伊莱克斯　Eryx
伊来尼古斯　Irenicus
伊利亚特　Iliad
伊利俄诺拉　Eleonora
伊曼纽尔　Emanuel
伊摩拉　Imola
伊斯特　Este
伊斯特,阿尔方索·德　Este,Alfonso d'
伊斯特,埃科尔·德　Este,Ercole d'
伊索尔特　Isolt
伊莎贝拉　Isabella
耶利哥　Jericho
耶那　Jena
茵菲苏拉　Infessura
因斯布卢克　Innsbruck
英吉拉米,费德拉　Inghirami,Fedra
英诺森　Innocent
英苏里斯,阿拉奴斯·阿布　Insulis,Alanus ab
尤金尼斯　Eugeniues
优里庇底斯　Euripides
优里乌斯　Julius
尤干尼亚　Euganea
约翰　John
约翰娜　Johanna
约翰,普莱斯特　John,Prester

Z

佐西法斯,弗雷维阿斯　Josephus,Flavius
芝诺,查理　Zeno,Carolus
芝诺,吉亚科莫　Zeno,Giacomo
扎邦特,格里高利奥　Zanpante,Gregorio
扎莫利斯,加布利乌斯·第　Zamoreis,Gabrius di
扎姆布阿里亚斯,弗兰达斯　Januarius,

Ferrandus
扎姆布利科斯　Jamblichus

Zh

哲罗姆　Jerome
哲那扎诺，伊利亚　Gennazzano, Eliah
珍诺比娅　Zenobia
朱迪思　Judith
朱加托　Zuccato
朱利亚　Julia
朱利亚诺　Giuliano
朱斯提尼安　Justinianus

一、城市和建筑

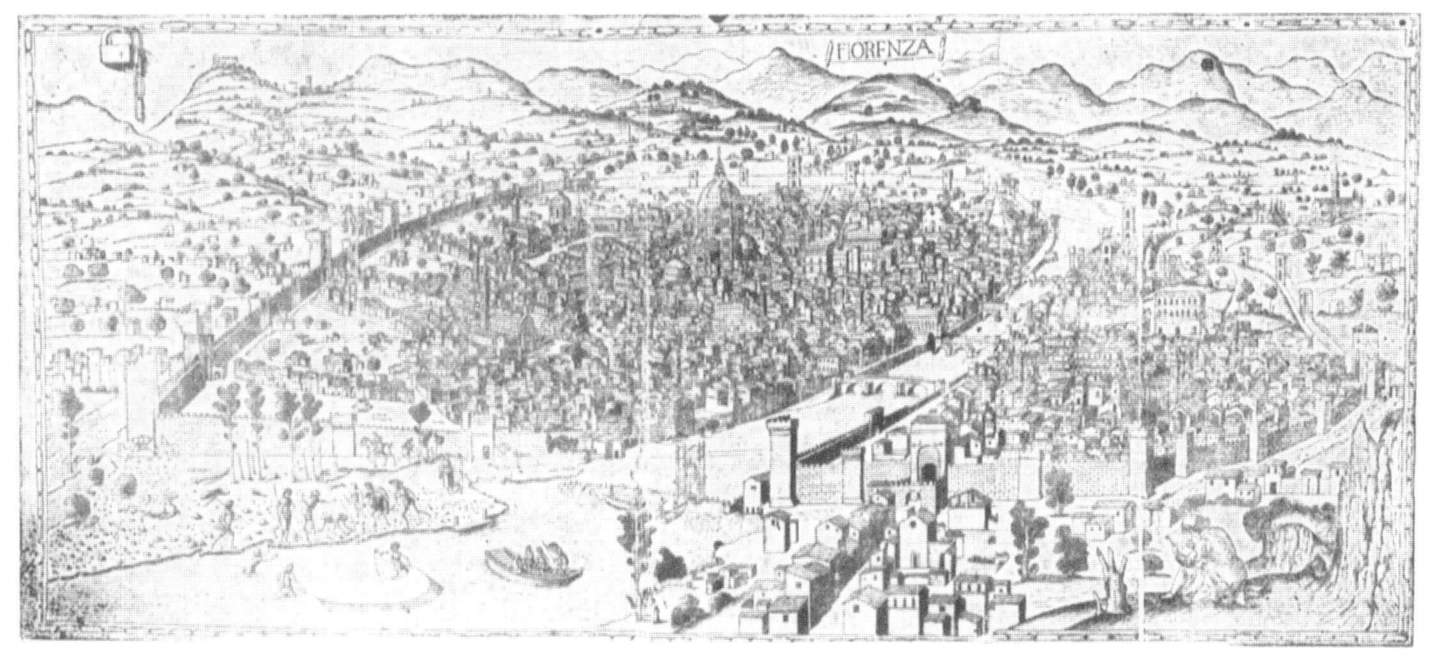

1470—1480年间的佛罗伦萨　　采自弗兰切斯科·罗塞里的木刻画，表现佛罗伦萨在1470—1480年间的情景。全图所见是从城外西南方俯瞰佛罗伦萨市，阿尔诺河穿城而过，图中央即大教堂及市政厅所在的市中心地区。

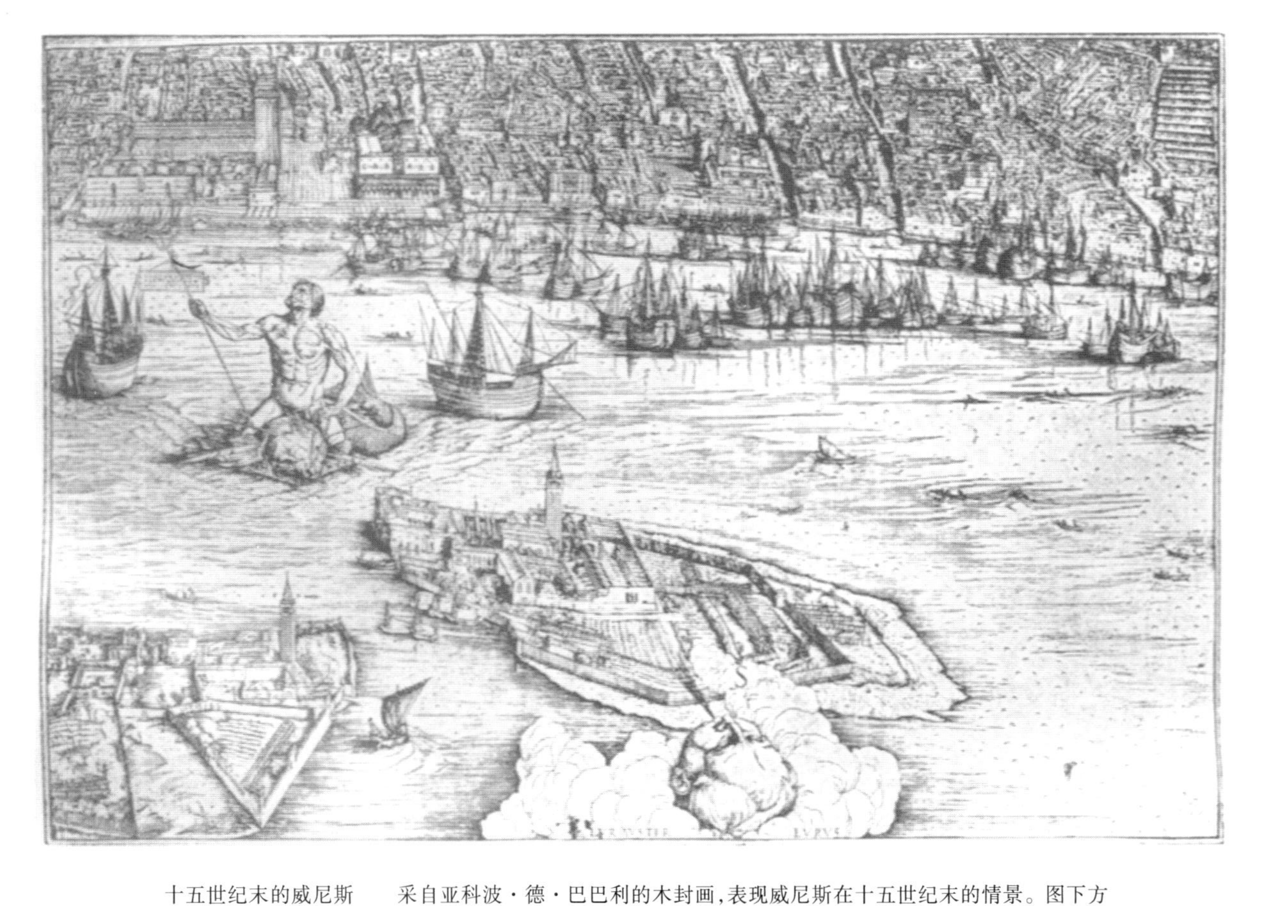

十五世纪末的威尼斯　　采自亚科波·德·巴巴利的木封画，表现威尼斯在十五世纪末的情景。图下方为威尼斯城对面的两个小岛，图上方即滨海建筑的威尼斯城，左边是总督府，圣马可教堂和圣马可广场等。

1. 佛罗伦萨市政厅　建于十四世纪初，在文艺复兴时期是佛罗伦萨长老会议所在地。

2. 佛罗伦萨大教堂　主要建于十四、十五世纪。钟楼(图右方)为大画家乔托所设计，教堂中央大圆顶为文艺复兴初期主要建筑家布鲁内莱斯科建造。

3. 威尼斯总督府　　建于十四世纪末——十五世纪初。

4. 威尼斯圣马可大教堂　　建于十一、十二世纪。

5. 锡耶纳市政厅　　建于十四世纪。其大钟楼是同类建筑中最完美者。

6. 维罗纳温德拉米尼总督陵墓。

7. 米兰城堡　　建于十五世纪。

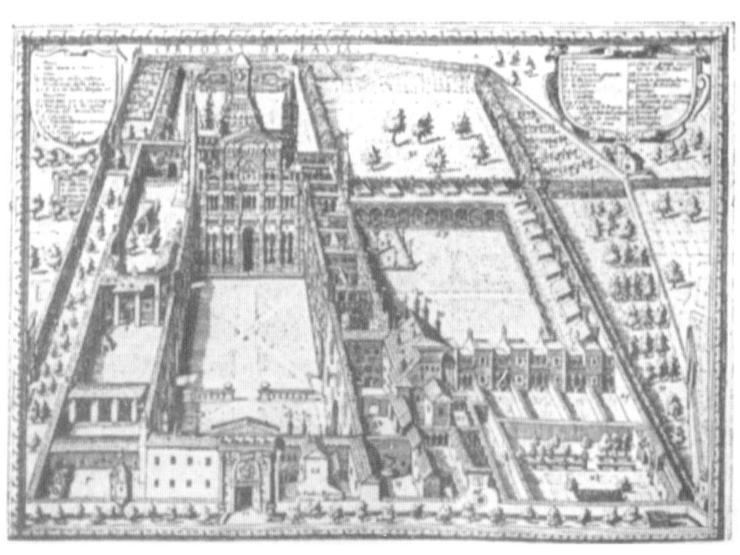

8. 切尔托沙修道院　　位于帕维亚附近。其中的教堂(图左上方)以装饰华美著称,建于十五世纪中期。

9. 那不勒斯新城堡　　建于十三世纪。其大门日后改建为凯旋门式样，雕饰甚精。为那不勒斯文艺复兴建筑代表作（十五世纪后期）。

10. 费拉拉城堡　　建于十四世纪。

11. 威尼斯圣马可图书馆　　在圣马可广场西面，和总督府、大教堂相对。由桑索维诺于1536年建造，风格华丽。

12. 文艺复兴时期的古罗马广场　　采自十六世纪尼德兰画家希姆斯刻克的素描。柏林，铜版画收集馆藏。

13.“山城” 霍亨斯陶棻王朝的城堡，建于十三世纪。

14. 佛罗伦萨美第奇宫 建于1444—1460年，是美第奇家族的主要府邸。由建筑家米开罗齐设计，文艺复兴住宅建筑的代表作。

15. 威尼斯“黄金屋”宫 建于1427—1436年，威尼斯贵族府邸的一所代表性建筑。

16. 改建前的圣彼得大教堂　　模型。罗马，彼特里安诺博物馆藏。

17. 圣彼得大教堂和梵蒂冈教皇宫　　圣彼得大教堂是文艺复兴后期建筑的代表作。

18. 罗马：圣安哲罗堡和圣彼得大教堂　　圣安哲罗堡（图右）原为古罗马皇陵，中世纪及文艺复兴时期成为罗马教皇宫堡。图左后方为圣彼得大教堂，其圆顶为米开朗琪罗设计。

19. 罗马法尔尼斯宫（内景）　　庭院由米开朗琪罗于 1547 年开始建造（在米氏死后于 1589 年完工）。这是文艺复兴后期建筑代表作之一。

二、代表人物

20. 但丁　十五世纪佚名艺术家的雕像。那不勒斯，国立博物馆藏。

21. 佩脱拉克　十五世纪佚名艺术家的画像。罗马，波尔齐斯画廊藏。

23. 波吉奥　　采自十五世纪佛罗伦萨雕刻家多那太洛的一尊圣徒像（以波吉奥为像主）。佛罗伦萨，大教堂钟楼。

22. 薄伽丘　　采自十五世纪佛罗伦萨画家卡斯塔尼约的壁画。佛罗伦萨，圣阿波罗尼亚教堂。

24. 费奇诺　　采自佛罗伦萨画家基兰达约的壁画（作于 1480 年）。佛罗伦萨，圣塔马利亚诺维拉教堂。

25. 马基雅维里　　十六世纪佚名艺术家的陶塑像。佛罗伦萨，哥隆巴利亚协会藏。

27. 波利齐亚诺（波利提安）　采自基兰达约的壁画，佛罗伦萨，圣塔马利亚诺维拉教堂。

26. 阿利奥斯托　蒂先作。伦敦，国立画廊藏。

28. 阿雷提诺　　蒂先作。佛罗伦萨，彼蒂宫画廊藏。这是大画家蒂先的肖像画杰作之一。

29. 卡斯蒂利昂　　拉斐尔作。巴黎，罗浮博物馆藏。本幅肖像是拉斐尔同类作品的优秀代表作。

30. 布鲁内莱斯科　　采自佛罗伦萨大教堂的一块浮雕。布吉亚诺作。

31. 阿尔伯蒂　　采自文艺复兴著名徽章雕刻家皮萨涅诺的青铜浮雕像。巴黎，罗浮博物馆藏。

32. 列奥那多·达·芬奇
这是艺术家老年时期的自画像。都灵,皇家图书馆藏。

33. 米开朗琪罗　采自十六世纪佚名艺术家的蚀刻版画。柏林,铜版画收集馆藏。

34. 拉斐尔　　自画像。佛罗伦萨,乌菲齐画廊藏。

35. 蒂先　　自画像。马德里，普拉多博物馆藏。

36. 哥伦布　　皮翁波作。纽约，大都会博物馆藏。

38. 洛伦佐·美第奇　　瓦萨利作。佛罗伦萨，乌菲齐画廊藏。

37. 亚美利哥·维斯普奇　　采自十六世纪佚名艺术家的作品。佛罗伦萨，乌菲齐画廊藏。

39. 威尼斯总督列奥那多·罗莱达诺　　乔万尼·贝利尼作。伦敦，国立画廊藏。

40. 米兰公爵弗兰切斯科·斯福查　采自克里斯多福罗·罗马诺的浮雕。佛罗伦萨，国立博物馆藏。

41. 乌尔比诺公爵菲德利哥·达·蒙特费尔特罗　　彼埃罗·德拉·弗兰切斯卡作。佛罗伦萨，乌菲齐画廊藏。

42. 费拉拉公爵阿尔方索一世　蒂先作。佛罗伦萨，彼蒂宫画廊藏。

43. 凯撒·波几亚　　传为乔治昂作。贝加莫,卡拉拉学院藏。

44. 优里乌斯二世(罗马教皇)　　拉斐尔作。佛罗伦萨,彼蒂宫画廊藏。

45. 列奥十世(罗马教皇)　　拉斐尔作。佛罗伦萨,彼蒂宫画廊藏。

46. 佣兵队长加达美拉达　　采自多那太洛作同名骑马雕像。原像竖立于帕多瓦圣都广场。

三、生产活动和社会生活

47. 铁匠作坊　　采自佛罗伦萨大教堂钟楼上的浮雕。作于十四世纪。

48. 制陶作坊　　同上图。

49. 制糖工场　　采自根据斯特拉达诺的绘画刻制的版画。约作于1570年。伦敦，大英博物馆藏。

50. 印刷工场　　同上图。印刷是新兴的工业。

51. 十五世纪的农业劳动——收割　　采自路加·德拉·罗比亚的陶塑。约作于1440年。伦敦，维多利亚和阿尔伯特博物馆藏。

52. 费拉拉的种葡萄农妇　　弗兰切斯科·德拉·科萨作。

53. 纺织与刺绣　采自弗兰切斯科·科萨的壁画。作于1470年。费拉拉，斯奇法诺亚宫。

54. 军火工场　采自列奥那多·达·芬奇的素描。伦敦，温莎宫堡图书馆藏。

55. 那不勒斯海港　采自佚名艺术家的作品。约作于1500年。那不勒斯，国立博物馆藏。

56. 威尼斯街头　采自卡尔巴绰的绘画。
约作于1495年。威尼斯，艺术学院藏。

57. 米兰人民刺杀暴君　采自同时代人的版画。

58. 骑士　　采自西蒙·马尔蒂尼的壁画。作于1328年。锡耶纳市政厅。

59. 战场　　采自乔万尼·西尼的绘画。表现锡耶纳城于1526年被围攻的情景，火炮已经充分使用。锡耶纳，国立档案馆藏。

60. 内室　采自卡尔巴绰的绘画。表现十五世纪末贵族邸宅内室的情景。贝加莫，卡拉拉学院藏。

61. 家庭生活　采自根据佛罗伦萨绘画制作的挂毡图案。表现十六世纪时市民上层的家庭生活情景。佛罗伦萨，阿拉齐挂毡陈列馆藏。

62. 学者的工作室　　采自卡尔巴绰的绘画。表现十六世纪初威尼斯的书斋情景。威尼斯，斯齐亚凡尼圣乔治教堂藏。

63. 佛罗伦萨的盛装妇女　　采自基兰达约的壁画。约作于1488年。佛罗伦萨，圣塔马利亚诺维拉教堂。

64. 威尼斯人服饰　　采自卡尔巴绰的绘画。约作于1495年，威尼斯，艺术学院藏。

65. 美第奇别墅　　位于佛罗伦萨郊外卡累吉镇，由米开罗齐设计建造(十五世纪中叶)。

66. 威尼斯花园　　采自维罗内塞的绘画。作于十六世纪后期。贝加莫，卡拉拉学院藏。

四、科学与文艺

67. 但丁及其《神曲》　　采自密开利诺作于佛罗伦萨大教堂的壁画。图中背景右方为佛罗伦萨城，中央为《神曲》所述天堂的结构，左方为地狱之门。

68. 诗人戴冠　　采自平图利乔作于锡耶纳大教堂图书馆的壁画（十五世纪末）。图中表现教皇伊尼亚斯·希尔维优斯为诗人戴冠。

69. 教皇接见人文主义者　采自美罗索作于罗马梵蒂冈教皇宫的壁画。表现西克塔斯四世接见人文主义学者普拉提那。

70. 旅行　采自平图利乔作于锡耶纳大教堂图书馆的壁画。表现伊尼亚斯·希尔维优斯首途赴巴塞尔宗教会议。

71. 兵器略图
列奥那多·达·芬奇作。

72. 炼金术士——化学家的实验室　采自斯特拉达诺绘于佛罗伦萨市政厅的壁画。约作于 1570 年。

73. 数学家　亚科波·德·巴巴利作。这是数学家卢卡·巴绰利的画像,显示了当时数学研究的仪器、书籍等等。那不勒斯,国立博物馆藏。

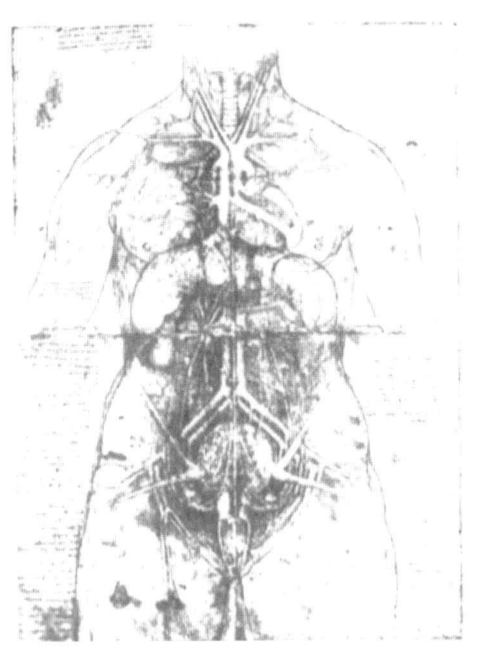

74. 人体解剖图　　列奥那多·达·芬奇作。伦敦，温莎宫堡图书馆藏。

75. 花卉写生　　采自威尼斯画家亚科波·贝利尼的写生簿。巴黎，罗浮博物馆藏。

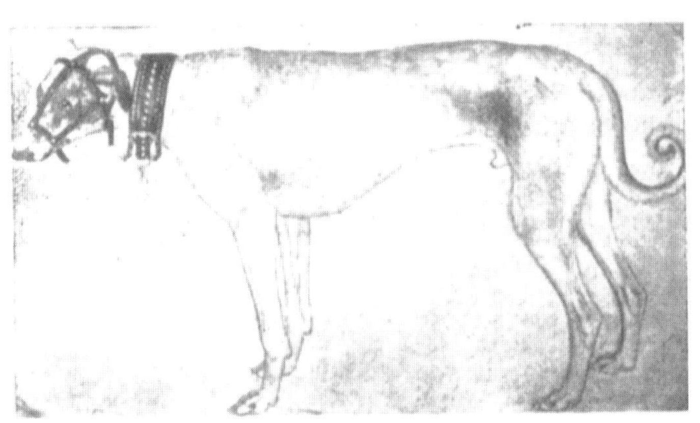

76. 动物写生　　采自皮萨涅洛的素描。巴黎，罗浮博物馆藏。

77. 佣兵队长科尔雷俄尼骑马像　安德烈·弗罗基俄作。这尊作于十五世纪末的骑马雕像，是文艺复兴造型艺术的代表作之一，在学习古典艺术和写实手法上都达到很高成就。佣兵队长科尔雷俄尼为威尼斯服务多年，这尊雕像即建立于威尼斯圣乔万尼教堂广场上。

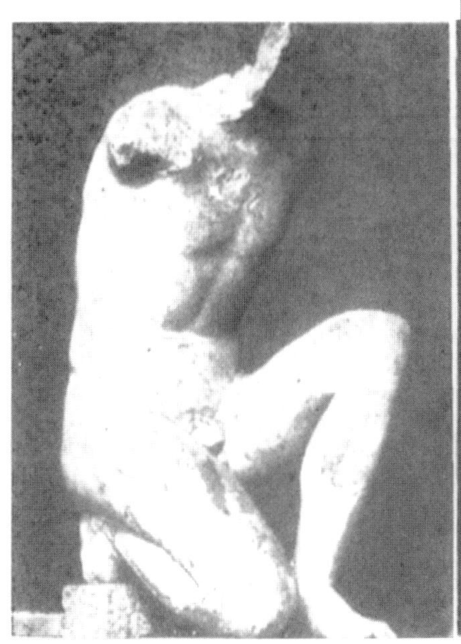

a

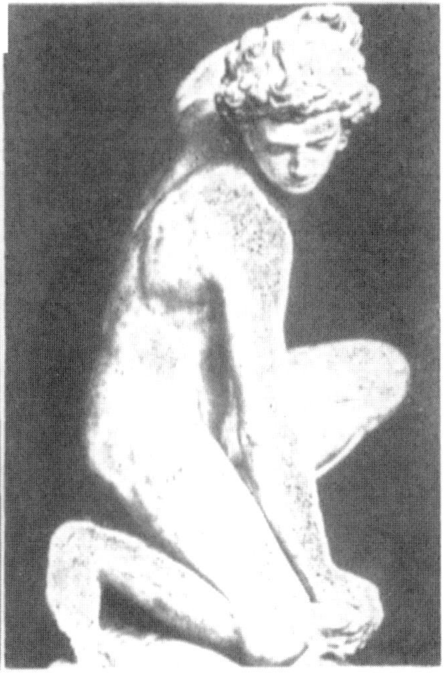

b

78. 仿古雕刻　文艺复兴艺术以学习希腊罗马古典艺术为一大特色（中世纪艺术不学古典）。本图表现仿古雕刻的一个代表作。图 a 为古希腊雕像，图 b 为米开朗琪罗学习同类古典作品而于 1497 年创作的《丘辟特像》。伦敦，维多利亚与阿尔伯特博物馆藏。

a

b

79. 仿古艺术　　图 a 为古罗马凯旋门的遗迹，图 b 为波提切利绘于罗马西斯廷礼拜堂的一幅壁画，背景精确仿画了同一个凯旋门建筑。

80. 绘画中的古典神话题材　　本图为波提切利所作《马尔斯神与维纳斯神》（伦敦，国立画廊藏）。采用古典神话题材也是文艺复兴艺术的一个新创。

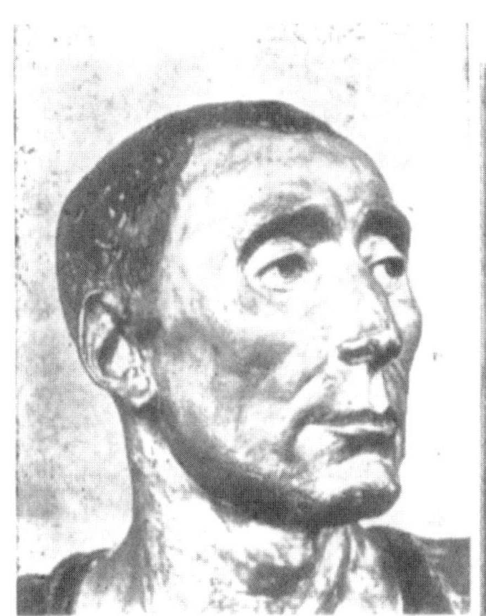

81. 头像　多那太洛作。佛罗伦萨,国立博物馆藏。多那太洛的雕刻以写实著称。

82. 林中圣母　菲利波·李比作。原柏林弗里德利希画廊藏。画中除人物描写的优美外,还注意到林野花草的描绘。

83. 三贤的行旅　采自伯诺佐·哥佐利绘于佛罗伦萨美第奇宫的壁画。以圣经故事"三贤朝拜"表现美第奇家族游猎的情景。图中骑马少年即洛伦佐·美第奇。

a　　　　　　　　　　　　　　b

84. 妇女形象　　本图为波提切利创作的两个女性形象。图 a 为名画《春》中三位优美女神之一，图 b 为《维纳斯的诞生》中的维纳斯女神（前一幅藏于佛罗伦萨艺术学院，后幅藏于乌菲齐画廊），是文艺复兴绘画代表作品。

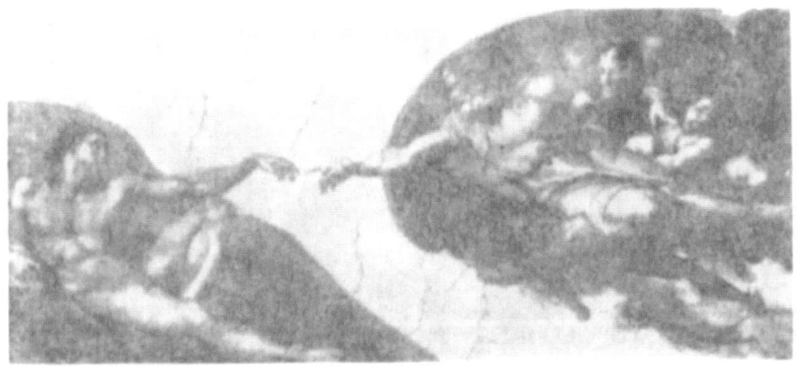

85. 创造亚当　　本图描写上帝创造人类始祖亚当的神话，是米开朗琪罗绘于罗马梵蒂冈西斯廷礼拜堂屋顶巨幅壁画的中心部分。整个屋顶壁画曾被称为文艺复兴艺术的最大杰作。

86. 雅典学派　本图为拉斐尔绘于罗马梵蒂冈教皇宫中签字大厅的壁画之一,表现希腊古典哲学家及古代著名学者的群像。

87. 赫利奥多路斯被逐出神殿　本图为拉斐尔绘于教皇宫中赫利奥多路斯大厅壁画之一。

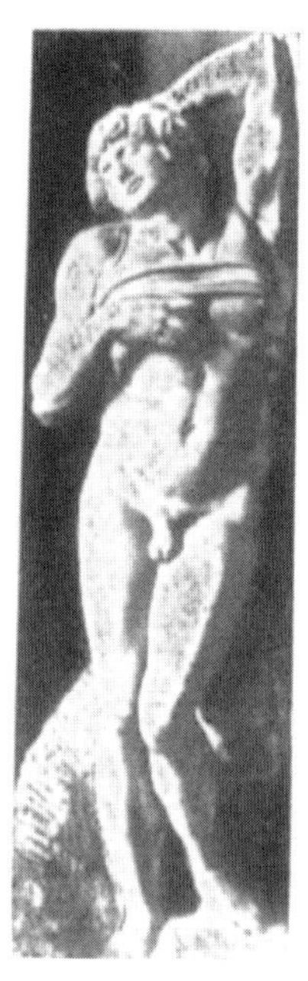

88. 被缚的奴隶　　本图为米开朗琪罗最著名的雕像之一，原拟用于教皇优里乌斯的坟墓上，现藏于巴黎罗浮博物馆。

89. 威尼斯的神化崇拜　　维罗内塞作。威尼斯总督府。这是文艺复兴晚期绘画的代表作。

90. 睡着的维纳斯　　乔治昂作。德累斯敦画廊藏。

五、文化教育、宗教与娱乐

91. 拉丁文课程　　采自费雷图斯《论拉丁文之优雅》(1495 年版)的木刻插图。

92. 大学中露天讲课　　本图表现十五世纪初期学者讲授伦理学的情景。采自劳伦修斯·德·伏尔塔里纳画。柏林,版画陈列馆藏。

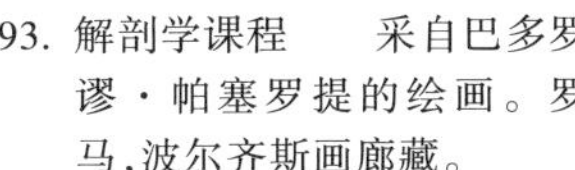

93. 解剖学课程　　采自巴多罗谬·帕塞罗提的绘画。罗马,波尔齐斯画廊藏。

94. 洛伦佐图书馆　　根据米开朗琪罗的设计,建于十六世纪中叶。

Prologus.

95. 威尼斯 1498 年印版书　　印版书在十五世纪末始流行。本图是其中较精美者，有金属雕版画作页边装饰。

ΑΡΙΣΤΟΤΕΛΟΥΣ ΗΘΙΚΩΝ ΕΥΔΗΜΙΩΝ, ΤΟ Ε

96. 亚里士多德古典著作印刷品　　本图是亚里士多德著作的活版印刷品，由威尼斯著名印刷商阿尔多·曼纽修斯于 1495—1498 年刊印。

97. 威尼斯圣马可广场上的宗教游行　　贞提尔·贝利尼作。威尼斯，艺术学院藏。

98. 圣伯尔纳丁在教堂广场上布道　　萨洛·迪·彼埃特罗作。维也纳，阿尔伯提纳博物馆藏。

99. 萨沃那罗拉在说教台上　　采自1496年出版物上的木刻画。

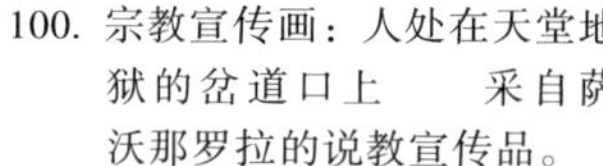

100. 宗教宣传画：人处在天堂地狱的岔道口上　　采自萨沃那罗拉的说教宣传品。

101. 萨沃那罗拉被焚杀　　采自一位佚名的佛罗伦萨画家的作品。佛罗伦萨，圣马可博物馆藏。

102. 音乐演奏　　埃尔科里·德·罗贝提作。伦敦,国立画廊藏。

103. 别墅游乐　　采自佚名的十六世纪艺术家的作品。伦敦,维多利亚和阿尔伯特博物馆藏。

104. 园舞　　采自皮塔提的绘画。维也纳·艺术学院藏。

105. 凯旋式　　采自弗兰切斯科·劳拉纳作于那不勒斯新城堡大门上的浮雕(参看图 9)。

a

b

106. 剧场布景　　本图为卢西安诺·劳拉纳作的两幅以建筑物为主的剧场舞台布景,a 为柏林博物馆藏,b 为乌尔比诺公爵宫藏。

107. 佛罗伦萨骑术比武会　采自斯特拉达诺的壁画。佛罗伦萨市政厅。

108. 奇迹剧的演出
采自卡尔巴绰的绘画。伦敦,国立画廊藏。

109. 古典剧的演出　　采自 1497 年威尼斯版古罗马喜剧家德兰斯作品中的插画。

110. 漫画人像　　安尼巴利・卡拉奇作。斯德哥尔摩,国立博物馆藏。卡拉奇是文艺复兴晚期画家，他的漫画代表近代欧洲漫画的滥觞。本图人像是表现歌唱家拉巴丁・德・格里费及其妻子。约作于 1580 年。

图书在版编目(CIP)数据

意大利文艺复兴时期的文化/(瑞士)雅各布·布克哈特著;何新译.—北京:商务印书馆,2017
(汉译世界学术名著丛书:120年纪念版:珍藏本)
ISBN 978-7-100-14269-4

Ⅰ.①意… Ⅱ.①雅… ②何… Ⅲ.①文艺复兴—文化史—研究—意大利 Ⅳ.①K546.32

中国版本图书馆CIP数据核字(2017)第141320号

汉译世界学术名著丛书
(120年纪念版·珍藏本)
意大利文艺复兴时期的文化
〔瑞士〕雅各布·布克哈特 著
何 新 译
马香雪 校

商 务 印 书 馆 出 版
(北京王府井大街36号 邮政编码100710)
商 务 印 书 馆 发 行
北京中科印刷有限公司印刷
ISBN 978-7-100-14269-4

2017年12月第1版　　开本710×1000 1/16
2017年12月北京第1次印刷　　印张43 插页23
定价:218.00元